Ingo Hamm

Betriebliche Arbeitszeitgestaltung

2, vollständig überarbeitete Auflage

BUND
VERLAG

Bibliografische Information der Deutschen Nationalbibliothek
Die Deutsche Nationalbibliothek verzeichnet diese Publikation in der Deutschen Nationalbibliografie; detaillierte bibliografische Daten sind im Internet über *http://dnb.d-nb.de* abrufbar.

2., vollständig überarbeitete Auflage 2026

Umschlag: Ute Weber, Geretsried
Umschlagabbildung: istock/marinini, istock/panimoni
Satz: Dörlemann Satz, Lemförde
Druck: CPI books GmbH, Birkstr. 10, 25917 Leck

ISBN 978-3-7663-7502-5

kontakt@bund-verlag.de
www.bund-verlag.de

Vorwort

Arbeitszeit und Entgelt sind die dominierenden Themen in der Betriebsratsarbeit. Beide bilden eine feste Partnerschaft, Zeit ist das, was Beschäftigte einsetzen, um das Geld zum Leben – und möglichst noch ein bisschen mehr – zu verdienen.

Es sind allerdings ungleiche Partner. Während ein Großteil der Beschäftigten ziemlich genau weiß, was monatlich auf das Konto fließen muss, ist die Wahrnehmung, wie hoch der zeitliche Aufwand dafür ist, eher getrübt. Ein Abgleich der angefragten Selbsteinschätzungen mit den Zahlen des Forschungsinstituts der Bundesagentur für Arbeit mit dazu erhobenen Daten aus dem Sommer 2022 fördert Überraschendes zu Tage: Vollzeitbeschäftigte geben an, ihre Arbeitszeit habe sich in den vorangegangenen zwölf Jahren verringert, Teilzeitbeschäftigte gehen von einer Verlängerung aus. Die gemessenen Daten zeigen das Gegenteil: Im Durchschnitt hat sich die Arbeitszeit der Vollzeitbeschäftigten in dem Zeitraum verlängert und die der Teilzeitbeschäftigten verringert. Ein Ergebnis, das zeigt, wie unklar die Verhältnisse sind. Auf seinen Wahrheitsgehalt allerdings sollte niemand bauen. Solange Arbeitszeiten nicht flächendeckend erfasst werden, kann auch keine verlässliche Statistik dazu existieren, wie viel gearbeitet wird. Dass solche Zahlen spekulativ sind, zeigt auch die Antwort der Bundesregierung auf eine Anfrage der Linken aus dem Jahr 2023: Die gibt die Zahl der unbezahlten Überstunden im Jahr 2022 mit 702 Millionen an. Wer das gezählt hat, wo die Daten mangels Bezahlung doch in keiner Entgeltabrechnung auftauchen, ist ein weiteres Rätsel bei diesem Thema. Aber viele, vielleicht sogar noch viel mehr werden es gewesen sein, das wissen alle, die mit wachen Augen in die Betriebe blicken.

Vorerst wird es bei den Spekulationen bleiben, denn auch im Herbst 2025 ist noch nicht erkennbar, wann die Bundesrepublik ihrer Verpflichtung aus der EU-Mitgliedschaft nachkommt und die Zeiterfassung zu einer gesetzlichen Pflicht für alle macht. Stattdessen wird mal wieder eine Revision des ArbZG auf die Agenda gehoben und mit lautstarken Ankündigungen umkränzt, die erhebliche Zweifel daran begründen, dass die Akteure wirklich wissen, worüber sie da befinden wollen.

Betriebsräte, die das Thema »Arbeitszeit« angehen wollen, stehen nicht nur wegen der unklaren Datenlage im Nebel. Ihr Handlungsrahmen wird von einem Dickicht von Interessen, Anliegen und in ihrem Zusammenspiel undurchschaubaren Regelwerken gesteckt. Das Spektrum reicht von den Beschäftigten,

die alles mitmachen wollen, was Betrieb und Kundschaft verlangen, bis hin zu denjenigen, die jede drohende Beschädigung der Brandmauer zwischen Arbeits- und Privatleben bekämpfen. Diese Vielfalt auf Seiten derer, die sie vertreten, macht Betriebsräten das Agieren schwer.
Einfacher haben es die Arbeitgeberinnen: Ihnen reicht es, wenn viel gearbeitet wird, wenn viel zu tun ist und die Leute bei einer Flaute möglichst auf eigene Kosten wegbleiben. Gleichzeitig wird mit einer fantastischen Work-Life-Balance im eigenen Betrieb geworben.
Das Spielfeld, auf dem der Betriebsrat sich bei seinen Verhandlungen über Fragen der betrieblichen Arbeitszeit bewegen muss, ist insgesamt eher ein frisch gepflügter Acker als ein Wembley-Rasen. Hilfestellung dafür, den ein bisschen platt zu walzen und damit begehbar zu machen, soll dieses Handbuch liefern. Weil die Konstruktion ein wenig vom Üblichen abweicht – es werden keine Modelle, sondern Arbeitszeitmuster vorgestellt, die unabhängig von Modellen auftauchen –, ist dem Ganzen ab Seite 23 eine Bedienungsanleitung vorangestellt. Bitte lesen!

Ein paar Sätze zum Gendern in diesem Buch: Ich habe von nicht sprechbaren Satzzeichen im Wort Abstand genommen, sondern bin stattdessen auf neutrale Formen ausgewichen. Deshalb verzichte ich soweit möglich auf den Begriff »Arbeitnehmer« und lasse stattdessen »Beschäftigte« agieren, im Plural, weil sie dann unverdächtig sind. Wenn es nicht anders geht, kommen mal die weiblichen und mal die männlichen Formen oder beide gemeinsam zum Zuge. Hoffentlich einigermaßen gleichrangig, gezählt sind sie nicht. Nur in einem Fall bin ich kompromisslos: Arbeitgeber gibt es entsprechend ihrer tatsächlichen Existenzform nicht mehr. Die sind weit überwiegend Gesellschaften (AG, GmbH, KG usw.) und damit Mädchen, die auch durchgehend so bezeichnet werden: als Arbeitgeberinnen.

Berlin, Oktober 2025

Inhaltsverzeichnis

Abkürzungsverzeichnis

AEntG	Arbeitnehmer-Entsendegesetz
AG	Aktiengesellschaft
APP	Anwendungssoftware
ArbSchG	Arbeitsschutzgesetz
ASiG	Arbeitssicherheitsgesetz
ArbZG	Arbeitszeitgesetz
ArbZV	Arbeitszeitverordnung
ATZG	Altersteilzeitgesetz
AZV	Arbeitszeitverordnung (Beamte)
BAG	Bundesarbeitsgericht
BAT	Bundesangestelltentarifvertrag (Vorläufer des TVöD)
BAuA	Bundesanstalt für Arbeitsschutz und Arbeitsmedizin
BetrVG	Betriebsverfassungsgesetz
BGB	Bürgerliches Gesetzbuch
BinSchArbZV	Verordnung über die Arbeitszeit in der Binnenschifffahrt
BRD	Bundesrepublik Deutschland
BRTV	Bundesrahmentarifvertrag
BUrlG	Bundesurlaubsgesetz
DV. LuftBO	Durchführungsverordnung zur Betriebsordnung für Luftfahrtgerät
EDV	Elektronische Datenverarbeitung
EntgFG	Entgeltfortzahlungsgesetz
ESS	Employee Self Service (Eingabe- und Verwaltungsmöglichkeit für die eigene Arbeitszeit am Rechner)
EU / EG	Europäische Union / Gemeinschaft
EuGH	Europäischer Gerichtshof
EVG	Eisenbahn- und Verkehrsgewerkschaft
FDJ	Freie deutsche Jugend
FpersG	Fahrpersonalgesetz
FPersV	Fahrpersonalverordnung

GdL	Gewerkschaft der Lokomotivführer
GewO	Gewerbeordnung
GmbH	Gesellschaft mit beschränkter Haftung
I. d. R.	In der Regel
IT	Informationstechnik
JArbSchG	Jugendarbeitsschutzgesetz
KAPOVAZ	Kapazitätsorientierte variable Arbeitszeit
KlimaBergV	Klima-Berg-Verordnung
km	Kilometer
KrAZVO	Arbeitszeitverordnung für Krankenhäuser (seit 1994 außer Kraft)
KSchG	Kündigungsschutzgesetz
LadSchlG	Ladenschlussgesetz
LAG	Landesarbeitsgericht
LKW	Lastkraftwagen
MiLoDokV	Verordnung zu den Dokumentationspflichten nach den §§ 16 und 17 des MiLoG und den §§ 18 und 19 des AEntG
MiLoG	Mindestlohngesetz
MTV	Manteltarifvertrag
MuSchG	Mutterschutzgesetz
NachwG	Nachweisgesetz
NW	Nordrhein-Westfalen
o. ä.	oder Ähnliches
ÖPNV	Öffentlicher Personennahverkehr
OWiG	Gesetz über Ordnungswidrigkeiten
PC	Personal Computer
PflegeArbbV	Verordnung über zwingende Arbeitsbedingungen in der Pflegebranche
SeeArbG	Seearbeitsgesetz
SGB	Sozialgesetzbuch (mit der angehängten lateinischen Nummerierung)
TV-Ärzte/VKA	Tarifvertrag für Ärztinnen und Ärzte in kommunalen Krankenhäusern
TVG	Tarifvertragsgesetz

TV-N	Tarifvertrag für den Nahverkehr
TVöD	Tarifvertrag für den öffentlichen Dienst
TVöD-K	Tarifvertrag für den öffentlichen Dienst – Sonderteil Krankenhäuser
TV-V	Tarifvertrag Versorgungswirtschaft
TzBfG	Teilzeit- und Befristungsgesetz
usw.	und so weiter
VO	Verordnung
z. B.	zum Beispiel

Literaturverzeichnis

Anzinger/Koberski, Kommentar ArbZG, 5. Aufl. 2020

Beermann/Backhaus/Tisch/Brenscheidt, Arbeitswissenschaftliche Erkenntnisse zu Arbeitszeit und gesundheitlichen Auswirkungen, Dortmund 2019; Download Dezember 2021 *https://www.baua.de/DE/Angebote/Publikationen/Fokus/Arbeitszeiten.html*; (zit.: Beermann 2019)

Backhaus/Wöhrmann/Tisch, BAuA Arbeitszeitbefragung Vergleich 2015-207-2019, Dortmund Berlin Dresden 2020, zit: BAuA 15–19

Baeck/Deutsch/Winzer, Kommentar ArbZG, 4. Aufl. 2020 (zit.: Baeck)

Beermann, Leitfaden Schichtarbeit, 9. Aufl. 2005 (zit.: Beermann 2005)

Bundesanstalt für Arbeitsschutz und Arbeitsmedizin, Arbeitszeitreport 2016 (zit.: BAuA Arbeitszeitreport)

Däubler/Hjort/Schubert/Wolmerath, Handkommentar Arbeitsrecht, 5. Aufl. 2022 (zit.: HK-ArbR-Bearbeiter/in)

Deutschen Gesellschaft für Arbeitsmedizin und Umweltmedizin, Leitlinie »Gesundheitliche Aspekte und Gestaltung von Nacht- und Schichtarbeit«, AWMF Registernummer 002-030; Stand 30.10.2020; Abruf am 14.3.2022 unter *https://www.awmf.org/uploads/tx_szleitlinien/002-030l_S2k_Gesundheitliche-Aspekte-Gestaltung-Nacht-und-Schichtarbeit_2020-03.pdf*

Europäische Stiftung zur Verbesserung der Lebens- und Arbeitsbedingungen, Bulletin Nrn. 3/1991, 10/1997, 11/1998, 1/2000 (zit.: BEST)

Fischer/Mittländer/Steiner, Basiskommentar ArbZG, 2. Aufl. 2024 (zit.: FMS)

Fitting/Schmidt/Trebinger/Linsenmaier/Schelz, Handkommentar zum BetrVG, 32. Aufl. 2024 (zit.: Fitting)

Hahn/Pfeiffer/Schubert, Arbeitszeitrecht, 2. Aufl. 2018 (zit.: HPS-Bearbeiter/in)

Junghanns, Themenfelder im Brennpunkt, Stressreport Deutschland 2012, S. 107ff.

Knauth/Hornberger, Schichtarbeit und Nachtarbeit, 4. Auflage 1997 (zit.: Knauth)

Kohte/Faber/Busch, Handkommentar Arbeitsschutzrecht, 3. Aufl. 2022 (zit.: HK-Bearbeiter/in)

Linnenkohl/Rauschenberg, Handkommentar ArbZG, 2004 (zit.: Linnenkohl)

Lohmann-Haislah, Stressreport Deutschland 2012

Paridon u. a., DGUV Report 1/2012 – Schichtarbeit – Rechtslage, gesundheitliche Risiken und Präventionsmöglichkeiten (zit.: DGUV 1/2012)

Rothe u. a., Psychische Gesundheit in der Arbeitswelt, BAuA Forschungsprojekt F 2353, 2017

Schaub, Arbeitsrechts-Handbuch, 20. Aufl. 2024 (zit.: Schaub-Bearbeiter/in)

Tisch u. a., Konzentrationsfähigkeit, Fehler und Unfälle, in: Deutsche Gesellschaft für Arbeitsmedizin und Umweltmedizin, Leitlinie »Gesundheitliche Aspekte und Gestaltung von Nacht- und Schichtarbeit«, Stand: 31. Oktober 2020; Download: *https://www.awmf.org/leitlinien/detail/ll/002-030.html*

Udovicic/Price/Khazova, Lichtexposition aus natürlichen und künstlichen Quellen im Hinblick auf circadiane Wirkungen bei schichtarbeitenden Krankenpflegekräften, BAuA Forschungsprojekt F 2355, 2020

Wirtz, Gesundheitliche und soziale Auswirkungen langer Arbeitszeiten, Dortmund Berlin Dresden 2010

Bedienungsanleitung

Üblich ist es, in Darstellungen zum Thema »Arbeitszeit« alle bekannten Themen – Teilzeit, Arbeit auf Abruf, Schichtarbeit usw. – nebeneinander darzustellen. Weil es in diesem Handbuch aber vor allem um die Arbeit der Betriebsräte bei der Gestaltung der Arbeitszeit geht, ist die Sortierung anders: Im Zentrum stehen die Gestaltungsmuster, die der Betriebsrat beeinflussen kann. Das ist z. B. die Entscheidung, ob in Schichten gearbeitet wird, wie viele Schichten es gibt, ob diese Schichten fest oder beweglich sind usw. Keine Gestaltungsfrage ist dagegen, ob es Teilzeitbeschäftigung innerhalb der Schichten gibt. Wenn es Beschäftigte gibt, die in Teilzeit arbeiten, müssen die Betriebsparteien dafür sorgen, dass sie ihren Platz im System finden, können aber nicht über die Gestaltung der Arbeitszeit auf die Teilzeit selbst bzw. deren Umfang Einfluss nehmen.

Die Anzahl der Gestaltungsmuster reduziert sich bei dieser Betrachtung auf sechs, innerhalb dieser findet sich alles wieder, was sonst unter der Bezeichnung »Arbeitszeitmodelle« abgehandelt wird. Sie sind in Kapitel V. dargestellt. Die Kapitel davor befassen sich mit den zu berücksichtigenden Rahmenbedingungen, also den rechtlichen Vorgaben, dem Arbeitsschutz und der Mitbestimmung. Ein übergreifendes Thema für alle Arbeitszeitmuster ist die Gestaltung eines Arbeitszeitkontos, das in Kapitel IV. behandelt wird. Die Kapitel im Anschluss an die Gestaltungsmuster aus Kapitel V. behandeln weitere Einzelaspekte wie z. B. Urlaub, mobiles Arbeiten usw.

Dieses Handbuch soll einen schnellen Zugriff auf Informationen ermöglichen, die bei der betrieblichen Gestaltung der Arbeitszeit eine Rolle spielen. Dafür wäre die saubere Aufteilung der Themen in einzelne Kapitel schön, diese stößt aber schnell an Grenzen. Ein Thema wie die Wirkung der Mitbestimmung nur in einem Kapitel komplett abzuhandeln hieße, spezielle Informationen in Zusammenhang mit anderen Themen – z. B. der Gestaltung von Arbeitszeitkonten – nur noch unsortiert über Verweise erreichen zu können.

Ohne Verweise kommt das Buch trotzdem nicht aus, sie finden sich jeweils in den Fußnoten und diese sind eher ein Angebot zur Vertiefung oder um Fragestellungen nachzugehen, die sich beim Lesen typischerweise stellen. Heißt: Zum Verständnis der Informationen im jeweiligen Kapitel sollte das Nachverfolgen der Verweise nicht erforderlich sein.

Deshalb sind diese Informationen so getrennt, dass einerseits die allgemein wichtigen Aspekte zu den Themen »Arbeitszeit und Arbeitsschutz«, »Rechtliche Rahmenbedingungen«, »Mitbestimmung« und »Arbeitszeitkonto« in eigenen

Kapiteln dargestellt sind. Andererseits sind die speziellen Aspekte insbesondere zu den einzelnen Gestaltungsformen dann in den entsprechenden Kapiteln zu diesen Themen enthalten. Daraus ergibt sich die folgende Matrix, die das schnellere Auffinden der gesuchten Informationen ermöglicht.

Kapitel Themen	I. Arbeitszeit und Arbeitsschutz	II. Rechtlicher Rahmen	IV. Arbeitszeit-konto	V.2 Dienst-/ Schichtpläne	V.3 Starr plus Mehrarbeit	V.4 Starr plus Bereitschaft	V.5 Abrufarbeit	V.6 individuelle Flexibilität
Arbeitszeit und Arbeitsschutz		II.1.1 II.2.1 II.3.1.3 II.3.1.4 II.3.1.5		V.2.4 V.2.5				V. 6.3 V.6.4.5
Nacht-/Schichtarbeit	I.1.1 I.1.2 1.2.3 I.1.5	II.3.1.7						
Wechselnde Arbeitszeiten/ Erreichbarkeit	I.1.2 I.1.3 I.1.5							
Vergütung		II.3.2.1	IV.3.4 IV.4.4 IV.5.8 IV.6.1.1.2 IV.7 IV.12		V.3.3	V.4.3		
Flexibilität	I.1.2 I.1.3		IV.5.1 IV.5.2	V.2.3.5				V.6.4.1
Gesetze/Tarifverträge	I.3		IV.6.1.1.1	V.2.8	V.3.8	V.4.2 V.4.7	V 5.2	V.6.6
Mitbestimmung		II.3.1.2.2 II.3.1.8 II.3.3 II.3.6.1.5	IV.3.5 IV.6.1.2.2 IV.5.3 IV.14.2 IV.14.3	V.2.3 V.2.3.5 V.2.7	V.3.7	V.4.11	V.5.3	V.6.5

I. Arbeitszeit und Arbeitsschutz

Die Regelung der betrieblichen Arbeitszeit betrifft immer auch den betrieblichen Gesundheitsschutz. Je nach Gestaltung gibt es mal mehr und mal weniger Auswirkungen auf das physische und das psychische Wohlbefinden der Beschäftigten. Zwar lässt sich nicht alles im Einzelnen belegen, aber teilweise liegen eindeutige Erkenntnisse vor, zu welchen nachteiligen Folgen schlechte Arbeitszeiten führen können.
Das betrifft vor allem zu lange Arbeitszeiten und Nacht- und Wechselschichtarbeit, für die seit langem schon medizinische Daten erhoben und ausgewertet werden. Eher vage dagegen ist das Wissen über die Folgen häufig wechselnder Arbeitszeiten. Das dürfte auch daher kommen, dass die Zusammenhänge zwischen Arbeitszeit und nachteiligen Folgen sich statistisch nicht eindeutig herleiten lassen.
Wo die Gefahrenlage unklar ist, haben Betriebsräte die Möglichkeit, eigene betriebliche Untersuchungen und Maßnahmen zur Vermeidung von Gefahren anzustoßen.

I.1 Belastungen

Ungünstige Arbeitszeiten können unmittelbare gesundheitliche Folgen haben oder mit sozialen Belastungen verbunden sein, die dann wiederum Auswirkungen auf die psychische Gesundheit befürchten lassen.

I.1.1 Nacht- und Wechselschichtarbeit

Hauptsächliche Ursache im Bereich der Arbeitszeit für gesundheitliche Beeinträchtigungen ist die Beschäftigung in Nacht- und Wechselschichtarbeit.
Diese Arbeitsformen sind allerdings nicht aus sich selbst heraus gesundheitsschädlich, sondern die Funktionsweise des menschlichen Organismus passt nicht dazu und kann sich auch nicht daran anpassen.[1]

1 Kapitel I.2 – Die Biologie.

Die im Folgenden aufgeführten erhöhten Risiken für die Gesundheit sind in wissenschaftlichen Untersuchungen[2] festgestellt:

- Schlafstörungen, Schlafdefizite
- Herz- und Gefäßkrankheiten
- Beeinträchtigung der Konzentrationsfähigkeit mit der Folge von Fehlern und Unfällen
- Stoffwechselerkrankungen, Diabetes
- Magengeschwüre
- Migräne, Kopfschmerzen
- Krebs (signifikant bei Brust- und Darmkrebs)

Bei anderen Beeinträchtigungen (z. B. psychische Erkrankungen, Muskel-/Skeletterkrankungen) besteht ein Verdacht, dessen Berechtigung aber noch nicht belegt ist.

I.1.2 Wechselnde Arbeitszeit / sozial wichtige Zeiten

Arbeit zu ungünstigen Zeiten, das heißt insbesondere am Abend und am Wochenende, hat Auswirkungen auf das soziale Leben, weil das in unserer Kultur die Zeiten sind, in denen ein Großteil der sozialen Kontakte außerhalb von Arbeitsbeziehungen stattfindet. Das Arbeiten in dieser Zeit beeinträchtigt die feste Einbindung in Strukturen wie Kultur- und Vereinsleben usw., die alle auf zeitliche Stabilität angewiesen sind. Das Problem verstärkt sich, wenn die Lage der Arbeitszeit in solchen Systemen immer wieder wechselt.

Die häufigsten Auswirklungen solcher Arbeitszeiten sind:

- Die Verfügbarkeit des individuellen Freizeitbudgets wird eingeschränkt.
- Eine Teilnahme am gesellschaftlichen und politischen Leben in festen Organisationsformen ist nur begrenzt möglich.
- Das Familienleben wird erschwert.

Die Belastung durch sich häufig ändernde Arbeitszeiten wird in dem Maß geringer, wie die Beschäftigten selbst Einfluss auf die Lage der Arbeitszeit nehmen können.[3]

I.1.3 Ständige Erreichbarkeit

Noch relativ neu und wenig erforscht ist das Thema der ständigen Erreichbarkeit mittels Smartphone, Tablet usw. Eine Auswertung vorliegender Studien der Bundesanstalt für Arbeitsschutz und Arbeitsmedizin (BAuA) hat die beiden Ergebnisse zutage gefördert, dass positive Effekte dieser Arbeitsform auf die Be-

---

2 Ausgewertet sind die Studien in der Leitlinie »Gesundheitliche Aspekte und Gestaltung von Nacht- und Schichtarbeit« der Deutschen Gesellschaft für Arbeitsmedizin und Umweltmedizin.

3 BAuA Arbeitszeitreport, S. 58.

schäftigten unklar, negative Effekte auf das Befinden und das Privatleben aber feststellbar sind.[4]

I.1.4 Lange Arbeitszeiten

Als wesentlicher Belastungsfaktor im Bereich der Arbeitszeit gelten neben der Nacht- und Wechselschichtarbeit Arbeitszeiten von über 8 Stunden pro Tag und über 40 Stunden in der Woche.[5] Bei Arbeitszeiten über 48 Stunden und mehr werden Gefährdungen besonders deutlich.

Hier sind Beeinträchtigungen des Muskel-Skelett-Apparats signifikant erhöht.[6] Das Risiko von Herz-Kreislauf-Erkrankungen steigt um 37 %.[7] Wenn die Arbeitszeit regelmäßig länger als 48 Stunden pro Woche dauert, nehmen Müdigkeit, Mattigkeit oder Erschöpfung, Hörverschlechterung und Nervosität oder Reizbarkeit deutlich zu, zum Teil um 25 bis nahezu 50 % gegenüber dem Wert, der bei einer Arbeitszeit von 40 Stunden ermittelt werden kann.[8]

Den Stand gesicherter arbeitswissenschaftlicher Erkenntnisse zu Auswirkungen ungünstiger Arbeitszeiten hat die BAuA im Jahr 2018 für eine Anhörung vor dem Ausschuss für Gesundheit und Soziales des Deutschen Bundestags zusammengefasst.[9] Dieser Stellungnahme sind die folgenden Angaben entnommen.

Folgen langer Arbeitszeiten sind danach Beschwerden wie Kopfschmerzen, Schwindelgefühl und Verdauungsbeschwerden, Müdigkeit, Erschöpfung, Schlafstörungen, verstärktes Stresserleben sowie ein erhöhtes Risiko für Burnout, Depression, Übergewicht und Fettleibigkeit sowie übermäßiger Alkoholkonsum. Inzwischen ist auch gesichert, dass lange Arbeitszeiten das Risiko für Herz-Kreislauf-Erkrankungen und Schlaganfälle erhöhen.

In Verbindung mit weiteren Einflussfaktoren – z. B. Tätigkeitsinhalte – zeigt sich eine erhöhte Mortalitätsrate bei sehr langen Arbeitszeiten.

Da lange Arbeitszeiten häufig mit weiteren Belastungsfaktoren wie hoher Arbeitsintensität, häufigem Ausfall von Ruhepausen oder ständiger Erreichbarkeit kombiniert sind, intensivieren sich die beschriebenen negativen Auswirkungen.

Lange Arbeitszeiten (sowohl am Arbeitstag als auch in der Arbeitswoche) erhöhen das Risiko von Fehlhandlungen und damit Unfällen. Das Unfallrisiko steigt dabei jenseits der achten Arbeitsstunde exponentiell an. Den gleichen Effekt hat der Verzicht auf Pausen oder angemessen lange Ruhezeiten.

Die durch dauerhafte Kürzung der Ruhezeiten beeinträchtigte Erholung erhöht außerdem das Risiko für die körperliche und psychische Gesundheit. Der damit einhergehende Schlafmangel verstärkt dies noch.

---

4 Rothe, S. 38.
5 Wirtz, S. 10.
6 Wirtz, S. 35.
7 Lohmann-Haislah, S. 49.
8 Junghanns, S. 115.
9 Beermann 2019.

Grundsatz ist, dass die Erholungszeit möglichst bald auf die Arbeitsphase folgen soll. In der Regel sollten sich Ermüdung und Erholung zwischen zwei Arbeitsphasen ausgleichen.
Bei flexibilisierter Arbeitszeit muss hinsichtlich der Belastungen danach unterschieden werden, ob äußere Umstände (Kunden, Vorgesetzte usw.) den Anlass für die Arbeitszeitschwankung geben, oder ob Beschäftigte selbst Einfluss auf die Lage ihrer Arbeitszeit haben. Flexible Arbeitszeiten mit geringer Planbarkeit und geringem Einfluss der Beschäftigten hierauf führen zu einer schlechteren Gesundheit, ständige Anforderungen auch in der Freizeit verhindern eine angemessene Erholung.
Besteht ein Einfluss der Beschäftigten auf ihre Arbeitszeit und deren Planbarkeit, führt das zu einer verbesserten Work-Life-Balance und zu besserer Gesundheit. Solche Auswirkungen lassen sich nicht nur anhand von langen Zahlenkolonnen ermitteln, sie werden auch von den Beschäftigten selbst so empfunden. Im BAuA-Arbeitszeitreport 2016 haben Beschäftigte, die 48 Stunden oder mehr in der Woche arbeiten, die größten Verkürzungswünsche in Bezug auf ihre Wochenarbeitszeit geäußert.[10]

I.1.5 Lage der Arbeitszeit

In unserer Gesellschaft hat sich die tägliche Phase zwischen 17.00 und 23.00 Uhr als diejenige etabliert, in der die wesentlichen Angebote für das soziale Leben zur Verfügung stehen. Dies betrifft neben dem Familienleben sowohl kulturelle Veranstaltungen, organisierte Treffen in Form von Gewerkschafts-, Partei- oder Vereinszusammenkünften als auch lediglich informelle Zusammenschlüsse wie z. B. der gemeinsame abendliche Kneipenbesuch. Hinzu kommt das Wochenende als weiterer Schwerpunkt sozialen Lebens. Angepasst an diese Bedürfnisse haben sich auch die Arbeitszeiten der Beschäftigten in »Normalschicht« entwickelt.
Demgegenüber kreuzen sich die Arbeitszeiten insbesondere von Beschäftigten in Schichtarbeit mit diesen Sozialzeiten. Hinzu kommt ein häufiger Wechsel, der eine Kontinuität z. B. beim Engagement in einer politischen Partei erheblich beeinträchtigt.
Beeinträchtigt wird das soziale Leben also einerseits durch die ungünstige Lage der Arbeitszeiten, andererseits durch deren ständigen Wechsel. Hier sind damit auch Bezugspunkte zu den übrigen Flexibilisierungskonzepten, die nicht mit Schichtarbeit verbunden sind: der häufige Wechsel der Arbeitszeit, insbesondere in den Fällen, in denen er kurzfristig und ungeplant erfolgt, beinhaltet immer eine zusätzliche Belastung der sozialen Beziehungen.
Nur ein starres, in Tagschicht verharrendes Arbeitszeitsystem könnte das Auftreten der beschriebenen Belastungen und Beanspruchungen verhindern. Da das flächendeckend nicht zu realisieren ist, muss das Ziel sein, die Belastungen so weit als möglich zurückzudrängen und dort, wo dies nicht möglich ist, für einen Ausgleich zu sorgen. Dass das kein finanzieller Ausgleich sein kann, versteht sich

10 Arbeitszeitreport, S. 85.

eigentlich von selbst, schließlich geht es um die Gesundheit. Tatsächlich geht es aber doch auch ums Geld, denn die wohl einzige wirksame Maßnahme zur Kompensation dieser Belastungen ist die Reduzierung der Arbeitszeit im Ganzen. Damit die nicht zu Lasten derjenigen geht, an deren Gesundheit der Raubbau stattfindet, kann das nur durch einen Gehaltsausgleich passieren, also durch die Erhöhung der Vergütung.
Das Warten auf tarifvertragliche Regelungen ist hier wohl vergebens, zumindest sind die Fortschritte dort bestenfalls homöopathisch. Aber Betriebsräte können bei solchen Arbeitszeiten ja auch eigene Wege gehen.[11] Keine Lösung wird es allerdings sein, bei unveränderter Dauer der Regelarbeitszeit eine 4-Tage-Woche mit entsprechend verlängerten Tagesarbeitszeiten einzurichten. Diese Umverteilung der Arbeitszeit innerhalb der Woche führt nur zu einer Erhöhung der Belastung, die mit viel Glück am gewonnenen freien Tag ausgeglichen werden kann.

I.2 Die Biologie

Der Mensch ist für Nacht- und Wechselschichtarbeit nicht zu gebrauchen, weil er irgendwann in der Evolution falsch abgebogen ist und zum tagaktiven Tier wurde. Hätte er die andere Abzweigung genommen, stünden wir heute allerdings vor demselben Problem, dann wären es die Tagschichten, die uns krank machten.

I.2.1 Der circadiane Rhythmus

Grund dafür ist der »circadiane Rhythmus«, der die biologische Ursache für die gesundheitlichen Belastungen durch Wechselschicht- und Nachtarbeit ist. Dieser Rhythmus ist das Programm, in dem der Körper zwischen Phasen hin und her wechselt, die für Aktivitäten bzw. die Erholung davon vorgesehen sind. Er hat sich in einer Zeit entwickelt, als es als größter Erfolg im Arbeitsleben galt, der Sippe ein erlegtes Wild in die Höhle zu bringen und nicht, in der Fabrik möglichst viele Autos, Waschmaschinen oder Dosen mit Wildgeschnetzeltem zu produzieren.
Weil das, was die Menschheit in dieser noch sehr unzivilisierten Zeit zum Weiterkommen brauchte, sich eher am Tag als in der Nacht in Wäldern und auf Lichtungen fand, hat sich der Rhythmus mit dem Schwerpunkt auf Aktivitäten am Tag herausgebildet.
Genauer gesagt sind es zwei Schwerpunkte. Der erste liegt relativ früh am Morgen, zwischen 6:00 Uhr und 9:00 Uhr, als unmittelbar an eine Erholungszeit anschließende Phase des Tages. Hier stellt der Organismus alle Systeme auf volle Power, vom Stoffwechsel über die Intelligenzleistung bis hin zur Muskulatur. Ein zweites Hoch folgt am frühen Nachmittag, erzielt aber nicht mehr ganz so gute Werte.

11 Beschrieben sind die Wege der Betriebsratsarbeit in Kapitel V.2.8.4 – Strategie.

Spiegelbildlich zu diesen Hochs gibt es zwei Tiefs: Das tiefe Tief in der Nacht, zwischen 0:00 Uhr und 3:00 Uhr, und ein kleines Tief um die Mittagszeit. Dabei werden die genannten Systeme auf Ruhe und Erholung umgestellt: Herztätigkeit und Kreislaufregulation sinken auf ihr Minimum, ebenso die Leistungen des Nervensystems, der Sinnesorgane und des Verdauungsapparats. Sauerstoffaufnahme und Kohlendioxidabgabe werden reduziert, die Körpertemperatur erreicht gleichfalls ihr Minimum. Die muskuläre Leistungsfähigkeit und diejenige des Gehirns sind herabgesetzt und mit der Intelligenzleistung ist es auch nicht gut bestellt.

Diese Hochs und Tiefs betreffen allerdings die Leistungs*bereitschaft* des Körpers und nicht die Leistungs*fähigkeit*. Diese ist praktisch gleich, nur um zu identischen Ergebnissen zu kommen, muss während des Tiefs viel mehr Aufwand betrieben werden.

Die Verhältnisse sind vergleichbar mit der Energieaufnahme eines Kraftfahrzeugs. Das kann – bei entsprechender Ausstattung – mit derselben Geschwindigkeit einen Berg hoch oder auch einen Berg herunterfahren oder sich auf gerader Strecke bewegen. Den Unterschied macht der Verbrauch an Ressourcen: Fährt das Auto noch mit Kraftstoffen, wie es sie eigentlich nicht mehr geben sollte, liegt der Verbrauch bei einer ordentlichen Steigung und gleichbleibendem Tempo 15–20 % höher als auf gerader Strecke. Bergab reduziert sie sich entsprechend, das Auto holt sich zusätzliche Energie aus der Gravitation.

Nicht anders ist es bei der Nachtarbeit: Wenn Menschen und nicht Maschinen die Arbeit machen, können sie tagsüber wie nachts dieselbe Menge Wildfleisch in Dosen produzieren. Weil der Körper aber die Ressourcen dafür nicht in dem Umfang wie am Tag zur Verfügung stellt, verzehrt dieselbe Tätigkeit während der Nachtzeit mehr Kräfte und der Körper braucht entsprechend mehr Erholung, um sich zu regenerieren. Hier kommt dann richtig Schwung in den Teufelskreis: Die Erholung von der Nachtschicht soll am Tag erfolgen, also dann, wenn der Körper die Systeme gerade wieder hochfährt. Trotz Übermüdung kommt der Körper deshalb nach der Nachtschicht nicht so schnell zur Ruhe, und wenn er schläft, ist der Schlaf weniger erholsam. In der Regel fehlt ihm mindestens eine Tiefschlafphase. Abends geht es dann mangelhaft erholt in die nächste Nachtschicht. Und so weiter …

Dieser Rhythmus lässt nicht einfach umstellen. Verantwortlich für die Taktung sind Zeitgeber,[12] die dafür sorgen, dass der Körper auch ohne innere Uhr dieses Programm immer von Neuem laufen lässt. Diese Zeitgeber sind zum einen Lichteinflüsse und zum anderen die Einbindung in den Rhythmus, in dem sich das Umfeld bewegt. Eine Umstellung gelingt da nur durch eine Reise um den Globus. Aber auch dann stellt sich der Körper nicht wirklich um, er sucht sich nur die neuen Zeitgeber vor Ort und macht dann wie gewohnt weiter: Aktivzeit in der Nacht, Erholungszeit am hellen Tag. Eine Umstellung mit tatsächlicher Anpassung an die Nachtarbeit würde erfordern, die Aktivitätsphase in die Nacht und die Erholungsphase in den Tag zu legen.

---

12 Der Begriff hat sich eingebürgert, eigentlich werden aber Impulse gegeben.

Aus diesen Erkenntnissen leitet die Arbeitswissenschaft die Empfehlung ab, dass maximal drei Nachtschichten aufeinander folgen sollen und sich daran eine Erholungsphase anschließen muss.[13] Arbeitswissenschaftlich sinnvolle mehrtägige Unterbrechungen kollidieren dabei allerdings manchmal mit dem Wunsch der Beschäftigten, mehr freie Tage am Wochenende zu haben.

I.2.2 Manipulationsversuche

Auch Versuche, das Problem durch neue »Chronotypen« zu bagatellisieren oder durch besondere Beleuchtung in Fabrikhallen den individuellen Rhythmus zur Umstellung zu bewegen, haben bislang wenig gebracht.

Hinter dem Label der Chronotypen verbirgt sich die Erfahrung, dass es Menschen gibt, die lieber früh aktiv sind und solche, die lieber lange schlafen. Viel mehr als ein waches Auge für die eigene Umwelt braucht es allerdings nicht, um dieses Phänomen zu entdecken. Nur noch ein bisschen Fantasie bei der Namensgebung – »Lerche« für den frühen Vogel, »Eule« für den späten Typen – und schon sieht das Ganze nach Erkenntnis aus, lockt aber auch die Konkurrenz auf den Plan: russische und belgische Wissenschaftler z. B., die vier Typen statt zwei Typen entdeckt haben wollen, und dann noch bayerische, die auf sieben kommen. Es geht zu wie bei den Herstellern von Nassrasierern, deren Innovation auch nur noch darin besteht, alle paar Jahre eine weitere Klinge anzubauen. Bei ausgereiften Produkten ist es halt schwer mit der Verbesserung. Welche Tiere für die weiteren Typen Pate standen, ist nicht bekannt.

Wer genauer hinschaut, entdeckt zweierlei: Das Ganze hat nichts mit dem circadianen Rhythmus zu tun, dieser läuft weiter im selben Trott, allenfalls etwas verschoben. Und diejenigen, die die Typenlehre – eher in bunten Magazinen und Ratgeberbüchern – verbreiten, geben offen zu, dass es diese Typen in Reinkultur nicht gibt, sondern nur fließende Übergänge.

Eulen sind deshalb auch nicht besser für Schichtarbeit geeignet, allerdings sollte der Betriebsrat – wie sonst auch – solche individuellen Vorlieben berücksichtigen: Wer lieber spät arbeitet, soll das auch vermehrt machen können, das entlastet diejenigen, die den Nachmittag für andere Tätigkeiten freihalten wollen. Das macht Schichtsysteme noch mal ein wenig komplizierter, aber wenn es dem Wohlbefinden dient, sollte der Preis nicht zu hoch sein.

Das andere Thema zur Beeinflussung des verflixten circadianen Rhythmus im Sinne der Nachtschicht ist die Beleuchtung. Wenn – so die Überlegung – das Licht für die Taktung verantwortlich ist, müsste doch die Fabrikhalle nur richtig beleuchtet werden, und schon ist die nächtliche Ermattung überwunden.

Ein Forschungsprojekt[14] der BAuA zu dem Thema bringt allerdings mehr Text als Erkenntnis ans Tageslicht. Es ist auch kaum zu erklären, worauf sich die Hoffnung gründet, dass es in der Nacht Arbeitenden nützen soll, wenn ihrem Körper nach einem hellen Tag durch die Beleuchtung in der Halle vorgegaukelt wird,

13 Beermann 2005, S. 12.
14 Udovicic u. a.

sie befänden sich weiterhin in dieser aktiven Phase. Zumal sich daran erneut ein heller Tag anschließt, der dem Körper wiederum signalisieren würde, dass es Zeit ist, auf die Jagd zu gehen. Das hört sich eher noch einer weiteren Erhöhung der Belastung an, nach einer Art Dauer-Jetlag.
Da aber Zeitgeber für den Wechsel im circadianen Rhythmus neben dem Licht auch das soziale Umfeld ist, also Licht wie auch Umwelt den Tagesrhythmus triggern, kann das Licht allein sowieso nichts ausrichten. Deshalb sind mit Licht die Probleme mit der Nachtarbeit wohl nicht zu überwinden.

I.3 Gefährdungsbeurteilung

Das Mittel der Wahl für den Betriebsrat, um die Anforderungen an eine Arbeitszeitgestaltung zu beurteilen, ist die Gefährdungsbeurteilung. Diese muss bei Maßnahmen von Relevanz für den Arbeitsschutz immer durchgeführt werden, wenn nicht eine gesetzliche Regel existiert, die konkrete Maßnahmen festlegt.
Für die Arbeitszeit bedeutet das, dass z. B. die Notwendigkeit einer Pause von 30 Minuten bei mehr als sechs Stunden Arbeitszeit nicht erst beurteilt werden muss. Diese Pause ist gem. 4 Arbeitszeitgesetz (ArbZG) sowieso das Minimum. Ob diese aber auf zwei Abschnitte à 15 Minuten aufgeteilt werden kann oder ob sogar Kurzpausen – falls zulässig – sinnvoll sind, muss betrieblich beurteilt werden. Dafür wiederum ist eine Beurteilung der von der Verkürzung ausgehenden Gefährdung erforderlich.
Das Instrument »Gefährdungsbeurteilung« kommt angesichts der geringen Regelungsdichte bei der Arbeitszeit fast immer ins Spiel, wenn Arbeitszeiten verändert werden. Sie verschafft dem Betriebsrat Einwirkungsmöglichkeiten[15] auf die Gestaltung der Arbeitszeit selbst, aber auch auf die damit in Zusammenhang stehenden Auswirkungen auf andere Bereiche.
Dabei darf der Gesundheitsschutz bei der Arbeitszeitgestaltung nicht darauf verengt werden, welche Krankheiten verursacht bzw. vermieden werden können. Der Begriff des Arbeitsschutzes erstreckt sich neben dem unmittelbaren Gesundheitsschutz, also der Abwendung arbeitsbedingter körperlicher und psychischer Beeinträchtigungen, auch auf den Aspekt der »menschengerechten Gestaltung der Arbeit«. In § 4 Arbeitsschutzgesetz (ArbSchG) werden diese allgemeinen Grundsätze so beschrieben:

> **§ 4 ArbSchG**
> Die Arbeitgeberin hat bei Maßnahmen des Arbeitsschutzes von folgenden allgemeinen Grundsätzen auszugehen:
> …

15 Kapitel III.5.4.5 – Arbeitsschutz (§ 87 Abs. 1 Nr. 7 BetrVG).

> 4. Maßnahmen sind mit dem Ziel zu planen, Technik, Arbeitsorganisation, sonstige Arbeitsbedingungen, soziale Beziehungen und Einfluss der Umwelt auf den Arbeitsplatz sachgerecht zu verknüpfen;
> …

Die Arbeitsorganisation, zu der auch die Arbeitszeit zählt, darf also nicht nur isoliert auf ihre Auswirkungen betrachtet werden, sondern muss das Umfeld, in dem sie wirkt, mit beachten. Obwohl davon unmittelbar keine Gesundheitsgefahr ausgeht, muss deshalb im Rahmen des Arbeitsschutzes auch berücksichtigt werden, wenn der Schichtbeginn um 6:30 Uhr dazu führt, dass Beschäftigte wegen ungünstiger ÖPNV-Zeiten schon 45 Minuten früher beim Betrieb ankommen müssen und dann dort sinnlos Zeit verplempern. Der Beginn 6:30 Uhr ist zwar arbeitsmedizinisch gegenüber einem um 6:00 Uhr zu bevorzugen, er steht aber hier nur auf dem Papier, weil sich dadurch nichts am frühen Beginn der arbeitsgebundenen Zeit ändert. Hier werden nur neue Belastungen verursacht, die in keinem Verhältnis zum vermeintlichen Gewinn stehen.
Die Integration des Themas »Arbeitsschutz« in die Gestaltung der Arbeitszeit ist ein Vorgang, der sich jeglicher schematischer Beurteilung nach den Kriterien »gut« / »schlecht« entzieht. Eine Gefährdungsbeurteilung ist das Werkzeug, um sich dieser Aufgabe – zugeschnitten auf die Arbeitsplätze im eigenen Betrieb – angemessen zu nähern.[16]

16 Weitere Details in Kapitel V.6.4.5 – Belastungsschutz.

II. Rechtlicher Rahmen

II.1 Im Dschungel der Regelungen

Wer sich mit der Gestaltung der Arbeitszeit im Betrieb beschäftigt, muss ein paar rechtliche Vorgaben beachten, die wiederum auf ein paar unterschiedliche Regelwerke von ein paar unterschiedlichen Akteuren verteilt sind. Insgesamt sind es vielleicht ein paar zu viele, zumal sich deren Zusammenspiel auch nicht immer ohne Weiteres erschließt. Trotzdem müssen die Vorgaben eingehalten werden, sonst droht Ungemach mit der Aufsichtsbehörde und Streit im Betrieb.

Vorschriften zur Arbeitszeit finden sich im europäischen Gemeinschaftsrecht, in staatlichen Gesetzen und Verordnungen, in Tarifverträgen, Arbeitsverträgen und in Betriebsvereinbarungen. Zu beachten ist außerdem die Wirkung der Mitbestimmungsrechte aus dem BetrVG.

Alle sind gleichermaßen verbindlich, es gibt also keine minder- oder höherwertigen Vorschriften. Sie haben aber unterschiedliche Adressaten: Das EU-Recht richtet sich primär an die Mitgliedstaaten und deren Handeln, das ArbZG eigentlich an alle, schließt aber einzelne Branchen und Beschäftigtengruppen aus seinem Geltungsbereich aus, für die dann wieder andere Vorschriften gelten. Die autonomen Regelungstypen wiederum – also Tarifvertrag, Betriebsvereinbarung und Arbeitsvertrag – haben ohnehin einen begrenzten Einflussbereich.

Die staatlichen und tarifvertraglichen Vorschriften enthalten die bei der betrieblichen Gestaltung der Arbeitszeit durch die Betriebsparteien zu beachtenden Vorgaben. Sie stecken das »Spielfeld« ab, auf dem sich die Betriebsparteien bei der Gestaltung der Arbeitszeit bewegen dürfen. Verlassen sie das Spielfeld, sind die Ergebnisse ihrer Arbeit rechtswidrig und damit unzulässig. Und für den Betriebsrat besonders wichtig: Die Mitbestimmung ist damit auch weg, denn die entsprechende Vorschrift, § 87 Betriebsverfassungsgesetz (BetrVG), legt ganz zu Anfang fest, dass Maßnahmen dann nicht der Mitbestimmung unterliegen, wenn es dafür eine gesetzliche oder tarifliche Regelung gibt. Für alles, was außerhalb des rechtlich Erlaubten liegt, gibt es eine solche Regel. Das ist die, die die Grenze des Erlaubten festlegt.[1]

Das Ergebnis ihrer Arbeit sind die betrieblichen Regelungen zur Gestaltung der Arbeitszeit: also Betriebsvereinbarungen und teilweise Regelungsabreden. Der

---

1 Kapitel III.7.1 – Tarifvorrang / Gesetzesvorrang / Tarifvorbehalt.

Einfluss des Betriebsrats und die Durchsetzungsmöglichkeiten beider Betriebsparteien werden durch die Mitbestimmungsrechte im BetrVG festgelegt. Aufgestellt werden die Vorschriften also von unterschiedlichen Akteuren oder Institutionen. Sie und ihre Anliegen auseinanderzuhalten hilft zu verstehen, was mit den einzelnen Vorschriften gemeint ist und wie sie durchgesetzt werden können.

II.1.1 Regelungen öffentlicher Institutionen

Die erste Gruppe der Regelungen stammt von öffentlichen Institutionen, also der Europäischen Union, dem Staat mit allen Gliederungen und – theoretisch – von den Berufsgenossenschaften als Selbstverwaltungsorganen mit Hoheitsrechten. Die Vorschriften dieser Gruppe lassen sich alle dem Regelungsanliegen zuordnen, die Beschäftigten vor übermäßig belastenden Arbeitszeiten zu schützen. Sie machen das, indem sie Höchstgrenzen für die Arbeitszeit bzw. Mindestnormen für Entlastungszeiten festsetzen. Das praktisch ebenso wichtige Thema »Vergütung der Arbeitszeit« spielt hierbei keine Rolle, selbst wenn es am Rande – bei der Vergütung von Nachtarbeit – im ArbZG einmal kurz auftaucht. Auch dabei handelt es sich aber um eine Arbeitsschutzvorschrift. So zumindest sieht es die Rechtsprechung.[2]

Die Regelungen auf dieser Ebene richten sich an unterschiedliche Adressaten:

- Die Richtlinie 2003/88 zur Vereinheitlichung des gesetzlichen Arbeitszeitrechts verpflichtet in erster Linie die Mitgliedstaaten der EU dazu, bestimmte Gesetze, Regelungen zur Arbeitszeit usw. zu erlassen. Verpflichtet durch diese Vorschriften sind also nicht die Bürger, Unternehmen usw., sondern die öffentlichen Institutionen. Dieser Grundsatz ist aber nur ein Grundsatz, stimmt also nicht immer, und wenn er nicht stimmt, haben Arbeitnehmer unmittelbare Rechte aus den Vorschriften in dieser Richtlinie.[3]
- Staatliche Gesetze gelten entweder – wie das ArbZG – für fast alle Arbeitsverhältnisse oder nur für einzelne Personengruppen wie z. B. Jugendliche und werdende bzw. stillende Mütter.
- Darüber hinaus gibt es für einzelne Branchen bzw. Arbeitsgebiete noch Ausnahmen von den Regelungen des ArbZG durch spezielle Gesetze oder Verordnungen. Das ArbZG enthält ebenfalls spezielle Regelungen für das Gesundheitswesen oder den Straßenverkehr. Besondere Regelungen für Schifffahrt und Luftverkehr sind in Verordnungen enthalten.[4]

---

2 BAG 13.12.2018 – 6 AZR 549/17.

3 Kapitel II.2.2 – Normenkonflikte mit europäischem Recht.

4 Kapitel II.3 – Übersicht: Regelwerke.

II.1.2 Tarifvertragliche Regelungen

Tarifvertragsparteien sind auf vielen Feldern tätig. Soweit es in den Tarifverträgen um Arbeitszeit geht, betrifft das im Wesentlichen die Festlegung, welche Vergütung für welche Arbeitszeiten zu bezahlen ist.
Regelungen zum Arbeitsschutz im Tarifvertrag können zwei einander entgegenstehende Zielrichtungen haben: Zunächst gibt es eine Absenkung des gesetzlichen Schutzniveaus, die durch das ArbZG selbst zugelassen ist.[5] Seltener sind eigenständige Begrenzungen der Arbeitszeit in Tarifverträgen. Dabei handelt es sich aber meist nur um Grundsätze, von denen im Betrieb abgewichen werden kann.
Adressaten der Regelungen im Tarifvertrag sind Arbeitgeberinnen und Beschäftigte, die an den Tarifvertrag gebunden sind. Ein spezieller Regelungstyp im Tarifvertrag – die Betriebsnorm – gilt schon dann im Betrieb, wenn nur die Arbeitgeberin an den Tarifvertrag gebunden ist.
Tarifnormen begrenzen darüber hinaus auch die Möglichkeit, in nicht tarifgebundenen Betrieben Sachverhalte abweichend von diesen Tarifverträgen zu regeln.[6]

II.1.3 Arbeitsvertragliche Regelungen

Die Arbeitsvertragsparteien könnten theoretisch dasselbe machen wie Tarifvertragsparteien – und machen das auch häufig, insbesondere wenn sie die Arbeitsbedingungen durch Verweis auf einen Tarifvertrag regeln. Allerdings spielt hierbei der Schutzgedanke der Beschäftigten keinerlei Rolle mehr, es geht vielmehr um die Arbeitspflicht der Beschäftigten, z. B. bei Mehrarbeit und Wochenendschichten. Betriebsnormen können auf diesem Weg allerdings nicht in Kraft gesetzt werden. Der Bereitschaftsdienst darf also auch mit solch einer Verweisung nicht über 10 Stunden am Tag dauern.[7]

II.1.4 Betriebliche Regelungen

Die Betriebsparteien organisieren die Lage der Arbeitszeit im Rahmen der von den anderen Akteuren vorgegebenen Bedingungen. Das Gesetz hierzu ist das BetrVG, das allerdings nicht die Arbeitszeit selbst regelt, sondern die Rechte, die der Betriebsrat bei deren Gestaltung hat.

---

5 Kapitel II.3.1.2.2 – Abweichungen durch Tarifvertrag.
6 Kapitel II.3.2 – Tarifverträge.
7 Kapitel II.3.4 – Arbeitsverträge.

II.2 Wie alles mit allem zusammenhängt

Die verzweifelte Frage von Loriot beim Skat »Also was ist Trumpf?« passt gut zu dem Dilemma, in das schnell gerät, wer rechtlich sauber bei der Gestaltung der Arbeitszeit vorgehen will. Wenn so viele unterschiedliche Akteure am selben Thema arbeiten, ist es nicht überraschend, wenn die Regelungen sich überschneiden oder gar – scheinbar – in Konkurrenz zueinander stehen.
Die Form der Auflösung solcher Konflikte zwischen Normen unterscheidet sich danach, ob europäische Vorschriften mit im Spiel sind oder nicht.

II.2.1 Normenkonflikte ohne europäisches Recht

Für Normenkonflikte, an denen keine europäischen Vorschriften beteiligt sind, gibt es Instrumente, die aber in den meisten Fällen entweder nichts nutzen oder gar nicht gebraucht werden. Sie heißen »Rangfolgeprinzip« und »Günstigkeitsprinzip« und sind deshalb wenig hilfreich, weil entweder die scheinbare Konkurrenz zwischen Regelungen gar nicht existiert oder die Instrumente aus anderen Gründen gar nicht eingesetzt werden dürfen.
Ein Fall einer scheinbaren Konkurrenz, bei der sich Normen zwar zum Verwechseln ähnlich sind, aber unterschiedliche Sachverhalte betreffen, ist der »Ausgleichszeitraum« für die Arbeitszeit. Einen Ausgleichszeitraum haben sowohl das ArbZG als auch praktisch alle Manteltarifverträge. Im ArbZG beträgt er sechs Monate, er kann aber durch Tarifvertrag verlängert werden. Die meisten in Tarifverträgen vereinbarten Ausgleichszeiträume sind tatsächlich länger als der gesetzliche. Das schmeckt und riecht dann zwar fast gleich, ist aber tatsächlich doch etwas anderes.
Der Tarifvertrag verteilt im Ausgleichszeitraum die normal bezahlte Regelarbeitszeit. Beträgt diese 38 Stunden pro Woche, muss spätestens bei dessen Ablauf der Durchschnitt von 38 Stunden pro Woche erreicht sein. Das ist allerdings keine Verbots-, sondern nur eine Zahlgrenze: Das heißt, wenn mehr gearbeitet wurde, ist der Überschuss zusätzlich zu vergüten, nämlich mit Zeitzuschlägen. Die Zuschläge gibt es aber nur in gut verhandelten Tarifverträgen.[8]
Der Ausgleichszeitraum im ArbZG hat im Gegensatz dazu eine völlig andere Funktion: Wenn an dessen Ende noch Arbeitszeit auf dem Konto steht, ist das in der Regel ein Verstoß gegen das ArbZG, der zur Verhängung eines Bußgeldes gegen die Arbeitgeberin führen kann. Das ArbZG hat also eine Verbotsgrenze, jenseits derer nicht mehr gearbeitet werden darf, auch wenn dafür mehr bezahlt werden würde. Der Tarifvertrag dagegen lässt die zusätzliche Arbeit nicht nur zu, sondern macht sie fast immer auch zur Pflicht der Beschäftigten. Es handelt sich damit um zwei völlig unterschiedliche, aber leider gleich bezeichnete Sachverhalte. Dass ein Tarifvertrag den für die gesetzliche Höchstarbeitszeit von 48 Stunden pro Woche geltenden Ausgleichszeitraum von sechs Monaten verlängert, ist dagegen äußerst selten.

8 Kapitel IV.6.1.1.2 – Tarifvertraglicher Ausgleichszeitraum.

Wenn es doch einmal zu einer Konkurrenz zwischen den verschiedenen Regelungen kommt – also geklärt werden muss, welche Regel im Einzelfall gilt und welche nicht angewendet werden darf – kommen die Instrumente »Rangfolgeprinzip« und »Günstigkeitsprinzip« ins Spiel. Grafisch werden beide anhand einer »Normenpyramide« dargestellt, mit der jedes Betriebsratsmitglied mindestens einmal auf einer Schulung konfrontiert wird.
Die Normenpyramide stellt die Rangfolge der Normgeber dar: Oben stehen dabei die von staatlichen oder überstaatlichen Stellen geschaffenen Vorschriften, ganz unten die Arbeitsverträge. Suggeriert wird damit, dass die Rangfolge der Normgeber zugleich eine Hierarchie ihrer Regelungen zum Ausdruck bringt.

Grafik 1: Die Normenpyramide

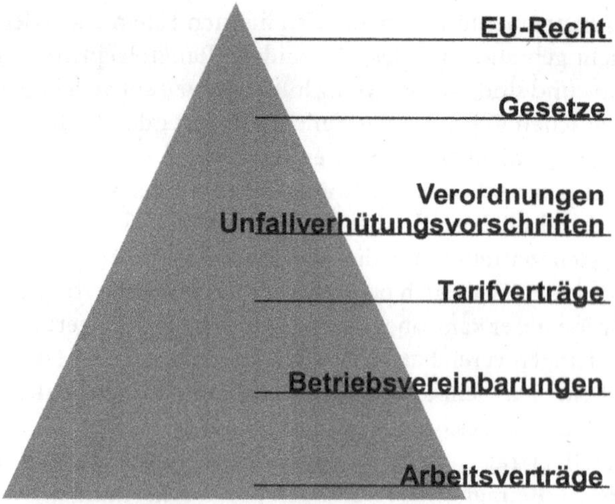

Die Normenpyramide: Sie suggeriert eine höhere oder geringere Wertigkeit der Vorschriften, die tatsächlich so nicht existiert.

Tatsächlich aber hat diese Rangfolge im Arbeitsrecht praktisch nichts mit der Vorrangigkeit von einzelnen Vorschriften zu tun. Gesetze sind nicht wichtiger als Tarifverträge, verdrängen diese also nicht grundsätzlich. Im Gegenteil lassen viele Gesetze ausdrücklich eine Abweichung von den eigenen Vorschriften durch Tarifvertrag zu. So ist z. B. in § 7 Abs. 2 Nr. 1 ArbZG die Möglichkeit vorgesehen, die gesetzliche Mindestruhezeit von elf Stunden zu verkürzen, wenn das durch Tarifvertrag zugelassen ist. Nur wenn das jeweilige Gesetz eine verbindliche Vorgabe enthält, muss der Tarifvertrag weichen, der sie nicht einhält. Prominente Beispiele hierfür sind Regelungen in vielen Tarifverträgen, die Teilzeitbeschäftigte diskriminieren.[9] Hierbei kollidieren allerdings nicht zwei Arbeitszeitvor-

9 BAG 19.12.2018 – 10 AZR 231/18 (Mehrarbeitszuschläge); 29.1.2020 – 4 ABR 26/19 (Berechnung der Berufsjahre); 22.10.2019 – 9 AZR 71/19 (Altersfreizeit).

schriften zum selben Thema, sondern die Tarifverträge verstoßen gegen das in verschiedenen Gesetzen enthaltene Diskriminierungsverbot.

Die Normenpyramide schlägt so lediglich romantisierend eine Brücke zum preußischen Staatsverständnis, wonach der an der Spitze angeblich am meisten zu sagen hatte. Bei der Lösung der Normenkonflikte hilft sie aber nicht weiter, weil auf den verschiedenen Ebenen in Wirklichkeit unterschiedliche Sachverhalte geregelt werden, die lediglich dieselben Begriffe benutzen.

Dasselbe trifft auch auf das Günstigkeitsprinzip zu. Danach soll – grob vereinfacht – bei einer Konkurrenz von Normen immer die für die Beschäftigten günstigere Regelung gelten. Abgesehen davon, dass sich keineswegs immer abstrakt und allgemein feststellen lässt, welche Regelung tatsächlich günstiger ist, stimmt dies gerade im Arbeitszeitrecht schon deshalb nicht, weil die Verschlechterung der eigenen Regelungen im Gesetz häufig selbst durch sogenannte Öffnungsklauseln zugelassen wird.[10]

Sogar ausdrücklich ausgeschlossen ist das Günstigkeitsprinzip im Verhältnis zwischen Tarifvertrag und Betriebsvereinbarung: Selbst wenn eine Betriebsvereinbarung die deutlich bessere Regelung für die Beschäftigten enthält als der Tarifvertrag, geht sie gem. § 77 Abs. 3 BetrVG nicht vor. Diese Vorschrift besagt, dass eine Betriebsvereinbarung niemals regeln kann, was im Tarifvertrag bereits geregelt ist – nicht schlechter, aber auch nicht besser. Tatsächlich werden solche Vereinbarungen aber in großer Zahl geschlossen und gelebt. Je nach Konjunkturlage sind sie mal eine Verschlechterung, mal eine Verbesserung für die Beschäftigten. In der Krisenzeit der 1990er-Jahre wurden so auf betrieblicher Ebene Arbeitszeiten bei gleichbleibender Vergütung angehoben. Als die Konjunktur dann wieder brummte und die Menschen gebraucht wurden, konnten zusätzliche Vergütungen für Sonderschichten auf dieser Ebene ausgehandelt werden. Rechtlich war und ist das alles unwirksam, allerdings hatte und hat der Staat kein Interesse daran, in dieses Treiben einzugreifen. Selbst wenn er es wollte, könnte er nichts tun, weil er in seiner Rolle als Gesetzgeber selbst dafür gesorgt hat, dass nur die unmittelbar Beteiligten gegen solche Rechtsverstöße vorgehen können.

»Rangfolgeprinzip« und »Günstigkeitsprinzip« helfen also nur manchmal weiter, und ob dieser Zustand des »Manchmal« gerade erreicht ist, ist in den meisten Fällen nicht klar – muss es aber auch nicht sein, denn in aller Regel stellt sich heraus, dass die Normen gar nicht miteinander konkurrieren, sondern in Wirklichkeit unterschiedliche Dinge regeln. Der Beitrag der Juristerei zu dieser Verwirrung ist weiter unten dargestellt.[11]

II.2.2 Normenkonflikte mit europäischem Recht

Das europäische Recht taucht zweimal im Konzert der Arbeitszeitvorschriften auf. Als erste Geige, die vorgibt, wie die Mitgliedsländer der Europäischen Union ihre Vorschriften zur Arbeitszeit gestalten müssen. Und dann noch einmal als

10 Kapitel II.3.1.2 – Strukturen.
11 Kapitel II.3.5 – Begriffe: Ein juristisches Hütchenspiel.

Lieferant von ein paar fremden Tönen, die der deutsche Gesetzgeber zum Klingen bringt, indem er nationale Vorschriften darauf verweisen lässt.

> **Ruhezeit (erste Geige)**
> Die Richtlinie (EG) 2003/88 verpflichtet in Art. 3 die Mitgliedstaaten, »die erforderlichen Maßnahmen« zu treffen, damit Beschäftigten je 24-Stunden-Zeitraum eine Mindestruhezeit von elf zusammenhängenden Stunden bekommen. Die Umsetzung in nationales Recht erfolgt durch § 5 ArbZG.

> **Ruhezeit (fremde Töne)**
> Die FPersV bestimmt in § 1 Abs. 1, dass für Fahrerinnen und Fahrer im ÖPNV die Lenk- und Ruhezeiten nach Europäischem Recht auch dann gelten, wenn sie von den entsprechenden Vorschriften gar nicht erfasst sind.

Im Grunde ist es ausreichend, wenn sich die betrieblichen Akteure in Deutschland an das nationale Recht halten, da dieses die europäische Richtlinie umsetzen muss. Allerdings agiert der deutsche Gesetzgeber dabei unterschiedlich sorgfältig: Meist setzt er das europäische Recht richtig um, manchmal aber ist er dabei etwas unpräzise, manchmal ist die Umsetzung unzureichend und manchmal widerspricht sie sogar dem europäischen Recht. Für dieses Verhalten hat sich das seltsame Bild der nicht gemachten Hausaufgaben eingebürgert. Allerdings fehlen die typischen pseudopädagogischen Maßnahmen für solches Verhalten: »Nachsitzen« ist da ebenso sinnlos wie »Sitzenbleiben«, schon weil die Verantwortlichen ohnehin den Großteil ihrer Zeit im Sitzen verbringen. Die EU hätte die Möglichkeit, in diesen Fällen ein Vertragsverletzungsverfahren einzuleiten, aber bis das am Ziel ist …
Damit es nicht ganz so beliebig wird, haben sich die Gerichte auf ein paar Werkzeuge geeinigt, um europäisches Recht in solchen Fällen doch noch zur Geltung zu bringen:

1. Wenn die Vorschrift im nationalen Recht die europäische Regelung zwar nicht exakt umsetzt, ihr aber auch nicht ausdrücklich widerspricht, gilt der Grundsatz der gemeinschaftskonformen Auslegung: Das Gesetz muss so ausgelegt werden, dass es dem europäischen Recht entspricht.[12] Ein Beispiel hierfür ist die Regelung im ArbZG zur Lage der Ruhezeit.[13]
2. Widerspricht das nationale Recht offen der europäischen Richtlinie, hilft eine Auslegung nicht weiter. Allerdings dürfen Unternehmen, die in staatlicher Hand sind und der Staat selbst als Arbeitgeberin sich nicht auf die gegen Gemeinschaftsrecht verstoßenden Vorschriften berufen, sondern müssen EU-Recht unmittelbar anwenden. Dahinter steht der Gedanke, dass der Staat keine Privilegien nutzen darf, die er selbst rechtswidrig geschaffen hat.[14]

---

12 BAG 16.9.2020 – 7 AZR 491/19; EuGH 5.10.2004 – C-403/01.
13 Kapitel II.3.1.5.1 – Tägliche Ruhezeit.
14 BAG 18.2.2003 – 1 ABR 2/02.

Ein solcher Verstoß ist der sechsmonatige Ausgleichszeitraum in § 3 ArbZG für die Einhaltung der wöchentlichen Höchstarbeitszeit von 48 Stunden. Das europäische Recht lässt nämlich nur einen viermonatigen Ausgleichszeitraum zu.

3. Ein weiteres Werkzeug hat der EuGH entwickelt, das bei einem offenen Widerspruch zwischen nationalem und europäischem Recht auch alle Arbeitgeberinnen ohne staatlichen Einfluss unmittelbar an das europäische Recht bindet: Haben diese europäischen Vorschriften den Charakter von Grundrechten nach der europäischen Grundrechtecharta, müssen sie von allen umgesetzt werden und verdrängen das im Widerspruch dazu stehende nationale Recht. Entschieden wurde das beim Recht auf bezahlten Mindesturlaub.[15]

II.3 Übersicht: Wirkung und Durchsetzung der Regelwerke

Europäische Arbeitszeitrichtlinie 2003/88 (Richtlinie 2003/88(EG))
Normgeberin: EU
Wirkung: Verpflichtet die Mitgliedsstaaten der Europäischen Union, Arbeitszeitgrenzen in bestimmter Weise festzulegen.
Durchsetzung: Vertragsverletzungsverfahren der EU gegen das Mitgliedsland

Europäische Verordnung 561/2006 (VO (EG) Nr. 561/2006)
Normgeberin: EU
Wirkung: Unmittelbare Regelung von Lenkzeiten und Ruhezeiten im Güter- und Personenfernverkehr auf der Straße.
Durchsetzung: Überwachung durch staatliche Aufsichtsbehörden, Bußgelder (FPersG)

Arbeitszeitgesetz (ArbZG), Mutterschutzgesetz (MuSchG), Jugendarbeitsschutzgesetz (JArbSchG), Ladenschlussgesetz (LadSchlG), Verordnung über Ausnahmen vom Verbot der Beschäftigung von Arbeitnehmern in der Eisen- und Stahlindustrie (Eisen- und Stahlindustrie-VO), Verordnung über Ausnahmen vom Verbot der Beschäftigung von Arbeitnehmern in der Papierindustrie (Papierindustrie-VO), Verordnung über Arbeiten in Druckluft (Druckluftverordnung), Fahrpersonalgesetz (FPersG), Fahrpersonalverordnung (FPersV), Verordnung über die Arbeitszeit in der Binnenschifffahrt (BinSchArbZV), Seearbeitsgesetz(SeeArbG), Verordnung über die

15 EuGH 6.11.2018 – C-569/16.

Arbeitszeit bei Offshore-Tätigkeiten (Offshore-ArbZV), Luftfahrt (2 DV. LuftBO)
Normgeberin: BRD
Wirkung: Verpflichten Arbeitgeberinnen, die Arbeitszeit in bestimmter Weise zu organisieren.
Durchsetzung: Überwachung durch Aufsichtsbehörde, Bußgelder, Strafverfahren

Mindestlohngesetz (MiLoG), 5. Verordnung über zwingende Arbeitsbedingungen in der Pflegebranche (5. PflegeArbbV)
Normgeberin: BRD
Wirkung: Verpflichten Arbeitgeberinnen, die Arbeitszeit in bestimmter Weise zu organisieren, damit der Mindestlohn nicht unterschritten wird.
Durchsetzung: Überwachung durch Aufsichtsbehörde, individualrechtlich durch die Beschäftigten im arbeitsgerichtlichen Urteilsverfahren

Sozialgesetzbuch Nr. 9 (SGB IX), Entgeltfortzahlungsgesetz (EntgFG), Bundesurlaubsgesetz (BUrlG), Gewerbeordnung (GewO)
Normgeberin: BRD
Wirkung: Regeln Rechte und Pflichten zwischen Arbeitgeberin und Beschäftigten im laufenden Arbeitsverhältnis.
Durchsetzung: individualrechtlich

Arbeitszeitverordnungen für Beamte (AZV)
Normgeberin: BRD
Wirkung: Verpflichten Unternehmen, die aus privatisieren öffentlichen Einrichtungen (Bahn, Post usw.) hervorgegangen sind, die Arbeitszeit von Beschäftigten im Beamtenstatus in bestimmter Weise zu organisieren.
Durchsetzung: Aufsichtsbehörde, Dienstaufsicht

Abkommen über die Arbeitsbedingungen der Rheinschiffer (Rheinschifferabkommen)
Normgeberinnen: völkerrechtlicher Vertrag der Rheinuferstaaten
Wirkung: Verpflichtet Arbeitgeberinnen, die Arbeitszeit der Rheinschiffer in bestimmter Weise zu organisieren.
Durchsetzung: Überwachung durch Aufsichtsbehörden der Vertragsstaaten

Feiertagsgesetze, Ladenöffnungs- / Ladenschlussgesetze, Bedarfsgewerbeverordnungen
Normgeberinnen: Bundesländer / BRD
Wirkung: Verpflichten Arbeitgeberinnen, Ladengeschäfte zu bestimmten Zeiten, insbesondere an Sonn- und Feiertagen, geschlossen zu halten. Der Anteil der Vorschriften zum Thema »Arbeitszeit« ist gering, in der Regel beschränkt darauf, in welchem Umfang eine Beschäftigung noch zulässig ist, wenn die Läden geschlossen sein müssen.
Durchsetzung: Überwachung durch Aufsichtsbehörden

Tarifverträge
Normgeberinnen: Tarifvertragsparteien, teilweise über Allgemeinverbindlichkeit auch die BRD
Wirkung:
- Verpflichten und berechtigen Arbeitgeberinnen und Beschäftigte hauptsächlich in Bezug auf Arbeitspflichten und daraus resultierende Vergütungen, selten auch Vorschriften zur Arbeitszeitorganisation
- Absenkung des Schutzniveaus des ArbZG
- Begrenzung der Befugnisse der Betriebsparteien, auch ohne eigene Tarifbindung

Durchsetzung: im Arbeitsgerichtsverfahren, hauptsächlich individualrechtlich, selten durch Tarifvertragsparteien selbst

Betriebsvereinbarungen
Normgeberinnen: Betriebsparteien
Wirkung: Konkretisieren die Arbeitsverpflichtung von Beschäftigten, begrenzen das Verfügungsrecht der Arbeitgeberin über die Arbeitszeit.
Durchsetzung der Aufstellung der Betriebsvereinbarung: durch den Betriebsrat in der Einigungsstelle
Durchsetzung der Einhaltung der Betriebsvereinbarung: durch den Betriebsrat im arbeitsgerichtlichen Beschlussverfahren

Arbeitsverträge
Normgeberinnen: Arbeitsvertragsparteien
Wirkung: Regeln Arbeitsumfang, Lage der Arbeitszeit usw. und Vergütung.
Durchsetzung: in der Regel durch Beschäftigte im arbeitsgerichtlichen Urteilsverfahren

Mehrarbeit / Überstunden
Eine Sonderrolle spielen die nachfolgenden Vorschriften, die ausschließlich das Verhältnis zwischen Arbeitgeberin und Beschäftigten betreffen, also die Arbeit der Betriebsparteien bei der Gestaltung der Arbeitszeit nicht beeinflussen:
Mehrarbeit: Schwerbehinderte
Schwerbehinderte haben gem. § 207 Sozialgesetzbuch (SGB) IX das Recht, die Leistung von Mehrarbeit zu verweigern. Mehrarbeit in diesem Fall ist nur die über acht Stunden am Tage hinausgehende Arbeitszeit.[16]
Überstunden: Entgeltfortzahlung / Urlaubsgeld
Bei der Höhe der Entgeltfortzahlung für Feiertage und bei Arbeitsunfähigkeit sowie bei der Berechnung des Urlaubsentgelts wird gem. § 11 Abs. 1 BUrlG und § 4 Abs. 1a EntgFG das »zusätzlich für Überstunden« gezahlte Arbeitsentgelt nicht berücksichtigt. Die Regelungen sind allerdings schillernd, weil der Inhalt des Begriffs »Überstunde« gewissen Schwankungen unterliegt.[17]

---

16 BAG 3.12.2002 – 9 AZR 462/01.
17 Kapitel V.3.3.6 – Ausfallzeiten (Krankheit / Feiertage / Urlaub / Annahmeverzug).

II.3.1 Inhalte der gesetzlichen Vorschriften

Die gesetzlichen Arbeitszeitregelungen enthalten im Wesentlichen Schutzvorschriften zugunsten der Beschäftigten.
Der grundlegende Katalog steht im ArbZG, das für fast alle Branchen und fast alle Beschäftigten gilt. Geregelt werden:

- tägliche und wöchentliche Höchstarbeitszeit (§ 3)
- tägliche und wöchentliche Mindestruhezeit (§§ 5, 9, 11)
- Pausen (§ 4)
- Nacht- und Schichtarbeit (§ 6)
- Sonn- und Feiertagsarbeit (§§ 9, 11)

Komplett ausgenommen aus dem Geltungsbereich des ArbZG sind die Luftfahrtbranche und die Seefahrt außerhalb der Binnengewässer, weitestgehend eigenständig werden die Arbeitszeiten in der Binnenschifffahrt geregelt.
Ebenfalls eigenständig geregelt sind die Arbeitszeiten für jugendliche Beschäftigte im Jugendarbeitsschutzgesetz (JArbSchG). Ausgeschlossen aus dem Geltungsbereich des ArbZG ohne alternative Schutzvorschriften sind durch § 18 ArbZG leitende Angestellte, Chefärzte und -ärztinnen, Beschäftigte, die im selben Haushalt wie die Arbeitgeberin leben, und Beschäftigte im Bereich der Pflege, Erziehung und Betreuung sowie im der liturgischen Bereich der Kirchen.
Die übrigen gesetzlichen Arbeitszeitvorschriften enthalten zudem in Einzelaspekten Ausnahmen von den Regelungen des ArbZG.

II.3.1.1 Definitionen

Die gesetzlichen Vorschriften operieren alle mit den Begriffen Arbeitszeit, Ruhezeit, Pause, Nachtarbeit und Sonn- / Feiertagsarbeit. Was damit gemeint ist, wird z. T. in der EU-Richtlinie 2003/88 und z. T. in § 2 ArbZG definiert. Teilweise fehlen diese Definitionen aber auch, dann springt die Rechtsprechung ein. Die Definitionen der EU-Richtlinie sind maßgeblich, wenn die nationalen Vorschriften widersprüchlich oder unklar sind.
Die Aussage, dass diese Definitionen verbindlich sind, trifft nur für die staatlichen Regelungen zu und auch nur, wenn sie selbst jeweils keine eigenständigen Festlegungen dazu treffen. Denselben Begriffen in anderen Gesetzen oder gar in Tarifverträgen oder Arbeitsverträgen unterstellt die Juristerei zum Teil ganz andere Bedeutungen. Wer da nicht aufmerksam ist, bezieht schnell mal eine Definition aus der falschen Welt auf die gerade zur Bewertung stehende Vorschrift und landet damit auf der Nase.
In Wirklichkeit liegt es aber nicht an mangelnder Aufmerksamkeit, wenn solche Probleme auftauchen, sondern an einem Verwirrspiel im Paragrafenwald.[18] Außerdem passen die Definitionen nicht immer zueinander.

18 Näheres in Kapitel II.3.5 – Begriffe: Ein juristisches Hütchenspiel.

Beispiel
§ 37 Abs. 3 BetrVG verspricht Betriebsratsmitgliedern in bestimmten Fällen eine Vergütung »wie Mehrarbeit«. Gemeint ist damit das, was nach Tarifvertrag höher vergütet wird. Vereinfacht ist das die Überschreitung der wöchentlichen Regelarbeitszeit oder der geplanten Arbeitszeit für eine Woche. Bei der 35-Stunden-Woche wäre das die 36. Stunde.
Wenn jetzt eine werdende Mutter meint, sie dürfe den Betrieb nach Ableistung der 35. Stunde verlassen, weil sie gem. § 4 Mutterschutzgesetz (MuSchG) keine Mehrarbeit leisten muss, kann das schiefgehen. Die Mehrarbeit, vor der sie geschützt wird, fängt nämlich erst bei 8,5 Stunden pro Arbeitstag an. Ursache hierfür sind unterschiedliche Bedeutungen desselben Begriffs. Hier ist das Problem noch zu bewältigen, weil die abweichende Definition im MuSchG selbst steht.

Arbeitszeit
§ 2 Abs. 1 ArbZG: »*Arbeitszeit im Sinne dieses Gesetzes ist die Zeit vom Beginn bis zum Ende der Arbeit ohne die Ruhepausen. (…)*«[19]
Art. 2 Nr. 1 Richtlinie (EG) 2003/88: Arbeitszeit ist »*jede Zeitspanne, während der ein Arbeitnehmer gemäß den einzelstaatlichen Rechtsvorschriften und / oder Gepflogenheiten arbeitet, dem Arbeitgeber zur Verfügung steht und seine Tätigkeit ausübt oder Aufgaben wahrnimmt.*«
Auch wenn beides nicht viel miteinander zu tun hat, lässt sich in der Praxis damit leben. Schwierig wird es, wenn es um Begleiterscheinungen zur Arbeitszeit wie z. B. Reise- und Umkleidezeiten geht.[20]

Ruhezeit
Das ArbZG schweigt zur praktisch mindestens ebenso wichtigen Frage, was eine Ruhezeit[21] ist. Es enthält in § 5 Abs. 1 lediglich die Festlegung, dass diese auf das Ende der täglichen Arbeitszeit folgt. Dagegen legt sich die EU-Richtlinie in Art. 2 Nr. 2 in diesem Punkt eindeutig fest: Ruhezeit ist jede Zeitspanne außerhalb der Arbeitszeit. Diese Bestimmung hat praktische Folgen für die tägliche Höchstarbeitszeit bei Arbeitsbereitschaft und Bereitschaftsdienst.[22]
Aus dieser EU-Regelung zur Ruhezeit folgt der Grundsatz, der auch für das deutsche Arbeitszeitrecht zu beachten ist: Beschäftigte befinden sind entweder in der Arbeitszeit oder in der Ruhezeit, zu der auch die Pause gehört (Grafik 2, S. 48). Aufgeweicht ist dieser Grundsatz ausschließlich für den Bereich des Straßentransports, hier gibt es die Sonderkategorie des sich Bereithaltens im Fahrzeug für die Arbeitsaufnahme. Das ist unschwer als die Rolle von Beifahrer zu identifizieren. Obwohl dies Bereitschaftsdienst ist, ist er in Art. 3b der EU-Richtlinie 2002/15 – allerdings auch nur für bestimmte Konstellationen – aus der Arbeitszeit ausgenommen worden. Umgesetzt wird diese Ausnahme in § 21a ArbZG.

19 Kapitel II.3.1.4.1 – Höchstarbeitszeit im ArbZG.
20 Kapitel II.3.5.1 – Arbeitszeit.
21 Kapitel II.3.1.4.2 – Ruhezeiten.
22 Kapitel V.4.9.2 – Bereitschaftsdienst/Arbeitsbereitschaft und Ruhezeit.

Grafik 2: Existenzformen im Arbeitsleben

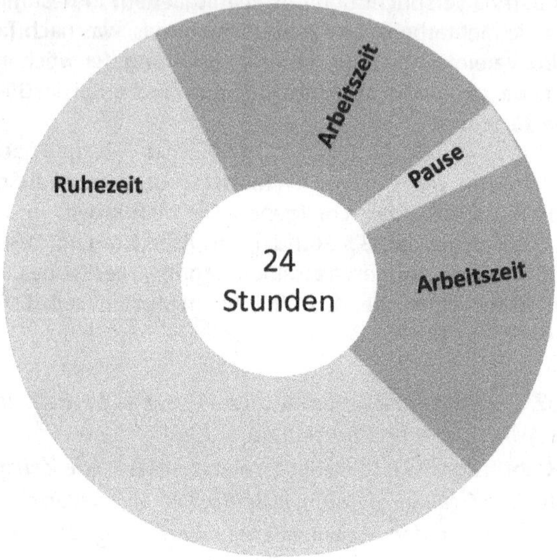

Die Existenzformen europäischer Arbeitnehmer und Arbeitnehmerinnen. Entweder sind sie in der Arbeitszeit oder in der Ruhezeit, zu der auch die Pause zählt.

Nachtarbeit

Viel mehr Mühe gibt sich das ArbZG mit der Beschreibung, was Nachtarbeit und wer Nachtarbeitnehmer ist. Darauf werden etwa zwei Drittel der Definitionen in § 2 verwendet und das Verhältnis zum EU-Recht ist unproblematisch.[23]

Pause

Für die Richtlinie (EG) 2003/88 ist die Pause eine Ruhezeit, also eine Zeit außerhalb der Arbeitszeit. Das ArbZG hat keine Definition für die Pause. Das BAG beschreibt die Pause als eine Zeit außerhalb der Arbeitszeit, während der Beschäftigte weder Arbeit zu leisten verpflichtet sind noch sich dafür bereithalten müssen.[24] Über die Zeit müssen Beschäftigte frei verfügen und entscheiden können, wo und wie sie den nutzen.[25]

Sonn-/Feiertag

Der Sonntag bedarf keiner Definition, weil er durch den Kalender festgelegt ist. Allerdings ist die Festlegung von Bedeutung, dass er von 0:00 bis 24:00 Uhr dauert. Jede Arbeit, die auch nur kurz in diese Phase hinein ragt, ist damit Sonntagsarbeit.

23 Kapitel II.3.1.4.4 – Nacht- und Schichtarbeit.
24 BAG 25.2.2015 – 5 AZR 886/12.
25 BAG 16.12.2009 – 5 AZR 157/09; vgl. auch Kapitel II.3.1.4.3 – Pausen.

Dasselbe gilt für die Feiertage, allerdings nur diejenigen, die durch Landesrecht als gesetzliche Feiertage festgelegt sind.[26]

II.3.1.2 Strukturen

Alle gesetzlichen Vorschriften zur Arbeitszeitgestaltung sind im Prinzip um die Themen des ArbZG – Höchstarbeitszeit[27], Pause, Ruhezeit, Nacht- und Schichtarbeit und Sonn- und Feiertagsarbeit – herumgebaut. Das bedeutet: Sie beziehen sich auf dieselben Themen, häufig legen sie nur Abweichungen von den Grundregeln im ArbZG fest, wobei das ArbZG schon einen Teil dieser Abweichungen selbst eingebaut hat.

II.3.1.2.1 Abweichungen im Rahmen des ArbZG

Das ArbZG eröffnet mehrere Wege, um von seinen eigenen Festlegungen abzuweichen (Übersicht in Grafik 4 auf S. 67).

In der **ersten Stufe** schränkt das ArbZG selbst seine Regelungen ein:

- Die werktägliche Höchstarbeitszeit von acht Stunden darf auch zehn Stunden dauern (§ 3 Satz 3 ArbZG).[28]
- Die Mindestpausen von 30 bzw. 45 Minuten können auf 15-Minuten-Abschnitte verkürzt werden (§ 4 Satz 2 ArbZG).
- Die Mindestruhezeit von elf Stunden kann in verschiedenen Branchen um eine Stunde verkürzt werden (§ 5 Abs. 2 ArbZG) und in Kliniken anderen Pflege- / Betreuungseinrichtungen auf 5,5 Stunden bei Rufbereitschaft (§ 5 Abs. 3 ArbZG).
- Die eigentlich unzulässige Sonn- und Feiertagsarbeit wird für eine Vielzahl von Branchen in § 10 ArbZG erlaubt.

Auf der **zweiten Stufe** kann von den Regelungen des ArbZG im dort festgelegten Umfang durch einen Tarifvertrag abgewichen werden (Grafik 3 S. 51). Der Tarifvertrag kann auch die Betriebsparteien zu diesen Abweichungen ermächtigen. Im ersten Fall bestimmt der Tarifvertrag selbst über die Abweichung, im zweiten Fall delegiert er die Entscheidung darüber an die Betriebsparteien. (§ 7 Abs. 1, 2, 2a und § 12 ArbZG).

In demselben Umfang können auch die Aufsichtsbehörde (§ 7 Abs. 5 und § 13 Abs. 3–5 ArbZG) und die Bundesregierung (§ 7 Abs. 6 und § 13 Abs. 1 ArbZG) Abweichungen zulassen, wenn es üblicherweise keinen Tarifvertrag in der Branche gibt. Diese Befugnis ist für die Aufsichtsbehörden bei der Sonntagsarbeit nur eingeschränkt und die Bundesregierung kann nicht die Wochenarbeitszeit über 48 Stunden hinaus verlängern.

Die **letzte Stufe** der im ArbZG zugelassenen Ausnahmen bilden schließlich die sogenannten »außergewöhnlichen Fälle«, bei deren Eintreten es gem. § 14 ArbZG erlaubt ist, von praktisch allen Normen des ArbZG abzuweichen.[29]

---

26 Kapitel II.3.1.4.2.2 – Wöchentliche Ruhezeit / Sonn- und Feiertagsarbeit.
27 Kapitel II.3.1.4 –Höchstarbeitszeit im ArbZG.
28 Was sich dahinter verbirgt, wird in Kapitel II.3.1.4.2 – Der Acht-Stunden-Tag erläutert.
29 Kapitel II.3.1.2.4 – Außergewöhnliche Fälle.

II.3.1.2.2 Abweichungen durch Tarifvertrag / behördliche Erlaubnis

Übersicht: Abweichungen von den Grenzen des ArbZG durch Tarifvertrag bzw. Genehmigung der Aufsichtsbehörde oder der Bundesregierung

1. Verlängerung der täglichen Höchstarbeitszeit
§ 7 Abs. 1 Nr. 1a), Nr. 4: bei Bereitschaftsdienst und Arbeitsbereitschaft
§ 7 Abs. 2 Nr. 2: in der Landwirtschaft in der Bestellungs- und Erntezeit
§ 7 Abs. 2 Nr. 3: im Gesundheitswesen, wenn dies dem Wohl der Patienten dient
§ 7 Abs. 2 Nr. 4: im öffentlichen Dienst zur Anpassung an die Eigenart dieser Tätigkeiten
§ 7 Abs. 1 Nr. 4a): bei Bereitschaftsdienst und Arbeitsbereitschaft
§ 12 Nr. 4: auf bis zu 12 Stunden an Sonn- und Feiertagen, wenn dadurch freie Schichten an anderen Sonn- und Feiertagen erreicht werden
§ 15 Abs. 1, Nr. 1, 2: Verlängerung der täglichen Arbeitszeit in bestimmten Branchen (nur durch Aufsichtsbehörde und Bundesregierung)

2. Verlängerung der wöchentlichen Höchstarbeitszeit
§ 7 Abs. 2a, 7: bei Bereitschaftsdienst / Arbeitsbereitschaft mit zusätzlicher Einzelvereinbarung (nicht durch Bewilligung der Bundesregierung)

3. Verkürzung der Ruhepausen
§ 7 Abs. 1 Nr. 2: Verkürzung auf Kurzpausen in Verkehrs- und Schichtbetrieben
§ 15 Abs. 2: Verkürzung der Pausen in bestimmten Branchen (nur durch Bundesregierung)

4. Verkürzung der täglichen Ruhezeit
§ 7 Abs. 1 Nr. 3: täglich um 2 Stunden, wenn die Art der Arbeit das erfordert
§ 7 Abs. 2 Nr. 1: unbestimmte Ruhezeit bei Einsätzen in der Rufbereitschaft
§ 7 Abs. 2 Nr. 3: im Gesundheitswesen, wenn dies dem Wohl der Patienten dient
§ 7 Abs. 2 Nr. 4: im öffentlichen Dienst zur Anpassung an die Eigenart dieser Tätigkeiten
§ 12 Nr. 4: auf bis zu 12 Stunden an Sonn- und Feiertagen, wenn dadurch freie Schichten an anderen Sonn- und Feiertagen erreicht werden
§ 15 Abs. 1 Nr. 3: generell im öffentlichen Dienst (nur durch Aufsichtsbehörde und Bundesregierung)
§ 15 Abs. 1 Nr. 4: in Schichtbetrieben (nur durch Aufsichtsbehörde und Bundesregierung)
§ 15 Abs. 2: in bestimmten Branchen (nur durch Bundesregierung)

5. Verlängerung des Ausgleichszeitraums für die wöchentliche Höchstarbeitszeit
§ 7a Abs. 1 Nr. 1b): für Tagesarbeitszeit
§ 7 Abs. 1 Nr. 4b): für Nacht- und Schichtarbeit

6. Sonn- / Feiertagsarbeit
§ 12 Nr. 1: Verringerung der Anzahl der beschäftigungsfreien Sonntage
§ 12 Nr. 2: Wegfall von Ersatzruhetagen für Feiertagsarbeit
§ 12 Nr. 3: Verbindung der Ersatzruhetage in der Seeschifffahrt zu Freizeitblöcken
§ 13 Abs. 1, 2: Abweichungen vom Arbeitsverbot an Sonn- und Feiertagen (nur durch Bundes- oder Landesregierung)

Dreh- und Angelpunkt sind tarifvertragliche Regelungen zur Abweichung vom ArbZG. Die gibt es in großer Zahl zu den Themen »Verlängerung der Arbeitszeit und Verkürzung der Ruhezeit bei Bereitschaften« und »Verkürzung von Pausen in Schichtbetrieben«. Zum Teil gehen diese Regelungen in den Tarifverträgen sogar über das gesetzlich Erlaubte hinaus.[30]

Tarifgebundene Unternehmen können die Öffnungsklauseln des ArbZG im Tarifvertrag ohne Weiteres in Anspruch nehmen. Bei fehlender Tarifbindung ist das ebenfalls möglich, setzt aber gem. § 7 Abs. 3 ArbZG eine Betriebsvereinbarung voraus, die die tariflichen Regelungen in den Betrieb transferiert. Dafür braucht die Arbeitgeberin lediglich einen Tarifvertrag, dessen sachlicher und räumlicher Geltungsbereich den betroffenen Betrieb erfasst. Und einen Betriebsrat, der die Betriebsvereinbarung freiwillig unterschreibt, obwohl er davon nichts hat. Auf diesem Wege werden aber nur diejenigen Regelungen aus Tarifverträgen übernommen, die die Arbeitgeberin für die Gestaltung der Arbeitszeit benötigt, und nicht die Vergütungsvorschriften, die ja vielleicht eine Gegenleistung für solches Entgegenkommen der Gewerkschaft waren.

Grafik 3: Öffnung des ArbZG durch Tarifvertrag

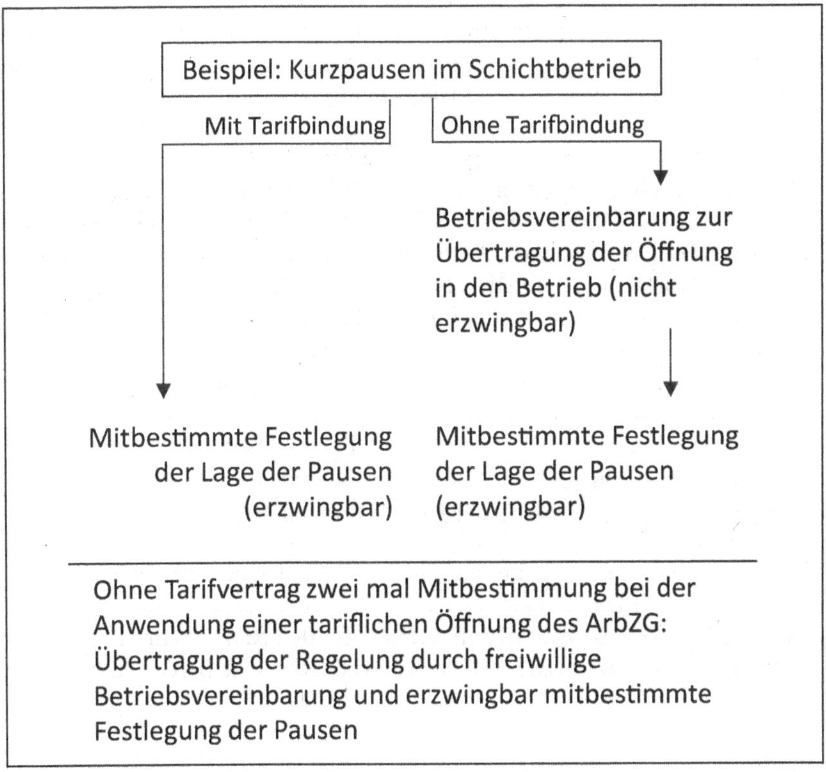

30 § 45 Abs. 8 TVöD-K.

Wenn die Arbeitgeberin eine Übertragung tariflicher Regelungen durch Betriebsvereinbarung anstrebt, muss sich der Betriebsrat hierauf nicht einlassen, weil diese Übertragung nicht erzwingbar ist.[31] Er kann aber der Arbeitgeberin ans Herz legen, die Bindung an den ganzen Tarifvertrag einschließlich der Vergütungsregelungen durch Verbandsbeitritt herzustellen. Dann kommt sie in den Genuss der Vorzüge, die der Tarifvertrag bietet, muss aber gleichzeitig auch den Preis dafür bezahlen. Diese Kombination kann durch eine Betriebsvereinbarung nicht hergestellt werden: Die Übertragung der tarifvertraglichen Vergütung für die verlängerte Arbeitszeit durch Betriebsvereinbarung wäre ein Verstoß gegen § 77 Abs. 3 BetrVG und ist daher immer unwirksam. Bei dieser rechtlichen Ausgangslage ist die große Anzahl von Unternehmen im Gesundheitswesen, die mit langen Bereitschaftsdiensten und kurzen Ruhezeiten bei der Rufbereitschaft, aber ohne Tarifbindung arbeitet, mehr als erstaunlich.
Nur wenn es keinen Betriebsrat gibt, kann die Arbeitgeberin eine tarifliche Öffnung des ArbZG auch durch Einzelarbeitsvertrag in das eigene Unternehmen übertragen. Allerdings geht das nur beim Tarifrecht für den öffentlichen Dienst, das dann gem. § 7 Abs. 3 ArbZG insgesamt in das Arbeitsverhältnis übernommen werden muss. Außerdem gilt das Privileg nur dann, wenn der Betrieb durch öffentliche Zuwendungen finanziert wird.[32]
Haustarifverträge (also Vereinbarungen, die nur zwischen Gewerkschaften und einzelnen Arbeitgeberinnen geschlossen werden) können von anderen Unternehmen ebenfalls nicht für eine Übertragung der Öffnungsklauseln in den tariflosen Betrieb genutzt werden. Tarifverträge im Bereich Post- und Kurierdienste sind solche Haustarifverträge, die für andere Unternehmen aus derselben Branche daher nicht offenstehen. Dasselbe gilt für den Tarifvertrag für den öffentlichen Dienst (TVöD), auf den sich insbesondere im Gesundheitswesen viele private Klinikbetreiber beziehen. Auch dieser Zugang ist verschlossen, weil diese Privaten nicht im öffentlichen Dienst arbeiten und deshalb auch nicht originär an den Tarifvertrag gebunden sein können. Sie gehören der Branche »private Klinikbetreiber« an, und diese ist etwas anderes als die öffentliche Hand.
Eine Abweichung von den Regeln des ArbZG, die auf Basis eines Tarifvertrags vollzogen wird, kann sich nur in dem Rahmen bewegen, den der jeweilige Tarifvertrag selbst steckt. Legt dieser fest, dass die Arbeitsbereitschaft auf täglich 12 Stunden begrenzt ist, können weder tarifgebundene noch nicht tarifgebundene Betriebe mit entsprechender Betriebsvereinbarung über diese Grenze hinausgehen.
Schließlich bewirkt nicht jede Erwähnung von Begriffen im Tarifvertrag, die das ArbZG in § 7 Abs. 1 und 2 verwendet, auch eine Berechtigung, vom ArbZG abzuweichen. So ist es z. B. in den Tarifverträgen für den Nahverkehr (TV-N) häufig vorgesehen, dass bestimmte Anteile der Arbeitszeit »wie Bereitschaftsdienst«

31 Kapitel III.5.4.1 – Beginn, Ende und Lage der Arbeitszeit und der Pausen sowie die Verlängerung der Arbeitszeit (§ 87 Abs. 1 Nr. 2, 3 BetrVG).

32 BAG 20.11.2018 – 9 AZR 327/18.

vergütet werden. Dies ist aber keine Regelung zur Verlängerung der Arbeitszeit, sondern lediglich die Reduzierung der Vergütung solcher Zeitanteile.

> **Beispiel**
> **§ 4 Abs. 1 TV-N NW Anlage 3**
> Soweit die planmäßigen Wendezeiten innerhalb der Dienstschicht insgesamt eine Stunde überschreiten, gilt die darüber hinausgehende Zeit als Arbeitsbereitschaft. Sie wird gem. § 11 Abs. 4 TV-N entgolten.

Auch wenn der Tarifvertrag für bestimmt Belastungen – etwa die Arbeit am Feiertag – hohe Zuschläge vorsieht, kann daraus nicht geschlossen werden, dass damit stillschweigend auch ein gesetzlich zulässiger Verzicht auf den Ersatzruhetag geregelt sein soll.[33] Die Zulassung der Ausnahmen vom ArbZG im Tarifvertrag muss darin eindeutig formuliert sein.
Gibt es in einer Region oder einer Branche keinen durch Eintritt in den Verband oder durch Betriebsvereinbarung erreichbaren Tarifvertrag, kann die Aufsichtsbehörde gem. § 7 Abs. 5 ArbZG Ausnahmen bewilligen, die sich aber ebenfalls im Rahmen der Öffnungsklauseln für Tarifverträge halten müssen. Will die Behörde darüber hinausgehen, z. B. zulassen, dass die tägliche Arbeitszeit generell über 10 Stunden hinaus verlängert werden darf, ist das gem. § 15 Abs. 1 ArbZG nur für spezielle Branchen zulässig oder setzt gem. § 15 Abs. 2 ArbZG ein öffentliches Interesse hieran voraus.

II.3.1.2.3 Generalausnahmen für Gesundheitswesen und öffentlichen Dienst

In § 7 Abs. 2 Nr. 3 und 4 ArbZG hat der Gesetzgeber Ausnahmen für das Gesundheitswesen und den öffentlichen Dienst geschaffen, von denen wegen mangelnder Bestimmtheit bzw. Uferlosigkeit praktisch kaum Gebrauch gemacht werden kann.
Die Regelungen für das Gesundheitswesen sind völlig unbestimmt, weil sie darauf abheben, dass die zusätzliche, belastende Arbeitszeit dem Wohl der Patienten dienen muss oder durch die Art der Arbeit erforderlich ist. Die Umsetzungen dieser Öffnungsklauseln in den Tarifverträgen gehen weit über diese Grenzen hinaus und lassen Abweichungen ohne jede Einschränkung zu. Eine praktische Umsetzung der Ausnahmeregelung scheitert meist aber daran, dass die tatsächlichen Gründe für ihre Inanspruchnahme eher Personalknappheit als das Wohl der Patienten ist. Da es immer Alternativen gibt, die sich im Rahmen der gesetzlichen Grenzen bewegen, sind Arbeitsbedingungen nicht denkbar, bei denen es dem Wohl der Patienten besser dient, wenn sie von Menschen betreut werden, deren Arbeitsalltag durch verlängerte Arbeitszeit oder verkürzte Ruhezeit über Gebühr belastend ist. Da insbesondere durch lange Arbeitszeiten die

33 BAG 8.12.2021 – 10 AZR 641/19.

Fehlerhäufigkeit erhöht wird,[34] dürfte bei den Maßnahmen eher der gegenteilige Effekt eintreten.
Der öffentliche Dienst einschließlich aller Unternehmen, die den TVöD oder andere Tarifverträge für den öffentlichen Dienst anwenden, genehmigt sich in § 7 Abs. 2 Nr. 4 ArbZG eine Generalermächtigung, bei Höchstarbeitszeit, Ruhezeit, Pausen und Nachtarbeit von allen Reglungen des ArbZG beliebig abzuweichen, wenn »die Eigenart der Tätigkeit« das erfordert. Da aber auch im öffentlichen Dienst keine Tätigkeiten existieren, die es nicht auch außerhalb gäbe, kann es auch keine sachliche Notwendigkeit geben, dort aufgrund der Andersartigkeit der Tätigkeiten ein anderes – ungeschriebenes – Arbeitszeitrecht zu etablieren. Vielleicht stehen aber hierbei auch eher die Folgen der Staatsverschlankung Pate für den Abbau von Arbeitsrechten. Das aber ist nicht einmal durch die gesetzliche Vorschrift zugelassen.

II.3.1.2.4 Außergewöhnliche Fälle

»*Not kennt kein Gebot*« oder auch »*Wo gehobelt wird, fallen Späne*« sind volkstümliche Schlupflöcher, wenn es um Regelverstöße geht. Dieselbe Qualität hat für viele § 14 ArbZG. Dieser scheint eine Wundertüte zu sein, weil darin alle im ArbZG geregelten Sachverhalte, von der täglichen Höchstarbeitszeit bis zum Arbeitsverbot an Sonn- und Feiertagen, aufgelistet und scheinbar für unbeachtlich erklärt werden, wenn es dringend nötig ist. Angeblich ist § 14 ArbZG geeignet, jede Abweichung von den Regeln des ArbZG zu rechtfertigen.
Dass die Anforderungen dieser Vorschrift aber viel höher sind, als die Überschrift »Außergewöhnliche Fälle« suggeriert, fällt dabei leicht unter den Tisch. Allerdings: Wozu mehr lesen als die Überschrift, wenn diese doch zu allem zu passen scheint, was gerade gebraucht wird.
Das führt häufig zu Diskussionen zwischen Betriebsrat und den Verantwortlichen im Betrieb. Beide Seiten versuchen sich dabei gegenseitig davon zu überzeugen, dass nur sie richtig beurteilen können, ob das, was gerade im Betrieb passiert oder bereits passiert ist, die Qualität eines Ausnahmefalls hat.
Alles völlig überflüssig: Denn egal, was bei dieser Diskussion herauskommt, es spielt für nichts eine Rolle. Selbst wenn beide sich am Ende der hitzig geführten Gespräche darüber einig sind, dass es ein Ausnahmefall war, kann später die Aufsichtsbehörde kommen und das Gegenteil feststellen. Die Meinung der betrieblichen Akteure interessiert dabei nicht. Kleiner Vergleich aus dem Alltag: Ein fotografierter Rotlichtverstoß wird auch nicht dadurch in Frage gestellt, dass alle Passagiere im Auto behaupten, die Ampel sei allenfalls dunkelgelb gewesen. Entsprechend schützt es eine Arbeitgeberin nicht, dass auch der Betriebsrat meint, die unzulässige Verlängerung der Arbeitszeit sei legal gewesen. Umgekehrt schadet es ihr aber auch nicht, wenn sie mit gramgebeugtem Haupt die Behörde aufsucht, um sich selbst wegen eines von ihr und dem Betriebsrat festgestellten Verstoßes gegen das ArbZG anzuzeigen. Auch das kann die Behörde anders beurteilen, für einen außergewöhnlichen Fall halten und von der Sanktion absehen.

---

34 Tisch u.a., a.a.O., S. 39.

Nur dafür ist § 14 ArbZG gemacht: Um die Arbeitgeberin im Nachhinein bei einer festgestellten Übertretung doch nicht sanktionieren zu müssen. Die Entscheidung fällt allein die Aufsichtsbehörde, sie hat mit der Arbeit des Betriebsrats nichts zu tun, wenn der Verstoß in der Vergangenheit liegt. Daher lohnt es sich nicht, über die nachträgliche Feststellung der Rechtmäßigkeit mit der Arbeitgeberin und ihren Abgesandten zu diskutieren, weil das Ergebnis immer egal ist. Diskussionsbedürftig ist nur, ob dabei gleichzeitig gegen ein Recht des Betriebsrats verstoßen wurde, entweder aus einer Betriebsvereinbarung zur Arbeitszeit oder aus dem BetrVG. Das führt dann aber in andere Verfahren.[35]
Auch wenn Verstöße bevorstehen, hat eine Diskussion darüber, ob sie gem. § 14 ArbZG erlaubt sind oder nicht, keinen Sinn, weil davon nicht abhängt, ob der Betriebsrat der entsprechenden Gestaltung der Arbeitszeit zustimmt oder nicht.

> **Beispiel**
> Die Arbeitgeberin plant für einen noch kommenden Sonntag eine Sonderschicht. Das passiert zum ersten Mal und soll sich auch nicht wiederholen. Sie hält es deshalb für eine Ausnahme, der der Betriebsrat doch wohl zustimmen kann.
> Das könnte der Betriebsrat – aber nur, wenn er der Meinung ist, dass den Beschäftigten die Sonderschicht zumutbar ist. Ist sie das nicht, kann es ihm egal sein, ob sie gem. § 14 ArbZG zulässig wäre, er müsste seine Zustimmung verweigern.
> Ist die Schicht seiner Ansicht nach jedoch zumutbar und er stimmt zu, kann es ihm gleichfalls egal sein, wenn die Behörde im Nachhinein das Gegenteil feststellt. Er darf sich auf die Rechtsansicht der Arbeitgeberin verlassen.
> Das ist eine legale Form der Rosinenpickerei und auch nicht moralisch verwerflich, wenn der Betriebsrat das mit den Beschäftigten klärt und anständige Bedingungen für die Schicht aushandelt.

Es gibt keinen Zusammenhang zwischen der Ausübung der Mitbestimmung und der Einordnung einer Maßnahme als »außergewöhnlichen Fall«. Hält ein Betriebsrat solch einen für nicht gegeben und will nur deshalb die Zustimmung zu einer anstehenden Maßnahme nicht geben, muss er sich fragen, ob er damit der Belegschaft wirklich nützt. Ist das so, verweigert er die Zustimmung besser, ohne sich über diese komplizierte Rechtsfrage zu streiten. Dann muss die Arbeitszeit nämlich anders gestaltet werden, weil die Arbeitgeberin anderenfalls gegen seine Mitbestimmungsrechte verstößt. Und damit hat der Betriebsrat sehr viel bessere Möglichkeiten, sein Anliegen durchzusetzen.

II.3.1.2.5 Abweichungen in anderen Gesetzen

Die Regelungen zur Arbeitszeit in anderen Vorschriften bleiben ebenfalls immer im Rahmen der bekannten Themen Höchstarbeitszeit, Pause, Ruhezeit, Nacht- und Schichtarbeit und Sonn- und Feiertagsarbeit. Sie schaffen dafür teilweise ein völlig eigenständiges Regelwerk für bestimmte Personengruppen (Jugendliche) oder Branchen (Luftfahrt und Seefahrt), ansonsten ergänzen sie nur das ArbZG, verdrängen es aber nicht vollständig.

35 Kapitel III.10 – Durchsetzung und Unterlassung.

II.3.1.3 Übersicht: Regeln und Ausnahmen

Die nachfolgende Darstellung gibt eine Übersicht über die Grundregeln des ArbZG und die gängigen Ausnahmen. Alle Bestimmungen zur Höchstarbeitszeit, Ruhezeit usw. gelten gem. § 11 Abs. 2 ArbZG auch für die Beschäftigung an Sonn- und Feiertagen.

Nicht einzeln berücksichtigt werden die Ausnahmebestimmungen in § 7 Abs. 2 Nr. 2–4 ArbZG, die auf jede Regel zutreffen.[36]

Die Ausnahmen in anderen Vorschriften werden nur im Kern wiedergegeben, dort sind häufig auch noch weitere Sonderregelungen enthalten.

II.3.1.3.1 Tägliche Höchstarbeitszeit

Die Begrenzung der Höchstarbeitszeit bezieht sich auf alle Zeiten in Stunden und Minuten, die zur Arbeitszeit gehören. Deren Wert bleibt immer gleich, unabhängig davon, ob und wie sie bezahlt wird. Eine Stunde wird also nicht zu 45 Minuten, nur weil z. B. der TVöD in bestimmten Fällen eine Umrechnung der Arbeitszeit vorsieht.[37] Zu Problemen führen häufig diejenigen Zeiten, die für Wege und Reisen, Umkleiden, Waschen und Rüsten und für Qualifizierungen anfallen.[38]

EU-Richtlinie 2003/88

Die EU-Richtlinie hat keine ausdrückliche Regelung zur täglichen Höchstarbeitszeit. Sie ergibt sich nur im Umkehrschluss aus der dortigen Festlegung zur täglichen Ruhezeit. Bei einer elfstündigen Ruhezeit beträgt sie damit maximal 13 Stunden abzüglich Pause, weil diese Ruhezeit innerhalb von 24 Stunden ab Arbeitsaufnahme genommen werden muss.[39]

ArbZG

Das ArbZG verkürzt die nach EU-Recht mögliche maximale tägliche Arbeitszeit in § 3 auf 10 Stunden.[40]

Einschränkungen / Erweiterungen im ArbZG

Verlängerung über zehn Stunden hinaus bei Bereitschaftsdienst und Arbeitsbereitschaft, wenn das durch Tarifvertrag erlaubt ist (§ 7 Abs. 1 Nr. 1 ArbZG).[41]

Verlängerung auf 12 Stunden in vollkontinuierlichen Schichtbetrieben an Sonn- und Feiertagen, wenn das durch Tarifvertrag erlaubt ist (§ 12 Nr. 4 ArbZG).

---

36 Kapitel II.3.1.2.2 – Abweichungen durch Tarifvertrag.

37 Zur Umrechnung der Arbeitszeit vgl. näher in Kapitel V.4.3 – Vergütung von Bereitschaften.

38 Kapitel VIII – Das Drumherum.

39 Zur Ruhezeit vergleiche Kapitel II.3.1.4.2.1 – Tägliche Ruhezeit.

40 Zum Acht-Stunden-Tag vergleiche Kapitel II.3.1.4.1.2 – Der Acht-Stunden-Tag.

41 Kapitel V.4.7.1 – Tägliche Höchstarbeitszeit.

Einschränkungen / Erweiterungen für Branchen

Eisen- und Stahlindustrie: Die Arbeitszeit am Sonntag kann zwölf Stunden betragen, *»soweit es bisher gestattet war«*. Anderenfalls beträgt die Höchstarbeitszeit acht Stunden (§ 5 Abs. 1 Eisen- und Stahlindustrie-VO).

Papierindustrie: Die Arbeitszeit am Sonntag beträgt maximal acht Stunden, kann aber durch Tarifvertrag auf zwölf Stunden verlängert werden (§§ 5 Abs. 1, 6b) Papierindustrie-VO).

Binnenschifffahrt: Die Arbeitszeit beträgt maximal 14 Stunden je 24 Stunden (§ 4 BinSchArbZV).

Kauffahrteischifffahrt: Die tägliche Höchstarbeitszeit beträgt in der Regel acht Stunden (§ 43 SeeArbG), darf aber bis zu 14 Stunden dauern (§ 48 SeeArbG).

Offshore-Tätigkeiten: Die tägliche Höchstarbeitszeit beträgt 12 Stunden (§ 3 Offshore-ArbZV).

Luftverkehr: Die Arbeitszeit von Besatzungsmitgliedern kann vier Mal in sieben Tagen bis zu 14 Stunden betragen (§ 8 Abs. 2 DV LuftBO).

Bergbau: Die Arbeitszeit darf im Salzbergbau bei Temperaturen von 28 bis 37 Grad C höchstens sieben Stunden und bei Temperaturen über 46 Grad C höchstens 6,5 Stunden betragen. Im sonstigen Bergbau beträgt die Höchstarbeitszeit bei mehr als dreistündiger Arbeit in Temperaturen zwischen 25 und 29 Grad C sechs Stunden, darüber fünf Stunden (§ 3 KlimaBergV).

Einschränkungen / Erweiterungen bei bestimmten Personengruppen

Jugendliche dürfen höchstens acht Stunden täglich beschäftigt werden (§ 8 Abs. 1 JArbSchG). Die Zeit darf zum Ausgleich für durch Brückentage ausgefallene Zeiten auf 8,5 Stunden verlängert werden (§ 8 Abs. 2 JArbSchG).

Werdende und stillende Mütter dürfen maximal 8,5 Stunden beschäftigt werden, wenn sie unter 18 Jahre alt sind maximal acht Stunden (§ 4 Abs. 1 MuSchG).

Beschäftigte, die in **Druckluft** arbeiten, dürfen täglich maximal acht Stunden beschäftigt werden (§ 21 Abs. 4 Druckluftverordnung).

Schwerbehinderte können die Leistung von Mehrarbeit verweigern. Mehrarbeit ist in diesem Fall die Überschreitung der achten Arbeitsstunde werktäglich (§ 207 SGB IX).[42]

II.3.1.3.2 Wöchentliche Höchstarbeitszeit

Das ArbZG hat keine ausdrückliche Regelung zur wöchentlichen Höchstarbeitszeit, solange keine Verlängerung der täglichen Höchstarbeitszeit aufgrund von Ausnahmebestimmungen passiert. Die Begrenzung versteckt sich in § 3 ArbZG.[43] Für die EU-Richtlinie dagegen ist die Begrenzung der wöchentlichen Arbeitszeit ein zentrales Anliegen.

42 BAG 3.12.2002 – 9 AZR 462/01.

43 Kapitel II.3.1.4.1.3 – Die 48-Stunden-Woche.

EU-Richtlinie 2003/88

Die EU-Richtlinie begrenzt in Art. 6b), 16b) die wöchentliche Höchstarbeitszeit auf durchschnittlich 48 Stunden in vier Monaten. Dazu gibt es Möglichkeiten der Abweichung bei Tätigkeiten, deren Dauer nicht im Voraus festgelegt werden kann oder deren Arbeitszeit die Beschäftigten selbst festlegen (Art. 17 Abs. 1) und bei bestimmten Einzelvereinbarungen mit den Beschäftigten (Opt-out). Auch der Ausgleichszeitraum kann auf bis zu sechs Monate verlängert werden, aber nur für bestimmte Branchen und Tätigkeiten (Art. 17 Abs. 3).
Das Recht auf Einhaltung dieser wöchentlichen Höchstarbeitszeit ist auch in Art. 31 Abs. 2 der EU-Grundrechtecharta verankert und damit auch unmittelbar in den Mitgliedsstaaten geltendes Recht.[44]

ArbZG

Im ArbZG findet sich die wöchentliche Höchstarbeitszeit in § 3 nur in der Formel »acht Stunden mal sechs Werktage«. Der Ausgleichszeitraum für die Durchschnittsberechnung wird unter Verstoß gegen EU-Recht generell auf sechs Monate verlängert. Da die tägliche Arbeitszeit gem. § 3 ArbZG zehn Stunden betragen darf und Sonntagsarbeit in vielen Branchen erlaubt ist, ergibt das eine maximale Arbeitszeit von 70 Stunden in der Woche. Das kann sogar noch mehr werden, wenn Bereitschaften hinzukommen.

Einschränkungen / Erweiterungen im ArbZG

Die Opt-out-Regelung zur generellen Verlängerung der wöchentlichen Höchstarbeitszeit über 48 Stunden hinaus hat das ArbZG in § 7 Abs. 2a, 7 übernommen, aber nur, wenn in dieser Zeit regelmäßig und in erheblichem Umfang Bereitschaftsdienste oder Arbeitsbereitschaften liegen.
Die Dauer des Ausgleichszeitraums bei Nachtarbeit für das Erreichen der 48-Stunden-Woche im Durchschnitt (also ohne Opt-out) verkürzt sich gem. § 6 Abs. 2 ArbZGauf vier Wochen bzw. einen Monat.
Die Ausgleichszeiträume sowohl für die Tagesarbeitszeit als auch für die Nacht- und Schichtarbeit können gem. § 7 Abs. 1 Nr. 1b) und Nr. 4b) ArbZG durch Tarifvertrag verlängert werden.

Einschränkungen / Erweiterungen für einzelne Branchen

Straßentransport: Der Ausgleichszeitraum für die Einhaltung der durchschnittlichen wöchentlichen Höchstarbeitszeit von 48 Stunden beträgt vier Kalendermonate oder 16 Wochen (§ 21a ArbZG).
Bedarfsgewerbe: Genehmigung der Sonn- und Feiertagsarbeit in den Verordnungen der Länder für die jeweils darin aufgeführten Branchen.
Binnenschifffahrt: Die Arbeitszeit beträgt maximal 84 Stunden je 7 Tage, bei Nachtarbeit 42 Stunden (§ 4 BinSchArbZV).
Kauffahrteischifffahrt: Die wöchentliche Höchstarbeitszeit beträgt 72 Stunden je 7 Tage (§ 48 SeeArbG).

---

44 EuGH 6.11.2018 – C-569/16.

Offshore-Tätigkeiten: Die wöchentliche Höchstarbeitszeit beträgt 84 Stunden für Besatzungsmitglieder von Schiffen (§ 11 Offshore-ArbZV).

Einschränkungen / Erweiterungen bei bestimmten Personengruppen

Jugendliche dürfen höchstens 40 Stunden wöchentlich beschäftigt werden (§ 8 Abs. 1 JArbSchG). Die Zeit darf zum Ausgleich für durch Brückentage ausgefallene Zeiten verlängert werden, sie muss dann im Durchschnitt von fünf Wochen eingehalten werden (§ 8 Abs. 2 JArbSchG). Die Anzahl der Arbeitstage beträgt maximal fünf pro Woche.

Werdende und stillende Mütter dürfen maximal 90 Stunden in zwei zusammenhängenden Wochen beschäftigt werden, wenn sie minderjährig sind maximal 80 Stunden (§ 4 Abs. 1 MuSchG).

Beschäftigte, die in **Druckluft** arbeiten, dürfen wöchentlich maximal 40 Stunden beschäftigt werden (§ 21 Abs. 4 Druckluftverordnung).

II.3.1.3.3 Tägliche Ruhezeit

Die tägliche Ruhezeit ist eine Phase, in der Beschäftigte sich von der täglichen Arbeit erholen sollen. Die Bestimmung zur Ruhezeit in der EU-Richtlinie ist gleichzeitig die Begrenzung der täglichen Höchstarbeitszeit, weil Beschäftigte sich immer in einem der beiden Zustände – Arbeitszeit oder Ruhezeit – befinden.

EU-Richtlinie 2003/88

Die EU verlangt in Art. 3 von den Mitgliedsstaaten, ihre Arbeitszeitregelungen so zu gestalten, dass *»jedem Arbeitnehmer pro 24-Stunden-Zeitraum eine Mindestruhezeit von elf zusammenhängenden Stunden gewährt wird«*.

Die Ruhezeit ist der Gegenbegriff zur Arbeitszeit. Damit ist die Ruhezeit eine Phase, in der Beschäftigte nicht in der Arbeitszeit sind, also nicht arbeiten und ihrer Arbeitgeberin nicht zur Verfügung stehen und ihre Tätigkeit ausüben oder andere Aufgaben wahrnehmen müssen. Das Recht auf diese Ruhezeit ist auch in Art. 31 Abs. 2 der EU-Grundrechtecharta verankert und damit auch unmittelbar in den Mitgliedsstaaten geltendes Recht.[45]

ArbZG

Das ArbZG macht daraus in § 5 Abs. 1, dass *»Arbeitnehmer (...) nach Beendigung der täglichen Arbeitszeit eine ununterbrochene Ruhezeit von mindestens elf Stunden haben«* müssen.

Da man hierzulande davon ausgeht, dass die Arbeitszeit auch erst nach Ablauf von 24 Stunden zu Ende sein kann, ergibt sich ein Widerspruch zwischen europäischem und deutschem Recht: Die EU-Richtlinie verlangt die Ruhezeit innerhalb von 24 Stunden, das ArbZG scheint sie auch außerhalb dieses Zeitraums zuzulassen. Dieser Widerspruch wird an anderer Stelle behandelt.[46]

45 EuGH 6.11.2018 – C-569/16.

46 Kapitel II.3.1.4.2.1 – Tägliche Ruhezeit.

Einschränkungen / Erweiterungen im ArbZG
Die tägliche Ruhezeit kann im Gesundheitswesen, in der Landwirtschaft, Gastronomie und Hotellerie sowie in Verkehrsbetrieben um eine Stunde verkürzt werden (§ 5 Abs. 2 ArbZG).
Im Gesundheitswesen ist eine Verkürzung um bis zu 5,5 Stunden erlaubt, wenn diese durch Arbeitsabrufe innerhalb der Rufbereitschaft entsteht (§ 5 Abs. 3 ArbZG).
Mit einem Tarifvertrag kann in allen Branchen die Ruhezeit um bis zu zwei Stunden verkürzt werden (§ 7 Abs. 1 Nr. 3 ArbZG) und bei Arbeitsabrufen in der Rufbereitschaft ohne bestimmte Begrenzung (§ 7 Abs. 2 Nr. 1 ArbZG).[47]

Einschränkungen / Erweiterungen für Branchen
Fahrpersonal von Linienbussen im Nahverkehr und LKW: Bei Fahrzeugen zwischen 2,8 und 3,5 Tonnen Gesamtgewicht werden die Ruhezeiten abschließend durch die VO (EG) 561/2006 bestimmt, auf die § 1 Abs. 1 Fahrpersonalverordnung (FPersV) verweist. Der Vorrang der Verordnung ergibt sich aus § 1 Abs. 1 Fahrpersonalgesetz (FpersG). Für Beschäftigte im Straßentransport mit größerem Kaliber und auf Linienbussen im Langstreckenverkehr gelten dieselben Regelungen gem. § 21a Abs. 5 ArbZG. Der Art. 4g) VO (EG) 561/2006 verlangt eine tägliche Ruhezeit von mindestens elf Stunden, diese kann aufgeteilt werden auf einen Abschnitt von drei und einen Abschnitt von neun Stunden – in dieser Reihenfolge. Sie darf außerdem um höchstens zwei Stunden verkürzt werden, das aber nur bis zu drei Mal zwischen zwei Wochenruhezeiten (Art. 8 Abs. 4 VO).
Eisen- und Stahlindustrie: An Sonntagen haben Beschäftigte je nach Produktionsverfahren unterschiedliche zusätzliche Ruhezeiten (§ 4 Eisen- und Stahlindustrie-VO).
Rheinschiffer: Nachtruhe von zwölf Stunden von November bis Februar, im Übrigen 10 Stunden in der Zeit von 18:00 bis 8:00 Uhr. Kürzungen in bestimmten Situationen sind zulässig (Art. 1 Rheinschifferabkommen).
Binnenschifffahrt: Die Ruhezeit beträgt zehn Stunden in 24 Stunden (§ 6 BinSchArbZV).
Kauffahrteischifffahrt: Die tägliche Ruhezeit beträgt 10 Stunden in 24 Stunden (§ 48 SeeArbG).
Luftverkehr: Die Ruhezeit beträgt 10 Stunden in 24 Stunden und verlängert sich je nach Dauer der Flugzeit (§ 15 Abs. 1, 2 DV LuftBO).

Einschränkungen / Erweiterungen bei bestimmten Personengruppen
Jugendliche haben Anspruch auf eine zwölfstündige Ruhezeit und eine ununterbrochene Nachtruhe von 20:00 bis 6:00 Uhr. Für Jugendliche in Mehrschichtbetrieben fängt die Nachtruhe erst um 23 Uhr an. Weitere Ausnahmen von der Nachtruhe gibt es im Bäckerhandwerk, in der Gastronomie, im Schaustellergewerbe und in der Landwirtschaft (§ 14 Abs. 1, 2 JArbSchG).

---

47 Kapitel V.4.7.3 – Ruhezeit.

Werdende und stillende Mütter haben gem. § 4 Abs. 2 MuSchG Anspruch auf eine elfstündige Ruhezeit und dürfen gem. § 5 Abs. 1 MuSchG nicht zwischen 20:00 und 6:00 Uhr beschäftigt werden, Ausnahmen gelten in den ersten vier Schwangerschaftsmonaten für das berufliche Melken von Tieren, für Künstlerinnen bei kulturellen Aufführungen sowie in der Gastronomie und der Hotellerie.

II.3.1.3.4 Wöchentliche Ruhezeit / Sonn- und Feiertagsarbeit

Während das EU-Recht von einer wöchentlichen Ruhezeit ausgeht, die an beliebigen Wochentagen eingelegt werden kann und deren Abstände zueinander regelt, legt sich das ArbZG auf Sonntage als wöchentliche Ruhezeit fest. Die EU-Vorgabe wird annähernd dadurch umgesetzt, dass für gearbeitete Sonntage Ersatz in Form von freien Tagen geschaffen werden muss. Feiertage spielen dagegen eine Sonderrolle, die mit der wöchentlichen Ruhezeit nichts zu tun hat.

EU-Richtlinie 2003/88

Beschäftigte müssen pro Siebentageszeitraum mindestens 35 Stunden zusammenhängende Freizeit bekommen. Für Branchen wie den ÖPNV ist dabei die Reihenfolge von Bedeutung: die wöchentliche Ruhezeit muss auf die tägliche Ruhezeit folgen.[48] Die Phase kann unter bestimmten Bedingungen auf 24 Stunden verkürzt werden. Für die Erfüllung dieser Verpflichtung kann auch ein zusammenhängender Zeitraum von 14 Tagen eingeräumt werden. Die Anzahl der Ruhetage ändert sich dadurch nicht. Das ergibt eine maximale Anzahl von 12 aufeinanderfolgenden Arbeitstagen (Art. 5, 16a), allerdings nicht mit zwölf ganzen Schichten. Das lassen die insgesamt 70 Stunden Ruhezeit in zwei Wochen nicht zu.
Das Recht auf diese Ruhezeit ist auch in Art. 31 Abs. 2 der EU-Grundrechtecharta verankert und damit auch unmittelbar in den Mitgliedsstaaten geltendes Recht.[49]

ArbZG

Das ArbZG kennt keine wöchentliche Ruhezeit, sondern nur die Sonn- und Feiertagsruhe, die die Einhaltung der EU-Richtlinie in diesem Aspekt gewährleisten muss. Dafür soll der Sonntag von 0 bis 24 Uhr in Verbindung mit einer Tagesruhezeit (§ 9, 11 Abs. 4) arbeitsfrei sein. Wenn doch an einem Sonntag gearbeitet wird, muss ein Ersatzruhetag innerhalb von 14 Tagen folgen, die letzte Möglichkeit ist also der übernächste Samstag. Als Ersatzruhetag gilt jeder freie Werktag von Null bis 24 Uhr. Dieser Werktag entspricht damit dem Kalendertag und kann nicht durch eine Freizeit von 24 Stunden ersetzt werden, die in zwei Kalendertage hineinragt, also etwa von 10 Uhr bis 10 Uhr des Folgetags.[50]
Warum an dem Ersatzruhetag nicht gearbeitet wird, ist gleichgültig, es kann sich auch um einen sowieso freien Tag handeln.[51] Der Ersatzruhetag ist also kein An-

48 EuGH vom 2. 3. 2023 – C-477/21.
49 EuGH 6. 11. 2018 – C-569/16.
50 BAG 8. 12. 2021 – 10 AZR 641/19.
51 BAG 12. 12. 2001 – 5 AZR 294/00.

spruch auf zusätzliche bezahlte Freistellung, sondern nur ein verschobener Sonn- bzw. Feiertag. Passiert die Arbeitsbefreiung durch Streichung einer Schicht, entsteht sogar ein Minus bei der Arbeitszeit, wenn der Einsatz am Sonntag keine volle Schicht gedauert hat.[52]
In der Summe ergibt das System 13 aufeinanderfolgende mögliche Arbeitstage, wenn nur die Zeit nach dem Sonntag betrachtet wird. Schon die 13 Tage sind ein Verstoß gegen die EU-Richtlinie, wenn diese Phase nicht durch eine 24-stündige Freizeit unterbrochen wird. Davor liegen allerdings noch einmal sechs Werktage, für die keine Beschränkung im ArbZG besteht. Dass dieser Verstoß bei der Umsetzung der EU-Richtlinie durch Auslegung zu heilen ist, ist zweifelhaft, aber noch nicht abschließend entschieden.[53]
Auch auf einen gearbeiteten Feiertag muss ein Ersatzruhetag folgen, hierfür beträgt die Frist allerdings acht Wochen.

Einschränkungen / Erweiterungen im ArbZG
Das ArbZG enthält in § 10 die Liste der gesetzlich ohnehin vorgesehenen Ausnahmen von der Sonn- und Feiertagsruhe. Diese stehen allerdings immer unter der Bedingung, dass die Arbeiten nicht an Werktagen durchgeführt werden können.
Bundes- und Landesregierungen sowie Aufsichtsbehörden haben umfangreiche Befugnisse, um weitere Ausnahmen vom Sonntagsarbeitsverbot zuzulassen (§ 13 ArbZG).

Einschränkungen / Erweiterungen für bestimmte Branchen
Die Liste der Branchen mit genereller Erlaubnis der Sonn- und Feiertagsarbeit wird durch die Bedarfsgewerbeverordnungen der Länder auf weitere Branchen erstreckt.
Einzelhandel: Die Ladenöffnungsgesetze der Länder enthalten Ausnahmen für jeweils eine bestimmte Anzahl an verkaufsoffenen Sonntagen pro Jahr.
Eisen- und Stahlindustrie: Für festgelegte Fertigungsverfahren wird das Arbeitsverbot an Sonn- und Feiertagen aufgehoben (§ 1 Eisen- und Stahlindustrie-VO). Die Ersatzfreizeit von 24 Stunden für einen gearbeiteten Sonntag muss in der Vor- oder der Folgewoche gewährt werden (§ 5 Abs. 2 Eisen- und Stahlindustrie-VO).
Papierindustrie: Für die Fertigung festgelegter Produkttypen wird das Arbeitsverbot an Sonn- und Feiertagen aufgehoben (Papierindustrie-VO). Die Ersatzfreizeit von 24 Stunden für einen gearbeiteten Sonntag muss in der Vor- oder der Folgewoche gewährt werden (§ 2 Papierindustrie-VO).
Fahrpersonal von Linienbussen im Nahverkehr und LKW: Bei Fahrzeugen zwischen 2,8 und 3,5 Tonnen Gesamtgewicht muss zusätzlich die Regelung zur wöchentlichen Ruhezeit in der VO (EG) 561/2006 beachtet werden, auf die § 1 Abs. 1 FPersV verweist. Der Vorrang der Verordnung ergibt sich aus § 1 Abs. 1

52 BAG 8.12.2021 – 10 AZR 641/19.
53 Dazu Kapitel II.2.2 – Normenkonflikte mit europäischem Recht.

FPersG. Für Beschäftigte im Straßentransport mit größerem Kaliber und auf Linienbussen im Langstreckenverkehr gelten dieselben Regelungen gem. § 21a ArbZG Abs. 5. Der Art. 4h) VO (EG) 561/2006 legt die wöchentliche Mindestruhezeit auf 45 Stunden fest. Sie kann auf 24 Stunden verkürzt werden, wenn diese Verkürzung innerhalb von drei Wochen ausgeglichen wird. Jede zweite wöchentliche Ruhezeit muss mindestens 45 Stunden dauern. Die Wochenruhezeiten können auf einen Zeitraum von zwei Wochen verteilt werden (§ 1 Abs. 4 FPersV).

Rheinschiffer: Im Durchschnitt von drei Monaten muss je sechs Arbeitstage eine 24-stündige Ruhezeit eingehalten werden (Art. 16 Rheinschifferabkommen).

Binnenschifffahrt: Die Ruhezeit beträgt 84 Stunden in 7 Tagen (§ 6 BinSchArbZV). Es können ununterbrochen 31 Tage am Stück gearbeitet werden. Die Ruhetage müssen mindestens in gleichem Umfang wie die Arbeitstage im Anschluss an die Arbeitsperiode folgen (§ 7 Abs. 1 BinSchArbZV).

Kauffahrteischifffahrt: Die wöchentliche Ruhezeit beträgt 77 Stunden in 7 Tagen (§ 48 SeeArbG).

Offshore-Tätigkeiten: Sonn- und Feiertagsarbeit ist zulässig (§ 5 Offshore-ArbZV).

Einschränkungen / Erweiterungen bei bestimmten Personengruppen

Jugendliche dürfen an Sonn- und Feiertagen nur in einer beschränkten Auswahl von Branchen beschäftigt werden (§§ 17, 18 JArbSchG).

Werdende und stillende Mütter dürfen gem. § 6 Abs. 1 MuSchG an Sonn- und Feiertagen nicht beschäftigt werden. In bestimmten Branchen, so den allseits beliebten »Lustbarkeiten« ist die Beschäftigung erlaubt, wenn sie unter der Woche eine andere 24-stündige Ruhezeit im Anschluss an die Nachtruhe haben.

II.3.1.3.5 Pausen

Eine Pause ist eine Unterbrechung der Arbeitszeit, die von Arbeit und allen weiteren Anforderungen frei sein muss.

EU-Richtlinie 2003/88

Für die EU-Richtlinie ist die Pause eine Ruhezeit, die bei Arbeitszeiten über sechs Stunden gewährt werden muss. Die Dauer wird nicht vorgegeben.

ArbZG

Eine Ruhepause ist gem. § 4 ArbZG bei allen Arbeitsphasen von mehr als sechs Stunden erforderlich. Dauert die Arbeitszeit bis zu neun Stunden, ist die Mindestdauer 30 Minuten, darüber 45 Minuten. Ist die Arbeitszeit – z.B. bei Bereitschaftsdienst – über 10 Stunden hinaus verlängert, müssen für die gesamte Arbeitsphase je sechs Stunden Arbeitszeit mindestens 30 Minuten Pause eingeplant werden.

Die Pause muss ununterbrochen sein und ihre Lage im Voraus – bei Arbeitsbeginn[54] – feststehen.

Einschränkungen / Erweiterungen im ArbZG
Die Pause kann gem. § 4 ArbZG auf Abschnitte von 15 Minuten aufgeteilt werden.
Wenn ein Tarifvertrag es zulässt, ist eine weitere Verkürzung auf Kurzpausen in Schicht- und Verkehrsbetrieben zulässig. Deren Dauer muss angemessen sein. Eine Dauer von acht Minuten hat das BAG für angemessen erachtet.[55]

Einschränkungen / Erweiterungen für einzelne Branchen
Fahrpersonal von Linienbussen im Nahverkehr und LKW: Bei Fahrzeugen zwischen 2,8 und 3,5 Tonnen Gesamtgewicht muss das Fahrpersonal Fahrtunterbrechungen einlegen, die frei von jeder Tätigkeit sind und ausschließlich Erholungszwecken dienen. Diese können auf zwei 20-minütige oder drei 15-minütige Unterbrechungen aufgeteilt werden. Im ÖPNV können auch Kurzpausen genommen werden, die jeweils mindestens zehn Minuten und insgesamt ein Sechstel der Lenkzeit dauern müssen. Bei Vorliegen einer tarifvertraglichen Regelung können diese Kurzpausen allerdings nochmals auf acht Minuten reduziert werden (§ 1 Abs. 3 FPersV). Für Beschäftigte im Straßentransport mit größerem Kaliber und auf Linienbussen im Langstreckenverkehr ist die Mindestdauer der Fahrtunterbrechung 45 Minuten nach spätestens 4,5 Stunden Fahrzeit. Eine Aufteilung auf einen Abschnitt von 15 und einen darauf folgenden von 30 Minuten ist zulässig, wobei der zweite Teil nach spätestens 4,5 Stunden Fahrzeit genommen werden muss (Art 7 VO (EG) 561/2006).
Binnenschifffahrt: Die Pause bei einer Arbeitszeit über elf Stunden beträgt 60 Minuten (§ 5 BinSchArbZV).
Offshore-Tätigkeiten: Die Pause bei einer Arbeitszeit über zehn Stunden beträgt 60 Minuten (§ 4 Offshore-ArbZV).
Bergbau: Im Salzbergbau beträgt die tägliche Pausenzeit bei einer Temperatur zwischen 37 und 46 Grad C insgesamt 45 Minuten und über 46 Grad C insgesamt 60 Minuten. Im sonstigen Bergbau beträgt sie bei einer Temperatur zwischen 29 und 30 Grad C insgesamt 40 Minuten und über 30 Grad C täglich 50 Minuten (§ 7 KlimaBergV).

Einschränkungen / Erweiterungen bei bestimmten Personengruppen
Jugendliche haben bei einer Arbeitszeit von 4,5 bis 6 Stunden einen Anspruch auf 30 Minuten Pause, bei längerer Arbeitszeit auf 60 Minuten Pause (§ 11 Abs. 1 JArbSchG).
Stillende Mütter haben – wenn sie das verlangen – gem. § 7 MuSchG Anspruch auf bezahlte Unterbrechung der Arbeitszeit zum Stillen.

---

54 BAG 25.2.2015 – 1 AZR 706/13.
55 BAG 13.10.2009 – 9 AZR 139/08.

II.3.1.3.6 Nacht- und Schichtarbeit

Dafür, dass Nacht- und Schichtarbeit die Initialzündung für die Verabschiedung des ArbZG im Jahr 1994 war, ist die Regelungsdichte zu diesem Themenkomplex darin eher überschaubar. Im Wesentlichen entsprechen die Vorschriften denen bei der Tagarbeit.

EU-Richtlinie 2003/88

Für Nachtarbeit enthält die EU-Richtlinie – im Gegensatz zur Tagarbeit – in Art. 8 eine Begrenzung der Höchstarbeitszeit auf durchschnittlich acht Stunden in 24 Stunden, bei besonders gefährlichen oder anstrengenden Arbeiten sogar auf absolut acht Stunden. Hiervon kann allerdings in bestimmten Branchen und bei bestimmten Tätigkeiten sowohl hinsichtlich der Höhe als auch hinsichtlich der Dauer des Zeitraums für die Durchschnittsberechnung abgewichen werden (Art. 16c, 17).

ArbZG

Das ArbZG übernimmt in § 6 die Regelungstechnik der Tagesarbeitszeit auch für Nacht- und Schichtarbeit: Eine achtstündige Arbeitszeit, die aber immer auf 10 Stunden verlängert werden kann. Der Durchschnitt von acht Stunden je Werktag, also 48 Stunden in der Woche, muss innerhalb von vier Wochen erreicht werden. Statt einer Höchstarbeitszeit von acht Stunden innerhalb von 24 Stunden regelt das ArbZG auch hier nur eine wöchentliche Höchstarbeitszeit von durchschnittlich 48 Stunden.

Einschränkungen / Erweiterungen im ArbZG

Mit einem Tarifvertrag kann die Arbeitszeit in der Nacht auf über zehn Stunden verlängert werden, wenn darin in erheblichem Umfang Bereitschaftsdienst oder Arbeitsbereitschaft liegen (§ 7 Abs. 1 Nr. 4a) ArbZG). Der Ausgleichszeitraum für das Erreichen der 48-Stunden-Woche im Durchschnitt kann ebenfalls durch Tarifvertrag verlängert werden (§ 7 Abs. 1 Nr. 4b) ArbZG).

Einschränkungen / Erweiterungen für bestimmte Branchen

Es bestehen keine Einschränkungen oder Erweiterungen für bestimmte Branchen.

Einschränkungen / Erweiterungen bei bestimmten Personengruppen

Jugendliche dürfen zwischen 20:00 und 6:00 Uhr nicht beschäftigt werden, in mehrschichtigen Betrieben zwischen 23:00 und 6:00 Uhr. Ausnahmen davon gibt es im Bäckerhandwerk, in der Gastronomie, im Schaustellergewerbe und in der Landwirtschaft.

Werdende und stillende Mütter dürfen nicht zwischen 20:00 und 6:00 Uhr beschäftigt werden (§ 5 Abs. 1 MuSchG). Zeitlich begrenzte Ausnahmen davon gibt es im Beherbergungsgewerbe und in der Gastronomie (bis 22:00 Uhr), beim

Melken des Viehs (ab 5:00 Uhr) und für darstellende Künstlerinnen bis 23:00 Uhr.

II.3.1.3.7 Zeiterfassung

Zeiterfassung ist der einzige Weg, um festzustellen, ob die gesetzlichen, tarifvertraglichen und betrieblichen Regelungen zur Begrenzung, Vergütung und Festlegung der Arbeitszeit eingehalten werden.[56]

EU-Richtlinie 2003/88

Die Richtlinie enthält keine ausdrückliche Vorschrift zur Zeiterfassung. Aus Art. 31 Abs. 2 der EU-Grundrechtecharta – Recht der Beschäftigten auf Begrenzung der Höchstarbeitszeit und Einhaltung von Ruhezeiten – hat der Europäische Gerichtshof (EuGH) aber geschlossen, dass das nur mit einem System zu gewährleisten ist, das *»objektiv und verlässlich die Zahl der (…) täglich oder wöchentlich geleisteten Arbeitszeit dokumentiert«*.[57]

ArbZG

Die ausdrückliche gesetzliche Verpflichtung zur Erfassung von Arbeitszeit ist durch § 16 Abs. 2 ArbZG in der bei Drucklegung dieses Buches geltenden Fassung auf die acht Stunden täglich überschreitenden Zeiten beschränkt. Weil das aber aufgrund der Entscheidungen von EuGH[58] und BAG[59] zu dem Thema nicht der Vorgabe der Arbeitszeitrichtlinie der EU entspricht, existiert das Bestreben, die Vorschrift zu verändern.[60] Bis das passiert ist, trifft die Arbeitgeberinnen die generelle Verpflichtung zur vollständigen Zeiterfassung aus der Richtlinie 2003/88 und der EU-Grundrechtecharta ohne Einschränkung. Gestaltbar ist aber die Technik, mit der erfasst wird. Dabei hat der Betriebsrat ein umfassendes Mitbestimmungsrecht.[61]

Der Kabinettsentwurf der Ampel-Koalition zu diesem Thema sah eine tagesgenaue Erfassung der Arbeitszeit auf elektronischem Weg vor, von der es allerdings eine unklare Zahl von Ausnahmen geben sollte. Er ist nicht mehr zum Gesetz geworden. Welchen Weg die seit 2025 existierende Bundesregierung einschlägt, ist noch unbekannt, aber sicherlich einen anderen, insbesondere wenn das Vorhaben einer größeren Revision des ArbZG angegangen wird.

Einschränkungen / Erweiterungen im ArbZG

Bis zur Änderung des ArbZG gibt es keine Ausnahmen von der Erfassungspflicht.

---

56 Zu den Möglichkeiten des Betriebsrats, eine Aufzeichnung durchzusetzen vgl. Kapitel III.6 – Informationsrechte / Überwachung.

57 EuGH 14.5.2019 – C-55/18; BAG 13.9.2022 – 1 ABR 22/21.

58 EuGH 14.5.2019 – C-55/18.

59 BAG 13.9.2022 – 1 ABR 22/21.

60 Kapitel II.2.2 – Normenkonflikte mit europäischem Recht.

61 BAG 13.9.2022 – 1 ABR 22/21.

Einschränkungen / Erweiterungen für einzelne Branchen

Folgende Gewerbezweige müssen schon vor der Änderung des ArbZG gem. § 17 Mindestlohngesetz (MiLoG) die Arbeitszeiten der bei ihnen Beschäftigten vollständig aufzeichnen, wenn deren verstetigtes Einkommen bestimmte Werte unterschreitet: Bau, Gaststätten, Beherbergung, Personenbeförderung, Spedition, Transport, Logistik, Schausteller, Gebäudereinigung, Forstwirtschaft, Fleischwirtschaft und Messebau. Die Beträge sind in der Mindestlohndokumentationspflichten-Verordnung (MiLoDokV) geregelt.

Einschränkungen / Erweiterungen bei bestimmten Personengruppen

Bis zur Änderung des ArbZG bestehen keine Einschränkungen oder Erweiterungen für bestimmte Personengruppen.

Grafik 4: Arbeitszeitrecht – Regeln und Ausnahmen

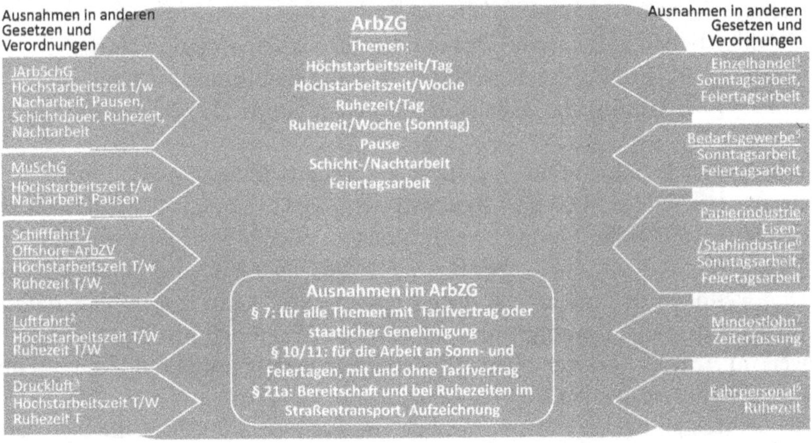

[1] Schifffahrt = Abkommen über die Arbeitsbedingungen der Rheinschiffer, Binnenschiffsuntersuchungsordnung, Binnenschiffahrtsarbeitszeitverordnung
[2] 2. DV LuftBO
[3] Druckluftverordnung
[4] Einzelhandel: Ladenschlussgesetze Bund/Länder, Sonn- und Feiertagsgesetze der Länder
[5] Bedarfsgewerbeverordnungen der Länder (für Glücksspiel, Brauereien, Speiseeisfabriken, Bestattungsunternehmen u.ä.
[6] Verordnung über Ausnahmen vom Verbot der Beschäftigung von Arbeitnehmern an Sonn- und Feiertagen in der Eisen- und Stahlindustrie, Verordnung über Ausnahmen vom Verbot der Beschäftigung von Arbeitnehmern an Sonn- und Feiertagen in der Papierindustrie
[7] FMindestlohngesetz, Arbeitnehmerentsendegesetz
[8] Fahrpersonalgesetz, Fahrpersonalverordnung, EU-RiLi 561/2006

II.3.1.4 Erläuterungen zum ArbZG

Obwohl das ArbZG eher kurz ist und damit überschaubar sein sollte, trägt es doch einige praktisch wichtige Geheimnisse in sich. Das betrifft die Regelungen zu

- täglicher und wöchentlicher Höchstarbeitszeit,
- täglicher und wöchentlicher Ruhezeit,
- Pausen und
- Nacht-/Schichtarbeit.

Da das Gesetz hier praktisch nichts zu seinem Verständnis beiträgt, nachfolgend einige Erläuterungen zu diesen Themen.

II.3.1.4.1 Höchstarbeitszeit im ArbZG

Das ArbZG enthält mit § 3 eine Vorschrift, die sich vor allem dadurch auszeichnet, dass Sprache und gewollter Inhalt nichts miteinander zu tun haben. Darin wird die »werktägliche Arbeitszeit« auf acht Stunden begrenzt.

> **Gesetz**
> **§ 3 ArbZG: Arbeitszeit der Arbeitnehmer**
> Die werktägliche Arbeitszeit der Arbeitnehmer darf acht Stunden nicht überschreiten. Sie kann auf bis zu zehn Stunden nur verlängert werden, wenn innerhalb von sechs Kalendermonaten oder innerhalb von 24 Wochen im Durchschnitt acht Stunden werktäglich nicht überschritten werden.

Nicht gemeint ist damit jedenfalls Folgendes:

- Die Arbeitszeit eines Werktags darf höchstens acht Stunden betragen.
- Acht Stunden Arbeitszeit an einem Werktag sind immer zulässig.
- Die durchschnittliche Arbeitszeit darf auch länger als acht Stunden pro Tag sein.

Das sind kühne Behauptungen, die aber durchaus belegbar sind:
Im zweiten Teil der Vorschrift wird festgelegt, dass es genügt, wenn die acht Stunden auch im Durchschnitt von sechs Monaten oder 24 Wochen erreicht werden. Einen Durchschnitt gibt es aber nur, wenn die Dauer auch mal länger sein kann. Und wenn ein Durchschnitt erreicht werden muss, kann es sein, dass dafür am Ende auch Tage mit weniger als acht Stunden Arbeitszeit benötigt werden. Und weil im ArbZG eigene mathematische Regeln gelten, können die durchschnittlichen Arbeitszeiten auch länger sein als acht Stunden.[62]
Schließlich gibt es in § 3 ArbZG noch eine weitere Grenze für die tägliche Arbeitszeit, nämlich zehn Stunden pro Tag, deren wahre Bedeutung aber auch nicht deutlich wird.
Mit keinem Wort erwähnt, aber dennoch Teil der Vorschrift ist die europarechtlich zwingende Umsetzung der Bestimmung zur wöchentlichen Höchstarbeitszeit von durchschnittlich 48 Stunden. Wäre diese nicht in § 3 ArbZG versteckt, könnte das ganze ArbZG eher als eine Kündigung der EU-Mitgliedschaft verstanden werden denn als eine Umsetzung der europäischen Gesetze.

II.3.1.4.1.1 Die werktägliche Arbeitszeit

Die Begrenzung der Arbeitszeit erfordert die Festlegung eines Rahmens, innerhalb dessen diese Grenze wirken soll. Das ArbZG macht das mit dem Begriff »werktägliche Arbeitszeit«. Die einfache Folgerung, dass damit der »Werktag« als Bezugsrahmen gemeint sein muss, liegt nahe. Was ein Werktag ist, hat der Gesetzgeber im § 3 Abs. 2 BUrlG bestimmt: alle Kalendertage, die nicht Sonn- oder

62 Kapitel II.3.1.4.1.2 – Der Acht-Stunden-Tag.

Feiertage sind. Da aber der Wechsel von einem auf den nächsten Kalendertag auf die Uhrzeit »0:00 Uhr« festgelegt ist, wäre es demnach zulässig, eine durchgehende Arbeitsphase inklusive Pausen auf die Zeit von 15:15 Uhr am Montag bis 10:45 Uhr am Dienstag zu legen. Dabei entfielen auf jeden Werktag 10 Stunden. Eine Ruhezeit müsste auch nicht eingelegt werden, solange niemand auf die Idee kommt, die Arbeitszeit ende automatisch mit dem Tageswechsel um 24:00 Uhr. Dass sie das aber nicht tut, beweist jeder Betrieb, in dem die Nachtschicht anstandslos über diese Zeitgrenze hinweggeht.
Weil so etwas nicht sein kann, haben sich alle, die mit dem ArbZG häufiger zu tun haben, damit arrangiert, den Werktag in § 3 ArbZG anders zu verstehen als den in § 3 BUrlG: Nämlich als den Zeitraum von 24 Stunden, der auf den Zeitpunkt der Arbeitsaufnahme folgt. Es handelt sich also um einen individuellen Werktag, innerhalb dessen die Höchstarbeitszeit eingehalten werden muss. Damit ist dann die Verlängerung auf eine 20-Stunden-Schicht mit Wechsel des Kalendertags wie oben beschrieben nicht mehr möglich. Diese Sicht nähert sich dem System der EU-Richtlinie 2003/88 zur Arbeitszeit an, die Vergleichbares bei der täglichen Ruhezeit macht: Sie muss innerhalb von 24 Stunden ab Arbeitsbeginn genommen werden können, ohne dass der Beginn dieser Phase einheitlich für alle Fälle festgelegt ist.
Ganz konsequent wird das Konzept des »individuellen Werktags« dann aber doch nicht gehandhabt: Die Aufsichtsbehörden gehen nämlich davon aus, dass die Höchstarbeitszeit auch in den Fällen eingehalten ist, in denen eine erneute Arbeitsaufnahme innerhalb der 24 Stunden nach Einhaltung der Ruhezeit erfolgt.

Beispiel
Arbeitsbeginn: Montag 8:00 Uhr
(Ende des individuellen Werktags: Dienstag, 8:00 Uhr)
Arbeitsende: Montag 16:30 Uhr
Nettoarbeitszeit: 8 Stunden
Erneute Arbeitsaufnahme: Dienstag 3:30 Uhr
Weitere Arbeitszeit bis zum Ende des individuellen Werktags: 4,5 Stunden
Summe beider Arbeitsphasen: 12,5 Stunden Arbeitszeit in 24 Stunden

Dass das widersprüchlich ist, springt sofort ins Auge, entweder gilt der 24-Stunden-Zeitraum, oder er gilt nicht. Statt die Sache inhaltlich zu klären, läuft es in der Wahrnehmung dieses Problems wie in sozialen Medien: Es gibt die einen, die den Daumen hochrecken und das gut finden,[63] und die anderen, die finden, das 10 Stunden nun mal 10 Stunden und nicht 12,5 Stunden sind.[64] Zu welchen unzulässigen Folgen diese Verlängerung der werktäglichen Arbeitszeit bereits

63 ArbG Hannover 27. 10. 2000 – 1 BV 3/00.
64 HPS-*Jerchel*, § 3 Rz. 21; Anzinger/Koberski, § 3 Rn. 11; HK-ArbR-*Growe/Tretow*, ArbZG § 3 Rn. 5.

über acht Stunden hinaus führt, wird sich weiter unten bei der wöchentlichen Höchstarbeitszeit zeigen.[65]

Für den Betriebsrat praktisch bedeutsamer als das oben konstruierte Beispiel sind rückwärts rotierende Schichtfolgen, vor allem von einer späten in eine frühe Schicht. Diese Konzentration der Arbeitszeit auf wenige Arbeitstage ist bei vielen Beschäftigten beliebt, weil damit längere Freizeitblöcke erreicht werden. Der Betriebsrat kann sich bei dieser Sachlage entscheiden, worauf er das Gewicht legen will: mehr Blockfreizeiten oder mehr Erholungszeit zwischen den Schichten. Die Antwort auf die Frage allein darauf zu stützen, was er für rechtmäßig hält, ist zu kurz gegriffen, weil er die freie Auswahl hat: kurze Wechsel mit längeren Freizeitblöcken oder kürzere Arbeitszeiten mit längeren Erholungsphasen dazwischen. Wenn gut bezahlte Juristen und die für die Überwachung des Arbeitszeitrechts zuständigen Behörden behaupten, dass diese Verlängerung der Arbeitszeit zulässig sei, kann der Betriebsrat zwar klüger sein, muss es aber nicht.[66]

Dass es sinnvoller ist, die Belastungen durch kürzere tägliche Arbeitszeit gering zu halten als hohe Belastungen durch längere Erholungszeiten auszugleichen, ist eigentlich bekannt – der Nachdruck, mit dem manche für die Blockfreizeiten kämpfen aber auch. In solch einer Situation kann der Betriebsrat also versuchen, das Beste für alle herauszuholen. Bei Blockfreizeiten wäre das zumindest die Absicherung, dass diese nicht doch Spielmasse für zusätzliche Einsätze bei Personalknappheit werden.

II.3.1.4.1.2 Der Acht-Stunden-Tag

Die tägliche Höchstarbeitszeit ist in § 3 ArbZG entgegen allen anderslautenden Behauptungen auf zehn Stunden festgelegt. Die ebenfalls erwähnten acht Stunden sind ausschließlich eine Berechnungsgröße zur Einhaltung der europarechtlichen Vorgabe, dass die wöchentliche Höchstarbeitszeit im Durchschnitt 48 Stunden nicht überschreiten darf. Diese zwingend einzuhaltende Grenze findet sich im ArbZG nur versteckt in der Konstruktion der Überschreitung der täglichen Arbeitszeitgrenze von acht Stunden und der Regelung zum Ausgleich innerhalb von sechs Monaten.

> **Beispiel**
> In der Fünf-Tage-Woche arbeitet ein Betrieb mit einer täglichen Schichtdauer von 8,5 Stunden. Die Beschäftigten haben eine vertragliche Regelarbeitszeit von 42,5 Stunden pro Woche.
> Bei dieser Konstellation wird immer über 8,5 Stunden gearbeitet, aber in keiner Woche mehr als 48 Stunden. Damit ist die Überschreitung der täglichen acht Stunden legal.

Dem ArbZG ist deshalb nur die Grenze von zehn Stunden für den Arbeitstag zu entnehmen, weil auch nur die Überschreitung dieser Stundenzahl sanktioniert

65 Kapitel II.3.1.4.1.3 – Die 48-Stunden-Woche.

66 Mehr dazu in Kapitel II.3.1.5 – Die Rolle des Betriebsrats.

werden kann. Die Sanktion findet sich in § 22 Abs. 1 Nr. 1 ArbZG in Form einer Bußgeldandrohung für den Fall, dass »*Arbeitnehmer über die Grenzen der Arbeitszeit hinaus beschäftigt werden*«. Da aber die acht Stunden gem. § 3 ArbZG immer überschritten werden dürfen, sofern ein späterer Ausgleich dafür erfolgt, und dieser Ausgleich schon dann erfolgt ist, wenn die wöchentliche Arbeitszeit von 48 Stunden unterschritten wurde, ist die Überschreitung der achten Stunde praktisch nie unzulässig.

Der Grund dafür ist die Besonderheit, dass der Durchschnitt für die Berechnung der Einhaltung der wöchentlichen Arbeitszeit sich nicht an der tatsächlichen Arbeitszeitverteilung – in der Regel fünf Tage pro Woche – orientiert, sondern jetzt doch wieder an den sechs Werktagen des BUrlG. Damit wird die individuell erbrachte Wochenarbeitszeit immer durch sechs geteilt. Und weil der Ausgleichszeitraum für die Berechnung dieses Durchschnitts nach § 3 ArbZG sechs Monate oder 24 Wochen beträgt, weiß am Ende eines über achtstündigen Arbeitstags niemand, ob dieser Ausgleich vielleicht doch noch innerhalb des Ausgleichszeitraums erfolgt. Deshalb ist die Überschreitung der achten Arbeitsstunde praktisch niemals verboten und der Acht-Stunden-Tag im ArbZG allenfalls eine schöne Tradition, aber keine gesetzlich geregelte Belastungsgrenze.

Textaufgabe Rechnen
Ein Spieler der Fußball-Bundesliga schießt in einer Saison in jedem Spiel zwei Tore.
Er ist an 17 von 34 Spieltagen eingesetzt, hat also 34 Tore geschossen.
Wie viele Tore hat der Spieler im Durchschnitt geschossen?
Lösung in der Schule: Zwei, weil 34 Tore durch 17 Spiele geteilt werden.
Lösung nach § 3 ArbZG: Eins, weil die 34 Tore durch die theoretisch möglichen 34 Spiele geteilt werden.

All das ist sehr theoretisch, dient aber dem Verständnis dieses merkwürdigen Paragrafen, der – wie erwähnt – ohne ausdrückliche Regelung zugleich die Vorgabe der Europäischen Union umsetzen muss, die Arbeitszeit auf durchschnittlich 48 Stunden in der Woche zu begrenzen. Das steckt hinter der Formel »6 Tage mal 8 Stunden«. Allerdings kommt hierbei die Problematik der Überschreitung der täglichen Höchstarbeitszeit ins Spiel, wenn darin die Arbeit innerhalb von 24 Stunden nach Einhaltung der täglichen Ruhezeit wieder aufgenommen wird.

Der spezielle Fall
In einem Fall können auch die acht Stunden unzulässig sein: am Ende des Ausgleichszeitraums, wenn vorher so viel gearbeitet worden ist, dass am letzten mit acht Stunden Arbeit das Höchstmaß von 48 Stunden im Durchschnitt überschritten würde. Das ist aber ganz sicher noch nicht passiert – zumindest hat es niemand gemerkt.

II.3.1.4.1.3 Die 48-Stunden-Woche

Das EU-Recht verpflichtet alle Mitgliedsstaaten, sicherzustellen, dass Beschäftigte im Regelfall nicht länger als 48 Stunden wöchentlich im Durchschnitt eines

Ausgleichszeitraums[67] von vier Monaten arbeiten müssen. Zu dieser Sicherstellung gehört auch eine wirksame Kontrolle der Einhaltung der Grenze von durchschnittlich 48 Stunden Arbeitszeit pro Woche.[68] Weil es keine besseren Ideen für die Sicherstellung dieser Vorgabe gibt, heißt das: Verstöße dagegen müssen sanktionierbar sein.

Das ArbZG schreibt für die normale Arbeitszeit – also ohne Verlängerung durch Bereitschaftsdienst o. Ä. – nicht ausdrücklich vor, dass diese nur höchstens 48 Stunden pro Woche betragen darf. Sanktioniert wird nur der Verstoß der Überschreitung der achten Stunde täglich, wenn dadurch im Durchschnitt mehr als 48 Stunden pro Woche gearbeitet wird, oder die Verletzung der 10-Stunden-Grenze. Dass der Rahmen hierfür der individuelle Werktag ist, wurde oben schon erläutert.[69] Da aber die Arbeitsschutzbehörden davon ausgehen, die werktägliche Höchstarbeitszeit werde auch eingehalten, wenn innerhalb von 24 Stunden 12,5 Stunden gearbeitet werden, solange sie von einer elfstündigen Ruhezeit unterbrochen werden, sind Verstöße gegen die wöchentliche Höchstarbeitszeit in solchen Fällen nicht sanktionierbar. Sind 12,5 Stunden zulässig, weil sie nicht mehr als die maximal erlaubten zehn Stunden pro Werktag sind, dann können sie auch keine Überschreitung von acht Stunden pro Tag sein.

Das ArbZG kennt aber für die gewöhnliche – also die nicht über das Maß des § 3 hinaus verlängerte – Arbeitszeit keine Sanktionierung. Wenn diese täglich legalen Zeiten sich dann aber auf mehr als 48 Wochenstunden aufsummieren, fehlt der Arbeitsschutzbehörde die Möglichkeit, die Einhaltung der 48-Stunden-Woche im Durchschnitt durchzusetzen, denn diese ist in § 3 ArbZG ausdrücklich nur als Folge der Überschreitung der täglichen acht Stunden indirekt geregelt.

Wer diesen Wechsel zwischen acht Stunden Arbeitszeit und elf Stunden Ruhezeit konsequent aneinanderreiht, kommt an weniger als sechs Kalenderwerktagen (144 Stunden) auf sieben Schichten mit insgesamt 56 Stunden Arbeitszeit. Weil dieser Verstoß aber durch die Aufsichtsbehörden nicht unterbunden werden kann – jeder einzelne individuelle Werktag ist aus ihrer Sicht ja in Ordnung –, wird mit dieser Anwendung des ArbZG die BRD gegenüber der Europäischen Union vertragsbrüchig. Das alles ist eine Folge der speziell deutschen Regelung, statt einer wöchentlichen eine tägliche Höchstarbeitszeit festzulegen, diese Regelung dann aber wieder aufzuweichen und dabei zu ignorieren, dass der fein gesponnene Faden, der die Verbindung zur europäischen Norm halten sollte, dabei zerreißt.

Deshalb muss auch in diesem Punkt § 3 ArbZG gemeinschaftskonform so ausgelegt werden, dass innerhalb der 24 Stunden des individuellen Werktags auch dann nur maximal zehn Stunden Arbeit liegen dürfen, wenn darin außerdem eine volle Ruhezeit liegt.[70]

---

67 Kapitel IV.6.1.1.1 – Gesetzlicher Ausgleichszeitraum.
68 EuGH 14. 5. 2019 – C-55/18.
69 Kapitel II.3.1.4.1.1 – Die werktägliche Arbeitszeit.
70 Kapitel II.2.2 – Normenkonflikte mit europäischem Recht.

Aber jenseits aller Juristerei: Der Betriebsrat kann sich hier genüsslich die Rosinen heraussuchen.[71] Er muss nicht versuchen, die mangelhafte Arbeit der Arbeitsschutzbehörden auszugleichen, wenn es den Beschäftigten nichts nützt.

II.3.1.4.1.4 Merksatz zu § 3 ArbZG

Das alles ist viel Holz für Menschen, die sich nicht jeden Tag mit solchen Vorschriften abgeben müssen. Deshalb zur Erleichterung die Zusammenfassung dessen, was wirklich in § 3 ArbZG steht:

- Die wöchentliche Arbeitszeit darf im Durchschnitt von 6 Monaten oder 24 Wochen 48 Stunden nicht überschreiten.
- Die Arbeitszeit innerhalb von 24 Stunden nach dem Ende der vorangehenden täglichen oder wöchentlichen Ruhezeit ist auf 10 Stunden begrenzt.

II.3.1.4.2 Ruhezeiten

Ruhezeiten sollen gewährleisten, dass Beschäftigte genügend Erholung zwischen den Arbeitsphasen haben. Erholung bedeutet, dass sie weder arbeiten noch ihrer Arbeitgeberin zur Verfügung stehen und dabei Tätigkeiten ausüben oder Aufgaben wahrnehmen müssen. So definiert die EU-Richtlinie in Art. 2 die Arbeitszeit und damit auch die Ruhezeit, die als *»jede Zeitspanne außerhalb der Arbeitszeit«* beschrieben wird.[72] Die Ruhezeit muss den Beschäftigten zur freien Verfügung stehen. Eine eigenständige Definition der Ruhezeit enthält das ArbZG nicht.

II.3.1.4.2.1 Tägliche Ruhezeit

Die tägliche Ruhezeit muss mindestens elf Stunden dauern, solange keine der gesetzlich zugelassenen Kürzungen möglich ist. Eine Kürzung oder Unterbrechung führt dazu, dass eine neue vollständige Ruhezeit an ihre Stelle treten und nicht nur der ausgefallene Abschnitt später nachgeholt werden muss.[73] Hiervon gibt es Ausnahmen bei Rufbereitschaften, wenn die weiteren Voraussetzungen des ArbZG dafür vorliegen.[74]

Zugelassen sind gem. § 5 Abs. 2 ArbZG Kürzungen der Ruhezeit um eine Stunde ohne weitere Bedingungen in den Branchen Behandlung, Pflege und Betreuung von Menschen, Gastronomie und Hotellerie, Rundfunk und Tierhaltung. In der Branche Behandlung, Pflege und Betreuung von Menschen ist gem. § 5 Abs. 3 ArbZG eine weitere Kürzung zulässig, wenn die Unterbrechung der Ruhezeit durch einen Einsatz in einer Rufbereitschaft erfolgt. Es muss allerdings eine mindestens 5,5-stündige Ruhephase übrig bleiben.

---

71 Kapitel II.3.1.5 – Die Rolle des Betriebsrats.

72 Dass man das auch ganz anders beschreiben kann, zeigt der Kommentar von Anzinger/Koberski, § 5 Rn. 4, 5. Danach ist die Ruhezeit nicht das, was sie nach der EU-Richtlinie ist, sondern irgendetwas nicht in klare Worte fassbares Anderes, das dann aber auch »Zeit zur Ruhe und Erholung von der täglichen Arbeit« ermöglichen soll. Da der Zweck der Übung also derselbe ist wie nach der Richtlinie, sollte auch deren verständliche Beschreibung genutzt werden, solange es nicht um einen philosophischen Wettstreit geht.

73 Anzinger/Koberski, § 5 Rn. 2, in dem Punkt sind sich alle Kommentare zum ArbZG einig.

74 Kapitel V.4.7.3 – Ruhezeit.

Mit einer entsprechenden Regelung in einem Tarifvertrag[75] können weitere Kürzungen der Ruhezeit vorgenommen werden: auf neun Stunden gem. § 7 Abs. 1 Nr. 3 ArbZG und – bei Abrufen im Rahmen der Rufbereitschaft gem. § 7 Abs. 2 Nr. 1 ArbZG – sogar auf eine nicht mehr bestimmte Dauer, was aber dramatischer wirkt, als es ist, wenn das ArbZG im Übrigen eingehalten wird.[76]
Die Kürzungen der Ruhezeit müssen jeweils ausgeglichen werden. Der Ausgleich besteht in der Verlängerung einer anderen Ruhezeit um den ausgefallenen Anteil.[77] Eine Verteilung auf mehrere Ruhezeiten erfüllt allerdings nicht den Zweck, die ausgefallene Ruhezeit nachzuholen und ist daher unzulässig.
Überlegungen in verschiedenen ArbZG-Kommentaren,[78] den Ausgleich nicht vollständig zu gewähren oder gestückelt zu verteilen, sind nach der Rechtsprechung des EuGH nicht mit dem EU-Recht zu vereinbaren. Diese verlangt, die Verkürzung so auszugleichen, dass die Ruhezeit im Anschluss an die Arbeitsphase nach der Verkürzung entsprechend verlängert wird.[79]
Mit dieser Festlegung kollidieren alle Ausgleichsvorschriften im ArbZG: Darin wird lediglich – mit einer Ausnahme – ein Ausgleich *»zu anderen Zeiten«* vorgeschrieben. Diese Ausnahme wirkt ausgerechnet beim schwächsten Eingriff in die Ruhezeit, der Reduzierung um eine Stunde: Hier ist die Frist zum Ausgleich auf einen Monat beschränkt.
Die an anderer Stelle beschriebenen Regeln, wie mit einer Kollision zwischen EU-Recht und deutschem ArbZG umzugehen ist,[80] helfen hier auch nur bedingt weiter: Sind die Regelungen zum Ausgleich eine Schutzvorschrift zugunsten der Beschäftigten, lässt sich durch gemeinschaftskonforme Auslegung des nationalen Rechts die kurze Frist des EuGH in das Gerüst des ArbZG integrieren, denn diese ist von der langen Fristsetzung des ArbZG umfasst. Diese Auslegung würde nur die auch möglichen längeren Ausgleichszeiten beseitigen. Wenn aber die Fristen ein Recht der Arbeitgeberin sind, den Ausgleich hinauszuschieben, dann widerspricht das deutsche ArbZG in diesem Punkt der EU-Richtlinie 2003/88, und das kann nicht durch Auslegung zurechtgebogen werden. Der Betriebsrat kann diesen Knoten nicht lösen, er verschafft ihm aber Handlungsoptionen.[81]
Ein weiterer Konflikt zwischen EU-Recht und ArbZG besteht bei der Festlegung der Lage der Ruhezeit: Die EU-Richtlinie 2003/88 verpflichtet in Art. 3 die Mitgliedsländer der Europäischen Union, Regelungen zu schaffen, damit »jedem Arbeitnehmer pro 24-Stunden-Zeitraum eine Mindestruhezeit von elf zusammenhängenden Stunden gewährt wird«. Das ArbZG macht daraus in § 5 Abs. 1, dass »Arbeitnehmer (…) nach Beendigung der täglichen Arbeitszeit eine ununterbrochene Ruhezeit von mindestens elf Stunden haben« müssen.

75 Kapitel II.3.1.2.2 – Abweichungen durch Tarifvertrag.
76 Kapitel V.4.7.1 – Tägliche Höchstarbeitszeit.
77 Anzinger/Koberski, § 5 Rn. 31.
78 HK-*Kohte*, § 7 Rz. 64, Baeck § 7 Rn. 83.
79 EuGH 9.9.2003 – C-151/02.
80 Kapitel II.2.2 – Normenkonflikte mit europäischem Recht.
81 Kapitel II.3.1.5 – Die Rolle des Betriebsrats.

Der nicht nur sprachliche Unterschied führt dazu, dass in Deutschland davon ausgegangen wird, die Ruhezeit könne auch außerhalb des 24-Stunden-Zeitraums genommen werden. Begründet wird das nicht, den gängigen Kommentatoren reicht die kühne Behauptung, dass es so ist,[82] oder der Hinweis darauf, dass andere es auch so sehen.[83] Tatsächlich findet sich nirgendwo ein Argument dafür, warum das in der BRD trotz der eindeutigen Bestimmung in der EU-Richtlinie zulässig sein soll. Allerdings gibt es auch Widerspruch zu dieser Auslegung, der auf die Wirkung der 24-Stunden-Regelung in der Richtlinie hinweist.[84] Auch in einer Entscheidung des BAG findet sich ein Hinweis auf die Bedeutung der Richtlinie in diesem Punkt.[85] Das hat Folgen für die Ruhezeit selbst sowie für die Dauer der täglichen Arbeitszeit, ganz gleich wie diese organisiert ist. Die sind insbesondere bei Bereitschaften zu berücksichtigen.[86]
Die Vorschrift zur täglichen Ruhezeit im ArbZG ist damit gemeinschaftskonform[87] auszulegen, weil sie zur Lage der Ruhezeit keine eindeutige Regelung enthält und daher auch nicht gewollt von der EU-Richtlinie abgewichen wird. Deshalb muss die tägliche Arbeitszeit so enden, dass die Ruhezeit innerhalb der 24 Stunden vollständig genommen werden kann. Bei ungekürzter Ruhezeit ist damit nach 13 Stunden am Stück (einschließlich der Pausen) Schluss. Eine Verlängerung darüber hinaus ist nur möglich, wenn das ArbZG eine Verkürzung der Ruhezeit zulässt.

II.3.1.4.2.2 Wöchentliche Ruhezeit / Sonn- und Feiertagsarbeit

Unter der Überschrift »Sonn- und Feiertagsarbeit« in § 9 setzt das ArbZG einerseits die europäische Vorgabe zur Wochenruhezeit um, andererseits verspricht es die Aufrechterhaltung einer abendländischen Tradition. Die Verbindung mit der Wochenruhezeit zeigt sich in der Bestimmung in § 11 Abs. 4 ArbZG, dass die Sonn- und Feiertagsruhe mit einer Tagesruhezeit verbunden sein, also zusammen mindestens 35 Stunden dauern soll – allerdings nur, wenn das technisch und arbeitsorganisatorisch möglich ist.
Die Ruhe an Sonn- und Feiertagen ist tatsächlich eher ein Versprechen, wie alle diejenigen wissen, die Sonn- und Feiertage nicht im Bett verbringen. So folgt denn auch auf das Verbot in § 9 ArbZG eine lange Liste von Ausnahmen davon in § 10 ArbZG. Dort finden sich alle Branchen wieder, von denen bekannt ist, dass sie sonntags sowieso arbeiten müssen. Weitere kommen in anderen Vorschriften hinzu.[88] Nicht darin erwähnt sind Branchen, die zum industriellen Bereich und zum Einzelhandel gehören. Für diese gibt es stattdessen die Möglichkeit einer Genehmigung im Einzelfall gem. § 13 ArbZG durch die Bundes- oder Landesregierung. Davon wird fleißig Gebrauch gemacht, schließlich fehlt in keinem

82 Anzinger/Koberski, § 5 Rn. 18.
83 Baeck, § 5 Rn. 10.
84 HPS-*Jerchel*, § 5 Rn. 23; HK-*Kothe*, § 7 Rn. 49; Linnenkohl, § 7 Rn. 34; FMS § 5 Rn. 1.
85 BAG 16.9.2020 – 7 AZR 491/19.
86 Kapitel V.4.8.4 – Resümee.
87 Kapitel II.2.2 – Normenkonflikte mit europäischem Recht.
88 Kapitel II.3.1.3.4.4 – Einschränkungen / Erweiterungen für bestimmte Branchen.

Antrag die Begründung, dass ansonsten deutsche Arbeitsplätze durch den Weltmarkt bedroht sind.
Das Verbot der Arbeit an Sonn- und Feiertagen ist also von Gesetzes wegen eine eher maßvolle Hürde für die Unternehmen. Einen Betriebsrat muss das nicht interessieren, für ihn ist die Sonn- und Feiertagsarbeit ein Mitbestimmungsthema wie alle anderen auch: Wenn er diese Zeiten arbeitsfrei halten will, stimmt er keiner Betriebsvereinbarung und keinem Dienst- oder Schichtplan mit Sonn- und Feiertagsarbeit zu. Selbst wenn das Gesetz diese Arbeit ausdrücklich in § 10 ArbZG erlaubt, kann er sich gegen Sonn- und Feiertagsarbeit entscheiden. Die Arbeitgeberin muss dann ihr Glück in einer Einigungsstelle suchen, dort wird zumindest genauer darauf geschaut werden, ob die Arbeiten wirklich nicht an einem Werktag durchgeführt werden können. Das verlangt § 10 ArbZG nämlich auch in den Fällen, in denen Sonn- und Feiertagsarbeit für die jeweilige Branche zugelassen ist.
Wenn Sonntagsarbeit zugelassen ist oder wird, sind diese Folgeregelungen in § 11 ArbZG zu beachten:

- Mindestens 15 Sonntage im Jahr müssen beschäftigungsfrei sein.
- An Sonn- und Feiertagen gelten alle Vorschriften, die auch die Arbeitszeit an Werktagen regulieren, also Höchstarbeitszeit, Pausenregelungen und Ruhezeit.
- Auf einen gearbeiteten Sonntag muss gem. § 11 Abs. 3 ArbZG spätestens nach 13 Tagen ein Ersatzruhetag folgen.[89] Der Ersatzruhetag für einen gearbeiteten Feiertag kann dagegen auch acht Wochen später folgen. Weil hierzu aber jeder freie Tag zählt, egal warum er frei ist, wird diese Anforderung in der Regel ohne Weiteres erfüllt.
- Der Ersatzruhetag soll gem. § 11 Abs. 4 ArbZG wie der freie Sonn- und Feiertag mit einer Tagesruhezeit verbunden sein – wenn es geht. Wenn nicht, dann eben nicht.

II.3.1.4.3 Pausen

Eine Pause ist eine Arbeitsunterbrechung, die im Voraus feststeht, der Erholung dient und deshalb frei von jeglichen Verpflichtungen aus dem Arbeitsverhältnis sein muss.[90] Eine solche Verpflichtung ist auch das Bereithalten für den Arbeitseinsatz.[91] Die Möglichkeit, zum Verlassen des Arbeitsplatzes muss bestehen, soweit dies nicht objektiv ausgeschlossen ist, also insbesondere beim Personal in sich bewegenden Flugzeugen, Eisenbahnen oder Schiffen.
Im Voraus feststehend bedeutet, dass Beschäftigte spätestens bei Arbeitsaufnahme wissen müssen, wann und – bei Beginn der Pause – in welchem Umfang ihre Arbeit unterbrochen wird.[92] Dabei ist es ausreichend, wenn die Lage durch einen zeitlichen Rahmen bestimmt wird, also z. B. die Pause zwischen 12:00 Uhr und 14:00 Uhr genommen werden kann.[93] Allerdings darf das nicht dazu

---

89 Zur Lage des Ersatzruhtags vgl. Kapitel II.3.1.3.4 – Wöchentliche Ruhezeit / Sonn- und Feiertagsarbeit.
90 BAG 7.2.2012 – 1 ABR 77/10.
91 BAG 16.12.2009 – 5 AZR 157/09.
92 BAG 29.10.2002 – 1 AZR 603/01.
93 BAG 13.10.2009 – 9 AZR 139/08.

führen, dass die Pausen zu einer Art Bereitschaft werden, also ausschließlich davon abhängen, dass gerade keine Arbeit anfällt. Bereitschaft ist trotz der darin enthaltenen Leerphasen niemals eine Pause, weil diese Unterbrechungen eben nicht kalkulierbar sind. Deshalb muss auch der Bereitschaftsdienst von einer im Voraus feststehenden Pause unterbrochen werden.[94] Ein Pausenkorridor sollte daher zumindest die Festlegung enthalten, dass die Pause spätestens 30 Minuten vor dem Ende des Korridors beginnt, damit Beschäftigte sich nicht ständig gegenüber Vorgesetzten, Kunden oder Dritten rechtfertigen müssen, wenn sie tatsächlich ihre Pause nehmen.[95]

Ein Arbeitseinsatz in einer Pause, der zur Unterschreitung der Mindestlänge der Pause führt, macht diese insgesamt hinfällig. Sie wird dadurch zur Arbeitszeit, muss vergütet und in voller Länge nachgeholt werden.

Keine Pausenregelung ist es, wenn, statt diese festzulegen, einfach der entsprechende Zeitanteil von der Tagesarbeitszeit oberhalb von sechs Stunden abgezogen wird. Das ist zwar gängige Praxis, erfüllt aber nicht die Vorgabe von § 4 ArbZG, dass eine Pause im Vorhinein feststehen muss. Die Verantwortung für die Einhaltung des ArbZG kann nicht von der Arbeitgeberin auf die Beschäftigten verschoben werden. Mit dem automatischen Abzug kann nur die Erfassung einer Pause im Einzelfall ersetzt werden, nicht aber die Vorgabe, dass sie auch tatsächlich genommen werden muss.

Besonders ärgerlich ist dieses Verfahren, wenn bei einer geplanten Schichtlänge von sechs Stunden ein solcher automatischer Abzug erfolgt, weil die Arbeitszeit zwei Minuten länger gedauert hat als vorgesehen. Gerechtfertigt wird das häufig mit der Notwendigkeit, die gesetzliche Vorgabe zu erfüllen, dass die Arbeitszeit ohne Pause nicht länger als sechs Stunden dauern darf. Aber natürlich hat niemand Interesse daran, wegen zwei Minuten längerem Arbeiten kurz vor Dienstschluss die gesamte Einsatzdauer um eine halbe Stunde Nichtstun zu verlängern. Deshalb lohnt es sich auch nicht, wenn der Betriebsrat versucht, bei solchen Schichten immer auch eine halbe Stunde Pause einzuplanen. Auch das führt nur zu einer Verlängerung der Anwesenheit im Betrieb, die niemand will. Da aber der Pausenabzug ohnehin rechtswidrig ist, wenn es keine Pause gegeben hat – was ist ja bei solchen kurzen Überschreitungen immer der Fall ist –, gibt es nur die Möglichkeit, einen solchen Abzug entweder von vornherein zu unterbinden und die Arbeitgeberin dafür in die Pflicht zu nehmen, dass ein pünktliches Arbeitsende realisiert wird, oder jeden dieser Vorgänge durch eine spätere Korrekturbuchung wieder zu eliminieren.

Für die Arbeitgeberin ist der Abzug der Versuch, einen ihr nicht zustehenden wirtschaftlichen Vorteil zu erlangen. Der Versuch gelingt häufig, obwohl der Vergütungsanspruch für die nicht gewährte Pause rechtlich natürlich bestehen bleibt. Die Vertuschung der nicht genommenen Pause durch die falsche Dokumentation kann aber zu erheblichem Ärger mit der Aufsichtsbehörde führen.

94 BAG 16.12.2009 – 5 AZR 157/09.

95 Textbaustein XI.3 – Pausenkorridor.

Die Erfassung von Pausenzeiten als Alternative zum pauschalen Zeitabzug bei Schichtlängen von deutlich über sechs Stunden wird zwar von vielen Beschäftigten als lästig empfunden, hat aber durchaus Vorteile. Da die Bedienung der Zeiterfassung in die Arbeitszeit gehört, fängt dann auch die Pause erst danach an. Wenn das Gerät zur Pausenerfassung nicht direkt am Arbeitsplatz hängt, verkürzt der Weg zur Kantine oder zum Pausenraum nicht mehr die Pause in vollem Umfang. Außerdem kann nur mit Erfassung auch eine individuelle Verlängerung der Pause ermöglicht werden, was insbesondere bei individuell gesteuerten Arbeitszeiten häufig als Option erwartet wird.
Andere Arbeitsunterbrechungen wie Bildschirmpausen sind, obwohl sie so heißen, keine Pausen gem. § 4 ArbZG, weil in dieser Zeit andere Arbeiten verrichtet werden können. Fahrtunterbrechungen im ÖPNV dagegen haben Pausencharakter, weil sie von jeglicher Arbeit freigehalten werden und auch nach den Bestimmungen des Fahrpersonalrechts im Vorhinein feststehen müssen.

II.3.1.4.4 Nacht- und Schichtarbeit

Zur Nacht- und Schichtarbeit enthält das ArbZG zwar eine Vorschrift in § 6, aber kaum substanzielle Regelungen. Die tägliche und wöchentliche Höchstarbeitszeit ist dieselbe wie bei der »normalen« Tagesarbeitszeit, lediglich der Ausgleichszeitraum ist auf einen Monat bzw. vier Wochen verkürzt. Das bedeutet, dass die wöchentliche Höchstarbeitszeit im Durchschnitt von einem Monat 48 Stunden nicht überschreiten darf. Das ist allerdings mit der Regelung in der EU-Richtlinie zur Arbeitszeit nicht kompatibel, weil diese bei Nachtarbeit in Art. 8 die Einhaltung der täglichen, nicht der wöchentlichen Höchstarbeitszeit verlangt. Die tägliche Höchstarbeitszeit darf danach durchschnittlich nur acht Stunden innerhalb von 24 Stunden betragen, also nicht durchschnittlich 48 Stunden in der Woche. Damit ist nach der Richtlinie nur die Teilung durch die Anzahl der gearbeiteten Nächte zulässig, nicht aber diejenige durch die Anzahl der theoretisch möglichen Nachtschichten.[96] Das geht auch nicht anders, denn in der Regel wechseln sich Nacht- und Tagschichten miteinander ab. Wenn die Berechnung für die Nächte dieselbe hätte sein sollen wie für die Tage, wäre es nicht nötig gewesen, in der Richtlinie ausdrücklich auf den Rahmen »24 Stunden« abzuheben.
Im Gegensatz dazu beschränkt das ArbZG auch bei Nachtarbeit nur die durchschnittliche wöchentliche Höchstarbeitszeit und enthält damit keine Vorschrift zur Umsetzung der EU-Richtlinie bei der Nachtarbeit. Das kann auch nicht durch Auslegung geheilt werden.[97]
Die im ArbZG übernommene Grenze von vier Wochen bzw. einem Monat, innerhalb dessen die 48 Stunden pro Woche bei der Nachtarbeit durchschnittlich einzuhalten sind, lässt sich wiederum gem. § 7 Abs. 1 Nr. 4b) ArbZG durch Tarifvertrag aufheben. Davon wird in den betroffenen Branchen weidlich Gebrauch gemacht, allerdings nur auf der tarifvertraglichen Ebene. Dort finden sich Regelungen wie die Folgende aus dem TVöD: *»Aus dringenden betrieblichen /*

96 Kapitel II.3.1.4.1.2 – Der Acht-Stunden-Tag.
97 Kapitel II.2.2 – Normenkonflikte mit europäischem Recht.

dienstlichen Gründen kann auf der Grundlage einer Betriebs- / Dienstvereinbarung im Rahmen des § 7 Abs. 1, 2 und des § 12 ArbZG von den Vorschriften des Arbeitszeitgesetzes abgewichen werden.«

Damit nimmt der Tarifvertrag die Verlängerung der Ausgleichfrist von einem Monat in § 6 ArbZG nicht selbst vor, sondern überlässt sie den Betriebsparteien. In der Regel wird aber diese Notwendigkeit einer eigenen betrieblichen Regelung zur Verlängerung des Ausgleichszeitraums für Nachtarbeitnehmer nicht gesehen und die Arbeitszeit der Bereitschaftsdienstleistenden auch schon mal auf mehr als durchschnittlich 48 Stunden in einem Vier-Wochen-Zeitraum verlängert. Ohne eine ausdrückliche Regelung in einer Betriebsvereinbarung zur Verlängerung des Ausgleichszeitraums ist dies jedoch unzulässig.

Wie immer bei diesen juristischen Konflikten heißt das für den Betriebsrat: Er muss nicht versuchen, die rechtlich richtige Variante durchzusetzen, sondern kann versuchen, das nach seiner Meinung nach beste Modell umzusetzen. Den juristischen Streit sollen andere klären.

Darüber hinaus bietet das ArbZG zum Thema »Nacht- und Schichtarbeit« noch den Hinweis darauf, dass gesicherte arbeitswissenschaftliche Erkenntnisse bei der Gestaltung der Arbeitszeit zu berücksichtigen sind und Schicht- und Nachtarbeitnehmer Anspruch auf arbeitsmedizinische Untersuchungen haben. Bezahlen muss diese die Arbeitgeberin. Der Anspruch besteht bis zum 50. Lebensjahr alle drei Jahre, bei höherem Alter alle zwei Jahre.

Der Hinweis auf die gesicherten arbeitswissenschaftlichen Erkenntnisse ist gut gemeint, aber praktisch kaum zu gebrauchen. Selbst wer sich damit einigermaßen auskennt, wird feststellen, dass das Querdenken auch bei Arbeitgeberinnen und insbesondere bei den sie Beratenden gut verankert ist. Die zweifeln jede wissenschaftliche Erkenntnis an, bestreiten zumindest, dass diese gesichert ist. Und weil niemand über diese endgültige Sicherheit verfügt, geht das immer aus wie das Hornberger Schießen.

Es gibt allerdings schon seit einigen Jahren einen geeigneten Weg, um in solchen Streitfällen zu angemessenen Lösungen zu kommen: Das ArbSchG schreibt in § 5 vor, dass eine Beurteilung der Gefahren, die von der Arbeitszeitgestaltung ausgehen, vorzunehmen ist. Es gibt also keine Notwendigkeit mehr, sich darüber zu streiten, ob fünf Nachtschichten generell als gefährdend zu gelten haben und deshalb vermieden werden müssen. Das kann ganz konkret im Rahmen einer Gefährdungsbeurteilung für den Betrieb bzw. den einzelnen Arbeitsplatz ermittelt werden. Damit ist es egal, ob die hervorgebrachten wissenschaftlichen Erkenntnisse gesichert und damit allgemeingültig sind oder nicht. Für den eigenen Betrieb gelten die Erkenntnisse der Gefährdungsbeurteilung, diese müssen bei der Planung der Arbeitszeit zwingend berücksichtigt werden. Und für den Betriebsrat ist das deshalb komfortabel, weil sowohl die Art der Gefährdungsbeurteilung als auch die daraus abzuleitenden Maßnahmen ein erzwingbares Mitbestimmungsrecht eröffnen.[98]

98 BAG 8.6.2004 – 1 ABR 4/03; 28.3.2017 – 1 ABR 25/15.

Die in diesem Gesetz gemeinten Nachtarbeitnehmerinnen zeichnen sich dadurch aus, dass sie in der Nacht arbeiten, wobei die Nacht des ArbZG kürzer ist als die der meisten Tarifverträge. Beide Festlegungen führen jedoch eine friedliche Koexistenz, die Tarifverträge bestimmen, wann welche Zuschläge bezahlt werden, das ArbZG, wann § 6 ArbZG zum Tragen kommt.
Nachtarbeitnehmerinnen sind gem. § 2 Abs. Abs. 4 ArbZG Menschen, die entweder normalerweise Nacharbeit in Wechselschicht leisten oder mindestens 48-mal im Jahr in der Nacht eingesetzt werden. Wechselschicht meint in dem Fall einen Einsatz zu wechselnden Zeiten über den Tag verteilt. Die 48 Nachtschichten müssen nicht gearbeitet worden sein, um den Status als Nachtarbeitnehmer zu erfüllen, sondern müssen sich aus dem Einsatzschema ergeben, in dem die Beschäftigten eingesetzt sind.
Nachtarbeit wiederum ist gem. § 2 Abs. 3, 4 ArbZG die Arbeitsphase, von der mindestens zwei Stunden im Zeitraum zwischen 23 und 6 Uhr liegen. Dieser Zeitraum kann gem. § 7 Abs. 1 Nr. 5 ArbZG durch Tarifvertrag um eine Stunde nach vorne oder hinten verschoben werden.

II.3.1.5 Die Rolle des Betriebsrats bei rechtlichen Widersprüchen

Die gesetzlichen Vorschriften zur Arbeitszeit enthalten im Wesentlichen Verpflichtungen der Arbeitgeberin gegenüber der Allgemeinheit und den Beschäftigten.[99] Die Rolle des Betriebsrats ergibt sich aus § 80 Abs. 1 BetrVG: Er soll über die Einhaltung der Gesetze wachen, hat aber keine Mittel, deren Vollzug durchzusetzen.[100] Und im Übrigen ist – wie in diesem Kapitel gezeigt – in vielen Fällen gar nicht eindeutig festzustellen, welche Aussage in den Vorschriften zur Arbeitszeit wirklich steckt oder stecken sollte. Der Betriebsrat ist da auch nicht klüger als andere, schon weil es diesen Vorschriften häufig an Substanz fehlt, die man erkennen könnte.
In dieser Situation ist es wenig sinnvoll, sich zum alleinigen Inhaber der richtigen Erkenntnis zu erklären. Die meisten wissen ja von sich, dass sie die Weisheit nicht mit Löffeln gefressen haben und verlieren deshalb in den entsprechenden Debatten irgendwann die Kondition. Die Sturheit trotz des Wissens, dass es mehr als nur eine Wahrheit gibt, auf einer Position als richtig zu beharren, ist zum Glück nur wenigen gegeben. Aber nur diejenigen, die sie haben, halten eine solche Auseinandersetzung um »richtig« und »falsch« durch und können sich vielleicht sogar dabei durchsetzen. Der Erfolg besteht allerdings in der Regel auch nur in einer weiteren Kerbe im Colt. Alle anderen haben es irgendwann satt, ständig so zu tun, als wüssten sie nicht, dass auch andere Recht haben könnten. Das ist der kritische Augenblick, an dem dann in Verhandlungen alle Dämme brechen, wenn Betriebsräte in sie mit nichts anderem als dem Glauben an die Richtigkeit der eigenen Auslegung von Gesetzen gegangen sind. Der Fehler ist dabei allerdings nicht, irgendwann auf dem Boden der Tatsachen zu landen,

99 Erläuterungen in Kapitel II.3.6.1 – Verantwortliche für die Umsetzung der Vorschriften.
100 Kapitel II.3.6.2 – Durchsetzung der Einhaltung der rechtlichen Regelungen.

sondern von vornherein die Bedeutung der Vorschriften für das eigene Handeln überschätzt zu haben.

Ein Betriebsrat in dieser Auseinandersetzung sollte sich eher als Beifahrer in einem Auto ansehen, dessen Fahrer mit den Verkehrsvorschriften ein wenig nassforsch umgeht. Er hat drei Möglichkeiten:

1. Den Fahrer zum Halten aufzufordern und das Fahrzeug zu verlassen. Das hieße für den Betriebsrat zurückzutreten, damit er sich den Stress nicht mehr antun muss. Im Privaten geht das, für einen Betriebsrat ist dies allerdings keine sinnvolle Variante.
2. Auf den Fahrer einzureden und ihn zu beschimpfen, damit er endlich anerkennt, dass sein Tun ebenso schändlich wie rechtswidrig ist und er sich deshalb den Geboten des Beifahrers unterwirft. Das funktioniert im Auto bei klaren Herrschaftsverhältnissen, wenn der Fahrer nicht oben auf dem Hügel sitzt. Der Betriebsrat sitzt im Betrieb nicht dort oben, kann mit der Strategie also auch nichts gewinnen.
3. Sich so lange gemütlich in den Beifahrersitz zu kuscheln, wie keine akute Gefahr droht, und dem Fahrer in aller Ruhe zu erklären, dass er allein das Bußgeld für die Verstöße bezahlt. Wenn es gefährlich wird und es keine andere Möglichkeit gibt, hilft nur noch der Anruf bei der zuständigen Behörde, das ist auf der Fahrt die Polizei. Für den Betriebsrat wäre es die Aufsichtsbehörde, auf die man allerdings nicht setzen sollte und auch nicht muss. Hat der Betriebsrat diese Haltung, kann er nämlich Regeln durchsetzen, die ihm später weiterhelfen. Und er macht sich nicht zum Sklaven einer vermeintlich unumstößlich richtigen Auslegung einer Vorschrift, deren Konsequenz für die Beschäftigten durchaus nicht immer vorteilhaft ist.

Der Betriebsrat muss sich bei solchen Situationen drei Fragen beantworten:

1. Hält er die Belastung durch den Einsatz für erträglich?
2. Hält er den Einsatz der Beschäftigten für rechtmäßig?
3. Welche Folgen hat es, wenn der Einsatz legal umgestaltet wird?

Ist die Antwort auf die erste Frage »nein«, spielen die weiteren Fragen keine Rolle mehr: Der Betriebsrat muss sich für eine Veränderung einsetzen, um die zu hohe Belastung zu vermeiden. Dabei ist es zusätzlich hilfreich, wenn auch die zweite Frage mit »nein« beantwortet wird. Er kann dann die Veränderung leichter durchsetzen. Um eine Veränderung muss er sich aber auch dann bemühen, wenn der Einsatz legal ist. Ist die Antwort auf die erste Frage »ja« und auf die zweite Frage »nein«, der Einsatz also illegal, aber erträglich, dann muss bei einer Veränderung schon sehr viel für die Beschäftigten herumkommen, damit der Betriebsrat einen guten Grund hat, von sich aus aktiv zu werden.

Beispiel

Bei Rufbereitschaft kommt es vor, dass Beschäftigte nach dem Ende der regulären Arbeitszeit übergangslos weiterarbeiten müssen. Das ist dann rechtlich keine Rufbereitschaft mehr. Das durchzusetzen, bedeutet aber nicht, die Arbeitsbelastung der Beschäftigten zu verringern. Tatsächlich würde auch ohne Rufbereitschaft diese Arbeit anfallen. Während aber der Einsatz in der Rufbereitschaft nach vielen

Tarifverträgen dreifach zusätzlich vergütet wird – Rufbereitschaftspauschale, Mehrarbeitszuschläge und Aufrundung der Einsatzzeit –, ist der Einsatz als »normale« Mehrarbeit nur noch einfach zuschlagspflichtig. Und diese Zuschläge entfallen nach vielen Tarifverträgen sogar wieder, wenn es dafür einen Zeitausgleich innerhalb kurzer Frist gibt.

Für die Durchsetzung seiner Anliegen muss der Betriebsrat immer den Blick auf die Einigungsstelle richten, weil diese die Arbeitszeit regelt, wenn die Betriebsparteien sich nicht einigen. Die Beurteilung der Rechtmäßigkeit einer Arbeitszeitorganisation ermöglicht wiederum eine Einschätzung, wie schwer die Arbeitgeberin es dort mit ihren Vorstellungen haben wird. Kommt es in einer Einigungsstelle zur Entscheidung, also zum Spruch, werden die Vorsitzenden vorsichtig damit sein, möglicherweise rechtswidrige Regelungen mit ihrer Stimme in Kraft zu setzen. Dies genau ist das Risiko der Arbeitgeberin: Sie weiß auch nicht, was in einer Einigungsstelle passieren wird, wenn die Rechtslage zweifelhaft ist. Deshalb muss der Betriebsrat – ohne starrsinnig zu sein – in der Einigungsstelle nur signalisieren, dass er bei seiner rechtlichen Auffassung bleibt, wenn es darüber zu einem Streit kommt. Sich auf Diskussionen darüber einzulassen, lohnt sich nicht, er entscheidet ja nicht, ob etwas richtig oder falsch ist. Damit zeigt er aber allen Beteiligten, dass er sich in dieser Frage nicht bewegen wird. Dann ist es an der Arbeitgeberin, auf seine inhaltlichen Anliegen einzugehen, um im Zweifelsfall die rechtlichen Differenzen zu überbrücken. Macht sie das nicht und kommt es zur Abstimmung in der Einigungsstelle, kann der Betriebsrat natürlich ebenfalls überstimmt werden, hat dann aber nicht weniger, als wenn er von vornherein auf die rechtliche Positionierung verzichtet hätte. Häufiger ist aber, dass diese hartnäckige Haltung zu Bewegung in der Einigungsstelle führt.
So wird die Kenntnis der Rechtsvorschriften zur Arbeitszeit doch zu einem spannenden Thema für den Betriebsrat, auch wenn er nicht die Instanz ist, die deren Einhaltung durchsetzen kann.

II.3.2 Tarifverträge

Tarifverträge wirken sich auf die Gestaltung der betrieblichen Arbeitszeit aus, selbst wenn es keine Tarifbindung gibt. Welcher Zustand welche Wirkung hat, hängt davon ab, warum und in welchem Status der Tarifvertrag angewendet wird. Weil das so ist, ist die folgende Darstellung nichts für schwache Nerven. Was geregelt ist, heißt darin »Regelungselement«. Das ist z. B. die wöchentliche Regelarbeitszeit oder der Ausgleich für Mehrarbeit. Die Wirkung des Tarifvertrags kann entweder individualrechtlich oder ausschließlich kollektivrechtlich sein. Die unterschiedlichen Facetten tragen in der folgenden Darstellung den Namen »Wirkungstyp«. Warum ein Tarifvertrag gilt, bezieht sich auf die Ursache dafür, also die Mitgliedschaft von Arbeitgeberinnen im Verband und der Beschäftigten in der Gewerkschaft oder auch der Verweis im Arbeitsvertrag auf den Tarifvertrag. Dieser Aspekt heißt hier »Geltungsstatus«.

Zusammen ergibt das neun zu unterscheidende Regelungselemente, fünf Wirkungstypen und sechs Geltungsstatus[101], die sich gegenseitig beeinflussen. Wer sich jetzt noch immer dafür interessiert, wie das alles zusammenhängt, darf weiterlesen.

II.3.2.1 Regelungselemente zur Arbeitszeit im Tarifvertrag

Alle Tarifverträge verwenden bei der Regelung der Arbeitszeit im Wesentlichen einheitliche Elemente, die teils nur individuelle Rechte und Pflichten aus dem Arbeitsverhältnis betreffen, teils nur kollektive Angelegenheiten ansprechen oder beides zugleich machen:

1. **Regelungselement 1: Regelarbeitszeit**
   Individuell
   Es wird eine regelmäßige Arbeitszeit festgelegt, also das Stundensoll, das Vollzeitbeschäftigte als Gegenwert für ihre Vergütung leisten müssen.
2. **Regelungselement 2: Schwankung der Regelarbeitszeit**
   Individuell / kollektiv
   Diese Regelarbeitszeit ist zwar als wöchentliches Soll beschrieben, also 35, 36 usw. Stunden in der Woche, die tatsächlichen Arbeitszeiten müssen aber nicht in jeder Woche gleich sein. Sie können so extrem schwanken, dass in keiner Arbeitswoche genau die Regelarbeitszeit erreicht, sondern immer entweder mehr oder weniger gearbeitet wird.
3. **Regelungselement 3: Verstetigung der Vergütung**
   individuell
   Unabhängig von diesen Schwankungen ist die Vergütung jeden Monat gleich, Unterschreitungen der Arbeitszeit führen nicht zu einer Minderung des Verdienstes, Überschreitungen zu keiner automatischen Erhöhung und schon gar nicht zu Zuschlägen.
4. **Regelungselement 4: Ausgleichszeitraum**
   Individuell / kollektiv
   Es wird ein Zeitraum bestimmt, innerhalb dessen die Schwankungen gegeneinander ausgeglichen sein müssen. Die Regelarbeitszeit ist daher nur der Wert, der im Durchschnitt erreicht werden muss.[102]
5. **Regelungselement 5: Vergütung besonderer Arbeitszeitformen**
   individuell
   Für spezielle Arbeitszeitformen – Mehrarbeit, Bereitschaftsdienst, Nachtarbeit usw. – werden gesonderte Vergütungen vorgesehen.
6. **Regelungselement 6: Beschränkung besonderer Arbeitszeitformen**
   Individuell / kollektiv
   Teilweise wird der Einsatz besonderer Arbeitszeitformen begrenzt, z. B. die Anzahl der Mehrarbeitsstunden oder Bereitschaftsdienste.
7. **Regelungselement 7: Ausgleichsregeln für besondere Arbeitszeitformen**
   Individuell / kollektiv

101 Das ist tatsächlich der Plural, bitte das »u« dehnen!
102 Kapitel IV.6.1.1 – Ausgleichszeitraum.

Besondere Regeln gelten für den Ausgleich für die in den speziellen Arbeitszeitformen geleistete Arbeit, z. B. eigene Ausgleichszeiträume für Freizeitausgleich oder die Möglichkeit, Zuschläge in Freizeit umzuwandeln.

8. **Regelungselement 8: Einsatzverpflichtung der Beschäftigten**
   individuell
   Verpflichtung der Beschäftigten, in allen Arbeitszeitformen zu arbeiten.
9. **Regelungselement 9: Öffnung ArbZG**
   kollektiv
   Je nach Branche existieren unterschiedliche Öffnungen des ArbZG nach dessen Vorgaben in §§ 7, 12 ArbZG.[103]

II.3.2.2 Wirkung der Regelungen im Tarifvertrag

Die Reglungselemente haben unterschiedliche Wirkungen bei der Gestaltung der betrieblichen Arbeitszeit. Individualrechtlich legen die die Mindestbedingungen für die Gestaltung der Arbeitsverhältnisse fest. Kollektivrechtlich setzen sie Grenzen für die Betriebsparteien, indem sie die zu verteilende Regelarbeitszeit festlegen, beschränken die Mitbestimmung und/oder die Regelungsmöglichkeiten in Betriebsvereinbarungen oder erweitern die Befugnisse der Betriebsparteien im Hinblick auf die Regelungen im ArbZG.

Wirkungstyp 1: individualrechtliche Rechte und Pflichten (§ 4 Abs. 3 TVG)
Tarifverträge enthalten die Mindestbedingungen für die Gestaltung der Arbeitsverhältnisse. Arbeitsvertraglich sind nur Verbesserungen für die Beschäftigten zulässig. Eine Erhöhung der Vergütung bei gleichbleibender Arbeitszeit ist eine solche Verbesserung, eine gleichzeitige Anhebung von Arbeitszeit und Entgelt bei bereits bestehender Vollzeit dagegen nicht, weil die Verlängerung der Arbeitszeit eine Verschlechterung ist.
Dieser Wirkungstyp entfaltet Rechte und Pflichten für Beschäftigte und Arbeitgeberin. Hierzu gehören alle Regelungselemente außer dem neunten.

Wirkungstyp 2: kollektivrechtlich – Rahmen für die Gestaltung der Arbeitszeit
Eine individualrechtliche Wirkung muss bei der Gestaltung der Arbeitszeit zugrunde gelegt werden. Das betrifft insbesondere die Dauer der Regelarbeitszeit, die im jeweiligen Arbeitszeitmodell zu erreichen sein muss, also weder über- noch unterschritten werden darf.
Dieser Wirkungstyp entfaltet inhaltliche Bindungen bei der Gestaltung der Arbeitszeit durch die Betriebsparteien.
Hierzu gehören die Regelungselemente 1, 2, 4, 6, 7.

Wirkungstyp 3: kollektivrechtlich – Beschränkung der erzwingbaren Mitbestimmung (§ 87 Abs. 1 Eingangssatz BetrVG – Tarifvorbehalt)
Soweit ein Tarifvertrag konkrete Festlegungen zur Gestaltung der betrieblichen Arbeitszeit trifft, sind die erzwingbaren Mitbestimmungsrechte bei der Arbeitszeit ausgeschlossen. Sind die Vorgaben dagegen nicht abschließend, sondern belassen den Betriebsparteien einen Gestaltungsspielraum, bestehen weiterhin in diesem Rahmen

103 Kapitel II.3.1.2.2 – Abweichungen durch Tarifvertrag.

erzwingbare Mitbestimmungsrechte. Ein Ausgleichszeitraum z. B. ist abschließend gestaltet, wenn der Tarifvertrag ihn auf das Kalenderjahr festlegt. Muss der Ausgleichszeitraum dagegen nur bis zu einem Jahr dauern, kann er beliebig verkürzt und dessen Lage betrieblich festgelegt werden. Diese Regelungen unterliegen als Bestandteil der Verteilung der Arbeitszeit der erzwingbaren Mitbestimmung.
Dieser Wirkungstyp beschränkt die Mitbestimmungsrechte des Betriebsrats.
Hierzu gehören i. d. R. die Regelungselemente 4, 6, 7.

Wirkungstyp 4: kollektivrechtlich – Beschränkung der Gestaltung durch Betriebsvereinbarung (§ 77 Abs. 3 BetrVG – Tarifvorrang)
Normen des Tarifvertrags, die Ansprüche und Rechte der Beschäftigten abschließend regeln – z. B. die Höhe des Zuschlags für Mehrarbeit, den Anspruch auf bezahlten Sonderurlaub für Eheschließungen usw. –, können durch eine Betriebsvereinbarung nicht mehr geregelt werden, nicht besser, nicht schlechter, noch nicht einmal gleich. Deshalb kann auch ein Tarifvertrag nicht durch eine Betriebsvereinbarung im Betrieb in Kraft gesetzt werden.
Dieser Wirkungstyp verbietet den Abschluss bestimmter Betriebsvereinbarungen.
Hierzu gehören alle Regelungselemente außer dem neunten.

Wirkungstyp 5: kollektivrechtlich –Ermächtigung zur Abweichung vom ArbZG bei Tarifüblichkeit § 7, 12 ArbZG)
Ein Tarifvertrag kann den Betriebsparteien zusätzliche Möglichkeiten bei der Gestaltung der Arbeitszeit im Hinblick auf die Grenzen des ArbZG einräumen.
Dieser Wirkungstyp ermächtigt dazu, Regelungen zur Abweichung vom ArbZG aufzustellen.
Hierzu gehört das neunte Regelungselement.

II.3.2.3 Geltungsstatus des Tarifvertrags

Welche der Regelungselemente eines Tarifvertrags im Betrieb und für wen gelten, hängt zuletzt noch davon ab, worauf die Geltung des jeweiligen Tarifvertrags im Betrieb beruht: beiderseitige Tarifbindung, Tarifbindung kraft Mitgliedschaft der Arbeitgeberin, vertragliche Bezugnahme auf den Tarifvertrag, Nachwirkung oder Tarifüblichkeit.

1. **Status: Beiderseitige Tarifbindung**
   Eine beiderseitige Tarifbindung kann darauf beruhen, dass Arbeitgeberin und Beschäftigte Mitglied in den Organisationen sind, die den Tarifvertrag geschlossen haben, oder darauf, dass nur die Beschäftigten in der Gewerkschaft sind, diese aber mit der Arbeitgeberin einen Haustarifvertrag geschlossen hat, oder dass ein für die Branche geltender Tarifvertrag für allgemeinverbindlich erklärt wurde.[104]
   Bei dieser echten Tarifbindung entfalten alle fünf Wirkungstypen ihr volles Potenzial.

104 Eine Liste der allgemeinverbindlichen Tarifverträge findet sich auf der Seite des Bundesarbeitsministeriums im Internet.

2. **Status: Tarifbindung kraft Mitgliedschaft der Arbeitgeberin**
Ist nur die Arbeitgeberin Partei eines Haustarifvertrags oder Mitglied des entsprechenden Arbeitgeberverbands, besteht eine einseitige Tarifbindung. Dann erstreckt sich die zwingende Bindung nur auf sogenannte Betriebsnormen, also Regelungen im Tarifvertrag, die sich auf die Belegschaft insgesamt oder doch auf Teile davon erstrecken.[105] Ausgenommen ist damit der Wirkungstyp 1.
Der Wirkungstyp 2 entfällt in Bezug auf die Arbeitszeitdauer aus dem Tarifvertrag ebenfalls.
Eine kollektive Regelung und damit eine Betriebsnorm sind dagegen die Regelungselemente 2 »Schwankende Regelarbeitszeit«, 6 »Beschränkung bei besonderen Arbeitszeitformen« und 9 »Öffnung des ArbZG«. Damit sind auch die kollektivrechtlichen Wirkungen der Elemente 3, 4 und 5 bei dieser Art der Tarifbindung zu beachten.
Kurz gefasst hat die Arbeitgeberin hier die Möglichkeiten, die der Tarifvertrag bei der Gestaltung bietet, ist aber nicht verpflichtet, dafür das zu bezahlen, was der Tarifvertrag vorsieht.
Allerdings ist die Praxis meist eine andere, regelmäßig wird in diesen Betrieben die Anwendung des Tarifvertrags im Arbeitsvertrag festgelegt. Deshalb muss hier immer dieser Geltungsstatus mit berücksichtigt werden.
3. **Status: Vertragliche Bezugnahme auf den Tarifvertrag**
Wird im Arbeitsvertrag die Geltung eines Tarifvertrags vereinbart, ist das keine Tarifbindung, sondern nur eine spezielle Form der Vertragsgestaltung. Zwar müssen die Tarifbedingungen auch eingehalten werden, wenn sie im Arbeitsvertrag stehen, sie binden allerdings die Betriebsparteien nur, soweit es sich nicht um Betriebsnormen handelt.
Damit sind nur die Wirkungstypen 1 und 2 zu beachten, Vorschriften, die – wie die Regelungselemente 2 »Schwankung der Regelarbeitszeit«, 6 »Beschränkung besonderer Arbeitszeitformen« und 7 »Öffnungsklauseln ArbZG« – auf die Arbeitszeitgestaltung zielen, haben dagegen keine Bedeutung. Sie binden die Betriebsparteien nicht und schaffen auch keine gegenüber dem ArbZG erweiterten Möglichkeiten. Dazu gibt es aber Möglichkeiten bei bestehender Tarifüblichkeit (s. u.).
4. **Status: Geltung des Tarifvertrags nach Austritt aus Verband bzw. Gewerkschaft**
Treten Arbeitgeberin oder Beschäftigte aus Verband oder Gewerkschaft aus, ändert sich an der Tarifbindung so lange nichts, bis der Tarifvertrag selbst nicht mehr gilt.
5. **Status: Beendigung des Tarifvertrags / Nachwirkung**
Nach der Beendigung eines Tarifvertrags, also in der Regel nach Auslaufen einer Kündigungsfrist, beginnt gem. § 4 Abs. 5 TVG die Nachwirkung.
Diese erhält erst einmal alle Regelungen aufrecht, sie können aber jetzt durch andere Vereinbarungen abgeändert oder beseitigt werden. Solange das nicht

105 BAG 26. 1. 2011 – 4 AZR 159/09.

passiert, sind die Wirkungen dieselben wie bei einer arbeitsvertraglichen Bezugnahme auf den Tarifvertrag.

Eine ablösende Vereinbarung kann ein Arbeitsvertrag, eine Betriebsvereinbarung oder auch ein anderer Tarifvertrag sein. Mit einem Tarifvertrag können alle Regelungen abgelöst werden; mit einem Arbeitsvertrag allerdings nur die individualrechtlich wirkenden Regelungselemente 1,3, 4, 5, 7 und 8. Die Schwankung der Regelarbeitszeit in Regelungselement 2, die Beschränkung der besonderen Arbeitszeitformen in Regelungselement 6 und vor allem die Öffnungsklauseln des ArbZG in Regelungselement 9 lassen sich auf diesem Weg dagegen nicht beseitigen, weil sie kollektivrechtliche Regelungen sind.

Allerdings ist auch eine Betriebsvereinbarung hierbei teilweise kein Mittel: Wie weit Arbeitszeiten schwanken dürfen, lässt sich leicht anpassen, das hält sich im Rahmen der erzwingbaren Mitbestimmung gem. § 87 Abs. 1 Nr. 2 BetrVG. Eine generelle Beschränkung besonderer Einsatzformen (z. B. eine Begrenzung der Anzahl der aufeinanderfolgenden Nachtschichten) ist zwar auch mitbestimmungspflichtig, dient aber als Rahmenregelung[106] nur der Selbstbindung der Betriebsparteien und ist damit keinem Mitbestimmungstatbestand zuzuordnen. Dasselbe trifft für die Öffnung des ArbZG zu, bei der allerdings ein noch viel gravierenderes Problem auftritt: Nur wenn ein Tarifvertrag existiert, können dessen Öffnungsklauseln durch Betriebsvereinbarung auf den eigenen – nicht mehr – daran gebundenen Betrieb übertragen werden. Genau dieser Tarifvertrag besteht aber in dieser Konstellation wegen seiner Beendigung nicht mehr, die einzige Option einer anderen Regelung wäre daher, den Zustand des ArbZG herzustellen und die Nutzung der darin enthaltenen Öffnungsklauseln zu beenden.

Wenn aber für das Regelungselement 9 »Öffnungsklauseln ArbZG« mangels tarifvertraglicher Regelung ohnehin nur die Möglichkeit besteht, diese zu beenden, kann man sich den Umweg über eine neue Vereinbarung auch gleich ganz sparen und von einem Entfall dieser Regelungen bei Ende eines Tarifvertrags ausgehen.

6. **Status: Tarifüblichkeit**

Tarifverträge können auch dann Auswirkungen auf die Tätigkeit von Betriebsparteien haben, wenn der Betrieb niemals damit in Berührung gekommen ist. In § 77 Abs. 3 BetrVG ist der Wirkungstyp 4 »Tarifvorrang« auch auf diejenigen Betriebe erstreckt, für die nur üblicherweise ein Tarifvertrag gilt. Dieser Tarifvorrang besteht, wenn der Betrieb im Geltungsbereich eines Tarifvertrags arbeitet, also die Arbeitgeberin durch Beitritt zum Arbeitgeberverband die Tarifbindung herbeiführen könnte.[107]

Auch wenn damit zu rechnen ist, dass ein Tarifvertrag mit diesem Geltungsbereich demnächst abgeschlossen wird, sieht die Rechtsprechung das als Ta-

106 Kapitel V.2.8.3 – Rahmenvereinbarungen.

107 BAG 24. 1. 1996 – 1 AZR 597/95.

rifüblichkeit an.[108] Damit gilt der Wirkungstyp 4 »Tarifvorrang« auch in diesen Betrieben und sperrt Betriebsvereinbarungen über tarifvertraglich geregelte Sachverhalte. Der Wirkungstyp 5 »Öffnungsklausel« kann einsetzen, denn bei bestehender Tarifüblichkeit gibt es in aller Regel einen Tarifvertrag, dessen Öffnungsklauseln des ArbZG von den Betriebsparteien durch Betriebsvereinbarung auf den eigenen Betrieb übertragen werden können.[109]

Tarifkonkurrenz

Mit dem Auftauchen neuer Gewerkschaften entsteht immer häufiger die Situation, dass in Betrieben mehrere Tarifverträge gelten, die dasselbe Thema (manchmal anders, manchmal gleich) für unterschiedliche Personengruppen regeln. Das wohl prominenteste Beispiel hierfür ist das Nebeneinander von mit der GdL und der EVG abgeschlossenen Tarifverträgen bei der Bahn. Die in § 4a TVG eingeführte Kollisionsregel sieht – verkürzt – vor, dass derjenige Tarifvertrag gilt, der mit der im Betrieb stärker vertretenen Gewerkschaft abgeschlossen wurde. Das gilt auch für die kollektivrechtlichen Wirkungen.
Wozu das führt, wenn die Mehrheitsverhältnisse im Betrieb wechseln oder ein neuer Tarifvertrag abgeschlossen wird, mag sich wohl niemand vorstellen, ist hier aber auch nicht das Thema.

II.3.3 Betriebsvereinbarungen

Regelungen aus Betriebsvereinbarungen müssen als geltendes Recht bei der Festlegungen der Arbeitszeit ebenso beachtet werden wie andere Rechtsquellen auch. Da sie aber von den Betriebsparteien selbst aufgestellt und damit auch wieder beseitigt oder geändert werden können, ist ihre faktische Bindungswirkung geringer als die von Gesetzen, Tarifverträgen oder Arbeitsverträge. Sie schaffen aber eine Bindung für Entscheidungen in einer Einigungsstelle, die von solchen Festlegungen nicht abweichen darf.[110]

II.3.4 Arbeitsverträge/Individuelle Rechte

Arbeitsvertragliche Regelungen zur Arbeitszeit betreffen in erster Linie die Dauer der regelmäßigen Arbeitszeit. Ist das Arbeitsverhältnis an einen Tarifvertrag gebunden, kann dessen Regelarbeitszeit in Arbeitsverträgen nicht überschritten, sondern nur durch Teilzeitarbeit im Arbeitsvertrag unterschritten werden. Wenn der Tarifvertrag Verlängerungen der Regelarbeitszeit für einen Teil der Beschäftigten zulässt, kann auch diese Option im Arbeitsvertrag gewählt werden.
Die Betriebsparteien müssen die individuelle Arbeitszeit bei der Festlegung und Verteilung der Arbeitszeit zugrunde legen und damit den Beschäftigten die Möglichkeit bieten, ihre vertraglichen Verpflichtungen zu erfüllen. Aus der Ver-

108 BAG 5.3.2013 – 1 AZR 417/12.
109 Kapitel II.3.1.2.2 – Abweichungen durch Tarifvertrag.
110 Kapitel V.2.8.3 – Rahmenvereinbarungen.

teilung der Arbeitszeit darf also weder ein Zwang resultieren, dauerhaft über das vereinbarte Maß hinaus zu arbeiten, noch darf den Beschäftigten damit die Möglichkeit genommen werden, ihre vertraglichen Pflichten zu erfüllen. Spätere Über- und Unterschreitungen sind Abweichungen von der durch die Betriebsparteien verteilten Arbeitszeit, die selbst wieder ein Mitbestimmungsrecht des Betriebsrats bei der Verkürzung bzw. Verlängerung der betriebsüblichen Arbeitszeit auslösen.

Bei der Verteilung der Arbeitszeit über die Tage und Wochen haben die Betriebsparteien einen weiten Handlungsspielraum, sie können von Tagschicht auf Wechselschicht übergehen, den Samstag zu einem regulären Arbeitstag machen oder sogar weitestgehend die Verteilung der Arbeitszeit – z. B. bei Gleitzeit – den Beschäftigten selbst überlassen. Bei jeder dieser Varianten wird massiv in das Leben der Beschäftigten eingegriffen. Diese Entscheidungen, an denen der Betriebsrat gleichberechtigt beteiligt ist, konkretisieren die Arbeitspflicht wie eine Weisung der Arbeitgeberin im Rahmen des Direktionsrechts, wenn kein Betriebsrat existiert. Wer sich ihnen unter Berufung auf Regelungen im Arbeitsvertrag entzieht, riskiert den Arbeitsplatz.

Der Grund hierfür ist die verschwindend geringe Chance, im Vertrag etwas Eindeutiges zu finden, das der Weigerung, in den von den Betriebsparteien vereinbarten Arbeitszeiten zu arbeiten, das Risiko nimmt. Tarifgebundene Beschäftigte sind meist schon durch den Tarifvertrag ausdrücklich verpflichtet, in allen so festgelegten Arbeitszeiten tätig zu werden.

Beispiel
§ 8 Abs. 5 Tarifvertrag Versorgungsgewerbe
Der Arbeitnehmer ist im Rahmen begründeter betrieblicher Notwendigkeiten zu Leistung von Sonntags-, Feiertags-, Nacht-, Wechselschicht-, Schichtarbeit sowie zu Bereitschaftsdienst, Rufbereitschaft, Überstunden und Mehrarbeit verpflichtet.

Auch die im Arbeitsleben allgegenwärtigen Formulararbeitsverträge enthalten solche oder ähnliche Klauseln.

Bleibt noch die Hoffnung auf versteckte Festlegungen. Das könnte ein im Arbeitsvertrag enthaltener Verweis auf die Arbeitszeit einer Betriebsvereinbarung sein, die bei Abschluss des Vertrags noch ohne die jetzt verlangten Schichten in der neuen Betriebsvereinbarung war; oder die Wirkung der langen Zeit, in der der Betrieb auch ohne Schichten ausgekommen ist. Vielleicht ist das ja bereits zur betrieblichen Übung geronnen?

All das ist wenig Erfolg versprechend, denn die Rechtsprechung steht auf dem Standpunkt, dass solche Verweise im Arbeitsvertrag auf einen Status quo nichts für die Zukunft besagen, weil sie den Arbeitgeberinnen unterstellt, sich nicht über Gebühr binden zu wollen.[111] Die langjährige Übung führt allenfalls dann zu einer Selbstbindung der Arbeitgeberin, wenn diese irgendwie den Eindruck

111 BAG 21. 1. 1997 – 1 AZR 572/96; 7. 12. 2000 – 6 AZR 444/99.

erweckt hat, sie wolle damit eine Festlegung für die Zukunft treffen.[112] Was sie natürlich in der Perspektive der Gerichte niemals macht.

Regelungen zur Lage der Arbeitszeit im Arbeitsvertrag müssten konkrete Festlegungen enthalten, um den Schluss zuzulassen, die Arbeitgeberin wolle sich in einem Bereich, in dem Entscheidungen für das Funktionieren des Betriebes getroffen werden, ein für alle Mal festlegen.[113]

Damit gibt es praktisch kein Schlupfloch für Beschäftigte, die der betrieblichen Festlegung der Arbeitszeit individuell entkommen wollen. Eine Ausnahme davon bilden gem. § 8 TzBfG reduzierte Arbeitszeiten, weil hier die Verteilung Bestandteil der Festlegung sein kann. Verständigen sich Arbeitgeberin und Beschäftigte hierüber, kann der von der Rechtsprechung verlangte Bindungswille unterstellt werden. Anderenfalls könnte der gesetzliche Teilzeitanspruch unterlaufen werden, indem in unmittelbarem Anschluss an die Verkürzung der Arbeitszeit deren Lage so verändert wird, dass das Ziel der Reduzierung – z. B. freie Nachmittage für Kinderbetreuung – nicht mehr erreichbar ist.

Ein Arbeitsvertrag ist daher mit Ausnahme des Sonderfalls »Verteilung reduzierter Arbeitszeit« für die Festlegung der Arbeitszeit durch die Betriebsparteien nur dann eine Schranke, wenn diese sich an der Dauer der individuellen Regelarbeitszeit zu schaffen machen wollen – was aber nicht der erzwingbaren Mitbestimmung unterliegt[114] und rechtlich wegen des Tarifvorrangs sowieso nur in völlig tariffernen Bereichen wirksam sein kann.[115]

II.3.5 Begriffe: Ein juristisches Hütchenspiel

Arbeitszeitgestaltung erfordert Sicherheit bei der Anwendung von Rechtsvorschriften. Gerade bei den Schlüsselbegriffen »Arbeitszeit«, »Mehrarbeit« und »Überstunden« sorgt die Juristerei allerdings eher für das Gegenteil. Das Chaos als solches zu erkennen ist wichtig, um nicht daran zu verzweifeln. Und für den Betriebsrat kommt es auf die letztgültige Klärung solcher Verwirrungen meist gar nicht an.[116]

II.3.5.1 Arbeitszeit

Wer Arbeitszeit im Betrieb organisiert, hantiert mit Vorschriften unterschiedlicher Herkunft: Das ArbZG spielt eine Rolle, das BetrVG und natürlich Arbeits- und Tarifverträge. Je nachdem sind auch noch die Regelungen einer Betriebsvereinbarung zum Thema zu beachten.

Alle diese Vorschriften bauen auf dem Begriff »Arbeitszeit« auf, regeln allerdings unterschiedliche Anliegen:

---

112 BAG 19.7.2012 – 2 AZR 25/11.
113 BAG 30.6.1992 – 1 AZR 57/92.
114 BAG 15.5.2007 – 1 ABR 32/06.
115 Kapitel III.7.1 – Tarifvorrang / Gesetzesvorrang / Tarifvorbehalt.
116 Kapitel II.3.1.5 – Die Rolle des Betriebsrats bei rechtlichen Widersprüchen.

- Tarifverträge und Arbeitsverträge bestimmen im Wesentlichen, welche Zeiten wie bezahlt werden.
- ArbZG und Betriebsvereinbarung regeln die Grenzen der mit Arbeit gefüllten Zeit.
- Das BetrVG schließlich legt fest, wann der Betriebsrat mitbestimmen kann bzw. muss.

Normalerweise darf man davon ausgehen, dass ein Begriff, der in verschiedenen Regelwerken benutzt wird, immer dieselbe Bedeutung hat, wenn sich nicht aus der Vorschrift selbst ergibt, dass etwas anderes damit gemeint ist.[117]

Genau das ist jedoch beim Begriff »Arbeitszeit« gerade nicht der Fall – zumindest sehen die Gerichte und mit ihnen die meisten Juristen das so. Ob etwas Arbeitszeit ist, wird je nach Fragestellung für denselben Fall und von denselben Menschen mal mit »Ja« und mal mit »Nein« beantwortet. Dieselbe Situation kann daher der Mitbestimmung unterliegen, weil sie Arbeitszeit ist, und gleichzeitig nicht bezahlt werden, weil sie keine Arbeitszeit ist – oder auch umgekehrt. Dass Arbeitszeit nicht gleich Arbeitszeit sein soll, ist vielleicht weniger krumm als die einsteinsche Raumzeit, aber zumindest genauso geheimnisvoll.

Begründet wird dieses Zauberstück mit der Existenz von »unterschiedlichen Arbeitszeitbegriffen« in den verschiedenen Vorschriften.[118] In welche Sackgassen dieses Verwirrspiel die Betroffenen führt, mussten Anfang des Jahrtausends die in Krankenhäusern angestellten Ärzte erfahren, die sich nach einem Urteil des EuGH einen kräftigen Gehaltsschub erhofft hatten. Darin wurde entschieden, dass ihre langen Bereitschaftsdienste vollständig als Arbeitszeit anzusehen sind. Bis dahin galten sie zu einem erheblichen Teil als Ruhezeit und wurden auch deshalb schlechter bezahlt als normale Schichten. Allerdings folgte aus dieser Entscheidung das genaue Gegenteil des Erhofften: Weil die Dienste Arbeitszeit waren, durften sie nicht mehr so lang sein. Ihre Bezahlung stand bei Gericht gar nicht zur Debatte. Die Kürzung der Dienste führte daher zu einer entsprechenden Kürzung des Verdienstes. Aus juristischer Sicht war das die Wirkung der unterschiedlichen Arbeitszeitbegriffe im Gesetz und im Tarifvertrag.

Diese Unterschiede sind auch deshalb Respekt einflößend, weil sie nirgendwo plausibel beschrieben werden. In den Vorschriften sowieso nicht, und die Gerichte versuchen, mit Ausführungen wie der folgenden zu überzeugen: Der »*Begriff der betriebsverfassungsrechtlichen ›Arbeitszeit‹ in § 87 Abs. 1 Nr. 2 BetrVG ist – ebenso wie der in § 87 Abs. 1 Nr. 3 BetrVG – nicht gänzlich deckungsgleich mit dem Begriff der vergütungspflichtigen Arbeitszeit, der Arbeitszeit nach dem Arbeitszeitgesetz oder dem nach der Richtlinie 2003/88/EG des Europäischen Parlaments und des Rates vom 4. November 2003 über bestimmte Aspekte der Arbeitszeitgestaltung (…). Er bestimmt sich vielmehr nach dem Zweck des Mitbestimmungsrechts.*«[119]

117 BAG 18.1.1990 – 6 AZR 386/89; 21.2.2013 – 6 AZR 539/11; 26.10.2016 – 5 AZR 168/16.
118 BAG 10.11.2009 – 1 ABR 54/08.
119 BAG 22.10.2019 – 1 ABR 11/18.

Da hätte man schon gerne gewusst, wo die Deckungsgleichheit anfängt und wo sie aufhört, um sich beim nächsten Mal darauf einstellen zu können. Der in dem Text folgende Satz, dass »*Arbeitszeit i. S. v. § 87 Abs. 1 Nr. 2 BetrVG die Zeit (ist), während derer der Arbeitnehmer die von ihm in einem konkreten zeitlichen Umfang geschuldete Arbeitsleistung tatsächlich zu erbringen hat*«, trägt jedenfalls nicht zur Erhellung bei, weil das kein Unterschied zu den anderen angeblich davon zu unterscheidenden Arbeitszeitbegriffen ist. Und wenn sowieso nur der von Gerichten unterstellte Zweck des Mitbestimmungsrechts darüber entscheiden soll, wann der Betriebsrat mitbestimmen kann, dann müsste § 87 Abs. 1 Nr. 2 BetrVG doch wohl so lauten: Der Betriebsrat bestimmt bei der Arbeitszeit mit, wenn das Arbeitsgericht es für zweckmäßig hält.

Ins Feld geführte Unterscheidungsmerkmale bringen ebenfalls kein Licht ins Dunkel: Der 1. Senat des BAG differenziert für die Mitbestimmung bei der Arbeitszeit danach, ob sie zur Erfüllung der Hauptleistungspflicht – also der durch Vertrag festgelegten Arbeitsaufgabe – genutzt wird oder nur zur Erfüllung der Nebenpflichten.[120] Nur für erstere soll ein Mitbestimmungsrecht bestehen. Damit überzeugt er jedoch weder seine am selben Knochen nagenden Kollegen vom 5. Senat, die diese Differenzierung ausdrücklich in ihrem Zuständigkeitsbereich nicht mitmachen,[121] noch sich selbst. Anders ist nicht zu erklären, warum derselbe 1. Senat die für das Anziehen einer Betriebsuniform benötigte Zeit im Betrieb der Mitbestimmung unterwirft,[122] obwohl das Ankleiden allenfalls im Berufsbild »Model« eine Hauptleistungspflicht ist. Tatsächlich wird hier die Voraussetzung »Erfüllung einer Hauptleistungspflicht« ohne Erklärung über Bord geworfen, wahrscheinlich, weil sie in der Tat ohne Erkenntniswert ist.

Dasselbe trifft auch für das stattdessen verwendete Abgrenzungsmerkmal »Fremdnützigkeit« zu. Das macht ebenfalls der 1. Senat des BAG zur Voraussetzung der Mitbestimmung bei der Arbeitszeit. Ausgeschlossen soll die Mitbestimmung sein, wenn die verrichtete Arbeit aus Sicht der Beschäftigten nicht ausschließlich fremdnützig, sondern auch eigennützig ist.[123] Das ernst genommen hieße, die Mitbestimmung vollständig abzuschaffen, denn im Arbeitsverhältnis ist jede Arbeitsleistung mindestens zu einem erheblichen Teil eigennützig. Jedenfalls trifft das für alle Beschäftigten zu, die sich mit ihrer Arbeitsleistung den Lebensunterhalt verdienen wollen. Ebenfalls mit dem Merkmal der Fremdnützigkeit spielt der 5. Senat, lässt es aber ausreichen, wenn die Arbeit nur »primär« fremdnützig ist.[124]

Damit gibt es zwei Abgrenzungskriterien zwischen »Arbeitszeit« und »keine Arbeitszeit«: Haupt- oder Nebenleistung einerseits und Fremd- oder Eigennutz andererseits. Das erste Kriterium wird tatsächlich vom 1. Senat nur vorgetragen, aber nicht angewandt, über die Wirkung des zweiten, also ob die Arbeit aus-

120 BAG 14.11.2006 – 1 ABR 5/06.
121 BAG 12.12.2012 – 5 AZR 355/12.
122 BAG 10.11.2009 – 1 ABR 54/08.
123 BAG 17.11.2015 – 1 ABR 76/13.
124 BAG 13.10.2021 – 5 AZR 295/20.

schließlich oder nur primär fremdnützig sein muss, sind sich die Richterinnen und Richter beim BAG selbst nicht einig. Ungeeignet sind beide Kriterien, und die dadurch bewirkte Verunsicherung ist nicht verwunderlich.[125]

Mehr zu den vermeintlichen Unterschieden zwischen den Begriffen wird man nicht erfahren können, denn tatsächlich ist die Arbeitszeit immer dieselbe. Darüber sind auch die Ärzte und Ärztinnen im eingangs geschilderten Fall gestolpert: Der Tarifvertrag sah für diese Dienste eine geringere Vergütung vor – ganz gleich, welcher Vorstellung vom Begriff »Arbeitszeit« man anhängt.

Vorschriften, die an denselben Begriff unterschiedliche Rechtsfolgen knüpfen, sind im Arbeitsrecht völlig normal, wie das Beispiel »Kündigung« zeigt: Will eine Arbeitgeberin einem Beschäftigten kündigen, muss sie gemäß § 102 BetrVG den Betriebsrat dabei beteiligen, anderenfalls ist die Kündigung unwirksam. Sie muss außerdem im BGB und gegebenenfalls in einem Tarifvertrag festgelegte Kündigungsfristen einhalten und darf auch nur dann kündigen, wenn das KSchG dies im konkreten Fall nicht für rechtswidrig erklärt. In allen Vorschriften taucht der Begriff »Kündigung« auf, allerdings mit jeweils anderen Rechtsfolgen.

Wenn nun eine Arbeitgeberin im Kündigungsschutzprozess vor Gericht auf die Idee käme, zu erklären, sie habe bei der Kündigung den Betriebsrat nicht beteiligen müssen, weil sie eine Kündigung nur nach dem KSchG ausgesprochen habe und das BetrVG wie auch das BGB einen anderen Kündigungsbegriff hätten, weshalb auch die gesetzliche Kündigungsfrist unbeachtlich sei, würde sie sicherlich Staunen, Unverständnis und vielleicht auch Mitleid ernten, aber keinen Blumentopf damit gewinnen. Dabei macht sie nichts anderes als das staunende juristische Fachpersonal selbst, wenn es um die Arbeitszeit geht: Sie definiert so an dem Begriff herum, bis sie die Vorschrift nicht mehr anwenden muss.

Weil die Vorschriften an die Begriffe »Arbeitszeit« bzw. »Kündigung« eindeutige Rechtsfolgen knüpfen, deren Ergebnis aber den Juristinnen nicht gefällt, benutzen sie einen Kniff: Sie feilen so lange an den Begriffen herum, bis das, was passiert, angeblich keine Arbeitszeit mehr ist. Damit kommt es nicht mehr auf die unterschiedlichen Rechtsfolgen an, weil die Vorschrift ja gar nicht angewendet werden kann.

Es kommt nicht darauf an, ob das überzeugend ist, maßgeblich ist allein der Nachdruck, mit dem das Ergebnis vertreten wird. Den höchsten Nachdruck hat, wer am Ende befugt ist, eine Entscheidung zu treffen, also das Gericht.

Dass die Ergebnisse systematisch nicht passen, muss die nur mit Einzelfällen befassten Gerichte dabei nicht interessieren. So kommt zustande, dass den Arbeitszeitbegriffen von Tarifverträgen und Gesetzen bei Bedarf unterschiedliche Inhalte unterstellt werden, auch wenn Tarifverträge Vorschriften enthalten, die die gesetzlichen Grenzen von Höchstarbeitszeit oder Mindestruhezeit verschieben. Wie das gehen soll, einerseits die gesetzlichen Grenzen zu verschieben, andererseits aber mit einem anderen Arbeitszeitbegriff zu operieren, wird ein ewiges Rätsel bleiben.

125 Zur konkreten Auswirkung Kapitel VIII.1.2 – Anwendung der Richtlinie 2003/88.

Wer dann wiederum den Tarifvertragsparteien unterstellt, im selben Dokument mal bei der Bestimmung der vergütungsrelevanten Regelarbeitszeit den einen und bei der Verlängerung der täglichen Arbeitszeit den anderen Begriff zu verwenden, um diese Theorie der unterschiedlichen Arbeitszeitbegriffe zu retten, landet erst recht im Chaos: Der TVöD z. B. und ihm folgend viele Haustarifverträge nutzen den Anteil der aktiven Zeit im Bereitschaftsdienst sowohl zur Bestimmung von dessen Zulässigkeit als auch zur Festlegung der Vergütungshöhe. Da müsste dann gleichzeitig beides gemeint sein: der schutzrechtliche Arbeitszeitbegriff und der vergütungsrechtliche. Dass die Tarifvertragsparteien das so gewollt haben, ist eine mehr als steile These.

Diese nicht zu kaschierenden Widersprüche hat der 6. Senat des BAG zum Anlass genommen, immer von einer Identität der in Gesetz und Tarifvertrag benutzen Arbeitszeitbegriffe auszugehen, wenn solche Bezüge zum ArbZG im Tarifvertrag enthalten sind und sich aus dem Tarifvertrag selbst nicht ergibt, dass etwas anderes gemeint ist.[126]

Die bis dahin prominenteste Entscheidung, die einen begrifflichen Unterschied zwischen der Arbeitszeit im Gesetz und im Tarifvertrag zur Grundlage seiner Begründung gemacht hat, hat diesen allerdings ausgesprochen gewagt in den Tarifvertrag hineininterpretiert. Hier wurde beiden(!) Tarifvertragsparteien eines Haustarifvertrags im Nahverkehr unterstellt, sie hätten bestimmte Leistungen, die nach den Kriterien des BAG ausschließlich fremdnützig waren, nicht vergüten wollen.[127] Diese Unterstellung lässt sich – zumindest für die eine Tarifvertragspartei – nicht einmal mehr als »gewagt« bezeichnen.

Zu denselben Merkwürdigkeiten führt die Differenzierung zwischen den Arbeitszeitbegriffen des § 87 Abs. 1 Nr. 2 BetrVG und der Tarifverträge: Der 1. Senat des BAG besteht darauf, dass Reisezeiten nur unter äußerst eingeschränkten Bedingungen mitbestimmungspflichtige Arbeitszeit sind. Auf der anderen Seite steht wiederum der 5. Senat – bei dem es um die Bezahlung dieser Zeiten geht – auf dem Standpunkt, dass sie im Regelfall unabhängig von weiteren Voraussetzungen vergütet werden müssen. Die Folge in der betrieblichen Praxis ist, dass solche Reisezeiten in Arbeitszeitkonten landen. Damit können Stunden, bei deren Entstehung der Betriebsrat nach Meinung des 1. Senates nicht mitbestimmen durfte, dazu führen, dass die mitbestimmt festgelegten Kontogrenzen überschritten werden, obwohl diese Grenzen ja gerade dazu dienen sollen, die Einhaltung der tariflichen Regelarbeitszeit zu gewährleisten. Irgendwann mutieren diese Stunden also im Konto wieder zu mitbestimmungspflichtiger Arbeitszeit, für die im Konto festgelegte Verfahren zum Zeitausgleich greifen sollen. Eine Erläuterung des 1. Senats, wie sich das genau abspielt und in welcher Betriebsvereinbarung das wie geregelt ist, würde man gerne lesen.

Zur Ehrenrettung des 1. Senats muss allerdings gesagt werden, dass hinter dem Ganzen ein richtiger Gedanke steckt: Eine Arbeitgeberin soll nicht durch Weisungen in das Privatleben der Beschäftigten hineinregieren können, darum – so

126 BAG 22.7.2011 – 6 AZR 78/09.
127 BAG 21.12.2006 – 6 AZR 341/06.

der falsche Schluss aus dieser richtigen Erkenntnis – kann es bei Weisungsfreiheit auch kein Mitbestimmungsrecht geben. Falsch ist der Schluss deshalb, weil ein denkbares Ergebnis des Mitbestimmungsverfahrens – die Hoheit der Beschäftigten über ihre Freizeit – zu dessen Ausgangspunkt gemacht wird. Verhindert wird dadurch, dass das Mitbestimmungsverfahren auch zu sinnvolleren Ergebnissen als die ungehinderte Einflussnahme der Arbeitgeberin über solche Zeiten führen kann. Nur damit kann ein Betriebsrat verhindern, dass Beschäftigte sich am Sonntag 700 km durch die Republik bewegen müssen, weil die Arbeitgeberin sie am Montag dort auf einer Konferenz sehen will. Wenn er das nicht wirklich für einen Ausdruck von individueller Freiheit hält, kann er die Mitbestimmung dafür nutzen, diese Reisezeit in die normale Arbeitszeit zu schieben, was sicherlich Folgen für die betriebliche Organisation hätte. Aber nirgendwo ist festgelegt, dass Arbeitgeberinnen davor geschützt werden müssen, ihre Beschäftigten außerhalb der festgelegten Zeiten in Ruhe zu lassen, solange sie mit dem Betriebsrat keine andere Regelung finden. Eher ist das Gegenteil der Fall: Laut dem 1. Senat des BAG dient das Mitbestimmungsrecht bei der Arbeitszeit gerade der Sicherung der Freizeitinteressen der Beschäftigten.[128] Das geht aber nur, wenn es dann auch gerade für kritische Bereiche wie die Reisezeit jenseits aller Begriffshuberei zugunsten der Interessen dieser Beschäftigten wirken kann.

Den Höhepunkt dieser Begriffsverwirrung erreicht das Gericht, wenn es Ruhezeiten, die unter keinem Gesichtspunkt Arbeitszeit sein können – nämlich die passiven Zeiten der Rufbereitschaft –, kurzerhand zur Arbeitszeit im Sinne des BetrVG erklärt.[129] Damit wird dann begründet, warum der Betriebsrat auch bei dieser Organisation der Arbeit und damit der Arbeitszeit mitzubestimmen hat. Das allerdings ist ein erstaunliches Argument, denn die Mitbestimmung wäre sowieso zu beachten, nur eben nicht bei dem Modell »Rufbereitschaft«, sondern bei jedem einzelnen Arbeitseinsatz, der ja immer »Arbeitszeit« ist. Weil das aber praktisch nicht umsetzbar ist, geriete die Arbeitgeberin bei der Einrichtung einer Rufbereitschaft unter massiven Einigungsdruck. Sie wäre auf die freiwillige Zustimmung des Betriebsrats zur Rufbereitschaft angewiesen. Bei so viel Macht für Betriebsräte ist dem Gericht vielleicht blümerant geworden, weshalb es kurzerhand diejenige Ruhezeit, die eine Rufbereitschaft ohne Einsatz ist, zu ihrem Gegenteil, nämlich zu Arbeitszeit erklärt hat. Der Effekt: Jetzt kann die Arbeitgeberin das Modell »Rufbereitschaft« zur Not als Ganzes in einer Einigungsstelle durchsetzen. Weg ist er, der Einigungsdruck.

Statt ständig alle Praktiker der Arbeitszeitgestaltung mit solch einer Begriffsjonglage so zu verunsichern, dass sie bei einer einfachen Dienstreise nicht sicher sein können, welche Rechtsfolgen damit ausgelöst werden, sollte man sich darauf besinnen, dass es zwei maßgebliche Definitionen des Begriffs »Arbeitszeit« gibt: die erste in der Arbeitszeitrichtlinie 2003/88 der Europäischen Union, mit der die Arbeitszeitvorschriften in Europa harmonisiert werden,[130] die zweite in § 2

128 BAG 17.11.2015 – 1 ABR 76/13.
129 BAG 21.12.1982 – 1 ABR 14/81; 29.2.2000 – 1 ABR 15/99.
130 Kapitel II.2.2 – Normenkonflikte mit europäischem Recht.

ArbZG, der eine (problematische) Erweiterung dieser Definition der Richtlinie enthält.

Die Definition in Art. 2 Nr. 1 der EU-Richtlinie setzt sich aus drei Bestandteilen zusammen. Danach ist Arbeitszeit jede Zeitspanne, während der Beschäftigte gemäß den einzelstaatlichen Rechtsvorschriften und / oder Gepflogenheiten

- arbeitet,
- der Arbeitgeberin zur Verfügung steht und seine Tätigkeit ausübt oder
- der Arbeitgeberin zur Verfügung steht und Aufgaben wahrnimmt.

Über das Merkmal »zur Verfügung stehen« wird der Fall ausgeschlossen, dass Beschäftigte tätig werden, dies aber tatsächlich so von der Arbeitgeberin nicht gewollt ist. Wer, ohne dass es nötig wäre, Arbeit mit nach Hause nimmt und am Sonntag dort erledigt, ist außerhalb dieses Wollens und gibt damit der Aufsichtsbehörde keinen Anlass, ein Bußgeld wegen unzulässiger Sonntagsarbeit gegen die Arbeitgeberin zu verhängen. Wenn die Arbeitgeberin allerdings im Wissen um die Zeit, in der die Arbeit geleistet wurde, sich deren Ergebnisse zunutze macht, kann sie sich nach der Definition in der EU-Richtlinie nicht mehr darauf berufen, dass es sich nicht um Arbeitszeit gehandelt habe.

Das ArbZG geht bei der Bestimmung, was Arbeitszeit ist, anders vor: Es erklärt alles zur Arbeitszeit, was zwischen zwei Zeitpunkten liegt und nicht Pause ist. Diese Zeitpunkte sind der Beginn und das Ende der Arbeit.

Dass das ArbZG keine Zeiten ausnehmen darf, die durch die EU-Richtlinie zur Arbeitszeit erklärt worden sind, ist selbstverständlich, denn diese lässt keine nationalen Abweichungen von den Definitionen zu. Daher bedeutet »Arbeit« gem. § 2 ArbZG dasselbe, was in den drei Kriterien der Richtlinie enthalten ist. Der Unterschied des ArbZG zur Richtlinie besteht darin, dass alles zur Arbeitszeit erklärt wird, was zwischen den beiden Polen »Anfang« und »Ende« mit Ausnahme der Pausen liegt. Damit sind auch Unterbrechungen einbezogen, die nach der Definition der EU-Richtlinie keine Arbeitszeit sind.[131]

Eine besondere Rolle spielt der Umgang mit dem Begriff »Arbeitszeit«, wenn es um Tätigkeiten außerhalb des Betriebs geht, die andere als die vertraglich vereinbarten sind. Dazu gehören Dienstreisen, das Anlegen von Berufskleidung, die Teilnahme an Fortbildungen, Kongressen usw. Auch hier würde die Anwendung der Definition der EU-Richtlinie zur Arbeitszeit immer zu plausiblen Ergebnissen führen, die in der Regel sogar auch der aktuellen Rechtsprechung entsprächen, aber deutlich weniger Verwirrung als diese stifteten.

II.3.5.2 Mehrarbeit und Überstunden

Scheinbar einfach ist die Welt der juristischen Begriffe, wenn es um Mehrarbeit und Überstunden geht. Dafür gibt es griffige Definitionen, die allseits verwendet werden. Der »Schaub«, ein höchst angesehenes Handbuch zum Arbeitsrecht, fasst sie so zusammen:

131 Kapitel VIII – Das Drumherum: Wegezeiten, Reisezeiten, Umkleidezeiten, Qualifizierungszeiten.

»Bei einem Überschreiten der gesetzlichen regelmäßigen Arbeitszeit spricht man üblicherweise von Mehrarbeit.«[132]

»Überstunden werden geleistet, wenn der Arbeitnehmer auf Anordnung oder mit Billigung des Arbeitgebers über die (tarif-)vertraglich geschuldete Arbeitszeit hinaus arbeitet.«[133]

Das BAG verwendet ebenfalls diese Differenzierung und fügt noch hinzu, dass Überstunden »wegen bestimmter besonderer Umstände vorübergehend zusätzlich geleistet« werden[134] und als »gesetzliche regelmäßige Arbeitszeit« der Acht-Stunden-Tag anzusehen ist.[135] Dessen Überschreitung ist dann wiederum in manchen Fällen Mehrarbeit.

Solche Beschreibungen werden gern verallgemeinert, obwohl sie jeweils auf spezielle Fälle gemünzt sind und auch hier keine Einheitlichkeit bei der Verwendung der Begriffe besteht, nicht einmal in den verschiedenen Gesetzen.

Der Acht-Stunden-Tag spielt im Zusammenhang mit den Rechten von schwerbehinderten Menschen eine Rolle, die gem. § 207 SGB IX nicht zur Mehrarbeit verpflichtet werden können. »Überstunden« tauchen in einer Vorschrift im EntgFG auf und haben die Rechtsprechung vor Probleme gestellt. Diese Vorschrift hatte der Gesetzgeber Ende des 20. Jahrhunderts in das Gesetz eingefügt, um Arbeitgeberinnen davor zu schützen, dass sie bei Krankheit oder an einem Feiertag auch das »zusätzlich für Überstunden gezahlte Arbeitsentgelt« weiterhin bezahlen müssen. Damit wollten erst die schwarz-gelbe Kohl-Regierung und später noch einmal die rot-grüne Schröder-Regierung die deutsche Wirtschaft aus dem Jammertal holen.

Dem Gesetzgeber war dabei in seinem Eifer entgangen, dass es keine verbindliche Definition für den Begriff »Überstunden« gab und die Arbeitswelt nicht mehr ganz so einheitlich sortiert war, wie noch in den Fünfzigerjahren des vorigen Jahrhunderts. So kam es vor, dass Arbeitgeberinnen Teilzeitbeschäftigte ständig über das vereinbarte Maß einsetzten und die gearbeitete Zeit meist anstandslos bezahlten. Erst wenn die Menschen wegen Krankheit ausfielen, erinnerte man sich an die gesetzliche Regelung zum Umgang mit Überstunden bei der Entgeltfortzahlung und beschränkte sie auf den vereinbarten Teilzeitsatz.

Das BAG hat nicht geglaubt, dass das mit der gesetzlichen Beschränkung der Entgeltfortzahlung gemeint war. Wer den Abschnitt zum Begriff »Arbeitszeit« gelesen hat, weiß, was ein Gericht dann macht: Es definiert einfach den Begriff »Überstunde« um, damit die Rechtsfolge – Beschränkung der Entgeltfortzahlung – nicht eintritt. Das ist das Geheimnis der Formel: Überstunden sind nur dann Überstunden, wenn sie »wegen bestimmter besonderer Umstände vorübergehend geleistet werden«. Anderenfalls sind sie zwar möglicherweise mehr

---

132 Schaub-*Vogelsang*, § 156 Rn. 34.
133 Schaub-*Link*, § 69 Rn. 7.
134 BAG 21.11.2001 – 5 AZR 296/00.
135 BAG 3.12.2002 – 9 AZR 462/01.

Stunden als vertraglich geschuldet, aber trotzdem etwas anderes als Überstunden und müssen deshalb doch bei der Entgeltfortzahlung berücksichtigt werden.[136] Was für diese Regelung im EntgFG – zumindest für die betroffenen Beschäftigten – richtig war, passt aber nicht auf andere Überstundenregelungen. Zumal diese meist in Tarifverträgen stehen und ein anderes Ziel haben: Da geht es nämlich nicht um weniger, sondern um mehr Geld in Form von Zuschlägen. Und es wird an keiner Stelle zur Voraussetzung gemacht, dass die zusätzliche Arbeit nur vorübergehend und nicht dauerhaft geleistet wird. Sonst würde mit zunehmender Anzahl der zusätzlichen Stunden die zusätzliche Vergütung dafür fortfallen, eine Regelung, die sich aus keinem Tarifvertrag herauslesen lässt.

Was nach Tarifvertrag zusätzlich bezahlt werden muss, lässt sich diesem in der Regel einfach entnehmen. Manchmal ist es auch unnötig kompliziert und manchmal auch rechtswidrig, z. B. wenn Teilzeitbeschäftigte bis zum Umfang der Vollzeitbeschäftigung ohne Zuschläge zusätzlich arbeiten müssen.[137] Aber immer wird das Thema autonom und unabhängig von der juristischen Begriffswelt geregelt. Vor allem aber halten Tarifverträge sich überhaupt nicht an die im »Schaub« verwendete Differenzierung zwischen Mehrarbeit und Überstunden. Im einen Tarifvertrag heißen die zuschlagspflichtigen Stunden »Mehrarbeit«, im anderen »Überstunden«. Als »Mehrarbeit« werden sie z. B. in den Tarifverträgen für den Einzelhandel, die Metallindustrie, die Energiewirtschaft und die chemische Industrie bezeichnet. Andere wie z. B. der TVöD machen es wie die Rechtsprechung und nennen diese Stunden »Überstunden«. Gleich ist allen Regelungen, dass sie die Grenze zur zuschlagspflichtigen Arbeitszeit beschreiben.

Aber auch der Gesetzgeber hält sich nicht an die Definitionen: In § 5 Abs. 4 ATZG z. B. ist als Mehrarbeit während der Altersteilzeit die Überschreitung der Geringfügigkeitsgrenze im Sozialversicherungsrecht beschrieben – eine Grenze, die mit Arbeitszeit gar nichts zu tun hat, sondern nur mit der Vergütung. MuSchG und ArbSchG[138] legen eigene Grenzen zur Mehrarbeit fest; und wenn das BetrVG in § 37 Abs. 3 Betriebsratsmitgliedern die »Vergütung für Mehrarbeit« verspricht, dann ist damit in der Sprache der Rechtsprechung die Überstundenvergütung gemeint und nicht das, was jenseits der achten Stunde täglich verdient wird.

Wer sich bei dieser Vielfalt an eine Definition der im Gesetz verwendeten Mehrarbeitsbegriffe wagen möchte, könnte hier landen: *»Mehrarbeit ist bei schwerbehinderten Menschen und werdenden und stillenden Müttern unter 18 Jahren und bei Jugendlichen die Überschreitung von 8 Stunden täglich, bei volljährigen werdenden und stillenden Müttern die Überschreitung von 8,5 Stunden täglich, bei minderjährigen werdenden und stillenden Mütter außerdem die Überschreitung von 80 Stunden in der Doppelwoche, bei volljährigen werdenden und stillenden Müttern die Überschreitung von 90 Stunden in der Doppelwoche, bei Menschen in der Altersteilzeit die zusätzliche Arbeit mit einem Verdienst über der Geringfügig-*

136 Kapitel V.3.3.6 – Ausfallzeiten (Krankheit / Feiertage / Urlaub / Annahmeverzug).
137 Kapitel V 3.3.1.3.
138 Kapitel II.3.1.3.1.5 – Einschränkungen / Erweiterungen bei bestimmten Personengruppen.

keitsgrenze und bei Betriebsräten, die außerhalb der betrieblichen Arbeitszeit ohne Ausgleich gearbeitet haben, genau das, was nach Tarifvertrag oder Arbeitsvertrag im Betrieb mit Zuschlägen bezahlt wird.«

Das ist so hilfreich wie die Beschreibung von Nebenwirkungen im Beipackzettel von Medikamenten. Die Botschaft lautet: Alles ist möglich. Tatsächlich ist das Durcheinander nicht durch eine Definition in den Griff zu bekommen. Wir müssen mit dem Chaos leben.

Solange der Gesetzgeber nicht in weiteren Gesetzen mit dem Begriff der »Überstunde« hantiert, ist dessen Definition die des BAG für das EntgFG: vorübergehend, aufgrund besonderer Umstände geleistete zusätzliche Stunden.

Für die in Tarifverträgen verwendeten Begriffe ist es einfacher: Mehrarbeit bzw. Überstunde ist das, was der jeweilige Tarifvertrag dazu erklärt.

Wer das alles so im Kopf hat, kann auf jede Frage eine sichere Antwort finden. Wem das nicht gelingt, sollte sich die Frage, ob etwas Mehrarbeit oder Überstunde ist, besser sparen.

Einfacher ist es, sich darauf zu konzentrieren, was eigentlich mit der Antwort auf die Frage geklärt werden soll. Dafür gibt es drei Möglichkeiten:

1. die Zuschlagspflicht für zusätzliche Arbeitszeiten,
2. das Verbot von zusätzlichen Arbeitszeiten,
3. das Bestehen von Mitbestimmungsrechten bei zusätzlichen Arbeitszeiten.

Wer sich in diesem Dreieck von Geld, Verbot und Mitbestimmung richtig verortet, weiß, wo die Antworten zu finden sind.

Die Zuschlagspflicht ist in den tarifvertraglichen und arbeitsvertraglichen Bestimmungen festgelegt. Teilweise regeln auch Betriebsvereinbarungen etwas dazu, das ist jedoch nur wirksam, wenn kein Tarifvertrag in erreichbarer Nähe ist.[139]

Die Unzulässigkeit von zusätzlichen Arbeitsstunden ergibt sich ausschließlich aus den Schutzgesetzen wie dem ArbZG, dem MuSchG, dem JArbSchG und dem SGB IX. Zu beachten sind auch in einer Betriebsvereinbarung gezogene Grenzen.

Die Mitbestimmung schließlich ergibt sich aus § 87 Abs. 1 Nr. 3 BetrVG. Dort steht allerdings kein Wort von »Überstunden« oder »Mehrarbeit«, weshalb es auch von vornherein ein Irrweg ist, von einer Mitbestimmung bei Mehrarbeit zu sprechen. Tatsächlich setzt die Mitbestimmung nur dann ein, wenn von festgelegten Arbeitszeiten abgewichen wird.[140]

II.3.6 Umsetzung und Durchsetzung der Vorschriften zur Arbeitszeit

II.3.6.1 Verantwortliche für die Umsetzung der Vorschriften

Für die Umsetzung der in Gesetzen, Tarifverträgen und Betriebsvereinbarungen enthaltenen Vorschriften bei der Gestaltung der Arbeitszeit ist zunächst einmal die Arbeitgeberin verantwortlich. Solche Vorschriften sind z. B. die Begrenzung

139 Kapitel III.7.1 – Tarifvorrang / Gesetzesvorrang / Tarifvorbehalt.
140 Kapitel V.3.7 – Mitbestimmung.

der täglichen und der wöchentlichen Arbeitszeit, die Mindestruhezeit oder die Bedingungen, die ein Tarifvertrag zur Voraussetzung für die Einrichtung einer Rufbereitschaft macht. Mit in diesen Katalog gehören auch die meisten Regelungen in Betriebsvereinbarungen zur Arbeitszeit.
Nicht verantwortlich ist die Arbeitgeberin selbstverständlich dafür, dass der Betriebsrat oder die einzelnen Beschäftigten die Verpflichtungen erfüllen, die ihnen ausdrücklich zugewiesen sind. Die Arbeitsaufnahme zu dem in der Betriebsvereinbarung festgelegten Zeitpunkt zählt hierzu oder die Leistung von Nachtarbeit, wenn Tarifvertrag oder Arbeitsvertrag hierzu verpflichten.
Die Faustformel lautet: Immer, wenn die Verantwortung nicht in den Regelungen selbst ausdrücklich einem anderen Akteur zugewiesen ist, trägt sie die Arbeitgeberin – was im Bereich der Gestaltung der Arbeitszeit der Normalfall ist.

II.3.6.1.1 Umsetzung gesetzlicher Vorschriften

Die Gesetze, die Beschäftigte vor Überlastung durch ungünstige Arbeitszeiten schützen sollen, verschaffen ihnen einen Anspruch auf Gewährleistung des Schutzniveaus gegen die Arbeitgeberin.[141] Sie sind so konstruiert, dass Verstöße mit von den Aufsichtsbehörden zu verhängenden Bußgeldern sanktioniert werden, also nicht von den Beschäftigten individuell durchgesetzt werden müssen. Letzteres ist zwar nicht ausgeschlossen, aber eher ein Umweg.
Diese Sanktionen richten sich immer ausschließlich gegen die Arbeitgeberin wie z. B. § 22 ArbZG schon mit den ersten Worten festlegt: »*Ordnungswidrig handelt, wer als Arbeitgeber vorsätzlich oder fahrlässig …*«, heißt es da, und darauf folgt die Liste von Verstößen, für die Bußgelder verhängt werden können. Umgekehrt bedeutet das, dass die Beschäftigten nicht für die Einhaltung der sie selbst schützenden Vorschriften verantwortlich sind und auch nicht dafür verantwortlich gemacht werden können.
Ziel der Sanktionen können sowohl die Arbeitgeberin als rechtliche Einheit sein, also die GmbH, AG etc., als auch die Personen, die das Unternehmen als Arbeitgeberin repräsentieren. Zunächst einmal sind das die Mitglieder der »Organe«, also Vorstände oder Geschäftsführer. Die können aber angesichts der Größe der Organisationen nicht alles in eigener Person erledigen.
Deshalb ist es zulässig, die Verantwortung für die Einhaltung der Gesetze an Beschäftigte oder andere Beauftragte zu delegieren. Das Unternehmen muss nur dafür sorgen, dass für alle Verpflichtungen eine solche Verantwortlichkeit besteht und auch wahrgenommen werden kann. Das setzt Handlungsspielräume für diejenigen voraus, die die Verantwortung übertragen bekommen haben.
Für Beschäftigte, denen diese Rolle übertragen wird, kann es dann doch ungemütlich werden. Der Grundsatz, dass die Beschäftigten nicht für Verstöße gegen Arbeitsschutzgesetze zur Rechenschaft gezogen werden können, gilt dann nicht mehr, weil sie die Pflichten des Unternehmens übernommen haben.
Eine solche Übertragung der Verantwortung und Haftung lässt das Ordnungsrecht in § 9 OWiG zu. Und die Delegation kann an jede Hierarchieebene mit ent-

141 BAG 17.2.1998 – 9 AZR 84/97, und 16.3.2004 – 9 AZR 93/03.

sprechender Führungsverantwortung erfolgen, z. B. an Schichtleitungen, Dienstplaner und Abteilungsleitungen. Wenn die Vorschriften zur Arbeitszeit von den so Beauftragten nicht eingehalten werden, haften sie für die Verletzungen dieser Schutzvorschriften. Eine Stationsleitung kann daher zur Verantwortung gezogen werden, wenn die Beschäftigten ihrer Station zu lange arbeiten, nicht aber dafür, dass sie selbst nach 12 Stunden noch immer in der Klinik ist.
Allerdings besteht diese Verantwortung nur, wenn auch der entsprechende Handlungsspielraum vorhanden ist, um Verstöße gegen die gesetzlichen Vorschriften zu verhindern. Eine Stationsleitung im Krankenhaus z. B. ist aus dem Schneider, wenn auf der Station ständig die Pausen ausfallen, aber kein Personal zur Ablösung bereitsteht. Sie kann schließlich kein Personal herbeischaffen und muss allenfalls die Klinikleitung auf die Missstände hinweisen, damit diese tätig werden kann.
Gibt es jedoch eine funktionsfähige Pausenregelung und ist die Ursache für den Ausfall der Pausen, dass sich die Beschäftigten lieber periodisch im Stationszimmer zum Kaffee treffen, um in ständiger Einsatzbereitschaft die nötigen Absprachen für die Arbeit zu treffen, ist das keine Pause und damit ein Verstoß gegen § 4 ArbZG. Diesen verantwortet die Stationsleitung, wenn sie ihre Befugnisse nicht zur Durchsetzung der Pausenregelung nutzt.
Deshalb verliert der Betriebsrat manchmal auf einen Schlag viele Freundschaften im Betrieb, wenn er mit einem Hinweis an die Aufsichtsbehörde dafür sorgen wollte, dass zukünftig die Pausen gewährt werden und daraufhin auch die von ihm vertretenen Stationsleitungen von der Behörde zur Zahlung von Bußgeldern verdonnert werden.
Praktisch ist dieses Problem allerdings kleiner, als es sich anhört: Die wenigsten unteren Leitungsebenen bekommen vom Unternehmen ausreichend Kompetenz übertragen, um den Betrieb selbstständig so zu organisieren, dass das ArbZG eingehalten werden kann. Das sollte aber vor einer Anzeige an die Behörde durch den Betriebsrat auf jeden Fall rechtlich abgeklärt werden.

II.3.6.1.2 Umsetzung tarifvertraglicher und betrieblicher Vorschriften

Tarifverträge enthalten vereinzelt ebenfalls Vorschriften zur Gestaltung der Arbeitszeit, die die Arbeitgeberin umsetzen muss. Das sind z. B. maximale Dienstschichtlängen nach den Tarifverträgen für den Personennahverkehr oder Begrenzungen der Anzahl der aufeinanderfolgenden Schichten in verschiedenen Haustarifverträgen privater Krankenhausträger.
Betriebsvereinbarungen zur Arbeitszeit sind dagegen – solange es keine Rahmenregelungen[142] sind – meist keine Vorgaben für deren Gestaltung, sondern die Gestaltung selbst. Sie legen fest, wann Schichten beginnen und enden, wie sie verteilt sind, welcher Gleitzeitrahmen gilt usw. Auch für die Umsetzung der Betriebsvereinbarungen ist die Arbeitgeberin gem. § 77 Abs. 1 BetrVG allein verantwortlich. Das geht allerdings nur so weit, wie ihre Möglichkeiten reichen: Beschäftigte pünktlich zum in der Betriebsvereinbarung festgelegten Arbeitsbeginn

142 Kapitel V.2.8.3 – Rahmenvereinbarungen.

erscheinen zu lassen, liegt nicht in ihrer Macht, wohl aber, dass bei Schichtende wirklich Schluss ist.
Tarifliche wie auch betriebliche Reglungen sind genauso verbindlich wie gesetzliche, werden aber im Unterschied zu diesen nicht durch Aufsichtsbehörden überwacht. Wenn die Parteien dieser Vereinbarungen gegen Verstöße vorgehen wollen, müssen sie das mit ihren eigenen Mitteln machen, also vor dem Arbeitsgericht auf Einhaltung klagen – soweit sie keinen anderen Weg der Konfliktlösung vereinbart haben.[143]

II.3.6.1.3 Umsetzung arbeitsvertraglicher Vorschriften

Eigenständige Regelungen zur Arbeitszeit im Arbeitsvertrag, die die Arbeitgeberin umsetzen muss, sind eher selten und zumindest in den gängigen Musterverträgen nicht zu finden. Die Welt der Arbeitsverträge dreht sich eher um die Pflichten der Beschäftigten. Die Arbeitgeberin muss sich zwar auch an die Verträge halten, darf also Beschäftigte nicht am Samstag zur Arbeit heranziehen, wenn im Vertrag vereinbart wurde, dass nur von Montag bis Freitag gearbeitet wird. Solche verbindlichen Festlegungen spielen jedoch in der Praxis eine untergeordnete Rolle. Eher sind Verträge so geschrieben, dass sie der Arbeitgeberin alle nur erdenklichen Optionen offenhalten.

II.3.6.1.4 Verantwortung der Beschäftigten

Beschäftigte haften nicht nach den gesetzlichen Regelungen zur Arbeitszeit, wenn sie über die zu ihrem Schutz errichteten Grenzen hinaus arbeiten. Auch der Schutz der gesetzlichen Unfallversicherung wird dadurch gem. § 7 Abs. 2 SGB 4 nicht gefährdet.
Anders ist es mit den sie verpflichtenden Regelungen in Tarifverträgen, Betriebsvereinbarungen und Arbeitsverträgen, so insbesondere zur Leistung der vereinbarten Dauer der Arbeitszeit. Auf Verstöße dagegen folgt allerdings allenfalls eine Abmahnung, um die Einhaltung durchzusetzen. Reicht das nicht, endet meist das Interesse der Arbeitgeberin und sie versucht, das Arbeitsverhältnis auf den üblichen Wegen zu beenden.
Auch wenn Beschäftigte nicht selbst gegen die sie schützenden gesetzlichen Vorschriften verstoßen können, sind sie doch manchmal Ursache für einen solchen Verstoß. Möglich wird das durch Arbeitszeitregelungen, die auf Festlegungen eher verzichten. Dürfen Beschäftigte in der gleitenden Arbeitszeit zwischen 7:00 und 22:00 Uhr selbst die Lage ihrer Arbeitszeit bestimmen, dürfen sie auch dann um 7:00 Uhr zur Arbeit erscheinen, wenn sie am Vortag die Arbeit erst um 22:00 Uhr beendet haben – obwohl das eine Unterschreitung der gesetzlichen Ruhezeit ist. Arbeitgeberin und Betriebsrat erwarten hier in der Regel, dass die Beschäftigten schon auf sich selbst achten werden.
Das hört sich seltsam an, aber tatsächlich hat die Arbeitgeberin kein Weisungsrecht, um den Beginn der täglichen Arbeitszeit festzulegen, wenn diese Aufgabe

143 Kapitel III.10 – Durchsetzung und Unterlassung.

in einer Betriebsvereinbarung den Beschäftigten übertragen wurde. Sie müsste dann erst diese Vereinbarung kündigen.[144]

Haben die Beschäftigten tatsächlich das Recht und die Möglichkeit, ihren Arbeitstag selbst zu strukturieren, haftet die Arbeitgeberin dann nicht mehr für dabei vorkommende Verstöße gegen das ArbZG, wenn die Autonomie so weit geht, dass Beschäftigte die betrieblichen Interessen komplett ignorieren dürfen, um Rechtsverstöße zu vermeiden. Diese Autonomie ist allerdings nicht vorhanden, wenn die Betriebsvereinbarung zugleich die Verpflichtung enthält, die eigene Arbeitszeit an den betrieblichen Erfordernissen auszurichten. Weil Arbeitgeberinnen in aller Regel auf solche Floskeln in der Betriebsvereinbarung bestehen, können sie sich auch praktisch nie der Verantwortung für die Einhaltung der gesetzlichen Grenzen entziehen. Mit ihrer Hoheit über die Organisation der Arbeit, der Auftragssituation etc. sind sie immer mittelbar daran beteiligt, wenn die Arbeitszeit aus dem Ruder läuft.

Mit der Selbstbestimmung ist es dann auch nicht weit her, wenn in einem Projekt so viel Arbeit steckt, dass es in der vorgegebenen Zeit nur mit erheblicher Mehrarbeit zu schaffen ist, denn die Erledigung der Arbeit gehört ja zu den arbeitsvertraglichen Pflichten.

Auch wenn die Beschäftigten nicht für Verstöße gegen Vorschriften zu ihrem eigenen Schutz haften, gibt es doch andere Risiken, die gern übersehen werden. Das geringere Risiko ist der gleichzeitige Verstoß gegen den Arbeitsvertrag. Enthalten Betriebsvereinbarungen die Verpflichtung der Beschäftigten, die gesetzlichen Grenzen der Arbeitszeit einzuhalten, wird sie damit zu einer arbeitsvertraglichen Pflicht gegenüber der Arbeitgeberin. Nur diese, nicht aber die Aufsichtsbehörde kann dann gegen Beschäftigte vorgehen, wenn sie dieser Pflicht nicht nachkommen. Bußgelder sind somit ausgeschlossen, und die arbeitsrechtlichen Möglichkeiten sind auch eher begrenzt. Eine Abmahnung oder gar eine Kündigung wegen eines zu großen Arbeitseinsatzes jedenfalls ist ausgeschlossen, solange die Arbeitgeberin als milderes Mittel die Möglichkeit hat, selbst wieder die Verantwortung für die Organisation der Arbeitszeit zu übernehmen. Aber die Drohung damit schreckt manche doch so sehr, dass sie Arbeitszeiten falsch dokumentieren – nicht um sich zu bereichern, sondern um solche Verstöße durch zusätzliche Arbeit zu verbergen.

Während hier also kein echtes Risiko lauert, ist die Haftung für Schäden, die Beschäftigte bei Verstößen Dritten zufügen, ein anderes Kaliber. Wer nach einer Doppelschicht auf der Heimfahrt einen Unfall verursacht, sollte sich besser nicht mit Müdigkeit wegen zu langer Arbeitszeit entschuldigen. Das hebt den strafrechtlichen Vorwurf schnell in den Bereich der groben Fahrlässigkeit, weil es das Eingeständnis ist, nicht mehr fahrtüchtig gewesen zu sein und das auch gewusst zu haben. Staatsanwaltschaften kennen das inzwischen und schauen bei Unfällen schon mal in die Zeiterfassung des jeweiligen Tages. Bekannt geworden ist das z. B. in Zusammenhang mit dem Absturz einer Schwebebahn 1999 in Wuppertal und einem Zugunglück in Brühl im Jahr 2000.

144 Kapitel III.1 – Direktionsrecht / Wirksamkeitsvoraussetzung.

II.3.6.1.5 Verantwortung des Betriebsrats

Den Betriebsrat trifft keine Verantwortung für die Einhaltung der gesetzlichen und tarifvertraglichen Vorschriften zur Arbeitszeit. Sie bilden den Rahmen, innerhalb dessen er sich gemeinsam mit der Arbeitgeberin bei der Gestaltung der betrieblichen Arbeitszeit bewegen darf. Lässt das ArbZG für den Betrieb keine Sonntagsarbeit zu, dann ist das auch für den Betriebsrat bindend. Will er trotzdem Sonntagsschichten durchsetzen und macht die Arbeitgeberin dabei mit, muss nur sie allein das Bußgeld bezahlen. Sie hätte sich darauf nicht einlassen dürfen. Dem Betriebsrat droht allenfalls der Verlust seines Ansehens in der Belegschaft.

II.3.6.2 Durchsetzung der Einhaltung der rechtlichen Regelungen

Vorschriften zur Arbeitszeitgestaltung und -begrenzung bleiben bloß Papier, wenn es keine Möglichkeit gibt, ihre Einhaltung auch durchzusetzen. Dafür gibt es unterschiedliche Wege – je nachdem, wer die Vorschrift gemacht hat und welches Ziel damit verfolgt wird. Diese Ziele – Arbeitsschutz, Vergütungshöhe und Mitbestimmung – sind wiederum mit den einzelnen Normgebern – Staat, Tarifvertragsparteien, Betriebsparteien, Arbeitsvertragsparteien – verknüpft. Und weil das System so funktioniert, dass eine Vorschrift nur von denjenigen durchgesetzt werden kann, die auch zumindest mittelbar an ihrem Zustandekommen beteiligt waren, haben Betriebsräte nur einen begrenzten Zugriff bei Verstößen. Der Schutz und die Durchsetzung individueller Rechte und staatlicher Vorschriften ist deshalb nicht ihre Sache.

Das ist für den Betriebsrat häufig irritierend, muss er doch gem. § 80 Abs. 1 Nr. 1 BetrVG darüber wachen, dass alle zugunsten der Beschäftigten erlassenen Vorschriften, egal welcher Herkunft, eingehalten werden.

Um solche Vorschriften, soweit sie die Arbeitszeit betreffen, geht es hier. Wenn Beschäftigte über die gesetzliche Höchstarbeitszeit hinaus arbeiten oder keine Pausen oder zu kurze Ruhezeiten haben, regt sich das Kämpferherz eines jeden Mitglieds des Betriebsrats, und ein unbändiger Wille wächst, etwas gegen diese Missstände zu tun. Der wird dann allerdings von den Arbeitsgerichten jäh ausgebremst. Die denken nämlich so über das Wächteramt des Betriebsrats:

»Nach dieser Vorschrift (§ 80 Abs. 1 Nr. 1 BetrVG) hat der Betriebsrat darüber zu wachen, dass die zugunsten der Arbeitnehmer geltenden Gesetze, Verordnungen, Unfallverhütungsvorschriften, Tarifverträge und Betriebsvereinbarungen durchgeführt werden. Aus dieser Überwachungsaufgabe folgt aber noch kein eigener Anspruch des Betriebsrats darauf, dass der Arbeitgeber die genannten Rechtsvorschriften gegenüber seinen Arbeitnehmern auch einhält und durchführt. (…) Er ist vielmehr darauf beschränkt, eine Nichtbeachtung oder fehlerhafte Durchführung der genannten Rechtsvorschriften beim Arbeitgeber zu beanstanden und auf Abhilfe zu drängen, wobei das Betriebsverfassungsgesetz davon ausgeht, dass der Arbeitgeber einer berechtigten Beanstandung in aller Regel auch Rechnung tragen wird.«[145]

---

145 BAG 16.7.1985 – 1 ABR 9/83; 29.4.2004 – 1 ABR 30/02.

Auch wenn die Vermutung zum Verhalten der Arbeitgeberin nach einer solchen Beanstandung etwas weltabgewandt erscheint, gibt das Ganze die Situation des Betriebsrats richtig wieder: Bei fremden Vorschriften darf er zwar bellen, kann aber nicht beißen. Und das Bellen führt meist nicht zur Abhilfe, sondern allenfalls zu Diskussionen darüber, ob der Betriebsrat die Vorschrift überhaupt richtig versteht.

Damit ist der Betriebsrat nicht völlig machtlos, er muss es aber anders anfangen und dabei die Erkenntnis beherzigen, dass er nur eigene Rechte und Regelungen durchsetzen kann. Also muss das, was ihm wichtig ist, zu einem eigenen Recht werden.

Am Beispiel der täglichen Höchstarbeitszeit lässt sich das einfach darstellen: Häufig taucht das Problem der Überschreitung in beweglichen Arbeitszeitformen auf. Liegen dagegen die täglichen Arbeitszeiten fest, z. B. in Form von Schichten, ist zwar auch ein Verstoß gegen die Höchstarbeitszeit denkbar, dabei muss dann aber auch gegen die im Schichtsystem festgelegten Anfangs- und Endzeit verstoßen worden sein. Wer um 6:00 Uhr die Arbeit aufnimmt, und mehr als 10 Stunden arbeitet, ist auch nach 14:00 Uhr noch im Betrieb. Sind die Schichtzeiten in einer Betriebsvereinbarung festgeschrieben, ist ihre Einhaltung ein Recht des Betriebsrats, denn er ist Partei der Betriebsvereinbarung. Also kann er gegen die Arbeitgeberin bei diesem Verstoß vorgehen. Er muss dafür nicht einmal auf die Überschreitung der zehnten Stunde warten, seine Stunde zur Durchsetzung seiner Mitbestimmung schlägt bereits am Schichtende um 14:00 Uhr.

In flexiblen Arbeitszeitsystem gibt es solche Grenzen naturgemäß nicht, sie müssen also künstlich geschaffen werden. Das geht, indem der Betriebsrat seine Zustimmung zum flexiblen Einsatz auf solche Zeiten begrenzt, die innerhalb des gesetzlichen Rahmens liegen. Er sollte sich sogar vorbehalten, dass eine Überschreitung der zehnten Stunde nur mit seiner vorherigen Zustimmung zulässig ist.[146] Das ist zwar keine Regelung, die im Einzelfall umzusetzen wäre, das soll sie aber auch nicht sein, denn schließlich sind solche Arbeitszeiten ein Rechtsverstoß – von wenigen Ausnahmen abgesehen. Wenn ein solcher Verstoß dann passiert, ist er aber gleichzeitig auch ein Verstoß gegen das Mitbestimmungsrecht des Betriebsrats, das in der Betriebsvereinbarung ausdrücklich festgehalten ist. In diesem Fall kann der Betriebsrat dann wegen Überschreitung der Höchstarbeitszeit gegen die Arbeitgeberin vorgehen, ohne sich über seine Zuständigkeit Gedanken machen zu müssen.

Der Betriebsrat kann sein Wächteramt also mit dem erforderlichen Nachdruck ausüben, wenn er bei der Abfassung einer Betriebsvereinbarung darauf achtet, dass solche Grenzen präzise gezogen und nicht durch die Auflistung von Ausnahmen bei betrieblichen Belangen wieder aufgeweicht werden. Lässt sich die Arbeitgeberin darauf nicht ein, bleibt einem Betriebsrat immer noch die Möglichkeit, feste Arbeitszeiten mitbestimmt zu vereinbaren, statt sie beweglich zu halten, weil er sonst keine Möglichkeit mehr hat, wenigstens die gröbsten Verstöße zu unterbinden.

146 Textbaustein XI.7.1 – Schutzgrenzen als Zustimmungsgrenze.

III. Mitbestimmung bei der Gestaltung der Arbeitszeit

III.1 Direktionsrecht / Wirksamkeitsvoraussetzung

Die Existenz des Betriebsrats beeinflusst die Spielregeln im Betrieb bei der Gestaltung der Arbeitszeit grundlegend. Ohne ihn könnte die Arbeitgeberin Entscheidungen zur Lage der Arbeitszeit, also ob in Schichten, an Wochenenden, in schwankenden Arbeitszeiten usw. gearbeitet wird, allein treffen. Dafür gibt es das Direktionsrecht in § 106 GewO. Das ist zwar nicht unbeschränkt, geht aber sehr weit. Die Rechte des Betriebsrats beseitigen diese Befugnis. An die Stelle einer einseitigen Entscheidung tritt eine, die mit dem Betriebsrat gemeinsam getroffen werden muss. Das gilt für alle Organisationsentscheidungen zur Arbeitszeit. Dabei gibt es kein Direktionsrecht mehr, das manche Arbeitgeberin für sich reklamiert, wenn sie die Mitbestimmung umgehen will. Das Gegenteil ist richtig: Überall dort, wo die Arbeitgeberin ohne den Betriebsrat ein Direktionsrecht zur Arbeitszeit hätte, setzt dessen Mitbestimmung ein.

Maßnahmen, die als Gestaltung der Arbeitszeit mitbestimmungspflichtig sind, darf die Arbeitgeberin nur umsetzen, wenn sie sich darüber mit dem Betriebsrat einig geworden ist. Das kann in Form einer Zustimmung zu ihren Anliegen passieren oder auch in einer Betriebsvereinbarung zum Thema. In der Welt der Gerichte heißt das: Die Beteiligung des Betriebsrats ist Voraussetzung für die Wirksamkeit einer mitbestimmungspflichtigen Maßnahme.[1]

Umgekehrt bedeutet das: Maßnahmen, für die es diese Einigkeit nicht gibt, sind unwirksam und unverbindlich.[2] Wenn die Arbeitgeberin ohne Zustimmung des Betriebsrats den Schichtbeginn von 7:00 Uhr auf 6:30 Uhr vorverlegt, muss niemand dieser Weisung Folge leisten. Wer weiterhin erst um 7:00 Uhr die Arbeit aufnimmt, kommt nicht zu spät. Der Betriebsrat muss, wenn er nicht gefragt wurde, gar nichts tun, denn eine stillschweigende Zustimmung durch Duldung gibt es nicht.[3]

Wenn die angestrebte Maßnahme der erzwingbaren Mitbestimmung unterliegt, kann die Arbeitgeberin versuchen, die fehlende Einigung mit dem Betriebsrat durch die Entscheidung einer Einigungsstelle ersetzen zu lassen. Aber nur, wenn

1 BAG 17.5.2011 – 1 AZR 797/09.
2 BAG 2.3.2004 – 1 AZR 271/03.
3 BAG 24.1.2017 – 1 AZR 772/14.

die Mitbestimmung erzwingbar ist, kann die Einigungsstelle über die Maßnahme entscheiden, ansonsten bleibt ihr nur der Versuch, zu vermitteln.[4]

III.2 Erfasster Personenkreis

Die Mitbestimmungsrechte haben Auswirkungen auf die Arbeitsbedingungen fast aller Beschäftigten, die im Betrieb eingesetzt werden – unabhängig davon, mit wem der Arbeitsvertrag geschlossen wurde. Es kommt nur darauf an, dass die dortige Arbeitgeberin die typischen mitbestimmungspflichtigen Entscheidungen – Festlegung der Arbeitszeit, des Urlaubs usw. – trifft. Deshalb ist auch die Arbeitszeit von Leiharbeitnehmern ein Thema der Mitbestimmung in dem Betrieb, in dem sie eingesetzt sind.[5] Das gilt auch für andere Formen der Überlassung, insbesondere den Einsatz von Beschäftigten aus anderen Konzernunternehmen im eigenen Betrieb.

Ebenfalls erfasst werden Beschäftigte in der Ausbildung, Personen, die einen Bundesfreiwilligendienst absolvieren, Jugendliche im freiwilligen sozialen Jahr, wenn sie im Betrieb mitarbeiten, und Studierende, die im Rahmen ihrer Hochschulausbildung ein Betriebspraktikum ableisten. Hierbei ist entscheidend, ob ein privatrechtlicher Arbeitsvertrag geschlossen wurde und die Arbeitgeberin während des Praktikums an Stelle der Hochschule die Ausbildung leitet.[6]

Ausgenommen sind lediglich die in § 5 BetrVG aufgeführten Personen. Das sind:

- leitende Angestellte,
- Organmitglieder, die das Unternehmen vertreten,
- Beschäftigte, die in erster Linie aufgrund karitativer oder religiöser Erwägungen oder vorwiegend für ihre eigene Heilung, Wiedereingewöhnung, sittliche Besserung oder Erziehung tätig sind,
- Ehegatten, Verwandte und Verschwägerte von Arbeitgeberinnen, sofern es sich dabei um echte Menschen und nicht um Gesellschaften handelt, wenn sie mit ihr oder ihm in häuslicher Gemeinschaft leben.

Die Wirkung der zwischen den Betriebsparteien getroffenen mitbestimmungspflichtigen Festlegungen zur Gestaltung der Arbeitszeit besteht darin, dass sie für die Beschäftigten verbindlich sind. Einseitige Festlegungen der Arbeitgeberin in diesem Bereich dagegen sind unverbindlich. Dabei gibt es keinen Unterschied, ob diese in Vollzeit oder in Teilzeit, als Aushilfen, die nur wenige Tage im Betrieb sind, oder auch außertariflich Beschäftigte, selbst wenn sie über die Maßen viel verdienen.[7]

---

4 Kapitel III.8.2 – Arbeitszeit in der Einigungsstelle.
5 BAG 28.7.2020 – 1 ABR 45/18.
6 BAG 30.10.1991 – 7 ABR 11/91.
7 BAG 11.2.1992 – 1 ABR 51/91.

III.3 Initiativrechte und erzwingbare Mitbestimmung

Zum Verständnis der Möglichkeiten, die die Mitbestimmung bei der Arbeitszeit bietet, sind zwei Begriffe wichtig, die häufig im Zusammenhang miteinander auftauchen: Initiativrechte und erzwingbare Mitbestimmung.

Initiativrechte bezeichnen die etwas altbackene Vorstellung, dass der Betriebsrat, der Vorschläge zur Gestaltung der betrieblichen Arbeitswelt machen will, dazu eine rechtliche Grundlage benötigt, ein Recht, Initiativen ergreifen zu dürfen. Ohne dieses Recht müsste er schweigen, wenn nicht diese Beschränkung in Wirklichkeit dann doch wieder nicht so streng wäre. Tatsächlich kann er gem. § 80 Abs. 1 Nr. 2 BetrVG alle Maßnahmen vorschlagen, die dem Betrieb oder der Belegschaft dienen. Darunter lässt sich unschwer alles fassen, bis hin zum Vorschlag, einen unfähigen Personalleiter zu feuern. Diese »Rechte« gehen allerdings nur deshalb so weit, weil daraus nichts folgt: Die Arbeitgeberin kann sich die Vorstellungen des Betriebsrats anhören, muss aber nicht mal so tun, als nähme sie sie ernst, und braucht sich anschließend nicht mehr darum zu kümmern.

Erzwingbare Mitbestimmungsrechte dagegen funktionieren anders: Sie geben dem Betriebsrat die Möglichkeit, die Arbeitgeberin dazu zu bringen, sich mit den Anliegen des Betriebsrats nicht nur auseinanderzusetzen, es muss sogar darüber entschieden werden. Allerdings nicht von der Arbeitgeberin allein, sondern gemeinsam oder – wenn sich die Betriebsparteien nicht einigen können – durch eine Einigungsstelle. Die kann das Anliegen mit Mehrheit auch gegen den Willen der Arbeitgeberin zur betrieblichen Regelung machen.

Das Spiel funktioniert allerdings auch umgekehrt: Wenn die Arbeitgeberin etwas durchsetzen will, kann sie das auf demselben Weg. Sie muss mit ihren Anliegen also nicht an einem unwilligen Betriebsrat scheitern.

Die Erzwingbarkeit der Mitbestimmung ist gleichzeitig die Binnengrenze dafür, was die Betriebsparteien einander zumuten können: nur Sachverhalte, für die das BetrVG die erzwingbare Mitbestimmung vorsieht, können in der Einigungsstelle auch gegen den Willen der anderen Partei geregelt werden.

Der für die Mitbestimmung bei der Arbeitszeit wesentliche § 87 Abs. 1 Nr. 2 BetrVG legt als Regelungsthemen die Festlegung von Anfang, Ende und Verteilung der Arbeitszeit fest. Nicht davon umfasst ist die Dauer der individuell geschuldeten Arbeitszeit.[8]

Für den Betriebsrat folgt daraus das nicht beschränkbare Recht, über eine von ihm angestrebte Verteilung der Arbeitszeit in der Einigungsstelle eine Abstimmung herbeizuführen. Das kann zum Beispiel ein Schichtplan mit regelmäßig 41 Stunden pro Woche und Freischichten in einem Betrieb sein, in dem die Regelarbeitszeit von 38 Stunden durch Tarifvertrag festgelegt ist. Im Ergebnis muss lediglich diese 38-Stunden-Woche im Durchschnitt durch das Schichtmodell realisiert werden.

8 BAG 22.7.2003 – 1 ABR 28/02.

Stimmt die Einigungsstelle dem mehrheitlich zu, ist das die betriebliche Arbeitszeit, die die Arbeitgeberin umsetzen muss, auch wenn sie andere Vorstellungen hatte.
Will der Betriebsrat dagegen durch die Freischichten eine Unterschreitung der 38-Stunden-Woche erreichen, kann sich die Einigungsstelle damit zwar beschäftigen, nicht aber darüber abstimmen. Die Arbeitgeberin hat ein Recht darauf, dass die von ihr bezahlte Zeit auch gearbeitet wird. Gegen ihren Willen kann ihr das nicht genommen werden.
Auch die Rechte des Betriebsrates werden mit dieser Begrenzung auf die Mitbestimmungstatbestände geschützt. Sein Recht auf Mitbestimmung bei der Festlegung von Anfang, Ende und Verteilung der Arbeitszeit in § 87 BetrVG kann die Einigungsstelle nicht beseitigen, indem sie z. B. ein Verfahren durch Spruch in Kraft setzt, bei dem die Vorgesetzten allein die Lage der Arbeitszeit festlegen dürfen und die gesetzliche Mitbestimmung damit minimiert oder sogar beseitigt. Dieses Thema ist vor allem bei kurzfristigen Änderungen der festgelegten Arbeitszeit von enormer Bedeutung.[9]
Auf solche als flexibel bezeichneten Gestaltungsformen lässt sich auch aus anderer Perspektive, aber mit demselben Ergebnis schauen. Der Betriebsrat kann nicht gegen den Willen der Arbeitgeberin in der Einigungsstelle durchsetzen, dass die Beschäftigten selbst ihre Arbeitszeit festlegen. In § 87 Abs. 1 Nr. 2 BetrVG ist nur die Festlegung der Arbeitszeit als Mitbestimmungstatbestand benannt, nicht aber das Gegenteil, der Verzicht darauf. Deshalb ist auch dies kein Thema, über das die Einigungsstelle mit Mehrheit entscheiden kann. Es wäre auch seltsam, wenn die Arbeitgeberin dazu gezwungen werden könnte, auf die Erfüllung der arbeitsvertraglichen Pflichten keinen Einfluss mehr zu nehmen.
Freiwillige Einigungen zu diesen Themen sind dagegen in weitem Umfang – bis zur Grenze des Verzichts auf die Mitbestimmung[10] – möglich. Diese Anliegen unterliegen der Mitbestimmung, können also nicht ohne das Einverständnis des Betriebsrates umgesetzt werden. Allerdings sind sie nicht gegen den Willen der anderen Betriebspartei in der Einigungsstelle erzwingbar. Das ist die Binnengrenze der Mitbestimmung. Äußere Grenzen – die zusätzliche Anliegen, wie die mitbestimmte Regelung der Dauer der Regelarbeitszeit, eher zum Fantasiegebilde machen – werden an anderer Stelle beschrieben.[11]

III.4 Streit um die Mitbestimmung

Der Streit um das Bestehen von Mitbestimmungsrechten bei einer Regelung zur Arbeitszeit ist in der Regel ein inhaltlicher, der nur in das Format der Rechtsfrage gekleidet ist. Es geht z. B. nie darum, ob der Betriebsrat Regelungen zum Zeitaus-

9 Kapitel III.7.5 – Eilfälle.
10 III.5.2. – Pflicht zur Mitbestimmung.
11 Kapitel III.7 – Einschränkung der Mitbestimmung.

gleich durchsetzen kann, sondern immer darum, ob die Arbeitgeberin sich hier an feste Regelungen binden will. Auch hinter der Frage des Betriebsrats, ob eine Maßnahme der Arbeitgeberin mitbestimmungspflichtig ist, steht kein abstraktes wissenschaftliches Interesse, sondern der Wunsch, die Dinge zu beeinflussen.
Weil hier zum einen fast nichts feststeht, also für alles immer alle denkbaren Meinungen mobilisierbar sind und zum anderen wieder auch davon abhängt, wie die Wirklichkeit modelliert wird, hat es keinen Sinn, sich mit einer Antwort auf die Frage nach dem Bestehen eines Mitbestimmungsrechts zu begnügen. Das zeigt sich sofort, wenn es um Phänomene wie Wegezeiten, Umkleidezeiten usw. geht.[12] Häufig lautet die Frage besser: Was müssen wir tun, damit wir Einfluss nehmen können. Ein Beispiel dafür ist der Streit um die Zeiterfassung: Der kann so geführt werden, dass Gerichte sich mit dem Thema beschäftigten, ob die elektronische Zeiterfassung erzwingbar ist. Damit erleidet der Betriebsrat in aller Regel Schiffbruch, entweder, weil das für viele Gerichte eine schwierige Vorstellung ist, oder weil die Arbeitgeberin sowieso gesetzlich zur Erfassung verpflichtet ist und deshalb der Gesetzesvorrang das Mitbestimmungsrecht beseitigt, oder weil die Zeiterfassung schon längst elektronisch existiert, also nicht mehr eingeführt werden muss.[13]
Direkter kommt der Betriebsrat zum Ziel, wenn er den Umstand akzeptiert, dass überall die Arbeitszeit elektronisch verarbeitet wird und deshalb auch vorher erfasst worden sein muss, dies zur Grundlage macht, und sein Anliegen so formuliert, dass es darum geht, wie die Zeitdaten in die bestehende IT eingespeist werden.[14] Dass hierbei ein Mitbestimmungsrecht betroffen ist, weiß jedes Arbeitsgericht. Ebenfalls kann der Betriebsrat in der Einigungsstelle entscheiden lassen, in welcher Form die Arbeitszeit erfasst wird, damit sie den Anforderungen der Rechtsprechung, »objektiv«, »verlässlich« und »zugänglich« zu sein, entspricht.[15] Dasselbe gilt für die Mitbestimmung bei der Anordnung an die Beschäftigten, selbst bei der Erfassung ihrer Arbeitszeit tätig zu werden. Gleich in welcher Form das passieren soll, ist immer das Mitbestimmungsrecht in § 87 Abs. 1 Nr. 1 BetrVG betroffen.[16] Ein weiteres Beispiel sind Reisezeiten für Fahrten zu auswärtigen Qualifizierungen. Will der Betriebsrat unter dem Aspekt »Arbeitszeit« dabei mitbestimmten, wird er vor Gericht ungläubiges Staunen ernten. Macht er sein Mitbestimmungsrecht bei der Durchführung betrieblicher Berufsbildungsmaßnahmen geltend, wird er Gehör finden.
Auch wenn der Streit um die Mitbestimmung gar nicht auflösbar ist, hat der Betriebsrat immer noch die Möglichkeit, für seine Anliegen das Mitbestimmungsverfahren auszureizen, also bis in die Einigungsstelle zu gehen und dort auszuprobieren, ob er mit seinem Anliegen weiterkommt. Erst wenn das alles gescheitert ist, muss er die Segel streichen, hat dann aber auch nicht weniger

12 Kapitel II.3.5 – Begriffe: Ein juristisches Hütchenspiel.
13 BAG 13.9.2022 – 1 ABR 22/21; vgl. auch Kapitel III.5.4.4 – Technische Überwachungseinrichtungen (§ 87 Abs. 1 Nr. 6 BetrVG).
14 Kapitel III.5.4.4 – Technische Überwachungseinrichtungen (§ 87 Abs. 1 Nr. 6 BetrVG).
15 EuGH 14.5.2019 – C-55/18; BAG 13.9.2022 – 1 ABR 22/21.
16 Kapitel III.5.4.6 – Ordnungsverhalten (§ 87 Abs. 1 Nr. 1 BetrVG).

erreicht, als wenn er von Vornherein darauf vertraut hätte, sowieso nicht mitreden zu können.
Anders ist es, wenn die Arbeitgeberin Maßnahmen ergreift, bei denen der Betriebsrat annimmt, er sei in der Mitbestimmung, aber ignoriert wird. Dann hilft nur der Weg zum Arbeitsgericht, weil die Arbeitgeberin ohne seine Mitwirkung nicht tätig werden darf.[17] Die Einigungsstelle ist hier keine Option, sie kann das rechtswidrige Treiben nicht beenden.
Schließlich gibt es noch die Fälle, in denen die Arbeitgeberin etwas will und dabei das Bestehen eines erzwingbaren Mitbestimmungsrechts behauptet. Damit will sie manchmal ihre eigenen Möglichkeiten ausweiten, denn bei Erzwingbarkeit könnte die Arbeitgeberin ihre eigenen Interessen in der Einigungsstelle durchsetzen.[18] Hier ist es der Betriebsrat der am Bestehen des Mitbestimmungsrechts zweifelt. Auch diese Konstellation wird in die Einigungsstelle führen. Allerdings ist es die Arbeitgeberin, die deren Einrichtung betreiben muss, wenn sie etwas erreichen will.

III.5 Mitbestimmungsrechte

III.5.1 Zweck der Mitbestimmung

Eine Vollzeitstelle nimmt Beschäftigte in der Regel zwischen acht und zehn Stunden täglich in Anspruch. Die Dauer ergibt sich aus der Arbeitszeit und den Wegezeiten zur Arbeit und zurück. Alles, was außerhalb dieser Zeiten liegt, ist zumindest private Zeit, manchmal auch Freizeit. In der Regel besteht im Arbeitsverhältnis zusätzlich noch die Verpflichtung zu darüber hinausgehender Arbeitsleistung – z. B. als Mehrarbeit, Bereitschaftsdienst usw. Die arbeitsfreien Zeiten aber sollen vor dem beliebigen Zugriff der Arbeitgeberin geschützt werden. Dieser Schutz ist der Sinn der Mitbestimmungsrechte zur Gestaltung der Arbeitszeit in § 87 Abs. 1 Nr. 2, 3 BetrVG.[19] Der Bedarf nach einem solchen Schutz nimmt mit zunehmender Flexibilisierung der Arbeitswelt zu und nicht ab.[20] Die Gestaltung dieses Schutzes ist die gemeinsame Aufgabe der Betriebsparteien, dem Betriebsrat fällt dabei im Rahmen der Mitbestimmung die Rolle zu, die Anliegen der Beschäftigten nach Planungssicherheit, Schutz vor Überlastung, individuellen Einflussmöglichkeiten usw. besonders im Auge zu haben.
Mitbestimmung ist gleichermaßen Recht wie auch Pflicht. Die Arbeitgeberin muss von sich aus mit ihren Anliegen auf den Betriebsrat zugehen und versuchen, sich darüber mit ihm zu einigen. Kommt diese Einigung nicht zustande, kann sie nur noch die Einigungsstelle bemühen, wenn sie ihr Vorhaben weiterhin verfolgen will. Es ist Sache der Arbeitgeberin, die Initiative im Mitbestimmungs-

17 Kapitel III.10 – Durchsetzung und Unterlassung.
18 Kapitel III.3 – Initiativrechte und erzwingbare Mitbestimmung.
19 BAG 23.10.2002 – 7 ABR 55/01.
20 BAG 16.7.1991 – 1 ABR 69/90.

verfahren zu ergreifen, wenn sie einen Reglungsbedarf verspürt.[21] Umgekehrt gilt dasselbe: Ein Betriebsrat, der etwas verändern will, geht auf die Arbeitgeberin zu. Bleiben beide untätig, ändert sich auch nichts.
Ergreift die Arbeitgeberin diese Initiative nicht, sondern setzt ihre Vorhaben ohne Beteiligung des Betriebsrats um, hat dieser keinen Grund, der Mitbestimmung hinterherzulaufen. Wenn er nichts tut, ist das kein Einverständnis mit dem Vorgehen der Arbeitgeberin,[22] diese muss seine Beteiligung aktiv einholen.[23] Der Betriebsrat hat andere Möglichkeiten, gegen diese Missachtung seiner Rechte vorzugehen.[24]
Wie Betriebsräte ihre Aufgabe mit Leben füllen, ob sie feste oder gleitende Arbeitszeit für die bessere Lösung halten, ist ihre eigene Entscheidung, zu der das Gesetz keine Vorgaben macht. Lediglich zur Technik, wie es dazu kommt, gibt es Hinweise aus der Rechtsprechung: Entweder werden die konkreten Arbeitszeiten durch die Betriebsparteien mitbestimmt festgelegt, oder sie einigen sich auf Grundsätze, nach denen die Arbeitgeberin dann die Festlegungen allein treffen kann.
Dieser vor allem für die Arbeit in Schicht- und Dienstplänen aufgestellte Grundsatz kann auch auf andere Gestaltungsformen übertragen werden, nur dass nicht immer die Arbeitgeberin diejenige ist, die im Rahmen vereinbarter Grundsätze die Festlegungen trifft. In gleitender Arbeitszeit z. B. bestimmen die Betriebsparteien Rahmenbedingungen, innerhalb derer die Beschäftigten selbst ihre Arbeitszeit organisieren.

III.5.2 Pflicht zur Mitbestimmung

Die Mitbestimmung kann entweder so ausgeübt werden, dass alle mitbestimmungspflichtigen Aspekte – Lage der Arbeitszeit, Anfang und Ende, Pausen und Veränderungen – jeweils im Einzelnen geregelt sind oder aber durch die Vereinbarung von Grundsätzen in einer Rahmenvereinbarung, nach denen sich die Arbeitgeberin bei den Einzelentscheidungen zu richten hat. Das zumindest ist das in jeder Entscheidung des BAG zum Thema wiederholte Mantra – nicht, weil es so überzeugend ist, sondern weil »copy and paste« die Wiederholung so einfach macht.[25] In der Praxis fragen sich dann aber betriebliche Akteure, deren Beraterinnen und Einigungsstellenvorsitzende, wie solche Grundsätze beschaffen sein müssen, um nicht sofort wieder rechtswidrig zu sein.
Die Aufstellung solcher Grundsätze in einer Betriebsvereinbarung hat nämlich ihre Grenze dort, wo sie der Arbeitgeberin das durch die Mitbestimmung beschränkte Direktionsrecht bei der Arbeitszeit wieder in voller Schönheit überträgt.[26] Wenn z. B. bei der Gleitzeit nicht die Beschäftigten, sondern deren Vor-

21 BAG 10.11.1992 – 1 AZR 183/92.
22 BAG 21.1.2003 – 3 AZR 30/02.
23 BAG 11.6.2002 – 1 AZR 390/01.
24 Kapitel III.10 – Durchsetzung und Unterlassung.
25 Z. B. in BAG 9.7.2013 – 1 ABR 19/12.
26 BAG 29.9.2004 – 5 AZR 559/03.

gesetzte die Entscheidungen über die Lage der Arbeitszeit treffen, ist dieser Zustand erreicht.
Rechtlicher Hintergrund der Grenze ist, dass die Mitbestimmungsrechte im BetrVG nicht nur Recht, sondern auch Verpflichtung sind: der Betriebsrat muss sie wahrnehmen und darf die Entscheidungsbefugnisse nicht einfach wieder an die Arbeitgeberin zurückgeben. Das wäre ein unzulässiger Verzicht auf die Mitbestimmungsrechte, wozu er nicht berechtigt ist.[27] Allerdings gibt es daneben auch ein rechtmäßiges Vorgehen mit ähnlichem Ergebnis: Das nennt sich »vorab ausgeübte Mitbestimmung«. Der Unterschied zum Verzicht besteht darin, dass die Maßnahmen, denen er seine Zustimmung erteilt, ohne dass sie schon konkret anstehen, doch wenigstens schon erkenn- und beschreibbar sind. Eine pauschale Zustimmung zu Abweichungen von der geplanten Arbeitszeit bis zum Umfang von 150 Stunden im Monat für eine Abteilung wäre danach nicht zulässig, weil hier gar nichts bekannt ist: Die Zeit nicht, wann sie anfallen, die Personen nicht, die die zusätzliche Arbeit machen sollen. Aus Sicht der Beschäftigten also nichts, sie wissen nicht, wann es sie in welchem Umfang treffen kann. Werden aber Festlegungen getroffen wie:

- Maximal eine halbe Stunde länger nach Dienstende,
- höchstens zwei Mal im Monat und – ganz wichtig, damit keine dauerhafte Verlängerung der Arbeitszeit damit möglich gemacht wird –
- in der Folgewoche durch entsprechenden früheren Dienstschluss auszugleichen

sind die Fälle beschrieben und rechtlich so geregelt, dass die dafür vorab erteilte Zustimmung nicht sofort von der Waage der Justitia abstürzt. Vielleicht sind das solche Grundsätze, wie sie vom BAG ins Feld geführt werden. Da solche Regelungen nicht erzwingbar sind,[28] ist das ein Instrument, über dessen Einsatz der Betriebsrat letztlich allein entscheidet.[29]
Der Verzicht auf seine Mitbestimmungsrechte gehört nicht zu den Rechten des Betriebsrats. Er wird dafür gewählt, Rechte auszuüben, die zum Schutz der Beschäftigten existieren und nicht zu Erhöhung seiner eigenen Bedeutung. Wer das nicht gut findet, muss den Betriebsrat verlassen oder sollte besser gar nicht kandidieren. Niemand muss betriebliche Mitbestimmung für das Hochamt des Wirtschaftslebens halten, das berechtigt aber nicht dazu, die Institution »Betriebsrat« zu entern und dann die betriebsverfassungsmäßigen Rechte der Beschäftigten abzuschaffen. Mitbestimmung ist ein Recht der Beschäftigten, dass Betriebsräte nach Gesetz wahrnehmen müssen[30] und kein Recht der Betriebsräte, von dem sie nach eigenem Gusto Gebrauch machen können.

27 BAG 26.4.2005 – 1 AZR 76/04.
28 BAG 22.10.2019 – 1 ABR 17/18.
29 Kapitel III.3 – Initiativrechte und erzwingbare Mitbestimmung.
30 BAG 12.3.2019 – 1 ABR 42/17.

III.5.3 Festlegung der Arbeitszeit und Abweichungen davon

Die Mitbestimmungsrechte bei der Gestaltung der Arbeitszeit sind so aufgebaut, dass im ersten Schritt die individuelle Arbeitszeit über die Tage, Wochen und Monate verteilt wird. Das kann in Schichten, festgelegten oder beweglichen Arbeitszeiten, in Gleitzeit, Vertrauensarbeitszeit usw. passieren. Im Ergebnis muss für die Beschäftigten erkennbar sein, wann sie arbeiten und wann sie Freizeit haben. Wo das nicht erkennbar ist, muss zumindest klar sein, nach welchen Kriterien die Festlegung erfolgt und welche Freiräume ihnen bleiben. Gibt es auch diese Regelungen nicht, ist das System nur dann akzeptabel und rechtmäßig, wenn die Beschäftigten entweder selbst ihre Arbeitszeit bestimmen oder die Betriebsparteien gemeinsam die Festlegung im Einzelfall vornehmen.
Wie das aussehen kann, illustrieren die folgenden Beispiele:

Beispiel 1
Die Arbeitszeit wird in zwei Schichten im wöchentlichen Wechsel auf die Zeit von 7:00 Uhr bis 15:00 Uhr und von 14:30 Uhr bis 22:30 Uhr von Montag bis Freitag verteilt. Alle wissen, wann sie arbeiten müssen und wann sie frei haben.

Beispiel 2
In einem Betrieb mit 18 Schichten pro Woche sieht der Schichtrhythmus die Verplanung von nur 80 % der Regelarbeitszeit vor. Dadurch entstehen viertägige Freizeitblöcke, die aber auf Abruf mit Zusatzschichten gefüllt werden können. Die Betriebsvereinbarung beschränkt die Abrufe auf die Randtage der Freizeitblöcke und legt fest, dass immer eine zusammenhängende Freizeit von mindestens 56 Stunden am Stück übrig bleiben muss. Der Arbeitsabruf muss eine Woche vorher erfolgen. Damit ist eine Sicherung der Freizeit erfolgt, die in der Summe dem Verhältnis Arbeitszeit – Freizeit entspricht, wie es sich aus der Regelarbeitszeit ergibt. Es ist klar, welche Tage sicher frei sind und mit welchem System die anderen frei geplanten Tage doch noch mit Arbeit belegt werden können.

Beispiel 3
Im Betrieb aus Beispiel 2 entscheiden die Vorgesetzten ohne irgendeine Festlegung über den Abruf der Zusatzschichten. Damit kann für keinen Tag im Freizeitblock vorhergesagt werden, ob er tatsächlich frei ist und die Beschäftigten müssen 7 mal 24 Stunden in der Woche entweder arbeiten oder sich dafür bereithalten. Damit hat der Betriebsrat der Arbeitgeberin die volle Herrschaft über die Zeit übertragen und sein Mitbestimmungsrecht unzulässigerweise aufgegeben.

Beispiel 4
Eine Gleitzeitregelung sieht vor, dass die Beschäftigten ihre Arbeitszeit zwischen 6:00 Uhr und 20:00 Uhr von Montag bis Freitag selbst festlegen, zwischen 10:00 Uhr und 15:00 Uhr aber alle im Betrieb sein müssen. Arbeitszeitbeginn und -ende sind so zwar nicht erkennbar, aber die Beschäftigten bestimmen selbst darüber, wann sie frei haben und wann nicht.

Beispiel 5
Im Beispiel 4 können Vorgesetzte jederzeit Arbeitszeiten innerhalb des Gleitrahmens festlegen, wenn ein betrieblicher Bedarf dafür vorhanden ist. Wie im Beispiel 3 entscheidet jetzt wieder allein die Arbeitgeberin darüber, was in der Zeit von 6:00 Uhr bis 20:00 Uhr passiert. Die sichere Freizeit wird damit auf den Zeitraum von 20:00 Uhr bis 6:00 Uhr beschränkt. Auch wenn die Arbeitgeberin diesen Spielraum nicht ständig ausnutzt, wird doch ein überproportionaler Anteil jedes Tages mit der möglichen Inanspruchnahme durch die Arbeitgeberin belegt. Das ist aus Sicht der Beschäftigten zumindest fragwürdig. Ob Gerichte es als rechtwidrigen Verzicht auf die Mitbestimmungsrechte ansehen würden, lässt sich kaum prognostizieren. Aber der Betriebsrat muss sich darauf nicht einlassen, weil solche Modelle nicht erzwingbar sind.

Beispiel 6
In einem Kinobetrieb wechselt mit jeder Filmwoche die erwartbare Auslastung – und damit der Dienstplan. Betriebsrat und Arbeitgeberin legen daher jeweils am Montag den Schichtplan für die kommende Filmwoche fest. Hier ist zwar auch fast nichts vorhersehbar, das Verfahren der Festlegung aber so ausgestaltet, wie im BetrVG vorgesehen. Damit sind solche Arbeitszeiten zwar ungemütlich, aber die Mitbestimmungsrechte sind gewahrt und damit nicht angreifbar. Ob es bessere Alternativen zu diesem Verfahren gibt, ist kein rechtliches Problem, sondern eines, das Beschäftigte und ihr Betriebsrat angehen können, wenn sie es wollen.

Sind die Arbeitszeiten mehr oder weniger verbindlich festgelegt, kann – falls nötig – der zweite Schritt gemacht werden: Bekanntlich leidet jede Planung darunter, dass die Zukunft mit Überraschungen im Gepäck kommt, deshalb gibt es ständig Abweichungen davon. Auch diese unterliegen wieder der Mitbestimmung des Betriebsrats. Das ist nicht sonderlich sensationell, denn wenn sich Arbeitgeberin und Betriebsrat darauf geeinigt haben, dass die Arbeitszeit um 16:00 Uhr endet, ist eine Verlängerung auf 17:00 Uhr eine Abweichung von dieser Vereinbarung, die die Arbeitgeberin natürlich nicht einseitig vornehmen kann. Sonst wäre die Festlegung insgesamt von vornherein überflüssig. Trotzdem gibt es auch für diese Veränderungen zusätzlich ein Mitbestimmungsrecht in § 87 Abs. 1 Nr. 3 BetrVG, das von vielen noch so wahrgenommen wird, wie sich das Problem bis in die frühen Achtzigerjahre stellte: Die Abweichung von der geplanten Arbeitszeit ist zusätzliche Arbeit – also Mehrarbeit oder Überstunde – und muss daher auch besser bezahlt werden. Das passt natürlich alles nicht mehr zur heutigen Welt der schwankenden Arbeitszeit, der Ausgleichszeiträume in Tarifverträgen, der Gleitzeit usw. Trotzdem gibt es weiterhin wunderbare geistige Klimmzüge in manchen Gerichtsentscheidungen dazu, wann etwas eine vorübergehende Verlängerung von Arbeitszeit ist und wann nicht.[31]
Langsam erst entschlüsselt sich der tatsächliche Gehalt dieser gesetzlichen Vorschrift, die nur von einer Verlängerung bzw. Verkürzung der »betriebsüblichen Arbeitszeit« handelt und sich nicht darum kümmert, was das mit Regelarbeits-

31 BAG 3.6.2003 – 1 AZR 349/02.

zeit und Vergütung zu tun haben könnte. Tatsächlich beschränkt sich die Vorschrift damit darauf, was sowieso mitbestimmungspflichtig ist: die Abweichung vom zwischen den Betriebsparteien Vereinbarten, was ja die übliche Arbeitszeit ist.[32] Trotzdem ist das zusätzliche Mitbestimmungsrecht damit nicht überflüssig, zumindest nicht aus der Sicht der Arbeitgeberinnen. Das hat mit der oben beschriebenen Auswirkung der Mitbestimmung zu tun: Wird sie übergangen, sind alle Maßnahmen unwirksam.

Ohne dieses Mitbestimmungsrecht bei der Veränderung der Arbeitszeit wäre eine Arbeitgeberin, die mit Früh- und Spätschicht von Montag bis Freitag arbeitet, aufgeschmissen, wenn sie kurzfristig Sonderschichten am Samstag benötigt. Das vereinbarte Schichtsystem legt nämlich fest, dass am Samstag nicht gearbeitet wird. Will sie den Tag trotzdem haben, müsste sie erst das gesamte Schichtsystem kündigen und neu verhandeln, wenn der Betriebsrat die Sonderschichten nicht will. Das kann schon mal ein halbes Jahr in Anspruch nehmen, und ob der Samstag dann mit drin ist, weiß sie auch nicht. Mit Sicherheit ist der Bedarf, für den sie die Samstagsschicht haben wollte, dann schon lange weggefallen.

Das erzwingbare Mitbestimmungsrecht bei der beabsichtigten Abweichung von der betriebsüblichen Arbeitszeit eröffnet der Arbeitgeberin den Weg, ohne die ganze Regelung kündigen zu müssen, schnell eine Entscheidung herbeizuführen, um an die benötigte Sonderschicht zu kommen.

Zusammengefasst ergibt das bei der Festlegung im ersten Schritt zu verteilende Volumen an Arbeitszeit aus dem Tarifvertrag bzw. aus den Arbeitsverträgen. Es ist die Regelarbeitszeit, auch wenn diese nicht bei allen gleich ist. Die Festlegung der Arbeitszeit muss der Arbeitgeberin die Möglichkeit geben, die »gekaufte« Zeit arbeiten zu lassen und zugleich die Beschäftigten davor schützen, auch darüber hinaus in Anspruch genommen zu werden. Die zusätzlichen Zeiten dürfen erst dadurch zustande kommen, dass von den Festlegungen abgewichen wird. Das ist auch dann so, wenn die Regelarbeitszeit im Rahmen individueller Flexibilität erst im Durchschnitt eines Ausgleichszeitraums erreicht werden muss.[33] Auch ein solches Arbeitszeitmodell muss aber dafür Sorge tragen, dass die Arbeitszeit im Durchschnitt eingehalten wird. Das geht nur über entsprechende Regelungen in einem Arbeitszeitkonto.[34]

III.5.4 Bei der Arbeitszeitgestaltung relevante Mitbestimmungsrechte

Mitbestimmungspflichtig sind organisatorische Maßnahmen zur Festlegung der Arbeitszeit und zu einigen flankierenden Themen. Die Vorschriften dazu finden sich in § 87 Abs. 1 BetrVG:

- Festlegung von Beginn und Ende der täglichen Arbeitszeit einschließlich der Pausen sowie Verteilung der Arbeitszeit auf die einzelnen Wochentage

32 BAG 28.7.2020 – 1 ABR 18/19.

33 BAG 29.4.2004 – 1 ABR 30/02.

34 Kapitel IV.6.1 – Steuerungsinstrumente.

und vorübergehende Verkürzung oder Verlängerung der betriebsüblichen Arbeitszeit (Nr. 2, 3)
- Zeitpunkt der Auszahlung der Arbeitsentgelte (Nr. 4)
- Aufstellung allgemeiner Urlaubsgrundsätze sowie die Festsetzung der zeitlichen Lage des Urlaubs für einzelne Beschäftigte, wenn zwischen der Arbeitgeberin und ihnen kein Einverständnis erzielt wird (Nr. 5)
- Gesundheitsschutz im Rahmen der gesetzlichen Vorschriften oder der Unfallverhütungsvorschriften (Nr. 7)
- Fragen der Ordnung des Betriebs und des Verhaltens der Beschäftigten im Betrieb (Nr. 1)
- Einführung und Anwendung von technischen Einrichtungen, die dazu bestimmt sind, das Verhalten oder die Leistung der Beschäftigten zu überwachen (Nr. 6)

Kein Mitbestimmungsrecht besteht bei vertraglichen Einzelregelungen, die die Dauer der Regelarbeitszeit und das Verhältnis von Arbeitszeit und Vergütung betreffen. Das stimmt allerdings nur für den Regelfall, von dem es Ausnahmen gibt:
1. Die Veränderung der Regelarbeitszeit kann der erzwingbaren Mitbestimmung unterliegen, wenn sie nur vorübergehend ist.[35]
2. Regelungen zum Verhältnis von Zeit und Geld können Auswirkungen haben, wenn sie rechtmäßig in einer Betriebsvereinbarung vereinbart sind und die Arbeitsverträge eine Öffnung hierfür enthalten.[36]

III.5.4.1 Beginn, Ende und Lage der Arbeitszeit und der Pausen sowie die Verlängerung der Arbeitszeit (§ 87 Abs. 1 Nr. 2, 3 BetrVG)

Nach der Vorschrift des § 87 Abs. 1 Nr. 2, 3 BetrVG hat der Betriebsrat ein Mitbestimmungsrecht bei der Festlegung von

»Beginn und Ende der täglichen Arbeitszeit einschließlich der Pausen sowie Verteilung der Arbeitszeit die einzelnen Wochentage«

und bei der

»vorübergehenden Verkürzung oder Verlängerung der betriebsüblichen Arbeitszeit«.

Dazu gehören insbesondere die nachfolgend aufgeführten Fälle:
- Festlegung aller Zeiten, innerhalb derer die Beschäftigten ihrer vertraglich geschuldeten Arbeitspflicht nachkommen müssen[37]
- Wegezeiten von Außendienstmitarbeitern[38]

35 BAG 24.4.2007 – 1 ABR 47/06.
36 BAG 5.3.2013 – 1 AZR 417/12.
37 BAG 19.6.2001 – 1 ABR 43/00.
38 BAG 22.4.2009 – 5 AZR 292/08.

- Wegezeiten, die auf Weisung der Arbeitgeberin anfallen[39]
- Umkleidezeiten im Betrieb[40]
- Wegezeiten vom Betrieb zum Einsatzort[41]
- Verlängerung der geplanten Arbeitszeit
- Verlegung der geplanten Arbeitszeit
- Absage von geplanter Arbeitszeit[42]
- Einrichtung von Rufbereitschaft, Bereitschaftsdienst, Arbeitsbereitschaft[43]
- Mehrarbeit und Überstunden[44]

Nicht der Mitbestimmung unterliegt die Dauer der Betriebsnutzungszeit.[45] Diese kann die Arbeitgeberin festlegen, hat aber keinen Anspruch darauf, dass sie vollständig mit Arbeit gefüllt wird.[46]

Eine Besonderheit sind Arbeitszeiten, bei denen keine oder nur in geringem Umfang eine Festlegung erfolgt und die Entscheidungen im Einzelnen den Beschäftigten (Gleitzeit/Vertrauensarbeitszeit) oder der Arbeitgeberin (Abrufarbeit) überlassen werden. Da hier keine Festlegung erfolgt, der Betriebsrat aber ein erzwingbareres Mitbestimmungsrecht hat, um diese durchzusetzen, sind solche Systeme zwar mitbestimmungspflichtig, können also nicht einseitig durch die Arbeitgeberin eingeführt werden, aber nicht durch Spruch der Einigungsstelle einzurichten.[47]

Das Mitbestimmungsrecht besteht in gleicher Weise auch für die Festlegung der Pausen. Das sind alle der Erholung dienenden Arbeitsunterbrechungen, also nicht nur die Pausen gem. § 4 ArbZG, sondern auch bezahlte Erholungs- oder zu einer größeren Unterbrechung verbundene Verteilzeiten.[48] Auch Pausen, die über die Mindestanforderungen des § 4 ArbZG hinausgehen, unterliegen der erzwingbaren Mitbestimmung.

Nicht erzwingbar sind dagegen mit der Arbeitszeitgestaltung in Zusammenhang stehende Anliegen wie z. B. die im ArbZG zugelassene Abweichung von diesem Gesetz, wenn ein Tarifvertrag das ermöglicht. Solche Abweichungen können entweder nach den im Tarifvertrag vorgesehenen Verfahren vorgenommen werden oder – in einem nicht tarifgebundenen Betrieb – durch Betriebsvereinbarung.[49] Sie sind aber weder eine Festlegung von Anfang und Ende der Arbeitszeit noch eine solche der Pausen noch eine Abweichung von der betriebsüblichen Arbeitszeit.[50] Daher passen sie zu keinem Mitbestimmungsrecht im BetrVG, weshalb sich die Betriebsparteien einvernehmlich darauf einigen müssen. Anderenfalls

39 BAG 17.11.2015 – 1 ABR 76/13.
40 BAG 10.11.2009 – 1 ABR 54/08.
41 BAG 17.11.2015 – 1 ABR 76/13.
42 LAG Hamm 29.6.1993 – 13 TaBV 158/92.
43 BAG 21.12.1982 – 1 ABR 14/81; 29.2.2000 – 1 ABR 15/99.
44 BAG 10.6.1986 – 1 ABR 61/84.
45 BAG 18.12.1990 – 1 ABR 11/90.
46 BAG 31.8.1982 – 1 ABR 27/80.
47 Kapitel V.6.5 – Mitbestimmung.
48 BAG 1.7.2003 – 1 ABR 20/02.
49 Kapitel II.3.1.2.2 – Abweichungen durch Tarifvertrag.
50 LAG Hamburg 17.12.2008 – 5 TaBV 8/08.

gibt es diese Abweichung nicht im Betrieb. Dasselbe gilt für Regelungen, die das Mitbestimmungsverfahren selbst regeln, z. B. in einer Rahmenvereinbarung. Weder kann die Einigungsstelle die Arbeitgeberin dazu verpflichten, bestimmte Fristen im Mitbestimmungsverfahren einzuhalten, noch den Betriebsrat, seine Entscheidungen zu begründen, wo das Gesetz dies nicht ausdrücklich vorsieht.[51] Schon gar nicht hat sie die Kompetenz, dauerhaft Einigungsstellen einzurichten, um zukünftige Streitfälle möglichst schnell zu erledigen.[52]

Ebenfalls ausgeschlossen ist es, mit einem Spruch der Einigungsstelle die Arbeitgeberin dazu zu ermächtigen, von den vereinbarten Arbeitszeiten in bestimmten Fällen wieder abzuweichen.[53]

Zwar können solche Sachverhalte betrieblich geregelt werden, das aber nur einvernehmlich. Eine Entscheidung in einer Einigungsstelle durch Spruch – und damit die Erzwingbarkeit – ist dagegen ausgeschlossen.

III.5.4.2 Festlegung des Urlaubs (§ 87 Abs. 1 Nr. 5 BetrVG)

Ein erzwingbares Mitbestimmungsrecht gem. § 87 Abs. 1 Nr. 5 BetrVG besteht für die

»Aufstellung allgemeiner Urlaubsgrundsätze und des Urlaubsplanes sowie die Festsetzung der zeitlichen Lage des Urlaubs für einzelne Arbeitnehmer, wenn zwischen dem Arbeitgeber und den beteiligten Arbeitnehmern kein Einverständnis erzielt wird.«

Zum Urlaub zählt neben dem Erholungsurlaub auch jede andere Form bezahlter oder unbezahlter Freistellung.[54] Damit ist auch der Freizeitausgleich für Mehrarbeit oder im Rahmen flexibler Arbeitszeiten erfasst.[55] Deshalb sind sowohl Regelungen erzwingbar, die solche Ausgleichstage generell steuern, als auch – im Konfliktfall – die Entscheidung über den Zeitausgleich im Einzelfall.

III.5.4.3 Zeitpunkt der Bezahlung des Arbeitsentgelts (§ 87 Abs. 1 Nr. 4 BetrVG)

Die Festlegung, wann die Vergütung ausgezahlt wird, unterliegt ebenfalls der erzwingbaren Mitbestimmung. Das hat bei der Gestaltung der Arbeitszeit eine besondere Bedeutung, weil Tarifverträge und in der Regel auch Arbeitsverträge keine festen Wochenarbeitszeiten mehr haben, sondern nur noch Durchschnittwerte. Die Regelarbeitszeit muss innerhalb eines Ausgleichszeitraums im Durchschnitt erreicht werden. Unabhängig davon bleibt die Vergütung gleich, egal wie lang oder kurz die Arbeitszeit im Abrechnungszeitraum ist.

---

51 BAG 9.7.2013 – 1 ABR 19/12.

52 BAG 26.8.2008 – 1 ABR 16/07.

53 BAG 22.10.2019 – 1 ABR 17/18.

54 BAG 25.5.2002 – 1 ABR 37/01; Fitting § 87 Rn. 195.

55 Kapitel IV.14.2.1 – Schwankungen und Kontogrenzen.

Verknüpft wird das im Tarifvertrag mit einem Ausgleichszeitraum, an Ende spätestens die Bezahlung für alle geleisteten Zeiten erfolgen muss. Eine Verschiebung von Zeitguthaben in andere Konten oder spätere Ausgleichszeiträume und damit weitere Zurückhaltung des Entgelts ist gem. § 77 Abs. 3 BetrVG unwirksam. Allerdings gibt es in der Regel die Möglichkeit, die Dauer des Ausgleichszeitraums zu verkürzen, weil die meisten Tarifverträge nur dessen maximale Länge festlegen.[56] Wird er betrieblich verkürzt, ist das das eine Veränderung des Auszahlungszeitpunkts der Vergütung, der nach dieser Vorschrift der erzwingbaren Mitbestimmung unterliegt.
Auch ohne solche Bestimmungen in Tarifverträgen und Arbeitsverträgen können die Betriebsparteien – gestützt auf das Mitbestimmungsrecht in § 87 Abs. 1 Nr. 4 BetrVG – mit einem Ausgleichszeitraum den Auszahlungszeitpunkt verschieben. Allerdings unterliegt das einer engeren Bindung, denn jede Verschiebung ist ein Kredit der Beschäftigten an die Arbeitgeberin, den sich diese nicht gegen ihren Willen aufnötigen lassen müssen. Wo hier die Grenzen liegen, ist allerdings noch nicht ausgetestet.

III.5.4.4 Technische Überwachungseinrichtungen (§ 87 Abs. 1 Nr. 6 BetrVG)

Die Datenverarbeitung unterliegt, soweit dabei Daten von Beschäftigten verarbeitet werden, in weitem Umfang der erzwingbaren Mitbestimmung. In § 87 Abs. 1 Nr. 6 BetrVG wird dieser Gegenstand beschrieben als:

»Einführung und Anwendung von technischen Einrichtungen, die dazu bestimmt sind, das Verhalten oder die Leistung der Arbeitnehmer zu überwachen«.

Die Regelung der Arbeitszeit ist davon auch betroffen, weil bewegliche Arbeitszeitsysteme eine Buchführung über die geleistete Zeit erfordern. Obwohl inzwischen überall das 21. Jahrhundert angebrochen ist, wird noch immer erbittert darüber gestritten, ob der Betriebsrat bei der Einführung einer elektronischen Zeiterfassung ein erzwingbares Mitbestimmungsrecht hat.[57]
Die Behauptung, dass es keinen Betrieb mehr gibt, in dem die Verarbeitung der Arbeitszeitdaten mit Bleistift und Papier passiert, dürfte nicht gewagt sein. Der Verzicht auf die Erfassung und Verarbeitung der Zeit verstößt in aller Regel zumindest gegen die Aufzeichnungspflichten gem. § 16 Abs. 2 ArbZG, ist also eher ein Fall für die Aufsichtsbehörde als für die Mitbestimmung. Die Aufzeichnungspflicht geht für Unternehmen in bestimmten Branchen gem. § 17 Abs. MiLoG noch darüber hinaus. Gestritten werden kann daher allenfalls um die Eingabetechnik – Terminal, PC, APP usw. – und um den Umfang der zu verarbeitenden Daten und deren Verwendung. Das allerdings sind Themen, die nach § 87 Abs. 1 Nr. 6 BetrVG immer der erzwingbaren Mitbestimmung unterliegen. Daran wird

---

56 Kapitel IV.6.1.1.2 – Tarifvertraglicher Ausgleichszeitraum.
57 LAG Hamm 27.7.2021 – 7 TaBV 79/20.

sich auch nach Einführung einer Aufzeichnungspflicht im Rahmen einer zu erwartenden Änderung des ArbZG nichts ändern.
Sollte tatsächlich ein Betrieb auf die Idee kommen, rechtskonform Arbeitszeiten auf Papier durch die Beschäftigten aufzeichnen zu lassen und diese Daten niemals in eine Datenbank einzuschleusen, unterläge auch dieser Vorgang der Mitbestimmung gem. § 87 Abs. 1 Nr. 1 BetrVG, denn dabei handelt es sich um das Ordnungsverhalten der Beschäftigten, für dessen Regulierung ein eigenes Mitbestimmungsrecht existiert. Tatsächlich gehört die Geschichte, dass die Zeiten komplett an der IT vorbeilaufen, ins Märchenland des deutschen Wirtschaftslebens oder vielleicht auch der dazugehörigen Beratungsszene, die mit schneidigem Auftreten bei solchen Themen ihren aufopferungsvollen Einsatz für das Unternehmertum unter Beweis stellen will.[58] Rational erklärbar sind solche Streitigkeiten jedenfalls nicht mehr, denn jeder Verarbeitung in der EDV muss zwingend eine Datenerfassung vorausgehen. Auf welchem Weg das auch immer passiert, es ist unschwer diesem erzwingbaren Mitbestimmungsrecht zuzuordnen, kann also in der Einigungsstelle entschieden werden.[59]
Das Mitbestimmungsrecht bezieht sich damit auf alle technischen Einrichtungen, mit denen Arbeitszeiten – zu welchem Zweck auch immer – verarbeitet werden. Die Frage der Erzwingbarkeit der Mitbestimmung würde sich nur dann stellen, wenn es dem Betriebsrat um die Einführung einer entsprechenden Infrastruktur ginge und sich die Arbeitgeberin dagegen aufgrund einer Ausnahmebestimmung im geänderten ArbZG wehren würde, Daten elektronisch zu verarbeiten. Aber – wie schon erwähnt – das klingt nach Märchenland, und dort muss man sich nicht über die Mitbestimmung streiten. Im Märchen wird ja am Ende sowieso alles gut.

III.5.4.5 Arbeitsschutz (§ 87 Abs. 1 Nr. 7 BetrVG)

Das Mitbestimmungsrecht beim Arbeitsschutz erstreckt sich auf alle Maßnahmen in Bezug auf die Realisierung des betrieblichen Arbeitsschutzes. Dabei kommt es nur darauf an, ob die Arbeitgeberin zum Handeln verpflichtet ist und nicht darauf, ob sie handeln will. Dieses Mitbestimmungsrecht ist in Reinkultur erzwingbar, der Betriebsrat kann Maßnahmen durchsetzen, solange es einen gesetzlichen Rahmen dafür gibt und eine Entscheidung zwischen mehreren zulässigen Maßnahmen auf betrieblicher Ebene möglich ist.
In diesem Sinne alternativlos ist z. B. die Mindestdauer der gesetzlichen Ruhepause. Die Betriebsparteien können nicht entscheiden, dass sie verkürzt werden soll. Wenn der Betriebsrat aber eine Verlängerung für erforderlich hält, kann er einen entsprechenden Prozess initiieren, an dessen Ende eine sachverständige Beurteilung steht, wie lang die Pause sein muss, und die Entscheidung darüber in der Einigungsstelle treffen lassen.

58 Schmidt, Anmerkung zu LAG Hamm 27.7.2021 – 7 TaBV 79/20, Beck-online.
59 BAG 13.9.2022 – 1 ABR 22/21.

Ebenfalls lassen sich mittels dieses Mitbestimmungsrechts die Einführung von Bildschirmpausen[60] und die Entscheidung über die Form des Ausgleichs für Nachtarbeit gem. § 6 Abs. 5 ArbZG in nicht tarifgebundenen Betrieben erwirken.[61] Seit dem Jahr 2022 wissen wir auch, dass die Erfassung der Arbeitszeit ein Aspekt des Arbeitsschutzes ist und eine Pflicht hierzu bereits seit langem aus § 3 Abs. 2 Nr. 1 ArbSchG herzuleiten war (BAG 13.9.2022 – 1 ABR 22/21). Das hat nur leider bis dahin niemand gewusst.

Das ArbSchG verpflichtet die Arbeitgeberin in § 5 dazu, die von der Arbeit ausgehenden Gefahren für die Beschäftigten gerade auch unter dem Aspekt der Gestaltung der Arbeitszeit zu beurteilen. Bei ermittelten Gefährdungen müssen Abhilfemaßnahmen ergriffen werden. Weil beides der erzwingbaren Mitbestimmung unterliegt, hat der Betriebsrat hier weitreichende Möglichkeiten, tätig zu werden. Allerdings ist das beim Thema »Arbeitszeit« auch auf hiervon ausgehende Gefährdungen begrenzt und kann nicht auf ebenso wichtige Dinge wie den durch Arbeitsverdichtung erhöhten Stress erweitert werden.

Das muss den Betriebsrat jedoch nicht verdrießen, diese anderen Arbeitsschutzthemen sind ebenfalls über § 5 ArbSchG anzugehen. Er sollte es nur nicht mit der Arbeitszeit vermischen, das führt zu überflüssigen und zeitraubenden Diskussionen. Wer etwas gegen zu lange Schichten machen will, erhebt genau das zum Thema der Gefährdungsbeurteilung; und wer etwas gegen Stress tun will, beschränkt sich eben darauf. Ein Zusammenhang zwischen Arbeitszeit und Arbeitsintensität besteht allenfalls bei der Gestaltung von Nachtschichten, weil hier die Verringerung der Belastung eine Gegenmaßnahme zu den gesundheitlichen Gefahren der Nachtarbeit ist.

Wichtiger als die Auflistung möglichst vieler Gefährdungsaspekte – »Wir haben wegen der unmöglichen Arbeitszeiten zu viel Stress.« – ist die Idee, was auf welchem Weg beurteilt werden muss. Bei zu viel Stress kann das eine Erhebung sämtlicher Arbeitsvorgänge sein, bei zu langen Arbeitszeiten eine Befragung der Beschäftigten. Alles kann, aber nichts muss.

Die Gefährdungsbeurteilung ist die Vorstufe zur Festlegung von Maßnahmen zur Vermeidung der dabei ermittelten Gefährdungen. Bei einer Gefährdungsbeurteilung erfasst das erzwingbare Mitbestimmungsrecht alle Aspekte, also ob überhaupt eine Gefährdungsbeurteilung durchgeführt werden muss, mit welcher Methode und durch wen.[62] Das hört sich in vielen Fällen wilder an, als es ist: nach einem Heer von Wissenschaftlerinnen und Wissenschaftlern, die den Betrieb unter die Lupe nehmen mit Methoden und Geräten, die Sterbliche nicht verstehen können. Meist ist ein solcher Aufwand aber völlig übertrieben, da geht es eher um das Dokumentieren von Einsatzzeiten im Bereitschaftsdienst oder um das Abfragen von Verbindungen mit dem ÖPNV.

Deckt die Gefährdungsbeurteilung Belastungen auf, ist der zweite Schritt die Festlegung von Gegenmaßnahmen. Auch hierfür gibt es wiederum ein erzwing-

60 BAG 2.4.1996 – 1 ABR 47/95.

61 BAG 26.4.2005 – 1 ABR 1/04.

62 BAG 8.6.2004 – 1 ABR 4/03.

bares Mitbestimmungsrecht gem. § 87 Abs. 1 Nr. 7 BetrVG.[63] Die Arbeitgeberin entscheidet also nicht allein, was die wirksamste Methode ist, sondern muss sich mit dem Betriebsrat darüber verständigen. Zur Not entscheidet die Einigungsstelle darüber, was zu tun ist.

III.5.4.6 Ordnungsverhalten (§ 87 Abs. 1 Nr. 1 BetrVG)

Einen Einfluss auf die Arbeitszeitgestaltung hat gem. § 87 Abs. 1 Nr. 1 BetrVG auch das Mitbestimmungsrecht bei

»Fragen der Ordnung des Betriebes und des Verhaltens der Arbeitnehmer im Betrieb«.

Betroffen ist davon vor allem die Zeiterfassung, sei es durch Bedienung eines Zeiterfassungsgeräts, sei es, weil die Beschäftigten die Zeiten auf einem Stundenzettel manuell erfassen sollen. In beiden Fällen handelt es sich um »Ordnungsverhalten«, dass die Arbeitgeberin nur nach einer Einigung darüber mit dem Betriebsrat wirksam anordnen kann.

III.6 Informationsrechte / Überwachung

Dem Betriebsrat ist durch § 80 BetrVG ein Wächteramt übertragen worden: Er soll darüber wachen, dass zugunsten der Beschäftigten wirkende Gesetze, Tarifverträge Unfallverhütungsvorschriften, Verordnungen und Betriebsvereinbarungen eingehalten werden. Das ist zwar weniger als ein als ein stumpfes Schwert, weil damit keinerlei Befugnisse verbunden sind, Verstöße auch zu verhindern.[64] Aber dem Betriebsrat wird immerhin im zweiten Absatz der Vorschrift ein umfassendes Informationsrecht über alle Sachverhalte zuerkannt, die er für die Wahrnehmung seines Wächteramtes kennen muss. Bei der Arbeitszeit sind das alle in Zusammenhang damit erhobenen Daten zu tatsächlichem Beginn und Ende der Arbeitszeit, zur Verteilung der Arbeitszeit, zur Einhaltung von Pausen, zu Kontenständen usw. Die Arbeitgeberin ist sogar verpflichtet, sich selbst solche Informationen zu beschaffen, auch wenn sie das bislang gar nicht vorhatte. Es reicht aus, dass der Betriebsrat die Daten benötigt, um die Einhaltung von Gesetzen, Tarifvertrag und Betriebsvereinbarungen zu überprüfen.[65]

63 BAG 28.3.2017 – 1 ABR 25/15.
64 BAG 16.7.1985 – 1 ABR 9/83.
65 BAG 6.5.2003 – 1 ABR 13/02.

III.7 Einschränkung der Mitbestimmung

Die Mitbestimmungsrechte und ihre Wahrnehmung sind einigen Einschränkungen unterworfen. Vor allem die Existenz von tarifvertraglichen Reglungen kann den Betriebsrat ausbremsen.

III.7.1 Tarifvorrang / Gesetzesvorrang / Tarifvorbehalt

Gesetzes- / Tarifvorrang
Die im Einleitungssatz des § 87 Abs. 1 Nr. 1 BetrVG enthaltene Klausel

»Der Betriebsrat hat, soweit eine gesetzliche oder tarifliche Regelung nicht besteht, in folgenden Angelegenheiten mitzubestimmen«

wird als Tarif- und Gesetzesvorrang bezeichnet. Beide wirken auf die Erzwingbarkeit von Mitbestimmungsrechten. Sie entfällt, wenn ein Sachverhalt, der der Mitbestimmung unterliegt, abschließend in einem Tarifvertrag oder einem Gesetz geregelt ist. Das ist eigentlich selbstverständlich, denn wenn die Arbeitgeberin zu einer bestimmten Handlung verpflichtet ist, kann sie nicht mit dem Betriebsrat verabreden, etwas anderes zu machen. Der Tarifvertrag bzw. das Gesetz müssen dann aber die Angelegenheit konkret regeln. Der Tarifvertrag darf sich nicht darauf beschränken, die Mitbestimmungsrechte einfach auszuschließen und der Arbeitgeberin wieder das alleinige Weisungsrecht zu übertragen.[66]
Gesetzliche Regelungen in der Präzision, dass sie die Mitbestimmungsrechte beschränken, sind selten, kommen aber vor. Die im Rahmen der Corona-Pandemie eingeführte Impfpflicht für Beschäftigte in Pflegeberufen war so ein Fall: Ohne die gesetzliche Verpflichtung hätte hier ein Mitbestimmungsrecht des Betriebsrats bestanden, mit der gesetzlichen Verpflichtung ist es entfallen.
Tarifvertragliche Regelungen zur Arbeitszeit enthalten fast nie Beschränkungen für die Mitbestimmung nach § 87 BetrVG. Dort ist in der Regel vor allem das Verhältnis zwischen Zeit und Geld festgelegt. Da praktisch kein Tarifvertrag mehr von starren Arbeitszeiten ausgeht, kann auch die Dauer der Arbeitszeit in der Woche ständig von der tariflichen Regelarbeitszeit abweichen, ohne dass das ein Verstoß gegen den Tarifvertrag ist. Der tritt erst ein, wenn nicht innerhalb vorgegebener Ausgleichszeiträume im Tarifvertrag die Arbeitszeit wenigstens im Durchschnitt wieder auf das tarifliche Niveau zurückgeführt wird. Insofern ist die Dauer des Ausgleichszeitraums einer der wenigen Fälle einer tariflichen Vorgabe, die die Mitbestimmung beschränken, meist aber auch nur in Bezug auf die maximale Dauer, Verkürzungen sind in den meisten Fällen möglich.[67]
Der Tarif- / Gesetzesvorrang wirkt nur, wenn der Tarifvertrag bzw. das Gesetz zum einen eine konkrete Regelung der Angelegenheit ohne Entscheidungsspiel-

66 BAG 17.11.1998 – 1 ABR 12/98.
67 Kapitel IV.6.1.1.2 – Tarifvertraglicher Ausgleichszeitraum.

raum enthält. Dazu muss ein Tarifvertrag tatsächlich für den Betrieb gelten, die Arbeitgeberin also an ihn gebunden sein.
Keine Tarifbindung in diesem Sinne ist die Vereinbarung im Arbeitsvertrag, dass ein Tarifvertrag ganz oder in Teilen gelten soll. Das ist nur eine vertragliche Regelung, die gerade keinen Einfluss auf die Mitbestimmungsrechte hat. Die gleiche Qualität haben tarifliche Vorschriften, die im Rahmen eines Betriebsübergangs gem. § 613a BGB in den Arbeitsvertrag übergeleitet worden sind. Auch ein nur nachwirkender Tarifvertrag schließt die Mitbestimmungsrechte gem. § 87 Abs. 1 Nr. Eingangssatz BetrVG nicht aus.
Diese Schranke hat für die praktische Betriebsratsarbeit eine häufig übersehene Bedeutung: Sie zeigt, dass der Betriebsrat seine Entscheidung über Zustimmung oder Ablehnung einer Maßnahme – z. B. eines Dienstplans – nicht nach den Kriterien »rechtmäßig« oder »rechtswidrig« treffen kann. Genauso wenig im Übrigen wie die Einigungsstelle. Wenn ein Dienstplan rechtswidrig ist, weil er gegen die Höchstarbeitszeit des ArbZG verstößt, dann darf er ohnehin nicht umgesetzt werden, deshalb gibt es auch keine Mitbestimmung. Die Rechtswidrigkeit ist also kein Grund, einen Dienstplan abzulehnen, sondern nur ein Grund, ihn nicht zu behandeln und mit der Aufforderung zurückzuschicken, stattdessen eine rechtmäßige Vorlage zu erstellen.
Umgekehrt kann die Rechtmäßigkeit eines Dienstplans keinerlei Aufschluss darüber geben, ob er für den Betriebsrat akzeptabel ist. Die Rechtsmäßigkeit öffnet vielmehr erst die Tür zu einer inhaltlichen Auseinandersetzung mit dem Vorhaben der Arbeitgeberin.[68] Der Betriebsrat ist nicht die Instanz, die die Arbeitgeberin beaufsichtigen und bei Verfehlungen seine Zustimmung verweigern soll, er ist eher das Verbesserungswesen, das ständig auf der Suche nach einem besseren Standard ist und nur dann mitgeht, wenn der erreicht wird. Beschränkt er sich darauf, Vorhaben der Arbeitgeberin nur daraufhin zu überprüfen, ob sie rechtmäßig sind, nutzt er diese Gestaltungsmöglichkeiten nicht aus.
Zur Arbeitszeit gibt es vielfältige gesetzliche und tarifvertragliche Regelungen, die das Mitbestimmungsrecht jedoch nur wenig einschränken. Die gesetzlichen Regelungen ziehen jeweils Grenzen, die den Gesundheitsschutz der Arbeitnehmer sicherstellen sollen. Das sind auf den Tag und die Woche bezogene Höchstarbeitszeiten, Mindestruhezeiten und Pausen. Diese Regelungen geben den Rahmen an, innerhalb dessen Mitbestimmung möglich ist. Eine Überschreitung dieses Rahmens ist unzulässig und von daher auch nicht der Mitbestimmung unterworfen. Allerdings wirken diese Grenzen erst, wenn es keine Ausnahmevorschrift mehr gibt, die deren Überschreitung doch wieder zulässt.[69]

Tarifvorbehalt
Ein Konkurrenzverhältnis zwischen Betriebsvereinbarung und Tarifvertrag klärt § 77 Abs. 3 BetrVG:

68 LAG Thüringen 23. 2. 2022 – 4 TaBV 17/19.
69 Kapitel II.3.1.2.1 – Abweichungen im Rahmen des ArbZG.

»Arbeitsentgelte und sonstige Arbeitsbedingungen, die durch Tarifvertrag geregelt sind oder üblicherweise geregelt werden, können nicht Gegenstand einer Betriebsvereinbarung sein. Dies gilt nicht, wenn ein Tarifvertrag den Abschluss ergänzender Betriebsvereinbarungen ausdrücklich zulässt.«

Unschwer zu erkennen ist, dass der tariflichen Regelungen der absolute Vorrang gebührt. Wenn der Tarifvertrag z. B. einen Zeitausgleich für Nachtarbeit gem. § 6 Abs. 5 ArbZG vorsieht, kann eine Betriebsvereinbarung nicht nur keine andere Regelung treffen, sondern auch keine zusätzliche, also z. B. Zuschläge zum Zeitausgleich. Diese Wirkung haben auch Tarifverträge, die nur üblicherweise gelten. Üblicherweise bedeutet vor allem, dass die Arbeitgeberin zwar nicht an einen Tarifvertrag gebunden ist, es aber durch Beitritt zum Arbeitgeberverband sein könnte. Es gibt also einen Tarifvertrag für die Branche und die Region, in der der Betrieb arbeitet, die Arbeitgeberin will sich aber nicht an ihn binden. Dieser im Gesetz »Tarifüblichkeit« genannte Status wird weder durch Tarifverträge in anderen Branchen noch durch Haustarifverträge in der eigenen Branche herbeigeführt.
Ein prominentes Beispiel hierfür sind Privatkliniken: Der TVöD enthält zwar Regelungen für die Arbeitsverhältnisse in Krankhäusern, ist aber in seinem Geltungsbereich auf den öffentlichen Dienst beschränkt. Privatkliniken gehören nicht dazu, also hat der TVöD keinen Einfluss auf die dortige Mitbestimmung. Die vielfältigen Haus- bzw. Konzerntarifverträge in der Branche haben mit anderen als den sie abschließenden Unternehmen also nichts zu tun und schaffen damit auch keine Tarifüblichkeit.
Die Schranke des Tarifvorbehalts bezieht sich nicht auf die Mitbestimmungsrechte, sondern auf den Abschluss von Betriebsvereinbarungen – unabhängig davon, ob für die geregelten Themen ein Mitbestimmungsrecht besteht.

III.7.2 Tendenzschutz

Eine Einschränkung der Mitbestimmungsrechte bei der Arbeitszeitgestaltung ergibt sich aus dem Tendenzschutz in § 118 BetrVG. Mit »Tendenz« sind wirtschaftliche Betätigungen gemeint, die einen besonderen grundgesetzlichen Schutz genießen, in den auch durch die Mitbestimmungsrechte nicht eingegriffen werden soll, oder solche, die nicht vorwiegend zur Füllung der Geldspeicher ihrer Inhaber arbeiten. Gemeint sind damit künstlerische, journalistische und wissenschaftliche Betätigungen, sowie karitativ und erzieherisch tätige Unternehmen. Gar nicht angewendet wird nach dieser Vorschrift das BetrVG auf Religionsgemeinschaften.
In Tendenzunternehmen ist die Mitbestimmung nur beschränkt, aber nicht aufgehoben. Die Beschränkung bezieht sich nämlich nur auf »Tendenzträger«, also z. B. in Forschungsunternehmen nur auf diejenigen, die tatsächlich forschend arbeiten und nicht auf diejenigen, die versuchen, die Forschungsergebnisse zu verkaufen. Und sie geht auch nur so weit, wie die ungestörte »Tendenzverwirklichung« es erfordert. Das könnte die Durchsetzbarkeit einer starren Arbeitszeit-

grenze um 18 Uhr fraglich machen, wenn im Labor angesetzte Bakterienkulturen auch danach noch beobachtet werden müssen. Ohne Einfluss auf diese Tendenzverwirklichung sind aber Regularien, die durch Zeitausgleich die Einhaltung der tarifvertraglichen Arbeitszeit verwirklichen.

So ist es kein Verstoß gegen den Tendenzschutz, wenn für Redakteure und Redakteurinnen von Tageszeitungen Arbeitsbeginn und -ende sowie die Verteilung der Arbeitszeit auf die einzelnen Wochentage in einer Betriebsvereinbarung festgelegt sind, solange dabei die für die Berichterstattung relevanten Entscheidungen (Redaktionsschluss, Lage und Dauer von Redaktionskonferenzen, Besetzung der Redaktion etc.) bei der Arbeitszeitgestaltung zugrunde gelegt werden.[70] Vergleichbare Entscheidungen existieren für Bühnenangestellte,[71] Lehrer[72] und Beschäftigte eines Dialysezentrums.[73] Jeweils im Einzelfall muss beurteilt werden, ob die konkrete Maßnahme, für die der Betriebsrat ein Mitbestimmungsrecht beansprucht, tatsächlich Einfluss auf die Tendenzverwirklichung hat.

Das Mitbestimmungsrecht bei der Arbeitszeitgestaltung aufgrund von § 118 BetrVG ist daher nur ausgeschlossen, wenn alle drei Bedingungen erfüllt sind:

1. Der Betrieb muss zu einem Tendenzunternehmen gehören.
2. Die Tätigkeit des betroffenen Personenkreises muss der Tendenzverwirklichung dienen.
3. Die jeweilige Regelung muss konkret der Tendenzverwirklichung entgegenstehen.

Das Mitbestimmungsrecht entfällt also praktisch nie insgesamt, nur weil es sich um ein Tendenzunternehmen handelt und die betroffenen Beschäftigten als Tendenzträger anzusehen sind.

III.7.3 Arbeitskampf

Im Streik bzw. bei Aussperrungen gelten in Bezug auf die Mitbestimmungsrechte leicht veränderte Bedingungen. Der Grundsatz lautet, dass arbeitskampfbedingte Maßnahmen die Mitbestimmung beschränken, wenn durch ihre Ausübung die »Kampfparität« beeinträchtigt würde.[74] Das ist in manchen Fällen plausibel, z. B. bei der Aussperrung, die ja nichts anderes als eine vorübergehende Verkürzung der Arbeitszeit ist. Anders ist es aber, wenn die Arbeitgeberin nur versucht durch die Arbeitszeitveränderung die Streikfolgen abzumildern.[75] Das betrifft z. B. eine Sonderschicht nach einem Arbeitskampf, um Rückstände aufzuarbeiten

Wann es sich um eine Maßnahme des Arbeitskampfes handelt und wann nicht, hängt im Wesentlichen davon ab, wie die Arbeitgeberin sie begründet. Werden Beschäftigte an ihrem freien Tag in den Betrieb geholt, um dem Streik die Wir-

70 BAG 14.1.1992 – 1 ABR 35/91.
71 BAG 4.8.1981 – 1 ABR 106/79.
72 BAG 23.6.1992 – 1 AZR 53/91.
73 BAG 18.4.1989 – 1 ABR 2/88.
74 BAG 13.12.2011 – 1 ABR 2/10.
75 BAG 20.3.2018 – 1 ABR 70/16.

kung zu nehmen, ist das etwas anderes, als wenn eine Auftragsspitze abgearbeitet wird – auch wenn in beiden Fällen dieselben Leute zur selben Zeit arbeiten sollen. In der Regel lohnt sich ein Streit um dieses Thema nicht. Bis er entschieden ist, wird der Arbeitskampf längst vorbei sein und sich niemand mehr dafür interessieren. Und eine einstweilige Verfügung wird der Betriebsrat bei derart unklarer Rechtslage allenfalls beim Arbeitergericht, nicht aber beim Arbeitsgericht bekommen.

III.7.4 Notfälle

Nichts befördert die Entwicklung der Rechtsprechung so sehr, wie die Fantasie von besorgten Rechtsvertreterinnen. Die Sorge vor ausufernden Mitbestimmungsrechten hat sie darauf gebracht, Gerichten in schillernden Farben das Horrorszenario der Pflicht zur Einhaltung dieser Mitbestimmungsrechte bei der Arbeitszeit in Notfällen auszumalen. Die Arbeitgeberin würde sehenden Auges in die Strafbarkeitsfalle geschickt, wenn sie verpflichtet wäre, auch im Notfall die Mitbestimmungsrechte einzuhalten, weil genau das unmöglich sei. Also lautet der inständig vorgetragene Wunsch: Das BAG möge endlich entscheiden, dass im Notfall die Pflicht zur Mitbestimmung entfällt.
Das Problem dabei ist allerdings, dass niemand allgemein beschreiben kann, was ein Notfall ist. Die Versuche dazu sind lesenswert, weil sich wortreich alles im Kreise dreht: Notfälle sind »Extremfälle«, »Katastrophen« oder »plötzlich hereinbrechende Ergebnisse«. Klarheit schafft das nicht, auch das BAG ist nicht klüger und hält sich daher vornehm zurück. Es tut gar nicht erst so, als hätte es eine plausible Beschreibung für den Notfall (auch wenn das immer wieder in Arbeitsgerichten kolportiert wird).[76] Das braucht es aber auch nicht, denn es muss sich ja auch nicht festlegen, welche Folge ein solcher Notfall für die Mitbestimmung hätte.
Das muss es so lange nicht, bis ein Betriebsrat seine Rechte bei der Festlegung der Arbeitszeit einklagt, weil z. B. Rettungssanitäter bei einem größeren Unfall länger als geplant gearbeitet haben, Chirurginnen Herzoperationen bei Dienstende nicht einfach beenden, oder Beschäftigte dem mit einem Herzinfarkt an seinem Schreibtisch sitzenden Geschäftsführer auch nach Arbeitsende beim Überleben geholfen haben. Aber solche Verfahren gibt es schlicht nicht, weil Betriebsräte mindestens so gut wie die Rechtsvertretungen der Arbeitgeberinnen wissen, was im konkreten Fall wichtig ist und was nicht.
Der tatsächliche Streit bei diesem Thema geht darum, welche Vorsorge getroffen werden kann, wenn Dinge sich nicht wie gewünscht entwickeln, wenn der Verkehr dichter ist als vom Busunternehmen erwartet und die Fahrerinnen deshalb zu spät nach Hause kommen, oder im Krankhaus die Arbeit mal wieder nicht bis zum geplanten Ende der Schicht erledigt werden konnte, weil das Personal zu knapp ist. Dafür suchen Arbeitgeberinnen Schlupflöcher im Geflecht der

76 BAG 17.11.1998 – 1 ABR 12/98.

Mitbestimmungsrechte, weil die Vorsorge natürlich teurer ist als der außerplanmäßige Zugriff auf die Beschäftigten.

Weil es aber plausibel ist, dass in solchen Fällen die Mitbestimmung zu spät kommt, lassen sich immer wieder Betriebsräte darauf ein, in Betriebsvereinbarungen entsprechende Ausnahmen aufzunehmen. Diese haben dann allerdings lediglich den Effekt, dass der Betriebsrat am Ende keine Chance mehr hat, gegen jegliche Abweichungen von der Planung vorzugehen. Dazu müsste ein Verfahren vor dem Arbeitsgericht eingeleitet werden, in dem der Verstoß gegen die Mitbestimmungsrechte des Betriebsrats oder gegen die Betriebsvereinbarung festgestellt wird.[77] Da aber durch die Notfallregelung die Tür zur Rechtmäßigkeit von Abweichungen aufgestoßen wurde und auch eine Betriebsvereinbarung vorab keine passende Beschreibung dieser Notfälle liefern kann, ist nicht mehr zu ermitteln, ob die Arbeitgeberin tatsächlich rechtswidrig gehandelt hat. Schon gar nicht lässt sich für die Zukunft festlegen, was sie zu unterlassen hat. Insbesondere ein Verweis auf § 14 ArbZG bewirkt da eher das Gegenteil, denn der lässt viel mehr als nur Notfälle zu. Er hat aber mit der Mitbestimmung auch gar nichts zu tun.[78]

Solche Regelungen in einer Betriebsvereinbarung haben daher lediglich zur Folge, dass Gerichte die beantragten Unterlassungsverfügungen nicht erlassen können. Ob das rechtens ist, spielt dabei keine Rolle, es ist ein bequemer Ausweg für die Arbeitsgerichte, die sich mit solchen Entscheidungen sowieso notorisch schwertun. Diese Notfälle werden zwar in den entsprechenden Gerichtsbeschlüssen auch immer ausgenommen, dabei handelt es sich aber eher um ein prozessrechtliches Ritual. Das wird anders, wenn der Betriebsrat durch Unterschrift unter eine Betriebsvereinbarung bekundet zu wissen, was ein Notfall ist und für diese Fälle seine Mitbestimmung ausschließt. Dann entscheidet nicht mehr er selbst darüber, ob er im Einzelfall einen Verstoß gegen seine Mitbestimmungsrechte akzeptieren will, sondern ein Gericht, ob er es muss.

Auf Forderungen der Arbeitgeberinnen, entsprechende Klauseln in eine Betriebsvereinbarung aufzunehmen, sollte der Betriebsrat mit der Aufforderung reagieren, ihm zu vertrauen, dass er bei tatsächlichen Notfällen nicht gegen sie vorgehen wird. Und damit ist die Diskussion zum Thema beendet, denn erzwingbar ist eine solche Klausel nicht.

Etwas anderes als Notfälle sind Eilfälle, die im nächsten Kapitel behandelt werden.

III.7.5 Eilfälle

Wenn nicht alles nach Plan läuft, entsteht im betrieblichen Alltag schon mal der Bedarf, von Festlegungen zur Arbeitszeit abzuweichen. Dass hier ein Mitbestimmungsrecht besteht, ist – im Gegensatz zum »Notfall« im vorangehenden

77 Kapitel III.10 – Durchsetzung und Unterlassung.

78 Kapitel II.3.1.2.4 – Außergewöhnliche Fälle.

Kapitel – unstreitig.[79] Die Arbeitgeberin ist aber angesichts der Kürze der Zeit nicht mehr in der Lage, das einzuhalten. Das ändert aber nichts daran, dass Maßnahmen, die sie in dieser Situation für erforderlich hält, ohne Zustimmung des Betriebsrats unzulässig sind.[80]

Solche Eilfälle sind ein Problem für die Arbeitgeberinnen, die selbst keine Vorsorge treffen, um auch auf unerwartete Ereignisse reagieren zu können. Schließlich gibt es dafür Instrumente, insbesondere die verschiedenen Formen von Bereitschaften[81] und manchmal auch nur eine ausreichende Personalausstattung, die in der Lage ist, alltägliche Ausfälle z. B. durch Einsatz eines Springerpools zu kompensieren.

Werden diese Instrumente nicht genutzt, bleibt nur das Mittel, die Arbeitszeit der Beschäftigten immer wieder zu verändern, sie länger als geplant im Betrieb zu halten oder zusätzlich aus ihrer Freizeit zu holen. Das ist nur rechtmäßig, wenn der Betriebsrat solchen Veränderungen der Arbeitszeit vorher zugestimmt hat. Und da beginnen die Begehrlichkeiten der Arbeitgeberinnen: Weil diese Zustimmung im Einzelfall mangels Zeit nicht einzuholen ist, möge der Betriebsrat sie doch schon im Voraus pauschal erteilen.

Verständlich ist das sicherlich, aber zu viel Verständnis kann hier nur schaden. Zunächst muss der Betriebsrat sich darüber im Klaren sein, dass eine solche Regelung nicht erzwingbar ist.[82] Der Betriebsrat würde aus freien Stücken der Arbeitgeberin das Recht einräumen, von den getroffenen Vereinbarungen zu Arbeitszeit wieder abzurücken. Durchsetzen kann er deren Einhaltung danach nicht mehr.[83] Er sitzt dann in derselben Falle wie bei der pauschalen Zustimmung zu Abweichungen von der Arbeitszeit im »Notfall«, die im vorangegangenen Kapitel beschrieben wurde.

Als Orientierung könnte der Umgang mit eiligen Anliegen der Beschäftigten dienen: Wenn der Betriebsrat in einer Betriebsvereinbarung festlegen will, dass sie jederzeit Anspruch auf Arbeitsbefreiung haben, wenn sie ein eiliges Problem drängt, wird er allenfalls die Antwort ernten, das Arbeitsleben sei kein Wunschkonzert – was ja auch nicht ganz falsch ist. Das sollte dann aber für beide Seiten gelten.

Meistens taucht das Problem in durch Dienstpläne oder Schichten festgelegten Arbeitszeiten und bei Mehrarbeit auf.[84]

---

79 BAG 17.11.1998 – 1 ABR 12/98.

80 Kapitel III.1 – Direktionsrecht / Wirksamkeitsvoraussetzung und Kapitel II.3.1.2.4 – Außergewöhnliche Fälle.

81 Kapitel V.4 – Gestaltungsmuster 3b: Festgelegte Arbeitszeit mit Zusatzanforderungen/Bereitschaften.

82 BAG 22.10.2019 – 1 ABR 17/18.

83 Kapitel III.10 – Durchsetzung und Unterlassung.

84 Kapitel V.2.8 – Mitbestimmung; Kapitel V.3.7 – Mitbestimmung.

III.7.6 Kollektiver Bezug

Rechtsprechung und Juristerei haben sich darauf verständigt, dass das Mitbestimmungsrecht bei der Arbeitszeitgestaltung unter der Bedingung steht, dass die konkrete Maßnahme einen »kollektiven Bezug« hat.[85] Damit ist gemeint, dass sie Auswirkungen auf mehrere Beschäftigte haben können muss, auch wenn nur eine Person tatsächlich davon betroffen ist.
Nach dieser Definition ist schon kaum vorstellbar, wie in einem arbeitsteilig arbeitenden betrieblichen Kollektiv eine Maßnahme zur Arbeitszeit tatsächlich nur eine Person betreffen kann. Auch passt diese Überlegung nicht zum immer wieder von der Rechtsprechung beschworenen Zweck des Mitbestimmungsrechts, die Freizeitinteressen der Beschäftigten zu schützen.[86] Diese Schutzfunktion kann schlechterdings nicht davon abhängen, ob auch die Interessen anderer von einer Maßnahme betroffen sind.
Trotzdem wird im juristischen Diskurs der »kollektive Bezug« permanent wie ein Schlachtruf eingesetzt, obwohl er gerade bei der Arbeitszeit tatsächlich keine Bedeutung mehr hat, seit sich das BAG darauf festgelegt hat, dass Verlängerungen oder Verkürzungen der betriebsüblichen Arbeitszeit nur dann vom Betriebsrat unterbunden werden können, wenn die betriebsübliche Arbeitszeit vorher zwischen den Betriebsparteien vereinbart worden war.[87] Wenn dieser Schutz von der ausdrücklichen vorherigen Vereinbarung der Betriebsparteien abhängt, kann diese wiederum nicht unter den Vorbehalt einer kollektiven Regelung gestellt werden. Anderenfalls wäre eine Abweichung von einer individuellen, also ohne Betriebsrat festgelegten Arbeitszeit nie mehr mitbestimmungspflichtig, auch wenn sie im krassen Widerspruch zum Interesse des Kollektivs oder auch einzelner seiner Mitglieder stünde.
Abgesehen davon dürfte aber dieser kollektive Bezug auch in der Vergangenheit immer schon eher Futter für juristische Diskurse und Dissertationen gewesen sein als praktisch geltendes Recht. In einem speziellen Fall hat er allerdings durch das TzBfG ein wenig Ehre erfahren: Das enthält in § 8 das Recht auf Arbeitszeitreduzierung für Beschäftigte. Damit in Zusammenhang steht auch eine Festlegung der Lage der reduzierten Arbeitszeit. Da beides gemeinsam arbeitsvertraglich vereinbart wird, dürfte die Mitbestimmung bei dieser Verteilung ins Leere laufen. Wenn ein Arbeitnehmer sich auf diesem Weg einen freien Montag gesichert und dafür auf sieben Stunden Arbeitszeit inklusive Vergütung verzichtet hat, kann dieses Ergebnis unmöglich später revidiert und die verkürzte Arbeitszeit auf fünf Tage neu verteilt werden. Das muss allerdings nicht das Mitbestimmungsrecht in Gänze ausschließen. Auch in anderen Angelegenheiten führt die Möglichkeit eines für Beschäftigte nachteiligen Ergebnisses im Mitbestimmungsverfahren nicht dazu, dass die Mitbestimmung ausgesetzt wird. Die Lösung des Problems liegt in einer Kontrolle der Angemessenheit der im Rahmen der Mitbestimmung geschaffenen Regelung.

---

85 BAG 27.11.1990 – 1 ABR 77/89.
86 BAG 14.11.2006 – 1 ABR 5/06.
87 BAG vom 12.3.2019 – 1 ABR 42/17.

III.8 Der Gang der Mitbestimmung

Das Verfahren der Mitbestimmung bei der Regelung der Arbeitszeit ist für den Betriebsrat ein Geschäft, das sich von der Wahrnehmung anderer Mitbestimmungsrechte nicht unterscheidet. Er verhandelt mit der Arbeitgeberin über ihre und seine Anliegen, einigt sich mit ihr und gießt das Ganze in eine Betriebsvereinbarung; oder die beiden einigen sich nicht, und eine Einigungsstelle muss tätig werden. Dort wird weiter versucht, sich zu einigen. Wenn das nicht gelingt, entscheidet die Einigungsstelle mit einem Spruch der Mehrheit ihrer Mitglieder. Das passiert beim Thema »Arbeitszeit« wahrscheinlich häufiger als bei anderen Mitbestimmungsrechten, weil es ohne Arbeitszeitregelungen nun einmal nicht geht.
Ganz gleich, ob die Einigungsstelle im Raum steht oder nicht, der Betriebsrat muss sich darüber klar werden, ob es für seine wie auch die Ziele der Arbeitgeberin ein erzwingbares Mitbestimmungsrecht gibt, die Einigungsstelle also darüber entscheiden kann. Daraus ergibt sich der Nachdruck, mit dem er seine Verhandlungen führen kann.[88] Und manchmal lohnt es auch, die eigene Zuständigkeit zu überprüfen.

III.8.1 Zuständigkeit

Grundsätzlich ist für die Wahrnehmung der Mitbestimmungsrechte der örtliche Betriebsrat zuständig. Bei der Gestaltung der Arbeitszeit ist das praktisch der Normalfall.[89] Anders kann dies allerdings sein, wenn die Arbeitszeit über mehrere Betriebe hinweg einheitlich organisiert werden muss. In diesem Fall ist der Gesamtbetriebsrat – bzw. bei Beteiligung mehrerer Unternehmen der Konzernbetriebsrat – für die Verhandlung und Aufstellung der Arbeitszeitregeln zuständig.
Dieser Fall könnte z. B. bei einem Versicherungsunternehmen eintreten, das die Anfragen der Kunden zu Schadensfällen und deren Bearbeitung nicht mehr nur an zuständige Niederlassungen, sondern an alle im Bundesgebiet tätigenden Stationen weiterleitet, damit keine großen Wartezeiten entstehen. Durch eine zentrale Steuerung werden die Telefonate dann an die jeweils freien Arbeitsplätze durchgeleitet. Dafür kann eine zentrale Planung der Besetzung nötig sein. Vor derselben Situation stehen Betriebsräte in Unternehmen, die Call-Center an mehreren Standorten betreiben oder in überregional tätigen Unternehmen, die ihre Servicetechniker zentral steuern. Ist eine Festlegung der Arbeitszeit über alle Niederlassungen hinweg nur sinnvoll, bleibt der Betriebsrat zuständig. Ist sie dagegen zwingend, ist der Gesamtbetriebsrat oder der Konzernbetriebsrat am Zug. Allerdings müssen dann auch alle weiteren Sachverhalte zur Arbeitszeit durch den Gesamtbetriebsrat bzw. den Konzernbetriebsrat geregelt werden, bis

88 Kapitel III.3 – Initiativrechte und erzwingbare Mitbestimmung.
89 BAG 19.6.2012 – 1 ABR 19/11.

hin zur Aufstellung der einzelnen Dienstpläne. Das Mitbestimmungsrecht kann nicht auf mehrere Gremien aufgeteilt werden.[90]
Jedoch sollte nicht vorschnell eine zentrale Zuständigkeit bejaht werden. In den meisten Fällen steckt dahinter nämlich nur der Wunsch von Unternehmen bzw. der Konzernmutter nach einer einheitlichen Regelung. Dadurch werden aber weder Konzern- noch Gesamtbetriebsrat für die Regelung der Arbeitszeit zuständig.
Ebenfalls keine Zuständigkeit besteht auf dieser Ebene für die Aufstellung von Rahmenregelungen, nach denen sich die Betriebsparteien bei der Organisation der Arbeitszeit richten sollen. Solche Vereinbarungen zwischen Unternehmen und Gesamtbetriebsrat bzw. Konzern und Konzernbetriebsrat sind zwar regelmäßig anzutreffen, überschreiten aber die Kompetenzen dieser Gremien und haben deshalb rechtlich keine Bindung. Wenn der örtliche Betriebsrat für einen Sachverhalt zuständig ist, entscheidet er allein, was er mit der Arbeitgeberin dazu vereinbaren will.

III.8.2 Arbeitszeit in der Einigungsstelle

Werden sich Arbeitgeberin und Betriebsrat über die Regelung der Arbeitszeit nicht einig, kommt die Einigungsstelle zum Zuge. Sie ist dann in letzter Konsequenz das Gremium, das die Regelungen zur Arbeitszeit setzt, nach denen sich die Arbeitgeberin und die Beschäftigten später richten müssen. Hier wird entschieden, wann Arbeitszeiten beginnen, wie sie über die Wochen verteilt werden usw. Natürlich können sich die Betriebsparteien auch noch in der Einigungsstelle einigen, sie müssen nicht auf eine Mehrheitsentscheidung setzen. In der Regel ist das Ergebnis der Arbeit der Einigungsstelle eine Betriebsvereinbarung.
Das Arbeitsgericht hat demgegenüber eine andere Aufgabe: Es schafft keine Regelungen, es wendet sie nur an. Es überprüft also, ob sich die Arbeitgeberin an die Betriebsvereinbarung gehalten hat, ändert aber nichts an deren Inhalten.
In der Einigungsstelle sind Betriebsrat und Arbeitgeberin auf »Augenhöhe«. Sie haben beide dieselben Rechte im Verfahren. Die Einigungsstelle entscheidet also nicht darüber, ob der Betriebsrat mit seinen Forderungen Recht hat, sondern sie muss eine sinnvolle Regelung der Arbeitszeit im Betrieb schaffen. Der Betriebsrat muss sich dieser Rolle bewusst sein und sie offensiv vertreten, weil manche Einigungsstellenvorsitzende es damit nicht so genau nehmen. Sie hoffen, damit schneller zum Ziel zu kommen. Wenn es passiert, dass sie allein die Vorstellungen der Arbeitgeberin den Verhandlungen zugrunde legen und die des Betriebsrats lediglich darauf überprüfen, ob es sinnvolle Einwände gegen die Planungen der Arbeitgeberin sind, muss der Betriebsrat intervenieren und die Verhältnisse klarstellen. Die Einigungsstelle ist ein Arbeitsgremium, das Festlegungen anstelle der Betriebsparteien aufstellen muss. Dabei kann nicht die Vorstellung nur einer Seite zum Maßstab dafür genommen werden, was letzten Endes zu passieren hat. Das würde außerhalb der Einigungsstelle schließlich auch nicht passieren,

90 BAG 19.6.2012 – 1 ABR 19/11.

bzw. wenn es passieren würde, würden die Betriebsparteien gar nicht in der Einigungsstelle landen.
Die Sitte, als Einigungsstellenvorsitzende fast ausschließlich Richterinnen und Richter zu bestellen, unterwirft die Einigungsstelle manchmal deren professioneller Deformation: Sie sehen sich weiterhin in ihrer beruflichen Funktion, nur ohne Uniform. Daher beschränken sich darauf, festzustellen, ob die Anliegen der Arbeitgeberin rechtskonform sind. Ist der Betriebsrat nicht in der Lage, Rechtsverstöße zu benennen, machen sie sich nicht einmal selbst auf die Suche danach, sondern erklären dem Betriebsrat die Aussichtslosigkeit seiner Position.
Tatsächlich aber ist die Aufgabe in der Einigungsstelle dieselbe wie außerhalb: Die Betriebsparteien versuchen eine Lösung einer Angelegenheit zu finden, die für beide Seiten akzeptabel ist. Dass diese auch rechtmäßig sein muss, ist Geschäftsgrundlage, aber nicht das einzige Kriterium für das Arbeitsergebnis der Einigungsstelle. Wäre es anders, gäbe es gar kein Mitbestimmungsrecht bei der Gestaltung der Arbeitszeit, denn die Rechtmäßigkeit der angestrebten Maßnahmen ist das Eingangstor zu Mitbestimmung. Das ergibt sich aus dem Einleitungssatz in § 87 Abs. 1 BetrVG. Der schließt die Mitbestimmung bei einer rechtswidrigen Gestaltung aus.[91] Deshalb geht es bei der Festlegung von Dienstplänen oder anderen Arbeitszeiten gerade nicht darum, an der Grenze des gerade noch Erlaubten zu navigieren, sondern qualitativ gute Lösungen innerhalb des rechtlich Zulässigen zu finden. Einigungsstellenvorsitzende sollen diesen Prozess strukturieren und moderieren, aber keine Noten verteilen.
Wenn Vorsitzende diese Rolle nicht ausfüllen wollen oder können, darf der Betriebsrat sich nicht scheuen, ihnen deutlich zu machen, dass er ihre Fehler sieht und er sich dadurch nicht einschüchtern lässt. Für manche ist die Aussicht, am Ende die Einigungsstelle mit einem Spruch abzuschließen, den begründen und dann auch noch eine gerichtliche Überprüfung über sich ergehen lassen zu müssen so unangenehm, dass sie sich doch noch eines Besseren besinnen. Und wenn sie das nicht machen, ist ein schnelles Ende der Einigungsstelle mit einem Spruch die beste Lösung, weil der sofort gekündigt werden kann.
Die Einigungsstelle muss zu einem Ergebnis kommen, also den Gegenstand abschließend regeln. Den zu regelnden Gegenstand haben die Betriebsparteien oder das Arbeitsgericht in einem Bestellungsverfahren vorher festgelegt. Daran ist die Einigungsstelle gebunden. Sie darf auch nicht das Problem nicht einfach an die Betriebsparteien zurückgeben, weil sie sich zu einer keiner vollständigen Regelung durchringen kann.[92] Nach Abschluss der Einigungsstelle dürfen keine der Mitbestimmung unterliegenden Sachverhalte mehr offen sein, die im Auftrag der Betriebsparteien an die Einigungsstelle enthalten waren.
Der für die Einigungsstelle festgelegte Regelungsgegenstand ist also gleichzeitig Auftrag und Grenze für deren Tätigkeit: Sie muss diesen Auftrag erfüllen, darf aber nicht darüber hinausgehen, also weitere Dinge regeln, auch wenn das sinnvoll wäre. Dafür müssten die Betriebsparteien erst einvernehmlich den Gegen-

91 LAG Thüringen 23.2.2022 – 4 TaBV 17/19.
92 BAG 26.8.2008 – 1 ABR 16/07.

stand der erweitern. Diese Verpflichtung der Einigungsstelle führt zu erheblichem Druck, wenn – was bei Schichtarbeit häufig passiert – ein Arbeitszeitmodell mathematisch nicht aufgeht.[93] Solche Modelle verplanen entweder zu viel Arbeitszeit, was nicht vom Auftrag umfasst ist, oder zu wenig, was den Auftrag nicht erfüllt.

Außerdem kann die Einigungsstelle keine Sachverhalte durch Spruch regeln, die außerhalb der Grenzen der erzwingbaren Mitbestimmung liegen.[94]

Nicht zulässig ist es demnach, dass die Einigungsstelle

- die Arbeitgeberin ermächtigt, die Arbeitszeiten ohne Vorgaben allein festzulegen;[95]
- Verfahrensregeln erlässt, die dem Betriebsrat bei der Ausübung der Mitbestimmungsrechte zur Arbeitszeit die Einhaltung von Formen und Fristen auferlegen;[96]
- der Arbeitgeberin erlaubt, Maßnahmen auch ohne vorherige Mitbestimmung umzusetzen;[97]
- die Arbeitszeit nur zum Teil verplant;[98]

Weiteren Bindungen unterliegt die Einigungsstelle nur insofern, als sie ihr Ermessen bei der Festlegung der Arbeitszeit nicht fehlerhaft ausüben darf. Dieses Ermessen reicht jedoch so weit, dass eine sich darauf berufende Anfechtung eines Spruchs in der Regel sinnlos ist. Ist der Betriebsrat der Meinung, dass die Einigungsstelle eine unsinnige Regelung geschaffen hat, geht er nicht zum Arbeitsgericht, um diese beseitigen zu lassen, sondern kündigt die Vereinbarung einfach. Dann ist er innerhalb weniger Monate wieder in neuen Verhandlungen zum Thema. Eine Gerichtsentscheidung dagegen würde erst nach Jahren ergehen, und deren Ergebnis in aller Regel in Bezug auf die Ermessensausübung zuungunsten des Betriebsrates ausfallen.

III.9 Betriebsvereinbarung / Regelungsabrede

Die Vereinbarungen zur Arbeitszeit zwischen Arbeitgeberin und Betriebsrat können sowohl als Betriebsvereinbarung als auch als Regelungsabrede wirksam werden. Der rechtliche Unterschied besteht darin, dass nur die Betriebsvereinbarung unmittelbar Rechte und Pflichten auf Seiten der Beschäftigten schafft. Praktisch ist dieser Unterschied aber nicht spürbar: Wenn der Betriebsrat auf seiner Sitzung der Einrichtung einer Zusatzschicht am Samstag von 7:00 Uhr bis 15:00 Uhr zugestimmt und das der Arbeitgeberin telefonisch mitgeteilt hat, handelt es sich wegen der Formlosigkeit um eines Regelungsabrede. Aufgrund

93 Kapitel V.2.8.4 – Strategie.
94 Kapitel III.5.4.5 – Arbeitsschutz (§ 87 Abs. 1 Nr. 7 BetrVG).
95 BAG 8.12.2015 – 1 ABR 2/14.
96 BAG 9.7.2013 – 1 ABR 19/12.
97 BAG 9.7.2013 – 1 ABR 19/12.
98 BAG 24.2.2006 – 1 ABR 6/05.

dieser darf die Arbeitgeberin die Beschäftigten anweisen, am Samstag um 7:00 Uhr anzutreten und sie nicht daran hindern, um 15:00 wieder zu gehen. Das ist kein Unterschied zur Wirkung einer Betriebsvereinbarung mit demselben Inhalt, die die Beschäftigten auch ohne ausdrückliche Anweisung der Arbeitgeberin verpflichtet, um 7:00 Uhr zu erscheinen und berechtigt, um 15:00 Uhr wieder zu gehen.

Der zweite rechtliche Unterschied zwischen den beiden Formen führt zur praktischen Nutzung beider Regelungstypen: Eine Betriebsvereinbarung wirkt auch nach ihrem Ende nach, wenn die Inhalte der erzwingbaren Mitbestimmung unterliegen, die Regelungsabrede nicht.[99] Deshalb ist die Regelungsabrede eher das Instrument für die Zustimmung zu kurzfristigen Abweichungen von den festgelegten Arbeitszeiten, bei denen diese Nachwirkung keine Rolle spielt. Mit der Betriebsvereinbarung dagegen werden die längerfristig wirkenden Festlegungen getroffen, also die generelle Lage von Arbeitszeit und Schichten, Regelungen zum Arbeitszeitkonto oder zur Gleitzeit. Da eine Betriebsvereinbarung schriftlich vorliegen muss, ist ihr Inhalt auch nach Jahren noch nachvollziehbar.

Das Mitbestimmungsverfahren ist mit einer Betriebsvereinbarung wie auch mit einer Regelungsabrede abgeschlossen, der Betriebsrat hat sein Mitbestimmungsrecht ausgeübt, und die Arbeitgeberin darf wie vereinbart agieren. Diese Wirkung lässt sich auch nicht rückgängig machen. Wenn dem Betriebsrat nach der Unterschrift unter die Betriebsvereinbarung noch etwas einfällt, was er gerne berücksichtigt hätte, kann sich die Arbeitgeberin dafür interessieren, muss es aber nicht. Das Mitbestimmungsverfahren ist abgeschlossen, erst nach deren Kündigung kommt der Betriebsrat wieder ins Spiel.

> **Beispiel**
> Die Betriebsvereinbarung zur gleitenden Arbeitszeit legt einen täglichen Rahmen von 7:00 Uhr bis 19:00 Uhr fest, innerhalb dessen die Beschäftigten ihre Arbeitszeit selbst einteilen.
> Damit haben die Beschäftigten das Recht, innerhalb dieses Rahmens zu arbeiten, ohne Weisungen von Vorgesetzten zur Arbeitszeit usw. befolgen zu müssen. Der Betriebsrat hat für sich damit geregelt, dass auch er innerhalb dieses Rahmens nicht mehr gefragt werden muss.
> Machen Vorgesetzte nun Druck auf Beschäftigte, dass sie ihre Arbeitszeit in den Abend hinein verlagern sollen, und folgen diese – wenn auch widerwillig – dieser Anforderung, kann der Betriebsrat im Nachhinein keine Mitbestimmungsrechte für diesen Vorgang geltend machen. Die Beschäftigten sind nicht angewiesen worden, sondern haben sich in ihr Schicksal ergeben, damit ist alles, was bis 19:00 Uhr passiert, von der Betriebsvereinbarung gedeckt.

Nicht wesentlich anders ist es mit der Regelungsabrede: Die formlose Zustimmung zu der Zusatzschicht am Samstag übt das Mitbestimmungsrecht wie eine Betriebsvereinbarung aus. Will der Betriebsrat später doch noch auf die Einsatzbedingungen Einfluss nehmen, hat er deshalb schlechte Karten.

---

99 BAG 13.8.2019 – 1 ABR 10/18.

Auch eine Zustimmung unter einem Vorbehalt nützt da nichts. In der Mitbestimmung gibt es nur ein »Ja« oder ein »Nein«, alle zusätzlichen Bedingungen müssen entweder ausdrücklich vereinbart werden oder sie sind allenfalls Begleitmusik zum »Ja«, die die Arbeitgeberin getrost überhören kann.
Die Betriebsvereinbarung wie auch Regelungsabrede regeln damit immer zwei Sachverhalte: zum einen, wie gearbeitet wird, und zum anderen, welchen Einfluss der Betriebsrat – und auch die Arbeitgeberin – noch auf die Arbeitszeit nehmen können.
Gerät eine Regelung in der Betriebsvereinbarung in Konflikt mit Festlegungen im Arbeitsvertrag, hat die Betriebsvereinbarung in der Regel die größere Wucht. Selbst wenn in einem Arbeitsvertrag steht, dass die Arbeitszeit 38 Stunden pro Woche dauert und auf die Tage von Montag bis Freitag verteilt wird, schützt das nicht vor späteren Veränderungen, wenn diese im mitbestimmungspflichtigen Bereich stattfinden. Mitbestimmungspflichtig sind hier die Verteilung der Arbeitszeit auf die Wochentage und die Dauer der Arbeitszeit in der einzelnen Arbeitswoche. Nicht mitbestimmungspflichtig ist dagegen die Dauer der Arbeitszeit als Äquivalent zur vereinbarten Vergütung. Hieran kann auch die Betriebsvereinbarung in aller Regel nichts ändern, wenn das Arbeitsverhältnis an einen Tarifvertrag gebunden ist, sogar niemals. Aber eine regelmäßige Einbeziehung des Samstags als Arbeitszeit ist ebenso eine gem. § 87 Abs. 1 Nr. 2 BetrVG erzwingbare mitbestimmungspflichtige Verteilung wie die Anhebung der Wochenarbeitszeit in der einen Woche auf 42 Stunden und die Absenkung in anderen Wochen auf 36 Stunden. Wenn sich der Vorgang über mehrere Monate erstreckt, handelt es sich zusätzlich noch um eine gleichfalls erzwingbar mitbestimmungspflichtige Verschiebung der Lohnzahlung. Solche Festlegungen durch Betriebsvereinbarung sind möglich, auch wenn Arbeitsverträge dazu etwas anderes aussagen. Dass die Arbeitgeberin sich in solchen Aspekten im Vertrag einer Bindung unterwerfen wollte, die spätere Umgestaltungen ausschließt, lässt die Rechtsprechung nur gelten, wenn eindeutige Hinweise im Vertrag enthalten sind, die über die üblichen Klauseln hinausgehen.[100] Die Regelungsabrede kann das in Grenzen auch, die Grenze ergibt sich daraus, dass nur die Betriebsvereinbarung gem. § 77 Abs. 4 BetrVG unmittelbar in das Arbeitsverhältnis einwirkt.
In die vertraglichen Grundlagen wie das Verhältnis zwischen Zeit und Geld kann eine Betriebsvereinbarung eingreifen, wenn der Arbeitsvertrag eine Öffnungsklausel für solche Änderungen durch Betriebsvereinbarung enthält. Die Rechtsprechung bezeichnet das als »betriebsvereinbarungsoffen«.[101] Dies ist allerdings ausgesprochen umstritten,[102] und der Betriebsrat tut sich wohl selbst keinen Gefallen, wenn er eine Betriebsvereinbarung unterschreibt, mit der die Arbeitgeberin die Rechte der Beschäftigten schmälert. Aber er muss das auch nicht, solche Regelungen sind nie erzwingbar – und im Falle einer Tarifbindung sowieso rechtlich ausgeschlossen.

100 BAG 21.1.1997 – 1 AZR 572/96, und 7.12.2000 – 6 AZR 444/99.
101 BAG 12.8.1992 – 6 AZR 1117/79.
102 BAG 11.4.2018 – 4 AZR 119/17.

Betriebsvereinbarungen werden für die Zukunft gemacht, sie können auch Regelungen für Fälle treffen, die voraussichtlich eintreten können, aber nicht zur geplanten Arbeitszeit gehören. Das sind typischerweise Abweichungen in Form von Verlängerungen der Arbeitszeit, Verschiebungen oder zusätzlichen Schichten.

Solche Veränderungen sind als Abweichung von der Betriebsvereinbarung immer mitbestimmungspflichtig. In vielen Fällen wollen auch Betriebsräte das jedoch nicht jedes Mal wieder auf den Tisch bekommen.[103] Regelungen hierzu in der Betriebsvereinbarung bestehen dann häufig darin, die Zustimmung zu solchen Änderungen schon in der Betriebsvereinbarung pauschal vorab zu erteilen, wenn die Beschäftigten freiwillig zum geänderten Einsatz bereit sind. Diese Zusage hat ihre Tücken, nicht nur, weil die Freiwilligkeit keineswegs immer vom freien Willen getragen ist. Wenn der Betriebsrat diese Sorge hat, verbietet sich eine solche Regelung von vornherein. Häufig ist sie berechtigt, z. B. wenn Beschäftigte mit ihrer Arbeitsaufgabe regelrecht verheiratet sind, wie viele Pflegekräfte im Gesundheitswesen. Anderenfalls führt das nur zu Schuldzuweisungen an die Beschäftigten, die sich – mangels Hosenbodenfüllung – ständig Mehrarbeit aufhalsen lassen und sich dann später darüber beklagten. Tatsächlich hat hier aber der Betriebsrat seine Arbeit nicht richtig gemacht. Nicht der freie Wille der Beschäftigten, sondern der Betriebsrat mit seinen Mitbestimmungsrechten ist die Brandmauer gegen übermäßige Beanspruchung. Nimmt er diese Aufgabe nicht wahr, ist das ein unzulässiger Verzicht auf seine Mitbestimmungsrechte.[104]

Aber auch in Konstellationen, bei denen das Herzblut der Beschäftigten nicht so sehr an der Aufgabe klebt und sie tatsächlich auch mal »Nein« sagen, wenn sie keine Lust auf Zusatzschichten haben, hat eine solche Ersetzung der Mitbestimmung durch die freiwillige Bereitschaft der Beschäftigten zur außerplanmäßigen Arbeitsleistung für den Betriebsrat selbst fatale Konsequenzen: Weil niemand in Ketten in den Betrieb zu Arbeit geführt wird, ist rechtlich jeder Arbeitseinsatz freiwillig, egal ob die Arbeitszeit mit dem Betriebsrat vereinbart war oder nicht. Wenn der aber in der Betriebsvereinbarung jedem freiwilligen Einsatz seinen Segen in Form einer Zustimmung zur Abweichung von der vereinbarten Arbeitszeit erteilt hat, dann ist jede Abweichung von der Vereinbarung zur Arbeitszeit zulässig, sobald sie passiert. Das bedeutet, dass die Regelung zur Arbeitszeit völlig unverbindlich wird, weil der Betriebsrat keine Möglichkeit mehr hat, ihre Einhaltung durchzusetzen.

Betriebsvereinbarungen wirken nach, wenn sie im Bereich der erzwingbaren Mitbestimmung Regelungen schaffen. Welche Themen das betrifft, ist weiter oben beschrieben.[105] Viele Betriebsvereinbarungen zur Arbeitszeit enthalten aber auch weitere Regelungen, die nicht erzwingbar sind, so z. B. die gerade angesprochene vorab erteilte Zustimmung zu einer Abweichung von der Betriebsvereinbarung. Das führt bei einer Kündigung der Betriebsvereinbarung zu einer

103 Kapitel III.7.5 – Eilfall.
104 Kapitel III.5.1 – Zweck der Mitbestimmung.
105 Kapitel III.5.4 – Die bei der Arbeitszeitgestaltung relevanten Mitbestimmungsrechte.

etwas unüberschaubaren Situation, weil nicht immer eindeutig feststellbar ist, welche Regelungen noch nachwirken und welche nicht.
Um dem zu entgehen, kann die Nachwirkung entweder für alle Teile der Betriebsvereinbarung ausgeschlossen werden, dann wirkt nichts nach. Oder die Nachwirkung wird auf alle Teile erstreckt, dann wirken auch die nicht erzwingbaren nach einer Kündigung nach. Die Frage, was für den Betriebsrat die bessere Alternative ist, lässt sich wie immer nicht für alle Fälle gleich beantworten. Er sollte überprüfen, ob er damit Regelungen verstetigt, mit denen er der Arbeitgeberin Rechte eingeräumt hat, die er nach einer Kündigung der Betriebsvereinbarung eigentlich möglichst schnell wieder loswerden möchte. Nachwirkende Festlegungen beseitigt nur eine neue Betriebsvereinbarung, der Betriebsrat stünde also bei den neuen Verhandlungen unter einem Einigungsdruck, den er ohne diese Erweiterung der Nachwirkung nicht hätte.
Vorteilhaft kann eine generelle Nachwirkung für ihn nur sein, wenn in der Betriebsvereinbarung substanzielle Zugeständnisse an die Beschäftigten enthalten sind. Das können aber keine zusätzlichen Zahlungen sein, weil diese in der Regel gem. § 77 Abs. 3 BetrVG von Anfang an rechtsunwirksam sind. Was nie wirksam war, kann auch nicht nachwirken, selbst wenn die Betriebsvereinbarung etwas anderes dazu aussagt.[106]

III.10 Durchsetzung und Unterlassung

Die Mitbestimmungsrechte des Betriebsrats sind durch zwei rechtliche Ansprüche gegen die Arbeitgeberin geschützt: zunächst durch den Unterlassungsanspruch, der sich gegen Maßnahmen der Arbeitgeberin richtet, die das Mitbestimmungsrecht verletzen. Dazu kommt der Durchführungsanspruch, mit dem der Betriebsrat die Arbeitgeberin dazu bringen kann, die geschlossenen Vereinbarungen auch einzuhalten.
Über beide Ansprüche entscheidet das Arbeitsgericht auf Antrag des Betriebsrats. Die Entscheidung bewirkt selbst erst einmal nichts, weil sie nur eine Selbstverständlichkeit festhält: Die Arbeitgeberin muss sich an Gesetze und Vereinbarungen halten. Allerdings ist mit Rechtskraft einer solchen Entscheidung ein »Titel« in der Welt, der zwar kein blaues Blut signalisiert, aber eine Gefahr für die Schatzkiste der Arbeitgeberin ist. Verstößt sie dagegen, kann es erhebliche Bußgelder kosten: bis zu 10 000 € pro Fall, und der Betriebsrat entscheidet darüber, ob er es verhängen lassen will. Darin besteht das charmante Geheimnis von Unterlassungsverfahren: Damit wird nicht nur vom Gesetz Verbotenes noch einmal untersagt, sondern weitere Verstöße werden auch mit einer Sanktion bedroht, die der Betriebsrat verhängen lassen kann.
Beide Ansprüche sind sich sehr ähnlich, sogar identisch, wenn der Betriebsrat die Unterlassung von Verstößen gegen die Betriebsvereinbarung geltend macht.

106 Kapitel III.7.1 – Tarifvorrang / Gesetzesvorrang / Tarifvorbehalt.

Das ist dann nichts anderes als der Anspruch auf Einhaltung bzw. Durchführung der Betriebsvereinbarung. Diese gerichtliche Entscheidung ist aber abhängig davon, dass die Vereinbarung auch Bestand hat. Ist sie gekündigt, verliert der Titel seine Basis. Ein Unterlassungsanspruch auf Einhaltung von Mitbestimmungsrechten ist dagegen unabhängig von einer Betriebsvereinbarung, er ergibt sich aus dem BetrVG und ändert sich nicht mit der Kündigung der Betriebsvereinbarung. Dieser Titel hat daher eine längere Lebensdauer.

Wird in einer Betriebsvereinbarung vereinbart, dass bei Verstößen gegen die Betriebsvereinbarung die Einigungsstelle anzurufen ist, legt sich der Betriebsrat selbst Steine in den Weg. Die Einigungsstelle kann dann zwar über solche Verstöße beraten, aber keine wirksamen Maßnahmen dagegen ergreifen. Und solange bei einer solchen Vereinbarung die Einigungsstelle nicht über den Verstoß beraten hat, ist das Arbeitsgericht noch nicht dafür zuständig die wirksamen Entscheidungen zu treffen. Die Einigungsstelle wird so zu einer Art Vorverfahren vor dem Gerichtsverfahren, in dem über Unterlassung oder Durchführung geurteilt werden muss. Der Umweg über die Einigungsstelle bringt daher nichts, außer einer weiteren Verzögerung zulasten des Betriebsrats.

IV. Arbeitszeitkonto

IV.1 Die Schaltstelle

Arbeitszeitkonten sind die zentralen Schaltstellen aller beweglichen Arbeitszeiten – wenn sie entsprechend gestaltet werden. Sie können gewollte Bewegungen der Arbeitszeit steuern, wenn die jeweiligen Regelungen in einer Betriebsvereinbarung hinreichend präzise sind.
Ohne solche Gestaltungselemente haben sie auf die Entwicklung der Arbeitszeit allerdings genauso wenig Einfluss wie das Bankkonto auf die Gehaltshöhe.

Das Alle-Tage-Konto
In der 5-Tage-Woche haben Monate zwischen 20 und 23 Arbeitstage. Beträgt die Vergütung 2500 € monatlich, haben die einzelnen Arbeitstage einen unterschiedlichen Wert:
Monate mit 20 Arbeitstagen: 125 €
Monate mit 21 Arbeitstagen: 119 €
Monate mit 22 Arbeitstagen: 113 €
Monate mit 23 Arbeitstagen: 108 €
Das ist eine Differenz von über 10 % zwischen dem höchsten und dem niedrigsten Wert, die über das Jahr kontiert und ausgeglichen wird. Auch dies ist ein – unspektakuläres – Arbeitszeitkonto, das in keiner Buchführung auftauchen muss. Es ist die mitgedachte Grundlage der Vergütungsregelungen in Arbeitsverträgen und Tarifverträgen.

IV.2 Nichts geht ohne Konto

Arbeitszeitkonten beherrschen das Arbeitsleben, auch wenn sie nicht immer zu spüren sind. Spätestens mit der Verstetigung des Einkommens durch Monatslöhne und -gehälter ergaben sich Konten von selbst, weil sich damit die vergütete Leistung von Monat zu Monat unterscheidet.
Das Arbeitszeitkonto verbucht die Unterschiede zwischen gearbeiteter und vergüteter Arbeitszeit, ganz gleich wie diese Differenzen zustande gekommen sind.

Beispiel 1
Der Betrieb arbeitet jeden Tag von 7:30 bis 16:00 Uhr, darin liegt eine halbe Stunde Pause. Es gibt keine Gleitzeit, die tarifliche Regelarbeitszeit beträgt 37,5 Stunden. Jede Woche fließen 2,5 Stunden ins Konto. Das Guthaben wird vollständig für zu Jahresbeginn festgelegte Betriebsruhezeiten verwendet.

Beispiel 2
Die Beschäftigten arbeiten in einem täglichen Rahmen zwischen 6:00 Uhr und 22:00 Uhr. Es gibt keine Mindestanwesenheitszeit. Die Beschäftigten entscheiden weitestgehend selbst, wie sie ihre Kundenkontakte und damit ihre Arbeitszeit gestalten. Erfasst und abgerechnet wird das alles in einem Arbeitszeitkonto.

Die einzige Gemeinsamkeit zwischen beiden Betrieben in den Beispielen 1 und 2 besteht darin, dass sie ein Arbeitszeitkonto einsetzen. Die für die Beschäftigten und damit für die Arbeit des Betriebsrats wesentlichen Fragen nach Lage und Beeinflussung der Arbeitszeit sind von dem Konto unabhängig. Sie ergeben sich aus dem jeweils eingesetzten Arbeitszeitmuster.[1] Im ersten Beispiel ist das eine regelmäßige, starre Arbeitszeit, im zweiten so etwas wie Gleitzeit oder Vertrauensarbeitszeit. Das Konto vollzieht nur nach, was in dem Muster an Bewegungen vorgesehen ist, und berechnet die Abweichungen von einem definierten Normalmaß. Dieses Normalmaß kann die individuell geschuldete tägliche, wöchentliche oder monatliche Arbeitszeit sein. Der Monat eignet sich allerdings wegen der unterschiedlichen Anzahl der Arbeitstage eher nicht als Abrechnungszeitraum für die laufende Buchung.
Das Konto ist damit Diener des Arbeitszeitmusters, die zu klärende Frage vor der Einrichtung eines Arbeitszeitkontos ist daher auch nicht: »Wollen wir ein Arbeitszeitkonto?«, sondern »Brauchen wir für das, was wir zur Lage und Verteilung der Arbeitszeit vereinbart haben, ein Arbeitszeitkonto?«. Meist wird die Antwort darauf »Ja« lauten.

IV.3 Wirkung eines Arbeitszeitkontos

Ein Arbeitszeitkonto ist vor allem das Mittel, um Bewegungen der Arbeitszeit zu verwalten und zu steuern. Verbunden sind damit auch Erwartungen an erhöhte Selbstbestimmung der Beschäftigten, Beschäftigungssicherung und Ähnliches. Für Beschäftigte erhoffte positive Wirkungen eines Arbeitszeitkontos treten nur ein, wenn die Betriebsvereinbarung hierzu entsprechende Regelungen enthält. Solche positiven Regelungen sind insbesondere der Schutz vor Überlastung und die individuelle Beeinflussung von Zeitausgleich, damit das Konto nicht zur reinen Abrufarbeit führt.

---

1 Kapitel V – Gestaltungsmuster für die betriebliche Arbeitszeit.

IV.3.1 Steuerung der Schwankungen

Schwankungen der Arbeitszeit werden von praktisch allen Tarifverträgen und Arbeitsverträgen als ungleichmäßige Verteilung der regelmäßigen Arbeitszeit bzw. Mehrarbeit zugelassen.[2] Aufbauend auf dieser Befugnis legen die Betriebsparteien dann die betriebliche Arbeitszeit fest, entweder durch Planung, also i. d. R. in Form von Dienst- oder Schichtplänen, oder beweglich in Abhängigkeit von Auslastung, Anliegen der Beschäftigten usw.[3]
Das Konto kann Schwankungen entweder nur buchhalterisch abbilden oder selbst in den Mechanismus von Zeitaufbau und Zeitabbau eingreifen. Bei geplanter Arbeitszeit muss das Konto hierfür vor allem dann Regelungen vorsehen, wenn der Betriebsrat in der Betriebsvereinbarung der Arbeitgeberin Freiheiten bei der Festlegung der Arbeitszeit eingeräumt hat.[4] Dieselbe Notwendigkeit entsteht, wenn die Beschäftigten ihre Arbeitszeiten selbst steuern. Ohne dies sind die Anforderungen an die steuernde Wirkung des Kontos gering, es dient eher der Arbeitszeitbuchhaltung. Die Festlegung und Veränderung der Arbeitszeit passiert dann mitbestimmt im betrieblichen Alltag.
Wenn aber die Arbeitgeberin, die Beschäftigten selbst oder die Einflüsse der Außenwelt die konkrete Lage Arbeitszeit bestimmen, muss in der Vereinbarung über das Arbeitszeitkonto das Saldenwachstum durch Rahmen oder Korridore begrenzt und die Zeitspanne bestimmt werden, in der die jeweilige Arbeitszeit im Durchschnitt zu erreichen ist. Für Letzteres machen Tarifverträge in der Regel Vorgaben. Außerdem sollten selbstvollziehende Maßnahmen zur Sicherung dieser Grenzen vereinbart werden.[5]

IV.3.2 Beschäftigungssicherung

Ein Konto kann auf zweierlei Weise beschäftigungssichernd wirken: Einerseits entlastet es die Arbeitgeberin von Lohnkosten, weil unproduktive Zeiten ebenso verhindert werden wie Zuschläge für zusätzliche Arbeitszeiten. Dass diese Einsparungen tatsächlich dafür verwendet werden, um Arbeitsplätze sicher zu machen, darf nicht einfach unterstellt werden. Ist das Konto nicht mit konkreten Investitionsentscheidungen für den Standort verknüpft, kann der Betriebsrat dieses Motiv für die Einführung von Konten getrost ignorieren, weil das gesparte Geld nur in andere Kassen fließt.
Die zweite beschäftigungssichernde Wirkung besteht im Ansparen von Zeitguthaben für »schlechte Zeiten«. Das soll dann bei mangelnder Auslastung Einkommensverluste vermeiden. Allerdings ist nicht zu übersehen, dass damit nicht nur das gesetzliche Beschäftigungsrisiko der Arbeitgeberin beseitigt, sondern auch eine ausschließlich von den Beschäftigten finanzierte Kurzarbeiterregelung

2 Kapitel II.3.2.1 – Regelungselemente zur Arbeitszeit im Tarifvertrag.
3 Zu Rahmen und Korridor vgl. Kapitel IV.6.1.2 – Vertikale Kontogrenzen; zum Ausgleichszeitraum vgl. Kapitel IV.6.1.1 – Ausgleichszeitraum.
4 Kapitel III.5.2 – Pflicht zur Mitbestimmung.
5 Textbaustein XI.1.2.5 – Maßnahmen bei Grenzüberschreitung.

geschaffen wird. Auch die Zahlung des gesetzlichen Kurzarbeitergelds wird dadurch reduziert oder sogar verhindert.[6]

IV.3.3 Individuelle Flexibilität

Beschäftigte erwarten von Konten vor allem zusätzliche Freizeit für private Belange. Das gilt bei geplanten Arbeitszeiten genauso wie bei der Gleitzeit. Damit das klappt, muss die Betriebsvereinbarung Regelungen enthalten, wie der Freizeitanspruch auch realisiert werden kann. Es lediglich den Vorgesetzten zu überlassen, über Freizeitausgleich zu entscheiden, ist eine Regelung, die da funktioniert, wo sie nicht gebraucht wird, und dort versagt, wo es Konflikte gibt.[7]

IV.3.4 Anspruchssicherung

Im Alltag wenig beachtet, aber in Konflikten wichtig: Konten geben Beschäftigten die Sicherheit, dass die verbuchte Zeit nicht mehr einfach in Zweifel gezogen werden kann, wenn sie ausgeglichen werden soll. Auch wer so etwas der eigenen Arbeitgeberin nicht zutraut, sollte daran denken, dass die handelnden Personen sich schnell ändern und ganze Betriebe und Unternehmen auch mal in andere Hände wandern können.[8]

IV.3.5 Entbürokratisierung / Entlastung

Für die Arbeitgeberinnen hat das Konto den Vorteil einer organisatorischen Entlastung. Die verstetigten Einkommen vermeiden aufwändige und fehleranfällige Umrechnungen in monatlich wechselnde Entgeltansprüche. Die Zeiten ändern sich, die Vergütung bleibt gleich.

Die Entlastung wird sogar größer, denn mit dem Ausgleich zwischen längerer und kürzerer Arbeitszeit verschwinden auch die sonst anfallenden Zuschläge auf Mehrarbeit und Überstunden. Dieser Effekt lässt sich nicht vermeiden, es sei denn, der Betriebsrat kann hier zusätzliche übertarifliche Zahlungen initiieren. Die Tarifverträge sehen eine solche Verrechnung und damit die Einsparung von Zuschlägen ausdrücklich vor.

Nicht zu verachten ist für Arbeitgeberinnen auch die häufig mit den Konten verbundene »Entbürokratisierung«, was nichts anderes heißt als die Reduzierung der Mitbestimmung. Wenn die erlaubten Schwankungen der Arbeitszeit im Vorhinein festgelegt sind, ist das bequem, weil sie nicht mehr im Einzelnen mit dem Betriebsrat vereinbart werden müssen. Wenn allerdings die Betriebsvereinbarung der Arbeitgeberin das Recht zur einseitigen Festlegung der Arbeits-

---

6 Zum Insolvenzschutz vgl. Kapitel IV.13 –Störfälle.
7 Kapitel IV.5.2 – Durchsetzung von Freizeitausgleich.
8 Kapitel IV.7 – Individuelle Rechte aus dem Arbeitszeitkonto.

zeit überträgt, kann das ein Verstoß gegen das BetrVG sein, weil damit die Mitbestimmungsrechte aufgehoben werden.[9]

IV.4 Kontoführung

Je nach Aufgabe des Arbeitszeitkontos unterscheidet sich die Art und Weise der Kontoführung.

IV.4.1 Kontotypen

Für die Kontoführung stehen im Grunde drei Varianten zur Verfügung:
- die Summierung aller gearbeiteten oder gutzuschreibenden Stunden (Aufbaukonto)
- das Abarbeiten eines festgelegten Stundenvolumens (Abbaukonto)
- die Registrierung der Abweichungen von einem Normalmaß (Differenzkonto)

Auf- und Abbaukonto machen eigentlich dasselbe, nur aus unterschiedlichen Richtungen. Bezugspunkt ist in beiden Fällen das gesamte Arbeitszeitvolumen eines feststehenden Zeitraums, in der Regel des tariflichen Ausgleichszeitraums. Die gearbeitete Zeit wird entweder von diesem Volumen abgezogen, bis das Konto die »Null« erreicht, oder so lange aufsummiert, bis die vorher festgelegte Zielzahl erreicht ist. Dann ist das Arbeitszeitsoll erfüllt. Anders ausgedrückt: Beim Aufbaukonto klettern die Beschäftigten auf den Stundenberg, beim Abbaukonto steigen sie herab.

Grafik 5: Auf-/Abbaukonto

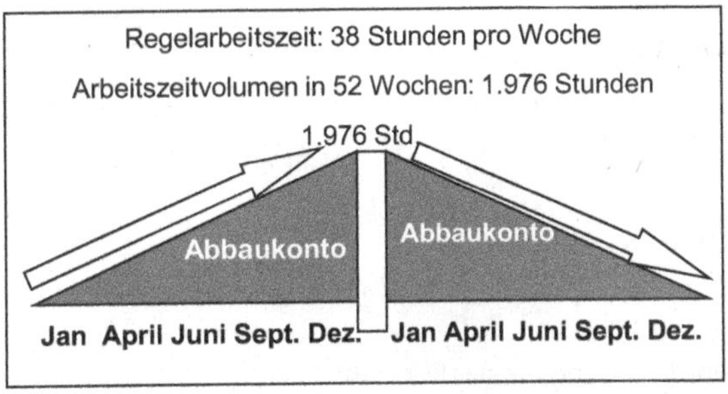

Auf- und Abbaukonto sind bei geringen Schwankungen der Arbeitszeit oder bei vollständig verplanten Zeiten geeignet. Sie geben jederzeit ein verlässliches Bild der Abläufe für diejenigen, die mit der Zeitplanung befasst sind. Solange die zugrunde liegende (tarif-)vertragliche Vereinbarung keine Jahresarbeitszeit vorsieht, muss der Monat weiterhin separat abgerechnet werden.

9 Kapitel III.5.2 – Pflicht zur Mitbestimmung.

Gibt es keine Planung oder feststehenden Verläufe, ist diese Art der Kontoführung weniger sinnvoll, weil sie Fehlentwicklungen insbesondere in den ersten zwei Dritteln des Ausgleichszeitraums nicht so schnell aufzeigt wie das Differenzkonto. Das misst die laufenden Abweichungen von der tariflichen oder arbeitsvertraglich festgelegten Regelarbeitszeit und verwaltet auch nur diese im Konto. Die meisten Konten sind in diesem Sinn Differenzkonten.

Grafik 6: Differenz- und Aufbaukonto

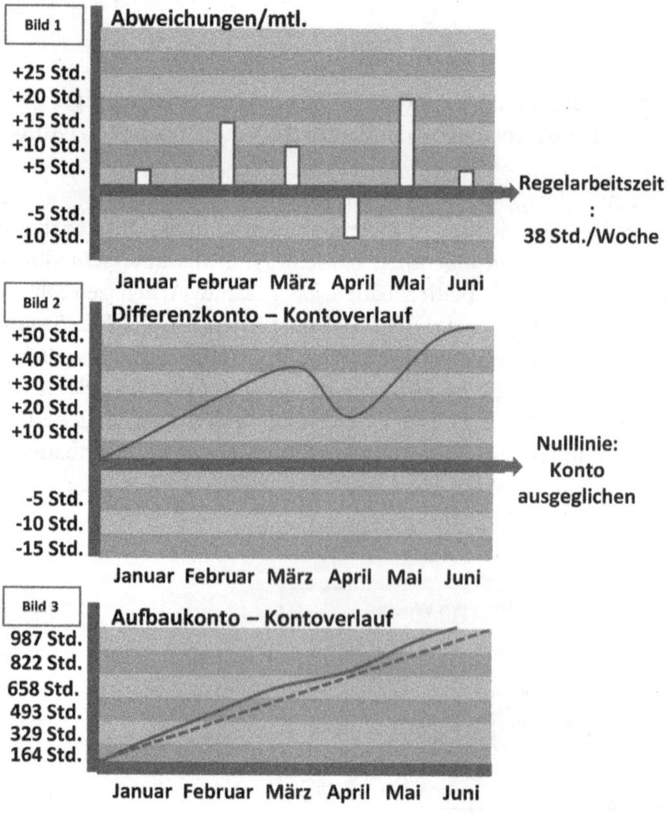

Im Differenzkonto werden die Abweichungen von der Regelarbeitszeit erfasst und saldiert. Was im Differenzkonto als erhebliche Abweichung erscheint (Bild 2), ist im Aufbaukonto allenfalls ein leichter Knick im Kontoverlauf (Bild 3; die gestrichelte Linie stellt dort die Regelarbeitszeit dar).

Die Zahlen im Differenzkonto sind erheblich kleiner, kritische Werte und Grenzen können für die ganze Laufzeit des Kontos einheitlich festgelegt werden. Im Unterschied dazu müssten diese kritischen Werte im Auf- und Abbaukonto laufend angepasst werden, weil die Arbeitszeit ja immer in der vollen Summe beobachtet wird. Ein Aufbaukonto, das noch fünf Monate Laufzeit vor sich hat, bereitet deshalb eher keine Sorgen, wenn darauf statt 1140 Stunden 1180 Arbeitszeit verbucht sind. Tatsächlich handelt es sich aber um ca. 25 % der monatlichen Arbeitszeit, die auszugleichen sind. Im Auf- / Abbaukonto sieht das regelrecht banal aus, da sind es gerade einmal 3,5 % zu viel gearbeitete Zeit. Eine Rückkehr zur normalen Arbeitszeit scheint da weniger dringlich zu sein.

IV.4.2 Führung der Konten in Zeit oder Geld

Zeit ist Geld – der flotte Spruch trifft auch auf das Konto zu: Die gesammelten Guthabenstunden können sowohl in Zeit als auch in Geld geführt werden. Bei der Kontoführung in Zeit wird das angesammelte Zeitguthaben 1:1 in Freizeit ausgeglichen, die gearbeitete Stunde ist genauso viel Freizeit wert, dieser Wert steigt mit der Vergütung.

Bei der Kontoführung in Geld wird das Guthaben zum aktuellen Stundensatz in Geld umgerechnet und danach als Wert verwaltet. Das kann in Form von Wertkonten als langfristige Anlage passieren oder auch virtuell im Arbeitszeitkonto. Im ersten Fall verlässt das Geld das Unternehmen, was – bei entsprechender Absicherung – auch einen Insolvenzschutz bietet. Im zweiten Fall weist das Arbeitszeitkonto lediglich den Geldwert der gearbeiteten Zeit aus. Hierbei verliert das Guthaben bei jeder Steigerung der Vergütung an Wert, die Stunde Freizeit wird für die Beschäftigten also teurer.

Welche Variante die bessere ist, lässt sich nicht pauschal sagen. Für Konten mit kurzen Laufzeiten ist die Geldanlage praktisch uninteressant, weil zu aufwändig und zu teuer. Bei langfristig laufenden Konten[10] – so sie denn zulässig sind – lässt sich schon eher hieran denken, aber nur mit entsprechender Insolvenzabsicherung und einer Mindestverzinsung.

IV.4.3 Schwankungsrichtung

Ein Arbeitszeitkonto kann entweder nur Zeitguthaben und deren Ausgleich aufnehmen oder negative und positive Abweichungen von der Regelarbeitszeit. Sind solche Abweichungen sowohl in den Plus- wie auch in den Minusbereich möglich, bietet sich die Bezeichnung »Girokonto« an, hält sich das Konto nur im Guthabenbereich, ist es ein »Anlagenkonto«.

Bei beiden Varianten wird das Betriebsrisiko der Arbeitgeberin zulasten der Beschäftigten beschränkt, weil sie im Guthabenbereich ein Darlehen der Beschäftigten in Anspruch nimmt. Rutscht das Konto dagegen ins Minus, bekommen die Beschäftigten ein Darlehen und sind zur Rückzahlung – in Form zusätzlicher Ar-

10 Kapitel IV.11 – Langzeitkonten / Wertkonten.

beitsleistung – verpflichtet. Das ist nur mit einer entsprechenden Vereinbarung zulässig. Deshalb ist Voraussetzung für die Kontoführung im Minus, dass sie in der Betriebsvereinbarung zum Arbeitszeitkonto ausdrücklich vorgesehen ist.[11]
Bezugspunkt für die Abweichungen ist entweder die regelmäßige tägliche oder die wöchentliche Arbeitszeit. Die wöchentliche hat den Vorteil, dass sie ein konstanter Wert ist. Die tägliche regelmäßige Arbeitszeit ist das Ergebnis einer Division dieser Wochenarbeitszeit durch eine Anzahl von Arbeitstagen. Das funktioniert aber nur, wenn diese Anzahl immer gleichbleibt. Anderenfalls weist das Konto falsche Werte aus.
Das kann bei einem Abgleich mit der regelmäßigen wöchentlichen Arbeitszeit nicht passieren, denn sie ist ein festgelegter vertraglicher Wert – selbst wenn sich der Arbeitsvertrag zu deren Höhe ausschweigt.[12]

Beispiel
In der 40-Stunden-Woche beträgt die monatliche Arbeitszeit im Durchschnitt 173,3 Stunden. Mit einer Monatsabrechnung des Arbeitszeitkonto entstehen so immer positive oder negative Salden:
20 Arbeitstage: 13,3 Std. minus
21 Arbeitstage: 5,3 Std. minus
22 Arbeitstage: 2,7 Std. plus
23 Arbeitstage: 10,7 Std. plus

Ungeeignet ist die durchschnittliche monatliche Arbeitszeit, weil dabei aufgrund der unterschiedlichen Anzahl von Arbeitstagen in den einzelnen Monaten fast immer falsche Werte produziert werden.
Solche falschen Werte beeinträchtigen die Kontoführung, wenn an bestimmte Kontenstände Konsequenzen geknüpft sind wie z. B. Freistellungen oder Freizeitausgleich. Diese wären dann nicht mehr nur von der Anzahl der geleisteten Stunden abhängig, sondern auch davon, ob ein Monat 20 oder 23 Arbeitstage hat.

IV.4.4 Krankheit und Urlaub

Zur Kontoführung gehört der richtige Umgang mit bezahlten Abwesenheitszeiten, also vor allem Urlaub und Krankheit. Die gesetzlichen und tarifvertraglichen Vorgaben lassen hierbei nur wenig Gestaltungsspielraum, weil sie zwei wesentliche Grundsätze aufstellen: Diese Ausfallzeiten dürfen nicht zu Entgelteinbußen führen und die Beschäftigten dürfen nicht zur Vor- oder Nacharbeit für die Ausfallzeiten verpflichtet werden. Der Grundsatz, dass Arbeitszeit, die wegen Krankheit oder wegen eines Wochenfeiertags ausgefallen ist, nicht nachgearbeitet werden muss, hat eine so hohe Bedeutung, dass nicht einmal in einem Tarifvertrag davon abgewichen werden kann.[13]

---

11 BAG 21.3.2012 – 5 AZR 676/11.
12 BAG 15.5.2013 – 10 AZR 325/12.
13 BAG 26.9.2001 – 5 AZR 539/00.

Beispiel
Betrieb in der Branche »Garten-, Landschafts- und Sportplatzbau«
Regelarbeitszeit gem. MTV: 39 Stunden / Woche
Im Winter wird nur vier Tage in der Woche mit abgesenkter, ansonsten mit angehobener Arbeitszeit gearbeitet.
Ein Beschäftigter ist im August, in dem die Arbeitszeit auf 45 Stunden erhöht ist, eine Woche krank. Wird die Zeit der Krankschreibung mit der Regelarbeitszeit von 39 Stunden im Konto verbucht, entsteht ein Minus von sechs Stunden, das entweder im individuellen Konto ausgeglichen oder nachgearbeitet muss Der Arbeitnehmer müsste dann also sechs Stunden seiner Arbeitsunfähigkeit vor- bzw. nacharbeiten.

Falsche Kontoführung führt in vielen Fällen zum Verstoß gegen diese Regel, weil ein Standardwert und nicht die tatsächlich ausgefallene Arbeitszeit im Konto verbucht wird. Der Standardwert ist üblicherweise die durchschnittliche Arbeitszeit eines Arbeitstages. Wozu das führt, zeigt sich, wenn betriebliche Schwankungen z. B. eine Betriebsruhe an Brückentagen ermöglichen sollen. Die nicht verbuchten zusätzlichen Stunden fehlen später als Guthaben für den Brückentag. Da der aber unabhängig vom Kontostand frei ist, gerät das Konto ins Minus und die Zeit muss nachgeholt werden. Auch wenn dafür anderes Guthaben aus dem Konto verwendet wird und deshalb kein Minus entsteht, ist der Effekt derselbe: Die Beschäftigten finanzieren einen Teil ihrer Arbeitsunfähigkeit selbst, womit gegen das Entgeltfortzahlungsrecht verstoßen wird.
Um solche Folgen zu vermeiden, muss immer die tatsächlich ausgefallene Zeit im Konto gebucht werden – wenn sie bekannt ist.[14]
Diese Buchungstechnik ist auch dann maßgeblich, wenn die Vergütung für solche Abwesenheiten nach dem durchschnittlichen Verdienst der vorangehenden Wochen ermittelt wird. Dieses »Referenzprinzip« ist gem. § 11 BUrlG bei der Berechnung der Höhe des Urlaubsentgelts und nach verschiedenen Tarifverträgen – z. B. in der Metallindustrie – auch für die Vergütung an Feiertagen und bei Krankheit maßgeblich. Trotzdem muss in allen Fällen im Konto die tatsächlich ausgefallene Arbeitszeit verbucht werden, wenn diese bekannt ist. Anderenfalls ist die Kontoführung falsch.
Auf einen Standardwert wie »1/5 der Wochenarbeitszeit« kann nur zurückgegriffen werden, wenn keine Planung der Arbeitszeit existiert. Dieser muss aber Besonderheiten wie die Anhebung von Arbeitszeiten in den oben beschriebenen Phasen berücksichtigen und kann nicht einfach Phantasiewerte ansetzen, die mit der Realität nichts zu tun haben.

Beispiel
Im selben Betrieb der Branche »Garten-, Landschafts- und Sportplatzbau« (siehe vorangehendes Beispiel) werden die konkreten Arbeitszeiten monatlich in Dienstplänen festgesetzt. Der Mitarbeiter wird krank, bevor sein Dienstplan für den August geschrieben ist. Dann gibt es zwar keine konkrete Arbeitszeit, die in das Konto

14 BAG 13.2.2002 – 5 AZR 470/00.

einzustellen wäre, aber die Kenntnis, dass es keinesfalls die Regelarbeitszeit gewesen wäre, weil im Sommer immer mehr gearbeitet wird.

Auch wenn die tatsächlichen Arbeitszeiten von Beschäftigten immer oberhalb der vereinbarten Arbeitszeit liegen, muss dies bei den Buchungen berücksichtigt werden. Für Abrufbeschäftigte ist das durch § 12 Abs. 4 TzBfG geregelt, hier ist auf die durchschnittliche Arbeitszeit der vergangenen drei Monate abzustellen. Das BAG setzt in allen anderen Fällen (die allerdings entschieden worden sind, bevor das TzBfG in diesem Punkt geändert wurde) eine Frist von zwölf Monaten an.[15]

Der pauschale Rückgriff auf einen immer gleichen Standardwert ist damit nur möglich, wenn tatsächlich gar keine Prognose möglich ist, wie die Beschäftigungssituation in der Ausfallzeit gewesen wäre, also z. B. bei gleitender Arbeitszeit, Vertrauensarbeitszeit usw. Und das Fünftel ist auch nur richtig, wenn wirklich regelhaft in der Fünf-Tage-Woche gearbeitet wird.

Die Berechnung dieses pauschalierten Arbeitstages muss sich aus der Betriebsvereinbarung ergeben, um die immer wieder auftauchenden neuen Ideen, wie man es noch machen könnte, zu kanalisieren. Gibt es solche neuen Ideen, müssen sie mit dem Betriebsrat vereinbart werden. Wenn sie gut sind, wird der sich ihnen nicht verschließen. Ohne diese Beteiligung müssen sich Beschäftigte mit der Arbeitgeberin über die Kontoführung individuell streiten.

IV.5 Ausgleich des Kontos innerhalb der Kontengrenzen

Zeitguthaben können durch Freizeit oder Auszahlung ausgeglichen werden, Zeitdefizite durch erhöhte Arbeitszeiten oder Verrechnung mit Entgeltansprüchen. Solange sich das Konto innerhalb der gesetzten Grenzen – Ausgleichszeitraum und Korridor / Rahmen – bewegt, gelten dafür andere Bedingungen, als wenn diese Grenzen erreicht sind.[16]

IV.5.1 Freizeitausgleich im Arbeitszeitkonto

Der Gewinn, den Beschäftigte aus einem Arbeitszeitkonto ziehen können, ist zusätzliche, vorzugsweise ganztägige Freizeit. Sie ist der Gegenwert für zu anderen Zeiten vorgeleistete, aber noch nicht vergütete Arbeit. Wirtschaftlich ist der Freizeitausgleich die Rückzahlung eines der Arbeitgeberin eingeräumten Kredits.

Der Freizeitausgleich darf nicht von bestimmten Kontenständen abhängig gemacht werden, schließlich ist er auch ein Instrument, um die Konten im Rahmen zu halten, um gar nicht erst definierte Grenzen zu berühren. Vorausset-

15 BAG 26.2.2002 – 5 AZR 511/00.

16 Kapitel IV.6.2 – Einhaltung der Grenzen.

zung ist lediglich, dass überhaupt ein Spielraum für Freizeit existiert. Das ist bei entsprechendem Zeitguthaben immer der Fall, aber auch, wenn ein definiertes Maximum an Minusstunden noch nicht erreicht ist und durch die Freistellung auch nicht überschritten wird. Freizeitausgleich darf nicht erst dann durchsetzbar sein, wenn Konten aus dem Ruder laufen. Dafür gibt es beschriebene Störfallregelungen.[17]

Das Zeitguthaben kann für kollektive oder individuelle Freizeit eingesetzt werden. Kollektiv wird Guthaben in der Regel für die Betriebsruhe an Brückentagen, zwischen Weihnachten und Neujahr usw. verwendet. Die Lage des individuellen Freizeitausgleichs wird – mal mehr, mal weniger – durch die Beschäftigten beeinflusst, je nachdem, welche Regelungen die Betriebsvereinbarung dazu aufstellt.

Kollektiver Zeitausgleich wird betrieblich festgelegt, daher ist die Mitbestimmung des Betriebsrats das Instrument der Wahl, um auf dessen Lage Einfluss zu nehmen. Dabei muss vor allem eine Zerstückelung der Freistellungen ausgeschlossen werden – entweder schon in der Betriebsvereinbarung oder im Mitbestimmungsverfahren. Verlängerte Pausen oder nur geringfügig verkürzte Schichten zum Ausgleich für Zeitguthaben haben keinen wirklichen Erholungswert und sind daher auch keine angemessene Rückzahlung des Kredits.

Dagegen braucht die individuelle Freizeitentnahme Regeln in der Betriebsvereinbarung, schon allein deshalb, weil anderenfalls der Rückzug des Betriebsrats aus der Mitbestimmung ein Rechtsverstoß sein kann: Denn er muss seine Mitbestimmungsrechte[18] dabei wahrnehmen, darf die Entscheidungsbefugnisse nicht einfach auf die Arbeitgeberin zurück übertragen.[19] Das passiert aber, wenn der Einfluss des Betriebsrats auf die Lage der Arbeitszeit an die Belegschaft delegiert wird, tatsächlich aber Vorgesetze über Freistellungen entscheiden.

Diese Macht haben die Vorgesetzten auch dann, wenn in der Betriebsvereinbarung zum Arbeitszeitkonto die Gewährung der Freizeit an scheinbar objektive Kriterien wie »betriebliche Belange« oder gar »zwingende betriebliche Belange« gebunden wird. Was aussieht wie eine Hürde, ist tatsächlich die doppelte Dominanz der Arbeitgeberin über die Freizeit der Beschäftigten. Betriebliche Belange sind alle Anliegen des »Betriebs«, also auch ein durch Unfähigkeit der Leitungen verursachtes Chaos oder die Ängstlichkeit von Vorgesetzten. Doppelt ist die Dominanz, weil die Arbeitgeberin durch ihre Führungskräfte festlegt, was betriebliche Belange sind und ob sie der Freizeit im Wege stehen. Jedes »Nein« zum gewünschten Zeitausgleich ist damit unumstößliches Gesetz, legalisiert durch die Regelung der Betriebsvereinbarung.

Daran ändern auch wortreiche juristische Erläuterungen nichts, die solche Leerformeln zu unbestimmten Rechtsbegriffen adeln, deren Anwendung selbstverständlich juristisch überprüft werden kann. Wird dann noch darüber verhandelt, ob nur »dringende« oder gar »zwingende« betriebliche Belange berücksichtigt werden können, erweckt das den Eindruck, hier werde eine massive Barriere

---

17 Kapitel IV.13 – Störfälle.

18 Kapitel III.5.4.2 – Festlegung des Urlaubs (§ 87 Abs. 1 Nr. 5 BetrVG).

19 Kapitel III.5.2 – Pflicht zur Mitbestimmung.

zum Schutz vor Ungerechtigkeiten errichtet, was aber schon deshalb nicht stimmt, weil kein Gericht mehr überprüfen wird, ob der Vorgesetzte die Begriffe bei der Ablehnung der Freizeit richtig angewendet hat. Schnee von gestern ist das für die Gerichte, genannt wird es »kein Rechtsschutzinteresse mehr«, weil der Tag der gewünschten Freistellung lange vorbei ist, wenn der Fall auf dem Richtertisch liegt. Deshalb wird die Frage auch niemals von einem Gericht entschieden werden. Und deshalb haben Vorgesetzte in dieser Konstruktion immer das letzte Wort.

Anders geht das, wenn in der Betriebsvereinbarung eine Regelung verankert wird, die eine beeinflussbare Entscheidung über die Realisierbarkeit von Freizeitausgleich zum gewünschten Zeitpunkt ermöglicht; wobei es dabei nur um die Wünsche der Beschäftigten geht. Anliegen der Arbeitgeberin auf Freistellung müssen im Rahmen der Mitbestimmung verhandelt werden, auch wenn die Betroffenen mit deren Vorstellungen einverstanden sind. Dabei wird auch über die Belastung anderer Beschäftigter während solcher Freistellungen entschieden, was nicht im kleinen Rahmen zwischen betroffenem Beschäftigten und Vorgesetzten geklärt werden kann.

Da die Entscheidung über die Realisierbarkeit der Freizeit in der weitgehend unbekannten Zukunft nicht abstrakt im Vorhinein zu treffen ist, muss eine Betriebsvereinbarung Beschäftigten zusätzliche Rechte einräumen, damit sie in einer Auseinandersetzung mit Vorgesetzten um den Freizeitausgleich mehr als nur einen Wunsch in die Waagschale werfen können. Enthält die Betriebsvereinbarung keine solchen Rechte, lassen sie sich auch nicht aus anderen Vorschriften herleiten.

Ist die Arbeitszeit komplett betrieblich geplant, folgt der Freizeitausgleich deren Schicksal und es werden keine besonderen Regelungen zu dessen Durchsetzung vereinbart werden. Hier klärt sich die Lage der Freizeit im Mitbestimmungsverfahren, so wenn Brückentage u. Ä. betrieblich festgelegt werden. Der Bedarf entsteht allerdings sofort dann, wenn der Freizeitausgleich abweichend von dieser Planung erfolgen soll.

Die Einräumung von Rechten zur Durchsetzung des Freizeitausgleichs ist auch dann überflüssig, wenn für die Beschäftigten weder eine Mindestanwesenheitszeit noch eine bestimmte Anwesenheitsverpflichtung vorgesehen und auch die Vorgesetzten keine Mitsprache bei der Festlegung von Freizeitausgleich haben sollen.

Wenn es Gründe dafür gibt, den betrieblichen Vorgesetzten die Möglichkeit einzuräumen, selbst Freizeitausgleich kurzfristig anzuweisen, ohne den Betriebsrat vorher zu beteiligen, muss ein Verfahren festgelegt werden, mit dem der Betriebsrat doch wieder ins Spiel kommt. Da der Betriebsrat hier nichts anderes macht, als sich die Mitbestimmung, die er vorher aus der Hand gegeben hat, wieder zurückzuholen, darf der Vorgang auch nicht von weiteren Faktoren abhängig gemacht werden, die über die bloße Entscheidung des Betriebsrats, die Mitbestimmung wieder wahrzunehmen, hinausgehen. Das kann nicht von für die Arbeitgeberin feststellbarer Unzufriedenheit der Beschäftigten oder Beschwerden etc. abhängig gemacht werden. Die Mitbestimmung »gehört« dem Betriebsrat, er allein entscheidet, wann er sie sich zurückholt.[20]

IV.5.2 Durchsetzung von Freizeitausgleich

Die Gestaltung der Rechte zur Durchsetzung von Freizeitausgleich unterscheidet sich je nach Arbeitszeitmuster.

IV.5.2.1 Variante 1: monatlich geplante Arbeitszeiten mit individuellem Zeitausgleich

Hierbei reicht es aus, einen Anspruch auf Realisierung von Freizeitwünschen festzulegen, wenn diese so rechtzeitig angemeldet werden, dass sie in der Planung für den betreffenden Monat berücksichtigt werden können.[21]

> **Beispiel**
> Bei Anmeldung 3 Tage vor dem Beginn der Dienstplanung für den Monat, in dem der Freizeitausgleich liegen soll, muss dieser in den Plan eingebaut werden.

Der Betriebsrat kann dann über die Mitbestimmung bei den Dienstplänen die Einhaltung dieser Regel überwachen. In diesem Prozess wird auch ausgehandelt was passiert, wenn die Arbeitgeberin der Meinung ist, die Freistellung sei nicht zu realisieren. Für die Feststellung, dass die Regel in diesem Fall nicht greifen kann, benötigt sie dann aber die Zustimmung des Betriebsrats.[22]
Bei der Festlegung des Freizeitausgleichs in diesem Verfahren muss darauf geachtet werden, dass sich auch tatsächlich die Anzahl der Arbeitsstunden in dem jeweiligen Monat entsprechend verringert. Anderenfalls würde es sich nicht um einen Freizeitausgleich handeln, sondern nur um eine wunschgemäße Verteilung der Regelarbeitszeit. Anders ausgedrückt: Am Ende des Monats muss sich das Guthaben auf dem Konto durch den Freizeitausgleich verringert haben.
Wenn auf diese Weise sichergestellt ist, dass Beschäftigte ihr Guthaben längerfristig in Freizeit umwandeln können, ist es akzeptabel, wenn Vorgesetzte über kurzfristige Freizeitwünsche praktisch allein entscheiden.[23] Eingreifen muss der Betriebsrat allerdings in den Fällen, in denen diese Vorgesetzten dabei offenkundig einzelne Beschäftigte bevorzugen bzw. benachteiligen. Dafür muss die Betriebsvereinbarung vorsehen, dass der Betriebsrat sich seinen Einfluss bei der Festlegung der Arbeitszeiten beim kurzfristigen Freizeitausgleich – den er mit der Betriebsvereinbarung in die Hände der Vorgesetzten gegeben hat – wieder zurückholen kann, ohne dass dafür die ganze Betriebsvereinbarung gekündigt werden muss.

---

20 Textbaustein XI.1. 1. 13 – Mitbestimmung bei Freizeitausgleich.
21 Textbaustein XI.4.3 – Integration von Anliegen in den Dienstplan.
22 Textbaustein XI.1.1.1 – Freistellungsplanung im Dienstplan.
23 Textbaustein XI.1.1.4 – Freistellung bei Nichtausübung eines Wahlrechts.

IV.5.2.2 Variante 2: langfristig geplante Arbeitszeiten mit individuellem Zeitausgleich

Sind die Planungszeiträume länger als einen Monat, ist das Verfahren in Variante 1 ungeeignet, weil dieses auf immer neuen Planungsabschnitten aufbaut. Die Regelung zum Zeitausgleich muss diese Festlegung durchbrechen, also Tage, die mit Arbeit geplant sind im Nachhinein in Freizeit umwandeln. In Variante 1 sind solche kurzfristigen Veränderungen ebenfalls enthalten. Dort konnte die Entscheidung über die Arbeitsbefreiung den Vorgesetzten übertragen werden, weil die Beschäftigten eine Alternative hatten, wie sie ihren Freizeitausgleich durchsetzen konnten. Die gibt es in Variante 2 nicht, deshalb muss hier die Änderung der Festlegung anders geregelt werden.

Die Methoden sind dieselben, die auch bei Arbeitszeiten mit individueller Flexibilität (Variante 3) zum Tragen kommen. Deshalb werden sie dort dargestellt.

IV.5.2.3 Variante 3: Festlegung des Freizeitausgleichs durch die Beschäftigten bei individueller Flexibilität

Sind die Arbeitszeiten ungeplant mit individueller Flexibilität, bei denen der Freizeitausgleich aber beschränkt ist – z. B. in vielen Vereinbarungen zur gleitenden Arbeitszeit –, muss die Durchsetzung des Freizeitausgleichs durch die Beschäftigten auf die mitbestimmte Festlegung der Arbeitszeit einwirken. Für den Betriebsrat ist das kein Problem: Er kann seine Rechte so ausüben, dass er im Vorhinein Änderungen unter bestimmten Bedingungen zustimmt. Die Bedingung kann allerdings nicht sein, dass Vorgesetzte dem Freizeitausgleich im Einzelfall zustimmen, weil das die unzulässige Übertragung der mitbestimmungspflichtigen Entscheidung auf die Arbeitgeberin wäre.[24] Daran ändert sich auch nichts, wenn der Vorgang anders bezeichnet wird, etwa so, dass die Arbeitsbefreiung »im Einvernehmen« mit den Vorgesetzten festgelegt wird, weil auch damit deren Entscheidung den Ausschlag gibt. Da aber diese Festlegung durch die unmittelbar Betroffenen vorzugswürdig gegenüber der Verhandlung darüber auf der Ebene »Geschäftsführung – Betriebsrat« ist, muss die Bedingung so beschaffen sein, dass sie auf die Entscheidungsmacht der Vorgesetzten einwirkt, besser: diese beschneidet. Das kann passieren, indem nach einer Ablehnung des Freizeitausgleichs durch Vorgesetzte und weiterer Uneinigkeit über den Termin des Freizeitausgleichs Beschäftigte den Alternativtermin – ohne Widerspruchsmöglichkeit der Vorgesetzten – festlegen können. Sie müssen dafür nur eine in der Betriebsvereinbarung festzulegende Ankündigungsfrist einhalten. Oder die Wirksamkeit einer Ablehnung des Freizeitausgleichs wird von Vornherein von Bedingungen abhängig gemacht, über die Vorgesetzte nicht allein entscheiden können.[25]

---

24 Kapitel III.5.2 – Pflicht zur Mitbestimmung.

25 Textbaustein XI.1.1. – Freizeitausgleich bei ungeplanter Arbeitszeit – Ersatzregelung und Textbaustein XI.1.1.3 – Freizeitausgleich bei ungeplanter Arbeitszeit – Mitbestimmungsvorbehalt.

Im ersten Fall haben Vorgesetze praktisch uneingeschränkt das Recht, einen Freizeitausgleich abzulehnen. Die Ablehnung muss auch nicht mit besonderen »betrieblichen Bedürfnissen« begründet werden. Allerdings müssen sie versuchen, sich mit den Betroffenen über einen Ersatztermin zu einigen. Funktioniert das nicht, haben diese das Recht, einen anderen Wunschtermin verbindlich festzulegen.
Hiermit wird dem Interesse der Vorgesetzten zunächst sehr weitgehend Rechnung getragen. Zum Ausgleich hierfür können die Beschäftigten, die auf eine gewünschte Freistellung verzichten mussten, den Zeitpunkt des alternativen Freizeitausgleichs einseitig festlegen.
Die Alternative hierzu wirkt von vornherein auf dieses Recht der Vorgesetzten ein: Auch hier haben sie das Recht, einen Freizeitausgleich abzulehnen und sie sind ebenfalls aufgefordert, mit den Betroffenen eine Alternative zu suchen. Schaffen sie das nicht, ist die Ablehnung allerdings nur wirksam, wenn sie hierzu – also zur Ablehnung – die Zustimmung des Betriebsrats einholen.
Ziel dieser Regelungen ist es, dass die Vorgesetzten beim Umgang mit ihrer Stellung vorsichtiger agieren: Sie sind darauf angewiesen, Beschäftigten ihre Sicht der Dinge plausibel zu machen. Das hilft dabei, die vorgesehenen Konfliktzonen gar nicht erst zu betreten, weil klar ist, welche unangenehmen Folgen ein Mangel an Kommunikation und Rücksichtnahme bei der Ablehnung von Freizeitausgleich für sie haben kann. Die Beschäftigten haben so mehr als einen Wunsch in der Waagschale liegen.

IV.5.3 Mitbestimmung bei Ausgleichsregeln

Die Festlegung von Freizeitausgleich ist als Aspekt der Verteilung der Arbeitszeit ein Thema der Mitbestimmung gem. § 87 Abs. 1 Nr. BetrVG.[26] Allerdings funktioniert das Mitbestimmungsrecht nur bei der tatsächlichen Festlegung des Freizeitausgleichs. Hier sollen Regelungen vereinbart werden, die den Beschäftigten einen maßgeblichen Einfluss darauf einräumen. Die Alternative dazu ist die einfache Struktur der Mitbestimmung im BetrVG: Der Konflikt wird an die Betriebsparteien delegiert und – falls diese sich nicht einigen – an die Einigungsstelle. Dass dies der Tod von flexiblen Systemen ist, muss nicht weiter erläutert werden. Allerdings darf der Betriebsrat diese Alternative auch nicht außer Acht lassen: Sie ist die Lösung, wenn es keine Einigung mit der Arbeitgeberin über die Ausgleichsregeln gibt.
Die Regelungsoptionen in der obigen Variante 3 entsprechen dem Bild der weitgehend autonomen Gestaltung des Freizeitausgleichs durch Beschäftigte und Vorgesetzte. Solange sich alle einig sind, muss der Betriebsrat nicht eingreifen. Gibt es dagegen Streit, haben die Beschäftigten entweder weitergehende Rechte für die Festlegung eines Ersatztermins oder das Mitbestimmungsrecht bei der Problemlösung setzt wieder ein, aber anders als üblich. Vorgesetzte sind dann darauf angewiesen, erst die Beschäftigten und dann ggf. den Betriebsrat von

26 BAG 26.4.2005 – 1 ABR 1/04.

ihrem Vorgehen zu überzeugen. Anderenfalls bekommen sie vom Betriebsrat keine Zustimmung bzw. liegt das Verfügungsrecht über das Zeitguthaben beim Beschäftigten. Beides beschränkt die Macht der Vorgesetzten so weit, dass sie nach sinnvollen Lösungen suchen werden. Damit sind Beschäftigte auf der viel beschworenen Augenhöhe, die eine notwendige Voraussetzung für die Delegation der Mitbestimmung in die Belegschaft ist.

Es handelt sich dabei nicht um eine Erweiterung der Mitbestimmungsrechte, weil diese sich darauf beziehen, dass überhaupt Arbeitszeiten – oder deren vorübergehende Verkürzung – festgelegt werden, was beim Freizeitausgleich bzw. insgesamt in den Varianten 2 und 3 ja gerade nicht passiert. Mit dem Modell »Zustimmung des Betriebsrats zur Ablehnung« im vorangehenden Abschnitt wird nur dieser kritische Ausschnitt des Komplexes »Verteilung der Arbeitszeit« in die Mitbestimmung zurückgeholt.[27]

Ohne solche Regelungen müsste die Klärung des Freizeitausgleichs auf »normalem« Weg zum Thema zwischen den Betriebsparteien gemacht werden, also über den Freizeitwunsch im Rahmen des üblichen Mitbestimmungsverfahrens entschieden werden. Das ist aber keine wirkliche Alternative, denn hier gehen die Beschäftigten am Ende immer leer aus, wenn es zu keiner Einigung kommt. Eine schnelle Lösung scheitert daran, dass die Arbeitgeberin sich nicht bei solchen Entscheidungen gegen ihre Führungskräfte stellen und damit deren Autorität untergraben kann. Die Einsetzung einer Einigungsstelle ist ebenfalls keine echte Option, denn bis diese eingerichtet ist, ist in der Regel der Tag des gewünschten Freizeitausgleichs schon vergangen. Und der Beweis, dass externe Schlichter hierbei so viel Einblick in den Betrieb haben, dass sie gegen den Willen der Arbeitgeberin einem Beschäftigten freigeben, ist auch noch nicht erbracht.

Trotzdem kann es sein, dass auch der Betriebsrat so an der flexiblen Arbeitszeit hängt, dass er sie selbst dann noch vereinbaren will, wenn es in der Frage der Durchsetzung des Freizeitausgleichs keine Einigung gibt. Dann sollte er zumindest auf der Einrichtung einer schnell arbeitenden betrieblichen Instanz beharren, die in Konfliktfällen pragmatische Lösungen findet. Das kann z. B. eine betriebliche Schlichtungskommission sein, in der von Fall zu Fall die eine oder andere Betriebspartei die entscheidende Stimme hat.

Die Einflussnahme der Beschäftigten kann nur ernsthaft verhandelt werden, wenn beide Betriebsparteien Beschäftigte für vernunftbegabte Wesen ansehen, die nicht in Scharen wegzulaufen, wenn Arbeit droht. Diese Erwartung teilen nicht alle, die bei Verhandlungen um solche Arbeitszeitmuster das Wort führen. Der Betriebsrat kann solchem Misstrauen nur begegnen, indem er sich zurückzieht, den Beschäftigten diese Sicht der Arbeitgeberin auf ihre Belegschaft mitteilt und nur noch über feste Arbeitszeiten redet. Eine Arbeitgeberin, die ihren Beschäftigten nicht zutraut, mit beweglichen Arbeitszeiten verantwortungsbewusst umzugehen, muss sich selbst um Planung kümmern, statt über theoretisch denkbare Auswüchse zu lamentieren. Nur wenn der Betriebsrat diese Option ernsthaft in den Raum stellt, wird er erfahren, wie wichtig der Arbeitgeberin

27 Textbaustein XI.1.1.3 – Freizeitausgleich bei ungeplanter Arbeitszeit.

die Flexibilität ist, durch die sie sich um die Lage der Arbeitszeit kaum noch kümmern muss. Damit ergeben sich dann auch wieder bessere Verhandlungsmöglichkeiten.

Die Erweiterung der Rechte der Beschäftigten ist ein Machtverlust auf Seiten der Arbeitgeberin, was bei ihr nur selten spontane Begeisterung auslöst. Das allerdings kommt auch vor, wenn die Verhandelnden auf deren Seite selbst wissen, dass Vorgesetzte auch nicht immer »richtig« agieren, häufig weil sie sich nicht trauen, manchmal weil sie es nicht können.

Einen solchen Machtverlust muss sich die Arbeitgeberin natürlich nicht aufzwingen lassen, der Betriebsrat kann daher eine derartige Regelung nicht gegen ihren Willen in der Einigungsstelle durchsetzen, sondern nur im Konsens aushandeln. Aber die Alternativen, wenn es keine Einigung zu diesem Thema gibt, sind für die Arbeitgeberin auch nicht bequem: ständige Beteiligung des Betriebsrats in Detailfragen.

IV.5.4 Fristen für individuellen Freizeitausgleich

Ankündigungsfristen für die Festlegung von Freizeitausgleich tauchen auch in anderer Form auf. Der TVöD macht sie zur Voraussetzung für die Einrichtung eines Arbeitszeitkontos. Die Funktion einer solchen Frist erschließt sich über die Festlegung, welche Folgen deren Einhaltung hat. In dem Beispiel im vorigen Abschnitt führte das zur Durchsetzbarkeit des Rechts auf Freizeitausgleich. Wird eine solche Folge aber nicht ausdrücklich in der Betriebsvereinbarung festgelegt, hat die Einhaltung der Frist keine weitere Bedeutung. Sie ist dann lediglich eine zusätzliche Hürde für die Beschäftigten: Der Anspruch auf Freizeitausgleich setzt dann voraus, dass die Frist eingehalten wird. Selbst wenn sie aber eingehalten wird, hat das keine Bedeutung für die Bewilligung des Freizeitausgleichs.

Das ist ein scheinbar kleiner praktisch aber bedeutender Unterschied: Der Antrag auf Freizeitausgleich kann nicht nur – sowieso – abgelehnt werden, sondern dies kann auch noch damit begründet werden, dass mit dem Betriebsrat eine Frist vereinbart worden ist, die leider versäumt wurde. Von einem Recht auf Durchsetzung des Freizeitausgleichs ist hier keine Rede.

Der TVöD allerdings ist an dieser Stelle offen, er verlangt zwar die Festlegung einer Frist zum Abruf von Zeitguthaben, knüpft daran aber keinerlei Folgen. Damit kann das oben dargestellte Modell auch im Geltungsbereich dieses Tarifvertrags vereinbart werden.

IV.5.5 Krankheit im Freizeitausgleich

Freizeitausgleich ist – wie oben schon beschrieben – der Gewinn der Beschäftigten aus dem Arbeitszeitkonto. Umso ärgerlicher ist es, wenn ausgerechnet an solchen Tagen ein Virus zuschlägt und die Tage mit Fiebermessen und Kräuterteetrinken gefüllt sind.

Erkranken Arbeitnehmer während der Freistellungsphase, verlieren sie nach Ansicht des BAG ihr Zeitguthaben.[28] Sie haben dasselbe Pech wie Beschäftigte, die am arbeitsfreien Wochenende das Bett hüten müssen.
Juristisch lässt sich das wie fast alles begründen, sachgerecht ist es nicht. Beim Freizeitausgleich handelt es sich um die Rückführung eines Darlehens, das Beschäftigte ihren Arbeitgeberinnen in Form von unbezahlter Vorleistung gegeben haben. Wenn ein solcher Kredit außerhalb der durch arbeitsrechtliche Scheuklappen abgekapselten Welt zurückgezahlt werden muss, käme auch niemand auf die Idee, diesen als bezahlt anzusehen, nur weil der Darlehensgeber zum Rückzahlungstermin nicht erscheint. So profitiert die Arbeitgeberin, die wirtschaftlich von der Verpflichtung zur Entgeltfortzahlung befreit wird.
Das lässt sich im Betrieb anders regeln. Hilfreich ist z. B. eine Bestimmung in der Betriebsvereinbarung, wonach in diesen Fällen die Grundsätze des Urlaubsrechts greifen. Die vorgearbeitete Zeit geht so nicht verloren.[29] Die Nachholung ist allerdings ausgeschlossen, wenn die Erkrankung während eines angesparten »Vorruhestands« eintritt. Hierbei hilft dann nur noch ein finanzieller Ausgleich.[30]
Erzwingbar ist eine solche Regelung allerdings nicht. Hier hilft dem Betriebsrat nur die richtige Strategie in den Verhandlungen. Die muss auch die Alternative erkennen lassen, die ganze Flexibilität, für die das Konto benötigt wird, nur sehr stark eingeschränkt zu akzeptieren. In diesem Fall hat dann nämlich die Arbeitgeberin ein Durchsetzungsproblem.[31]
Im Geltungsbereich TVöD, TV-N und TV-V ist der Erhalt des Zeitguthabens bei Krankheit im Freizeitausgleich verbindlich vorgegeben.

IV.5.6 Freizeitausgleich und Urlaub

Obwohl im Arbeitsleben fast immer fast alles preußisch korrekt zugeht, soll es doch schon vorgekommen sein, dass am Ende eines Jahres nicht mehr klar war, welche freien Tage Urlaub und welche Freizeitausgleich waren. Wenn der nicht genommene Urlaub am Jahresende verfällt, kann das dazu führen, dass der Anspruch darauf verloren geht.

Beispiel
Eine Arbeitnehmerin hatte im abgelaufenen Jahr Anspruch auf 30 Tage Urlaub und auf 15 Tage Freizeitausgleich. Genommen hat sie insgesamt 40 freie Tage. Davon waren 25 zusammenhängend als Jahresurlaub beantragt. Für den Rest ist keine eindeutige Zuordnung erfolgt.
Wenn sie tatsächlich nur 25 Urlaubstage genommen hat, sind die verbleibenden 15 Tage Freizeitausgleich, die restlichen fünf Urlaubstage verfallen. Wenn von den 40 Tagen stattdessen 30 Tage Urlaub waren, besteht weiterhin ein Anspruch auf fünf Tage Freizeitausgleich.

---

28 BAG 21.8.1991 – 5 AZR 91/91.
29 Textbaustein XI.1.1.7 – Krankheit im Freizeitausgleich.
30 Textbaustein XI.1.1.5 – Umwandlung des Guthabens in Zahlungsanspruch.
31 Kapitel V.6.5 – Mitbestimmung.

Weil solche Dinge immer wieder vorkommen, ist es sicherer, eine Bestimmung in die Betriebsvereinbarung aufzunehmen, wonach bei Unklarheit über die Zuordnung freier Tage zunächst eine Anrechnung auf den Jahresurlaub und dann erst auf den Freizeitausgleich erfolgt.[32] Andernfalls entscheiden Gerichte darüber. Das kann gut gehen oder auch nicht (BAG 28.3.2023 – 9 AZR 488/21).
Ist das nicht möglich, weil die Arbeitgeberin sich hierauf nicht einlassen will, bleibt nur ein streng bürokratisches Regime zur Beantragung und Genehmigung von Urlaub und Freizeitausgleich, damit es nicht zu solchen Unklarheiten kommen kann.

IV.5.7 Ausgleich von Zeitdefizit

Eine Regelung zum Ausgleich von Zeitdefizit ist während der Laufzeit des Kontos und innerhalb der festgelegten Grenzen nicht erforderlich. Wenn es zulässig ist, das Konto ins Minus zu fahren, gibt es keinen Grund, administrativ in diese Befugnis einzugreifen. Erst wenn die Grenzen berührt werden, entsteht Handlungsbedarf.[33]

IV.5.8 Auszahlung

Die Auszahlung von Zeitguthaben ist nicht nur die schlechtere Alternative gegenüber dem Zeitausgleich, sie verstößt auch bei Konten, die die Verteilung der Regelarbeitszeit steuern, bei bestehender Tarifbindung gegen den Tarifvertrag: Dieser verlangt die Einhaltung der Regelarbeitszeit. Durch die Auszahlung wird sie faktisch bei gleichem Entgelt erhöht. Nach den üblichen Tarifverträgen ist eine solche Verlängerung der Arbeitszeit nur erlaubt, wenn dafür Zuschläge bezahlt werden.
Konten, die von vornherein dafür eingerichtet werden, um Mehrarbeit zu verwalten, haben dieses Problem nicht. Auch hier sehen Tarifverträge zwar in der Regel einen Ausgleich durch Freizeit vor, allerdings ist von vornherein auch die Auszahlung – und damit die Erhöhung der Arbeitszeit – zulässig.
Die Abweichung von der Regelarbeitszeit rückwirkend zur Mehrarbeit zu erklären und die Auszahlung mit Zuschlägen vorzunehmen, ist auch keine Lösung für das Problem: Zum einen wird dadurch ein deutlicher Anreiz geschaffen, sich die zusätzliche Arbeitszeit bezahlen zu lassen. Die monetäre Abgeltung erhält durch die Zuschläge einen höheren Wert gegenüber der Freizeit. Das ist bei Konten zur Verteilung der Regelarbeitszeit aber gerade nicht gewollt. Zum anderen wird damit eine eigenständige Definition der zuschlagspflichtigen Mehrarbeit geschaffen, die so in keinem Tarifvertrag enthalten ist.
Diese Definition würde in etwa so lauten: »Mehrarbeit ist das Zeitguthaben im Konto, wenn Arbeitgeberin und Beschäftigte es so wollen.« Das lässt sich rechtlich verbindlich weder ausdrücklich noch stillschweigend von den Betriebspar-

32 Textbaustein XI.1.1.8 – Unterscheidung Urlaub / Freizeitausgleich.
33 Kapitel IV.6.2.3 – Einhaltung Korridor – Zeitdefizit.

teien so vereinbaren, weil es gegen § 77 Abs. 3 BetrVG verstößt – auch in den meisten nicht tarifgebundenen Betrieben.[34] Und gegen die Mitbestimmungsrechte des Betriebsrats bei der Verlängerung der Arbeitszeit wird damit auch noch verstoßen: Seine vorab erteilte Zustimmung zu den Bewegungen der Arbeitszeit, die in diesem Konto verwaltet werden, bezieht sich ja nicht auf die Anhebung der Arbeitszeit ohne entsprechenden Zeitausgleich, sondern auf die Beweglichkeit der Regelarbeitszeit.

Dasselbe Dilemma besteht aber auch, wenn die Auszahlung ohne Zuschläge erfolgt: Dann wird damit die Regelarbeitszeit verlängert, was erst recht außerhalb der Regelungsbefugnis der Betriebsparteien liegt.

Die Lösung für das Problem liegt damit nicht in raffinierten rechtlichen Konstruktionen in der Betriebsvereinbarung, um die Auszahlung zu legalisieren, sondern in der einfachen Erkenntnis, dass die Betriebsvereinbarung über dieses Arbeitszeitkonto nichts anderes regeln darf als Maßnahmen, die auf die Einhaltung der Regelarbeitszeit abzielen.

Über das Ziel hinaus schießt auch der komplette Ausschluss der Auszahlung von Zeitguthaben in der Betriebsvereinbarung. Dieses Verbot dürfte weder praktisch noch rechtlich für den Betriebsrat durchsetzbar sein. Abgesehen davon, dass solche Aktionen nicht geeignet sind, neue Freundschaften zu schließen, gibt es auch keinen rechtlichen Hebel, mit dem verhindert werden kann, dass Beschäftigte sich ihre zusätzlich geleistete Arbeitszeit bezahlen lassen.[35]

Sinnvoll kann ein solcher Ausschluss der Auszahlung allenfalls dann sein, wenn er mit einer durchsetzbaren Regelung zur Freizeitentnahme verbunden ist. Die darf dann allerdings nicht von der Zustimmung der Vorgesetzten abhängen.

Bei Guthaben im Mehrarbeitskonto ist die Sachlage anders, weil diese Arbeitszeitverlängerung durch die Tarifverträge ausdrücklich zugelassen ist. In diesen Fällen können in einer Betriebsvereinbarung zu Mehrarbeitskonten auch Bedingungen für die Realisierung eines Freizeitausgleichs geregelt werden. Die Auszahlung als Alternative ist hierbei ohnehin zulässig.

Die Option »Auszahlung« verringert allerdings den Druck, den Zeitausgleich wirklich vorzunehmen: Die Auszahlung ist die Alternative, die es ja gerade nicht erforderlich macht, sich um freie Tage zu streiten, das Geld dafür geht schließlich nicht verloren. Die Auszahlung für sich genommen ist zwar nicht verwerflich, sie sollte dann aber auch sofort und als Mehrarbeit erfolgen, statt die Stunden nur ins Konto zu schieben und vergeblich auf Entlastung oder Auszahlung zu warten.

Soll die Option »Auszahlung« trotz dieser Vorbehalte in der Betriebsvereinbarung auftauchen, gibt es eine Möglichkeit, zumindest die damit einhergehenden zusätzlichen Belastungen im Rahmen zu halten. Das funktioniert so, dass die ausgezahlten Stunden zwar nicht mehr durch Freizeit ausgeglichen werden müssen, aber in der Kontenstatistik trotzdem erhalten bleiben und damit eine Rolle spielen, wenn es um die Einhaltung von festgelegten Kontogrenzen geht.[36] Selbst

34 Kapitel III.7.1 – Tarifvorrang / Gesetzesvorrang / Tarifvorbehalt.
35 BAG 22.8.2017 – 1 ABR 14/16.
36 Textbaustein XI.1.1.6 – Auszahlung mit Saldenerhalt.

wenn das gesamte Guthaben ausgezahlt wird, ist dann bei Erreichen der Grenze entweder keine weitere zusätzliche Arbeitszeit mehr zulässig oder diese muss – wenn entsprechende Regelungen existieren – sofort wieder ausgeglichen werden.

IV.6 Kontosteuerung

Die Kontosteuerung ist bei beweglichen Arbeitszeiten die zentrale Einrichtung im Arbeitszeitkonto, weil sie dafür sorgt, dass die vertraglichen bzw. tarifvertraglichen und gesetzlichen Vorgaben eingehalten werden und die zusätzliche Belastung für die Beschäftigten im Rahmen bleibt. Bewegliche Arbeitszeiten sind allein aufgrund der Beweglichkeit eine Belastung,[37] die nicht noch durch deren Verlängerung gesteigert werden sollten.

IV.6.1 Steuerungsinstrumente

Auch wenn das unmodern erscheint, lässt sich das Ziel, die Belastung durch bewegliche Arbeitszeiten gering zu halten, nur durch das Setzen von Grenzen für Schwankungen und Arbeitsmenge und vor allem durch Maßnahmen zur Einhaltung der Grenzen erreichen. Solche Grenzen beziehen sich auf

- das maximale Zeitguthaben,
- die Laufzeit der Konten und
- den Umfang der Abweichungen von der Regelarbeitszeit.

Horizontale Grenzen sind Ausgleichszeiträume, die meist durch Tarifverträge vorgegeben sind,[38] vertikale Grenzen beziehen sich auf die absoluten Kontenstände und die maximalen Abweichungen von der Regelarbeitszeit (Grafik 7, S. 162). Steuerungsinstrumente sind vereinbarte Korridore bzw. Rahmen und die Bestimmung der zulässigen Abweichungsgröße, z. B. eine zusätzliche Schicht im Monat. Die erste Grenze wirkt auf die gesamte zusätzliche Arbeitsleitung, die zweite auf die Geschwindigkeit des Stundenaufbaus. Beide vertikalen Beschränkungen lassen sich miteinander kombinieren.

37 Kapitel I.1.4 – Lange Arbeitszeiten.

38 Kapitel IV.6.1.1 – Ausgleichszeitraum.

Grafik 7: Grenzen im Arbeitszeitkonto

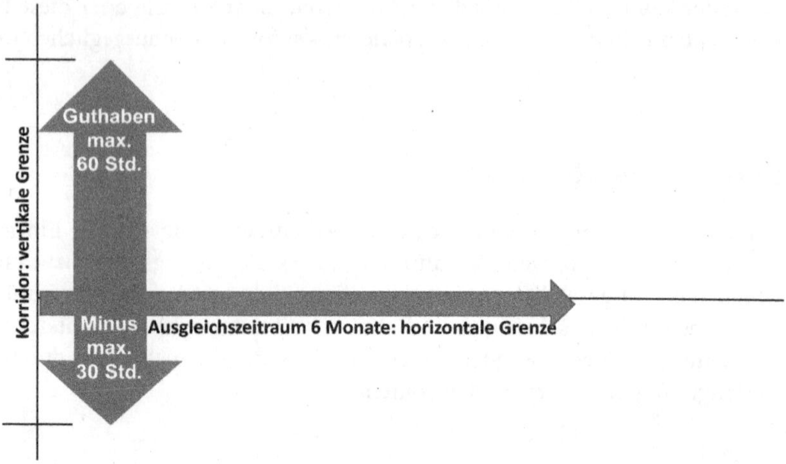

Maßnahmen zur Einhaltung der Grenzen unterscheiden sich danach, wer über die Lage der Arbeitszeit entscheidet, die Arbeitgeberin und ihre Beauftragten, also Dienst- und Schichtplaner, oder die Beschäftigten bei individueller Flexibilität.

Die möglichen Maßnahmen zur Steuerung eines Kontos sind – je nachdem, wofür die die Konten eingerichtet werden – unterschiedlich geeignet bzw. ungeeignet. Wer z. B. ein »Ampelkonto«[39] einrichtet, um nach einem Schicht- oder Dienstplan schwankende Arbeitszeiten zu steuern, wird damit nichts erreichen, denn hier wird die Arbeitszeit vorausschauend geplant. Das Ampelkonto dagegen reagiert auf Fehlentwicklungen, die durch die Beschäftigten beeinflussbar sind. Das ist bei geplanten Zeiten ja gerade nicht der Fall.

Lassen sich die Arbeitszeiten nicht komplett planen, sondern kommt es zu Abweichungen, über die allein der Betrieb entscheidet, ist eine definierte Grenze des Kontostands Auslöser für die zu ergreifenden Maßnahmen. Das kann die Einrichtung von Sonderschichten, die Festlegung von freien Tagen bis hin zur Betriebsruhe usw. sein.

Die Maßnahmen können schon im Vorhinein von den Betriebsparteien vereinbart sein oder im Einzelfall der Mitbestimmung unterliegen. Außerdem kann hier der Kontostand auch Auslöser für einen individuellen Ausgleich – verkürzte Arbeit oder ganze freie Tage (Freischichten) oder Auszahlung – sein.

Verwaltet das Konto Abrufarbeit in jeglicher Form, löst der Kontenstand Zugriffsbeschränkungen aus. Die Arbeitgeberin darf dann keine Arbeitsleistung mehr abrufen.

Wird die Arbeitszeit im Rahmen individueller Flexibilität festgelegt, löst der Kontenstand Beschränkungen der Beschäftigten im Umgang mit der Arbeitszeit

39 Textbaustein XI.1. 1. 12 – Ampelkonto.

aus – z. B. durch Festlegung auf die Regelarbeitszeit – und vermittelt Ansprüche auf Ausgleichsmaßnahmen.
Wenn mehrere dieser Typen in einem Konto vermischt werden, müssen im Konto die Anforderungen aller berücksichtigt werden.

IV.6.1.1 Ausgleichszeitraum

Horizontal wird das Arbeitszeitkonto durch Ausgleichszeiträume begrenzt. Ein Ausgleichszeitraum ist die Periode, in der eine definierte Arbeitszeit im Durchschnitt erreicht werden muss bzw. nicht überschritten werden darf.

Grafik 8: Horizontale Begrenzung des Kontos

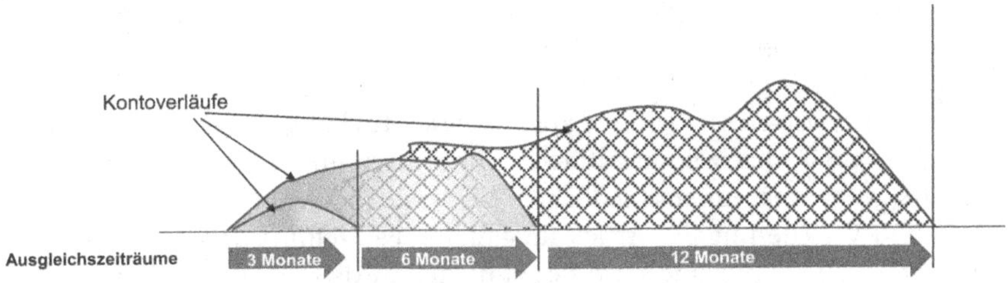

Der Ausgleichszeitraum legt die horizontale Grenze des Kontos fest: Gleich welche Dauer, ob drei, sechs oder 12 Monate, spätestens am Ende müssen die Plus- und die Minusstunden gegeneinander ausgeglichen sein.

Der erste dieser Ausgleichszeiträume ist der in § 3 ArbZG festgelegte sechsmonatige für die Einhaltung der wöchentlichen Höchstarbeitszeit von 48 Stunden.[40]
Dazu kommen tarifvertragliche Ausgleichszeiträume unterschiedlicher Längen, die zum Teil auch nur aufgrund vertraglicher Verweisung auf diese Tarifverträge zu beachten sind. Schließlich gibt es noch betriebliche Vereinbarungen zu Ausgleichzeiträumen, teils weil keine Tarifverträge existieren, teils weil diese Regelungsspielraum lassen und teils, weil die Betriebsparteien die tariflichen Regelungen schlicht ignorieren.
Im Gegensatz zum gesetzlichen Ausgleichszeitraum beziehen sich die tariflichen Ausgleichszeiträume auf die durch Tarifvertrag festgelegten Regelarbeitszeiten von Vollzeitbeschäftigten und nicht auf die tatsächlich gearbeitete Zeit. Nicht einbezogen werden Mehrarbeit, Bereitschaftsdienst usw., die aber im gesetzlichen Ausgleichszeitraum berücksichtigt werden müssen. Auch für vertragliche und betriebliche Regelungen ist in den meisten Fällen diese Regelarbeitszeit der Bezugspunkt.
Für den Ausgleich zuschlagspflichtiger Mehrarbeit enthalten die Tarifverträge dann häufig einen weiteren – kürzeren – Ausgleichszeitraum.
Wegen der unterschiedlichen Zielsetzungen der Regelungen sind auch die Wirkungen der Ausgleichszeiträume unterschiedlich. Das ArbZG will die Beschäftigten vor zu viel Arbeit schützen, Tarifverträge sollen vor allem das Verhältnis

40 Kapitel II.3.1.3.2 – Wöchentliche Höchstarbeitszeit.

von gearbeiteter Zeit und Vergütung absichern. Daher ist ein Überschreiten der – allerdings sehr weit gesteckten – Grenze des ArbZG unzulässig, während die Weiterarbeit bei Erreichen der tariflichen Grenze nicht verboten, sondern allenfalls teurer ist. Hierbei fallen in der Regel Mehrarbeitszuschläge an.

Beispiel
Der Tarifvertrag sieht eine Regelarbeitszeit von 37,5 Stunden pro Woche vor, die auf maximal 6 Monate verteilt werden können. In der Periode liegen also genau 26 Wochen, das ergibt ein Arbeitszeitsoll von insgesamt 975 Stunden. Wenn dieses nach 25 Wochen abgearbeitet ist, darf zwar weitergearbeitet werden, aber nur im Rahmen zuschlagspflichtiger Mehrarbeit.
Das Gesetz lässt dagegen in der gleichen Zeit 1248 Stunden (48 × 26) als Arbeitszeit zu. Wenn diese nach 25 Wochen erbracht sind, darf in der 26. Woche nicht mehr gearbeitet werden.

Betriebliche Ausgleichszeiträume können eine Mischung aus beidem sein: dem Bestreben, die Arbeitszeit tatsächlich zu begrenzen und die Regelarbeitszeit zu verteilen. Wegen der unterschiedlichen Wirkungen – Verbot der Weiterarbeit im einen und Verteuerung der Arbeit im anderen Fall – führt das aber häufig nur dazu, dass überhaupt keine klare Regelung mehr existiert. Die Festlegung einer betrieblichen Grenze zur zusätzlich bezahlten Mehrarbeit verstößt im Übrigen meist gegen die Regeln des Tarifvertrags, auch wenn dieser im Betrieb gar nicht gilt.[41]
Im Alltag laufen zumindest der gesetzliche und der tarifvertragliche Ausgleichzeitraum nebeneinander, ohne dass dies besonders auffällt. Der gesetzliche wird meist auch nicht ausdrücklich festgelegt oder vereinbart. Er muss nur eingehalten werden.

IV.6.1.1.1 Gesetzlicher Ausgleichszeitraum

Die wöchentliche Höchstarbeitszeit gem. § 3 ArbZG beträgt durchschnittlich 48 Stunden. Der Durchschnitt muss im Zeitraum von sechs Monaten oder 24 Wochen erreicht werden. Das sieht man der Vorschrift so zwar nicht an, aber ein fester Glaube und Erläuterungen an anderer Stelle helfen.[42]
Für die Einhaltung des gesetzlichen Ausgleichszeitraums zählt jede Stunde gleich, unabhängig davon, ob sie als Mehrarbeit, Bereitschaftsdienst oder als Regelarbeitszeit bezeichnet und bezahlt wird. Eine Stunde ist eine Stunde. Das Gesetz schaut nur darauf, wie viel Zeit »brutto« gearbeitet wurde und nicht darauf, ob es eine besondere Vergütung dafür gibt. Es soll auch in den Fällen vor Überlastung schützen, in denen die Arbeitsstunde besonders gut bezahlt wird. Ist der Punkt der definierten Überlastung – also die Höchstarbeitszeit – erreicht, muss die Arbeit eingestellt werden.
Allerdings wird diese Grenze in der Regel nicht mehr erreicht, weil in der üblichen Fünf-Tage-Woche ein solches Volumen nur durch dauerhafte Zusatz-

41 Kapitel III.7.1 – Tarifvorrang / Gesetzesvorrang / Tarifvorbehalt.
42 Kapitel II.3.1.4.1.3 – Die 48-Stunden-Woche.

schichten am Samstag entstehen würde. Bedeutung hat die Begrenzung der wöchentlichen Höchstarbeitszeit auf 48 Stunden im Durchschnitt aber in den Bereichen, in denen mit Bereitschaftsdiensten bzw. Arbeitsbereitschaft gearbeitet wird, also insbesondere im Gesundheitswesen und im Bewachungsgewerbe.[43]
Durch Tarifvertrag kann der gesetzliche Ausgleichszeitraum gem. § 7 Abs. 1 Nr. 2 ArbZG auf bis zu ein Jahr verlängert werden. Das muss aber ausdrücklich passieren und ist höchst selten. Ausgleichszeiträume in Tarifverträgen beziehen sich fast immer nur auf die tarifliche Regelarbeitszeit.
Die Einhaltung des gesetzlichen Ausgleichszeitraums ist nicht zwangsläufig dadurch gewährleistet, dass der tarifvertragliche Ausgleichszeitraum eingehalten wird. Das wäre zwar naheliegend, ist doch die nach Tarifvertrag zu verteilende Arbeitszeit fast immer erheblich kürzer (35 bis 40 Stunden) als die gesetzliche (48 Stunden). Da der Tarifvertrag aber nur die normal bezahlte Arbeitszeit berücksichtigt, nicht aber Bereitschaftsdienste oder Mehrarbeit, können zu dieser kürzeren Arbeitszeit in den entsprechenden Branchen noch eine Vielzahl von Stunden hinzukommen, sodass die Summe der Stunden die Grenze von 48 Stunden im Durchschnitt übersteigt.

IV.6.1.1.2 Tarifvertraglicher Ausgleichszeitraum

Tarifverträge haben als Basis eine wöchentliche Arbeitszeit, die aber praktisch immer auch im Durchschnitt von längeren Zeiträumen als einer Woche erreicht werden darf.[44] Davon gibt es wenige Ausnahmen, z. B. die Jahresarbeitszeittarifverträge von Bahngesellschaften. Deren Jahressoll muss aber auch immer wieder auf den Anteil von Tagen oder Wochen umgerechnet werden.
Der tarifvertragliche Ausgleichszeitraum bezieht sich auf die im Tarifvertrag selbst festgelegte »Regelarbeitszeit« oder auch regelmäßige Arbeitszeit. Das ist das, was nach dem Tarifvertrag jeweils als Vollzeit gilt. Da die regelmäßige Arbeitszeit unterschiedlich über die Wochen verteilt werden kann, sorgt die Einhaltung des Ausgleichszeitraums dafür, dass sich irgendwann Vergütung und Arbeitsleistung wieder entsprechen, spätestens an dessen Ende.
Die tariflichen Ausgleichszeiträume haben sich in den meisten Fällen bei sechs bis 12 Monaten Laufzeit eingependelt. Längere kommen aber ebenso vor wie solche von nur acht oder zwölf Wochen. Und im TVöD ist der Ausgleichszeitraum zwar weiterhin vorhanden, aber sein Ende höchst unverbindlich geworden, weil der Kontostand einfach in den nächsten Ausgleichszeitraum umgebucht werden kann.
Die Einhaltung des Ausgleichszeitraums ist kein überflüssiger Luxus, sondern ein verbindlicher Auftrag, dessen Umsetzung die Kontogestaltung gewährleisten muss. Dass es dann in der Realität etwas anders läuft, ist dadurch nicht ausgeschlossen, dafür gibt es aber immer noch die Instrumente »Auszahlung« bzw. »Streichung von Minusstunden«, wenn der Ausgleich am Ende des Ausgleichszeitraums nicht geschafft wurde. Wenn aber von Vornherein auf Instru-

43 Kapitel V.4.7.2 – Wöchentliche Höchstarbeitszeit / Nachtarbeit.
44 Kapitel II.3.2.1 – Regelungselemente zur Arbeitszeit im Tarifvertrag.

mente[45] verzichtet wird, die diesen Ausgleich sicherstellen, oder sogar ein Verstoß bewusst ermöglicht wird, ist das Konto nicht mehr tarifkonform. Schließlich wird dadurch das Recht der Beschäftigten auf das Gleichgewicht zwischen den tariflichen Komponenten »Arbeitszeit« und »Geld« verletzt.

Ist der Ausgleichszeitraum zu Ende und das Konto nicht ausgeglichen, ist das zwar ein Verstoß gegen den Tarifvertrag, das Guthaben muss aber trotzdem nach dessen Regeln abgerechnet werden: Das kann die Auszahlung von Guthaben, falls zulässig eine Umbuchung in den nächsten Ausgleichszeitraum oder auch der unverzügliche Freizeitausgleich sein. Manchmal ist das allerdings nicht so eindeutig festgelegt. BRTV Bau und TVöD z. B. lassen die Übertragung auf den nächsten Ausgleichszeitraum bzw. ein neues Arbeitszeitkonto ausdrücklich zu, die MTV in der Metallindustrie akzeptieren dagegen nach einer Entscheidung des LAG Düsseldorf nur Freizeitausgleich und überhaupt keine Auszahlung.[46]

Eine Umbuchung in ein anderes Konto oder in den nächsten Ausgleichszeitraum ist nur zulässig, wenn das im Tarifvertrag oder der betrieblichen Regelung zugelassen ist.[47] Meist ist das aber nicht so, und manchmal reicht die Betriebsvereinbarung auch nicht aus.[48]

Bei Minusstunden im Konto am Ende des Ausgleichszeitraums kommt nur die Verrechnung mit Vergütungsansprüchen in Betracht. Das ist nicht nur ein ausgesprochen unfreundlicher Akt im laufenden Arbeitsverhältnis, sondern setzt auch eine eindeutige Regelung zur Festlegung der Arbeitszeit in der entsprechenden Vereinbarung voraus. Anderenfalls verlagert die Arbeitgeberin lediglich ihr Betriebsrisiko auf die Beschäftigten, die gezahlte Vergütung ist dann kein »Vorschuss«.[49]

Hat der Tarifvertrag keine ausdrückliche Regelung zum Umgang mit Abweichungen von der Regelarbeitszeit am Ende des Ausgleichszeitraums, muss das Guthaben ausgezahlt und das Zeitdefizit gestrichen werden. Ob die Auszahlung auch mit Zuschlägen passiert, ergibt sich dann wieder aus der Auslegung des Tarifvertrags.

Für Teilzeitbeschäftigte ist das häufig nicht zufriedenstellend, weil ihre Arbeitszeit kürzer als die Regelarbeitszeit ist. Liegt diese bei 38 Stunden, kann ein Teilzeitbeschäftigter mit einer vertraglichen Arbeitszeit von 32 Stunden über Jahre 6 Stunden wöchentlich zusätzlich arbeiten, ohne dass ein Ausgleich erfolgen muss. Die tatsächlich gearbeiteten 38 Stunden durchschnittlich bleiben unterhalb des Radars des Ausgleichszeitraums, der erst bei einer Überschreitung der »Vollzeit« Alarm schlägt. Teilzeitbeschäftigte müssen so damit leben, der Arbeitgeberin auf lange Zeit einen Kredit zu geben. Das als unzulässige Diskriminierung anzusehen, ist naheliegend. Vergleichbar ist das mit der Situation von Teilzeitbeschäftigten bei der zusätzlichen Bezahlung von Mehrarbeit. Sie müssen

45 Textbaustein XI.2.5 – Maßnahme bei Grenzüberschreitung im Arbeitszeitkonto und Textbaustein XI.1.1.9 – Saldenanerkenntnis.
46 LAG Düsseldorf 16.5.2019 – 11 TaBV 36/18.
47 BAG 29.4.2004 – 1 ABR 30/02.
48 LAG Köln 15.9.2023 – 4 Sa 385/23; siehe auch Kap. IV.8.
49 BAG 26.1.2011 – 5 AZR 819/09.

nach den meisten tarifvertraglichen Regelungen mehr zusätzliche Arbeit leisten als Vollzeitbeschäftigte, bis sie in den Bereich der Zuschläge kommen. Dass dies ein Verstoß gegen das Gleichbehandlungsgebot ist, hat ein Senat des BAG mittlerweile anerkannt.[50] Ein anderer Senat hat dem widersprochen, weshalb jetzt der EuGH am Zug ist.[51]
Neben dem Ausgleichszeitraum für die Regelarbeitszeit haben viele Tarifverträge noch einen zweiten für den Ausgleich von Mehrarbeit, der völlig unabhängig von ersterem läuft.

> **Beispiel**
> **MTV Metall BBG (TG II)**
> Regelarbeitszeit: 38 Stunden, die über 12 Monate ungleichmäßig verteilt werden können. Mehrarbeit muss innerhalb von drei Monaten in Freizeit ausgeglichen werden, wenn sie nicht bezahlt wird.

Die tariflichen Regelungen für den Ausgleich von Mehrarbeit sind damit anders als die für die schwankende Regelarbeitszeit. Daher sollten beide auch nicht im selben Konto verwaltet werden.[52]

IV.6.1.1.3 Betrieblicher Ausgleichszeitraum

Zusätzlich zu tariflichen und gesetzlichen Ausgleichszeiträumen kommen noch häufig solche in Betriebsvereinbarungen hinzu, entweder als eigenständige Festlegung oder in Ausgestaltung der tariflichen Vorgaben. Eine Ausgestaltung ist es, wenn der Beginn des tariflichen zwölfmonatigen Ausgleichszeitraums auf ein bestimmtes Datum festgelegt wird. Eine eigenständige Regelung wäre die Festlegung einer anderen Dauer des Ausgleichszeitraums, als der Tarifvertrag vorsieht. Wenn diese Regelung verbindlich sein soll, muss sie allerdings im Tarifvertrag selbst zugelassen werden, sonst verstößt sie gegen § 77 Abs. 3 BetrVG.
Zugelassen ist eine Verkürzung z. B., wenn der Tarifvertrag die Dauer des Ausgleichszeitraums mit einem Wort wie »höchstens« garniert. Dann ist z. B. eine Individualisierung[53] des Ausgleichszeitraums in einer Betriebsvereinbarung kein Problem. Unzulässig ist eine Verkürzung dagegen, wenn sie den tariflichen Ausgleichszeitraum verdrängt.
Ausgeschlossen sind solche betrieblichen Regelungen auch, wenn der Tarifvertrag ausdrücklich eine Periode wie das Kalenderjahr festlegt oder einen Stichtag verlangt, an dem bei allen Beschäftigten der Ausgleich stattzufinden hat. Dann wäre eine Verkürzung immer ein Eingriff in die verbindliche tarifvertragliche Bestimmung. Ohne eine entsprechende Öffnungsklausel im Tarifvertrag ist eine Verlängerung des Ausgleichszeitraums ebenfalls unzulässig, weil dadurch das System von Leistung und Gegenleistung verändert würde. Faktisch wäre das eine

---

50 BAG 19. 12. 2018 – 10 AZR 231/18.
51 BAG 11. 11. 2020 – 10 AZR 185/20.
52 Kapitel IV.10 – Arbeitszeitkonto und zuschlagspflichtige Mehrarbeit.
53 Kapitel IV.6.1.1.4 – Lage des Ausgleichszeitraums – kollektiv und individuell.

vorübergehende Verlängerung der Arbeitszeit ohne entsprechende Vergütung, was zu den Todsünden der Mitbestimmung bei der Arbeitszeit zählt.[54]

Ist der Betrieb nicht an einen Tarifvertrag gebunden, sind die Betriebsparteien weitestgehend frei darin, die Werte für den Ausgleichszeitraum zu bestimmen. Bezugspunkt ist die vertragliche Arbeitszeit, entweder die von Vollzeitbeschäftigten oder die jeweils individuell vereinbarte. Beides ist möglich, im zweiten Fall werden auch Teilzeitbeschäftigte erfasst.

Ohne Bindung an einen Tarifvertrag können die Betriebsparteien die Dauer des Ausgleichszeitraums frei bestimmen, solange damit den Beschäftigten nicht dauerhaft Vergütung vorenthalten wird.

Für die Bestimmung der Dauer des Ausgleichszeitraums ist der Zyklus der absehbaren Schwankungen der Arbeitszeit der maßgebliche Orientierungspunkt. Beträgt dieser Zyklus acht Monate, ist ein viermonatiger Ausgleichszeitraum so falsch wie ein zwölfmonatiger. Der viermonatige erfasst vorrangig nur eine Auf- oder Abbauphase, gibt aber keinen Rahmen, um beides miteinander auszugleichen. Der zwölfmonatige dagegen umfasst entweder zwei Auf- oder zwei Abbauphasen, kann also auch niemals zum Ausgleich führen.

Da der Zyklus nicht in jedem Bereich eines Betriebs derselbe sein muss, können auch die verwendeten Ausgleichszeiträume variieren.

Beispiel

Ein Maschinenbauunternehmen entwickelt seine Produkte in einem Drei-Jahres-Rhythmus. Auf eine intensive Entwicklungsphase über etwa 12 Monate mit hoher Auslastung folgen weitere acht Monate, in denen die technische Umsetzung im Zentrum steht. Daran schließt sich eine Phase von 16 Monaten mit hoher Belastung im Marketing und Vertrieb an, währenddessen der Ingenieurbereich seine Belastung zurückfährt. Der Produktionsbereich wird von diesem Zyklus nur am Rande berührt, Schwankungen sind hier von anderen Faktoren abhängig und damit nicht längerfristig kalkulierbar.

Entwicklung, Marketing und Vertrieb haben so denselben Zeitraum, innerhalb dessen die Arbeitszeitkonten anwachsen und wieder abgebaut werden können bzw. erst ins Minus fahren und dann wieder ausgeglichen werden. Die Beschäftigten in der Produktion dagegen könnten einen so langfristig aufgebauten Guthabenstand mangels absehbarer Schwankungen kaum durch Freizeit ausgleichen.

Gibt es keine planbaren Schwankungen, sollten unterjährige Ausgleichszeiträume verwendet werden. Ein Arbeitszeitguthaben, das innerhalb von zwölf Monaten nicht abgebaut werden kann, wird auch nach 18 Monaten nicht automatisch verschwunden sein. Eher ist dann ein gestiegener Druck zu erwarten, weil in der Regel mit jedem zusätzlichen Monat weiteres Guthaben aufgehäuft wird. Der kürzere Horizont von zwölf oder weniger Monaten verursacht nicht nur früher die Notwendigkeit eines Kontenausgleichs, er macht ihn auch realistischer, weil sich noch nicht so viel Zeitguthaben – um das es in der Regel geht – angesammelt haben kann.

54 BAG 24.2.2006 – 1 ABR 6/05.

Ist ein Ausgleichszeitraum unabhängig von betrieblichen Auslastungsschwankungen, weil die Beschäftigten ihre Arbeitszeit selbst organisieren, sollte Maßstab für dessen Dauer sein, welche Freizeitentnahmen der Betrieb aushalten kann. Im Übrigen kommt es für die Kontosteuerung hierbei weniger auf die Dauer des Ausgleichszeitraums als auf andere Instrumente an, die das Überlaufen der Konten verhindern sollen. Vor allem sind das Grenzen für den Aufbau von Guthaben und Mechanismen zur Durchsetzung des Freizeitausgleichs.[55]
Bei alledem muss ein Zusammenhang beachtet werden: Je mehr Guthaben angesammelt werden darf und je länger der Ausgleichszeitraum ist, desto massiver beeinträchtigen die Ausgleichsmaßnahmen die betrieblichen Abläufe, weil der Umfang der auszugleichenden Stunden im Verhältnis zur »Restlaufzeit« immer weiter wächst.

IV.6.1.1.4 Lage des Ausgleichszeitraums – kollektiv und individuell

Ein tariflicher oder betrieblicher Ausgleichszeitraum kann kollektiv oder individuell angelegt sein. Bei der kollektiven Regelung sind Anfang und Ende für mehrere oder alle Beschäftigten auf identische Stichtage festgelegt. In der einfachsten Form sind das für eine zwölfmonatige Laufzeit der erste Januar und der 31. Dezember. Diese Gestaltung ist in den Fällen sinnvoll, in denen die Arbeitszeit für die im Kollektiv zusammengefassten Beschäftigten gleichförmig schwankt, denn nur dann gibt es einen einheitlichen Beginn und ein einheitliches Ende für Auf- und Abbau der Konten.
Der Großteil der Betriebe hat jedoch nicht so ausgeprägte kollektive saisonale Schwankungen, sondern aus verschiedenen Gründen eher einen individuell geprägten Auf- und Abbau von Arbeitszeit. Die Ursache hierfür kann sowohl betrieblich sein – meist sind es schnell wechselnde Auslastungen – als auch im Verhalten der Beschäftigten liegen. Dazu gehört auch der unterschiedliche Umgang mit Arbeitszeitguthaben: Die einen sparen ohne Ziel, als gälte es, einen Schatz zu bilden, andere nehmen immer mal Freizeit und dürfen ihr Arbeitszeitkonto in der Sprache der Börse als »volatil« bezeichnen, wieder andere lassen sich zwischendurch immer etwas auszahlen – Verhaltensweisen, die die Kontenstände so vielfältig machen, dass ein Ausgleich für alle zum selben Stichtag illusorisch ist.
Dafür bietet sich der individuelle Ausgleichszeitraum (Grafik 9, S. 170) an. Der startet bei der erstmaligen Abweichung von der Regelarbeitszeit und setzt mit jedem daran anschließenden Kontoausgleich neu an. Ausgleichszeiträume sind damit nicht in ihrer ganzen Länge aneinander gekettet, sondern dauern mal eine Woche, mal drei Monate und mal die höchstzulässige Phase, die die Regelung zum Ausgleichszeitraum bietet. Diese Regelung bestimmt nur noch dessen maximale Dauer, der Kontoausgleich vor dem Ende Ausgleichszeitraums ist praktisch dessen vorzeitige Beendung. Diese Individualisierung bietet mehr Spielraum, weil so kein Zwang besteht, dass alle Beschäftigten gleichzeitig an einem bestimmten Stichtag das Konto ausgleichen müssen.

55 Kapitel IV.5.2 – Durchsetzung von Freizeitausgleich.

Grafik 9: Individueller Ausgleichszeitraum (12 Monate)

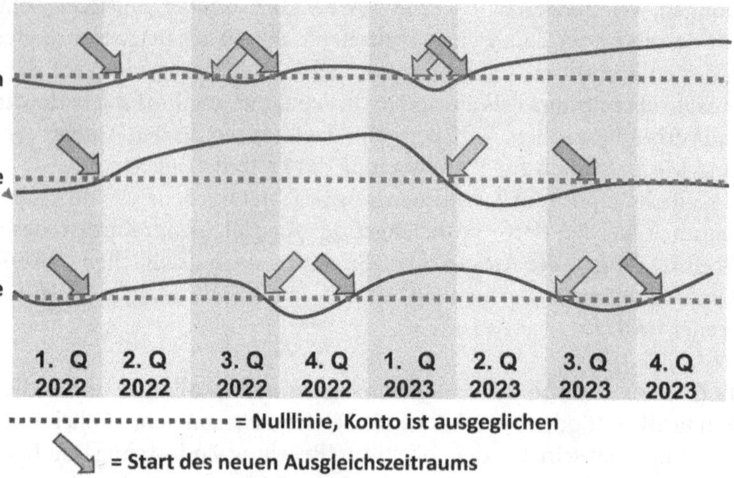

Der individuelle Ausgleichszeitraum startet bei jedem Durchlauf der Nulllinie neu. Die Konten müssen nur dann an einem bestimmten Tag – nämlich dem letzten des Ausgleichszeitraums ausgeglichen sein, wenn es die ganze Zeit keinen Nulldurchlauf gegeben hat. Obwohl Herr Floh, Herr Mücke und Herr Biene deutlich unterschiedliche Auslastungskurven haben, halten alle die Vorgabe ein. Lediglich bei Herrn Mücke wird es vom 2. Quartal 2022 bis zum 1. Quartal 2023 knapp.

Beim kollektiven Ausgleichszeitraum ist die Arbeitgeberin verantwortlich für dessen Einhaltung. Sie muss dafür sorgen, dass Arbeit und Arbeitszeit richtig geplant werden. Der individuelle Ausgleichszeitraum dagegen passt besser für Systeme, in denen die Beschäftigten selbst ihre Arbeitszeit steuern – z. B. in der Gleitzeit – und die auf wenig planbare Auslastungsschwankungen aufbauen.
Mit einem kollektiven Ausgleichszeitraum muss gearbeitet werden, wenn der Tarifvertrag dessen Dauer verbindlich regelt, also keine Abkürzung zulässt oder sogar selbst kalendarisch die Laufzeit festlegt, oder die Betriebsparteien zu einer solchen kollektiven Festlegung verpflichtet. Da dies jedoch in den meisten Tarifverträgen nicht so ist, ist die Individualisierung in der Regel möglich.

Beispiele
Im ÖPNV gelten langfristige Fahrpläne, ein- bis zweimal im Jahr gibt es einen Fahrplanwechsel, der aber auch nicht alles auf den Kopf stellt. In einem solchen System könnten Zeitaufbau und -abbau betrieblich geplant werden. Allerdings ist durch diverse Optimierungsrunden der Personalbestand so verknappt worden, dass die Dienstpläne bereits durch jede kleine Umleitung durcheinandergewirbelt werden. Im Gegensatz dazu haben Krankenhäuser nur sehr eingeschränkt die Möglichkeit, ihre Beanspruchung zu prognostizieren und darauf aufbauend schwankende Arbeitszeiten zu planen.

Grafik 10: Kollektiver Ausgleichszeitraum (12 Monate)

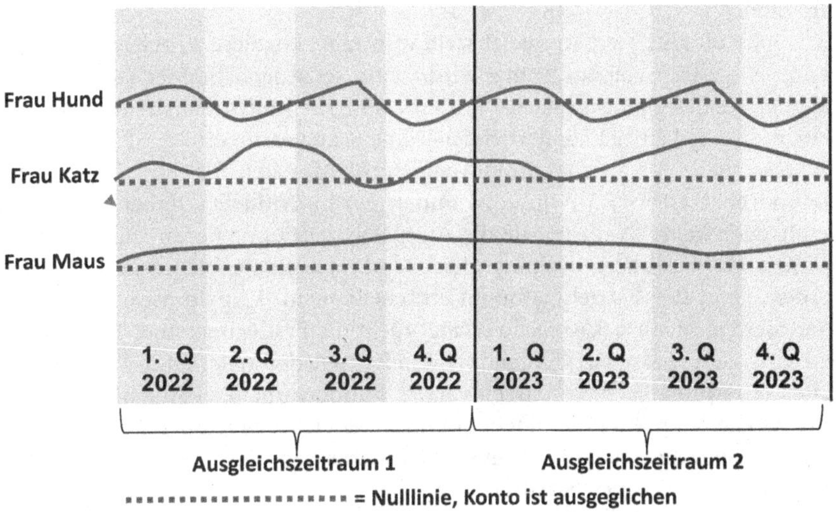

> Der kollektive Ausgleichszeitraum verlangt den gleichzeitigen Start und den gleichzeitigen Ausgleich aller Konten. Das ist möglich, wenn zum Ende des Ausgleichszeitraums der Ausgleich erreicht wird – wie bei Frau Hund – und das bei allen Beschäftigten gleichzeitig passiert. Hier passiert das nicht, Frau Katz arbeitet unregelmäßiger und verfehlt beide Male den rechtzeitigen Zeitausgleich. Beim individualisierten Ausgleichszeitraum wäre das ein völlig unspektakulärer Verlauf, weil sie mehrfach die Nulllinie durchlaufen hat. Frau Maus dagegen hat einfach zu viel Arbeit, da hilft weder ein individueller noch ein kollektiver Ausgleichszeitraum.

Wird der Ausgleichszeitraum kollektiv festgelegt, obwohl die Bedingungen eine Individualisierung verlangen, sind die Probleme vorhersehbar: Der Zeitausgleich zum Stichtag gelingt nicht, allenfalls durch Auszahlung aller Zeitguthaben und Streichung der Minusstunden kann das Konto auf null gebracht werden. Das wiederum führt zur Diskussion darüber, ob der Zeitausgleich zum vorgesehenen Stichtag wirklich nötig ist. Nachvollziehbar sind solche Überlegungen, denn der Kontostand an diesem Tag ist ein zufälliger: Das Zeitguthaben kann mehrere Monate oder auch nur wenige Wochen alt sein, wäre aber denselben Maßnahmen unterworfen: Ausgleich oder Auszahlung. Wenige Tarifverträge – z. B. TVöD und BRTV Bau – lassen auch die Umbuchung in andere Konten bzw. Konten mit anderen Ausgleichszeiträumen zu, das ist aber in der Sache nur eine Verlängerung des Ausgleichszeitraums und damit keine Stichtagsregelung mehr. Tarifvertragsparteien dürfen so etwas machen, Betriebsparteien in tarifgebundenen Branchen dagegen nicht.[56] Rückforderungen von Arbeitsentgelt bei Zeitdefizit

56 BAG 29.4.2004 – 1 ABR 30/02.

sind im laufenden Arbeitsverhältnis rechtlich und tatsächlich eher theoretische Varianten.[57]

Beim individualisierten Ausgleichszeitraum tauchen diese Probleme nur auf, wenn die Laufzeit voll ausgenutzt wird. Dann setzt derselbe Mechanismus ein wie beim festgelegten Ausgleichszeitraum, denn die Individualisierung ist keine Befugnis, seine Laufzeit auf betrieblicher Ebene zu verlängern.

Der gesetzliche Ausgleichszeitraum von sechs Monaten für die wöchentliche Höchstarbeitszeit in § 3 ArbZG ist immer ein individueller, daher macht das Gesetz auch keine Vorgabe, wie die Ausgleichszeiträume liegen sollen. Ob sie mit Kalenderhalbjahren deckungsgleich sind oder ob sie frei im Jahr platziert werden, kann der Betrieb autonom entscheiden. Im Prinzip muss gar nichts getan werden, denn § 3 ArbZG verlangt nicht die Festlegung eines Ausgleichszeitraums, sondern dessen Einhaltung. Ein Betrieb, der in der Fünf-Tage-Woche mit einer regelmäßigen Arbeitszeit von 38 Stunden arbeitet, käme nicht einmal dann an die Grenze »48 Stunden«, wenn in jeder Woche außerplanmäßig am Samstag gearbeitet würde. Dort muss sich also niemand Gedanken über die Lage des gesetzlichen Ausgleichszeitraums machen.

Wo allerdings in erheblichem Maße mit Bereitschaftsdiensten gearbeitet wird, z.B. im Gesundheitswesen und im Bewachungsgewerbe, ist das anders. Auch hier muss nur die Arbeitszeit innerhalb des Ausgleichszeitraums eingehalten, dieser aber nicht festgelegt werden.

Der gesetzliche Ausgleichszeitraum ist damit einer Schablone vergleichbar, die – beliebig auf einen Kalender gelegt und verschoben – immer den Blick auf einen Zeitraum von sechs Monaten ermöglicht. Ganz gleich wie die Schablone verschoben wird, niemals darf der Durchschnitt von 48 Stunden pro Woche überschritten werden.

Damit ist es nicht zulässig, dass zwei Ausgleichszeiträume so miteinander kombiniert werden, dass Hochlastphasen von jeweils vier Monaten am Ende des ersten und am Anfang des zweiten Ausgleichszeitraums liegen.[58] Der Arbeitsschutz bei der Arbeitszeit ist so eingerichtet, dass die Belastung innerhalb von zeitlich nicht fixierten Perioden gemessen wird: der individuelle Werktag gem. § 3 ArbZG, der 24-Stunden-Zeitraum gem. Art. 3 und der Siebentageszeitraum gem. Art. 5 der EU-Richtlinie 2003/88. Dieses System gilt auch bei der Begrenzung der Höchstarbeitszeit, wie sich aus dem Wort »innerhalb« in § 3 Satz 2 ArbZG ergibt.

Anders machen das die Tarifverträge, die aber auch ein anderes Ziel verfolgen: Sie sollen das Gleichgewicht zwischen Vergütung und Arbeitsleistung gewährleisten. Das stellt sich auch ein, wenn sich über die Spiegelung der Ausgleichszeiträume eine längere Phase mit langer oder kurzer Arbeitszeit ergibt.

IV.6.1.1.5 Abrechnung der Ausgleichszeiträume

Ausgleichszeiträume, ganz gleich, ob der gesetzliche oder die meisten tarifvertraglichen, sind fast immer unabhängig davon, ob Beschäftigte während dieser

57 Kapitel IV.6.2.3 – Einhaltung Korridor – Zeitdefizit.

58 EuGH 11.4.2019 – C-254/18.

Zeit in Urlaub oder arbeitsunfähig erkrankt waren. Nur wenige Tarifverträge sehen für diesen Fall eine entsprechende Verlängerung des Ausgleichszeitraums vor. Gibt es diese Verlängerungsmöglichkeit nicht, geht am Ende des Ausgleichzeitraums die Klappe zu, und das Konto muss abgerechnet werden.
Gleichwohl spielen Krankheit und Urlaub innerhalb des Ausgleichzeitraums insoweit eine Rolle, als sie das Ergebnis der Durchschnittsberechnung beeinflussen können. Eine gesetzliche Regelung gibt es dazu in Art. 7 der EU-Richtlinie 2003/88: Danach sind Urlaubs- und Krankheitszeiten neutral, d. h. sie führen zu keiner Kontobewegung. Der Saldo wird quasi eingefroren. Wer mit 30 Stunden Guthaben in den Urlaub geht oder wegen Krankheit ausfällt, muss diesen auch nach der Rückkehr wiederbegegnen.
Werden die ausgefallenen Tage als gearbeitet gewertet, ist das kein Problem. Wird für sie keine Arbeitszeit gutgeschrieben, dürfen diese Tage auf keiner Seite in die Rechnung einfließen, weil sonst Krankentage als Erholungszeit gewertet würden bzw. die Beschäftigten für ihren Urlaub vorarbeiten müssten.

Beispiel
Ausgleichszeitraum nach Tarifvertrag sechs Monate, 37,5 Stunden Wochenarbeitszeit, 7,5 Stunden an jedem Arbeitstag in der Fünf-Tage-Woche
Innerhalb des Ausgleichszeitraums vom 1. 1. bis zum 30. 6. (26 Wochen minus ein Tag) werden zehn Stunden Mehrarbeit geleistet, aber niemals abgebaut. Am Ende des Ausgleichszeitraums stehen zehn Stunden zu viel auf dem Konto, also insgesamt statt 967,5 Stunden Regelarbeitszeit insgesamt 977,5 Stunden. Nach Tarifvertrag müssen am Ende des Ausgleichszeitraums die zehn Stunden ausgezahlt werden, ob mit oder ohne Zuschlag hängt vom Tarifvertrag ab.
Wird die Arbeitnehmerin in der letzten Woche des Ausgleichzeitraums krank, müssen die zehn Stunden ebenfalls erhalten bleiben, denn das Konto bewegt sich nicht. Die Bewegung zum Negativen entstünde aber, wenn die gearbeitete Zeit durch den gesamten Sechs-Monats-Zeitraum geteilt würde, anstatt korrekt durch die verkürzte Zeit ohne Krankheitszeitraum.
Stundenzahl gearbeitet: 940
Falsche Rechnung: 940 / 26 = 36,15 Std. Ø
Richtige Rechnung: 940 / 25 = 37,6 Std. Ø
Mit der falschen Rechnung weist das Konto ein Defizit durch die Krankheitswoche aus. Das schlägt sich in der durchschnittlichen Arbeitszeit von weniger als 37,5 Stunden pro Woche nieder.
Deshalb muss entweder der Ausgleichszeitraum um die eine Woche Krankheit verkürzt werden oder für die Abwesenheit eine Zeitgutschrift erfolgen, deren Höhe hier unproblematisch ist, weil die Arbeitszeiten regelmäßig sind.

Anders sieht das Bild allerdings aus, wenn saisonale Schwankungen existieren, innerhalb derer vor- und nachgearbeitet wird. Wenn hier während Erkrankungen oder Urlaubszeiten das Konto unverändert bliebe, wären die Ergebnisse zumindest merkwürdig, weil trotz Planung Zeitguthaben bzw. -defizit die Folge ist. Um solche Ergebnisse zu vermeiden, sollte bei kollektiven Schwankungen in der Betriebsvereinbarung festgelegt werden, welche Arbeitszeiten jeweils im

Rahmen der Entgeltfortzahlung den Beschäftigten in den einzelnen Phasen gutgeschrieben werden müssen. Das sind bei Ausfällen in der Hochlastphase auch die zusätzlichen Stunden, die sie ohne Krankheit gearbeitet hätten, in der Ausgleichsphase ist es entsprechend die reduzierte Arbeitszeit.

IV.6.1.2 Vertikale Kontogrenzen

Vertikale Grenzen für die Kontoführung betreffen

- den Korridor für das maximal zulässige Guthaben bzw. Defizit,
- das Maximum der Abweichungen von der Regelarbeitszeit,
- Mitbestimmungsrechte und
- Vergütungsfragen.

Grafik 11: Vertikale Begrenzung des Kontos

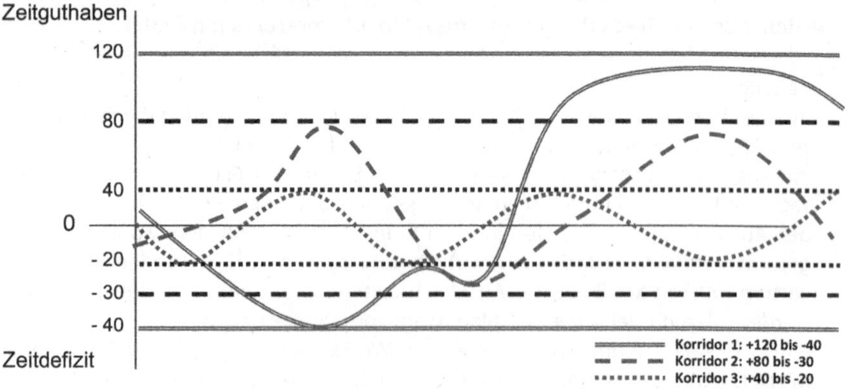

Der Korridor, Kontorahmen oder wie die Grenze auch immer bezeichnet wird, legt die maximalen Guthaben- bzw. Zeitdefizitstände fest.

Der Korridor ist der Klassiker, der sich in fast jedem Konto findet. Er setzt die Obergrenze für Zeitguthaben und Zeitdefizit. Manche Kontenmodelle ziehen auch mehrere solcher Grenzen ein, insbesondere Ampelkonten.
Der Korridor kann unterschiedliche Funktionen haben: Begrenzung der Schwankungen und die Festlegung der generell mitbestimmten und der zuschlagsfreien Arbeitszeit.
Abweichungsgrenzen beschreiben das Maximum zusätzlicher Arbeitszeit bezogen auf einen Zeitraum, in der Regel auf den Monat.

IV.6.1.2.1 Korridor zur Begrenzung der Schwankungen

Korridorgrenzen in einem Arbeitszeitkonto, das zur Verteilung der Regelarbeitszeit dient, müssen danach bestimmt werden, in welchem Umfang Guthaben und Zeitdefizit durch Freizeit oder Sonderschichten ausgleichbar sind. Sind die Auslastungsschwankungen im Betrieb gering, besteht bei einem breiten Korridor kaum Aussicht auf Ausgleich. Umgekehrt ist es, wenn die Schwankungen erheblich sind: Im Baugewerbe können beispielsweise durchaus auch 200 in der Saison aufgebaute Stunden im Winter abgebaut werden. Berücksichtigt der Kontenkorridor das nicht und ist er zu schmal angelegt, führt dies lediglich zur Auszahlung von Stunden und schlimmstenfalls sogar zum Abbau von Arbeitsplätzen, weil im Winter Unterbeschäftigung herrscht, der kein Zeitguthaben aus dem Sommer gegenübersteht. Einem Konto, das seinen Zweck erfüllen soll, muss eine realistische Prognose dieser Auslastungsschwankungen vorangestellt werden. Hieran können sich dann die Grenzen orientieren. Alles andere ist Glücksspiel.

Grafik 12: Falscher Korridor

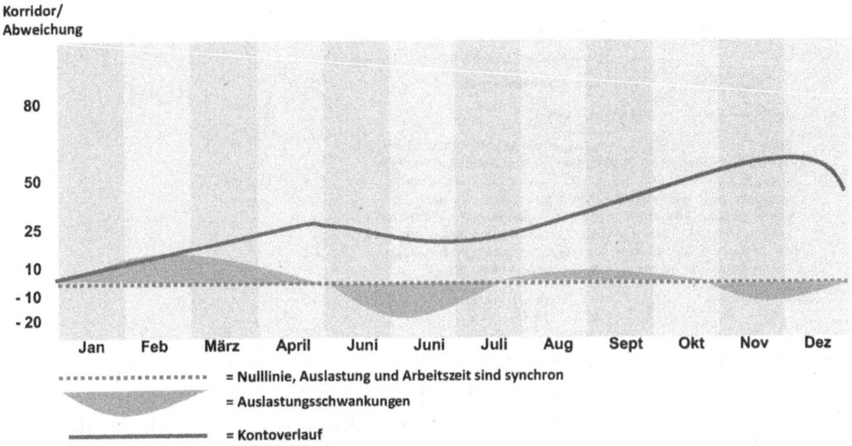

So geht es nicht: Die Schwankungen der Auslastung sind überschaubar, die längste „Hochlastphase" dauert von Anfang Januar bis Mitte Februar. In dieser Zeit können – höher ist die Amplitude nicht – maximal 20 Stunden pro Woche angesammelt werden. Lässt das Konto 80 Stunden Guthaben zu, wächst das Guthaben unabhängig von der tatsächlichen Auslastung und kann nicht mehr durch Freizeit ausgeglichen werden, weil es dafür an Auslastungstälern fehlt. Die Ursache der Situation kann fehlendes Personal sein, wenn die Stunden bezahlt werden, kann das auch die Folge sein.

Eine Korridorgrenze ist die Bestimmung von maximal zulässigen Guthaben bzw. Defiziten. Werden diese Grenzen erreicht, muss ein Ausgleich erfolgen. Verwirrung können in diesem Zusammenhang Konten stiften, die mit mehreren solcher Grenzen arbeiten. Meist sind das Ampelkonten, die unterschiedliche Stufen zulässiger Arbeitszeit kennen, die durch die Farben Rot, Gelb und Grün symbolisiert werden.[59] Eine echte Grenze ist dabei allenfalls der rote Bereich, an das Erreichen des gelben darunter sind lediglich informelle Maßnahmen geknüpft, in der Regel Gespräche zwischen Beschäftigten und Vorgesetzten. Selbst wenn etwas anderes im Text steht, das Überschreiten der gelben Grenze muss erlaubt sein, sonst gäbe es keine rote mehr darüber.[60]

59 Textbaustein XI.1. 1. 12 – Ampelkonto.
60 Kapitel IV.6.2.1 – Einhaltung des Korridors – Guthaben.

Grafik 13: Falscher Korridor

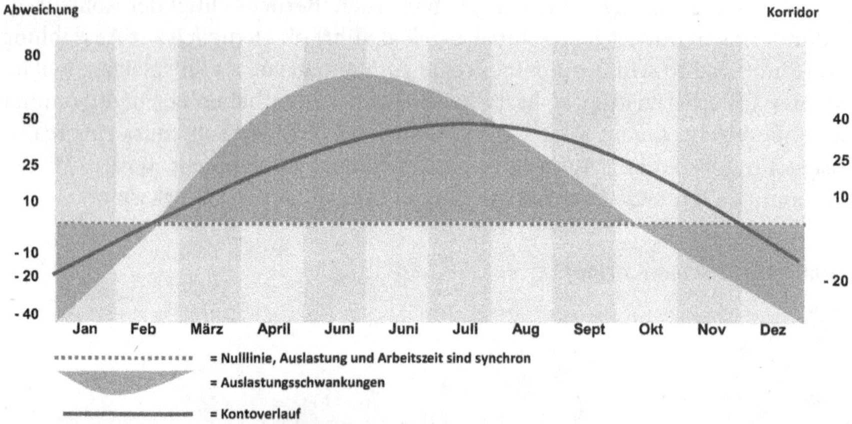

So geht es auch nicht: Die Schwankungen der Auslastung sind erheblich, in der „Hochlastphase" können weit über 100 Stunden zusätzlich anfallen. Dafür ist das Wintertal umso tiefer. Da das Konto aber weder solche Guthaben, noch solche Minusstände zulässt, kommt es in den Sommermonaten zwangsläufig zu Mehrarbeit und im Winter kann nicht genügend Freizeit gegeben werden. Das kann die Überlegung antreiben, im Sommer mit Fremdfirmen zu arbeiten, das spart in beiden Phasen Kosten: einmal für die Mehrarbeit, das andere Mal für den Annahmeverzug.

Grenzen für Minusstunden haben in Systemen, in denen Beschäftigte die Arbeitszeit selbst festlegen, nur dann eine eigenständige Bedeutung, wenn sie damit verknüpft sind, dass Beschäftigte, die diese Grenze überschreiten, aus der gleitenden Arbeitszeit herausgenommen und in vordefinierten festen Arbeitszeiten beschäftigt werden. Dies ist jedoch für die meisten Unternehmen in Wirklichkeit keine Option, weil die Arbeit so beschaffen ist, dass eine solche Festlegung hinderlicher wäre als das Mitschleppen von Minusstunden. Eine Verrechnung mit Entgeltansprüchen im laufenden Arbeitsverhältnis ist aus an anderer Stelle erörterten Gründen ebenfalls keine Option.[61]

Teilweise wird bei Erreichen der maximalen Minusstunden auch der Arbeitgeberin ein mitbestimmungsfreies Weisungsrecht zur Festlegung von Sonderschichten etc. eingeräumt. Dies kommt jedoch nur in Betracht, wenn die Arbeitszeit insgesamt geplant wird, weil anderenfalls diese Anweisung die gleiche Funktion hätte, wie die beschriebene Rückkehr in feste Arbeitszeiten. Wenn aber die Arbeitszeit geplant ist, haben Beschäftigte keine Verantwortung für das Entstehen von Zeitdefizit. Daher ist es auch nicht sachgerecht, sie – ohne das Mitbestimmungsverfahren einzuhalten – zu Sonderschichten heranzuziehen. Diese Sonderschichten sind eine ständige Bedrohung jedes freien Tages. Daher sollte der Betriebsrat solche Regelungen nicht unterschreiben.

Auch die abgeschwächte Form davon, bei der der Kontostand dazu dient, eine Reihenfolge derjenigen festzulegen, die zu solchen Sonderschichten zunächst

61 Kapitel IV.6.2.3 – Einhaltung Korridor – Zeitdefizit.

heranzuziehen sind, mildert die Belastung durch ständige Bereitschaft an freien Tagen nicht ab. Tatsächlich verschärft sie den Missstand, weil der eigene Kontostand allein keine Aussage darüber macht, wie groß das Risiko ist, zu einer Sonderschicht herangezogen zu werden. Das ergibt sich erst aus dem Vergleich mit dem Kontostand der übrigen Beschäftigten, den aber nur sie selbst kennen. Daher ist es in jedem Fall die bessere Variante, die Heranziehung zu solchen Sonderschichten im Mitbestimmungsverfahren zu klären. Dies stellt in Betrieben mit geplanten Arbeitszeiten auch keine besondere Belastung dar.

IV.6.1.2.2 Zuschlags- und Mitbestimmungsgrenze

Grenzziehungen, die in entweder die Mitbestimmungsrechte auslösen oder aber zu Vergütungen führen, sind häufig vertreten, aber sowohl rechtlich als auch praktisch problematisch.
Eine Grenze, die Mitbestimmungsrechte auslöst, fußt auf einem Arbeitszeitmuster, bei dem der Betriebsrat seine Mitbestimmung für schwankende Arbeitszeit innerhalb der Grenzen vorab ausübt, wie z. B. bei der Gleitzeit.[62] Sind diese Grenzen erreicht, setzt die Mitbestimmung bei der Festlegung der Lage der Arbeitszeit wieder ein.
Ob der Betriebsrat die Arbeitszeit im Alltag über seine Mitbestimmungsrechte beeinflusst oder die Beschäftigten darüber im Rahmen einer Gleitzeit selbst verfügen können, wird im Arbeitszeitmuster entschieden, nicht im Arbeitszeitkonto. Wenn der Kontostand darüber entscheiden soll, wann der Betriebsrat wieder bei der Festlegung der Arbeitszeit mitredet, zeugt das vor allem von Misstrauen gegenüber dem eigenen Modell. Anders ausgedrückt: Der Betriebsrat befürchtet, dass Beschäftigte sich der Anforderungen des Arbeitsalltags nicht entziehen können und die Arbeit grenzenlos wird. Wenn das der Fall ist, muss die Arbeitszeit von vornherein anders gestaltet werden, statt den Beschäftigten im Konto den Schutz der Mitbestimmung zu nehmen.
Dient der Korridor dazu, die Grenze zur zuschlagpflichtigen Mehrarbeit zu ziehen, ist dies meist ein rechtliches Problem. Tarifverträge enthalten praktisch immer Regelungen zur Abgrenzung von Regelarbeitszeit und zuschlagpflichtiger Mehrarbeit. Diese Grenzen sind auch in Betrieben verbindlich, die ohne eigene Tarifbindung im Geltungsbereich eines solchen Tarifvertrages arbeiten.[63] Eine davon abweichende betriebliche Festlegung verschiebt die Grenze zur zuschlagspflichtigen Mehrarbeit und enthält damit den Beschäftigten Entgelt vor. Rechtlich verstößt so eine Regelung gegen § 77 Abs. 3 BetrVG und ist damit unwirksam. Geltend gemacht wird der Verstoß allerdings kaum.
Die Grenze zwischen Regelarbeit und Mehrarbeit gilt nicht nur für Konten, in denen die Regelarbeitszeit verteilt wird. Auch Konten, die ausschließlich für die Verwaltung von Mehrarbeitsstunden eingerichtet werden, dürfen diese Grenze nicht verschieben. Sie müssen alles als Mehrarbeit verbuchen, was nach Tarifvertrag als solche gilt.

---

62 Kapitel I.1.4V – Gestaltungsmuster für die betriebliche Arbeitszeit.
63 Kapitel III.7.1 – Tarifvorrang / Gesetzesvorrang / Tarifvorbehalt.

Eine Vermischung der Zwecke – Begrenzung des Aufbaus von Defizit und Guthaben, Auslösung der Mitbestimmungsrechte und Ansprüche auf Zuschläge – macht es unmöglich, die definierten Grenzen einzuhalten: Wenn eine Grenze festlegt, ab wann Mitbestimmungsrechte und eine höhere Vergütung gelten sollen, kann und will sie nicht gleichzeitig den weiteren Aufbau verhindern.

IV.6.1.2.3 Abweichungsgrenze

Die Abweichungsbegrenzung ist auf die individuelle Arbeitszeit bezogen und definiert, in welchem Umfang in einem Monat hiervon abgewichen werden darf. Das können eine Anzahl von vollen Schichten sein oder auch ein prozentualer Anteil der Regelarbeitszeit.
Ist die Grenze erreicht, sollte das zu einer Einsatzbeschränkung führen. Werden die Arbeitszeiten durch Dienstplan festgelegt, schränkt das die Planungsmöglichkeiten ein. Bei Abrufarbeit führt das zum Ausschluss von weiteren Abrufen, wenn die Betriebsvereinbarung das so regelt. Durch diese Grenze wird die zusätzliche Belastung im Rahmen gehalten.
Eine Abweichungsgrenze kann mit einem Korridor kombiniert werden, sie verlangsamt dann das Wachstum von Zeitguthaben bzw. -defizit.

IV.6.1.2.4 Ende des Ausgleichszeitraums

Ein Korridor kann nur dann seine Funktion erfüllen, wenn er nicht mehr Stunden zulässt als bis zum Ende des Ausgleichszeitraums noch durch Freizeit ausgleichbar sind. Daher ist auch ein schmaler Korridor von 20 Stunden zu breit, wenn dieses Guthaben auch noch zwei Tage vor dem Ende des Ausgleichszeitraumes erlaubt ist.

Grafik 14: Abknickender Korridor

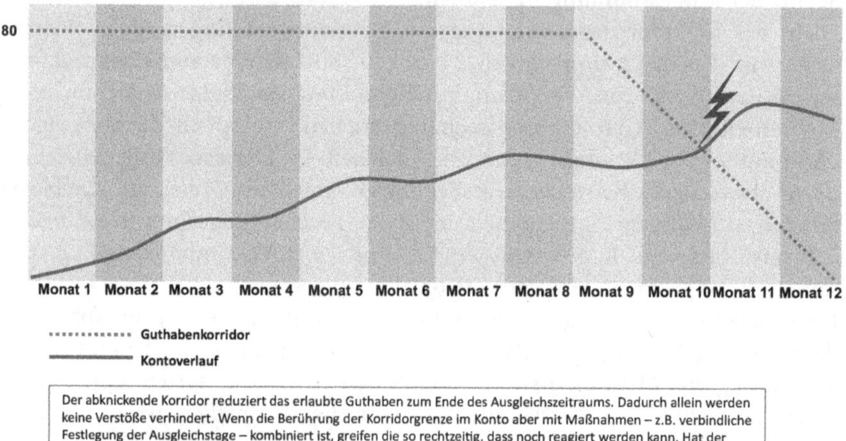

Der abknickende Korridor reduziert das erlaubte Guthaben zum Ende des Ausgleichszeitraums. Dadurch allein werden keine Verstöße verhindert. Wenn die Berührung der Korridorgrenze im Konto aber mit Maßnahmen – z.B. verbindliche Festlegung der Ausgleichstage – kombiniert ist, greifen die so rechtzeitig, dass noch reagiert werden kann. Hat der Korridor immer dieselbe Breite, hier z.B. 80 Stunden, können die auch noch am letzten Tag im Konto stehen, ohne dass der Betriebsrat eingreifen kann. Dann bleibt in der Regel nur noch die Auszahlung oder die tarifwidrige Weiterführung des Guthabens.

Ein Korridor muss also so konstruiert werden, dass er auch in der Schlussphase des Ausgleichszeitraums noch rechtzeitig auf einen Freizeitausgleich hinwirken kann. Dazu muss spätestens mit dem Beginn des letzten Drittels dieses Ausgleichszeitraums der zulässige Spielraum kleiner werden. Dieser »abknickende« Korridor führt nicht selbst zum Zeitausgleich, die Verstöße, die die entsprechenden Ausgleichsmaßnahmen initiieren,[64] passieren dann aber so früh, dass der Ausgleich noch möglich ist.[65]

Für den Betriebsrat ist diese Technik auch deshalb wichtig, weil er keine Handhabe hat, absehbare Verletzungen des Ausgleichszeitraums zu verhindern, solange die Korridorgrenze nicht erreicht ist.

IV.6.1.2.5 Korridor nach TVöD

Eine Besonderheit stellt der TVöD dar, der selbst eine Festlegung zum Korridor trifft: Das zulässige Zeitguthaben darf nur eine Zahl sein, die durch 40 teilbar ist. Das zulässige Zeitdefizit kann maximal 40 Stunden betragen. Mit anderen Worten: Das Guthaben und damit der Vorschuss der Beschäftigten darf unendlich hoch sein, solange es nur durch 40 teilbar ist. Das Defizit, also der Vorschuss der Arbeitgeberin ist dagegen auf 40 Stunden gedeckelt.

IV.6.2 Einhaltung der Grenzen

Die Verteidigung der Kontogrenzen funktioniert nicht anders als die anderer Grenzen: Ihre Verletzung ist verboten, die Konsequenzen einer Grenzverletzung sind unangenehm und von vornherein bekannt. Damit sollen die für den Kontoverlauf Verantwortlichen veranlasst werden, es gar nicht erst zur Verletzung kommen zu lassen. Die Grenzverletzung vermeidet nicht, wer erst bei der Ankunft auf dem Grenzstreifen nach einer Lösung sucht, sondern nur, wer angemessenen Abstand hält. Konten, die ständig am Anschlag sind, tragen die Gefahr der Grenzverletzung immer in sich.

Wer nicht bereit ist, strikte Regelungen zur Verteidigung der Grenzen zu verankern, kann auch gleich ganz auf die Grenzen verzichten. Mangels Verbindlichkeit werden sie dann nur eingehalten, solange es keinen Grund gibt, sie zu übertreten. Auf das Thema »Arbeitszeit« übersetzt heißt das: Solange die Arbeit im Rahmen bleibt, sind auch die Konten in Ordnung, steigt die Belastung, schießen die Guthaben in die Höhe, weil die Grenzen ohne Sanktionsmöglichkeiten keine steuernde Wirkung haben.

Auch wenn Sanktionsmöglichkeiten zwar gewollt, aber nicht definiert sind und erst nach einer Grenzverletzung ausgehandelt werden müssen, sind sie ein zahnloser Tiger: Ihnen fehlt es ebenso an Autorität wie einem grellen Blitz bei zu schneller Fahrt, wenn die zuständige Behörde mit dem Abgebildeten über das fällige Bußgeld verhandeln muss.

---

64 Kapitel IV.6.2.2 – Einhaltung des Ausgleichszeitraums.

65 Textbaustein XI.1. 1. 10 – Verengung des Korridors im Arbeitszeitkonto.

Die Sanktion zur Sicherung der Kontogrenzen funktioniert allerdings anders als die bei einer Geschwindigkeitsüberschreitung: Die Maßnahmen bewegen sich im Kontext der Arbeitszeitgestaltung. Geld- und Körperstrafen scheiden damit ebenso aus wie die gängigen arbeitsrechtlichen Instrumente. Wer zu viel Guthaben oder Schulden auf seinem Arbeitszeitkonto hat, kann dafür weder abgemahnt noch gekündigt werden, solange damit keine anderen Verstöße einhergehen. Schließlich liegt dem Guthaben zusätzliche Arbeit, dem Defizit mangelnde Auslastung zugrunde. Beides liegt aber zumeist in der Verantwortung der Arbeitgeberin. Sind die Ursachen allerdings Arbeitszeitbetrug oder gezieltes Weglaufen vor der Arbeit, sieht das anders aus. Beides ist verwerflich und mit Folgen bedroht, die aber mit der Arbeitszeit und deren Ausgestaltung selbst nichts zu tun haben und daher auch nicht in eine Betriebsvereinbarung dazu gehören.
Die möglichen Maßnahmen im Kontext der Arbeitszeitgestaltung sind überschaubar: Es kommen für zu viel Guthaben nur ein durchsetzbarer Zeitausgleich oder die Auszahlung des Kontos in Betracht, bei Minusstunden eine zusätzliche Arbeitsverpflichtung oder eine Rückzahlung des Gegenwerts der nicht gearbeiteten Stunden.
Dabei muss allerdings unterschieden werden, ob die Grenzverletzung innerhalb eines tarifvertraglichen Ausgleichszeitraumes oder an dessen Ende passiert. An dessen Ende ist mangels verbleibender Zeit nur noch die Auszahlung von Zeitguthaben bzw. die ersatzlose Streichung von Zeitdefizit möglich. Nur wenn ein Tarifvertrag oder in einem Betrieb ohne Tarifbindung die entsprechende Betriebsvereinbarung eine Übertragung solcher Kontenstände in den Folgezeitraum oder auf ein anderes Konto ausdrücklich zulässt, gibt es auch diese Alternative.

IV.6.2.1 Einhaltung des Korridors – Guthaben

Im Zentrum des Interesses steht die Guthabengrenze des Korridors (Grafiken 11–13, S. 174 ff.). Hier entscheidet sich, ob Beschäftigte über das vereinbarte Maß hinaus arbeiten, womöglich sogar unter Gefährdung ihrer Gesundheit.
Sieht das dem Konto zugrunde liegende Arbeitszeitmuster eine durch die Betriebsparteien festgelegte Arbeitszeit vor, müssen die auch auf eine Verteilung dieser Arbeitszeit achten, die die vorgegebenen Grenzen wahrt. Die Mitbestimmungsrechte des Betriebsrats sind hierfür ausreichend, weitere Regelungen in einer Betriebsvereinbarung beschränken diese eher und sind daher überflüssig.
Anders ist es, wenn das Geschäft der Festlegung der Arbeitszeit und auch die Überwachung der Grenzeinhaltung auf Beschäftigte allein oder – das ist der Regelfall – auf Beschäftigte, Teams und Vorgesetzte übertragen worden ist. In diesen Fällen können sich die Betriebsparteien als Maßnahme vorbehalten, diese Delegation wieder rückgängig zu machen, wenn die gesetzten Grenzen überschritten werden.
Beschränkt sich die Betriebsvereinbarung darauf, lediglich Grenzen ohne weitere Maßnahmen festzulegen, steht die Folge bei einer Grenzverletzung praktisch im Gesetz: Die Vereinbarung zwischen Arbeitgeber und Betriebsrat endet an dieser Stelle, es setzt wieder die normale Mitbestimmung ein.

Allerdings ist das eine wenig komfortable Situation für den Betriebsrat, nicht nur, weil er häufig allein mit seiner Forderung nach Einhaltung der Grenzen ist und nur er allein Handlungsdruck verspürt. Er steht auch vor einer unlösbaren rechtlichen Aufgabe: Sein eigentliches Ziel, einen Freizeitausgleich zum Kontenausgleich durchzusetzen, kann er deshalb nicht erreichen, weil das Modell der Arbeitszeitverteilung weiterhin die Festlegung ohne ihn im betrieblichen Alltag vorsieht.

Dieser Teil der Vereinbarung ist durch die Grenzverletzung nicht betroffen, also weiterhin in Kraft. Der Betriebsrat kann ohne Weiteres daher gar nicht gegen den Willen der Arbeitgeberin auf einen Freizeitausgleich hinwirken. Er müsste dafür erst die ganze Vereinbarung kündigen, muss bis zu einer Änderung aber zumindest den Ablauf der Kündigungsfrist abwarten. Meist muss viel mehr passieren, bis er wieder agieren kann. Die Konsequenz, die Betriebsvereinbarung zu kündigen, sollte zwar bei immer wieder aus dem Ruder laufenden Konten gezogen werden, bringt aber keine schnelle Lösung.

Dasselbe trifft auf das gerichtliche Mittel zu, das dem Betriebsrat bleibt: Er kann die Arbeitgeberin auf Einhaltung der Betriebsvereinbarung – und damit der Guthabengrenze – verklagen. Das kann gelingen, allerdings ist mit einer brauchbaren Entscheidung im günstigsten Fall erst nach 1,5 bis 2 Jahren zu rechnen – also auch keine schnelle Hilfe. Und eine einstweilige Verfügung zur Festlegung von Freizeitausgleich zu bekommen, klappt allenfalls bei Gerichten, die mit dem Betriebsverfassungsrecht ansonsten nichts zu tun haben.

Bleibt noch die Möglichkeit, der Arbeitgeberin in der Betriebsvereinbarung das Recht einzuräumen, bei zu viel Guthaben Anordnungen zum Guthabenabbau zu treffen. Die muss dann aber von der Autonomie bei der Festlegung der Arbeitszeit abweichen, die Arbeitgeberin also ermächtigen, Freistellungen anzuordnen.[66] Das funktioniert nur, wenn die selbst ein Interesse an der Einhaltung der Kontogrenzen hat. Und der Betriebsrat ist damit auch dann aus dem Spiel, wen durch solche Freistellungen die Belastung im Kreis der anderen Beschäftigten steigt.

Will der Betriebsrat bei Grenzverletzungen über die Mitbestimmungsrechte schnell zum Ziel kommen, muss hierfür eine eigene Regelung in die Betriebsvereinbarung aufgenommen werden. Die besteht aus

- einer verbindlichen Grenzziehung,
- der ausdrücklichen Bestimmung, dass bei Erreichen der Grenze das Mitbestimmungsrecht bei der Festlegung von Freizeitausgleich einsetzt und
- der Einrichtung einer zügig arbeitenden Entscheidungsinstanz. Das kann die Einigungsstelle sein, aber auch ein eigenständiges Konfliktlösungsgremium wie eine Schiedsstelle o. Ä.[67]

---

66 Textbaustein XI.2.1 – Anweisung Freizeit.

67 Textbaustein XI.2.4 – Mitbestimmung bei Erreichen der Kontogrenze und Textbaustein XI.1. 1. 11 – Rechtzeitige Informationen über drohende Verletzung des Kontorahmens.

Sinnvoller und auch näherliegend ist es, statt in dieser Situation auf die Mitbestimmungsrechte zurückzufallen, bei der Problemlösung zunächst mit der den Beschäftigten und Vorgesetzten eingeräumten Kompetenz bei der Festlegung der Arbeitszeit weiterzuarbeiten. Das setzt aber eine rechtzeitige Information an alle diejenigen voraus, die die Grenzverletzung verhindern oder vermeiden sollen.
Häufig werden zu diesem Zweck Ampelkonten vereinbart. Diese teilen die Zeitguthaben in drei Zonen: eine grüne, in der alles gut und erlaubt ist, eine gelbe und eine rote.[68] Die Bedeutung der roten Zone ist schon nicht mehr so einfach zu beschreiben: Mal ist das eine echte Grenze, bei deren Erreichen zumindest die Regelarbeitszeit eingehalten werden muss, mal aber auch nur ein Signal, dass Geschäftsführung und Betriebsrat sich ab sofort über den anstehenden Zeitausgleich unterhalten müssen. Das ist dann auch der Unterschied zur gelben Zone: Wird diese erreicht, müssen die unmittelbar Betroffenen miteinander sprechen, also Beschäftigte und Vorgesetzte.
Das alles ist nicht in Stein gemeißelt, man kann mit dem Farbspiel jede beliebige Maßnahme verknüpfen, was aber in den meisten Fällen nicht passiert. Oft dient die Ampel nur dazu, echte Konsequenzen bei Berührung der Grenzen zu vermeiden.
Solche Regelungen sind befremdlich, wenn Beschäftigte und Vorgesetzte gemeinsam für die Lage von Arbeitszeit und Freizeitausgleich verantwortlich sind. Denn dann sollte das Gespräch miteinander der Alltag sein und nicht erst die Reaktion auf eingetretene Grenzverletzungen. Sie sind dann nur noch widersinnig, wenn sie die im grünen Bereich allein den Beschäftigten eingeräumte Befugnis, die Arbeitszeit selbst zu organisieren, ausgerechnet in einer Überlastungssituation wieder aufheben. Als hätten sie die Verantwortung für den Kontenüberlauf und nicht die Arbeitssituation.
Die Alternative hierzu – ganz gleich ob mit oder ohne Ampel – sieht so aus, dass eine Auslöseschwelle definiert wird, welche die Korridorgrenze oder ein vorgelagerter Wert sein kann. Wird diese berührt, sind zwar auch Beschäftigte und Vorgesetzte am Zug, aber nur, um entweder einen sofortigen Zeitausgleich festzulegen oder einen längerfristigen Ausgleichsplan. Diese Festlegung muss innerhalb einer kurzen Frist – maximal zwei Wochen – getroffen werden. Erst wenn das nicht passiert oder von den getroffenen Festlegungen abgewichen wird, gibt es eine weitere Maßnahme, über die allerdings nicht mehr entschieden werden muss, weil sie schon in der Betriebsvereinbarung steht: Dann sind die betroffenen Beschäftigten nach Ablauf einer festgelegten Zeitspanne automatisch freigestellt, ohne dass es hierzu noch einer ausdrücklichen Anweisung bedarf.[69]
Dieses Verfahren ist das Angebot an die unmittelbar Agierenden, das Konto selbstbestimmt in Ordnung zu bringen. Sie behalten zunächst die Hoheit über die Lage des Freizeitausgleichs. Gleichzeitig ist klar, was passiert, wenn sie nicht nur das Guthaben zu weit anwachsen lassen, sondern auch noch den dann notwendigen Ausgleich nicht organisieren: Er kommt dann einfach von selbst und

68 Textbaustein XI.1. 1. 12 – Ampelkonto.
69 Textbaustein XI.2.5 – Maßnahme bei Grenzüberschreitung im Arbeitszeitkonto.

möglicherweise zu einer Zeit, wo ihn niemand haben will. Das sollte genügen, um so viel Kreativität und Kompromissbereitschaft bei der Lösungssuche zu entfesseln, dass es gar nicht erst zur automatischen Freistellung kommt.
Der Zeitpunkt des automatischen Ausgleichs muss präzise berechenbar sein. Der Fristbeginn dafür ist dann jeweils der Tag der Berührung der Grenze bzw. des Abweichens vom Ausgleichplan. Die Freistellung beginnt dann an einem feststehenden Wochentag nach Ablauf der Frist, z. B. dem ersten individuellen Werktag eine Woche nach dem Ablauf der ersten Frist bzw. nach dem Abweichen vom Ausgleichsplan. Damit wird vermieden, dass Urlaub oder Krankheit den Ablauf durcheinanderbringen.
Die Festlegung, ob Freizeitausgleich sofort oder im Rahmen eines Ausgleichsplans erfolgt, sollte immer taggenau sein. Wenn die Festlegung zum Bestandteil der Betriebsvereinbarung – z. B. in Form einer Anlage – gemacht wird, kann der Betriebsrat die Einhaltung der Ausgleichsregelung auch aus eigenem Recht durchsetzen. Ist das Verfahren so präzise geregelt, lässt sich dafür im Streitfall beim Arbeitsgericht auch eine einstweilige Verfügung erwirken.
Der Ausgleichsplan kann mehr Optionen als kurzfristigen Zeitausgleich haben, also z. B. auch die Umwandlung von Zeitguthaben in zusätzliche Urlaubstage im Folgejahr. Diese Umwandlung in Urlaubstage ermöglicht es, in Projektphasen mit hoher Belastung den Zeitausgleich zu verschieben. Der Vorgang ist vergleichbar einer Auszahlung, weil ein anderer arbeitsrechtlicher Anspruch dadurch geschaffen wird, für den dann Urlaubsrecht und nicht mehr der Ausgleichszeitraum für die Regelarbeitszeit gilt.
Wird das Konto auf diesen Wegen bereinigt, können die Stunden noch vor einem fällig werdenden Freizeitausgleich ausgebucht werden, weil der Zeitausgleich anderweitig gewährleistet ist – wenn der Betriebsrat dann auch bereit ist, ihn durchzusetzen. Wiederholt sich der Vorgang mehrfach, entsteht – mit Zustimmung der Arbeitgeberin – ein erheblicher Freistellungsanspruch.
Solange ein Guthaben nicht in Urlaub umgewandelt wurde, die Freistellung also aus dem Kontoguthaben erfolgt, muss sie allerdings immer innerhalb des tariflichen Ausgleichszeitraums liegen. Dieser darf durch solche Maßnahmen nicht verletzt oder verlängert werden.[70] Deshalb lohnt es sich auch nicht, nach einem Ausbuchen der Stunden zugunsten des Urlaubskontos sofort wieder neues Guthaben anzuhäufen. Das führt nur zu einer umso längeren Freistellung kurz vor dem Ende des Ausgleichszeitraums – oder eben zu noch höheren Urlaubsansprüchen.

IV.6.2.2 Einhaltung des Ausgleichszeitraums

Bei kollektiver Planung der Arbeitszeit liegt die Verantwortung für die Einhaltung des Ausgleichszeitraums bei Arbeitgeberin und Betriebsrat, deren Aufgabe die Festlegung der »richtigen« Arbeitszeit ist. Werden dafür in der Betriebsvereinbarung Grenzen eingezogen – z. B. ein Maximalwert für die Überschreitung der Regelarbeitszeit im Monat –, können die Betriebsparteien jederzeit einver-

70 Textbaustein XI.1. 1. 11 – Zeitausgleich im Ausgleichszeitraum.

nehmlich wieder davon abweichen. Gegen den Willen der anderen Betriebspartei geht das dann aber nicht mehr.
In Arbeitszeitmustern mit zumindest teilweiser Einflussnahme der Beschäftigten auf die Lage der Arbeitszeit[71] sind keine speziellen Maßnahmen zur Sicherung der Einhaltung des Ausgleichszeitraums erforderlich, wenn ein sich verengender Korridor[72] und die Maßnahmen zum durchsetzbaren Zeitausgleich[73] in die Betriebsvereinbarung aufgenommen wurden. Ohne diese vereinbarten Maßnahmen bleibt nur die Hoffnung auf einen Zeitausgleich, möglichweise auch auf Gespräche, wenn absehbar ist, dass dieser nicht gelingen kann. Das sind aber Maßnahmen, die nicht die erforderliche Autorität entfalten, deshalb lässt sich ihre Wirkung auch nicht absehen.
Die Einhaltung des Ausgleichszeitraums dadurch zu erreichen, dass der Arbeitgeberin Rechte eingeräumt werden, für Beschäftigte ohne Mitbestimmung Freizeit anzuordnen, ist nicht nur wegen der Aufgabe der Mitbestimmung mehr als zweifelhaft,[74] sondern auch ausgesprochen halbherzig. Die Arbeitgeberin ist nämlich jederzeit in der Lage, das Arbeitspensum zu verringern, damit Beschäftigte ihre Freizeit nehmen können. Der bloße Zugriff auf das Guthaben ohne Reduzierung des Pensums erhöht allenfalls die Belastung durch Verdichtung der Arbeit. Zumindest sollte eine solche Regelung aber davon abhängig sein, dass die Arbeitgeberin während der Laufzeit des Kontos mehrfach Freizeittage angeboten hat und die betroffenen Beschäftigten diese abgelehnt haben.

IV.6.2.3 Einhaltung Korridor – Zeitdefizit

Eine Zeitdefizitgrenze im Arbeitszeitkonto ist nichts anderes als eine verschobene Basislinie. Diese Basis ist ohne besondere Regelung ein leeres Konto, also null Stunden. Wer in einem solchen System statt der Regelarbeitszeit von 37,5 Stunden in einer Woche 35 Stunden arbeitet und kein Guthaben im Konto hat, unterschreitet diese Basislinie um 2,5 Stunden. Sind dagegen zwanzig Minusstunden erlaubt, unterschreitet erst die 21. Stunde die Basislinie. Diese 21. Stunde kann aber auch zu keiner anderen Reaktion führen als die 2,5 Stunden im System ohne Minus-Option. Diese Reaktion leitet sich wiederum nicht aus der Unterschreitung selbst her, sondern aus dem Grund dafür: unzulässiges Fernbleiben von der Arbeit, Zuspätkommen usw.
Wenn das Arbeitszeitmuster dieses Verhalten – z. B. bei Gleitzeit – zulässt, aber die Beschäftigten gleichzeitig für die Einhaltung der Grenzen verantwortlich macht, muss auch geregelt sein, was sich durch das Berühren einer Defizitgrenze am Verfahren der Festlegung der Arbeitszeit ändert. Daran mangelt es in den meisten Vereinbarungen, weshalb die Reaktionsmöglichkeiten beschränkt sind. Allerdings können jegliche Maßnahmen als Reaktion nur dann einsetzen, wenn ausschließlich die Beschäftigten individuell Einfluss auf die Lage der Arbeitszeit

71 Kapitel V.6 – Gestaltungsmuster 5: Individuelle Flexibilität.
72 Kapitel IV.6.1.2.4 – Ende des Ausgleichszeitraums.
73 Kapitel IV.6.2.1 – Einhaltung des Korridors – Guthaben.
74 Kapitel III.5.2 – Pflicht zur Mitbestimmung.

nehmen. Müssen sie dagegen nur vollziehen, was tatsächliche oder vermeintliche betriebliche Belange an Arbeitszeitverhalten erfordern, wird ein Zeitdefizit bei Einhaltung der Betriebsvereinbarung auf mangelnder Auslastung beruhen, was aber als Betriebsrisiko von der Arbeitgeberin zu vertreten ist.[75] Die Beschäftigten sind in solchen Systemen nicht berechtigt, trotz mangelnder Auslastung Zeit im Betrieb abzusitzen, um das Defizit auszugleichen. Sie sollten stattdessen zum Selbstschutz aktiv ihre Arbeitskraft anbieten,[76] schulden aber keine Arbeitsleistung, wo es keine Arbeitsanforderung gibt.

Die Reaktion auf Grenzverletzungen durch Minusstunden wird häufig unter Gerechtigkeitsgesichtspunkten diskutiert. Die Überlegung, dass auf sie genauso reagiert werden muss wie auf zu hohes Zeitguthaben, scheint logisch zu sein – ist es aber nicht, weil Zeitdefizit das Gegenteil von Zeitguthaben ist und daher eine andere Reaktion erfordert. Während eine zu hohe Arbeitsbelastung – bei entsprechendem Willen – durch organisatorische Maßnahmen in Bezug auf die Beschäftigten reduziert werden kann, erfordert eine im Konto ausgewiesene Unterauslastung entweder das Herbeischaffen zusätzlicher Arbeit, langsameres Arbeiten oder arbeitsrechtliche Reaktionen.

Wenn Arbeit liegen bleibt und das Konto deshalb ins Minus gerät, kann die Betriebsvereinbarung zum Arbeitszeitkonto keine anderen Maßnahmen vorsehen, als die Arbeitgeberin ohnehin zur Verfügung hätte, wenn die Voraussetzungen dafür vorliegen: Anweisung, Abmahnung, vielleicht Qualifizierung und – wenn es gar nicht anders geht – die Trennung. Ob solche Maßnahmen allerdings zulässig und angebracht sind, kann im Konto ebenso wenig allgemein geregelt werden wie die Organisation einer zusätzlichen Auslastung. Und ob zügig arbeitende Beschäftigte durch das Konto in ihrem Elan gebremst werden sollten, damit sie auf mehr Stunden kommen, lässt sich vielleicht theoretisch erörtern, ist aber sicherlich keine praktisch sinnvolle Lösung.

Maßnahmen, die in einer Betriebsvereinbarung zum Arbeitszeitkonto festgelegt werden können, erstrecken sich einerseits auf organisatorische Folgen, wenn das Konto im Minus ist, andererseits auf wirtschaftliche Folgen, also auf die Rückzahlung des – im Zeitdefizit verkörperten – Gehaltsvorschusses.

Diese Rückforderung setzt allerdings voraus, dass Beschäftigte einen bestimmenden Einfluss darauf haben, ob ein Konto ins Minus läuft. Das haben sie schon dann nicht, wenn Arbeitsmangel die Ursache hierfür war.[77] Die ungleichmäßige Verteilung der Regelarbeitszeit muss außerdem so umgesetzt worden sein, dass die Verteilung auf die Wochen und Monate nachvollziehbar ist.[78] Das sind hohe Hürden mit erheblichem Überraschungspotenzial bei gerichtlichen Auseinandersetzungen um aufgelaufene Minusstunden.

Das Einzige, was eine Betriebsvereinbarung als Reaktion auf das Überschreiten der Zeitdefizitgrenze halbwegs realistisch vorsehen kann, ist ein organisatori-

75 BAG 13.12.2000 – 5 AZR 334/99.

76 BAG 15.5.2013 – 10 AZR 325/12.

77 BAG 9.7.2008 – 5 AZR 810/07, und 13.12.2000 – 5 AZR 334/99.

78 BAG 26.1.2011 – 5 AZR 819/09.

scher Eingriff in das System der Festlegung der Arbeitszeit. Die betroffenen Beschäftigten können aus der individuellen Flexibilität herausgenommen werden, auf der ersten Stufe durch die Festlegung, dass die wöchentliche Regelarbeitszeit nicht mehr unterschritten werden darf, auf der zweiten Stufe durch eine Festlegung der Lage der Arbeitszeit. Diese Maßnahmen dürften allerdings wie ein Pranger wirken, wenn die übrigen Beschäftigten sich weiterhin selbst organisieren. Eine höhere Produktivität wird dadurch sicherlich nicht erreicht.

Die Debatten um solche Maßnahmen bei Zeitdefizit sind daher in der Regel höchst theoretisch und juristisch, haben aber wenig mit den Arbeitsverhältnissen zu tun, deren Arbeitszeit auf diese Weise organisiert wird.

IV.7 Individuelle Rechte aus dem Arbeitszeitkonto

Für Beschäftigte schafft das Konto Sicherheit, weil der jeweilige Guthabenbestand mit hoher Verbindlichkeit ausweist, welche Ansprüche gegen die Arbeitgeberin bestehen. Sie kann die verbuchten Zeiten nicht mehr ohne Weiteres in Frage stellen, auch tarifliche Ausschlussklauseln bleiben bei diesen Ansprüchen wirkungslos.[79] Daraus folgt die Verpflichtung der Arbeitgeberin, Arbeitszeitkonten »korrekt« zu führen.[80]

Diese Verpflichtung verschafft Beschäftigten beachtliche Rechte: Sie können sich auf den Stand ihres Arbeitszeitkontos berufen, ohne beweisen zu müssen, dass sie dort gebuchte Arbeitsstunden auch tatsächlich gearbeitet haben.

Dieser Beweiswert des Kontos für die Beschäftigten ist keine Einladung zum Schummeln, sondern eine echte Erleichterung, wenn sie sich mit ihrer Arbeitgeberin darum streiten müssen, wie viel Zeitguthaben auszugleichen oder zu vergüten ist. Ohne ein Konto müssen Beschäftigte in Prozessen um die Bezahlung ihrer Arbeitszeit oder um Zeitausgleich beweisen, wann und in welchem Umfang sie gearbeitet haben. Geht es um Mehrarbeit, müssen sie zusätzlich belegen, dass die Arbeitsleistung angeordnet oder geduldet und erforderlich war.[81] Einfacher ist es mit einem Konto: Dessen Stand wird als richtig unterstellt, will die Arbeitgeberin die Freistellung oder Auszahlung verweigern, muss sie beweisen, dass dieser falsch ist.[82] Das ist zwar auch nicht unmöglich, erfordert aber eine plausible Erklärung, warum sie im Konto – entgegen ihrer Verpflichtung zur korrekten Kontoführung – falsche Zahlen gebucht hat, und natürlich den Beweis, dass diese tatsächlich falsch sind.

Voraussetzung dafür ist allerdings, dass die Kontoverwaltung in der Verantwortung der Arbeitgeberin liegt. ESS-Systeme können Zweifel daran aufkommen lassen, wenn die Beschäftigten allein für die Eingaben und die Kontoverwal-

79 BAG 31.7.2014 – 6 AZR 759/12.

80 BAG 6.11.2003 – 6 AZR 166/02.

81 Kapitel V.3.3.2 – Streit um Mehrarbeitsvergütung.

82 BAG 20.11.2019 – 5 AZR 578/18.

tung zuständig sind. Die Verantwortung bleibt bei der Arbeitgeberin, wenn in einer Betriebsvereinbarung ein monatlicher Abrechnungstermin festgelegt ist, bis zu dem die Arbeitgeberin Einwände gegen die Richtigkeit der Buchungen anbringen muss. Bleiben diese aus, gilt der Kontostand als genehmigt, und die Verantwortung für die Richtigkeit der Angaben geht damit auf die Arbeitgeberin über. Auch dies muss eine Betriebsvereinbarung allerdings ausdrücklich so festlegen.[83]

Die Kontoführung ist auch dann nicht mehr korrekt, wenn gearbeitete Zeit einfach wieder aus dem Konto gestrichen oder gar nicht erst darin erfasst wird. Daher können Regelungen, die z. B. eine tägliche Arbeitszeit oberhalb von 10 Stunden oder außerhalb der festgelegten Grenzen und Korridore nicht mehr registrieren, nichts an der Pflicht zur Vergütung ändern.[84] Aus Perspektive des ArbZG ist das mindestens eine Ordnungswidrigkeit, weil das in Zukunft die Erfassung aller Zeiten oberhalb von acht Stunden täglich verlangt. Allerdings nützt das Beschäftigten nichts, die sich auf den Kontostand berufen wollen, um ihre Ansprüche durchzusetzen: Dieser ist schließlich durch Streichung verfälscht und hat damit keinen Beweiswert mehr. Es gibt aber keinen Grund für den Betriebsrat, bei der Unterschrift unter eine Betriebsvereinbarung auf die Unwirksamkeit solcher Klauseln zu vertrauen. Sie hindern die Beschäftigten trotzdem daran, ihre Rechte aus den Arbeitszeitkonten durchzusetzen.

Auch der Betriebsrat bekommt aufgrund der Verpflichtung zur korrekten Kontoführung aus der Betriebsvereinbarung zum Arbeitszeitkonto eigene Rechte.[85]

IV.8 Quellen

Für ein Arbeitszeitkonto macht es keinen Unterschied, warum die Arbeitszeit schwankt, es nimmt alles auf, was die Betriebsparteien wollen und machen dürfen: schwankende Regelarbeitszeit genauso wie Mehrarbeit und Zuschläge hierauf, Bereitschaftszeiten und Minusstunden, manchmal auch reine Vergütungsbestandteile wie Sonderzahlungen und Prämien nach deren Umrechnung in Zeit. Allerdings kann eine Vermischung der unterschiedlichen Bestandteile zu Problemen führen, weil die Regelungen, wann und wie ein Ausgleich zu erfolgen hat, häufig variieren. Für zuschlagspflichtige Mehrarbeit z. B. gelten – weil es sich nicht um Regelarbeitszeit handelt – nicht die Ausgleichszeiträume der Tarifverträge, sondern zumeist andere, manchmal auch gar keine Fristen. Werden aber beide Arbeitszeiten im selben Konto verbucht, lässt sich nicht ohne Weiteres feststellen, ob tarifvertragliche Grenzen eingehalten wurden.

83 Textbaustein XI.1.1.9 – Saldenanerkenntnis.
84 BAG 10. 12. 2013 – 1 ABR 40/12.
85 Kapitel IV.14.3 – Durchführungsanspruch.

> **Beispiel**
> Tarifliche Regelarbeitszeit: 37 Stunden, Ausgleichszeitraum: sechs Monate.
> Für Mehrarbeit und Zuschläge darauf gibt es keine Frist für den Ausgleich.
> Ein Beschäftigter hat am Ende des Ausgleichszeitraums 25 Plusstunden, die auszuzahlen sind – allerdings nur, wenn sie aus der Regelarbeitszeit stammen. Stammt das Guthaben sowohl aus Mehrarbeit als auch aus schwankender Regelarbeitszeit und hat es in den vorangehenden sechs Monaten auch Zeitausgleich gegeben, ist nicht feststellbar, ob das Guthaben aus Mehrarbeit stammt und deshalb weitergeführt werden kann oder ob ein Anspruch auf Zeitausgleich bzw. Bezahlung besteht, weil es aus Regelarbeitszeit stammt.

Solche Probleme lassen sich durch separate Konten vermeiden, die je nach Verwendungszweck dann Mehrarbeitskonto, Gleitzeitkonto, Freizeitkonto usw. heißen können.
Mit der Bildung solcher zusätzlichen Konten sollte allerdings sparsam verfahren werden, damit nicht der Überblick über die verschiedenen Salden und die Regelungen zu deren Ausgleich verloren geht. Zu warnen ist davor, zwischen den Konten hin und her zu buchen. Entweder haben die Konten keine unterschiedlichen Regularien, dann hat die Trennung auch keinen Sinn. Oder solche unterschiedlichen Regelungen waren den Betriebsparteien wichtig genug, um sie in die Betriebsvereinbarung aufzunehmen, dann sollten sie aber auch nicht durch Umbuchungen wieder egalisiert werden.
Unzulässig sind solche Umbuchungen, die Minussalden auf einem Konto mit Guthaben auf einem anderen verrechnen, für deren Entstehung die Arbeitgeberin verantwortlich ist – was außerhalb von Arbeitszeitmustern mit individueller Flexibilität[86] praktisch immer der Fall ist. Eine solche Verrechnung würde das Betriebsrisiko der Arbeitgeberin auf die Seite der Beschäftigten verschieben. Das ist nur zulässig, wenn ein Tarifvertrag das so bestimmt. Eine Betriebsvereinbarung reicht dafür nicht aus.[87]
Konstruktionen, die Kontogrenzen überwinden, sind nicht nur intransparent, sie befeuern auch den Verdacht, dass die Konten vor allem ein Polster für die Arbeitgeberin sind.
Welche Buchungen in das Konto einfließen, um dann später in Freizeit ausgeglichen zu werden, legen die Betriebsparteien in einer Betriebsvereinbarung fest. In Frage kommen neben der Regelarbeitszeit und der Mehrarbeit auch Zuschläge und andere Vergütungen für besondere Arbeitsformen wie z. B. Bereitschaftsdienste und Rufbereitschaftseinsätze, aber auch völlig arbeitszeitfremde Elemente wie Sonderzahlungen, Prämien usw., die in Zeit umgerechnet werden. Bei den Zuschlägen ist allerdings darauf zu achten, dass keine steuerfreien Zuschläge für Nacht- und Sonntagsarbeit im Konto landen. Anderenfalls verlieren diese ihre Steuerfreiheit. Der in der Betriebsvereinbarung festgelegte Katalog der ins Konto buchbaren Zeiten und Vergütungen ist verbindlich. Ohne Zustimmung des Be-

86 Kapitel V.6 – Gestaltungsmuster 5: Individuelle Flexibilität.
87 LAG Köln 15.9.2023 – 4 Sa 385/23.

triebsrats dürfen dann keine anderen Bestandteile – etwa zusätzliche Einsätze, Sonderprämien usw. – in das Konto aufgenommen werden.[88]
Nichts zu suchen haben solche zusätzlichen Buchungen allerdings in einem Konto, mit dem die Einhaltung der gesetzlichen Höchstarbeitszeit gewährleistet werden soll. Hier darf sich nur die tatsächliche Arbeitszeit ohne Berücksichtigung der Vergütung dafür wiederfinden. Anderenfalls ist die Arbeitszeit nicht richtig erfasst, was gem. § 22 Abs. 1 Nr. 9 ArbZG eine Ordnungswidrigkeit ist.
Vergütungselemente im Arbeitszeitkonto zu buchen hat nur dann einen Sinn, wenn dadurch Freizeitguthaben in größerem Maße generiert werden soll. Wenn das Konto vor allem diesen Zweck hat, kann es alles aufnehmen, was Tarifverträge, Arbeitsverträge und Betriebsvereinbarungen zulassen. Dabei dürfen allerdings keine tariflichen Ansprüche vereitelt werden. So kann kein Vergütungsbestandteil durch die Betriebsparteien zwingend in ein Arbeitszeitkonto umgeleitet werden. Eine Betriebsvereinbarung kann den Beschäftigten nur die Option einräumen, ihre Vergütung als »Sparguthaben« von ihrer Arbeitgeberin aufbewahren zu lassen.
Für Kontenguthaben, die aus in Zeit umgewandelten Vergütungselementen bestehen, gelten keine Ausgleichsfristen, allenfalls müssen straf- und sozialversicherungsrechtliche Grenzen beachtet werden.[89]

IV.9 Arbeitszeitkonto und Leiharbeit

Im Leiharbeitsverhältnis kann die Einrichtung eines Arbeitszeitkontos mit dem gesetzlichen Verbot in § 11 Abs. 4 AÜG kollidieren, den Anspruch aus Annahmeverzug gegen das verleihende Unternehmen vertraglich auszuschließen. So soll vermieden werden, dass das Risiko der fehlenden Beschäftigungsmöglichkeit auf die Beschäftigten übertragen wird. Das ist aber genau der beabsichtigte Effekt von vielen Arbeitszeitkonten: Wenn es nichts zu tun gibt, gehen Beschäftigte lieber nach Hause und bauen Zeitguthaben ab, statt im Betrieb herumzusitzen. Aber das darf im Leiharbeitsverhältnisse ja gerade nicht passieren, denn dieses Risiko trägt hier allein die verleihende Arbeitgeberin.
Damit ist der Einsatz von Arbeitszeitkonten in dieser Branche zwar nicht vollständig ausgeschlossen. Sie dürfen aber nur für geplante Schwankungen der Arbeitszeit bei der verleihenden Arbeitgeberin oder für individuelle Gestaltungsmöglichkeiten der Beschäftigten eingesetzt werden.
Unzulässig ist damit die Verwendung von Arbeitszeitguthaben für die Überbrückung einer Flaute beim entleihenden Unternehmen.
Zulässig ist die ungleichmäßige Beschäftigung beim verleihenden Unternehmen, z. B. durch Anhebung der Arbeitszeit im Winter und durch Absenkung im Sommer oder die Einräumung der Möglichkeit, tageweise freizunehmen, wenn das Arbeitszeitkonto ein bestimmtes Guthaben erreicht.

88 BAG 5.10.2023 – 6 AZR 210/22.
89 Kapitel IV.11 – Langzeitkonten / Wertkonten.

IV.10 Arbeitszeitkonto und zuschlagspflichtige Mehrarbeit

Im Zusammenhang mit dem Arbeitszeitkonto kann zuschlagspflichtige Mehrarbeit auf zweierlei Weise von Bedeutung sein:

1. Als Buchungsvorgang in einem Konto, das nach anderen, meist tarifvertraglichen Vorschriften entstandene Mehrarbeit verwaltet.
2. Als eigenständige Regelung über die Entstehung von Mehrarbeit.

Verwaltet das Konto Mehrarbeit, sind dabei die Vorgaben des jeweiligen Tarifvertrags bzw. Arbeitsvertrags zu beachten. Das sind vor allem Fristen für einen Zeitausgleich, die nicht mit dem Ausgleichszeitraum für das Schwanken von Regelarbeitszeit vermischt werden dürfen.

Beispiel
MTV Kfz-Handwerk Sachsen
§ 3 Abs. 1.1: regelmäßige Arbeitszeit pro Woche: 37 Stunden, kann auf bis zu sechs Monate ungleichmäßig verteilt werden.
§ 4 Abs. 1.3: Mehrarbeit kann innerhalb von 13 Wochen durch Freizeitgewährung abgegolten werden.

Wenn diese Zeiträume wie im Beispiel des sächsischen Kraftfahrzeughandwerks unterschiedlich sind, darf Mehrarbeit zu Beginn des sechsmonatigen Ausgleichszeitraums nicht bis zu dessen Ende im Konto verbleiben. Andererseits muss Mehrarbeit auch nicht am Ende dieses Ausgleichszeitraums ausgeglichen werden, wenn sie erst kurz zuvor geleistet wurde, weil für diese eine andere Frist gilt.

Grafik 15: Ausgleichszeitraum Mehrarbeit

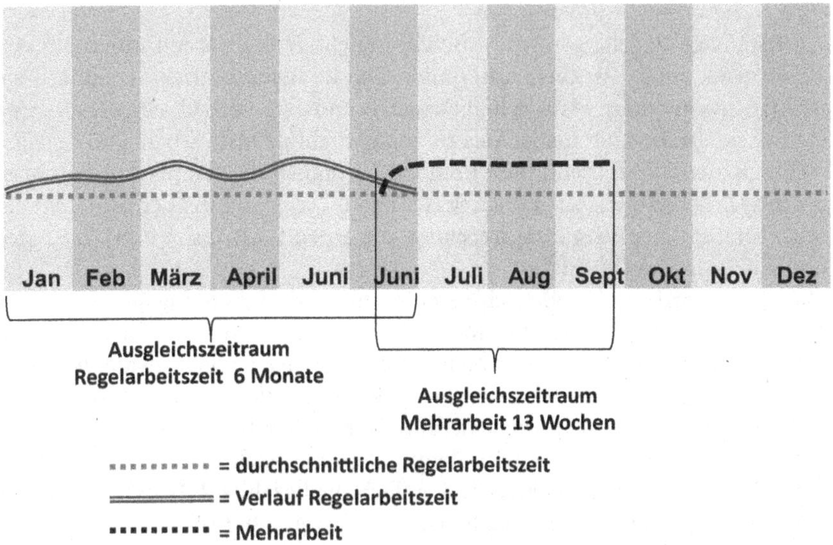

> Der Ausgleichszeitraum für die Mehrarbeit startet unabhängig davon, wie das Konto für die Regelarbeitszeit läuft. Hier wird Mitte Juni Mehrarbeit geleistet, um die durch Freizeit auszugleichen, bleiben 13 Wochen, die aus dem Ausgleichszeitraum für die Regelarbeitszeit hinausragen.

Außerdem enthalten Tarifverträge zum Teil Vorgaben, ob definierte Mehrarbeit und die darauf zu zahlenden Zuschläge überhaupt im Konto verwaltet werden dürfen.

> **Beispiel**
> **MTV Kfz-Handwerk Sachsen**
> § 4 Abs. 1.3: Die Zuschläge bleiben auch bei Freizeitausgleich für die Mehrarbeit erhalten, müssen also ausgezahlt werden.

Wenn solche nach unterschiedlichen Regeln auszugleichenden Zeiten verwaltet werden müssen, ist die Aufteilung auf mehrere Konten der einzige Weg, um den Kontenstand transparent zu halten. Anderenfalls muss immer wieder zurückverfolgt werden, aus welcher Quelle das jeweilige Guthaben gespeist worden ist. Manchmal ist auch das Konto selbst die Ursache für die Entstehung von tarifvertraglicher Mehrarbeit. Das ist der Fall, wenn der Tarifvertrag Zeiten, die zum Ende des Ausgleichszeitraums noch als Guthaben verbleiben, automatisch in zuschlagspflichtige Mehrarbeit umwandelt. Ausdrücklich ist das eher selten zu finden. Allerdings könnte sich die Rechtsprechung in diese Richtung entwickeln:

Bei der geplanten Arbeitszeit im Geltungsbereich des TVöD hat sie bereits einen entsprechenden Schritt vollzogen.[90]
Eigenständige Regelungen, wie zuschlagspflichtige Mehrarbeit innerhalb eines Arbeitszeitkontos generiert wird, finden sich in vielen Betriebsvereinbarungen zu Arbeitszeitkonten. Meist gelten danach Stunden außerhalb eines festgelegten Guthabenbestands automatisch als zuschlagpflichtige Mehrarbeit. Das ist jedoch rechtlich zweifelhaft, denn hierdurch wird lediglich die Grenze zur zuschlagspflichtigen Arbeitszeit nach oben verschoben. Das ist dann aber keine Arbeitszeit-, sondern eine Vergütungsregelung, die gegen § 77 Abs. 3 BetrVG verstößt und damit unwirksam ist.
Manchmal wird in einer Betriebsvereinbarung jede Vergütung aus Arbeitszeitguthaben als zuschlagspflichtige Mehrarbeit definiert. Dies ist auf der einen Seite konsequent, wenn solche Zeiten nicht für den Ausgleich von Schwankungen vorgearbeitet, sondern lediglich zusätzlich geleistet wurden. Sie mit Zuschlägen zu belegen, kommt der Mehrarbeitsdefinition in vielen Tarifverträgen schon sehr nahe. Auf der anderen Seite wird damit allerdings auch ein Anreiz gesetzt, auf den Zeitausgleich zu verzichten und einfach die bezahlte Arbeitszeit zu verlängern. Ohne eine solche Regelung in der Betriebsvereinbarung ist die Auszahlung zwar auch jederzeit möglich, es fallen allerdings nicht zwingend Zuschläge an.[91]
Der Versuch, solche Auszahlungen in der Betriebsvereinbarung vollständig zu untersagen, wird zwar vielfach unternommen, scheitert jedoch an der Realität. Beschäftigte, die sich ihre Arbeit bezahlen lassen wollen, wird kein Betriebsrat daran hindern können. Auch dürfte sein Ansehen in der Belegschaft nicht steigen, wenn er versucht, den Arbeitgeber gerichtlich dazu zu verpflichten, die Zahlung zurückzufordern. Insofern handelt sich bei solchen Regelungen eher um Appelle als um rechtliche Festlegungen.

IV.11 Langzeitkonten / Wertkonten

Es gibt ein verbreitetes Interesse bei Beschäftigten und Arbeitgeberinnen, Konten auch für einen vorzeitigen Ausstieg aus dem Erwerbsleben zu nutzen. Dafür muss allerdings über lange Zeit erhebliches Zeitguthaben angesammelt werden. Für ein Jahr Freistellung werden bei Vollzeitbeschäftigung zwischen 1600 und 1850 Stunden Zeitguthaben benötigt.
Vereinzelt soll ein derartiges Guthaben auch für einen zeitweisen Ausstieg aus dem Berufsleben (Sabbatical) oder für eine vorübergehende Reduzierung der Arbeitszeit ohne Einkommensverlust genutzt werden.
So verbreitet diese Anliegen sind, stößt ihre Realisierung gleichwohl auf praktische wie rechtliche Grenzen. Einige hiervon sind durchlässig, andere stellen

90 BAG 25.4.2013 – 6 AZR 800/11.
91 BAG 25.10.2000 – 4 AZR 596/99.

Hürden dar, die nur mittels Ignoranz zu überwinden sind. Von Bedeutung sind hierbei insbesondere der Ausgleichszeitraum und das Sozialversicherungsrecht.

IV.11.1 Grenze Ausgleichszeitraum

Ausgleichszeiträume in Tarifverträgen begrenzen die Dauer der Laufzeit der Konten, wenn sie im Unternehmen kraft Tarifbindung gelten. In der Regel enden sie spätestens nach zwölf Monaten, danach muss Guthaben abgerechnet werden und steht damit für die längerfristige Planung nicht mehr zur Verfügung. Nur wenn der Tarifvertrag selbst eine Möglichkeit zur Weiterführung der Zeitguthaben vorsieht, also insbesondere länger laufende Konten, kann die Zeit des Sammelns entsprechend verlängert werden. Wenn drei Stunden pro Arbeitswoche in das Konto fließen sollen, ergibt das – wenn keine Störungen dazwischenkommen – nach 15 Jahren 2070 und nach 25 Jahren 3450 Stunden. So lange müsste der Ansparvorgang also zugelassen sein, um z. B. einen »vorgezogenen Ruhestand« anzusparen.

Den Ausgleichszeitraum bzw. dessen Wirkung zu ignorieren, weil alle sich einig sind, dass längerfristig Zeit angespart werden soll, birgt erhebliche Risiken. Kommt es zu einer Störung im Arbeitsverhältnis, kann das Guthaben vollständig verloren gehen, denn mit Ablauf des Ausgleichszeitraumes wandelt sich der Anspruch auf Freistellung für das Guthaben in einen Vergütungsanspruch um. Für solche Vergütungsansprüche sehen praktisch alle Tarifverträge Ausschlussfristen von drei bis sechs Monaten vor. Da heißt, danach sind die Ansprüche rechtlich verfallen. Solange sich Beschäftigte und Arbeitgeberin einig sind, wird niemand diese Karte ziehen. Kommt es aber zu Veränderungen, muss das nicht mehr so sein. Die meisten Veränderungen sind durch die Beschäftigten nicht zu beeinflussen: Veräußerung des Betriebs oder Unternehmens, Austausch des Managements, wirtschaftliche Probleme sind Alltag im Wirtschaftsleben, die Auswirkungen auf die Bereitschaft haben können, sich an rechtlich nicht bindende Absprachen zu halten. Neue Leitungen, neue Eigentümerinnen, Insolvenzverwalterinnen haben neue Ziele und neue Pläne und fühlen sich nicht unbedingt daran gebunden, was ihre Vorgänger außerhalb des rechtlich Zwingenden zugesagt haben.

Auch die eigene Entwicklung sollten Beschäftigte im Blick haben, die solche Zeitansparungen anstreben: Ein Arbeitsplatzwechsel ist für viele eine realistische Option geworden, seit sich der Arbeitsmarkt zugunsten der Beschäftigten gewandelt hat. Angesammeltes Zeitguthaben wirkt dabei nicht nur emotional als Bremse, es macht auch erpressbar: Wird die Kündigung durch Beschäftigte von der Arbeitgeberin als »Verrat« angesehen, ist Letztere schnell versucht, sich daran zu erinnern, dass das Arbeitszeitguthaben bereits seit langem verfallen ist. Solche Risiken will niemand gerne eingehen, auch wenn eine neue Stelle mit besseren Konditionen lockt.

Die Probleme mit dem Ausgleichszeitraum lassen sich umgehen, indem man Guthaben nicht aus zusätzlicher Arbeitszeit, sondern aus der Reduzierung auf Teilzeitarbeit aufbaut. Das hört sich paradox an, ist aber relativ einfach: Bei einer

Vollzeitbeschäftigung von z. B. 38 Stunden vereinbaren die Arbeitsvertragsparteien eine Reduzierung der Arbeitszeit um drei Stunden auf 35 Stunden. Tatsächlich gearbeitet werden weiterhin 38 Stunden, die Vergütung allerdings erfolgt nur noch für 35 Stunden. Die Differenz von drei Stunden läuft in ein Langzeitkonto und wird nicht vom Ausgleichszeitraum des Tarifvertrags erfasst, weil der nur auf die Vollzeit bezogen ist. Dann besteht nur noch das Risiko, dass Gerichte die Bedenken wegen der Ungleichbehandlung[92] von Teilzeitbeschäftigten aufgreifen und die Ausgleichszeiträume doch noch auf diese Beschäftigtengruppe erstrecken. Auch einige Tarifverträge von Privatkliniken sehen einen entsprechenden Umgang mit Teilzeit vor. Das würde das Guthaben wiederum infrage stellen. Solange aber keine solchen Regelungen oder Urteile existieren, können solche Stunden unbegrenzt angesammelt werden, ohne dass sich der Freizeitanspruch in einen Entgeltanspruch umwandelt und von Ausschlussfristen vernichtet wird. Das Restrisiko ist dann noch die Insolvenz der Arbeitgeberin.[93] Individuelle Wechselwünsche der Beschäftigten führen jedenfalls so lange zum vorzeitigen Ausgleich des Kontos,[94] wie die Trennung friedlich verläuft.

IV.11.2 Grenze Sozialversicherungsrecht / Wertkonten

Werden auf diesem Weg Stunden angesammelt, hält das Sozialversicherungsrecht noch eine weitere Überraschung parat: Dauert die Freistellung länger als drei Monate, verlieren Beschäftigte gemäß § 7 Abs. 1a SGB IV ihren Versicherungsschutz. Sie gelten dann nicht mehr als sozialversicherungspflichtig Beschäftigte. Wer in einer solchen Freistellungsphase schwer erkrankt, läuft damit Gefahr, dass die Krankenversicherung nicht bezahlen muss – wenn sie es denn merkt.
Diese Konsequenz lässt sich durch die Einrichtung von »Wertkonten« verhindern. Dabei handelt es sich um von vornherein in Geld umgewandeltes Zeitguthaben, für das keine Ausgleichszeiträume mehr gelten. Es wird in Finanzanlagen umgeleitet und außerhalb des Unternehmens von Treuhändern, Versicherungen etc. verwaltet. Freistellungen aus solchen Wertkonten sind gemäß § 7 Abs. 1a SGB IV ohne Begrenzung möglich. Solche Wertkonten müssen für den Fall einer Insolvenz der Arbeitgeberin gesichert werden. Einzelheiten dazu finden sich in §§ 7b bis 7g SGB IV. Wertkonten haben den Vorteil, dass sie sich auch zu anderen Arbeitgeberinnen mitnehmen lassen und sogar bei Bedarf der Deutschen Rentenversicherung überwiesen werden können, die dann während der Freistellung in die Rolle der Arbeitgeberin schlüpft.
Der Nachteil solcher Guthaben ist allerdings, dass sie für kurzfristige Anliegen praktisch nicht mehr zur Verfügung stehen. Die Entscheidung ist also ziemlich endgültig, daher braucht, wer in Wertkonten investiert, einen langen Atem und

92 Kapitel IV.6.1.1.1 – Gesetzlicher Ausgleichszeitraum.
93 Kapitel IV.13.3 – Störfall 3: Insolvenz der Arbeitgeberin.
94 Kapitel IV.13.1 – Störfall 1: Planmäßiges Ende des Arbeitsverhältnisses durch Fristablauf, Verrentung oder Kündigung; Kapitel IV.13.2 – Störfall 2: Ungeplantes Ende des Arbeitsverhältnisses durch Tod des Beschäftigten oder fristlose Kündigung.

die Zuversicht, auf das Guthaben lange verzichten zu können. Im Übrigen handelt es sich um kostspielige Anlageformen, bei denen die Vermutung nicht ganz fern liegt, dass mit der Konstruktion dieses Modells eher neue Einnahmequellen der entsprechenden Wirtschaftszweige als Lösungen für Probleme der Beschäftigte gefunden werden sollten. Wegen dieser Kosten sind Arbeitgeberinnen in der Regel nicht bereit, solche Systeme nur für einen geringen Teil der Belegschaft einzurichten.

IV.12 Arbeitszeitkonto und Mindestlohn

Für Arbeitszeitkonten sehen das MiLoG und die PflegeArbbV besondere Regelungen vor, wenn sich die Höhe der Vergütung an den Untergrenzen entlang bewegt, die durch die Gesetze gezogen sind.
Das MiLoG legt in § 2 fest, dass ein solches Konto eine maximale Laufzeit von zwölf Monaten haben darf und nicht mehr als 50 % der vereinbarten Arbeitszeit je Monat dort eingebucht werden dürfen. Anders ausgedrückt: Ist eine Arbeitszeit von 20 Stunden pro Woche vereinbart, dürfen monatlich im Schnitt maximal ca. 43 Stunden unbezahlt im Konto verschwinden. Im Schnitt deshalb, weil der Monat je nach Anzahl der Arbeitstage mehr oder weniger Arbeitszeit enthält.
In § 3 PflegeArbbV sind die Grenzen anders gezogen, hier dürfen insgesamt 225 Stunden auf das Konto gebucht werden. Diese Obergrenze fällt weg, wenn die Laufzeit des Kontos durch Vereinbarung auf maximal 16 Monate begrenzt ist.

IV.13 Störfälle

Alle Festlegungen zur Arbeitszeit sind auf das laufende Arbeitsverhältnis ausgerichtet. Damit nicht bei Störungen Gerichte dazu befragt werden müssen, wie mit Zeitguthaben und Minusstunden umzugehen ist, sollten sie in der Betriebsvereinbarung berücksichtigt werden.

IV.13.1 Störfall 1: Planmäßiges Ende des Arbeitsverhältnisses durch Fristablauf, Verrentung oder Kündigung

Die Beendigung eines Arbeitsverhältnisses kommt im Regelfall nicht überraschend, zumindest die Kündigungsfrist und die Zeit bis zum planmäßig anstehenden Renteneintritt gibt Gelegenheit, für einen Ausgleich der Konten zu sorgen. Das bedeutet, Guthaben durch Freizeit oder Auszahlung und Defizit durch Nacharbeit auszugleichen. Diese Folgen zum Ende des Abrechnungszeitraums hin sind ohnehin einem Arbeitszeitkonto eigen, wenn nichts anderes vereinbart wurde.[95]

Andere Festlegungen für den Fall, dass die Arbeitgeberin mit dem Ende des Arbeitsverhältnisses nicht einverstanden ist, sind höchst problematisch. Da wird dann schon mal in einer Betriebsvereinbarung geregelt, dass Zeitguthaben gekappt wird, wenn die Arbeitgeberin die Kündigung verhaltensbedingt ausspricht oder Beschäftigte selbst kündigen. Solche Klauseln können Betriebsparteien zwar aufschreiben, Wirkung haben sie aber in der Regel nicht.[96] Sie haben nicht das Recht, mit solchen Mitteln die Freiheit der Berufswahl unzulässig zu beschränken.[97] Und eine Sanktion der Beschäftigten für den Fall einer Kündigung durch die Arbeitgeberin in Form eines Verlusts von Guthaben einzuführen, verbietet sich von vornherein. Zwar gibt es nach wie vor Menschen, die es für zulässig halten, dass Betriebsparteien einen Bußgeldkatalog aufstellen. Die Bußen dürfen dann aber zumindest nur auf genau beschriebenes Fehlverhalten der Beschäftigten bezogen sein, nicht auf den von der Arbeitgeberin gewählten Kündigungsgrund.

Ebenfalls nicht zulässig ist es, in dieser Situation noch bestehende Urlaubsansprüche mit bereits erfolgtem Freizeitausgleich für Zeitguthaben zu verrechnen. Zeitausgleich kann anders genutzt werden als Urlaub, er dient nicht zwingend Erholungszwecken. Bei einer späteren Umetikettierung solcher Freistellungen in Urlaub wäre dessen gesetzlicher Zweck vereitelt. Daher ist auch dies keine zulässige Regelung.

Bedenkenswert ist es aber, für den Lauf der Kündigungsfrist die Möglichkeit zu eröffnen, auch gegen den Willen der Beschäftigten eine Freistellung aus dem Guthaben vorzunehmen. Was im Alltag nicht gewollt ist, weil es die Rechte der Beschäftigten auf einen sinnvollen Freizeitausgleich beschneidet, erweist sich bei der Beendigung eines Arbeitsverhältnisses als richtig, wenn das Ziel, der Zeitausgleich, nur so erreicht werden kann.[98]

Der Ausgleich von Minusstunden bereitet praktisch größere Probleme, weil dafür zunächst einmal ein höherer Arbeitsanfall erforderlich ist, der sich schlecht abstrakt vereinbaren lässt. Auch ein Wechsel der Betroffenen in verlängerte feste Arbeitszeiten hat nur Sinn, wenn es dort auch vertragsgemäße Beschäftigungsmöglichkeiten gibt. Eine Rückzahlung der nicht gearbeiteten, aber schon vergüteten Stunden am Ende des Arbeitsverhältnisses stößt an dieselben Grenzen wie die Rückforderung während des laufenden Arbeitsverhältnisses.[99]

---

95 BAG 20.11.2019 – 5 AZR 578/18.
96 BAG 10.12.2013 – 1 ABR 40/12.
97 BAG 12.4.2011 – 1 AZR 412/09.
98 Textbaustein XI.2.3 – Freistellung in der Kündigungsfrist.
99 Kapitel IV.6.2.3 – Einhaltung Korridor – Zeitdefizit.

IV.13.2 Störfall 2: Ungeplantes Ende des Arbeitsverhältnisses durch Tod des Beschäftigten oder fristlose Kündigung

Die außerordentliche Kündigung hat normalerweise keine Frist, während derer noch Ausgleichsmaßnahmen jenseits der Auszahlung eines Zeitguthabens möglich sind. Die Situation ist nicht anders als im Störfall 1: Es ist nicht zulässig, das Guthaben als Sanktion einzubehalten, und das kann es auch nicht durch eine Regelung in einer Betriebsvereinbarung werden. Eine Rückforderung des Werts von Minussalden ist in der Regel auch keine realistische Option.
Es bleibt damit lediglich die Auszahlung eines Guthabens und meist die Streichung eines Zeitdefizits.
Stirbt die Arbeitnehmerin, ist die Umwandlung des Zeitguthabens in Geld und damit die Auszahlung an die Erben der Normalfall. Damit jedoch die zu Störfall 3 (Insolvenz der Arbeitgeberin) empfohlene Schutzklausel nicht zu Problemen führt, muss diese für den Fall des Todes ausdrücklich aufgehoben werden.[100]
Ein zusätzlicher Hinweis auf die Erbfolge ist in Betriebsvereinbarungen häufig anzutreffen, aber eher Papierverschwendung. Zu diesem Aspekt kann die Betriebsvereinbarung nichts regeln, die Rechte der Erben bestehen ohnehin.

IV.13.3 Störfall 3: Insolvenz der Arbeitgeberin

Konten sind in Krisen ungeschützt, solange der Gegenwert für die Zeit im Vermögen der Arbeitgeberin verbleibt. Da hilft es auch nicht, separate Bankkonten dafür einzurichten,[101] selbst wenn auf die nur mit Beteiligung des Betriebsrats zugegriffen werden kann.[102] Das alles ist keine Sperre gegen den Zugriff der Banken oder anderer Gläubiger im Falle einer (drohenden) Insolvenz.
Eine echte Sicherung bieten nur der Abschluss entsprechender Versicherungen oder die treuhänderische Verlagerung des Vermögens auf Dritte. Letzteres ist zwar eigentlich nur für Wertkonten[103] gedacht, kann aber im Prinzip auch für andere Konten angewendet werden. Weil es aber erhebliche Kosten verursacht, ist es nur bei Konten sinnvoll, deren Stand nicht ständig wächst und wieder schmilzt – also bei den meisten normalen Arbeitszeitkonten nicht. Damit gibt es für diese keinen echten Schutz des Guthabens der Beschäftigten bei einer (drohenden) Insolvenz der Arbeitgeberin.
Ob sich daran etwas ändert, wenn die Konten dezidiert in »Zeit« und nicht im Gegenwert »Geld« geführt werden, ist noch nicht ausgetestet. Insolvenzverwalter stehen meist auf dem Standpunkt, dass es sich bei dem Kontoguthaben der Beschäftigten um Forderungen gegen das Vermögen der Arbeitgeberin handelt und es damit eher wertlose Insolvenzforderungen sind.
Darauf zu hoffen, dass Insolvenzgerichte dazu einmal andere Entscheidungen treffen, ist ein verwegenes Spiel mit dem Feuer – vielmehr: mit dem Vermögen

---

100 Textbaustein XI.2.2 – Auszahlung von Guthaben.
101 BAG 24.9.2003 – 10 AZR 640/02.
102 LAG Niedersachsen 23.9.2002 – 17 Sa 609/02.
103 Kapitel IV.11 – Langzeitkonten / Wertkonten.

der Beschäftigten. Sicherer ist es daher allemal, den Kontenaufbau zu beschränken und konsequent für einen rechtzeitigen Kontoausgleich zu sorgen.
Der Verlust des Zeitguthabens ist dann ärgerlich und auch unangemessen, wenn noch die Möglichkeit besteht, es durch Freizeit auszugleichen – sei es, während das Insolvenzverfahren läuft, sei es danach, wenn das Unternehmen nach der Insolvenz weitergeführt oder der Betrieb übernommen wird. Einen gewissen Schutz könnte es bringen, wenn die Auszahlung von Guthaben – und damit auch die Umwandlung in einen Vergütungsanspruch – in einer Betriebsvereinbarung ausdrücklich von einer Beantragung durch die Beschäftigten abhängig gemacht wird und die Verpflichtung darin aufgenommen wird, bei deren Kündigung alle Guthaben durch Freizeit innerhalb der Kündigungsfrist abzuwickeln. An diese Regularien wären dann auch Insolvenzverwalter gebunden, sie könnten erst nach der im Insolvenzverfahren geltenden Kündigungsfrist von drei Monaten von einer Umwandlung des bestehenden Guthabens in Zahlungsansprüche ausgehen.[104] Den Freizeitausgleich können Betriebsrat und Beschäftigte vor Ablauf dieser Frist gerichtlich durchsetzen.
Gerettet werden hierdurch allerdings nur Freistellungsansprüche. Ist der Ausgleichszeitraum abgelaufen und das Guthaben in einen Zahlungsanspruch umgewandelt, lässt es sich in der Insolvenz nicht mehr retten.

IV.13.4 Störfall 4: Verschuldung / Insolvenz von Beschäftigten

Auch Gläubiger von verschuldeten Beschäftigten können auf die Idee kommen, auf den wirtschaftlichen Wert des Zeitguthabens zuzugreifen. In diesen Fällen hilft ebenfalls die für den Störfall 3 (Insolvenz der Arbeitgeberin) empfohlene Klausel.[105] Zusätzlich sollten Abtretung und Verpfändung des Zeitguthabens in einer Betriebsvereinbarung ausgeschlossen werden.[106] Beides schützt die Guthaben sowohl gegen Zwangsvollstreckungsmaßnahmen als auch gegen Ansprüche im Falle einer Privatinsolvenz.

IV.14 Mitbestimmung beim Arbeitszeitkonto

Das Arbeitszeitkonto ist im eigentlichen Sinne keine Festlegung der Arbeitszeit, daher passt das Mitbestimmungsrecht in § 87 Abs. 1 Nr. 2 und 3 BetrVG nicht auf alle Regelungen, die in diesem Kapitel angesprochen sind.

---

104 Textbaustein XI.2.2 – Auszahlung von Guthaben.
105 Textbaustein XI.2.2 – Auszahlung von Guthaben.
106 Textbaustein XI.2.6 – Abtretungs- / Pfändungsverbot.

IV.14.1 Die bunte Mischung

Wer die Antwort auf die Frage sucht, ob Einführung und Gestaltung eines Arbeitszeitkontos der – erzwingbaren – Mitbestimmung unterliegen, landet allenfalls in einem See von Möglichkeiten, nicht aber am sicheren Ufer der Erkenntnis. Das kann auch nicht anders sein, denn Arbeitszeitkonten sind in der Regel eine bunte Mischung aus den verschiedensten Regelungsthemen mit unterschiedlich ausgeprägter Mitbestimmung.
Zunächst ist ein Arbeitszeitkonto die Buchführung über Schwankungen der Arbeitszeit. Die Arbeitszeit schwankt, weil die zugrunde liegenden Arbeitszeitmuster das so zulassen: Gleitzeit, Schichtmodelle, Mehrarbeit, Abrufarbeit etc. Die Mitbestimmungsrechte und ihre Reichweite bestimmen sich dabei ausschließlich nach dem jeweiligen Muster[107] und nicht danach, ob dafür auch ein Konto eingerichtet wird.

Beispiel
Im Betrieb wird ein Schichtmodell eingesetzt, das die Regelarbeitszeit nicht ausschöpft. Daher kommt es periodisch zu Zusatzschichten. Ob der Betriebsrat bei deren Festlegung und Verteilung mitbestimmen kann, hängt davon ab, ob er der Arbeitgeberin in der Betriebsvereinbarung das Recht eingeräumt hat, diese allein festzulegen.

Diese Rechte ändern sich nicht dadurch, dass in der Betriebsvereinbarung Regelungen zu Arbeitszeitmuster und Konto miteinander verquickt werden.
Separat müssen die Mitbestimmungsrechte nur für diejenigen Elemente geklärt werden, die die Kontoführung betreffen, also für die Steuerungsmechanismen:
- Ausgleichszeiträume
- Kontengrenzen
- Ausgleichsrechte und -verpflichtungen

und die Regelungen zur Art der Kontoführung:
- Abrechnungsperiode (Tag / Woche / Monat)
- Aufbaukonto
- Abbaukonto
- Befüllung
- Giro- / Anlagekonto

Für diese eigenständigen Regelungen lässt sich die Reichweite der Mitbestimmungsrechte mangels entsprechender Rechtsprechung nur mit Unsicherheiten beurteilen. Wie der Betriebsrat mit dieser Situation umgehen kann, ist an anderer Stelle beschrieben.[108]
In der Regel werden alle diese Einzelaspekte in einer einheitlichen Betriebsvereinbarung zusammengefasst, die dann insgesamt unter dem Titel »Arbeitszeitkonto« firmiert. Wenn die Verhandlungen hierüber zwischen Betriebsrat und Arbeitgeberin nicht zu einem Ergebnis führen, müssen die Themen wieder von-

107 Kapitel V – Gestaltungsmuster für die betriebliche Arbeitszeit.
108 Kapitel III.4 – Streit um die Mitbestimmung.

einander getrennt werden, weil manche Aspekte der erzwingbaren Mitbestimmung unterliegen, also von der Einigungsstelle entschieden werden können, andere zwar nur mit Zustimmung des Betriebsrats in Kraft gesetzt werden können, diese aber nicht erzwingbar ist, und wieder andere nicht einmal vereinbart werden dürfen.[109]

Beispiel
Eine Betriebsvereinbarung zum Schichtmodell sieht 17 Schichten pro Woche vor und legt deren zeitliche Lage fest. Durch den Rhythmus wird die Regelarbeitszeit nicht ausgeschöpft, jede Woche machen die Beschäftigten ca. zwei Stunden Minus, die durch eine monatliche Zusatzschicht am Samstag ausgeglichen wird. Die Verteilung der Sonderschichten wird zum Monatsbeginn durch Arbeitgeberin und Betriebsrat festgelegt. Weil dabei wiederum ein Arbeitszeitplus entsteht, erhalten die Beschäftigten eine pauschale Zusatzzahlung.
Hierbei unterliegt die Festlegung der Lage der Schichten der erzwingbaren Mitbestimmung; das System der Schichten mit teilweisem Zeitdefizit und teilweiser Überschreitung der Zeit ist zwar mitbestimmungspflichtig, kann aber nicht erzwungen werden. Und die Vereinbarung einer pauschalen Zahlung ist gem. § 77 Abs. 3 BetrVG in der Regel unwirksam.

IV.14.2 Mitbestimmungspflichtige Kontoelemente

Steuerungsinstrumente und Regelungen zur Kontoführung sind zwar eigenständig, also unabhängig von einem Arbeitszeitmuster, die Mitbestimmungsrechte ergeben sich aber aus denselben Vorschriften.
Vier Mitbestimmungsthemen des § 87 Abs. BetrVG werden bei der Gestaltung der Konten angesprochen:

- Festlegung der Arbeitszeit und deren Verteilung (Nr. 2)
- Verlängerung, Verkürzung der Arbeitszeit (Nr. 3)
- Bestimmung des Lohnzahlungszeitpunktes (Nr. 4)
- Festlegung des Urlaubs im Einzelfall bei Uneinigkeit zwischen Beschäftigten und Arbeitgeberin (Nr. 5)

Wenn die Regelungen nach diesen Vorschriften der Mitbestimmung unterliegen, heißt das allerdings nicht automatisch, dass sie auch erzwingbar sind, also von einer Einigungsstelle durch Spruch in Kraft gesetzt werden können.
Die Reichweite der Mitbestimmung hängt daher auch vom angestrebten Inhalt der Regelung ab. Ist ein Regelungsgegenstand nicht erzwingbar und kommen die Betriebsparteien nicht zueinander, geht auch nichts gegeneinander.

Beispiel
Die Betriebsparteien vereinbaren zwei Zusatzschichten bei einem Zeitdefizit von 20 Stunden und zwei freie Tage bei Erreichen von 40 Stunden Guthaben im Arbeitszeitkonto.

---

109 Kapitel III.3 – Initiativrechte und erzwingbare Mitbestimmung.

Die Arbeitgeberin stellt sich vor, dass die Zusatzschichten von den Vorgesetzten allein angeordnet werden können, der Betriebsrat will den Beschäftigten allein die Wahl der freien Tage lassen.
Beide Regelungen lassen sich nur mit Zustimmung von Betriebsrat und Arbeitgeberin treffen. Keine Betriebspartei kann die andere zur Aufgabe ihrer Rechte zwingen: das Recht der Arbeitgeberin, auf die Festlegung der Freizeit Einfluss zu nehmen, und das Recht des Betriebsrats, bei der Anordnung von Zusatzschichten mitzubestimmen. Daher ist die Mitbestimmung für diese Anliegen nicht erzwingbar.

IV.14.2.1 Schwankungen und Kontogrenzen

Auf- und Abbau des Kontostandes sind Konsequenzen des zugrunde liegenden Arbeitszeitmusters, das diese Bewegungen erlaubt, mal in Form selbstbestimmter Festlegung der Arbeitszeit, mal im Rahmen einer mitbestimmten Verteilung der Arbeitszeit. Die Mitbestimmungsrechte werden bei der Einrichtung dieser Muster und ihrer weiteren Ausführung – z. B. bei der Aufstellung von Dienstplänen – ausgeübt.[110]
Von diesen Regelungen hängt wiederum die Mitbestimmung bei der Festlegung von Grenzen für das Saldenwachstum (Grafik 6, S. 163) im Arbeitszeitkonto ab: Werden die Schwankungen über die Festlegung der Arbeitszeit im Einzelnen mitbestimmt, haben solche Grenzen nur die Funktion, die Arbeit der Betriebsparteien zu beschränken. Soll das zulässige Guthaben 40 Stunden insgesamt nicht überschreiten, können Dienstpläne, die zu mehr Guthaben führen, nur noch mit Zustimmung beider Betriebsparteien aufgestellt werden. Gegen den Willen einer Betriebspartei sind sie nicht mehr durchsetzbar, weil die Einigungsstelle als letzte Instanz an die Grenzziehung in der Betriebsvereinbarung gebunden ist. Die Gestaltungsmöglichkeiten im Einzelfall werden also reduziert, weil keine Betriebspartei auf die Willensbildung der anderen kraft Mitbestimmung Einfluss nehmen kann.
Anders sieht es aus, wenn die Kontobewegungen im Einzelnen nicht durch die Betriebsparteien beeinflusst werden sollen. Hierbei verzichten beide Betriebsparteien auf eine für den konkreten Einzelfall mitbestimmte Festlegung der Arbeitszeit. Der Betriebsrat darf das aber nur, wenn er gleichzeitig zusammen mit der Arbeitgeberin die Rahmenbedingungen festlegt, die gewährleisten sollen, dass der Schutzzweck des Mitbestimmungsrechts trotzdem noch erreicht wird.[111]
Solche Rahmenbedingungen sind die Deckelung der Kontoschwankungen, entweder durch die Definition eines Maximums der Kontostände oder der maximalen Überschreitung der wöchentlichen oder monatlichen Arbeitszeit sowie Fristen für den Zeitausgleich. Ebenfalls in diese Kategorie zählt die Festlegung der Dauer von Ausgleichszeiträumen. In ihrer Funktion als Ersatz für die Mitbestimmung im Einzelfall sind diese Rahmenbedingungen daher auch erzwingbar, wenn die Wochenarbeitszeit nur ein Durchschnittswert ist.[112]

110 Kapitel V – Gestaltungsmuster für die betriebliche Arbeitszeit.
111 BAG 29. 9. 2004 – 5 AZR 559/03.
112 BAG 26. 9. 2017 – 1 ABR 57/15.

Mit diesen Rahmenbedingungen werden Entscheidungen, die anderenfalls unter Wahrung der Mitbestimmungsrechte im Verlauf des Auf- und Abbaus von Zeitguthaben zu treffen wären, nur vorweggenommen. Eine Alternative zu dieser Vorwegnahme gibt es nicht, denn im Falle eines Konflikts zwischen Betriebsrat und Arbeitgeberin sind die Prozesse, mit denen diese Entscheidungen im Einzelfall getroffen werden könnten, so langwierig, dass sie immer zu spät kommen würden.[113]

Keine Vorwegnahme späterer Entscheidungen durch die Betriebsparteien ist dagegen die Übertragung der Entscheidungskompetenz über den Ausgleich auf Beschäftigte oder Vorgesetzte. Denn die Übertragung auf Vorgesetzte wäre rechtlich eine Übertragung der mitbestimmungspflichtigen Angelegenheit auf die Arbeitgeberin und damit unzulässig.[114] Umgekehrt kann die alleinige Übertragung der Bestimmungsrechte auf Beschäftigte der Arbeitgeberin nicht aufgezwungen werden. Hier kommt im Streitfall das genau an diesen konkreten Konflikt anknüpfende Mitbestimmungsrecht aus § 87 Abs. 1 Nr. 5 BetrVG zum Zuge, das nicht nur für den Erholungsurlaub, sondern auch auf alle anderen Fälle einer Freistellung anwendbar ist.[115] Dieses Recht lässt sich allerdings nicht generell durch Festlegung von allgemeinen Regeln in einer Betriebsvereinbarung vorab ausüben, weil es für die Fälle der Freistellung von einem fehlenden Einvernehmen über deren Lage zwischen Beschäftigten und Arbeitgeberin abhängt. Damit ist die Übertragung der Verantwortung für die Freistellung auf die Beschäftigten auch nicht erzwingbar.

IV.14.2.2 Maßnahmen zur Einhaltung der Grenzen

Maßnahmen, die die Einhaltung der Kontogrenzen (Grafik 6, S. 163) gewährleisten sollen, ersetzen die denkbar schlichte und praktisch ungeeignete Konstruktion des BetrVG im Falle einer Grenzverletzung: Mit dem Erreichen der Grenze endet mitbestimmungsrechtlich die Freigabe für weitere Schwankungen der Arbeitszeit, die die Arbeitgeberin dann unterbinden muss. Macht sie das nicht, kann der Betriebsrat gerichtlich dagegen vorgehen und auf Durchführung der Betriebsvereinbarung klagen.

Weil das aber weder gewollt noch ein wirksames Mittel ist, lassen es die Betriebsparteien in der Regel mit der Grenzziehung nicht bewenden, sondern vereinbaren Mechanismen wie »Ampelkonten« oder einen automatisch einsetzenden Zeitausgleich in ihrem Arbeitszeitkonto.[116]

In diesen Fällen hängt die Erzwingbarkeit der Mitbestimmung vom Inhalt der vereinbarten Maßnahmen ab: Eher unverbindliche Gesprächsrunden zwischen Beschäftigten und Vorgesetzten sind keine Maßnahmen, die auf die Lage der Arbeitszeit einwirken, sondern allenfalls auf das Kommunikationsverhalten der Beteiligten. Dafür gibt es aber nur bei strenger Formalisierung der Gespräche

---

113 BAG 22.7.2003 – 1 ABR 28/02, und 26.9.2017 – 1 ABR 7/15.
114 BAG 26.4.2005 – 1 AZR 76/04.
115 Fitting § 87 Rn. 195.
116 Textbaustein XI.2.5 – Maßnahme bei Grenzüberschreitung im Arbeitszeitkonto.

ein Mitbestimmungsrecht.[117] Da Gespräche mit offenem Ausgang aber streng genommen nichts mit der Aufgabe des Betriebsrats bei der Arbeitszeitgestaltung zu tun haben, können Betriebsrat und Arbeitgeberin sich allenfalls freiwillig bereit erklären, die Aufgabe der Einhaltung der Kontengrenzen auf diese Weise an die Gesprächsteilnehmer zu delegieren. Erzwingbar ist eine solche Regelung aber nicht.

Ein automatisierter Ausgleich[118] legt dagegen eine Maßnahme der Arbeitszeitverteilung im Vorhinein fest und ist damit unmittelbar dem erzwingbaren Mitbestimmungsrecht in § 87 Abs. 1 Nr. 2 BetrVG zuzuordnen. Hierbei handelt es sich um eine erforderliche Rahmenbedingung, um die Ziele der Mitbestimmungsrechte bei solchen von den beschäftigten gesteuerten Arbeitszeiten zu verwirklichen. Aus der nur freiwillig zwischen Betriebsparteien zu vereinbarenden Art der Arbeitszeitgestaltung entsteht so eine erzwingbare Mitbestimmung zur Sicherung von Ausgleichsmaßnahmen.

Unterhalb dieser Schwellen sollte zumindest die Kompetenz des Betriebsrats geschaffen werden, bei Grenzverletzungen den Zeitausgleich unter Einschaltung der Einigungsstelle aus eigenem Recht durchsetzen zu können.[119]

IV.14.2.3 Kontoführung

Wenn Arbeitszeiten schwanken, muss die Vergütung damit in Einklang gebracht werden. Das kann durch exakte Abrechnung der erbrachten Leistungen im Wochen- oder Monatsrhythmus passieren, was bis weit in die 1970er-Jahre in Westdeutschland die Regel war. Oder die Vergütung wird von der tatsächlichen Arbeitsleistung im Abrechnungszeitraum entkoppelt und erst über einen längeren Zeitraum harmonisiert. Dann ist das Arbeitszeitkonto Realität – ganz gleich, ob es ausdrücklich vereinbart wird oder nicht.[120]

Erzwingbar sind damit die meisten Festlegungen zur Kontoführung, schon deshalb, weil sie nicht ungeregelt bleiben können, also nur die Wahl zwischen mehreren Handlungsalternativen besteht. Den jeweiligen Sachverhalt ungeregelt zu lassen ist dagegen nicht möglich.

So muss die Abrechnungsperiode festgelegt werden, also der Zeitpunkt, an dem der Abgleich zwischen gearbeiteter Zeit und geschuldeter Zeit erfolgt, aus der sich dann der Saldo ergibt. Dasselbe trifft auf die Auswahl zwischen Aufbau-, Abbau- und Differenzkonto (Grafiken 5 und 6, S. 145, 146) zu. Selbst wenn weitere Alternativen hierzu ge- oder erfunden werden, muss diese Entscheidung getroffen werden. All das unterliegt als Folge der grundsätzlichen Entscheidung, die Arbeitszeit bei gleichbleibender Vergütung schwanken zu lassen, der erzwingbaren Mitbestimmung.[121]

---

117 BAG 8.11.1994 – 1 ABR 22/94.
118 Kapitel IV.6.2.1 – Einhaltung des Korridors – Guthaben.
119 Textbaustein XI.1. 1. 14 – Mitbestimmung bei Überschreitung Korridorgrenzen.
120 Kapitel IV.2 – Nichts geht ohne Konto.
121 BAG 26.9.2017 – 1 ABR 57/15.

Anders sieht es bei der Entscheidung darüber aus, ob das Konto nur im Plus oder auch im Minus geführt werden darf. Diese Entscheidung unterliegt zwar ebenfalls der Mitbestimmung gemäß § 87 Abs. 1 Nr. 3 BetrVG,[122] allerdings funktioniert die Erzwingbarkeit nur zu Lasten der Beschäftigten: Hierbei bewirkt das Mitbestimmungsrecht in § 87 Abs. 1 Nr. 4 BetrVG, dass der Zeitpunkt der Vergütungszahlung durch Spruch der Einigungsstelle verschoben werden kann, der Aufbau von Zeitguthaben also durchsetzbar ist. Im Gegensatz dazu müssen sich Arbeitgeberinnen solch eine Gewährung eines Darlehens in Form von Zeitdefizit im Konto nicht gegen ihren Willen aufdrücken lassen: Die Rechtsprechung hat sich schon früh festgelegt, dass derartige Vorschüsse und Darlehen nicht erzwingbar sind.[123]

Damit ist die Arbeitgeberin davor geschützt, dass die Einigungsstelle sie gegen ihren Willen zur Kreditgeberin macht. Anders sieht es bei den Beschäftigten aus: Der Wille des Gesetzgebers ist eindeutig, der Lohnzahlungszeitpunkt kann so verschoben werden, dass faktisch ein Darlehen an die Arbeitgeberin entsteht. Bei einem Arbeitszeitkonto ergibt sich die Grenze der Laufzeit dieses Darlehens unmittelbar aus den meisten Tarifverträgen: Wenn die ungleichmäßige Verteilung der Arbeitszeit vorgesehen ist, ist dies praktisch immer mit einem Ausgleichszeitraum verknüpft, an dessen Ende das Konto ausgeglichen sein muss. Auch davon gibt es Ausnahmen, z. B. den TVöD oder den BRTV-Bau durch deren Übertragungsregeln. In diesen Fällen müsste im Zweifel eine Einigungsstelle die ermessensgerechte Regelung finden, wie lange ein solches Darlehen für die Beschäftigten zumutbar sein kann.

Die Entscheidung, welche Entgeltbestandteile zusätzlich zur schwankenden Arbeitszeit im Konto verwaltet werden können, ist nicht erzwingbar mitbestimmungspflichtig. Selbst wenn Tarifverträge den Betriebsparteien die Befugnis einräumen, die Verbuchung von Entgeltbestandteilen im Arbeitszeitkonto zuzulassen, wird damit zwar ein Mitbestimmungsrecht geschaffen, aber keines, das erzwingbar wäre. Eröffnet wird damit nur die Option für die Beschäftigten, ihr Geld im Arbeitszeitkonto verwalten zu lassen. Eine Verpflichtung, gegen ihren Willen die Vergütung bei der Arbeitgeberin anzulegen, folgt daraus nicht und kann auch nicht durch die Betriebsparteien eigenständig geschaffen werden. Das wäre ein Eingriff in die Freiheit der Beschäftigten, nach freiem Belieben über ihre Vergütung zu verfügen. Solche Lohnverwendungsklauseln können auch nicht durch eine Betriebsvereinbarung in Kraft gesetzt werden.[124]

Deshalb stellt sich mangels Verbindlichkeit einer solchen Regelung die Frage nach der Erzwingbarkeit allenfalls unter dem Gesichtspunkt, ob die Arbeitgeberin gegen ihren Willen verpflichtet werden kann, im Nebenberuf als Sparkasse für die Belegschaft tätig zu sein. Diese Möglichkeit lässt sich aber kaum ernsthaft erörtern.

---

122 BAG 13.12.2000 – 5 AZR 334/99.
123 BAG 15.1.2002 – 1 AZR 165/01.
124 BAG 1.12.1992 – 1 AZR 260/92.

IV.14.3 Durchführungsanspruch

Regelungen über die Führung eines Arbeitszeitkontos in einer Betriebsvereinbarung geben dem Betriebsrat einen eigenen Durchführungsanspruch gegen die Arbeitgeberin auch hinsichtlich der korrekten Kontoführung.

Beispiel
In der Betriebsvereinbarung zum Arbeitszeitkonto ist festgelegt, dass Reisezeiten zu auswärtigen Terminen vollständig zur Arbeitszeit zählen. Die Arbeitgeberin zieht gleichwohl immer pauschal eine halbe Stunde pro Tag ab, wenn die Beschäftigten den Weg zum Betrieb sparen.
Unabhängig davon, ob die Überlegung richtig ist, darf sie das nur, wenn die Betriebsvereinbarung dies erlaubt. Der Betriebsrat kann in diesem Fall also durchsetzen, dass die Reisezeiten vollständig ins Konto gebucht werden.

Dieser Anspruch des Betriebsrats hat dann eine erhebliche Bedeutung, wenn an die Kontenstände Maßnahmen wie Freizeitausgleich, automatische Unterrichtung des Betriebsrats usw. geknüpft sind. Diese Maßnahmen würden aber vereitelt, wenn die Kontenstände falsch wären.
Der Betriebsrat kann dann aus eigenem Recht eine Korrektur der Konten durchsetzen. Das wird nicht dadurch ausgeschlossen, dass es sich dabei im Kern um individuelle Ansprüche der Beschäftigten handelt.[125]

Beispiel
Eine Betriebsvereinbarung begrenzt das zulässige Zeitguthaben auf 40 Stunden. Ist dieser Stand erreicht, bekommt der Betriebsrat eine automatische Mitteilung, und in der Abteilung müssen zwei Ausgleichstage für den Beschäftigten festgelegt werden.
Werden Zeiten nicht gebucht, können aus den 40 schnell 50 Stunden werden. Zumindest das Recht auf Unterrichtung des Betriebsrats wird dadurch vereitelt. Das verhindert der Betriebsrat nur durch gerichtliche Durchsetzung einer korrekten Kontoführung.

125 BAG 5.10.2010 – 1 ABR 20/09.

V. Gestaltungsmuster für die betriebliche Arbeitszeit

Die Gestaltung betrieblicher Arbeitszeiten hat im Grunde ein überschaubares Programm: Die Lage der Arbeitszeit ist entweder mitbestimmt verteilt oder schwankt nach durch die Betriebsparteien vorgegebenen Parametern. Die Entscheidung über diese Schwankungen wird dann durch die Arbeitgeberin oder die Beschäftigten getroffen. Mit diesem Raster lässt sich praktisch alles erfassen, was es auf dem Markt der Möglichkeiten ergibt, gleichzeitig ergeben sich daraus auch die Aufgaben für den Betriebsrat. Flankiert werden die Muster bei Bedarf – der meistens besteht – durch Regelungen zu einem Arbeitszeitkonto.[1]

Gestaltungsmuster 1[2]
Festgelegte, gleichförmige Arbeitszeit
Gleichförmig bedeutet, dass die Lage der Arbeitszeit immer dieselbe ist und der Umfang immer der Regelarbeitszeit entspricht. Das entspricht dem klassischen Normalarbeitsverhältnis. So etwas soll es noch geben, es ist aber die große Ausnahme, weil die Arbeitszeit darin nicht schwankt.
Gestaltungsaufgabe: gering; es geht nur um die Festlegung von Beginn und Ende.

Gestaltungsmuster 2[3]
Festgelegte schwankende Arbeitszeit
Die Schwankungen beziehen sich sowohl auf die Lage der Arbeitszeit (Schichten) als auch auf deren jeweilige Dauer (ungleichmäßige Verteilung der Arbeitszeit).
Beispiele: Dienstpläne im Gesundheitswesen, Schichtsysteme in der Industrie
Gestaltungsaufgabe: Die Lage der Arbeitszeit wird für bestimmte Zeiträume (Monatsdienstpläne, Schichtzyklen usw.) mitbestimmt festgelegt und / oder in einer Rahmenvereinbarung durch Parameter eingegrenzt.

Gestaltungsmuster 3a/3b
Festgelegte Arbeitszeit mit Zusatzanforderungen
Die zusätzlichen Anforderungen können in erwartbarer Mehrarbeit (Muster 3a)[4] oder auch in Sonderformen der Arbeitszeit wie Arbeitsbereitschaft, Bereitschaftsdienst und

---

1 Kapitel IV – Arbeitszeitkonto.
2 Kapitel V.1 – Gestaltungsmuster 1: Feste Arbeitszeiten.
3 Kapitel V.2 – Gestaltungsmuster 2: Schichtarbeit / Arbeit nach Dienstplänen.
4 Kapitel V.3 – Gestaltungsmuster 3a: Festgelegte Arbeitszeit mit Zusatzanforderungen / Mehrarbeit / Überstunden.

Rufbereitschaft (Muster 3b)[5] bestehen. Das Gestaltungsmuster steht in der Regel in Verbindung mit den Mustern 1 und 2.
Beispiele: Dienstpläne in Versorgungsbetrieben und im Gesundheitswesen
Gestaltungsaufgabe: Festlegung der Abweichungen entweder anlassbezogen bei Auftreten der zusätzlichen Anforderungen (Mehrarbeit) oder geplant bei ständig wiederkehrenden Sondereinsätzen

Gestaltungsmuster 4[6]
Ungeplant schwankende Arbeitszeit auf Veranlassung der Arbeitgeberin
Die Arbeitszeit ist nur bedingt planbar, weil sich die Anforderungen ständig ändern.
Beispiel: Abrufarbeit im Einzelhandel
Gestaltungsaufgabe: Die Abrufe werden im Rahmen der Mitbestimmung zugelassen und unter Bedingungen gestellt, der Einzelfall entzieht sich dem Zugriff der Mitbestimmung.

Gestaltungsmuster 5[7]
Ungeplant schwankende Arbeitszeit mit Einfluss der Beschäftigten
Die Arbeit muss nicht (vollständig) zu festen Zeiten erbracht werden, eine Einflussnahme der Beschäftigten ist möglich.
Beispiele: gleitende Arbeitszeit, Vertrauensarbeitszeit
Gestaltungsaufgabe: Die Arbeitszeitschwankungen resultieren weniger aus den betrieblichen Anforderungen, die Betriebsvereinbarung muss daher die Gestaltungsrechte der Beschäftigten modellieren.

In diesem Kapitel ist von Mustern und nicht von Modellen die Rede, weil der Begriff »Modell« ein fest zusammengefügtes System verspricht, das aber nicht existiert. Diese »Modelle« werden nach Bedarf jeweils neu und anders zusammengebaut. Dabei tauchen allerdings immer die oben beschriebenen Muster auf. Aus dem Muster ergeben sich die Anforderungen an den Betriebsrat, nicht aus der Kombination zum Modell.

V.1 Gestaltungsmuster 1: Feste Arbeitszeiten

Gibt es das wirklich? Das Normalarbeitsverhältnis, bei dem eine feste Arbeitszeit an jedem Tag gleich liegt und ohne jegliche Veränderung bleibt?
Zumindest existiert es noch als gedanklicher Ausgangspunkt im Urlaubsrecht und im Entgeltfortzahlungsrecht.
In diesem Handbuch spielt dieses Normalarbeitsverhältnis keine Rolle, weil es keine Anforderung an die Gestaltung stellt. Betriebsrat und Arbeitgeberin legen einmal fest, ob von 7:00 Uhr bis 15:00 Uhr gearbeitet wird oder alle erst um 8:00

5 Kapitel V.4 – Gestaltungsmuster 3b: Festgelegte Arbeitszeit mit Zusatzanforderungen/Bereitschaften.
6 Kapitel V.5 – Gestaltungsmuster 4: Abrufarbeit / KAPOVAZ.
7 Kapitel V.6 – Gestaltungsmuster 5: Individuelle Flexibilität.

Uhr anfangen. Einen Bedarf nach Mitbestimmung bei Veränderungen gibt es nicht, weil es keine Veränderungen gibt.
Deshalb ist dieses Arbeitszeitmuster mit einer viertel Seite hinreichend berücksichtigt. Die Musik steckt in den anderen.

V.2 Gestaltungsmuster 2: Schichtarbeit / Arbeit nach Dienstplänen

V.2.1 Das Thema

Die Arbeitszeiten in diesem Kapitel sind prinzipiell fest, weil geplant, aber die Betriebsnutzungszeit und die Regelarbeitszeit der Beschäftigten weichen voneinander ab. Dasselbe Phänomen existiert auch in Arbeitszeiten mit individueller Flexibilität, dort sind es allerdings die Beschäftigten, die die Ausfüllung des Zeitrahmens (der nichts anderes als die Betriebsnutzungszeit ist) steuern.[8] Die Planung der Arbeitszeit hier erfolgt dagegen in Dienst- bzw. Schichtplänen.
Bei langfristig feststehenden Anforderungen mit stabiler Arbeitszeitlage wird üblicherweise in Schichten gearbeitet. Wechseln die Anforderungen dagegen schneller und weniger vorhersehbar, kommen Dienstpläne zum Zug.
Ein Schichtplan verteilt die Arbeitsphasen langfristig fest auf die Wochentage, es wird also immer entweder in Früh- und Spätschicht oder immer in Früh-, Spät- und Nachtschicht gearbeitet, der Samstag ist entweder immer mit einer oder mehreren Schichten besetzt oder er ist frei usw. Immer bedeutet dabei natürlich nur bis zur nächsten Änderung, aber die sind bei Schichtarbeit schon deshalb nicht so einfach und deshalb auch seltener, weil die Personalstärke dafür verändert werden muss. Die einzelnen Schichten werden mit relativ stabilen Gruppen besetzt, die Schichtenfolge unterliegt einem wiederkehrenden Rhythmus. Die Lage der Arbeitszeit ist für die Beschäftigten zwar belastend, dafür ist die Verlässlichkeit relativ groß.
Dagegen unterliegen die Anforderungen an die Arbeitszeit in Betrieben, die mit Dienstplänen arbeiten, erheblichen Schwankungen, die sich schon am einzelnen Arbeitstag bemerkbar machen können. Im vielen Bereichen des Einzelhandels z. B. ist in der Woche der Vormittag verkaufsschwach, das ändert sich zum Mittag, der frühe Nachmittag ist wieder ruhiger und ab 16 Uhr verlangt dann die gesamte Kundschaft, die am Tag gefehlt hat, nach Beratung. Wenn dabei trotzdem noch relativ stabile Schichtlagen herauskommen, ist das der Kreativität der Planenden zu verdanken, die sich durch das Chaos von Anforderungen und Wünschen wühlen müssen.
Hinzu kommen in diesen Bereichen so vielfältige individuelle Arbeitszeiten, dass einheitliche Schichten kaum zu besetzen sind. Teilweise bestimmt die individuell bereitgestellte Arbeitszeit sogar die Lage der Schichten. Dienstpläne haben meist

---

8 Kapitel V.6 – Gestaltungsmuster 5: Individuelle Flexibilität.

eine ausgesprochen kurze Laufzeit, von der einzelnen Arbeitswoche im Kino bis zu in der Regel nicht mehr als drei Monaten. Der vermutlich häufigste Typ ist der Monatsdienstplan, wobei die Zuordnung zu den Schichten immer eine individuelle ist. Schichtgruppen gibt es hier nicht und daher auch keinen festen Rhythmus der Schichtenfolge. Entsprechend unsicher ist die Perspektive der einzelnen Beschäftigten auf ihre Zeit – zusätzlich zur teilweise belastenden Lage der Arbeitszeit.

Diese grobe Unterscheidung zwischen den hier behandelten geplanten Formen der Arbeitszeit wird vom praktischen Sprachgebrauch natürlich nicht immer beachtet. Da firmieren Dinge als Dienstpläne, die nach obiger Beschreibung eher Schichtpläne wären. Das schadet aber nichts, weil an die Begriffe keine Folgen geknüpft sind. Es reicht aus, sich die unterschiedlichen Anforderungen an die Gestaltung zu vergegenwärtigen.

Wer mag, kann auch den abwechselnden Einsatz von Teilzeitbeschäftigten auf einem Arbeitsplatz als Schichtarbeit bezeichnen. Dann würde Schichtarbeit auch dann eingesetzt werden, wenn die vertraglich vereinbarten Arbeitszeiten nicht ausreichend sind, um die »normale« Betriebsnutzungszeit personell zu besetzen. Weil das aber zu keinen Konsequenzen führt, die in diesem Kapitel behandelt werden, bleibt das Thema hier außen vor. Dasselbe gilt für Dienstpläne ohne große Ausschläge, in denen nur immer dieselben Tagdienste verteilt werden oder geringfügig versetzte Schichten. Deren Festlegung stellt den Betriebsrat vor keine größeren Probleme als feste Arbeitszeiten.[9]

Die Gestaltungsaufgabe für die Betriebsparteien bei der Schichtarbeit ist zunächst das Design der Schichten, also die Festlegung von deren Beginn und Ende, der Verteilung auf die Wochentage und der Schichtrhythmus. Der zweite Schritt ist dann die Zuordnung der Beschäftigten zu diesen Schichten, entweder individuell oder durch Zusammenstellung von Schichtgruppen, die dann insgesamt den Schichten zugeordnet werden.

Im Bereich der Dienstplanung ist der erste Teil der Aufgabe der kleinere, hier werden nur – meist in großer Zahl – mögliche Dienstzeiten festgelegt. Dabei entsteht in der Regel ein Überangebot an unterschiedlichen Dienstzeiten, auf die bei Bedarf bei der späteren Aufstellung von Dienstplänen zugegriffen werden kann. Manchmal werden solche Dienstzeiten sogar nur »auf Vorrat« zwischen den Betriebsparteien vereinbart, für den Fall, dass sie in der Zukunft mal gebraucht werden. Die anspruchsvollere Aufgabe ist dann – weil es kein System wie Schichtrhythmus o. Ä. dafür gibt – die Aufstellung der Dienstpläne selbst. Hier geht es manchmal zu wie beim Kaffeeröster: jeden Monat eine neue Welt.

V.2.2 Einsatzgebiete

Arbeit im Schicht- oder Dienstplan kommt zum Zuge, wenn die Betriebsnutzungszeit länger ist als die vertragliche Regelarbeitszeit der in Vollzeit Beschäftigten. Schichtarbeit ist vor allem ein Phänomen in der Industrie, der Logistik und

9 Kapitel V.1 – Gestaltungsmuster 1: Feste Arbeitszeiten.

der Versorgungswirtschaft, nach Dienstplänen wird eher im Dienstleistungsgewerbe gearbeitet, also im Handel, Gesundheitswesen usw.
Im Verkehrsbereich ist ebenfalls von Dienstplänen die Rede, tatsächlich handelt es sich aber um stabilere und längerfristige Konstrukte, die damit eher Schichtpläne sind.

V.2.3 Konstruktion von Schicht- und Dienstzeiten

Für eine sinnvolle Konstruktion von Diensten, Schichten und den Vereinbarungen dazu muss sich der Betriebsrat einerseits mit technischen Fragen – wie z. B. die Festlegung der Lage der Schichten, der Dienstplanperiode usw. – befassen, andererseits damit, welche Art von Vereinbarung ihm den besten Einfluss auf die Arbeitszeit sichert, damit die Belastung der Beschäftigten in Grenzen gehalten wird. Die Sicherung dieses Einflusses kann auf zwei Wegen erfolgen: nämlich durch die generelle Festlegung von Parametern für die Besetzung von Schichten und Diensten oder – ohne solche vereinbarten Parameter – durch die Mitbestimmung bei der Zuordnung der Beschäftigten bei jedem neuen Schicht- bzw. Dienstplan. Bei der Entscheidung zwischen beiden Modellen sind auch die Auswirkungen auf die Mitbestimmungsrechte des Betriebsrats zu beachten.[10]

Beispiele für Parameter zur Schicht- und Dienstplanung

- maximale Anzahl der Schichten ohne Unterbrechung
- maximale Anzahl der Nachtschichten ohne Unterbrechung
- freie Tage nach Nachtschichtblöcken
- Vorwärtsrotation
- maximale Anzahl Wochenendschichten im Monat

Bedeutung hat diese Entscheidung vor allem bei sich häufig ändernden Einsatzzeiten, also in der Regel bei durch Dienstpläne festgelegten Arbeitszeiten. Länger laufende Schichtpläne tragen diese Festlegungen zum Schutz der Beschäftigten durch die Festlegung von Schichtfolgen und Schichtrhythmus bereits in sich und müssen daher nicht zusätzlich für den Einzelfall verhandelt werden. Hier könnten solche Parameter allenfalls als Regelungen für sich kurzfristig ergebende Änderungen zum Tragen kommen.

Beispiel
Wenn laut Schichtplan der Wechsel zwischen den Schichten so gestaltet ist, dass auf zwei Frühschichten zwei Spätschichten und darauf zwei Nachtschichten folgen und danach drei Tage frei sind, ist keine allgemeine Festlegung eines Parameters erforderlich, dass auf zwei Nachtschichten mindestens zwei Ruhetage folgen müssen. Das ist nur dann sinnvoll, wenn es keine vorbestimmten Schichtfolgen gibt.

Daneben können sich solche allgemeinen Festlegungen auch auf Verfahrensfragen zur Ausübung der Mitbestimmungsrechte beziehen: welche Informationen

10 Kapitel V.2.8 – Mitbestimmung.

die Arbeitgeberin mit neuen Schicht- oder Dienstplänen liefern muss, welche Zeit der Betriebsrat hat, um darüber zu entscheiden, welche Konfliktlösung bei Uneinigkeit zum Zuge kommt und schließlich wie mit kurzfristigen Abweichungen von der Planung umgegangen werden soll.

Die Beurteilung, ob solche grundsätzlichen Festlegungen sinnvoll sind, lässt sich für die Parameter relativ einfach vornehmen: Wenn der Betriebsrat mit ihnen zufrieden ist, dann sind sie sinnvoll, weil sie die späteren Verhandlungen über die einzelnen Pläne erleichtern. Ist er nicht damit zufrieden, nützen sie ihm nichts, und er sollte darauf verzichten. Im Grunde handelt es sich bei den Parametern um seine eigenen Maßstäbe, anhand derer er die Pläne der Arbeitgeberin beurteilt und über seine Zustimmung oder seinen Änderungsbedarf entscheidet.

Meint das Gremium, vier Nachtschichten am Stück seien das Äußerste, während die Arbeitgeberin die Auffassung vertritt, sechs müssten möglich sein, ist leicht absehbar, was bei einer Verhandlung darüber herauskommt. Einigen sich die Betriebsparteien auf den erwartbaren Kompromiss »fünf Nachtschichten«, hat der Betriebsrat der Arbeitgeberin Einfluss auf seine eigenen Entscheidungsgrundlagen eingeräumt. Sachlich geboten ist das nicht, wenn er »vier Nachtschichten« tatsächlich für die Grenze der Belastbarkeit hält. Ausgefochten wird das Thema dann bei der Aufstellung der einzelnen Dienstpläne, auf die der Betriebsrat i. d. R. den größeren Einfluss hat als auf die Festlegung allgemeiner Parameter.[11]

Wenn sich der Betriebsrat auf Kompromisse bei diesen Parametern einlässt, zu denen er nicht gezwungen werden kann, muss er deren unangenehme Eigenschaft mit in die Überlegungen einbeziehen: Was für ihn eine Höchstgrenze ist, die nicht überschritten werden darf, mutiert später zum Standard. Fünf Nachtschichten sind dann nicht mehr gerade noch in Einzelfällen zumutbar, sondern das, was der Betriebsrat widerspruchslos hinzunehmen hat. Verhandelt wird dann nur noch über weitere Verschlechterungen.

Diese Erfahrung müssen viele Betriebsräte in Krankenhäusern machen, seit es gesetzliche Regelungen zur Mindestbesetzung in der Pflege gibt: Einwände von Betriebsräten gegen zu hohe Belastungen werden von den Arbeitgeberinnen damit gekontert, dass die entsprechende Verordnung ja noch eingehalten wird. Das nimmt ihm praktisch auch in Einigungsstellen jegliche Möglichkeit, noch über Verbesserungen mit den dortigen Vorsitzenden zu reden.[12] Dass die dabei ihre Aufgabe nicht richtig wahrnehmen, stört sie in der Regel nicht.

Wenn der Betriebsrat sich mit seinen generellen Vorstellungen zur Gestaltung von Schicht- und Dienstplänen in den Verhandlungen nicht durchsetzen kann, fährt er daher wohl immer besser, ganz auf eine Bestimmung von Parametern in der Betriebsvereinbarung zu verzichten und die Diskussion dann zu führen, wenn die einzelnen Pläne aufgestellt werden. Dann hat er auch in der Einigungsstelle bessere Chancen, weil er der Arbeitgeberin nicht bereits vorher zugestanden hat, dass fünf Nachschichten am Stück im Prinzip in Ordnung sind, er aber im konkreten Fall vier für das Maximum hält.

11 Kapitel V.2.8.4 – Strategie.

12 Kapitel III.8.2 – Arbeitszeit in der Einigungsstelle.

Ein anderes Thema sind die Verfahrensregelungen zur Ausübung der Mitbestimmungsrechte: Die gibt es zwar in großer Zahl, meist sind es aber eher unverbindliche Verhaltensregeln, soweit sie die Arbeitgeberin verpflichten sollen. Das lässt sich am Beispiel der häufig vereinbarten Fristen zur Vorlage von Dienstplanentwürfen für die Prüfung durch den Betriebsrat illustrieren: Selbst wenn in einer Betriebsvereinbarung steht, dass die Pläne spätestens sechs Wochen vor dem ersten Geltungstag beim Betriebsrat in verbindlicher Form vorliegen müssen, ändert es nichts am weiteren Gang der Mitbestimmung, wenn sie dann doch zwei Wochen zu spät kommen. Der Betriebsrat könnte sie zwar ignorieren, weil sie zu spät kommen, damit ist aber den Beschäftigten nicht gedient, die wissen wollen, wann sie im Folgemonat arbeiten müssen. Er hat also tatsächlich gar keine Möglichkeit, die Einhaltung solcher Vorgaben durchzusetzen.

Trotz der Verbindlichkeit einer solchen Vereinbarung kann die Arbeitgeberin sie ignorieren, ohne dass sie Nachteile zu befürchten hat. Daher muss sich der Betriebsrat auch bei diesen Themen überlegen, ob er die Zeit, die er benötigt, um solche Vereinbarungen mit der Arbeitgeberin zu schmieden, nicht für andere Aufgaben besser nutzen kann.

Anders verhält es sich mit Verfahrensregelungen zu eiligen Veränderungen in Schicht- und Dienstplänen, bei denen kaum Zeit ist, das Mitbestimmungsverfahren noch zu durchlaufen. Wenn der Betriebsrat sich darauf einlässt, einen Teil seiner Mitbestimmungsrechte für bestimmte Fälle im Voraus auszuüben und der Arbeitgeberin damit Handlungsfreiheit einräumt, hat er später praktisch keinen Einfluss mehr auf den Lauf der Dinge. Aber der Betriebsrat muss ja so etwas nicht vereinbaren, wenn er es aber will, sollte er sich mit den Möglichkeiten und Folgen intensiver beschäftigten.[13]

V.2.3.1 Betriebsnutzungszeit

Die Festlegung, mit Schichten oder wechselnden Diensten zu arbeiten, führt als erstes zu der Frage, welcher Zeitraum der Woche abgedeckt werden soll. Die Bestimmung dieser Betriebsnutzungszeit ist zunächst einmal eine mitbestimmungsfreie Maßnahme. Die Arbeitgeberin kann sie also ohne Beteiligung des Betriebsrats festlegen.[14] Macht sie das, wird sie im Laufe der Verhandlungen um die Schicht- und Dienstzeiten merken, dass noch viele weitere, deutlich der Mitbestimmung unterliegende Entscheidungen zu treffen sind, die wiederum Einfluss auf diese Betriebsnutzungszeit haben. Es gibt nämlich keine Verpflichtung, solche Vorgaben auch wirklich vollständig mit Arbeitszeit auszufüllen.[15] Besser ist es daher auch für die Arbeitgeberin, sie beteiligt den Betriebsrat schon bei den ersten Schritten – obwohl sie es nicht muss.

Unabhängig von dieser Beteiligung muss die Arbeitgeberin den Betriebsrat darüber informieren, warum sie die Betriebsnutzungszeit wie geplant festlegen will. Nur so kann er sich ein Bild darüber machen, wie er seine Mitbestim-

13 Kapitel V.2.3.5 – Beweglichkeit der Arbeitszeiten / Eilfälle.
14 BAG 18.12.1990 – 1 ABR 11/90.
15 BAG 31.8.1982 – 1 ABR 27/80.

mungsrechte bei der Organisation des Schichtsystems ausüben will. Dazu muss er wissen, warum zukünftig mit (anderen) Schichten, mit Nachtarbeit oder an Wochenenden gearbeitet werden soll. Diese Mühsal sollte der Betriebsrat der Arbeitgeberin auch nicht ersparen, denn hier zeigt sich häufig schon, dass nicht jede Überlegung zur Änderung der betrieblichen Arbeitszeit aus der Quelle der Weisheit geschöpft wurde.

Der Betriebsrat benötigt dazu die Auslastungszahlen über den Tagesverlauf für die vorangegangenen Monate. Wenn eine Umorganisation des Betriebs beabsichtigt ist, müssen diese Zahlen zumindest als Grundlage für eine Prognose und für die Planung existieren. Häufig existieren allerdings weder Erhebungen noch konkrete Planungen, weshalb die Anforderung des Betriebsrats dann erst den Anstoß für die Arbeitgeberin gibt, sich damit zu befassen.

Wenn die Arbeitgeberin das alles nachvollziehbar erläutert hat, muss es – obwohl es dabei keine Mitbestimmung gibt – trotzdem nicht vom Betriebsrat unwidersprochen hingenommen werden. Überlegungen der Arbeitgeberin, die darauf abzielen, die Arbeit in den Samstag oder in die Nacht hinein zu verlängern, kann er zum Anlass nehmen, Vorschläge zur Anpassung der Arbeitsorganisation zu entwickeln, damit die die Schichten weniger belastend werden, weil z. B. mehr freie Wochenenden oder weniger Nachteinsätze dabei herauskommen. Lässt sich die Arbeitgeberin darauf nicht ein, wird der Betriebsrat sich überlegen, wie er sich bei den Themen verhält, bei denen er »richtig« mitbestimmt, die Arbeitgeberin also auf seine Kooperation angewiesen ist.[16]

Und selbst wenn die Arbeitgeberin tatsächlich auf die von ihr angestrebte Betriebsnutzungszeit angewiesen ist, bringt diese Aufklärungsrunde dem Betriebsrat die Sicherheit, die neuen Belastungen auch wirklich vertreten zu können.

V.2.3.2 Schicht- / Dienstplanung

Aus der Betriebsnutzungszeit ergibt sich manchmal unausweichlich auch das Schichtsystem. Wenn die Betriebsnutzungszeit 168 Stunden betragen soll oder muss, ist jeder Tag der Woche von 0 bis 24 Uhr zu verplanen. Vollkontinuierliche Schichtarbeit heißt das dann, wenn in Schichten gearbeitet wird. Im Bereich der Dienstplanung gibt es solche schönen Begriffe nicht, aber dieselbe Anforderung. Das sagt aber nichts darüber aus, zu welchen Zeiten welche Auslastung herrscht und welche Möglichkeiten der Entlastung es daher gibt. Das kann z. B. die generelle Ausdünnung der Schichten am Samstag und in der Nacht sein. Das zeigt sich aber wiederum erst, wenn die Auslastungszahlen bekannt sind. Wichtig ist das, weil Schichten mit unterschiedlichen Besetzungszahlen andere Schichtmodelle ermöglichen als solche mit immer derselben Personalstärke.

Sobald es um weniger als dieses vollkontinuierliche System geht, gibt es Möglichkeiten der besseren Gestaltung der Arbeitszeit in Schichten und Diensten durch die Umorganisation der Arbeit. Diese Möglichkeiten wird der Betriebsrat finden, wenn er das von der Arbeitgeberin vorgelegte Modell nicht als alternativlos akzeptiert. Der Eindruck der Alternativlosigkeit entsteht schnell, weil deren Mo-

16 Kapitel V.2.8 – Mitbestimmung.

dell natürlich mit der angestrebten Betriebsnutzungszeit bereits synchronisiert ist. Die Umorganisation der Arbeit betrifft aber die Basis der Berechnung des Modells. Gelingt sie, kann das dann passende Schichtmodell ein besseres sein.
Ob ein System mit »Schichtarbeit« oder mit »Wechselschichtarbeit« arbeitet, ist nur dort von Interesse, wo Tarifverträge unterschiedliche Zuschläge dafür vorsehen. Im TVöD ist das so, dort wird unter Wechselschichtarbeit ein vollkontinuierlich – also ohne Unterbrechung – laufendes, sich über die gesamten 168 Stunden der Woche mit Arbeit gefülltes System verstanden.[17] Als Unterbrechung gilt hier bereits, wenn die Zeit zwischen zwei Schichten mit einem Bereitschaftsdienst überbrückt wird.[18] Die Tarifwelt der chemischen Industrie dagegen kennt auch teilkontinuierliche Wechselschicht, bei der also nicht die ganze Woche abgedeckt ist. Die Metallindustrie verwendet die Begriffe in einigen Tarifverträgen gar nicht, in anderen unterscheidet sie nicht nach Schichtarbeit und Wechselschichtarbeit. Es gibt also keinen Grund, nur weil es einige prominente Entscheidungen des BAG zu dem Thema gibt, in allen Branchen solche Unterschiede hochzuhalten.
Zu Dienstplänen greifen dagegen Betriebe, deren Auslastung über den Tag und / oder die Woche erheblich schwankt. Allerdings darf wie immer nicht vom Begriff auf den Inhalt geschlossen werden: In Verkehrsunternehmen wird auch von Dienstplänen gesprochen, obwohl es sich um langfristig angelegte Schichtpläne handelt. Auch hiervon gibt es zwar viele Abweichungen im täglichen Betrieb, z. B. durch Baustellen, Schienenersatzverkehr usw. Selbst diese sind aber zum größeren Teil längerfristig angekündigt. Erst recht gilt das für die immer auftretenden saisonalen Schwankungen, insbesondere in den Sommerferien. Hierfür werden dann wiederum von vornherein eigene Dienst- oder besser Schichtpläne aufgestellt.
Teil der Dienst- und Schichtplanung ist die Festlegung eines Turnus, also der Periode, in der die Arbeitszeiten im Durchschnitt die Regelarbeitszeit erreicht haben müssen. Bei Schichtplänen beginnt mit dem Ende des Turnus die Schichtenfolge von neuem, deshalb ist das keine eigenständige Festlegung. Anders ist das bei durch Dienstplan festgelegter Arbeitszeit: Hierbei gibt es keine Schichtenfolge, der Turnus ergibt sich daher nicht automatisch. Damit ist dessen Festlegung erforderlich, weil sich daraus auch finanzielle Ansprüche herleiten können: Da der Dienstplan bestimmt, welchen Arbeitsumfang die Beschäftigten zur Erfüllung ihrer vertraglichen Pflichten zu leisten haben, bedeutet ein Mehr an Arbeitszeit bei Ende des Turnus, dass über das vertraglich vorgesehene Maß hinaus gearbeitet wurde und damit Zuschläge bezahlt werden müssen, wenn der Tarifvertrag das vorsieht. Diese Erkenntnis des BAG für die Anwendung des TVöD aus dem Jahr 2013[19] hat derselbe Senat zwar 2021[20] wieder über den Haufen geworfen, weil er die tarifliche Regelung nicht mehr verstehen wollte. Es lohnt

17 BAG 18.5.2011 – 10 AZR 255/10.
18 BAG 24.9.2008 – 10 AZR 770/07.
19 BAG 25.4.2013 – 6 AZR 800/11.
20 BAG 15.10.2021 – 6 AZR 253/19.

sich aber trotzdem, betrieblich diesen Turnus mit festzulegen, denn das letzte Wort in dieser Angelegenheit ist sicher noch nicht gesprochen.[21] Ohne einen Turnus wird dieser Rahmen durch den Ausgleichszeitraum bestimmt.

V.2.3.3 Schichtplanrechnung

Aus der Betriebsnutzungszeit werden bei der Schichtarbeit die Anzahl der Schichten pro Woche und daraus wiederum der Personalbedarf für die Besetzung ermittelt. Ein Faktor ist dabei die Regelarbeitszeit von Vollzeitbeschäftigten. Diese wird zur Gesamtzeit der Schichten ins Verhältnis gesetzt. Das Ergebnis dieser Berechnung ist bestimmend für die Gestaltung der Verteilung der Arbeitszeit innerhalb des Schichtsystems, also ob Schichten gleichmäßig verteilt werden, ob es Zusatzschichten oder Freischichten gibt usw. Auch wenn diese Arbeit vorwiegend der Rechner macht, ist die Kenntnis von ein paar Grundlagen wichtig für den Betriebsrat, weil ihm daraus Möglichkeiten erwachsen.

In der einfachsten Version sieht das so aus:

Regelarbeitszeit: 37,5 Stunden pro Woche (7,5 Stunden/Tag)

Betriebsnutzungszeit: 70 Stunden pro Woche

Daraus ergeben sich zwei aufeinanderfolgende Schichten von jeweils 8 Stunden, also 7,5 Stunden Arbeitszeit zuzüglich der Pause. In der Regel sind das eine Früh- und eine Spätschicht, der Beginn der Frühschicht bestimmt den gesamten weiteren Tag: Beginnt sie um 5:00 Uhr, endet die Frühschicht um 13:00 Uhr und die Spätschicht um 21:00 Uhr. Diese Zeiten sind nur gemeinsam verschiebbar.

Meist wechseln die Beschäftigten in solchen Systemen wöchentlich die Schichten, wandern also von früh nach spät und umgekehrt. So weit, so einfach – ist es selten.

Wenn sich nur zwei Bedingungen ändern, wird es schon anspruchsvoller:

Regelarbeitszeit: 37 Stunden pro Woche (7,4 Stunden / Tag)

Betriebsnutzungszeit: 70 Stunden pro Woche, aber zwischen den Schichten liegen 15 Minuten Umkleide- und Übergabezeit.

Die Frühschicht dauert hier also einschließlich der Pausen 8 Stunden 15 Minuten, das sind 7,75 Stunden Arbeitszeit. Die Spätschicht ändert sich nicht. Die in Frühschicht Beschäftigten machen in diesem System täglich 21 Minuten plus, in der Woche 105 Minuten oder 1,75 Stunden. Diese müssen ausgeglichen werden, z. B. durch Sammlung der Stunden für Freischichten. Eine volle Freischicht ist allerdings erst nach etwa 8,5 Wochen erwirtschaftet.

Alternativ hierzu könnte genauso gut die Spätschicht am Freitag um das in der Frühschichtwoche erwirtschaftete Guthaben von 1,75 Stunden verkürzt werden. Oder jede zweite Spätschicht am Freitag um das Doppelte. Das sind Spielräume, in denen der Betriebsrat nach den besten Lösungen suchen kann.

Er hat dabei gute Chancen, seine Anliegen durchzusetzen, was mit dem Missverhältnis zwischen Schichtzeit und Regelarbeitszeit zusammenhängt.[22]

---

21 Kapitel V.3.3.2 – Zuschläge.

22 Kapitel V.2.8 – Mitbestimmung.

Richtig anspruchsvoll wird es, wenn mit derselben Ausstattung zwei Schichten hinzukommen sollen. Diese werden zwangsläufig am Samstag eingerichtet werden müssen, denn bei gleichmäßiger Besetzung der Schichten ist es unmöglich, nur zwei Nächte in der Woche hinzuzufügen.

Die Samstagsschicht müsste also jetzt in den Schichtlauf eingeplant werden. Das bedeutet: Die Regelarbeitszeit wird über einen längeren Zeitraum durch die Verteilung auf die dann zwölf Schichten in der Woche erreicht – bei allen Beschäftigten. Alles andere würde in zusätzlich bezahlte Mehrarbeit führen, das ist aber gerade nicht gewollt. Stattdessen muss jetzt die Arbeitszeit so verteilt werden, dass die Beschäftigten gleichmäßig verteilt werden und in ausreichender Zahl Samstagsschichten machen, was wiederum zu freien Tagen an anderer Stelle führt. Außerdem wird eine Aufstockung der Belegschaft nötig sein.

Wie dieses Schichtmodell dann aussieht, können Schichtprogramme ohne Weiteres ausrechnen. Das Ergebnis ist aber in der Regel weder sinnvoll, noch geht es mathematisch vollständig auf. Irgendein Rest bleibt immer, entweder gibt es zu viel oder zu wenig Arbeitszeit im System. Das Problem lösen die Betriebsparteien bei solchen Modellen in der Regel dadurch, dass sie zusätzliche bzw. fehlende Arbeitszeit in einem Konto verbuchen und durch individuelle Frei- oder Zusatzschichten ausgleichen.

Mit solchen Konstruktionen können sich meist beide Betriebsparteien arrangieren. Allerdings sollte sich der Betriebsrat die Frage, ob er das will, erst beantworten, wenn der Prozess der Entwicklung neuer Schichtmodelle abgeschlossen ist. Bis dahin geht es um Verbesserungen, die sich hier nur auf die Samstagsschichten beziehen können. Eine Verkürzung der Schicht kommt dabei ebenso in Frage wie auch eine Reduzierung der Belegschaft am Samstag, was dann zu weniger Einsätzen am Samstag für die einzelnen Beschäftigten führt. Die Unwucht zwischen Betriebsnutzungszeit und Regelarbeitszeit hilft dem Betriebsrat, solche Verbesserungen durchzusetzen. Das kann sogar bis zu einer betrieblichen Verkürzung der Arbeitszeit gehen, um das Schichtmodell insgesamt weniger belastend zu machen.[23]

Wie weit die Unwucht zwischen Regelarbeitszeit und Betriebsnutzungszeit geht, lässt sich durch Teilung der Betriebsnutzungszeit durch die Regelarbeitszeit leicht berechnen. Dabei ergeben sich meist Zahlen mit komplizierten Brüchen. Je komplizierter diese sind – also je weiter weg von einer ganzen Zahl oder dem Bruch 0,25, 0,5 oder 0,75 – desto unmöglicher ist es, ein Schichtsystem zu entwickeln, dass von vornherein alle Zeiten verplant. Genau das ist der Ansatzpunkt für den Betriebsrat, seine Anliegen durchzusetzen. Er sollte daher nicht vorzeitig seinen Vorteil, der in der Unwucht liegt, durch die Zustimmung zu Frei- oder Zusatzschichten beseitigen.

Schichten und Zahlen

Wie immer bei der Arbeitszeit gilt es auch bei der Gestaltung des Schichtsystems sprachliche Hürden zu überwinden: Es kursiert eine Vielzahl von Bezeichnungen,

23 Kapitel V.2.8.4 – Strategie.

über deren Gebrauch sich alle erst einmal verständigen müssen. Die Rede ist von Modellen mit zwei, drei, zehn, 15, 16 oder bis zu 18 Schichten. Das sieht aus wie durchgezählt, tatsächlich handelt es sich aber um zwei verschiedene Bezeichnungen für teils identische Schichtmodelle sowie um eine für einen Aspekt der Schichtgestaltung.
Ist bei einem Modell von zwei oder drei Schichten die Rede, ist damit immer die Anzahl der Schichten an einem Arbeitstag gemeint. Meist – aber nicht immer – handelt es sich dabei um Schichten in der Fünf-Tage-Woche von Montag bis Freitag. Ist von zehn oder 15 Schichten die Rede, geht es immer um die Anzahl der Schichten in der Woche – und dabei entweder um zwei oder drei Schichten am Tag. Jede Zahl über 15 bezieht sich auf die Anzahl der Schichten in der Woche, wenn die fünf Tage von Montag bis Freitag nicht ausreichen.
Wenn das Schichtmodell mit Zahlen zwischen 4 und 9 bezeichnet wird, geht es in der Regel nicht um die Anzahl der Schichten, sondern um die der Schichtgruppen. Daraus lassen sich nur begrenzt Rückschlüsse auf die Anzahl der Schichten herleiten.
Weil das so schön bunt ist, lohnt es sich, sich – wie beim Doppelkopf – auf die Regeln zu einigen, also darauf, was womit gemeint ist.

V.2.3.4 Lage der Schichten

Über die Festlegung der Lage der Schichten gibt es im echten Schichtbetrieb in der Regel keine große Debatte zwischen Betriebsrat und Arbeitgeberin. Wird mit zwei Schichten pro Tag ohne Überschneidung gearbeitet, beginnt die Frühschicht meist zwischen 6:00 Uhr und 7:00 Uhr. Die zweite Schicht beginnt dann entsprechend den betrieblichen Erfordernissen und der betrieblichen Arbeitszeiten zwischen 7 und 8,5 Stunden später. Meist ist die Regelarbeitszeit der entscheidende Faktor für die Festlegung, weil diese weder unter- noch überschritten werden sollte. Beträgt die Wochenarbeitszeit 37,5 Stunden, ist das eine tägliche durchschnittliche Arbeitszeit von 7,5 Stunden, zuzüglich der Pause sind das acht Stunden Schichtzeit. Die späte Schicht beginnt also acht Stunden nach der frühen, es sei denn, beide Schichten müssen sich noch wegen einer Übergabezeit oder wegen Umkleidezeiten überlappen. Betragen diese 15 Minuten, beginnt die späte Schicht 7,75 Stunden nach dem Beginn der frühen.
Kommt eine dritte Schicht hinzu, ist die wöchentliche Regelarbeitszeit kein entscheidender Faktor mehr für die Festlegung der Lage der Schichten, es sei denn, diese beträgt 37,5 Stunden und es gibt keine Überlappung. Nur dann passt sie genau in den Zeitraum von 24 Stunden. In allen anderen Fällen geht es mathematisch nicht mehr auf. Beträgt die Wochenarbeitszeit 36 Stunden, stehen pro Tag je Beschäftigte/m nur 7,2 Stunden zur Verfügung, das reicht für drei aneinander anschließende Schichten nur, wenn gleichzeitig die Pause auf 45 Minuten verlängert wird. Das wird auf wenig Begeisterung stoßen, weshalb es wohl gegen den Willen des Betriebsrats durchgesetzt werden müsste. Ob die Schichtgänger sich danach eine neue Beschäftigung suchen, bleibt abzuwarten.
Beträgt die wöchentliche Regelarbeitszeit dagegen 39 Stunden, ergibt sich daraus eine rechnerische tägliche Arbeitszeit von 7,8 Stunden, was wiederum zuzüglich der Pause nicht drei Mal vollständig in den 24-Stunden-Kreislauf des Tages passt.

Hier würden Beschäftigte dann entweder ein Zeitdefizit von 0,3 Stunden pro Schicht aufbauen oder die Arbeitgeberin müsste zumindest einen Teil der Pausenzeit bezahlen. Es sei denn, es kommen wiederum noch Übergabezeiten hinzu.
Neben der Lage der Schichten am Tag müssen die Schichttage festgelegt werden. Im System mit zehn oder 15 Schichten pro Woche werden das die Tage von Montag bis Freitag sein. Hier ist dann aber zu entscheiden, welches die erste bzw. die letzte Schicht der Woche sein soll. Ist die erste Schicht die Nachtschicht, die am Sonntagabend beginnt, ergibt sich ein längeres Wochenende, weil dann der Betrieb am Freitag mit der Spätschicht endet. In der Regel fallen dann auch die tariflichen Sonntagszuschläge an, je nach Tarifvertrag sogar für die ganze Schicht. Vor allem das ist der Grund, warum die Arbeitgeberin es meist bevorzugt, erst mit der Frühschicht am Montag das Schichtsystem zu starten. Ob sie sich damit durchsetzen kann, hängt davon ab, wie der Betriebsrat seine Möglichkeiten nutzt.[24]
Beide Varianten sind gem. § 9 Abs. 2 ArbZG zulässig, das Gesetz lässt es zu, die 24-stündige Sonntagsruhe entsprechend zu verschieben.
Je mehr Schichten bis hin zum vollkontinuierlichen Modell mit 21 Schichten in der Woche gefahren werden, desto geringer werden die Möglichkeiten, betrieblich noch auf Auslastungsschwankungen zu reagieren. Es bleiben einfach keine Freiräume mehr für zusätzliche Schichten.
Wenn solche Schichtsysteme nicht ganz schlecht gemacht sind, ergeben sich darin in der Regel längere Freizeitblöcke, die als Erholungszeiten auch dringend erforderlich sind. Diese dürfen aber allenfalls dann als Reserve für Vertretungseinsätze genutzt werden, um Ausfälle zu ersetzen, wenn sie mindestens 80 Stunden lang sind. Dann kann es akzeptabel sein, am jeweils ersten oder letzten Tag eines solchen Freizeitblocks einen zusätzlichen Einsatz schon in der Betriebsvereinbarung zu ermöglichen.

V.2.3.5 Beweglichkeit der Arbeitszeiten / Eilfälle

Geplante Arbeitszeit, gleich ob im Schicht- oder im Dienstplan, ist immer eine Entscheidung über die Zukunft. Da die aber, je weiter sie weg ist, immer mehr Überraschungen parat hat, können alle irgendwann gemeinsam Verse aus der Dreigroschenoper singen:

»Ja, mach nur einen Plan
sei nur ein großes Licht
und mach dann noch 'nen zweiten Plan
geh'n tun sie beide nicht.«

Ganz so schlimm ist es zwar nicht immer, aber Unvorhergesehenes kommt mit Sicherheit. Wobei die Frage berechtigt ist, ob vor allem Ausfälle wegen Krankheit nicht doch so vorhersehbar sind, dass sich die Arbeitgeberinnen darauf einstellen könnten. Wie sich zeigt, kann der Betriebsrat durchaus darauf Einfluss nehmen.

24 Kapitel V.2.8.4 – Strategie.

Ausfälle, kurzfristige Änderungen der Kundenanforderung, Lieferprobleme, es gibt viele Ursachen, die die Planung der Arbeitszeit durcheinanderbringen. Meistens wollen Arbeitgeberinnen diese Probleme durch einen gegenüber der Planung veränderten Einsatz der Beschäftigten lösen. Sie sollen zusätzlich am freien Tag zur Arbeit kommen, länger bleiben oder manchmal auch wieder nach Hause gehen, weil die Produktion stillsteht.

Was auf den ersten Blick wie ein plausibler Vorgang aussieht, ist tatsächlich ein Eingriff in die Rechte von Beschäftigten und Betriebsräten. Schicht- und Dienstpläne sind verbindliche Festlegungen von Arbeitszeit und Freizeit, die die Arbeitgeberin nicht einfach verändern darf. Beschäftigte haben ein Recht darauf zu arbeiten, wenn sie nach Plan dazu verpflichtet sind. Werden sie dann doch nicht gebraucht, ist das ein Annahmeverzug, für den die Arbeitgeberin die Zeit auch dann als gearbeitet anerkennen muss, wenn es nichts zu tun gibt. Und durch zusätzliche Einsätze würden die Überlegungen von Betriebsräten, wie Arbeitszeiten so zu planen sind, damit die Belastungen im Rahmen bleiben, über den Haufen geworfen. Das wäre vergebliche Mühe, wenn die Arbeitgeberin danach die Zeiten einfach wieder umschmeißen dürfte.

Ein Streit darüber, ob solche Änderungen nötig sind, ist meist müßig, weil sie in dem Augenblick, in dem die Situation da ist, immer ausgesprochen zwingend zu sein scheinen. Es geht also eher um Vorsorge für Unwägbarkeiten, als darum zu klären, ob der konkrete Vertretungseinsatz wirklich nötig ist.

Will der Betriebsrat anstoßen, dass für solche Fälle wieder besser vorgesorgt wird, muss er vor allem wissen, wer eigentlich welches Problem bei Ausfällen hat, wie es vergrößert und auch wieder abgemildert werden kann.

Das Problem, um das es geht, hat die Arbeitgeberin: Sie muss sich an die mit dem Betriebsrat vereinbarten Zeiten halten. Will sie davon abweichen, braucht sie seine Zustimmung zur Änderung der Arbeitszeit – auch wenn sich erst um 19:00 Uhr herausstellt, dass eine Arbeitnehmerin nach dem Ende ihrer Spätschicht um 22:00 Uhr noch eine Stunde länger gebraucht wird.

Wie das denn gehen soll, fragt sich da auch mancher Betriebsrat, das Gremium ist doch dann gar nicht mehr erreichbar. So ist es wohl, aber genau das ist das Problem der Arbeitgeberin. Es heißt »Betriebsrat«, denn gäbe es diesen nicht, könnte sie einfach per Direktionsrecht die Löcher im Betrieb mit Beschäftigten in Freizeit stopfen. Aber den Betriebsrat gibt es nun einmal, sie muss damit leben und eine Lösung finden. Am besten wäre es für sie, wenn er ihr Problem einsieht und ihr unterschreibt, dass er mit kurzfristigen Änderungen im Schicht- bzw. Dienstplan einverstanden ist, wenn es auch die betroffenen Beschäftigten sind. Unterschreibt der Betriebsrat so eine Vereinbarung, ist die Arbeitgeberin ihr Problem los, dafür hat jetzt der Betriebsrat eins: Er hat damit jeder Änderung des Dienstplans zugestimmt, die später passiert, denn die Beschäftigten müssen damit einverstanden gewesen sein, sonst hätten sie ja nicht gearbeitet. Der Dienstplan ist damit für ihn ein Muster ohne Wert, die Beschäftigten müssen sich wieder individuell mit der Arbeitgeberin darüber streiten, ob sie zur Zusatzschicht kommen oder nicht.

Aber Betriebsräte müssen das nicht machen. Vielfach machen sie sogar das Gegenteil: Sie gehen zum Arbeitsgericht und lassen ihrer Arbeitgeberin dort verbieten, von festgelegten Arbeitszeiten ohne seine vorherige Beteiligung abzuweichen. Dieser Unterlassungsbeschluss ist dann tatsächlich das Gegenteil von der beschriebenen Generalermächtigung für die Arbeitgeberin, von festgelegten Arbeitszeiten abzuweichen.[25] Mit einem solchen Gerichtsbeschluss riskiert sie, zur Zahlung eines Bußgelds verurteilt zu werden, wenn sie den Betriebsrat nicht beteiligt oder sich nicht an das Ergebnis dieser Beteiligung hält. Auch wenn sie den Betriebsrat nicht erreicht oder der nicht »Ja« gesagt hat, sollte sie den vorgesehenen außerplanmäßigen Einsatz besser absagen und das Geld, das sie sonst für Bußgelder aufwenden müsste, stattdessen in mehr Personal, bessere Abläufe usw. investieren. Das wäre dann die angestrebte Vorsorge für Ausfälle statt des Griffs nach der Freizeit der Beschäftigten.

So entsteht Spielraum für Betriebsräte, zu vorsorglichen Regelungen zu kommen, z. B. dem Aufbau eines Springerpools, für den sich Beschäftigte auch gewinnen lassen, wenn die höhere Belastung besser bezahlt wird.[26] Oder indem ein Verfahren etabliert wird, bei dem sich Beschäftigte, die Interesse an solchen zusätzlichen Einsätzen haben, dafür generell oder zu bestimmten Zeiten bereitstehen und dafür andere, die das nicht wollen, in Ruhe gelassen werden.[27] Oder es werden – wie im Verkehrsbereich häufig – Reserveschichten eingeführt, in denen Beschäftigte zwar als Ersatz – also auf anderen Linien – eingesetzt werden können, deren Beginn und Ende aber in geringem Maße von der Festlegung im Dienstplan abweichen kann. Orientierungspunkt sollte immer die Methodik von Bereitschaften sein: Beschäftigte, die einspringen sollen, werden hierfür mit eingeplant, der Abruf kommt also nicht überraschend. Das gibt auch dem Betrieb die Sicherheit, den Ersatz nicht lange herbeitelefonieren zu müssen und dafür noch mehr Arbeitskraft zu binden. Beschäftigte bekommen auch für das Warten auf Arbeit eine Vergütung, die aber meist niedriger ist als der normale Stundensatz. Und schließlich erfordert der zusätzliche Einsatz, weil er von Vornherein in den Dienstplan eingebaut wird, auch keine weiteren Umplanungen, weil z. B. Ruhezeiten nicht gewährt oder Höchstarbeitszeiten überschritten werden.

Unabhängig von den Bedürfnissen der Arbeitgeberinnen sollte den Beschäftigten die Möglichkeit eingeräumt werden, untereinander Schichtzeiten zu tauschen, wobei hier darauf geachtet werden muss, dass der Tausch wirklich ein Geschäft zwischen den Beteiligten ist. Anderenfalls wird das auch nur zu einer Flexibilisierung auf Anweisung oder sogar zu einem Mittel, den Beschäftigten die Verantwortung dafür aufzubürden, selbst für eine Vertretung zu sorgen, wenn das Kind krank ist oder sie selbst.[28]

---

25 Kapitel III.10 – Durchsetzung und Unterlassung.
26 Textbaustein XI.4.5 – Pool im Krankenhaus.
27 Textbaustein XI.4.4 – Eilfallregelung.
28 Textbaustein XI.4.1 – Schicht- / Diensttausch.

Wenn solche Dinge erfolgreich vereinbart sind, kann der Betriebsrat im Gegenzug den Unterlassungsbeschluss des Arbeitsgerichts auch wieder in der Schublade verschwinden lassen.

V.2.4 Risiken

Die Arbeit in Schicht- wie auch in Dienstplänen kann negative gesundheitliche und soziale Folgen haben. Für die klassische Schichtarbeit ist das schon lange gut erforscht, vergleichbare wissenschaftliche Erkenntnisse liegen für Arbeitszeiten nach Dienstplänen bislang nicht vor – allerdings auch keine gegenteiligen Erkenntnisse. Deshalb muss der Betriebsrat sich nicht scheuen, Erkenntnisse zur Schichtarbeit auch bei der Organisation der Arbeit nach Dienstplan zugrunde zu legen, wenn die Betriebsnutzungszeiten in die Nacht und / oder das Wochenende hineinragen. Viele der bei der Schichtarbeit identifizierten Ursachen für Beeinträchtigungen der Beschäftigten gibt es nämlich auch bei der Arbeit nach Dienstplan:

- Arbeit zu Zeiten, in denen der Körper nicht darauf eingerichtet ist.
- Qualitativ schlechtere Erholung, weil diese zu Zeiten passieren soll, in denen der Körper auf Aktivität eingerichtet ist.
- Arbeitszeiten, die die Teilnahme am sozialen Leben beeinträchtigen.[29]

Zusätzlich verschärft wird das Problem bei der Arbeit nach Dienstplan noch durch den in der Regel viel häufigeren Wechsel der Lage der Arbeitszeit als in den langfristig festgelegten Schichtplänen.

Für den menschlichen Organismus macht es keinen Unterschied, ob – wie bei der Schichtarbeit – die Belastungen die Angehörigen einer Schichtgruppe gemeinsam treffen oder ob sie in den Betrieben mit Dienstplänen eher als individuelles Schicksal empfunden werden. Wie wichtig aber diese Gruppenzugehörigkeit dafür ist, den Alltag der Beschäftigten etwas erträglicher zu machen, zeigt sich insbesondere im Gesundheitswesen, in dem Dienstpläne mit ständig wechselnden Arbeitszeiten gang und gäbe sind. Im Gegenzug klammern sich viele Beschäftigte dort daran, wenigstens immer auf derselben Station und damit im gewohnten Umfeld zu arbeiten, was die soziale Anbindung an die Schichtgruppe ersetzt.

In Dienstplänen arbeitende Beschäftigte haben erheblich weniger Sicherheit für ihre privaten Planungen, wenn die Dienstpläne im Monats- oder gar Wochenrhythmus immer neu und ohne Kontinuität aufgestellt werden. Sie wissen dann kaum, welche Zeiten ihnen für ihr Privatleben zur Verfügung stehen. Kompensiert wird das zu einem Teil von den die Dienste Planenden durch frühe Einbeziehung der Beschäftigten in diesen Prozess. Meist stehen ihnen aber nicht die Ressourcen zur Verfügung, um hier mehr Stabilität zu schaffen. Das wiederum führt dann nach Dienstplanaufstellung zu einer regelrechten Tauschbörse, auf der die Beschäftigten versuchen, diejenigen Dienste wieder loszuwerden, die ihr

29 Kapitel I.1 – Belastungen.

Leben am stärksten beeinträchtigen würden. Das wiederum bringt neue Unruhe in die Dienstplanung.
Diese besonderen Umstände zeigen, dass Arbeit im Dienstplan eher noch weitere Belastungsfaktoren aufweist als die in langlaufenden Schichtrhythmen.
Die Folgen solcher wechselnden Arbeitszeiten sind damit unabhängig davon, ob die Planung in Schichten oder Diensten erfolgt: Beide führen zu sozialen und gesundheitlichen Beeinträchtigungen. Etablierte Vorschläge für Schichtarbeit, um diese Beeinträchtigungen durch bessere Gestaltung der Pläne zu vermindern, können daher auch auf die Arbeit nach Dienstplan übertragen werden. Zu den Folgen zählen neben den bekannten Krankheitsbildern auch ein erhöhtes Unfallrisiko, das ab der siebten Arbeitsstunde in der Schichtarbeit exponentiell ansteigt. Dieselben Ergebnisse zeigen sich bei einer längeren ununterbrochenen Folge von Schichten, wobei das Risiko bei Nachtarbeit noch einmal höher ist.[30]
Erkenntnisse zu solchen Risiken müssen in die Arbeitszeitplanung einfließen. Dafür hat der Betriebsrat zwei Erkenntnisquellen: Allgemeine Empfehlungen zu Schichtplanung aus der Arbeitswissenschaft sind im folgenden Kapitel zusammengefasst. Die Entwicklung spezieller Handlungsanforderungen kann er über eine Beurteilung der vom eigenen Schicht- bzw. Dienstplanmodell ausgehenden Gefährdungen gem. § 5 ArbSchG selbst initiieren.[31] Außerdem lohnt es sich, darüber nachzudenken, wie der Einfluss der Beschäftigten auf die Schichtplanung vergrößert werden kann. Das kann Belastungen bereits von Vornherein verringern. Zumindest aber sind sie weniger belastend, wenn sie nicht lediglich als aufgezwungen empfunden werden. Beispiele für solche Konstruktionen gibt es als Reglungsbestandteile[32] oder sogar als komplexe Modelle.[33]

V.2.5 Empfehlungen zum Gesundheitsschutz

Schichtarbeit ist ein relativ gut erforschtes Gebiet im Arbeitsleben. Anders sieht es mit den zusätzlichen Belastungen durch die Arbeit nach Dienstplan aus. Teilweise lassen sich die Erkenntnisse zur Schichtplanung übertragen, teilweise gibt es hierbei aber auch spezielle Belastungen, vor allem durch den häufigen Wechsel der Dienstzeiten und die geringe Vorhersehbarkeit. Auch dafür gibt es Ideen, aber noch keine wissenschaftlich abgesicherten Empfehlungen.[34] Was den Betriebsrat nicht daran hindern muss, diese Ideen mit entsprechendem Nachdruck zu verfolgen.
Die nachfolgenden Empfehlungen sind eine Zusammenstellung aus verschiedenen Quellen. Da diese sich zum großen Teil aufeinander beziehen, werden nur die jeweils einfach zugänglichen angeführt. Die genannten Maßnahmen können praktisch nie alle und oftmals nur zu einem geringen Teil umgesetzt werden.

30 DGUV Report 2012, S. 113.
31 Kapitel II.3.1.3.6 – Nacht- und Schichtarbeit.
32 Textbaustein XI.4.3 – Integration von Anliegen in den Dienstplan.
33 Kapitel V.2.7 – Optionsmodelle.
34 Kapitel I.1 – Belastungen.

Plant der Betrieb beispielsweise die Einführung von regelmäßiger Samstagsarbeit, so ist die Restriktion »individuell sollten höchstens 50 % aller Samstage gearbeitet werden« bei durchgehend voller Besetzungsstärke an jedem Samstag nicht mehr einzuhalten. Auch widersprechen sich manche Empfehlungen, wenn z. B. die Nachtschicht früh enden und die Frühschicht spät anfangen soll. Das hängt damit zusammen, dass es sich nicht um ein Paket von Empfehlungen für das »perfekte« Schichtmodell handelt, sondern um eine Art Werkzeugkasten für verschiedene Aspekte, über dessen Anwendung die Betriebsparteien entsprechend ihrer eigenen Situation entscheiden müssen.

V.2.5.1 Sozialzeiten

Als Sozialzeiten werden die Phasen der Woche bezeichnet, in denen üblicherweise familiäre, kulturelle und andere soziale Begegnungen stattfinden. Dass dieser direkte Kontakt inzwischen durch Smartphones und soziale Netzwerke überflüssig geworden wäre, hat bislang noch niemand behauptet, daher ist der Schutz vor zu intensiver Inanspruchnahme während dieser Zeiten durch Arbeit weiterhin erforderlich. Diese Sozialzeiten sind – kulturell bedingt – die Abendstunden und das Wochenende. Dabei wird unterschlagen, dass für viele Menschen auch im Abendland Freitag und Samstag eine weitaus höhere Bedeutung als der Sonntag haben.

Das ArbZG schützt lediglich den Sonntag als arbeitsfreien Tag, wobei es auch hier je nach Notwendigkeit zahllose Ausnahmen gibt.[35]

Nach Erhebungen der BAuA arbeiten in den Abendstunden regelmäßig mehr als 10 % aller Beschäftigten, an Sonntagen 20 % und an Samstagen 40 %. Die Zahlen von Samstag und Sonntag überschneiden sich häufig: Die 20 % der am Sonntag Beschäftigten arbeiten in aller Regel auch am Samstag.[36]

Der Samstag ist zur intensiven Pflege von Beziehungen unbedingt geeignet und notwendig, weil nur er gemeinsame Unternehmungen erlaubt, die nicht in der allgemeinen sonntäglichen Ruhe stattfinden können. Auch die Schwerpunkte kulturellen Lebens liegen auf dem Freitagabend und auf dem Samstag. Ein Samstag als Regelarbeitszeit macht daher die Erfüllung vieler Freizeitbedürfnisse und viele Gemeinschaftserlebnisse unerreichbar. Dafür schaffen weder das rund um die Uhr laufende Fernsehprogramm noch der jederzeitige Zugang zum Fitnessstudio einen Ausgleich.

Hieraus folgt als Leitlinie für die Arbeitszeitgestaltung im Schichtsystem, dass diese den einzelnen Beschäftigten eine möglichst große Zahl von arbeitsfreien Samstagen ermöglichen sollte. Ein Weg dahin könnte sein, Arbeitszeitwünsche der Beschäftigten abzufragen und solche Schichten vorrangig an diejenigen zu vergeben, die sich dazu bereit erklären.[37] Dadurch wir die Aufmerksamkeit auch auf andere kulturell erforderliche Freiräume wie Freitag und Samstag gelenkt.

---

35 Kapitel II.3.1.3.4 – Wöchentliche Ruhezeit / Sonn- und Feiertagsarbeit.

36 BAuA 15–19 S. 28 ff.

37 Kapitel V.2.6.1 – Dienstpläne.

V.2.5.2 Vorhersehbarkeit

Ein Aspekt der Verträglichkeit von jeglicher Schichtarbeit ist die Vorhersehbarkeit der Schichtenfolgen. Die Beschäftigten sollten jederzeit einfach ermitteln können, wie ihr Einsatz längerfristig geplant ist, um ihr Privatleben hierauf einstellen zu können. Dies erfordert nicht nur Transparenz des Systems, sondern auch dessen Einhaltung. Kurzfristige Abweichungen sollten daher so weit wie möglich vermieden werden.

V.2.5.3 Schichtdauer und -folgen

Die Schichtdauer ist neben der Schichtarbeit selbst ein eigenständiger Belastungsfaktor. Das Unfallrisiko der Beschäftigten steigt nach der 7. bis 9. Arbeitsstunde exponentiell an. Damit erhöhen die langen Arbeitszeiten in der Schichtarbeit zusätzlich das ohnehin nachts und sonntags bereits erhöhte Unfallrisiko.[38]
Nach den Empfehlungen der europäischen Stiftung zur Verbesserung der Lebens- und Arbeitsbedingungen erfordern zumindest längere als achtstündige Schichten einen schnellen Schichtwechsel.[39] Wer also in einer neun- oder zehnstündigen Schicht arbeitet, sollte diese mindestens einmal in der Woche wechseln. Hier besteht auch ein höheres Bedürfnis nach freien Tagen. Außerdem sollten die Schichtblöcke nicht durch einzelne freie Tage unterbrochen werden, weil diese einen geringeren Erholungswert als Blockfreizeiten haben, dafür dann aber nicht mehr zur Verfügung stehen.
Wenn Schichtzeiten über acht Stunden unumgänglich sind, sollten sie von einer regelmäßigen Überprüfung der Gefährdungen begleitet werden. Diese muss sich auch auf die Arbeitsintensität beziehen, denn ein Ausgleich ist es, diese mit der Zunahme der Schichtdauer zu verringern.

V.2.5.4 Nachtarbeit

Da Nachtarbeit immer besonders schädlich ist, sollte sie tunlichst vermieden werden. Hier ist also vor allem die Arbeitsorganisation gefragt, die versuchen muss, so viele Tätigkeiten wie möglich in den Tagesbereich zu verlagern. Die Gestaltung der dann noch notwendigen Nachteinsätze soll sich anhand der nachfolgenden Kriterien orientieren:[40]

- Es sollten grundsätzlich möglichst wenige Nachtschichten in unmittelbarer Folge geleistet werden; die Obergrenze sollte bei vier aufeinanderfolgenden Nachtschichten liegen. Arbeitsmedizinisch sind einzelne eingestreute Nachtschichten zu bevorzugen.
- Auf jede Nachtschichtperiode sollte ein mehrtägiger Freizeitblock folgen.
- Unterbrechungen zweier Nachtschichten durch einen freien Tag sind zu vermeiden.

---

38 DGUV 1/2012, S. 113.
39 BEST 3/91, S. 14.
40 Zusammenstellung aus Empfehlungen der Europäischen Stiftung zur Verbesserung er Lebens- und Arbeitsbedingungen aus verschiedenen Ausgaben des Bulletins für Europäische Schichtarbeitsfragen, Beermann 2019, Knauth, DGUV 1/2012, S. 113.

- Nachtschichten sollten keinesfalls länger, wenn möglich sogar kürzer sein als die Frühschicht.
- Regelmäßige und feststehende zusätzliche Pausenzeiten sind notwendig.
- Die Nachtschichten sollten möglichst früh enden.

V.2.5.5 Wechselschicht

Die Anzahl der genutzten Wechselschichtmodelle ist unüberschaubar. Ursachen dafür sind einerseits die durch spezialisierte IT-Tools besseren Möglichkeiten, auch die letzte Nische im Schichtplan zu finden und zwecks Optimierung mit Arbeit zu füllen. Ob das wirklich immer zu einem Mehrwert oder nur zu erhöhtem Krankenstand führt, spielt für die Kalkulation meist keine Rolle.

Andererseits führen auch Abweichungen zwischen den ausdifferenzierten Regelarbeitszeiten zwischen 35 und teils immer noch über 40 Stunden pro Woche und unterschiedliche Betriebsnutzungszeiten zu immer neuen Schichtmodellen. Je optimierter, desto größer sind die Erfordernisse nach Zusatzschichten oder nach Möglichkeiten der kurzfristigen Abweichung, was wiederum dem Betriebsrat bei den Verhandlungen mit der Arbeitgeberin nützt.[41]

Empfehlungen aus der Arbeitswissenschaft für die Gestaltung von Wechselschichtsystemen sind:[42]

- Die Anzahl der Schichten darf fünf pro Woche nicht übersteigen.
- Isolierte Arbeitsschichten zwischen freien Werktagen und dem Wochenende sind zu vermeiden.
- Die Freizeitblöcke sollten möglichst lang sein, es ist also anzustreben, freie Tage mit dem Wochenende zu verbinden.
- Die Kooperationsverhältnisse müssen unter Umständen neu organisiert werden, um bestehende Kommunikationssysteme nicht ersatzlos zu zerstören. Die Beschäftigten sollten so wenig unterschiedliche »Kooperationspartner« wie möglich haben. Die Bildung bzw. Erhaltung stabiler sozialer Zusammenhänge am Arbeitsplatz ist anzustreben.
- Spät- und Nachtschichten sollten keinesfalls länger, wenn möglich sogar kürzer sein als die Frühschicht.
- Der Beginn der Frühschicht sollte eher um 7:00 Uhr als um 6:00 Uhr sein und die Spätschicht nicht nach 0:00 Uhr enden. Günstig sind Schichtwechsel um 7:00 Uhr, 15:00 Uhr und 23:00 Uhr, sie verringern das Schlafdefizit vor der Frühschicht. Damit geht allerdings auf der anderen Seite nutzbare Zeit nach dem Ende der Früh- und der Spätschicht verloren.
- Schichtbeginn und -ende müssen die Verkehrsverhältnisse berücksichtigen. Bei überwiegendem Individualverkehr führt eine Flexibilisierung zur Entzerrung.

41 Kapitel V.2.8.4 – Strategie.

42 Zusammenstellung aus Empfehlungen der Europäischen Stiftung zur Verbesserung der Lebens- und Arbeitsbedingungen in verschiedenen Ausgaben des Bulletins für Europäische Schichtarbeitsfragen; Beermann a. a. O. und Knauth, a. a. O.; DGUV 1/2012, S. 113.

- Alle Beschäftigten sollten mindestens einmal pro Woche die Zeit zwischen 17:00 und 20:00 Uhr frei haben, um diesen Schwerpunkt sozialen Lebens nicht völlig zu verlieren. Erreichen lässt sich dieses Ziel einerseits durch den Schichtwechsel innerhalb der Woche, andererseits durch Kurzschichten.
- Der Anteil der Samstagschichten sollte in der Frühschicht nicht mehr als 30 % und in der Nachschicht nicht mehr als 20 % betragen.
- Der Schichtwechsel muss im kontinuierlichen Schichtsystem vorwärts rotieren. Hierdurch werden Umstellungsprobleme verringert.
- Besondere Belastungen sollten durch Freizeit, nicht durch Zuschläge ausgeglichen werden.
- Im vollkontinuierlichen Schichtbetrieb ist eine möglichst hohe Anzahl von zwei zusammenhängenden freien Tagen an den Wochenenden einzuplanen.

V.2.6 Ausblick

V.2.6.1 Dienstpläne

In durch Dienstpläne geregelten Arbeitszeiten gilt es – besonders im Gesundheitswesen – als ehernes Gesetz, dass eine längerfristige Planung nicht geht, weil sie nicht gehen kann. Dieses Mantra wird von Arbeitgeberinnen, Beschäftigten und häufig auch Betriebsräten gemeinsam so lange gemurmelt, bis niemand sich mehr traut, über Alternativen nachzudenken.
Nachvollziehbar ist das insofern, als die individuellen Gestaltungsmöglichkeiten wie der Tausch von Schichten oder kurzfristiger Zeitausgleich nach Absprache als einzige Chance gilt, die eigenen Bedürfnisse mit den Anliegen der Patientinnen und Patienten in Übereinstimmung zu bringen. Der Arbeitgeberin wird das häufig nicht zugetraut.
Niemand weiß genau, wie weit der Exodus der Pflegekräfte und die schwindende Zahl von Fachkräften in dem Bereich vielleicht auch damit zu tun haben, dass diese Kultur der Selbstaufopferung nicht mehr von allen Betroffenen hingenommen wird.
Daher sollte durchaus auch über Alternativen nachgedacht werden, die ja nicht aus einem wie in der Industrie rollierenden System mit Schichtgruppen bestehen müssen. In Frage käme z. B. eine Freizeitplanung, also die verbindliche Festlegung freier Tage über einen längeren Zeitraum, die den Beschäftigten die Möglichkeit gibt, ihre eigenen Anliegen auch längerfristig in die Dienstplanung zu integrieren. Außerdem könnte ein verbindlicheres System entwickelt werden, um Anliegen der Beschäftigten in die konkreten Dienstpläne zu integrieren, wenn sie rechtzeitig angemeldet werden. Diese Anmeldungen bekommt der Betriebsrat mit dem Dienstplanentwurf, wenn sie von der Arbeitgeberin darin nicht berücksichtigt wurden. Findet diese keine plausible Begründung, warum das nicht passiert ist, wird sich der Betriebsrat überlegen, ob er diesem Dienstplan zustimmt.
Es sind kleine Schritte, die in diesem Bereich gemacht werden müssen, um zu einer besseren Berücksichtigung der Anliegen Beschäftigter zu kommen, auch

wenn die das selbst spontan oft nicht als Verbesserung ansehen. Die spätere konkrete Erfahrung mit den Verbesserungen macht dann häufig klüger als Werbung für einen eigentlich offenkundigen Nutzen solcher Maßnahmen.

V.2.6.2 Schichtpläne

Da Arbeit in wechselnden Arbeitszeiten, insbesondere unter Einschluss von Nacht und Wochenende, eine Belastung über das reine Thema »Arbeitszeit« hinaus sind,[43] muss auch der Blick des Betriebsrats über diesen engen Horizont hinausgehen. Insbesondere muss eine Antwort auf die Beeinträchtigung der Möglichkeiten gefunden werden, gesunde Schlaf- und Essgewohnheiten mit dieser Arbeitsform zu vereinbaren.

Die Beeinträchtigung der Erholungszeiten lässt sich nur durch eine entsprechende Schichtplangestaltung lindern, also insbesondere die Begrenzung der Zahl der aufeinander folgenden Nachtschichten sowie daran anschließende verlängerte Erholungszeiten. Die Auswirkungen auf die Ernährung sind dagegen nicht auf diesem Wege zu beeinflussen, da hier das Privatleben betroffen ist und glücklicherweise weder Arbeitgeber noch Betriebsrat hierfür Vorschriften machen können.

Was sie aber können und z. T. auch machen ist, Beratungsangebote im Betrieb zu schaffen, um das Bewusstsein für die aus der Schichtarbeit herrührenden Notwendigkeiten bei der Ernährung zu schärfen. Sinnvoll ist es auch, wenn der Betrieb Ausgleichsangebot wie Sport, Yoga u. Ä. entweder selbst anbietet oder doch zumindest die Teilnahme daran durch eine Kostenbeteiligung fördert.

Kantinenessen kann daraufhin überprüft werden, ob es das Angebot den Erkenntnissen der Arbeitswissenschaft über die Anfälligkeit für Magen- und Darmkrankheiten bei in Schichtarbeit Beschäftigten entspricht.

Derartige Initiativen unterliegen zwar nicht der erzwingbaren Mitbestimmung gem. § 87 Abs. 1 Nr. 2 BetrVG. Das muss aber nicht das Engagement von Betriebsräten bremsen, weil sie wissen, dass es bei dieser Arbeitsform in der Regel auf ihre freiwillige Zustimmung ankommt.[44]

V.2.7 Optionsmodelle

Optionsmodelle basieren auf der Erkenntnis, dass nicht alle Beschäftigten dieselben Anliegen an ihre Arbeitszeit haben. Betriebsräte, die in guter Absicht die Arbeitszeiten begrenzen wollen, um Beschäftigte »vor sich selbst« zu schützen, erfahren daher auch unerwarteten und lautstarken Widerspruch. Sei es aus Sorge, der Betriebsrat sei zu streng mit der Arbeitgeberin, sei es, weil sie sich tatsächlich in den Überlegungen des Betriebsrats nicht wiederfinden – diese Stimmen zu ignorieren hieße für den Betriebsrat, sich – ohne einen Vorteil davon zu haben – in nicht zu gewinnende Kämpfe an mehreren Fronten zu verstricken. Da hat es sich bewährt, besser denjenigen, die aus welchen Gründen auch immer eine enge

43 Kapitel I.1.1 – Arbeitszeit und Arbeitsschutz.
44 Kapitel V.2.8.4 – Strategie.

Regelung der Arbeitszeit für falsch halten, die Möglichkeit einzuräumen, sich dieser Regelung zum Teil zu entziehen. Für die anderen kann das den Vorteil haben, dass in ihren Alltag mehr Ruhe einkehrt.
Dafür gibt es folgende Beispiele aus unterschiedlichen Branchen.

V.2.7.1 Der Verkehrsbetrieb

Die unbeliebtesten Arbeitszeiten im Nahverkehr sind üblicherweise geteilte Schichten und Wochenendschichten. Betriebsräte versuchen meist, beide möglichst gering zu halten.
Da es jedoch einen realen Bedarf nach beidem gibt, hat die Vermeidungsstrategie ihre Grenzen.
In einem Betrieb haben die Betriebsparteien verschiedene Dienstplanpakete geschnürt: ein großes Paket, in dem alle Diensttypen vertreten sind, allerdings ist der Anteil der geteilten und der Wochenenddienste sehr gering. Im zweiten Paket sind in großer Zahl nur die geteilten und im dritten nur die Wochenenddienste enthalten. Hinzu kommen jeweils noch »normale« Dienste.
Die Beschäftigten können sich den jeweiligen Gruppen zuordnen. Damit eröffnet sich die Möglichkeit, jeweils eine der beiden ungeliebten Einsatzformen abzuwählen, allerdings um den Preis eines größeren Einsatzes in der anderen. Solange das erforderliche Verhältnis so erreicht wird, brauchen die Betriebsparteien nicht mehr einzugreifen. Anderenfalls muss im ersten Paket die Zahl dieser Dienste erhöht werden.

V.2.7.2 Einzelhandel

Das Anliegen der Arbeitgeberin in einem mittelgroßen Kaufhaus war es, die Arbeitszeiten aller Beschäftigten so zu flexibilisieren, dass sie auch einsetzbar waren, wenn sie laut Dienstplan frei hatten. Damit sollten Ausfälle und kurzfristige Schwankungen der Kundenfrequenz abgefangen werden. Der Betriebsrat wollte das verhindern, wusste aber, dass ein Teil der krisenerprobten Belegschaft hierzu bereit war.
Vereinbart wurde schließlich, dass alle Beschäftigten weiterhin in den bisherigen Dienstplänen arbeiten, aber für diejenigen, die sich für die größere Flexibilität entscheiden, ein Arbeitszeitkonto eingerichtet wird, aus dem sich auch für eigene Anliegen kurzfristig Guthaben für Freizeit entnehmen lässt. Beschäftigte, die diese Flexibilität nicht haben wollen, bekommen dafür verlässliche Arbeitszeiten, aber ohne die Möglichkeit dieses privilegierten Freizeitausgleichs.

V.2.7.3 Krankenhaus

In Krankenhäusern ist das Thema »Ersatz für Ausfälle« mit zunehmender Personalverknappung immer wichtiger geworden. Die Dienste werden auf Kante genäht, und jeder Ausfall führt dann sofort zu Veränderungen des Einsatzes anderer. Unter der Überschrift »Mein Frei gehört mir« haben sich Betriebsräte und Gewerkschaften gegen diese Praxis gestellt.
Mittlerweile werden in verschiedenen Kliniken Regelungen aufgestellt, in denen Beschäftigte, die sich bereit erklären, für kurzfriste Änderungen im Dienstplan

zur Verfügung zu stehen, zusätzliche Zahlungen erhalten. Voraussetzung ist der Abschluss einer Nebenabrede zum Arbeitsvertrag, damit der Betriebsrat weiß, wer sich verbindlich für solche Einsätze zur Verfügung stellt. Alle anderen bleiben davon verschont.
In der Betriebsvereinbarung werden dann die Bedingungen des Einsatzes (Abruffristen, generelles Einverständnis) und in einer Gesamtzusage die Zahlungen hierfür geregelt. Für diese Fälle, erteilt der Betriebsrat vorab seine Zustimmung zur Änderung des Dienstplans.
Beschäftigte, die keine solche zusätzlichen Einsätze machen wollen, schließen auch keine Vereinbarung ab. Die anderen können ihr Gehalt aufbessern, müssen dafür aber auch die höheren Belastungen in Kauf nehmen.

V.2.8 Mitbestimmung

V.2.8.1 Themen der Mitbestimmung

So viele Entscheidungen bei der Arbeit nach Schicht- oder Dienstplan zu treffen sind, so viele Mitbestimmungsthemen gibt es auch. Das Mitbestimmungsrecht ergibt sich sowohl aus § 87 Abs. 1 Nr. 2 bzw. 3 BetrVG als auch aus § 87 Abs. 1 Nr. 7 BetrVG. Die Themen sind:

- Entscheidung über das »Ob« der Arbeit im Schicht- oder Dienstplan
- Lage, Beginn und Ende der Schichten / Dienste
- Schichtenfolge / Schichtturnus
- Festlegung des Personenkreises, der in Schichten / Diensten arbeitet
- Einsatz der Beschäftigten in allen oder nur in einzelnen Schichten / Diensten
- Zuordnung der Beschäftigten zu den Schichten / Schichtgruppen / Diensten
- Ausgleich für Nachtarbeit gem. § 6 Abs. 5 ArbZG durch zusätzliche Freizeit oder Entgelt
- Zuordnung neu eingestellter Beschäftigter in das Schichtsystem (auch wenn es sich um überlassene Beschäftigte handelt)[45]

Der Betriebsrat kann auch die Initiative für den Wechsel der Schicht einzelner Beschäftigter oder für deren Herausnahme aus dem Schichtsystem ergreifen. Das ist unabhängig davon, ob bereits gesundheitliche Folgen eingetreten sind.
Verstößt die Arbeitgeberin bei den von ihr vorgenommenen Änderungen des Schichtsystems gegen die Mitbestimmungsrechte, kann das finanzielle Folgen haben: Einkommensverluste, weil Beschäftigte z. B. keine Nacharbeit mehr leisten müssen, muss sie dann ausgleichen.[46]

V.2.8.2 Mitbestimmung bei der Schicht-/Dienstplanung

Die Betriebsparteien können die Mitbestimmungsrechte bei der Gestaltung der Arbeitszeit in Form von Dienst- oder Schichtplänen auf zwei Wegen wahrneh-

45 BAG 9.7.2013 – 1 ABR 19/12, und 22.8.2017 – 1 ABR 3/16; sowie 28.7.2020 – 1 ABR 45/18.
46 BAG 18.9.2002 – 1 AZR 668/01.

men. Die rechtliche bzw. gerichtliche Handhabung sieht dabei etwas anders aus als die praktische Handhabung.
Die zwei Wege nach der Rechtsprechung sind einerseits die konkrete Festlegung aller oben aufgeführten Aspekte in einzelnen Mitbestimmungsschritten und andererseits die Festlegung allgemeiner Grundsätze, nach denen die Arbeitgeberin dann selbstständig die mitbestimmungspflichtigen Maßnahmen treffen darf.
Bei der Arbeit nach Schichtplan ist diese Trennung eher künstlich, denn die Planungen sind längerfristig, damit gibt es keinen Bedarf danach, zunächst abstrakte Kriterien zu vereinbaren. Diese haben allenfalls eine Bedeutung für die Reaktion auf kurzfristige Ausfälle. Teilweise kommt es auch vor, dass mehrere Schichtsysteme auf Vorrat vereinbart werden, auf die die Arbeitgeberin dann bei Bedarf zurückgreifen kann. Das sind dann aber auch keine abstrakten Kriterien, sondern konkrete Schichtmodelle, die vereinbart wurden.
Im Bereich der durch Dienstplan festgelegten Arbeitszeiten dagegen gäbe es einen Raum für die Festlegung von abstrakten Besetzungskriterien, nach denen die Arbeitgeberin dann vorgehen muss. Denn hierbei gibt es keinen langfristig laufenden Plan, sondern periodisch – meist monatlich – wiederkehrende Entscheidungen über die Arbeitszeiten der kompletten Belegschaft.
Allerdings ist der Spielraum für abstrakte Regelungen bei genauerer Betrachtung dann doch von der Rechtsprechung so klein gehalten, dass eigentlich niemand so recht weiß, was dabei wirklich passieren soll. Solche abstrakten Festlegungen dürfen nämlich nicht so weit gehen, dass der Schutz der Beschäftigten, den die Mitbestimmungsrechte bezwecken, dabei verloren geht.[47] Anders ausgedrückt: Der Betriebsrat darf die maßgeblichen Entscheidungen nicht der Arbeitgeberin überlassen.[48] Abgesehen davon erschließt sich der Nutzen aus Sicht des Betriebsrats auch nicht so recht.
Was sich hinter diesem Orakel verbirgt, bleibt deshalb im Nebel, weil beides zusammen nicht geht: Entweder sind die Vorgaben so eng geschnürt, dass sich die später darauf aufbauenden Entscheidungen praktisch aus den Regeln ablesen lassen. Das entspräche der Rechtsprechung, setzt aber prophetische Kenntnisse der Betriebsparteien voraus. Oder sie lassen der Arbeitgeberin so große Freiräume, dass die Grenze zur völligen Freigabe der Mitbestimmung nicht auszuloten ist. Die endgültige Entscheidung, ob eine Vereinbarung deshalb unwirksam ist, trifft irgendwann mit großem zeitlichem und sachlichem Abstand ein Gericht, was den Betriebsparteien dann keinen Nutzen mehr bringt.
Gut für den Betriebsrat, dass er sich das alles aus seiner eigenen Perspektive anschauen kann, ohne die damit aufgeworfenen großen juristischen Probleme lösen zu müssen. Es reicht, wenn er sich nur daran orientiert, was nach der Rechtsprechung einigermaßen klar ist: Solche Regelungen sind zwar mitbestimmungspflichtig, aber nicht erzwingbar. Nicht einmal abstrakte Regelungen zum Ersatz für kurzfristige Ausfälle kann die Arbeitgeberin in der Einigungsstelle

47 BAG 8.12.2015 – 1 ABR 2/14.
48 BAG 29.9.2004 – 5 AZR 559/03.

durchsetzen.[49] Damit hat sich praktisch das Thema für den Betriebsrat erledigt: Wenn die Regelungen, mit denen die Arbeitgeberin dazu ermächtigt wird, eigenständig Festlegungen zur Dienstplanung oder Schichtvergabe zu treffen, nicht erzwingbar sind, kommen nur solche in die Betriebsvereinbarung, auf die der Betriebsrat sich einlassen will. Die sieht dann sowieso kein Gericht mehr. Alles, worauf sich die Betriebsparteien nicht einigen können, gibt es auch nicht durch einen Spruch der Einigungsstelle, darüber muss der Betriebsrat sich also keine Gedanken machen.

In Ansätzen finden sich solche abstrakten Regelwerke in Verkehrsbetrieben. Hier werden passend zu den Anforderungen der Verkehrsträger Dienste »geschnitten«, in denen die Beschäftigten – meist auf mehreren Linien – jeden Tag eingesetzt werden. Diese Dienste werden aneinandergereiht, möglicherweise auch in unterschiedlichen Paketen zusammengeschnürt, um Vorlieben zu bedienen. Im Anschluss daran hat die Arbeitgeberin relativ große Freiheiten, die Beschäftigten in diesen Diensten einzusetzen, wenn bestimmte Rhythmen, die ebenfalls in der Betriebsvereinbarung festgelegt sind, dabei eingehalten werden.

Auch die schon angesprochenen Schichtsysteme »auf Vorrat« in der Industrie passen noch in diese Kategorie, wenn sie der Arbeitgeberin größere Freiheiten bei der Entscheidung über den Einsatz der unterschiedlichen Schichtmodelle einräumen, was aber nicht die Regel ist. Meist ist hier der Betriebsrat bei der Entscheidung über den Modellwechsel doch wieder mit im Boot.

Wichtig ist, dass der Betriebsrat selbst entscheidet, welche Freiräume er der Arbeitgeberin einräumen will und dass er dazu nicht gezwungen werden kann. Wenn er sich dafür entscheidet, sollte er die Vereinbarungen darüber aber auf keinen Fall mit einer »Ewigkeitsgarantie« versehen, indem er eine Nachwirkung dafür vereinbart.[50] Anderenfalls bindet er sich an ein System, dass er auch dann nur schwer wieder loswird, wenn die Zusammenarbeit mit der Arbeitgeberin mal nicht mehr so gut klappt.

V.2.8.3 Rahmenvereinbarungen

Etwas anderes als diese abstrakten Regelungen sind die Rahmenvereinbarungen, die in vielen Betrieben existieren. Darin werden Festlegungen für das Verfahren bei der Aufstellung und Mitbestimmung dieser Pläne getroffen, z. B. Fristen zur Vorlage durch die Arbeitgeberin und zur Reaktion durch den Betriebsrat. Teilweise sind darin auch Parameter zur Dienstplangestaltung enthalten, so zur Wechselrichtung (von früh auf spät usw.) oder zur maximalen Anzahl von Schichten hintereinander.

Solange die Betriebsparteien danach jedoch die Dienstpläne wieder einzeln vereinbaren, handelt es sich nicht um die von der Rechtsprechung angesprochenen generellen Festlegungen, nach der die Arbeitgeberin sich im Einzelfall zu richten hat. Es sind lediglich Verfahrensvorschriften, die nur die Betriebsparteien in ihrem Verhalten binden. Sie können einvernehmlich trotzdem davon

49 BAG 22.10.2019 – 1 ABR 17/18.

50 Kapitel III.9 – Betriebsvereinbarung / Regelungsabrede.

abweichen, wenn es beim einzelnen Dienstplan opportun erscheint. Gebunden ist daran allerdings eine Einigungsstelle, die vielleicht mal einen Konflikt um die Aufstellung des einzelnen Dienst- oder Schichtplans lösen soll: Für die ist die Rahmenvereinbarung verbindlich. Sie kann nicht eine Betriebspartei bei der Abweichung überstimmen. Dazu wäre eine vorherige Kündigung der Betriebsvereinbarung nötig.

Verfahrensvorschriften sind nicht erzwingbar, da sie weder die Mitbestimmung bei der Festlegung der Lage der Arbeitszeit regeln noch ein Mitbestimmungsrecht für die Ausgestaltung von Mitbestimmungsverfahren existiert. Der Betriebsrat kann der Arbeitgeberin nicht auf diesem Weg seinen Willen zur Abgabe von Dienstplanentwürfen in einer bestimmten Form aufzwingen, ebenso wenig wie die Arbeitgeberin den Betriebsrat zu einer Begründung seiner Ablehnung eines Dienstplans zwingen kann.[51] Auch für die Einigungsstelle ist das eine Grenze. Stellt sie durch Spruch dennoch Verfahrensvorschriften zur Ausübung der Mitbestimmung auf, sind diese unwirksam.[52]

Das Verfahren der Mitbestimmung kann auch nicht freiwillig durch die Betriebsparteien geändert werden. Der Gesetzgeber hat die Rechte des Betriebsrats bei der Regelung der sozialen Angelegenheiten – dazu zählt die Arbeitszeit – als Vereinbarung auf Augenhöhe ausgestaltet. Der Betriebsrat kann Initiativen ergreifen und eine Entscheidung darüber durchsetzen. Anders als bei Einstellungen und Versetzungen ist er nicht auf Fristen und bestimmte Formen bei der Ausübung des Mitbestimmungsrechts beschränkt. Das sind keine Rechte zum persönlichen Gebrauch, sondern Schutzrechte zugunsten der Beschäftigten, die ihn gewählt haben. Sein Auftrag ist es nicht, diesen Schutz der Beschäftigten aus eigener Macht wieder zu beseitigen, weil ihm die Mitbestimmung bei der Aufstellung der Dienstpläne zu aufwendig erscheint. Anders ausgedrückt: Die Mitbestimmung ist nicht nur ein Recht, sie ist auch eine Pflicht, die er wahrnehmen muss.[53]

V.2.8.4 Strategie

Da jedes Schicht- oder Dienstplansystem Belastungen für die Beschäftigten bedeutet, hat der Betriebsrat in Verhandlungen meist viel ambitioniertere Ziele als nur dabei mitzureden, ob die Nachtschicht um 21:30 Uhr anfängt oder um 22:00 Uhr. Diese Festlegung ändert nichts an den grundsätzlichen Problemen solcher Arbeitszeiten. Sobald Betriebsräte sich mit den arbeitswissenschaftlichen Erkenntnissen zu dem Thema beschäftigten, stellen sie fest, dass die Vorschläge zum Gesundheitsschutz Aspekte betreffen, die weit in die unternehmerische Freiheit hineinreichen, z. B. bei dem Wunsch nach Arbeitserleichterungen in der Nachtschicht oder deren Besetzungsstärke. In diesen Bereichen Erleichterungen zu schaffen, geht umso besser, je weniger Arbeitszeit verplant werden muss.

Lösungen für solche Probleme liegen meist auf der Hand, sie bestehen in der Veränderung von Besetzungsstärken zur Entlastung, Verkürzung der Arbeits-

51 BAG 9.7.2013 – 1 ABR 19/12.

52 LAG BW 7.11.2023 – 21 TaBV 3/13.

53 BAG 12.3.2019 – 1 ABR 42/17.

zeitdauer, Veränderungen im Umfeld der Schichtarbeit usw. Das alles liegt allerdings außerhalb der Kompetenz der Betriebsparteien, zumindest der Betriebsräte. Trotzdem erreichen Gremien an dieser Stelle erhebliche Verbesserungen, auch wenn sie von der Arbeitgeberin und insbesondere ihren Juristinnen ständig zu hören bekommen, dass sie z. B. die Dauer der Arbeitszeit im Schichtsystem nichts angeht.

Das ist zwar richtig, aber der Betriebsrat ist auch nicht verpflichtet, einem Schichtsystem oder Dienstplänen zuzustimmen, die wegen der im Betrieb bestehenden Dauer der Regelarbeitszeit zu unvertretbaren Belastungen führen.

Wenn er diese Haltung einnimmt, führt der Weg i. d. R. in die Einigungsstelle. Geht die Arbeitgeberin diesen Weg nicht, kann der Betriebsrat davon ausgehen, dass sie ihr Problem dort richtig einschätzt. Wenn auch er es kennt, weiß er, warum er sich außerhalb wie innerhalb der Einigungsstelle auf nichts einlassen muss, was ihm nicht mindestens optimal erscheint.

Dieses Problem der Arbeitgeberin ist, dass die Einigungsstelle die Arbeitszeiten so im Schichtplan bzw. den Dienstplänen unterbringen muss, dass am Ende einer Schicht- oder Dienstplanperiode kein Rest mehr übrigbleibt, also weder zu viel noch zu wenig gearbeitet wurde.[54] Soweit die Theorie, die allerdings bei komplexen Schichtmodellen immer versagt. Das Verhältnis zwischen der individuellen Arbeitszeit und den Schichtzeiten ist ein mathematisches, das in der Regel nicht aufgeht und trotzdem wenig Spielraum für Kompromisse lässt.

Das bedeutet, dass die Arbeitgeberin sich in der Einigungsstelle nur durchsetzen kann, wenn sie ein Modell zur Abstimmung vorlegen kann, welches diese Anforderung erfüllt: Verplanung der vereinbarten Arbeitszeit, nicht mehr und nicht weniger. Da die weiter oben[55] dargestellte Unwucht zwischen Betriebsnutzungszeit und Regelarbeitszeit das aber praktisch unmöglich macht und deshalb immer entweder zu viel Arbeitszeit im System ist oder irgendein Rest unverplant bleibt, der dann in Reserve-, Bringe-, Auffüll- oder »Sonstwas«-Schichten umgeleitet wird, ist dies meist reine Utopie. Die Einigungsstelle kann solche Reste nicht unverplant lassen, sie würde damit ihre Aufgabe nicht erfüllen. Andererseits muss sie aber, wenn die Parteien sich nicht freiwillig einigen, in letzter Konsequenz eine Mehrheitsentscheidung treffen.[56] Es handelt sich um eine echte Zwickmühle: Entweder entscheidet sie nichts, oder sie entscheidet etwas Falsches. Beides macht die Entscheidung angreifbar.

In diesem Augenblick wird aus der Unwucht der Zeiten die Wucht des Betriebsrats. Die Einigungsstelle kommt nur zu einem Ende und die Arbeitgeberin zu ihrem Arbeitszeitsystem, wenn es eine freiwillige Einigung gibt. Der Betriebsrat ist also mit seinen Anliegen im Spiel.

Betriebsräte, die das wissen, können sich überlegen, ob sie zu einer Einigung in der Sache nur bereit sind, wenn dabei Erleichterungen vereinbart werden, die das Schichtsystem erträglicher machen. Das können z. B. eine Verkürzung der Ar-

54 BAG 24.2.2006 – 1 ABR 6/05.

55 Kapitel V.2.3.3 – Schichtplanrechnung.

56 BAG 26.8.2008 – 1 ABR 16/07.

beitszeit durch bezahlte Pausen oder auch die Reduzierung der Arbeitsbelastung insbesondere in der Nachtschicht sein. Auch die Anzahl der zu leistenden Nachtschichten könnte reduziert oder lange Freizeitblöcke nach der Nachtschicht eingerichtet werden. Die Empfehlungen zu geeigneten Maßnahmen sind bekannt.[57] Auch das ist in der Einigungsstelle natürlich nicht durch Spruch zu erreichen, aber der Betriebsrat kann es zu seinem Preis dafür machen, dass überhaupt in Schichten gearbeitet wird. Solange nicht nur eine Erhöhung der Vergütung, sondern tatsächliche Entlastung der betroffenen Beschäftigten erreicht wird, bewegt er sich damit auf dem Boden dessen, was § 6 ArbZG und § 3 ArbSchG sowieso von den Arbeitgeberinnen fordert: eine Arbeitsorganisation, bei der die Gesundheit nicht geschädigt wird. Daran, dass er das nicht auf direktem Weg, sondern nur mit List und Weitblick erreichen kann, muss der Betriebsrat sich so wenig stören, wie Asterix am Genuss von Zaubertrank, bevor er seine spezielle Form der Völkerverständigung zelebriert.
Wenn Arbeitgeberin und Betriebsrat das Spiel kennen, können sie sich den teuren Umweg über die Einigungsstelle auch sparen. Sie müssen am Ende das Ergebnis sowieso aushandeln. Meistens sind es allerdings die Arbeitgeberinnen, die die Endlichkeit ihrer Macht hier nicht einsehen wollen und deshalb doch die Einigungsstelle anrufen. Davor muss der Betriebsrat sich dann aber auch nicht grausen. Er hat ja den Zaubertrank in der Hütte.

V.2.9 Gesetzliche Regeln zur Arbeit nach Dienst- und Schichtplan

Bei der Arbeit nach Dienst- oder Schichtplan gelten im Wesentlichen dieselben Vorschriften wie bei anderen Arbeitszeiten. Allerdings gibt es auch die folgenden Besonderheiten.

V.2.9.1 Nachtarbeit

Bei Nachtarbeit beträgt die Dauer der Arbeitszeit gem. § 6 Abs. 2 ArbZG maximal acht Stunden an einem individuellen Werktag, bei einer Verlängerung auf bis zu zehn Stunden muss ein Ausgleichszeitraum von vier Wochen oder einem Monat eingehalten werden. Der lässt sich zwar gem. 7 Abs. 1 Nr. 4 ArbZG auch verlängern, das wird aber in vielen Branchen nicht gemacht. Insbesondere im Gesundheitswesen kommt es daher durch viele lange Bereitschaftsdienste zum Verstoß gegen diese Vorschrift.[58]

V.2.9.2 Ausgleich für Nachtarbeit

Für die Arbeit in der Nachtzeit muss es einen Ausgleich geben. Das kann entweder ein Vergütungszuschlag sein oder ein Zeitausgleich.
Als auszugleichende Nachtarbeit gelten gem. § 2 Abs. 3, 4 ArbZG Einsätze, die mindestens zwei Stunden in die Zeit zwischen 23:00 Uhr und 6:00 Uhr hineinragen. Der Anspruch entsteht also nicht erst bei einer ganzen Nachtschicht. Dass

57 Kapitel V.2.5 – Empfehlungen zum Gesundheitsschutz.
58 Kapitel II.3.1.3.6 – Nacht- und Schichtarbeit.

die meisten Tarifverträge einen längeren Nachtzeitraum beschreiben, ändert nichts an der gesetzlichen Regelung. Die Tarifverträge legen autonom fest, in welcher Phase tarifliche Nachtzuschläge bezahlt werden und nicht, was die gesetzliche Nachtzeit ist.[59] Die Freiheit der Festlegung hat allerdings auch Grenzen. So darf der Tarifvertrag nicht ohne sachlichen Grund bei Teilzeitbeschäftigten mehr zusätzliche Arbeitsleistung fordern als bei Vollzeitbeschäftigten, um in den Bereich der Zuschläge zu kommen,[60] oder befristet Beschäftigte schlechter stellen.[61]
Wenn es keinen Tarifvertrag im Betrieb gibt oder der geltende nichts dazu regelt, hat der Betriebsrat bei der Auswahl zwischen den beiden Alternativen für den Ausgleich – Zuschlag oder Geld – ein erzwingbares Mitbestimmungsrecht.[62] Dabei handelt es sich um eine Arbeitsschutzmaßnahme, deren Sinn es ist, die schädlichen Auswirkungen der Nachtarbeit abzumildern.[63] Die Höhe des Zuschlags ist auf dem Weg nicht beeinflussbar. Die liegt im Regelfall bei 25 %,[64] bei geringerer Belastung ist sie niedriger, bei höherer Belastung steigt sie. Geringer ist die Belastung, wenn die Arbeit in der Nacht mit erheblichen Erholungszeiten durchmischt ist,[65] höher wird sie bei Dauernachtschicht.[66] Wie hoch er im Einzelfall ist, entscheiden auf Anfrage die Arbeitsgerichte. Die haben schon mal 10 % Aufschlag für Rettungssanitäter ausreichen lassen,[67] dafür aber bei Dauernachtschicht auf stolze 30 % erhöht.[68]
Der nach Gesetz vorgeschriebene Ausgleich betrifft nur diejenigen, die nach der Definition des ArbZG als »Nachtarbeitnehmer« gelten. Das sind gem. § 2 Abs. 5 ArbZG Beschäftigte, die entweder regelmäßig Nachtschicht in Wechselschicht leisten oder an mindestens 48 Nächten im Jahr zur Nachtarbeit herangezogen werden.
Die Einsatzform in der Nacht macht für § 6 ArbZG keinen Unterschied: Das können auch entsprechend lange Einsätze in der Rufbereitschaft sein oder Arbeitsbereitschaft bzw. Bereitschaftsdienst.[69]

V.2.9.3 Pausen

In Schichtbetrieben können gem. § 7 Abs. 1 Nr. 2 ArbZG die Pausen auf kürzere Abschnitte als 15 Minuten aufgeteilt werden, wenn ein Tarifvertrag das erlaubt.[70] Diese Pausen müssen aber dieselbe Qualität wird »normale« Pausen haben, also im Voraus feststehen und frei von Arbeitsverpflichtung sein.[71]

---

59 Kapitel II.3.1.4.4 – Nacht- und Schichtarbeit.
60 BAG 26.11.2025 – 5 AZR 118/23.
61 BAG 13.11.2025 – 6 AZR 131/25.
62 BAG 17.1.2012 – 1 ABR 62/10.
63 BAG 21.3.2018 – 10 AZR 34/17.
64 BAG 25.5.2022 – 10 AZR 230/19.
65 BAG 31.8.2005 – 5 AZR 545/04.
66 BAG 9.12.2015 – 10 AZR 423/17.
67 BAG 31.8.2005 – 5 AZR 545/04.
68 BAG 9.12.2015 – 10 AZR 423/17, und BAG 25.5.2022 – 10 AZR 230/19.
69 BAG 23.2.2011 – 10 AZR 579/09.
70 Kapitel II.3.1.3.5 – Pausen.
71 BAG 13.10.2009 – 9 AZR 139/08.

V.2.9.4 Sonntag

Die Lage der sonntäglichen Ruhezeit kann gem. § 9 Abs. 2 ArbZG um bis zu sechs Stunden in jede Richtung verschoben werden. Damit ist es möglich, mit der Nachtschicht am Samstag bis Sonntag 6:00 Uhr zu arbeiten bzw. die erste Schicht der Woche bereits am Sonntag um 18.00 Uhr beginnen zu lassen. Üblich ist der Beginn am Sonntag um 22:00 Uhr mit der Nachtschicht.
Durch Tarifvertrag kann gem. § 12 Abs. 4 ArbZG zugelassen werden, die Dauer der Arbeitszeit an Sonn- und Feiertagen auf bis zu zwölf Stunden zu verlängern, wenn dadurch an anderer Stelle zusätzliche freie Schichten an diesen Tagen gewonnen werden.

V.2.9.5 Jugendliche und werdende bzw. stillende Mütter

Für jugendliche Beschäftigte besteht gem. §§ 14, 17, 18 JArbSchG ein generelles Verbot der Beschäftigung in der Nacht zwischen 20:00 und 6:00 Uhr und an Sonn- und Feiertagen. Dies wird nur für wenige Branchen aufgehoben. Damit ist hier eine Arbeit in Schichten nur begrenzt möglich. Für werdende und stillende Mütter gelten gem. §§ 5 Abs. 1, 6 Abs. 1 MuSchG dieselben Beschränkungen.[72]

V.2.10 Vergütung

Tarifverträge sehen in aller Regel Zuschläge für die Schichtarbeit selbst, die Arbeit an Sonn- und Feiertagen und die Nachtarbeit vor.

V.2.10.1 Nachtarbeit

Ein Ausgleich für Nachtarbeit ist in § 6 Abs. 5 ArbZG vorgeschrieben, er kann in Freizeit oder einer zusätzlichen Bezahlung bestehen.[73] Solange der Betrieb an einen Tarifvertrag gebunden ist, trifft dieser die Auswahl zwischen den beiden Alternativen. Eine davon muss er allerdings wählen, ein Ausschluss des Ausgleichs durch Tarifvertrag ist nicht zulässig.[74] Ohne Tarifvertrag kann der Betriebsrat die Wahl zwischen den Alternativen »Freizeit« oder »Zuschlag« mitbestimmen.

V.2.10.2 Schichtarbeit / Wechselschicht

In durch den TVöD und den verschwisterten Tarifverträgen für Nahverkehr und Versorgungsbetriebe erfassten Bereichen sind Wechselschicht und Schichtarbeit mit verschieden hohen Zuschlägen versehen und müssen daher unterschieden werden. Der Unterschied besteht darin, dass bei Wechselschicht die gesamten 168 Stunden der Woche mit Schichten belegt sein müssen.[75] Bei Schichtarbeit entfällt die Bedingung der Verteilung der Arbeit über die gesamte Woche, hier

---

72 Kapitel II.3.1.3.6.5 – Einschränkungen / Erweiterungen bei bestimmten Personengruppen; II.3.1.3.4.5 – Einschränkungen / Erweiterungen bei bestimmten Personengruppen.
73 KapitelV.2.9.2 – Ausgleich für Nachtarbeit.
74 BAG 13.12.2018 – 6 AZR 549/17.
75 BAG 18.5.2011 – 10 AZR 255/10.

muss lediglich nach einem Plan gearbeitet werden, nach dem ein Teil der Beschäftigten arbeitet, während ein anderer Teil frei hat.[76]

V.2.10.3 Feiertage

Wenn Schichten und Dienste über mehr als die fünf Wochentage von Montag bis Freitag verteilt sind, werden arbeitsfreie Feiertage zum Glücksspiel. Eine bezahlte Arbeitsbefreiung dafür gibt es nur, wenn der Feiertag eigentlich mit Arbeit belegt gewesen wäre. Bei langfristig und systematisch laufenden Schichtplänen ist das einigermaßen leicht feststellbar, das führt aber auch nicht unbedingt zu Ergebnissen, die alle als gerecht empfinden. Diejenigen, deren geplante Arbeitszeit auf weniger Feiertage fallen, werden sich immer benachteiligt fühlen. Das ist auch kein Wunder, wenn die Pechvögel im Extremfall acht Tage mehr im Jahr für dasselbe Geld im Jahr arbeiten müssen als die anderen.

Noch kritischer ist das bei monatlich unsystematisch aufgestellten Dienstplänen: Da lässt sich gar nicht mehr nachvollziehen, wer eigentlich am Feiertag mit der Arbeit dran gewesen wäre und deshalb bezahlt freigestellt ist und wer nicht. Praktisch kann die Arbeitgeberin sogar um die Feiertage herumplanen.

Unzulässig wäre es, den Dienstplan künstlich wegen des Feiertags zu verändern, also von einem Schema abzuweichen, nach dem der Feiertag hätte gearbeitet werden müssen.[77] Auch vertraglich lassen sich Feiertage nicht aus der theoretischen Arbeitsverpflichtung herauslösen.[78]

Da es aber gerade in mit Dienstplan geregelten Arbeitszeiten solche Schemata nicht gibt, hilft auch die darauf aufbauende Rechtsprechung zum Entgeltfortzahlungsrecht nicht weiter. Eine plausible Lösung des Problems besteht in einer pauschalen Kürzung der Regelarbeitszeit für jeden Wochenfeiertag des Jahres. Eine solche Regelung gibt es auch in einigen Tarifverträgen, z. B. in § 6.1 Abs. 2 TVöD. Dann entsteht kein Verlust, wenn die Arbeitgeberin um die Feiertage herum plant. Auch die Ungerechtigkeiten bei der Verteilung der Feiertage in der Schichtplanung lässt sich damit in den Griff bekommen: Hier wird dann die pauschal gekürzte Regelarbeitszeit im Nachhinein für jeden tatsächlich durch den Feiertag ausfallenden Arbeitstag wieder erhöht, weil sich sonst der Freistellungsanspruch für diesen Feiertag verdoppelt.

---

76 BAG 24. 3. 2010 – 10 AZR 570/09.

77 BAG 9. 10. 1996 – 5 AZR 345/95.

78 BAG 16. 10. 2019 – 5 AZR 352/18.

V.3 Gestaltungsmuster 3a: Festgelegte Arbeitszeit mit Zusatzanforderungen / Mehrarbeit / Überstunden

V.3.1 Das Thema

Das Gestaltungsmuster 3a tritt hauptsächlich in Zusammenhang mit festgelegter Arbeitszeit (Gestaltungsmuster 1 und 2) auf. Vor allem als Vergütungsthema spielt es auch in Zusammenhang mit schwankenden Arbeitszeiten (Muster 4 und 5) eine Rolle. Ausprägungen sind Mehrarbeit bzw. Überstunden.

Mehrarbeit und Überstunden spielen im Betrieb unter drei Gesichtspunkten eine Rolle:

- Sie sollen – je nach Perspektive – möglichst viel einbringen oder möglichst wenig kosten.
- Sie müssen mit dem Betriebsrat abgestimmt werden.
- Die gesetzlichen Grenzen der Arbeitszeit müssen eingehalten werden.

Ein eigentlich überschaubares Programm, wenn immer Klarheit darüber bestehen würde, was sich hinter den beiden Begriffen verbirgt. Manches, was als »Mehrarbeit« empfunden wird, ist tatsächlich nur mehr Arbeit, ohne dass der Betriebsrat dabei zu beteiligen ist oder gar mehr dafür bezahlt werden muss. Die 41. Stunde Arbeit in einer Woche kann sowohl Teil der ungleichmäßigen Verteilung der regelmäßigen Arbeitszeit auf einen längeren Zeitraum sein als auch eine zusätzliche Arbeitsleistung gegenüber der vertraglich geschuldeten. Selbst wenn sie Letzteres ist, also Mehrarbeit oder Überstunde, kann das trotzdem ohne wirtschaftliche Bedeutung für die Beschäftigten sein, wenn die (tarif-)vertragliche Regelung vorsieht, dass bei einem späteren Zeitausgleich keine Zuschläge darauf bezahlt werden müssen. Das heißt dann zwar nicht so, ist aber auch nichts anderes als zuschlagsfrei schwankende Arbeitszeit. Oder es wird zwar mehr gearbeitet, die Arbeitgeberin bekommt aber später bei Gericht erklärt (Achtung, jetzt genau lesen), das seien keine Überstunden gewesen und deshalb müsse sie mehr bezahlen.[79] Die Aufklärung dieses Wunders folgt später.[80]

Das juristische Chaos um die Begriffe ist an anderer Stelle dargestellt.[81] Dieses Kapitel befasst sich, unabhängig von der Bezeichnung, ausschließlich mit Stunden, die

- von einer Arbeitszeitplanung abweichen, also Überschreitungen des Arbeitszeitendes ebenso wie Sonderschichten;
- von den Betriebsparteien ausdrücklich als Mehrarbeit vereinbart wurden oder
- am Ende eines festgelegten Abrechnungszeitraums (Woche, Monat, Ausgleichszeitraum) als zusätzlich zur Regelarbeitszeit geleistet »übrigbleiben«.

Im betrieblichen Alltag sind das z. B. Zeiten,

- die im Einzelhandel anfallen, weil die Kundschaft sich auch am Schluss der Öffnungszeit nicht von der schönen Warenwelt trennen will;

---

79 BAG 9.7.2003 – 5 AZR 610/01.

80 Kapitel V.3.3.6 – Ausfallzeiten (Krankheit / Feiertage / Urlaub / Annahmeverzug).

81 Kapitel II.3.5 – Begriffe: Ein juristisches Hütchenspiel.

- die im Versandlager angehängt werden, weil die Sachen noch auf den LKW müssen, obwohl die Schichtzeit zu Ende ist;
- in denen Beschäftigte darauf warten, dass ihre Ablösung kommt;
- die nach Ablauf des Ausgleichszeitraums im Arbeitszeitkonto übrigbleiben und natürlich
- die formvollendet und mitbestimmt als zusätzliche Arbeitszeit angeordnet wurden.

Beispiel
Das Arbeitszeitkonto einer Bürokraft weist am Ende des Ausgleichszeitraums ein Plus von 20 Stunden aus. Irgendwann hat sie also mehr gearbeitet. Jetzt interessiert es sie, ob sie dafür etwas bekommt. Den Betriebsrat interessiert vielleicht, wieso da so viel mehr gearbeitet wurde; und die Arbeitsschutzbehörde möchte wissen, ob sich das über die Wochen zusammengeläppert hat oder ob vielleicht beim Jahresabschluss mehr als zehn Stunden durchgehend gearbeitet wurde. All das hat nichts mit der Bezeichnung der Stunden zu tun, sondern mit den Bedingungen, die im Tarifvertrag, Arbeitsvertrag, in verschiedenen Gesetzen und Betriebsvereinbarungen zur Arbeitszeit geregelt sind.

Dass diese Zeiten in diesem Kapitel alle gleichrangig behandelt werden, obwohl bei einigen klar ist, dass sie weniger einbringen als andere, hängt damit zusammen, dass man einer zusätzlichen Arbeitsstunde nicht ohne Weiteres ansieht, ob es sich um zusätzliche Arbeitszeit handelt oder ob sie innerhalb von ohnehin schwankenden Arbeitszeiten geleistet wird, also von den betrieblichen Festlegungen zur Arbeitszeit nicht abweicht. Nur bei zusätzlicher Arbeitszeit stellt sich nämlich die Frage, ob es dafür Zuschläge gibt. Ob die zusätzliche Zeit durch Freizeit ausgeglichen wird, ob der Betriebsrat dabei mitbestimmen muss und ob sie rechtmäßig ist, wird nach anderen Regeln beantwortet. Die Antworten auf diese Fragen können für dieselbe Stunde unterschiedlich ausfallen.

Beispiel
Eine Arbeitnehmerin arbeitet in der Gleitzeit am Freitag etwas länger, macht erst um 19 Uhr Schluss. Hätte der Betriebsrat vorher mitbestimmen müssen? War das überhaupt erlaubt? Und natürlich: Gibt es dafür was?
Die juristische Antwort heißt wie immer: Es kommt darauf an – vor allem auf die Regelung der Arbeitszeit im Betrieb.
Mitbestimmung
Ende des vereinbarten Rahmens um 18:00 Uhr:
ja ☑ nein ☐
Ende des vereinbarten Rahmens um 19:00 Uhr:
ja ☐ nein ☑
Zulässigkeit
Arbeitsaufnahme um 8:00 Uhr:
ja ☐ nein ☑ (mehr als 10 Stunden)
Arbeitsaufnahme um 9:00 Uhr:
ja ☑ nein ☐
Die Bezahlung richtet sich nach Arbeitsvertrag und Tarifvertrag, da ist alles möglich.

Zeiten, die nur wegen der Überschreitung bestimmter gesetzlicher Grenzen als Mehrarbeit bezeichnet werden – z. B. die tägliche Höchstarbeitszeit von Jugendlichen – und die ohne Bezug zu den Fragestellungen »Vergütung« und »Mitbestimmung« sind, sind in einer Übersicht zusammengefasst.[82]

Auf eine Unterscheidung zwischen den Begriffen »Mehrarbeit« und »Überstunden« wird hier verzichtet, weil sie weder verlässlich noch für das Thema interessant ist.[83]

Schließlich stellt sich auch noch die Frage, ob Beschäftigte eigentlich verpflichtet sind, das alles mitzumachen, oder ob sie gar einen Anspruch darauf haben, mit mehr Arbeit einen Zusatzverdienst zu erzielen.

V.3.2 Einsatzgebiete

Mehrarbeit ist üblicherweise das Mittel der Wahl, um auf unvorhergesehene zusätzliche Arbeitsanforderungen zu reagieren. Dazu werden Beschäftigte zusätzlich zu der Arbeitszeit eingesetzt, die die Betriebsparteien zur Umsetzung der Regelarbeitszeit geplant haben. Die Planung kann auch in der Festlegung eines Rahmens bestehen, innerhalb dessen die Arbeitszeit durch die Beschäftigten festgelegt wird. Der zusätzliche Einsatz liegt dann außerhalb dieses Rahmens.

Außerdem gibt es Gerüchte, dass die Mehrarbeit auch zur standardisierten Arbeitszeitverlängerung genutzt wird, wenn nicht genug Personal im Betrieb arbeitet – egal auf welcher Ursache das beruht.

V.3.3 Vergütung / Ausgleich

Für Beschäftigte ist neben der Belastung bzw. Belästigung durch die Mehrarbeit deren Bezahlung das wichtigste Thema. Dabei geht es manchmal um die Grundvergütung für die zusätzlichen Stunden, manchmal um die Zuschläge dafür und manchmal auch um die Auswirkungen auf die Vergütung während einer Krankheit oder an Feiertagen bzw. im Urlaub.

Es ist ein weitverbreiteter Irrtum, dass immer ein Anspruch auf Bezahlung zusätzlicher Stunden besteht, am besten noch mit Zuschlägen. Zwar muss eine Arbeitgeberin alle vertragsgemäßen Arbeitsleistungen vergüten – unabhängig davon, wo und wann sie erbracht wurden.[84] Bezahlt werden müssen zusätzliche Arbeitsstunden, die über die vertragliche bzw. betrieblich festgelegte Arbeitszeit hinausgehen, nur, wenn sie auch mit dem Einverständnis der Arbeitgeberin geleistet werden. Unproblematisch ist eine ausdrückliche Anordnung, es reicht aber die Duldung oder die Nutzung der Arbeitsergebnisse im Wissen darum, dass sie nicht innerhalb der normalen Arbeitszeit erzielt werden konnten.[85]. Dabei kommt es immer auf die Kenntnis weisungsbefugter Vorgesetzter an. Das

---

82 Kapitel V.3.8 – Gesetzliche Grenzen für Mehrarbeit.

83 Kapitel II.3.5.2 – Mehrarbeit und Überstunden.

84 BAG 25.4.2018 – 5 AZR 424/17.

85 BAG 16.5.2012 – 5 AZR 347/11, und 10.4.2013 – 5 AZR 122/12.

hilft allerdings zunächst nur beim Anspruch auf die Grundvergütung für die zusätzlichen Stunden. Zuschläge für zusätzliche Stunden sind zusätzlich davon abhängig, dass sie im Tarif- oder Arbeitsvertrag geregelt sind.

V.3.3.1 Grundvergütung

Der Anspruch auf die Grundvergütung besteht immer, wenn die zusätzlichen Stunden durch die Arbeitgeberin bzw. betriebliche Vorgesetzte »angeordnet« wurden, wobei unter »Anordnung« mehr zu verstehen ist als eine ausdrückliche Weisung.[86] Ist diese Bedingung erfüllt, müssen die Stunden bezahlt werden, auch wenn das nicht ausdrücklich im Vertrag steht. Hierbei hilft § 611 BGB, der zur Bezahlung aller vereinbarten Leistungen verpflichtet.

Eine Ausnahme macht die Rechtsprechung bei Menschen mit herausgehobener Vergütung: Von denen wird angeblich keine zusätzliche Vergütung für zusätzliche Arbeit erwartet.[87] Wer dem BAG das verraten hat, ist unbekannt. Bekannt ist aber die Grenze, jenseits derer die Vergütung als herausgehoben gilt: oberhalb der Beitragsbemessungsgrenze der gesetzlichen Rentenversicherung.[88] Das ist jedenfalls weniger, als Richterinnen und Richter beim BAG verdienen.

V.3.3.2 Zuschläge

Zuschläge auf Mehrarbeitsstunden gibt es tatsächlich nur, wenn es dafür eine ausdrückliche arbeitsvertragliche oder tarifvertragliche Basis gibt. Wobei arbeitsvertraglich auch bedeuten kann, dass eine Arbeitgeberin durch ihr eigenes Verhalten eine solche Bindung herbeigeführt hat, ohne dass es schriftlich fixiert worden ist. Das ist dann eine betriebliche Übung.

Auch in Betriebsvereinbarungen finden sich häufig Regelungen zur zusätzlichen Bezahlung von Mehrarbeit, die aber in der Regel gemäß § 77 Abs. 3 BetrVG unwirksam sind.[89]

Für Ansprüche aus einem Tarifvertrag ist es egal, ob dieser wegen beiderseitiger Tarifbindung, wegen einer Verweisung darauf im Arbeitsvertrag oder nur deshalb angewendet wird, weil die Arbeitgeberin das schon immer so gemacht hat.[90] Die darin festgelegten Zuschläge müssen bezahlt werden. Ohne Bindung an einen Tarifvertrag können im Arbeitsvertrag alle möglichen Zuschläge für Mehrarbeit vereinbart werden. Nur in einer Betriebsvereinbarung darf das alles wegen § 77 Abs. 3 BetrVG nicht stehen, wenn der Betrieb im Einzugsgebiet eines Tarifvertrags arbeitet. Die selbstgestrickte Zuschlagsregelung wird auch ohne Aufnahme in die Arbeitsverträge verbindlich, wenn sie als betriebliche Übung über einen längeren Zeitraum beibehalten wird.

---

86 Kapitel V.3.4 – Anordnung von Mehrarbeit.
87 BAG 17.8.2011 – 5 AZR 406/100.
88 BAG 22.2.2012 – 5 AZR 765/10.
89 Kapitel III.7.1 – Tarifvorrang / Gesetzesvorrang / Tarifvorbehalt.
90 BAG 23.11.1993 – 1 ABR 34/93.

Bei der Festlegung, ob und welche Zuschläge bezahlt werden, gehen Tarifverträge sehr uneinheitlich vor, weshalb kaum verlässliche Verallgemeinerungen möglich sind.
Als Grundstruktur verwenden aber praktisch alle das duale Modell von einerseits gleichbleibenden und andererseits ungleichmäßig verteilten Arbeitszeiten.
Bei gleichbleibenden Arbeitszeiten ist die tarifliche Regelarbeitszeit auch die tatsächliche individuelle Wochenarbeitszeit, die Zuschläge knüpfen daher entweder an deren Überschreitung oder an die Überschreitung einer daraus abgeleiteten individuellen täglichen Arbeitszeit an.
Ist die Arbeitszeit ungleichmäßig verteilt, sollen die Überschreitungen der Regelarbeitszeit in der einzelnen Arbeitswoche ja gerade nicht zu einer zuschlagspflichtigen Mehrarbeit führen. Deshalb löst hier in der Regel die Überschreitung der geplanten Arbeitszeit den Anspruch auf Zuschläge aus, auch wenn diese in den verschiedenen Wochen jeweils kürzer oder länger als die Regelarbeitszeit ist. Wenn die Regelung allerdings immer ausdrücklich die Überschreitung der Regelarbeitszeit in der einzelnen Arbeitswoche verlangt, um in den Bereich der Zuschläge zu kommen, ist das zwar unlogisch, aber trotzdem wirksam. So hat es das BAG in den TVöD hineingelesen.[91]
Gibt es weder gleichbleibende Arbeitszeiten noch eine Planung der Verteilung, bleibt als Anknüpfungspunkt für die Mehrarbeit nur die Überschreitung der gesamten Regelarbeitszeit im Ausgleichszeitraum übrig.

Beispiel
Der Tarifvertrag regelt eine 37,5-Stunden-Woche, die Stunden können ungleichmäßig über sechs Monate verteilt werden. In der Auslieferungsabteilung wird mit schwankenden Arbeitszeiten gearbeitet, diese sind aber in Form von Schichtplänen vorab festgelegt. Beträgt die geplante Arbeitszeit in einer Woche 40 Stunden, ist erst die 41. Stunde zuschlagspflichtig, sind dagegen nur 35 Stunden geplant, ist bereits die 36. Stunde zuschlagspflichtige Mehrarbeit.
Im selben Betrieb gilt eine Betriebsvereinbarung für die Beschäftigten im Vertrieb. Sie können ihre Arbeitszeiten selbst in einem vorgegebenen Rahmen festlegen. Hier gibt es mangels Planung keine feststellbaren zuschlagspflichtigen Abweichungen.

Bei einer Wochenarbeitszeit von 40 Stunden und einem Ausgleichszeitraum von 52 Wochen sind das 2080 Stunden, wobei Urlaubs- und Ausfalltage jeweils mit acht Stunden berücksichtigt werden. Die Mehrarbeit fängt hier also erst an, wenn innerhalb von zwölf Monaten diese 2080 Stunden überschritten werden.[92] Nur dieses Stundenguthaben kann bei einer solchen Verteilung der Arbeitszeit überhaupt zuschlagpflichtig sein.[93]
Ob es tatsächlich bei allen diesen Varianten Zuschläge auf die zusätzlichen Stunden gibt, steht damit noch nicht fest. Tarifverträge haben auch sehr ausgefeilte

91 BAG 15.10.2021 – 6 AZR 253/19.
92 Kapitel IV.6.1.1.2 – Tarifvertraglicher Ausgleichszeitraum.
93 BAG 11.11.1997 – 9 AZR 566/96.

Vorschriften, die eigentlich zuschlagspflichtige Stunden im Nachhinein wieder billiger machen. Der TVöD ist dafür das beste Beispiel: Hier entfallen die Zuschläge wieder, wenn die zusätzlichen Stunden bis zum Ende der Folgewoche durch Freizeit ausgeglichen werden oder wenn sie von den Betriebsparteien durch die Festlegung von wöchentlichen Korridoren oder täglichen Rahmenzeiten von der Zuschlagsregelung ausgenommen sind.
Dass Zuschläge für Überschreitungen der Regelarbeitszeit und der geplanten Wochenarbeitszeit anfallen, lässt sich den meisten Tarifverträgen ohne Weiteres entnehmen. In der klarsten Form z. B. so:

§ 6 MTV Metall Thüringen
Mehrarbeit ist bei Vollzeitbeschäftigung
- die über die individuelle regelmäßige wöchentliche Arbeitszeit (§ 3 Ziffer 1) hinausgehende Arbeitszeit in der Woche,
- bei ungleichmäßiger Verteilung der individuellen regelmäßigen wöchentlichen Arbeitszeit (§ 3 Ziffern 3 und 4) die über die jeweils festgelegte Wochenarbeitszeit hinausgehende Arbeitszeit.

Allerdings sind manchmal auch so viele Fachleute bei der Abfassung der Tarifverträge am Werk, dass das BAG es leicht hat, dem TVöD die Regelung zur Mehrarbeit bei geplanter schwankender Arbeitszeit abzusprechen, weil sie für dieses Gericht nicht klar genug formuliert ist.[94] Zur Ehrenrettung des TVöD muss allerdings gesagt werden, dass andere diese Verständnisprobleme nicht haben.
In der Regel ein Manko der Tarifverträge ist die Regelung zu Zuschlägen bei Überschreitung der Gesamtarbeitszeit im Ausgleichszeitraum. Ohne solch eine Regelung muss die gearbeitete Zeit zwar vergütet bzw. ausgeglichen werden, es gibt aber keine Zuschläge darauf.
Sieht der Tarifvertrag dagegen Zuschläge für ein Guthaben am Ende des Ausgleichszeitraums vor, müssen Beschäftigte sich tatsächlich auch bis zu dessen letztem Tag gedulden. Vorher ausgezahltes Guthaben ist zuschlagsfrei, auch wenn in der Summe dieselbe Anzahl von zusätzlichen Stunden im Ausgleichszeitraum geleistet wird wie bei einer Auszahlung am Ende des Zeitraums (siehe Grafik 16).[95]
Wenn unterschiedliche Zuschläge für zusätzliche Stunden bezahlt werden müssen (z. B. wegen ihrer Lage oder ihres Umfangs), die Stunden aber zunächst einmal netto ins Konto fließen, muss am Ende des Ausgleichszeitraums ermittelt werden, welche Stunden den höheren Zuschlag bekommen. Das setzt aber voraus, dass ein zwischenzeitlicher Ausgleich ebenfalls diesen Zuschlagstypen zugeordnet wird.

Beispiel
Auf einem Konto stehen am Ende des Ausgleichszeitraum noch 20 Stunden Guthaben, die nach Tarifvertrag mit Zuschlägen vergütet werden müssen. Als die

94 BAG 15.10.2021 – 6 AZR 253/19.
95 BAG 25.10.2000 – 4 AZR 596/99.

Mehrstunden geleistet wurden, wäre bei sofortiger Auszahlung der Zuschlag zum Teil 25 %, zum Teil 40 % gewesen. Der Beschäftigte hat für das zeitweise sehr viel höhere Zeitguthaben außerdem schon Freizeitausgleich genommen. Ob diese Freizeit aber ein Ausgleich für diejenigen Stunden mit den höheren oder mit den niedrigeren Zuschlägen war, hat niemand festgehalten. Daher ist am Ende auch nicht mehr aufzuklären, welche Zuschläge ausgezahlt werden müssen.

Grafik 16: Mehrarbeit/Überstunden: Drei mal Zuschläge

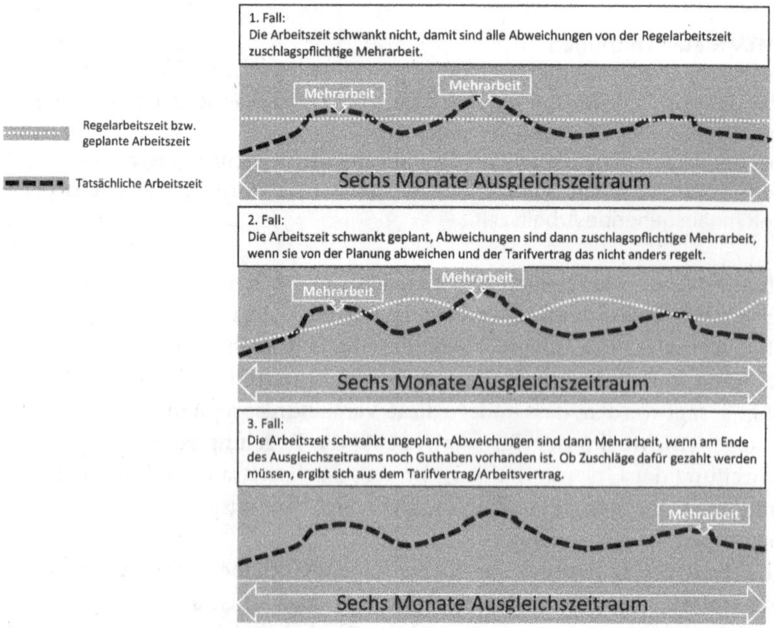

Der Weg aus diesem Dilemma führt entweder über eine Festlegung bei jedem Ausgleich, auf welche Stunden er sich bezieht, oder über eine allgemeine Regel, welche Stunden bei Freizeitausgleich zuerst aus dem Konto ausgebucht werden müssen. Günstig für die Beschäftigten ist es, wenn das die mit den niedrigeren Zuschlägen sind.[96]

Vereinbaren die Betriebsparteien bei schwankenden Arbeitszeiten eigene Zuschlagsregelungen, die z. B. bei der Überschreitung einer bestimmten Anzahl von Guthabenstunden einsetzen, sieht das in einer Betriebsvereinbarung zwar nett aus, ist aber in den meisten Fällen gem. § 77 Abs. 3 BetrVG unverbindlich. Wer so etwas verbindlich haben will, muss in der Betriebsvereinbarung die Arbeitgeberin verpflichten, den Beschäftigten individualrechtlich eine solche Regelung zuzusagen.[97] Diese Zusage kann auch in der Betriebsvereinbarung selbst

96 Textbaustein XI.5.2 – Priorisierung Freizeitausgleich.
97 Textbaustein XI.5.1 – Zuschlagsregelung.

gemacht werden. Sie ist immer verbindlich, ohne ausdrücklich zwischen Beschäftigten und Arbeitgeberin vereinbart zu werden.

V.3.3.3 Zuschläge für Teilzeitbeschäftigte

Ein eigenes Thema bei Zuschlägen ist die Gleichbehandlung von Teilzeitbeschäftigten. Nach wie vor ist es üblich, dass tarifvertragliche – und parallel damit auch arbeitsvertragliche – Zuschlagsregelungen erst bei Überschreiten der Arbeitszeit von Vollzeitbeschäftigten greifen. Teilzeitbeschäftigte müssen damit bis zu dieser Marke Mehrarbeit ohne Zuschläge leisten, erst darüber kommen sie dann auch in deren Genuss. Damit sollte aber nach einer Entscheidung des EuGH[98] und ihm folgend des BAG[99] vorerst einmal Schluss sein. Beide sehen das – im Widerspruch zu früheren Entscheidungen – als eine unzulässige Diskriminierung Teilzeitbeschäftigter an.
Die Rechtsprechung lässt sich allerdings eine Hintertür offen, um die Ungleichbehandlung doch wieder für gerechtfertigt zu halten. Dazu müssten die Regelungen auf objektiv ermittelten Werten, wissenschaftlichen Erkenntnissen oder allgemeinen Erfahrungswerten beruhen, die jedoch bis dato noch niemand den Gerichten vortragen oder gar erklären konnte. Weil aber schon viele unterschiedliche Gerichte und BAG-Senate[100] mit unterschiedlichen Ergebnissen mit dem Thema befasst waren, ist nicht ausgeschlossen, dass hier noch weitere Überraschungen lauern.

V.3.3.4 Zeitausgleich

Für zusätzliche Arbeit einen Ausgleich in Zeit vorzusehen, ist in den meisten Tarifverträgen ein gängiges Mittel. Manchmal steht der Zeitausgleich gleichrangig neben der Auszahlung, manchmal hat er auch Vorrang. Bei Zuschlägen liegt der Schwerpunkt nach wie vor auf der Auszahlung, manche Tarifverträge überlassen den Beschäftigten die Wahl.
Betriebliche Festlegungen hierzu sind nur möglich, wenn sie im Tarifvertrag ausdrücklich zugelassen sind, weil anderenfalls die tarifvertragliche Gleichrangigkeit oder Priorisierung der Ausgleichsmethode geändert würde, was wegen des Tarifvorrangs gem. § 77 Abs. 3 BetrVG nicht zulässig ist. Außerhalb des Geltungsbereichs eines Tarifvertrags können die Betriebsparteien im Rahmen der Arbeitszeitgestaltung hierzu die Festlegungen treffen, die ihnen sinnvoll erscheinen. Praktisch wird jedoch jede Beschränkung der Auszahlung auf Widerstand derjenigen Beschäftigten stoßen, die darauf Wert legen.[101] Eine solche Regel in einer Betriebsvereinbarung hilft nur der Arbeitgeberin, die dann die

98 EuGH 29.7.2024 – C 184/22.

99 BAG 9.7.2024 – 9 AZR 296/20.

100 Achtung! – Rechtsprechung in voller Schönheit: BAG 19.12.2018 – 10 AZR 231/18: unzulässige Diskriminierung, sowie 26.4.2017 – 10 AZR 589/15 – Rn. 33, und 16.6.2004 – 5 AZR 448/03, sowie 23.4.1998 – 6 AZR 558/96, und 21.4.1999 – 5 AZR 200/98: keine Diskriminierung, und 28.10.2021 – 8 AZR 370/20, und 11.11.2020 – 10 AZR 185/20: lieber noch mal den EuGH fragen.

101 Kapitel IV.5.8 – Auszahlung.

Auszahlung mit dem Argument verweigern kann, der Betriebsrat sei damit nicht einverstanden.

Sinnvoll ist es, in die Betriebsvereinbarung Regelungen zur Durchsetzung des Anspruchs auf Freizeitausgleich aufzunehmen.[102] So und nicht durch Auszahlungsverbote wird sichergestellt, dass auch diejenigen zum Zuge kommen, denen Zeit wichtiger ist als Geld.

Auch wenn mancher Tarifvertrag einen anderen Eindruck erweckt: Die Lage des Freizeitausgleichs ist ein mitbestimmungspflichtiger Vorgang. Entweder wird dadurch von der geplanten Arbeitszeit abgewichen, oder er wird von Vornherein eingeplant. Beides ist mitbestimmungspflichtig. Außerdem gibt es noch das Mitbestimmungsrecht bei der Festlegung einzelner freier Ausgleichstage gem. § 87 Abs. 1 Nr. 5 BetrVG.[103]

Die Freistellung von einer geplanten Schicht ist das eine Beispiel für solch einen unzulässigen Eingriff, die Anweisung an Beschäftigte in Gleitzeit, Freizeitausgleich zu nehmen, das andere.[104] Sinn der Gleitzeit ist es schließlich, dass Beschäftigte ihre Arbeitszeit selbst planen und disponieren. Wenn Vorgesetzte trotzdem einen Zeitausgleich anweisen, greift das in die entsprechende Betriebsvereinbarung zur Gleitzeit ein. Das geht nur mit Zustimmung des Betriebsrats, es sei denn, dieser hat der Arbeitgeberin schon in der Betriebsvereinbarung zur Arbeitszeit freiwillig solche Befugnisse eingeräumt.

Bei dieser Rechtslage kann der Betriebsrat generelle Regelungen zum Freizeitausgleich nach den Wünschen der Beschäftigten durchsetzen, die für sich genommen nicht unbedingt erzwingbar sind: Will sich die Arbeitgeberin auf einen von den Beschäftigten terminierten Zeitausgleich nicht einlassen und der Betriebsrat auch nicht auf die Gleitzeit verzichten, obwohl er die angestrebte Regelung nicht bekommt, kann er zumindest einseitig den Freistellungen vorab zustimmen, die die Beschäftigten beantragen. Damit vermeidet er, dass Vorgesetzte ihre Verweigerung von Freizeitausgleich mit einer angeblich fehlenden Zustimmung des Betriebsrats begründen.

V.3.3.5 Pauschalierung

Eine verbreitete Form der Vergütung von Mehrarbeit ist deren Pauschalierung – sowohl der Anzahl der Stunden als auch der Bezahlung dafür. Die zusätzlichen Stunden werden dabei nicht einzeln abgerechnet, sondern entweder mit dem Grundgehalt bezahlt oder mit einem monatlich gleichbleibenden zusätzlichen Betrag abgegolten. Ob und in welchem Umfang solche Stunden tatsächlich angefallen sind, ist dabei uninteressant. Allerdings ist dies häufig eher eine zivilisierte Umschreibung des Umstands, dass die Mehrarbeit tatsächlich nicht oder zumindest nicht angemessen bezahlt wird.

Das alles hat nichts mit dem sonstigen Umgang mit diesen Zeiten zu tun, weder werden dadurch Überschreitungen der gesetzlichen Höchstgrenzen legalisiert

102 Kapitel IV.5.2 – Durchsetzung von Freizeitausgleich.
103 Kapitel III.5.4.2 – Festlegung des Urlaubs (§ 87 Abs. 1 Nr. 5 BetrVG).
104 Kapitel IV.5 – Ausgleich des Kontos innerhalb der Kontengrenzen.

noch die Mitbestimmung des Betriebsrats ausgeschlossen oder beschränkt. Sind solche Stunden als »zusätzliche« erkennbar, müssen sie vorab gem. § 87 Abs. 1 Nr. 3 BetrVG mit dem Betriebsrat vereinbart worden sein. Sind sie es nicht, bleiben sie als Teil der »normalen« Arbeitszeit im Programm der Mitbestimmung gem. § 87 Abs. 1 Nr. 2 BetrVG.

Eine Pauschalierung ist nicht grundsätzlich unzulässig, hat aber Grenzen. Diese ergeben sich aus einem anwendbaren Tarifvertrag, den Vorschriften über Formulararbeitsverträge im BGB und den Vorschriften über einen gesetzlichen Mindestlohn. Alle Grenzen müssen eingehalten werden, damit eine Pauschalierungsvereinbarung wirksam ist.

Auch eine zulässige Pauschalierung bezieht ausschließlich auf die Vergütung der Zeiten. Die Arbeitsstunden müssen unabhängig davon alle erfasst[105] und vom Betriebsrat genehmigt werden und die gesetzlichen Grenzen der Höchstarbeitszeit einhalten.[106]

Keine Bedeutung hat in diesem Zusammenhang, dass auch § 2 Abs. 1 Nr. 7 NachwG eine vertragliche Festschreibung der vereinbarten Arbeitszeit verlangt, weil ein Verstoß gegen dieses Gesetz praktisch nie Folgen hat.

V.3.3.5.1 Grenze Tarifvertrag

Vereinbarungen zur Pauschalierung von Mehrarbeit werden häufig, aber nicht immer mit Beschäftigten in oberen Einkommensregionen getroffen. Das kann auch dann mit einem im Betrieb geltenden Tarifvertrag kollidieren, wenn diese als »außertarifliche Angestellte« bezeichnet werden. Denn dieser Status ergibt sich nicht immer ausschließlich aus der Gehaltshöhe. Voraussetzung ist natürlich, dass sie selbst auch Mitglied in der Gewerkschaft sind, die den Tarifvertrag unterschrieben hat, sonst ist das Arbeitsverhältnis sowieso außertariflich. Manche Tarifverträge lassen als AT-Angestellte nur diejenigen gelten, deren Tätigkeit nicht von den Eingruppierungskriterien des Tarifvertrags erfasst ist. Wenn diese Bedingungen zusammenkommen – Tarifbindung auf Seiten der Beschäftigten und eine entsprechende Konstruktion des Tarifvertrags –, ist eine Pauschalierung nur möglich, wenn die Betroffenen tatsächlich jenseits der Entgeltgruppenkriterien arbeiten oder wenn der Tarifvertrag selbst eine Pauschalierung ausdrücklich zulässt.

Die Mehrarbeit von tarifgebundenen Beschäftigten, die vom Status »außertariflich« weit entfernt sind, können ebenfalls nur dann pauschal vergütet werden, wenn der Tarifvertrag das zulässt.

Gilt der Tarifvertrag nur wegen einer Verweisung darauf im Arbeitsvertrag, steht das einer Pauschalisierung nicht im Weg, denn diese Bezugnahme kann durch eine Vertragsänderung jederzeit aufgehoben werden.

Verstößt eine Pauschalierungsvereinbarung gegen den Tarifvertrag, folgt daraus deren Unwirksamkeit; stattdessen gelten die tariflichen Regelungen zur Bezahlung von Mehrarbeit bzw. Überstunden.

---

105 Kapitel II.3.1.3.7 – Zeiterfassung.

106 Kapitel II.3.1.3.1 – Tägliche Höchstarbeitszeit.

V.3.3.5.2 Grenze Vertragsrecht

Das Vertragsrecht ist eine Grenze für Pauschalierungen, weil der Großteil der Arbeitsverträge durch die Arbeitgeberinnen vorformuliert ist und damit bestimmten Bindungen unterliegt. Früher lief das unter »Kleingedrucktem«, gemeint sind die Beschränkungen im BGB für Formulararbeitsverträge.
Eine der Vorschriften darin ist das »Transparenzgebot« in § 307 Abs. 1 Satz 2 BGB, das von solchen Verträgen Klarheit über Leistung und Gegenleistung verlangt. Ist aus einem Vertrag nicht ersichtlich, welches Geld pauschal für welche Anzahl von Stunden bezahlt werden soll, ist das Transparenzgebot verletzt und die Pauschalierung unwirksam.[107] Die zusätzlichen Arbeitsstunden müssen dann alle bezahlt werden.[108] Damit können nur noch solche Pauschalierungen Bestand haben, die konkret die Stundenzahl benennen, die durch die Vergütung bezahlt werden soll. Das kann nach unten offen sein (z. B. »bis zu 15 Stunden pro Monat«) oder auch ein Durchschnittswert, bei dem aber bestimmbar ist, was insgesamt an Stunden zu bezahlen ist (z. B. »monatlich 15 Stunden im Durchschnitt von sechs Monaten«).
Fehlt im Arbeitsvertrag auch noch die Angabe der Regelarbeitszeit, die erforderlich ist, um zu bestimmen, wann die zusätzliche Arbeitszeit beginnt, suchen die Gerichte nach der üblichen Arbeitszeit. Das ist die im Betrieb normale Arbeitszeit von Vollzeitbeschäftigten, wenn nicht ausdrücklich ein Teilzeitarbeitsverhältnis vereinbart wurde. Diese normale Arbeitszeit kann daher sogar für echte außertariflich Beschäftigte die Regelarbeitszeit im Tarifvertrag sein.[109]

V.3.3.5.3 Grenze Mindestlohn

Da diese Form der Vertragsgestaltung mit Pauschalierungen auch im gering vergüteten Segment der Arbeitswelt vorkommt, spielt das Thema »Mindestlohn« hier eine Rolle. Solche in Stundensätzen festgelegten Lohnuntergrenzen gibt es im MiLoG und in der PflegeArbbV. Die vergleichbaren Vorschriften im Entsendegesetz schaffen eine gesetzliche Tarifbindung, gehören also zu den oben dargestellten Grenzen.[110]
Durch die nicht zusätzlich bezahlte Mehrarbeit reduziert sich der Wert der einzelnen Stunden. Wird dabei die Marke des gesetzlichen Mindestlohns unterschritten, ist das ein Verstoß gegen das Gesetz. Die Folge ist allerdings nicht, dass die Pauschalierung unzulässig würde, es müssen aber alle Stunden mit dem Mindestlohn bezahlt werden.
Unzulässig ist in diesem Bereich daher immer, auch für die Anzahl der Mehrstunden eine Pauschale anzusetzen. Diese müssen aufgezeichnet werden, um eine Kontrolle der Einhaltung des Gesetzes zu ermöglichen. Für bestimmte Branchen ist das ausdrücklich in § 17 MiLoG vorgeschrieben und muss daher auch schon vor einer Regelung der Zeiterfassung im ArbZG umgesetzt werden.

---

107 BAG 1. 9. 2010 – 5 AZR 517/09.
108 BAG 28. 9. 2005 – 5 AZR 52/05.
109 BAG 15. 5. 2013 – 10 AZR 325/12.
110 Kapitel V.3.3.5.1 – Grenze Tarifvertrag.

Allen anderen Arbeitgeberinnen wird bei einer Vertragsgestaltung mit Pauschalierung der Vergütung für die zusätzliche Arbeitszeit auch nichts anderes übrigbleiben. Anders können sie bei Kontrollen die Einhaltung des MiLoG nämlich nicht nachweisen.

V.3.3.6 Ausfallzeiten (Krankheit / Feiertage / Urlaub / Annahmeverzug)

Der Verdienst für zusätzliche Arbeitszeit kann Auswirkungen auf die Höhe der Vergütung bei Krankheit, im Urlaub und bei von der Arbeitgeberin zu vertretenden Arbeitsausfällen haben. Die Regelungen dazu stehen in §§ 615 BGB für den Annahmeverzug der Arbeitgeberin, in § 11 BUrlG für das Urlaubsentgelt und in § 4 EntgFG für die Entgeltfortzahlung bei Krankheit und an Feiertagen.

Die Berechnung erfolgt entweder anhand des Verdienstes der vorangegangenen drei Monate (Referenzprinzip) oder anhand des Verdienstes, der am Fehltag ohne den Ausfall erzielt worden wäre (Ausfallprinzip).

Das Referenzprinzip wird nach der gesetzlichen Vorgabe bei der Berechnung des Urlaubsentgelts angewendet, das Ausfallprinzip bei der Entgeltfortzahlung und im Annahmeverzug. Einige Tarifverträge haben – was das EntgFG zulässt – das Referenzprinzip auch für die Entgeltfortzahlung eingeführt.

Bei einem von der Arbeitgeberin zu vertretendem Arbeitsausfall ist die Höhe des Verdienstes dieselbe wie ohne den Arbeitsausfall. Wäre an dem Tag zusätzlich gearbeitet und damit mehr Geld verdient worden, müssen diese Stunden einschließlich der Zuschläge auch im Annahmeverzug bezahlt werden.[111]

Anders sieht das bei Entgeltfortzahlung und Urlaubsentgelt aus. Beide Vorschriften dazu – § 11 Abs. 1 BUrlG und § 4 Abs. 1a EntgFG – schließen aus, dass das »zusätzlich für Überstunden« gezahlte Arbeitsentgelt berücksichtigt wird. Das gilt bei der Entgeltfortzahlung auch in den Fällen, in denen das Ausfall- durch das Referenzprinzip ersetzt wird. Bei Anwendung des Referenzprinzips sind das die Überstunden, die im Referenzzeitraum von drei Monaten geleistet wurden; beim Ausfallprinzip die Überstunden am Tag des Arbeitsausfalls.

Dieser feinsinnige Unterschied wäre uninteressant, wenn es sowieso kein Geld gäbe, wie die Vorschrift ja eigentlich sehr klar zum Ausdruck bringt. Aber wie immer kann die Rechtsprechung mit einem Definitionstrick[112] das Ganze auch wieder anders machen. In diesem Fall lautet die Formel in etwa so: Je mehr und häufiger zusätzlich gearbeitet wird, desto weniger handelt es sich dabei um Überstunden im Sinne dieser Vorschriften, sondern um etwas anderes, weshalb die Arbeitgeberin dafür auch bei Urlaub und Entgeltfortzahlung anteilig zahlen muss. Wörtlich heißt das dann so:

»Leistet der Arbeitnehmer ständig eine bestimmte Arbeitszeit, die mit der betriebsüblichen oder tariflichen Arbeitszeit nicht übereinstimmt, kann von Überstunden nicht gesprochen werden. Überstunden werden wegen bestimmter besonderer Umstände zusätzlich geleistet.«[113] Und die Schlussfolgerung daraus ist: Weil es keine

111 BAG 18.9.2001 – 9 AZR 307/00.

112 Kapitel II.3.5 – Begriffe: Ein juristisches Hütchenspiel.

113 BAG 26.6.2002 – 5 AZR 153/01.

Überstunden sind, erhöhen sie Urlaubsentgelt und Entgeltfortzahlung eben doch. Lediglich die auf diese Stunden gezahlten Zuschläge bleiben bei der Berechnung von Urlaubsgeld und Entgeltfortzahlung außen vor.[114] Auf diese Weise werden ein paar der anderenfalls absurden Folgen der etwas grob gestrickten gesetzlichen Vorschriften abgemildert.

Die Rechtsprechung beruht auf der Überlegung, dass die Arbeitszeiten nicht mehr so stabil sind, wie noch in den Siebzigerjahren des vorigen Jahrhunderts, als die Verantwortlichen für die Vorschriften ihre politische Sozialisation durchlaufen haben. Im 21. Jahrhundert gibt es Vertragsgestaltungen, bei denen gerade mit Blick auf Kosten bei Arbeitsausfällen nur 20 oder 30 Wochenstunden vereinbart werden, aber der tatsächliche Bedarf viel höher ist und die Beschäftigten entsprechend regelmäßig mehr arbeiten. Auch wenn sie überwiegend wie in Vollzeit Beschäftigte gearbeitet haben, würden sie bei Krankheit oder Urlaub nur noch das vertragliche Gehalt für die Teilzeitbeschäftigung bekommen, weil nach der üblichen Definition die zusätzlichen Arbeitszeiten komplett als Überstunden zu bezeichnen wären. Dem schiebt die Rechtsprechung einen Riegel vor, indem sie für das EntgFG und das BUrlG Überstunden neu definiert, nämlich nicht mehr als zusätzlich zur vertraglichen Arbeitszeit geleistete Stunden, sondern als zusätzlich zur individuell üblichen Arbeitszeitdauer geleistete Arbeitszeit.

Damit gibt es bei der Berechnung der Entgeltfortzahlung bei regelmäßigem Anfall von Mehrarbeit eine Unsicherheit, denn bei solchen Schwankungen muss beurteilt werden, was üblich ist. Dafür gibt es dann aber eine Hilfestellung: Lässt sich für die Üblichkeit kein sicherer Anhaltspunkt finden, muss die durchschnittliche Arbeitszeit der zwölf Monate vor der Krankheit bzw. vor dem Urlaub zugrunde gelegt werden. Dauert das Arbeitsverhältnis noch nicht so lange, ist es entsprechend der kürzere Zeitraum.[115] Für Beschäftigte in Abrufarbeit verkürzt sich diese Frist gem. § 12 Abs. 4 TzBfG auf drei Monate.

Ganz gleich ob die Vergütung nach dem Referenz- oder dem Ausfallprinzip berechnet wird, muss damit bei schwankenden Arbeitszeiten immer noch ein weiterer Referenzzeitraum berücksichtigt werden.

Bei der Berechnung anhand des Referenzprinzips wird dabei zunächst auf den Dreimonatszeitraum vor dem Urlaub geschaut, dies ist der erste Referenzzeitraum. Hat in dieser Zeit die Arbeitszeit erheblich geschwankt, muss zusätzlich die durchschnittliche Arbeitszeit der vorangegangenen zwölf Monate vor dem Urlaub (zweiter Referenzzeitraum) berücksichtigt werden.

Bei Anwendung des Referenzprinzips kommt es auf den potenziellen Verdienst am Ausfalltag an: Sind regelmäßig wiederkehrende Überstunden durch die Krankheit ausgefallen, wird anhand des Durchschnitts der vorangegangenen zwölf Monate ermittelt, in welchem Umfang diese bei der Entgeltfortzahlung zu berücksichtigen sind.

---

114 BAG 21.11.2001 – 5 ZR 296/00.

115 BAG 26.2.2002 – 5 AZR 511/00.

Wenn Mehrarbeitsstunden, die nicht regelmäßig anfallen, mit einer Pauschale vergütet werden, kann die Arbeitgeberin diese Pauschale für die Berechnung von Urlaubsentgelt kürzen.[116]

V.3.3.7 Streit um Mehrarbeitsvergütung

Juristische Konflikte um die Bezahlung von Mehrarbeit insgesamt, also sowohl um die Grundvergütung als auch um die Zuschläge, ergeben sich meist zum Ende eines Arbeitsverhältnisses. Dann steht aber oft alles infrage, bis hin dazu, ob die Stunden tatsächlich geleistet wurden. Arbeitgeberinnen vergessen schnell, was vor wenigen Wochen noch in ihrem Betrieb passiert ist. Das bestimmt die Position von Beschäftigten im Gerichtsverfahren. Sie müssen Vorgänge, die manchmal Monate zurückliegen, erst einmal erklären und für das Gericht nachvollziehbar darstellen: an welchen Tagen und zu welchen Zeiten sie über die regelmäßige Arbeitszeit hinaus gearbeitet und welche Tätigkeiten sie dabei verrichtet haben.[117]

Die Arbeitgeberin kann sich dagegen erst einmal darauf zurückziehen, dies alles zu bestreiten. Das reicht zwar nicht völlig aus, stellt aber Beschäftigte, die nicht Buch über alles führen, was passiert, schon vor erhebliche Probleme.

Diese Probleme entfallen, wenn solche Zeiten in einem Arbeitszeitkonto oder auf anderem Wege bei der Arbeitgeberin dokumentiert sind.[118] Dann reicht es, auf diese Dokumentation zu verweisen. Will sich die Arbeitgeberin damit nicht abfinden, müsste sie nachweisen, dass sie das Konto falsch geführt hat.

Ansonsten kann sie nur noch in Zweifel ziehen, dass tatsächlich in der Zeit gearbeitet und nicht nur Kaffee getrunken wurde oder zumindest, dass die Arbeit einen Sinn gehabt hatte. Auch dazu will das Gericht von den Beschäftigten dann etwas hören. Schließlich will es auch noch wissen, ob und auf welche Weise die Arbeitgeberin diese Stunden angeordnet, gebilligt oder geduldet hat.[119]

Erst wenn dies den klagenden Beschäftigten formvollendet gelungen ist, zudem eine Anspruchsgrundlage für die Bezahlung im Tarifvertrag oder Arbeitsvertrag existiert und auch keine Ausschlussfristen die Ansprüche wieder beseitigt haben, kann ein solcher Prozess gewonnen werden. Das alles sind allerdings hohe Hürden, an denen Beschäftige schon deshalb oft scheitern, weil sie in der Regel ihren betrieblichen Alltag nicht so dokumentieren, wie es für solche Verfahren nötig ist. Und Beweise für das, was vor Wochen im Betrieb passiert ist, haben sie meist erst recht nicht.

Betriebsräte können sie bei dieser Aufgabe nur unterstützen, indem sie von vornherein darauf achten, dass im Betrieb eine Zeiterfassung existiert,[120] in der die Beschäftigten selbst ihre Arbeitszeiten registrieren und monatlich die Kontobuchungen kontrollieren können.[121] Eine fehlende Zeiterfassung führt zu-

116 BAG 26.6.2002 – 5 AZR 153/01.
117 BAG 29.5.2002 – 5 AZR 370/01.
118 BAG 28.8.2019 – 5 AZR 425/18, und 20.11.2019 – 5 AZR 578/18.
119 Kapitel V.3.4 – Anordnung von Mehrarbeit.
120 Kapitel III.4 – Streit um die Mitbestimmung.
121 Kapitel IV.7 – Individuelle Rechte aus dem Arbeitszeitkonto.

mindest bis zu einer entsprechenden Regelung im ArbZG nicht dazu, dass die Beweisführung erleichtert wird.[122] Mit Zeiterfassung lässt sich die zeitliche Lage der Mehrarbeit ohne Weiteres nachvollziehen.

Am sinnvollsten ist die Verwaltung dieser Zeiten in einem Arbeitszeitkonto.[123] Sperrt sich die Arbeitgeberin hiergegen und will der Betriebsrat diesen Konflikt nicht ausfechten, kann er versuchen, eine Regelung zur Dokumentation der Stunden durch die Beschäftigten selbst zu erreichen, bei der die Arbeitgeberin die Stunden durch Aufnahme in die Gehaltsabrechnung anerkennt.[124]

V.3.4 Anordnung von Mehrarbeit

Die meisten Tarifverträge stellen die Bezahlung von Mehrarbeit unter die Bedingung, dass sie vorher durch die Arbeitgeberin angeordnet wurde. Darunter ist jedoch kein ausdrücklicher »Befehl« zu verstehen, sondern lediglich, dass sich Beschäftigte nicht ohne Wissen oder sogar gegen den Willen der Arbeitgeberin finanzielle Vorteile verschaffen können sollen.[125]

Es ist den Entscheidungen der Gerichte zum Thema nicht zu entnehmen, ob dieses unterstellte Verhalten, vor dem die Arbeitgeberinnen geschützt werden sollen, tatsächlich empirisch belegbar ist. Sehr wohl zeigt sich darin aber, dass auf deren Seite ein gewisser Unwille zu verzeichnen ist, angenommene Leistungen auch zu bezahlen. Anders ist es nicht zu erklären, dass sie sich in solchen Verfahren darauf berufen, sie hätten die zusätzlichen Leistungen nicht angeordnet, sich die Arbeitsergebnisse aber ohne schlechtes Gewissen trotzdem zunutze machen. Wahrscheinlich ist es tatsächlich schon im 20. Jahrhundert gar nicht mehr nötig gewesen, entsprechendes Engagement von den Beschäftigten zu fordern, denn diese wissen häufig besser, was erforderlich ist, damit der Laden läuft.

Weil das so ist, hat die Rechtsprechung den Begriff der »Anordnung« etwas weiter gefasst. Sie unterstellt eine Anordnung immer, wenn die Arbeitgeberin die Leistung von Überstunden veranlasst hat oder sie ihr zumindest zuzurechnen ist. Das ist neben der ausdrücklichen Anweisung auch der Fall, wenn sie die Mehrarbeit gebilligt oder geduldet hat.[126]

Eine Billigung ist es, wenn die Arbeitgeberin bzw. andere dazu berufene Personen wie z. B. Vorgesetzte im Nachhinein die geleistete Mehrarbeit ausdrücklich genehmigen.[127] Bei der Duldung der Mehrarbeit gibt es keine derartige nachträgliche Meinungsäußerung, wohl aber die Kenntnis von der Mehrarbeit und keinerlei Bemühungen, diese zu verhindern.[128] Auch hierbei geht es um das Verhalten von Vorgesetzten, die ja dafür zuständig wären, Mehrarbeit anzuordnen. Indiz für eine solche Duldung ist es, wenn die Arbeitgeberin keine organisato-

122 BAG 4.5.2022 – 5 AZR 359/21.
123 Kapitel IV.7 – Individuelle Rechte aus dem Arbeitszeitkonto.
124 Muster I.1 – Erfassung Überstundensaldo; Textbaustein: XI.1.1.9 – Saldenanerkenntnis.
125 BAG 10.4.2013 – 5 AZR 122/12.
126 BAG 17.8.2021 – 1 AZR 151/20.
127 BAG 10.4.2013 – 5 AZR 122/12.
128 BAG 28.7.2020 – 1 ABR 18/19.

rischen Maßnahmen ergreift, um die Arbeitsleistung innerhalb der normalen Arbeitszeit zu ermöglichen.

Die Differenzierung zwischen »Billigung« und »Duldung« ist nur unter dem Gesichtspunkt der Strukturierung von Vortragslasten im Gerichtsprozess nachvollziehbar, in denen Beschäftigte um die Bezahlung ihrer Mehrarbeit streiten. Ohne diesen Hintergrund verschwindet der Unterschied.

Beschäftigten, denen nicht ständig Vorgesetzte über die Schulter schauen, sondern deren Auftrag darin besteht, umfangreiche Projekte abzuarbeiten, und bei denen sich das Thema »Arbeitszeit« eine eher untergeordnete Rolle spielt, wird das alles nichts nützen. Von ihnen wird erwartet, dass sie selbst sehen, was erforderlich ist. Sie können sich dann aber immer noch darauf berufen, die Erledigung der Aufgaben sei notwendig gewesen.[129] Dass sollte zumindest dann ausreichen, wenn sie belegen können, dass die Aufgaben aufgrund der übertragenen Arbeitsmenge oder aufgrund der knappen Terminplanung innerhalb der normalen Arbeitszeit nicht zu schaffen waren. Allerdings müsste das vorher der Arbeitgeberin auch einmal mitgeteilt worden sein.

Auf diese Weise können auch im Rahmen von gleitender Arbeitszeit Mehrarbeitsstunden erwirtschaftet werden. Besser ist es allerdings, die Betriebsvereinbarung dazu so zu konstruieren, dass enge Grenzen eine solche Ausweitung der Arbeitszeit betriebsverfassungsrechtlich unzulässig machen.[130]

V.3.5 Verpflichtung zur Mehrarbeit

»Muss das sein?«, das Fragen sich manche, wenn mal wieder zur Mehrarbeit gerufen wird. Zwar gibt es dafür – anders als früher beim freiwilligen FDJ-Arbeitseinsatz – Geld, aber das tröstet längst nicht mehr alle über den Verlust von Freizeit hinweg.

Die richtige Antwort auf die Frage, ob das sein muss, kann elementare Bedeutung haben. Schließlich akzeptiert die Rechtsprechung eine Verweigerung von zulässig angeordneter Mehrarbeit als Grund für eine verhaltensbedingte Kündigung.[131]

Allein per Direktionsrecht kann die Arbeitgeberin diese Pflicht nicht begründen.[132] Nötig dafür ist eine (tarif-)vertragliche Grundlage, die allerdings in vielen Formulararbeitsverträgen und Tarifverträgen – z. B. denen für die Metallindustrie, für den öffentlichen Dienst oder für die Versorgungswirtschaft – enthalten ist. Außerdem muss eine solche Verpflichtung gem. § 2 Abs. 1 Nr. 7 NachwG auch in der schriftlichen Dokumentation der Arbeitsbedingungen auftauchen.[133]

Allerdings werden diese scheinbaren Hürden dann doch wieder sehr schnell abgeräumt: Das BAG findet es ausreichend, wenn ein Arbeitsvertrag zum Thema schweigt und dafür eine Betriebsvereinbarung zur Mehrarbeit abgeschlossen

129 BAG 25. 5. 2005 – 5 AZR 319/04.
130 Kapitel V.6.4.2 – Arbeitszeitrahmen.
131 LAG Köln 27. 4. 1999 – 13 Sa 1380/98.
132 BAG 3. 6. 2003 – 1 AZR 349/02.
133 EuGH 8. 2. 2001 – C-350/99.

worden ist – ein etwas erstaunlicher Befund, weil ausgerechnet eine Betriebsvereinbarung das Direktionsrecht der Arbeitgeberin ausweiten soll. Eigentlich passiert im Bereich der erzwingbaren Mitbestimmung nämlich genau das Gegenteil: Das Direktionsrecht wird eingeschränkt. Und das Nachweisgesetz ist ohnehin ein stumpfes Schwert, ein Verstoß dagegen bleibt ohne Konsequenzen.
Deshalb lässt sich die eingangs gestellte Frage nur in typisch juristischer Manier beantworten: »Kommt darauf an, aber frag mich nicht worauf.«
Für den Betriebsrat, der mit solchen Fragen konfrontiert wird, ist es daher besser, sich zurückzuhalten, er weiß ja nicht, was in den Arbeitsverträgen steht. Sicher kann er nur sein, wenn der Tarifvertrag die Verpflichtung zur Mehrarbeit enthält. Und er muss den Gerichten nicht dabei helfen, die unsinnige Rechtsprechung zu Betriebsvereinbarungen als verpflichtende Grundlage für die Leistung von Mehrarbeit weiterzuentwickeln. Erzwingen kann die Arbeitgeberin eine solche Vereinbarung nämlich nicht, sie ist immer eine freiwillige Regelung, auf die der Betriebsrat sich nicht einlassen muss.
Selbst wenn aber im Einzelfall eine individuelle Arbeitsverpflichtung besteht, weil Arbeitsvertrag oder Tarifvertrag solche Regelungen enthalten, kann die Mehrarbeit trotzdem im Einzelfall unzumutbar sein. Das ist sie in den Fällen, in denen sie mit höherwertigen Pflichten, z. B. der Betreuung von Kindern, kollidiert. Diese Aufgabe stellt das Grundgesetz in Art. 6 Abs. 2 deutlich über das Interesse der Arbeitgeberin an einer zusätzlichen Arbeitsleistung.

V.3.6 Anspruch auf Mehrarbeit

Weil es immer alles gibt, gibt es auch das Gegenteil von der im vorangegangenen Kapitel gestellten Frage: »Kann ich nicht auch ein bisschen mehr arbeiten?«
Einen Anspruch darauf, mit zusätzlicher Zeit das Gehalt aufzubessern, könnte allenfalls in einem Arbeitsvertrag stehen. Dass es so etwas irgendwo gibt, ist aber wenig wahrscheinlich. Ein Recht entsteht auch nicht daraus, dass in der Vergangenheit bestimmte Aufgaben immer mit Mehrarbeit abgedeckt wurden. Das wäre eine Verpflichtung aus einer betrieblichen Übung, den Betrieb so zu organisieren, dass über zusätzliche Aufgaben immer ein Zusatzeinkommen generiert werden kann. Damit dürfte das Instrument »betriebliche Übung« überfordert sein. Es kann zwar die Grundlage für die Bezahlung von durchgeführter Mehrarbeit sein, nicht aber dafür, sie auch durchführen zu müssen.
Der Anspruch, von existierender Mehrarbeit etwas abzubekommen, kann sich erst ergeben, wenn die Arbeitgeberin damit arbeitet. Der einfachste Anspruch kommt aus der Mitbestimmung: Hat der Betriebsrat sein Mitbestimmungsrecht so ausgeübt, wie es sein sollte, dann gibt es eine Vereinbarung mit der Arbeitgeberin darüber, wer wann in welchem Umfang Mehrarbeit leistet. Solange die Arbeitgeberin die Mehrarbeit nicht vollständig absagt und zur üblichen Arbeitszeit zurückkehrt,[134] muss sie die Beschäftigten dann auch wie vereinbart einsetzen.

---

134 BAG 21.11.1978 – 1 ABR 67/76.

Gibt es solch eine Vereinbarung mit dem Betriebsrat nicht, sondern können stattdessen Vorgesetzte darüber entscheiden, auf wen sie die Arbeit verteilen, wird das Eis dünn: Dann müsste diesen ein Verstoß bei der Auswahl der Beschäftigten vorgeworfen werden können, damit ein Anspruch für andere entsteht. Das könnten z. B. eine unzulässige Maßregelung oder ein Verstoß gegen den Gleichbehandlungsgrundsatz sein.[135]

V.3.7 Mitbestimmung

Dass es bei Mehrarbeit ein Mitbestimmungsrecht gibt, gehört zu den Gewissheiten eines jeden Seminars für Betriebsratsmitglieder. Der gesetzlichen Vorschrift in § 87 Abs. 1 Nr. 3 BetrVG ist das allerdings nicht anzusehen. Diese beschreibt den Vorgang als *»vorübergehende […] Verlängerung der betriebsüblichen Arbeitszeit«*. Das hört sich zum Glück ganz anders an als der Begriff »Mehrarbeit«, der ohnehin nur Streit auslösen würde, was in diesem Fall eigentlich damit gemeint ist.[136] Wenn klar ist, was die »betriebsübliche« Arbeitszeit ist, sollte die Feststellung, was eine Verlängerung ist, kein Problem mehr sein. Das ist es auch nicht mehr, aber erst seit sich die Rechtsprechung langsam zu einem strukturierten Umgang mit dieser Vorschrift hinbewegt hat.
Diese Struktur sieht so aus: Betriebsübliche Arbeitszeit ist das, was die Betriebsparteien festgelegt haben. Eine mitbestimmungspflichtige Verlängerung ist nur, was davon abweicht.[137] Gibt es keine Festlegung, gibt es auch keine Abweichung, die der Mitbestimmung unterliegt.

Beispiel
Eine Arbeitgeberin legt Betriebszeiten monatlich fest, ohne den Betriebsrat vorher zu beteiligen. Von den so festgelegten Arbeitszeiten wird dann hinterher immer wieder abgewichen. Der Betriebsrat verlangt, bei diesen Abweichungen beteiligt zu werden. Dieses Mitbestimmungsrecht besteht nicht, weil von nicht mitbestimmten Zeiten auch nicht mitbestimmt abgewichen werden kann.

Dass hier kein Mitbestimmungsrecht bei den Veränderungen besteht, muss aber keine Verlustängste auslösen. Denn das, was eine Abweichung zu sein scheint, ist tatsächlich nur eine Festlegung der betriebsüblichen Arbeitszeit, die gemäß § 87 Abs. 1 Nr. 2 BetrVG derselben erzwingbaren Mitbestimmung unterliegt. Erst die Abweichung von einer mitbestimmten Arbeitszeit ist der Auslöser für das Mitbestimmungsrecht gem. § 87 Abs. 1 Nr. 3 BetrVG bei der Verlängerung der betriebsüblichen Arbeitszeit.[138]
Solch eine Veränderung darf allerdings nur vorübergehend und nicht endgültig sein. Ist sie endgültig, kommt wieder das Mitbestimmungsrecht in § 87 Abs. 1 Nr. 2 BetrVG zum Tragen.

---

135 BAG 7.11.2002 – 2 AZR 742/00; LAG Frankfurt 12.9.2001 – 8 Sa 1122/00.
136 Kapitel V.3.1 – Das Thema.
137 BAG 12.3.2019 – 1 ABR 42/17.
138 BAG 28.7.2020 – 1 ABR 18/19.

Obwohl beide Mitbestimmungsrechte gleich funktionieren, hat der Unterschied praktische Relevanz: Haben sich Betriebsrat und Arbeitgeberin auf ein Schichtsystem geeinigt, in dem von Montag bis Freitag in zehn Schichten gearbeitet wird, ist eine Sonderschicht am Samstag eine Verlängerung der betriebsüblich festgelegten Arbeitszeit. Werden sich Arbeitgeberin und Betriebsrat darüber nicht einig, kann die Arbeitgeberin die Einigungsstelle zur Entscheidung darüber anrufen.

Soll dagegen ab sofort dauerhaft samstags gearbeitet werden, ist das eine Veränderung der betriebsüblichen Arbeitszeit und keine Abweichung davon. Auch das ist zulässig, erfordert aber zunächst die Kündigung der Vereinbarung über das bestehende Schichtsystem mit entsprechender Frist und Nachwirkung. Mit diesem Anliegen kommt die Arbeitgeberin also auch zum Ziel, es dauert aber erheblich länger.

Von seiner früheren Rechtsprechung hat sich des BAG damit stillschweigend verabschiedet. Da wurde nämlich die individuell vereinbarte Arbeitszeit zur betriebsüblichen gemacht und die Verlängerung daran gemessen, ob diese vertragliche Arbeitszeit insgesamt überschritten wurde.[139] Auch der Umgang mit der Voraussetzung einer vorübergehenden Veränderung der Arbeitszeit war – vorsichtig ausgedrückt – seltsam. Dies wurde daran bemessen, ob eine Veränderung umfangreich und häufig, nicht aber daran, ob sie vorübergehend war.[140]

Das Wissen um diese Veränderung der Rechtsprechung ist deshalb wichtig, weil sie in viele der entsprechenden Kommentare noch keinen Eingang gefunden hat und Arbeitgeberinnen daher bei der Beurteilung der Mitbestimmungspflichtigkeit einer Maßnahme fälschlicherweise häufig noch von den alten Parametern ausgehen.

Nicht mehr aufrechterhalten lässt sich mit dieser Rechtsprechung der Vorbehalt, dass eine Verlängerung der Arbeitszeit einen »kollektiven Bezug« haben muss, um mitbestimmungspflichtig zu sein.[141] Dies hatte vielleicht einen Sinn, als es um eine Abweichung von der individuell vereinbarten Arbeitszeit ging. Nach aktueller Rechtsprechung beziehen sich die Abweichungen aber immer auf mitbestimmte Maßnahmen – ganz gleich, ob das in einer Betriebsvereinbarung oder formlos in einer Regelungsabrede festgehalten ist. Auf die Einhaltung beider hat der Betriebsrat ein eigenes Recht.[142] Nur mit seiner Zustimmung ist dann eine Änderung wieder möglich.

Ebenfalls keine Bedeutung mehr hat die Entscheidung des BAG, wonach eine vorübergehende Verlängerung der Vertragsstunden von Teilzeitbeschäftigten der Mitbestimmung unterliegt.[143] Auch davon ist nur die vertragliche und niemals die mitbestimmte betriebliche Arbeitszeit betroffen.

---

139 BAG 19.6.2001 – 1 ABR 43/00.
140 BAG 3.6.2003 – 1 AZR 349/02.
141 BAG 27.11.1990 – 1 ABR 77/89.
142 BAG 21.1.2003 – 1 ABR 9/02.
143 BAG 24.4.2007 – 1 ABR 47/06.

Auch andere bislang gepflegte Vorbehalte gegen das Mitbestimmungsrecht sind mit dieser klaren Unterscheidung zwischen vereinbarter betriebsüblicher Arbeitszeit und der Abweichung davon vom Tisch: Dazu gehört die Überlegung, dass die Mitbestimmung ausscheidet, wenn die Abweichungen von der festgelegten Arbeitszeit freiwillig erfolgen. Sie war nie relevant,[144] verliert aber angesichts des Durchführungsanspruchs des Betriebsrats jegliche Basis. Auch unterschiedliche individuelle Arbeitszeiten – insbesondere Teilzeitbeschäftigungen[145] – sind kein Abgrenzungsmerkmal, wenn der Maßstab immer nur die betrieblich vereinbarte Arbeitszeit ist. Und schließlich macht es keinen Unterschied, ob eine Arbeitgeberin die Mehrarbeit anordnet oder duldet, die damit verbundene Verlängerung der vereinbarten Arbeitszeit verstößt immer gegen die Durchführungspflicht.

Auch wenn es mit den Überstunden schnell gehen muss, bleibt das Mitbestimmungsrecht bestehen. Eilfälle setzen es nicht außer Kraft.[146] Daher muss sich der Betriebsrat auch nicht von der Überlegung irritieren lassen, dass es der Arbeitgeberin zeitlich kaum möglich ist, ihn bei kurzfristig angesetzter Mehrarbeit noch ordnungsgemäß zu beteiligen. Das mag zwar richtig sein, ist jedoch nicht sein Problem. Betriebsrat und Arbeitgeberin können durchaus Regelungen für solche Fälle schaffen, wie mit der Eilbedürftigkeit umzugehen ist.[147] Dabei muss die Fantasie natürlich weiter gehen, als der Arbeitgeberin nur ein Freibrief auszustellen, weil die Einhaltung der Mitbestimmungsrechte zu kompliziert ist. Vorschläge für eine rechtskonforme Eilfallregelung müssen allerdings von der Arbeitgeberin kommen, die auf diese Weise ihr Problem mit der Mitbestimmung lösen will.

Das Mitbestimmungsrecht wird nur dann richtig ausgeübt, wenn der Betriebsrat dabei mitentscheidet, wer wann wie viele Überstunden macht. Dies widerspricht der verbreiteten Praxis, der Arbeitgeberin ein Stundenkontingent an Mehrarbeit zu genehmigen, über das sie frei verfügen kann. Dabei verzichtet der Betriebsrat in unzulässiger Weise auf sein Mitbestimmungsrecht, weil er der Arbeitgeberin ein Alleinentscheidungsrecht gibt, wo er durch das Gesetz verpflichtet ist, mitzubestimmen.

Meist werden solche Freibriefe im Gegenzug für besondere Zuschläge bei kurzfristigen Einsätzen vereinbart. Solche Vereinbarungen sind jedoch in der Regel unwirksam.[148] Durch § 77 Abs. 3 BetrVG ist ausgeschlossen, in einer Betriebsvereinbarung Themen zu regeln, die bereits in einem einschlägigen Tarifvertrag geregelt sind, auch wenn dieser gar nicht im Betrieb gilt.[149]

Finanzielle Gegenleistungen für das Zugeständnis des Betriebsrats bei Eilfällen sind daher nur wirksam, wenn die Arbeitgeberin die Zahlung der Zuschläge individualrechtlich zusagt.[150] Dass dies immer sinnvoll ist, ist damit nicht gesagt.

---

144 BAG 10.6.1986 – 1 ABR 61/84.
145 BAG 16.7.1991 – 1 ABR 69/90.
146 BAG 9.7.2013 – 1 ABR 19/12.
147 Kapitel V.2.3.5 Beweglichkeit der Arbeitszeit/Eilfälle.
148 BAG 17.8.2021 – 1 AZR 151/20.
149 Kapitel III.7.1 – Tarifvorrang / Gesetzesvorrang / Tarifvorbehalt.
150 Textbaustein XI.5.1 – Zuschlagsregelung.

V.3.8 Gesetzliche Grenzen für Mehrarbeit

Die in diesem Kapitel behandelte Mehrarbeit wird unzulässig, wenn dadurch die gesetzlichen Grenzen der Arbeitszeit verletzt werden. Die Grenze liegt bei allen Beschäftigten bei zehn Stunden innerhalb eines Werktags.[151] Für einzelne, besonders geschützte Personen gelten dagegen die engeren Grenzen aus der folgenden Tabelle.

Vorschrift	Personenkreis	Wirkung
§ 4 Abs. 1 MuSchG	Minderjährige werdende und stillende Mütter	Beschäftigungsverbot jenseits der 8. Stunde pro Tag und jenseits der 80. Stunde in der Doppelwoche
§ 4 Abs. 1 MuSchG	Volljährige werdende und stillende Mütter	Beschäftigungsverbot jenseits der 8,5. Stunde pro Tag und jenseits der 90. Stunde in der Doppelwoche
§ 8 JArbSchG	Jugendliche	Beschäftigungsverbot jenseits der 8. Stunde pro Tag und jenseits der 40. Stunde in der Woche
207 SGB IX	Schwerbehinderte Menschen	Recht auf Verweigerung von mehr als acht Stunden Arbeitszeit pro Tag

Unter bestimmten Bedingungen kann die Arbeitszeit von Jugendlichen auch 8,5 Stunden pro Tag betragen, muss sich dann aber im Durchschnitt der Arbeitswoche bzw. innerhalb von fünf Wochen wieder bei acht Stunden täglich einpendeln.

V.4 Gestaltungsmuster 3b: Festgelegte Arbeitszeit mit Zusatzanforderungen/Bereitschaften

V.4.1 Das Thema

Bereitschaften in Form von Rufbereitschaft, Bereitschaftsdienst und Arbeitsbereitschaft werden eingesetzt, wenn absehbar ist, dass die Menge der Arbeit nicht ausreicht, um eine ganze Schicht oder Arbeitsperiode zu füllen und die zeitliche Lage der Arbeitseinsätze nicht absehbar ist.
Typische Einsatzgebiete solcher Bereitschaften sind die Störungsbeseitigung in der Versorgungswirtschaft und in der Industrie und kurzfristig erforderlich werdende Einsätze im Gesundheitswesen, der Feuerwehr oder in Rettungsdiensten.

151 Kapitel II.3.1.3.1 – Tägliche Höchstarbeitszeit.

Hinweis
Der Begriff »Bereitschaften« wird hier als Oberbegriff für Rufbereitschaft, Bereitschaftsdienst und Arbeitsbereitschaft verwendet. Passiv sind die Zeiten in der Bereitschaft ohne Arbeit, aktiv diejenigen nach einem Arbeitsabruf.

Industrie
Die Beschäftigten, die für die Störungsbeseitigung zuständig sind, werden normalerweise im Ein- oder Zweischichtbetrieb eingesetzt. Störungseinsätze außerhalb dieser Schichten werden dann von vorher hierfür eingeplanten Beschäftigten erledigt, die sich an einem selbst festgelegten Ort aufhalten und auf Anforderung in den Betrieb oder einen anderen Einsatzort kommen.

IT-Administration
Anders als bei Havarien an Produktionsanlagen können IT-Techniker ihre Störungseinsätze häufig von einem Ort außerhalb des Betriebes aus erledigen. Sie schalten sich auf die Rechner auf und beseitigen Fehler online. Dabei bestimmen sie selbst, wo sie auf den Einsatz warten und von wo aus sie ihn erledigen. Diese Selbstbestimmung ist allerdings beschränkt, wenn die Reaktion technische Einrichtungen erfordert, die nur an einem Ort – auch im Homeoffice – vorhanden sind. Wenn ein sofortiger Einsatz nach dem Abruf erwartet wird, bewirkt das eine Ortsbindung.

Versorgungswirtschaft
Die Störungsbeseitigung außerhalb der üblichen Betriebszeiten an Einrichtungen zur Versorgung mit Gas, Wasser, Strom usw. wird vergleichbar mit der in der Industrie organisiert: Beschäftigte können sich relativ frei bewegen, müssen sich aber auf Abruf im Betrieb oder direkt an der Störungsstelle einfinden. Gibt es dafür enge zeitliche Vorgaben – wie zum Beispiel bei Störungen an Gasleitungen –, ist die Bewegungsfreiheit eingeschränkt.
Sonderfälle in diesem Bereich sind Winterräumdienste außerhalb der betrieblichen Arbeitszeit, die in der Regel auch aus der Rufbereitschaft heraus bedient werden. Ob es sich angesichts der Präzision von heutigen Wettervorhersagen um Rufbereitschaft oder um planbare Arbeitszeiten handelt, könnte noch ein spannendes juristisches Thema werden. Dies ist allerdings gegenüber den dabei generierten zu langen Einsatzzeiten das geringere Problem.

Notfalleinsätze und Krankenhäuser
In Krankenhäusern und anderen Einrichtungen des Gesundheitswesens gibt es sowohl Bereitschaften, bei denen die ständige Anwesenheit der Beschäftigten im Haus erforderlich ist, als auch Hintergrunddienste, bei denen die Beschäftigten sich außerhalb der Klinik aufhalten. Im ersten Fall müssen sie die Arbeit sofort nach Abruf aufnehmen, im zweiten Fall können sie auf Abrufe entweder mit telefonischer Unterstützung reagieren oder müssen sich zum Einsatz in die Klinik begeben.

Rettungsdienst, Feuerwehr
Hier wird in der Regel mit 12- oder 24-stündigen Dienstzeiten gearbeitet, die in eine Phase der normal mit Arbeit gefüllten Zeit (meist acht Stunden) und eine weitere Phase der Anwesenheit vor Ort mit jederzeitiger Abrufbarkeit unterteilt sind.

V.4.2 Bereitschaften als Gestaltungsmittel

Die drei Formen der Bereitschaften eröffnen unterschiedliche Gestaltungsmöglichkeiten und werden unterschiedlich vergütet. Die Gestaltungsmöglichkeiten ergeben sich aus dem ArbZG, die Vergütungen in der Regel aus Tarifverträgen bzw. Arbeitsverträgen. Die Nutzung der gesetzlich zugelassenen Möglichkeiten hängt wiederum von den tarifvertraglichen Bestimmungen ab, die aber von Branche zu Branche unterschiedlich sind.
Das ArbZG enthält zwei Optionen: Die Dauer der täglichen Höchstarbeitszeit kann bei Bereitschaftsdiensten und Arbeitsbereitschaft über zehn Stunden hinaus verlängert und die Mindestdauer der Ruhezeit bei Rufbereitschaft verkürzt werden. Beides ist von der Existenz eines Tarifvertrags abhängig, der diese Gestaltungen zulässt. Im Gesundheitswesen (Kliniken, Pflege- und Betreuungseinrichtungen) ist der Tarifvertrag nur erforderlich, wenn die Ruhezeit auf weniger als 5,5 Stunden verkürzt wird.
Die Kürzung der Ruhezeit und die Verlängerung der Höchstarbeitszeit dürfen nicht in einem Dienst kombiniert werden. Das ArbZG lässt weder die Verkürzung der Ruhezeit bei Bereitschaftsdienst noch die Verlängerung der täglichen Höchstarbeitszeit bei Rufbereitschaft zu. Davon gibt es eine Ausnahme, die allerdings eher theoretische Bedeutung hat: Im Krankenhaus darf ein Tarifvertrag gem. § 7 Abs. 2 Nr. 3 ArbZG von allen Vorgaben des ArbZG Abweichungen zulassen, wenn das dem Wohl der Patienten dient.[152]
Tarifverträge, die Abweichungen von der täglichen Höchstarbeitszeit oder der Mindestruhezeit erlauben, enthalten wiederum häufig eigene Bedingungen hierfür. So begrenzen z. B. Tarifverträge für die Metallindustrie die Gesamtdauer der Bereitschaftsdienste in einigen Bereichen, der TVöD den Anteil der aktiven Zeiten darin.
Enthält ein Tarifvertrag keine Option zur Abweichung vom ArbZG bei Bereitschaften, können gleichwohl Bereitschaftsdienst, Arbeitsbereitschaft und Rufbereitschaft betrieblich eingesetzt werden. Allerdings dürfen dann nicht die gesetzlichen Grenzen für Höchstarbeitszeit in § 3 ArbZG und Mindestruhezeit in § 5 ArbZG überschritten werden.
Abgerundet wird das Ganze durch tarifliche Vergütungsregeln, die die Arbeitszeit im Bereitschaftsdienst billiger, die Einsätze in der Rufbereitschaft dagegen teurer machen – etwa im TVöD und den mit dem Marburger Bund abgeschlossenen Tarifverträgen für Ärztinnen und Ärzte.

---

152 Kapitel II.3.1.2.3 – Generalausnahmen für Gesundheitswesen und öffentlichen Dienst.

V.4.3 Vergütung von Bereitschaften

Die Vergütung von Bereitschaften richtet sich i. d. R. nach Tarifverträgen bzw. Arbeitsverträgen, die wiederum auf die Regelungen in den Tarifverträgen verweisen. Die Tarifvertragsparteien dürfen – obwohl es sich um zusätzliche Arbeitsleistung handelt – die Vergütung hierfür reduzieren.[153] Weil diese Tarifverträge sich auch mal ändern können, sind alle folgenden Aussagen immer daraufhin zu überprüfen, ob sie im Einzelfall (noch) der Regelung im anwendbaren Tarifvertrag entsprechen.
Für die Vergütung haben sich wenige Grundmodelle herausgebildet, die sich mit Nuancen immer wiederfinden:

V.4.3.1 Bereitschaftsdienst / Arbeitsbereitschaft

Modell 1: Hier wird im Tarifvertrag die Verlängerung der täglichen und wöchentlichen Arbeitszeit zugelassen. In der chemischen Industrie ist es z. B. zulässig, die tägliche Arbeitszeit auf 10 Stunden und die wöchentliche auf 46,5 Stunden (45 für LKW-Fahrer) zu verlängern. Das hält sich alles im Rahmen der durch das ArbZG festgelegten Höchstarbeitszeit von 10 Stunden täglich und 48 Stunden wöchentlich. Damit handelt es sich ausschließlich um eine Entgeltregelung: Die Arbeitszeit wird bei gleich bleibender Vergütung verlängert, ohne dass sie auf die Regelarbeitszeit durch Zeitausgleich zurückgeführt werden muss. Üblich ist diese Regelung auch z. B. im Einzelhandel, der Metall- und Elektroindustrie und bei Energieversorgern.
Modell 2: In den Tarifverträgen des Gesundheitswesens werden Bereitschaftsdienste je nach Anteil der aktiven Zeit in zwei bis vier Stufen unterteilt. Die Stufe gibt an, mit welchem Prozentsatz die Zeit des Bereitschaftsdienstes in Arbeitszeit umgerechnet wird – was nichts anderes heißt, als dass die Zeit entsprechend geringer vergütet wird. Im TVöD sieht diese Abstufung so aus:

- Stufe 1: aktiver Anteil bis 25 %, Bewertung als Arbeitszeit 60 %
- Stufe 2: aktiver Anteil 25 – 40 %, Bewertung als Arbeitszeit 75 %
- Stufe 3: aktiver Anteil 40 – 49 %, Bewertung als Arbeitszeit 90 %

Im Tarifvertrag für die Arztinnen und Ärzte in kommunalen Kliniken (TV-Ärzte/VKA) sind diese Sätze inzwischen auf 70 %, 85 % und 100 % angehoben.
Wenn Tarifverträge die Vergütung nicht ausdrücklich bei Bereitschaftsdienst verringern, muss sie dafür in voller Höhe bezahlt werden. Im TVöD ist das bei der Arbeitsbereitschaft der Fall.
Sofern ein Unternehmen nur den Mindestlohn bezahlt, kann dieser nicht gekürzt werden, weil im Bereitschaftsdienst weniger Arbeitsleistung als in der Regelarbeitszeit anfällt. Der Mindestlohn ist die untere Grenze, er muss auch für jede Bereitschaftsstunde bezahlt werden.[154]

153 BAG 27. 1. 1994 – 6 AZR 465/93, und 17. 1. 2019 – 6 AZR 17/18.
154 BAG 24. 6. 2021 – 5 AZR 505/20.

V.4.3.2 Rufbereitschaft

Bei der Rufbereitschaft ist das eine Vergütungsmodell das Schweigen der Tarifverträge dazu, allerdings mit dem Hinweis, dass diese durch die Betriebsparteien festgelegt werden kann. Das ist eine Öffnung für betriebliche Entgeltregelungen, die anderenfalls gem. § 77 Abs. 3 BetrVG unwirksam wären. Solche Regelungen finden sich insbesondere in der Metall- und Elektroindustrie und in der chemischen Industrie.

Ein anderes Vergütungsmodell haben wiederum die Tarifverträge für das Gesundheitswesen und den öffentlichen Dienst: Hier werden die Zeiten der Rufbereitschaft ohne Arbeitseinsatz mit einer Pauschale vergütet, deren Höhe sich nach Wochentagen unterscheidet. So sieht der TV-V (Versorgungswirtschaft) vor, dass von Montag bis Freitag für die Rufbereitschaft zwei Stundenlöhne und am Wochenende und an Feiertagen vier Stundenlöhne gezahlt werden.

Der Arbeitseinsatz selbst wird in dieser Branche von Beginn des Arbeitsabrufs bis zur Rückkehr an den Aufenthaltsort auf volle Stunden aufgerundet und mit dem Mehrarbeitszuschlag bezahlt.[155] Die Pauschalen fallen auch während der Einsätze an.[156] Anders ist das, wenn der Tarifvertrag eine stundenweise Vergütung der Rufbereitschaft vorsieht: Die fällt bei einem Einsatz weg.[157]

Anders geht der MTV für die chemische Industrie vor: Hier wird der erste Einsatz unabhängig von der tatsächlichen Dauer auf zwei Stunden aufgerundet, auch eine angefangene dritte Arbeitsstunde wird nochmals aufgerundet.

Genauere Wettervorhersagen wirken sich ebenfalls auf die Pauschalen aus, wenn es um die Winterräumdienste geht. Die werden praktisch immer aus der Rufbereitschaft heraus gefahren, aber auch kurzfristig abgesagt, wenn in der Wetterprognose der Winter abgesagt wird. Beschäftigte, die dafür eingeplant waren und sich in ihrem Freizeitverhalten darauf eingerichtet haben, bekommen dann nichts. Ob das so vom Tarifvertrag gemeint ist, ist zumindest fraglich, immerhin ist das Freizeitopfer bei einer kurzfristigen Absage schon erbracht.

Wichtiger ist aber, ob der Betriebsrat ein solches Vorgehen zulässt. Ohne Weiteres hat er keinen Zugriff darauf, denn die Rechtsprechung[158] sieht die Planung von Rufbereitschaften als eine Form der vorübergehenden Arbeitszeitverlängerung gem. § 87 Abs. 1 Nr. 3 BetrVG an, deren spätere Absage dagegen nur die Rückkehr zum Normalzustand und damit nicht mitbestimmungspflichtig sein soll.[159] Dieses Problem umgeht der Betriebsrat, indem er solche Arbeitszeiten in den Dienst-/Schichtplan aufnimmt und dem die Form einer Betriebsvereinbarung gibt. Dann ist die Absage der Rufbereitschaft ein Abweichen von der vereinbarten Dienstplanung, die eine Kündigung der Betriebsvereinbarung voraussetzt – was angesichts der damit in Gang gesetzten Kündigungsfrist eine kurzfristige Absage der Rufbereitschaft unmöglich macht. Der Betriebsrat darf dann

---

155 BAG 22.6.2011 – 8 AZR 102/10.
156 BAG 9.10.2003 – 6 AZR 512/02.
157 BAG 20.5.2010 – 6 AZR 1015/08.
158 BAG 21.12.1982 – 1 ABR 14/81.
159 BAG 21.11.1978 – 1 ABR 67/76.

natürlich die Kündigungsfrist nicht in der Betriebsvereinbarung selbst verkürzen oder ganz darauf verzichten.

V.4.3.3 Weitere Zuschläge / Urlaubsentgelt / Entgeltfortzahlung

Wenn die Tarifverträge das nicht ausschließen, müssen für die Einsatzzeiten in der Rufbereitschaft und die Bereitschaftsdienste und Arbeitsbereitschaften auch die Zuschläge für Nacht- Sonn- und Feiertagsarbeit bezahlt und weitere Vergünstigungen wie Zusatzurlaub gewährt werden.[160]
Die Bereitschaften zählen bei der Berechnung des Urlaubsentgelts und der Entgeltfortzahlung bei Krankheit und Feiertagen mit. Das ist bei der Rufbereitschaft für manche Arbeitgeberin verwirrend, wenn hierfür Mehrarbeitszuschläge anfallen, weil die nach § 11 Abs. 1 BUrlG und § 4 Abs. 1a ENTGFG eigentlich beim Urlaubsentgelt und der Entgeltfortzahlung keine Rolle spielen. Jedoch ist die Mehrarbeitsvergütung nur der Maßstab für die Vergütung von Einsatzzeiten, ohne dass diese dadurch zur Mehrarbeit werden.[161] Manchmal ist die Verweisung zwischen unterschiedlichen Vorschriften im Tarifvertrag so verwirrend, dass man sie sich von Arbeitsgerichten erklären lassen muss.

V.4.4 Merkmale der Bereitschaftstypen

Die Rechtsprechung arbeitet mit folgenden Definitionen für die drei Bereitschaftstypen:

- Im Bereitschaftsdienst muss sich der Arbeitnehmer an einem von der Arbeitgeberin bestimmten Ort aufhalten, um auf Anforderung die Arbeit aufzunehmen.
- In der Arbeitsbereitschaft bestimmt ebenfalls die Arbeitgeberin den Aufenthaltsort. Allerdings muss der Arbeitnehmer hier selbst sehen, wann er benötigt wird, wird also nicht zur Arbeit gerufen.
- In der Rufbereitschaft dagegen kann der Arbeitnehmer seinen Aufenthaltsort selbst bestimmen, muss aber bei einem Arbeitsabruf seine Arbeit unverzüglich aufnehmen können.[162]

	Rufbereitschaft	**Bereitschaftsdienst**	**Arbeitsbereitschaft**
Aufenthaltsort	Bestimmung durch Beschäftigte	Bestimmung durch Arbeitgeberin	
Einsatzabruf	Abruf durch Arbeitgeberin	Abruf durch Arbeitgeberin	Einsatzerfordernis wird durch Beschäftigte selbst ermittelt

160 BAG 23.2.2011 – 10 AZR 579/09 für den Zusatzurlaub für Ärztinnen und Ärzte gem. § 28 Abs. 3 TV-Ärzte/VKA.
161 BAG 6.9.2017 – 5 AZR 429/16.
162 EuGH 14.7.2005 – C 52/04.

	Rufbereitschaft	Bereitschaftsdienst	Arbeitsbereitschaft
Option bei Tarifvertrag	Verkürzung der täglichen Mindestruhezeit	Verlängerung der täglichen Höchstarbeitszeit	

Unter diese drei Begriffe lassen sich auch andere Bereitschaftsformen oder auch nur andere Bezeichnungen fassen, die teilweise branchenspezifisch verwendet werden. So findet sich im TVöD eine eigene Vorschrift zu »Bereitschaftszeiten«, die je nach praktischer Handhabung Bereitschaftsdienst oder Arbeitsbereitschaft sind. Der MTV für die chemische Industrie verwendet den Begriff »Arbeitsbereitschaft« sowohl für Bereitschaftsdienst als auch für Arbeitsbereitschaft und operiert zusätzlich mit dem Begriff der »Bereitschaftsruhe« bei Werksfeuerwehren, Werkschutz usw. Das ist aber tatsächlich auch Bereitschaftsdienst, weil die Beschäftigten sich dabei im Werk aufhalten müssen, aber das Recht haben, sich hinzulegen und dann aus der Ruhe zum Einsatz gerufen werden.

V.4.4.1 Abruf der Einsätze

Der Arbeitsabruf kommt in den drei unterschiedlichen Formen zu den Beschäftigten:

In der Rufbereitschaft muss die Arbeitgeberin die Information an den Ort schicken, wo der Arbeitnehmer sich gerade aufhält – egal mit welchem Medium. Das kann vom guten alten Pager über das Telefon bis hin zu sozialen Netzwerken alles sein, was ankommt. Das Risiko dafür, dass der Abruf ankommt, trägt die Arbeitgeberin, sie muss den Kanal hierfür ggf. einrichten. Es besteht kein Anspruch darauf, dass Beschäftigte selbst die Technik bereitstellen. Sie müssen sich nur empfangsbereit halten.

Die Annahme des Auftrags ist der erste Akt der Arbeitsleistung und bestimmt damit den Beginn der zu vergütenden Zeit. Der 5. Senat des BAG hat in einer Entscheidung einen anderen Eindruck erweckt, indem er eine Bagatellgrenze eingezogen hat: Nur Arbeiten, die einen unklaren Intensitätsgrad überschreiten, sollen auch Arbeitszeit sein. Gemeint war damit die Verpflichtung der Beschäftigten, in ihrer Freizeit Weisungen zur Lage der Arbeitszeit am Folgetag anzunehmen.[163] Das allerdings war eine mindestens verkürzte Wahrnehmung der Rechtsprechung des EuGH, der zwar auch über eine solche Grenze nachgedacht hat, allerdings ging es bei ihm um die Intensität der Beeinträchtigung der Zeitnutzung in der Ruhezeit durch andere Faktoren als Arbeit, nicht um die Intensität der Arbeitsanforderung.[164]

Im Bereitschaftsdienst brauchen Beschäftigte so lange nichts zu tun und können sogar schlafen, wie niemand kommt und sie zur Arbeit ruft. Das geht in der Regel persönlich und unmittelbar, weil die Beschäftigten sich im Betrieb – oder an einem anderen von der Arbeitgeberin festgelegten Ort – befinden.

---

163 BAG vom 23.8.2023 – 5 AZR 349/22.

164 EuGH vom 11.11.2021 – C-214/20.

Nur bei der Arbeitsbereitschaft müssen die Beschäftigten selbst beobachten, wann sie gebraucht werden. Das kann bei Pförtnern, Taxifahrern und ähnlichen Berufsgruppen der Fall sein. Allerdings ist hier Vorsicht angebracht: Wenn die Aufgabe selbst darin besteht, z. B. in einer Leitstelle oder im Wachdienst eine Anlage zu beobachten, handelt es sich nicht um eine Bereitschaft, sondern um eine »vollwertige«[165] Tätigkeit – auch wenn der Einsatz die eher unerwünschte und seltene Ausnahme ist.

V.4.4.2 Arbeitsumfang in der Bereitschaft

Die Arbeitsmenge bzw. die Einsatzzeit in der Bereitschaft ist begrenzt, beim Bereitschaftsdienst im Gesundheitswesen durch eine Stufenregelung im Tarifvertrag, aus der sich auch die Vergütung ergibt,[166] in anderen Branchen durch zeitliche Beschränkungen und bei der Rufbereitschaft durch den – auch häufig im Tarifvertrag festgeschriebenen – Grundsatz, dass nur im Ausnahmefall Arbeit zu erwarten sein darf. Ein Ausnahmefall ist es nach der Rechtsprechung jedenfalls dann nicht mehr, wenn in einem Viertel der Dienste ein Einsatz vor Ort erforderlich wird und dadurch insgesamt 4 % der Bereitschaftszeit mit Arbeit belegt ist.[167] Was unterhalb dieser Grenzwerte zulässig ist, wird sich erst zeigen, wenn die Gerichte weitere Verfahren dieser Art entscheiden.
Für Arbeitsbereitschaft gibt es vereinzelte Festlegungen, z. B. in der Metallindustrie, in der die Grenze auf durchschnittlich 25 % des Dienstes mit Arbeit gefüllter Zeit begrenzt. Ohne solche Festlegungen gibt es nur die Regel in § 7 Abs. 1 Nr. 1 ArbZG, wonach der Anteil der nicht mit Arbeit gefüllten Zeit »erheblich« sein muss.
Wenn diese Grenzen überschritten werden, ist das zwar ein Verstoß gegen den Arbeits- bzw. Tarifvertrag, führt aber nicht automatisch zu einer Anhebung des Dienstes auf ein höheres Vergütungsniveau.[168] Das passiert nur, wenn der Tarifvertrag das ausdrücklich anordnet, also den Umfang der Arbeitsleistung zum Abgrenzungskriterium zwischen Rufbereitschaft und Bereitschaftsdienst macht.[169] Anders ist das, wenn bei der Rufbereitschaft die Reaktionszeiten zu kurz sind: Dann wandelt sich die Rufbereitschaft in eine andere Arbeitsform, den Bereitschaftsdienst, und muss auch so vergütet werden.[170]
Auch wenn die Arbeitgeberin die Arbeitskraft eines Beschäftigten einfach nur nicht vollständig nutzen kann, ist das kein Bereitschaftsdienst, sondern Annahmeverzug gemäß § 615 BGB. So ist es auch vollwertige Arbeit, wenn ein in der Produktion beschäftigter Qualitätsprüfer alle 15 Minuten eine Probe des Produkts nehmen, wiegen und das Ergebnis dokumentieren muss. Die Zeiten

165 Tatsächlich hat das BAG die Bereitschaften als »mindere Leistung« bezeichnet: BAG 9. 3. 2005 – 5 AZR 385/02. Über diese Wertschätzung freuen sich Feuerwehr, Rettungssanitäterinnen und Ärzteschaft sehr.
166 Kapitel V.4.3.1 – Bereitschaftsdienst/Arbeitsbereitschaft.
167 BAG 25. 3. 2021 – 6 AZR 264/20.
168 BAG 4. 12. 1986 – 6 AZR 123/84, sowie 25. 3. 2021 – 6 AZR 264/20.
169 BAG 25. 3. 2021 – 6 AZR 364/20.
170 BAG 24. 2. 2022 – 6 AZR 251/21.

zwischen den Arbeitsvorgängen bleiben ungenutzt, ein Abruf zu anderen Tätigkeiten ist nicht möglich, weil dann die Qualitätsprüfung nicht mehr gesichert wäre. Auch diese Schicht zerfällt zwar in aktive und passive Zeiten, letztere werden aber nicht mit dem Warten auf einen Arbeitsabruf verbracht. Da die Unterbrechungen für sich jeweils weniger als 15 Minuten dauern, handelt es sich auch nicht um Pausen, obwohl diese planbar sind.[171]

Nicht jeder ruhige Job ist also eine Form der Bereitschaft. Allerdings gibt es zumindest einen prominenten Tarifvertrag, der es zulässt, in solchen Fällen die Arbeitszeit bei gleicher Vergütung hochzusetzen, diese also zu kürzen. Es handelt sich um den TVöD, der das in § 9 »Bereitschaftszeiten« nennt. Über 10 Stunden hinaus verlängert werden darf eine Schicht aber nur, wenn es sich dabei tatsächlich um Bereitschaftsdienst oder Arbeitsbereitschaft und nicht nur um Annahmeverzug handelt, weil schlicht nichts zu tun ist.

V.4.4.3 Ortsbestimmung / unverzügliche Arbeitsaufnahme

Dreh- und Angelpunkt für die rechtliche Einordnung eines Dienstes als Rufbereitschaft oder Bereitschaftsdienst/Arbeitsbereitschaft ist die Selbstbestimmung der Beschäftigten über den Aufenthaltsort. Können sie sich frei bewegen, handelt es sich um Rufbereitschaft, sind sie in ihrer Bewegungsfreiheit eingeschränkt, ist es vielleicht Bereitschaftsdienst oder Arbeitsbereitschaft, jedenfalls aber keine Rufbereitschaft.

Ein Beispiel hierfür sind Rufbereitschaften, bei denen eine kurze Reaktionszeit und der Einsatz an einem bestimmten Ort verlangt wird. Das passiert z. B. in der Versorgungswirtschaft, wenn es um Havarien an der Gasversorgung geht. Hier gibt es die Vorgabe, innerhalb von 30 Minuten nach der Meldung an einer Schadensstelle die Arbeit aufzunehmen.[172]

Die Rechtsprechung hat sich schon mehrfach mit von Arbeitgeberinnen vorgegeben Reaktionszeiten in der Rufbereitschaft beschäftigt:

- 90 Sekunden zwischen Anruf und Einsatz bei einem Feuerwehrmann[173]
- acht Minuten zwischen Anruf und Einsatz bei einem Feuerwehrmann[174]
- 10 Minuten zwischen Anruf und Einsatz eines Krankenwagenfahrers[175]
- 20 Minuten zwischen Anruf und Einsatz eines Krankenpflegers in der Anästhesie[176]
- 35 Minuten bei einer potenziellen Fahrzeit von 30 Minuten zum Einsatzort[177]
- 45 Minuten zwischen Anruf und Einsatz bei einem Bahnbeschäftigten[178]

171 Kapitel II.3.1.3.5 – Pausen.
172 Normgeber ist der »Deutsche Verein des Gas- und Wasserfaches«, hierzu ermächtigt durch § 49 EnWG.
173 OVG Münster 30.9.2024 – 6 A 856/23.
174 EuGH 21.2.2018 – C-518/15.
175 BAG 19.12.1991 – 6 AZR 592/89.
176 BAG 31.1.2002 – 6 AZR 214/00.
177 BAG 24.2.2022 – 6 AZR 251/21.
178 BAG 22.1.2004 – 6 AZR 543/04.

- 60 Minuten, wenn zwischen Abruf und Aufbruch zum Einsatz mindestens 30 Minuten Zeit bleiben[179]

Die 45 Minuten und die 60 Minuten mit 30 Minuten Freizeit zwischen Anruf und Aufbruch zum Einsatzort wurden dabei akzeptiert, die 8, 10, 20 und 35 Minuten hingegen nicht mehr. In einer Entscheidung hat das BAG sogar angenommen, die Arbeitgeberin dürfe überhaupt keine genaue Zeitspanne festlegen, innerhalb derer die Arbeit nach dem Abruf in der Rufbereitschaft aufgenommen werden muss.[180] Solche Reaktionszeiten in Verbindung mit einem festgelegten Einsatzort beschränken die Souveränität der Beschäftigten bei der Bestimmung des Aufenthaltsorts durch die Festlegung eines zeitlich definierten Radius um den Einsatzort. Wer sich außerhalb dieses Radius aufhält, kann die Reaktionszeit nicht einhalten. Das widerspricht der Definition von Rufbereitschaft, wonach nur die Arbeitsaufnahme »in angemessen kurzer Zeit« verlangt werden kann.[181] Das ist aber keine objektivierbare Zeitbestimmung, sondern stellt auf die Möglichkeiten der Beschäftigten ab. Wenn eine Arbeitnehmerin einen Weg zum Betrieb von einer Stunde hat, kann auch innerhalb der Rufbereitschaft nicht schneller dort sein. Wird sie trotzdem zur Rufbereitschaft eingeteilt, muss die Arbeitgeberin sich mit der Dauer abfinden.

In einer erstaunlichen Entscheidung hat das BAG allerdings die Meinung vertreten, die Arbeitnehmerin dürfe sich dann eben nicht zu Hause aufhalten. Leider endet in der Entscheidung der Gedankengang an diesem Punkt, man erfährt nicht, ob der/die Beschäftigte verpflichtet sein soll, auf eigene Kosten ein Hotel zu buchen und ob aus Kostengründen auch ein Schlafplatz auf der Parkbank zumutbar sein soll.[182] Diese Flapsigkeit harmoniert jedenfalls nicht mit der in derselben Entscheidung aufgestellten Bedingung der Rufbereitschaft, dass Beschäftigte in diesen Diensten die Möglichkeit haben müssen, sich auch um persönliche und familiäre Angelegenheiten zu kümmern, an sportlichen oder kulturellen Veranstaltungen teilzunehmen oder sich mit Freunden zu treffen.

Hier stolpert die Rechtsprechung über ihre eigene Definition der Rufbereitschaft, nach der einerseits keine Festlegung der Zeit zwischen Abruf und Arbeitsaufnahme zulässig ist (so der Orientierungssatz des Gerichts zu der Entscheidung), andererseits aber die Arbeit in einer angemessenen Zeitspanne aufgenommen werden soll. Eine Klärung ist diesmal allerdings auch nicht vom EuGH zu erwarten. Der beschränkt sich inzwischen darauf, Arbeitszeit dann anzunehmen, wenn die zeitlichen Einschränkungen *»objektiv gesehen ganz erheblich (die) Möglichkeit beschränken, die Zeit, in der (die) beruflichen Leistungen nicht in Anspruch genommen werden, frei zu gestalten und sie (den) eigenen Interessen zu widmen.«* Die Entscheidung, wann das der Fall ist, müssen dann jeweils die nationalen Gerichte treffen, selbst wenn die Reaktionszeit auf fünf[183] oder gar zwei[184] Minuten

179 LAG Düsseldorf 16.4.2024 – 3 SLa 10/24.
180 BAG 31.1.2002 – 6 AZR 214/00.
181 BAG 19.12.1991 – 6 AZR 592/89.
182 BAG 31.1.2002 – 6 AZR 214/00.
183 EuGH 11.11.2021 – C-214/20.
184 EuGH 9.9.2021 – C-107/19.

gekürzt ist, nimmt der EuGH diese Beurteilung nicht vor – obwohl er vorher von den vorlegenden Gerichten genau danach gefragt wurde. Sieht aus wie Gerichts-Ping-Pong, ist aber sicherlich allerhöchste juristische Kunst. Das BAG hat den Ball in einem anderen Zusammenhang aufgenommen und sogar einen Arbeitsabruf, also echte Arbeitsleistung, aus der Arbeitszeit ausgenommen, wenn die Beeinträchtigung der Freizeit nicht allzu intensiv ist.[185] Dass Arbeit aber nur dann zur Arbeitszeit zählt, wenn sie lästig ist, kann aus der Entscheidung des EuGH auch mit schlechter Absicht nicht geschlossen werden.

Grund dafür war, dass sich der Betroffene während der Rufbereitschaft anderen beruflichen Tätigkeiten widmen durfte, weshalb das Gericht die Einschränkungen durch die Rufbereitschaft als gering angesehen hat. Ob man dem Gericht hier einen Bären aufgebunden hat, lässt sich dem Urteil nicht entnehmen, ebenso wenig, wie es geht, gleichzeitig bei einem anderen Arbeitgeber zur Arbeit verpflichtet und nach Abruf innerhalb von fünf Minuten in der Feuerwache zu sein. Diese Entscheidung dürfte eine Kuriosität bleiben.

Wenn der Rufdienst mit einer unzulässigen Beschränkung des Aufenthaltsorts verbunden ist, wandelt er sich in Bereitschaftsdienst um und muss auch so vergütet werden.[186] Da kommt es dann auch nicht darauf an, dass die Einsätze für sich genommen besonders lang oder häufig sind.[187]

Betriebsräte, die den Eindruck haben, dass hinter den Kulissen Vorgaben zur Zeitspanne zwischen Abruf und Anwesenheit vor Ort gemacht werden, können auf eine verbindliche Aussage der Arbeitgeberin hierzu dringen. Kommt die auf eine solche Nachfrage nicht, sind informell vermittelte Vorgaben unverbindlich, müssen also nicht beachtet werden. Und wenn die Zeit zu knapp bemessen ist, handelt es sich nicht mehr um Rufbereitschaft und der Einsatz muss anders – z. B. mit Bereitschaftsdienst – organisiert werden.

Das Problem der Ortsbindung taucht nur in der Kombination »Reaktionszeit« und »Einsatz vor Ort« auf. Eine kurze Reaktionszeit als Anforderung ist unproblematisch, wenn der Arbeitseinsatz telefonisch, remote usw. von einem beliebigen Ort ausgeführt werden kann. Der Ort wird in dieser Konstellation erst dann zum Problem, wenn die schnelle Reaktion eine technische Ausstattung erfordert, die nur an einer bestimmten Stelle zur Verfügung steht. Das kann auch das Homeoffice des Beschäftigten sein. Rufbereitschaft am heimischen Arbeitsplatz kann so – unabhängig von Arbeitsabrufen – zu Bereitschaftsdienst werden, wenn die Arbeitgeberin durch die stationäre Technik eine Ortsbindung an das Homeoffice bewirkt. Praktisch wird mit Blick auf die finanziellen Auswirkungen häufig nicht so sauber zwischen Bereitschaftsdienst und Rufbereitschaft getrennt, wie die Rechtsprechung sich das vorstellt. Da wird dann eine Bereitschaft, bei der der Einsatz zwar äußerst unwahrscheinlich ist (also wenige Einsätze), bei einem Abruf aber die Arbeit in kürzester Zeit im Betrieb aufgenommen werden muss (also wenig Bewegungsfreiheit für den Beschäftigten), als Rufbereitschaft deklariert. Das hat durchaus

185 BAG 23.8.2023 – 5 AZR 349/22.
186 BAG 24.2.2022 – 6 AZR 251/21.
187 OVG Münster 30.9.2024 – 6 A 856/23.

Vorteile für alle: Die Arbeitgeberin muss nicht – wie im Bereitschaftsdienst – die ganzen passiven Zeiten bezahlen und auch nicht das Personal dafür vorhalten, die Beschäftigte muss nicht die ganze Zeit im Betrieb verbringen und der einzelne Einsatz wird in der Regel besser bezahlt. Das ändert aber nichts daran, dass eine solche Einordnung falsch und ein Verstoß gegen das ArbZG ist, weil die Höchstarbeitszeit unzulässig überschritten und/oder die Mindestruhezeit unterschritten wird.

V.4.5 Reguläre Arbeit in der Bereitschaft

Wichtiges Merkmal aller Bereitschaften ist die Unvorhersehbarkeit der Einsätze. Ein beständiger Streit herrscht daher zwischen Betriebsparteien darüber, ob in der Bereitschaft auch »sowieso« anfallende Tätigkeiten verrichtet werden dürfen. Das passiert regelmäßig, Gründe dafür sind zum Teil organisatorische Probleme, zum Teil aber auch allgemein menschliche Verhaltensweisen. Das organisatorische Problem führt zur Weiterarbeit nach Dienstende in die Bereitschaft hinein, weil die Arbeit unzureichend geplant oder nicht fertig geworden ist. Dabei handelt es sich dann nicht um einen Arbeitseinsatz im Bedarfsfall, sondern um das Sich-Fügen in die Umstände. Das hört sich nicht dramatisch an, zweckentfremdet aber die Möglichkeit der Bereitschaft, billiger, länger und zu anderen Preisen arbeiten zu lassen. Arbeitgeberinnen haben nur dann das Recht, Arbeitszeiten zu verlängern und die Mindestruhezeit zu verkürzen, wenn Umfang und Zeit der Arbeitsleistung unklar sind, der Einsatz von Beschäftigten aber nötig ist. Die allgemein menschliche Verhaltensweise ist, im Bereitschaftsdienst Dinge zu erledigen, die am Vortag liegen geblieben sind oder am Folgetag sowieso auf dem Tisch landen. Wer greift dann nicht mal eben zur Krankenakte und diktiert/schreibt den Arztbrief oder macht Ähnliches, statt fasziniert auf die Wand des Bereitschaftszimmers zu starren? Auch das ist aber nicht im Sinne der Erfinderinnen von Bereitschaften.

Das alles lässt sich mit dem Einwand »Na und?« abtun, weil es für die Belastung keinen Unterschied macht, ob jemand arbeitet, weil es zwingend nötig ist, oder weil ihm/ihr das nur selbst zweckmäßig erschient. Wahrscheinlich ist der Stress in der zweiten Alternative sogar geringer. Das Problem ist jedoch, dass auf diesem Wege die Arbeitszeitverlängerung des Bereitschaftsdienstes bzw. die Ruhezeitverkürzung bei der Rufbereitschaft für Tätigkeiten genutzt werden, die sich nicht überraschend einstellen, sondern planbar sind und deshalb in der gesetzlich limitierten Arbeitszeit verrichtet werden sollen. Anderenfalls ist der Bereitschaftsdienst nur die Schamwand, hinter der zu lange Arbeitszeiten versteckt werden.

Die Rechtsprechung ist damit in der Regel unter einem anderen Gesichtspunkt befasst: Beschäftigte klagen die höhere Vergütung für Mehrarbeit ein, wenn sie im billigen Bereitschaftsdienst Regelarbeit geleistet haben.

»Gibt's nicht« wird ihr Anliegen regelmäßig vom BAG beschieden. Das Gericht findet nichts Schlimmes daran, wenn im Bereitschaftsdienst auch Arbeiten verrichtet werden, für die von vornherein feststeht, dass sie anfallen. Um das Thema »Verlängerung der Arbeitszeit« mussten sie sich allerdings nicht kümmern, denn die hatte sich nicht geändert: Die Bereitschaftsdienste sind ohnehin von Anfang bis Ende Arbeitszeit.[188]

Eine andere Sicht auf die Dinge hat der Senat des BAG, der sich mit den Fragen der Mitbestimmung beschäftigt: Der beschreibt Bereitschaften generell als vorsorgliche Regelung um sicherzustellen, dass »Störfälle« kurzfristig behoben werden können. Störfälle aber sind in den meisten Betrieben etwas anderes als die Regelarbeit.

In der Rufbereitschaft kommt Regelarbeit normalerweise nur unmittelbar nach dem Ende der vorausgehenden Schicht vor. Der Grund dafür ist schnell gefunden: Die Arbeit in der Rufbereitschaft ist in der Regel teurer. Nach den meisten Tarifverträgen kommen zur Vergütung für die – häufig aufgerundeten – Einsatzzeiten noch Zuschläge und Rufbereitschaftspauschalen hinzu.

Während im Bereitschaftsdienst die Arbeit 20 – 50 % geringer vergütet wird, verteuert sie sich in der Rufbereitschaft z. T. um dieselben Prozentsätze.

Weil die Einsätze in der Rufbereitschaft teurer als die Regelarbeitszeit sind, überrascht es nicht, dass Arbeitgeberinnen Arbeitsleistung direkt im Anschluss an die Regelarbeitszeit - aber im Rahmen der Rufbereitschaft - nachträglich in zuschlagspflichtige Mehrarbeit umzuwidmen. Damit fahren sie meist besser, weil Aufrundung und Rufbereitschaftspauschale dann entfallen. Und es überrascht auch nicht, dass Beschäftigte versucht haben, sich die höhere Vergütung für den Einsatz in der Rufbereitschaft über das Gericht zu holen.

Ebenso wenig überrascht es, dass das BAG auch hier eine Begründung dafür gefunden hat, warum sie das Geld nicht bekommen: Weil die Weiterarbeit nach dem Dienstende gar kein Einsatz in der Rufbereitschaft sei, sondern immer die »Anordnung von Überstunden« bei gleichzeitiger Änderung des Dienstplans.[189]

Diese Änderung ist allerdings nur möglich, wenn der Betriebsrat, mit dem die Rufbereitschaft vereinbart wurde, auch der Änderung zugestimmt hat - und damit wird in den meisten hier interessierenden Fällen der Entscheidung der Giftzahn gezogen.

Betriebsräte müssen nicht aus der Perspektive des Sparfuchses auf solche Vorgänge schauen, sondern können sich mit der sinnvollen Planung beschäftigen. Wird die Weiterarbeit nach Arbeitsende in der Rufbereitschaft zur Regel, ist das nicht nur ein Vergütungs-, sondern vor allem ein Belastungsproblem. Die Belastung lässt sich z. B. durch eine Änderung der Arbeitszeit vor der Rufbereitschaft reduzieren. Eine versetze Schicht, die die Arbeit nach Dienstende übernimmt, kann da schon Entlastung bringen.

V.4.6 Regelarbeitszeit und Bereitschaften

Ein großer Teil der Bereitschaften wird im Gesundheitswesen geleistet, die maßgeblichen Tarifverträge (TVöD und TV-Ärzte/VKA) enthalten die Vorgabe,

188 BAG 25.4.2007 – 6 AZR 799/06, und 12.12.2012 – 5 AZR 918/11.
189 BAG 26.11.1992 – 6 AZR 455/91.

dass die Bereitschaften nur »außerhalb der regelmäßigen Arbeitszeit« geleistet werden.
Regelmäßige Arbeitszeit ist diejenige Arbeitszeit im Tarifvertrag, die die Gegenleistung für die Regelvergütung ist, also die Vollzeitarbeit.[190] Deshalb – und weil die Bereitschaft als eine »Sonderform der Arbeit« bezeichnet wird – müssen der Bereitschaftsdienst und die Rufbereitschaft zusätzlich zur Regelarbeitszeit geplant werden.
Dazu wird im Dienstplan zunächst einmal die Regelarbeitszeit verteilt und durch Bereitschaften ergänzt. Schwierig ist das bei schwankenden Arbeitszeiten, wenn in Phasen reduzierter Arbeitszeit diese Regelarbeitszeit nicht erreicht wird – was eher die Regel als die Ausnahme ist. Wenn auch keine langfristige Planung der Schwankungen existiert, hilft es, diese zu begrenzen, z. B. auf eine Schicht im Monat mehr oder weniger. Nur mit diesem Hilfsmittel kann eine Einigungsstelle bei einem Streit um die Festlegung der Arbeitszeiten überhaupt Dienstpläne mit Bereitschaften aufstellen. Sie ist verpflichtet, die Regelarbeitszeit der Beschäftigten vollständig zu verplanen.[191] Das setzt voraus, dass sie das Arbeitszeitsoll des jeweiligen Monats auch kennt.
Allerdings bedeutet diese Form der Verteilung der Arbeitszeit nicht, dass zwangsweise eine erhöhte Belastung durch die Bereitschaften verursacht werden muss. Im Nachhinein kann die Vergütung hierfür wieder in Freizeit umgewandelt werden, was dann doch zu einer Verkürzung der Regelarbeitszeit führt. Im TVöD geht das mit einem Arbeitszeitkonto für alle Bereitschaftstypen, im TV-Ärzte/VKA auch ohne Konto, dafür aber nur für die Bereitschaftsdienste.

V.4.7 Zusammenspiel von ArbZG und Tarifvertrag

Bereitschaften geben die Möglichkeit, von den Grundregeln des ArbZG zur täglichen und wöchentlichen Höchstarbeitszeit und zur täglichen Mindestruhezeit abzuweichen. Im Gesetz stehen die Bedingungen dafür: Mal ist eine bestimmte Branchenzugehörigkeit erforderlich, mal eine tarifvertragliche Ermächtigung, mal beides und mal noch zusätzlich eine arbeitsvertragliche Vereinbarung.
Das ArbZG macht für die Änderungsoptionen keinen Unterschied zwischen Arbeitsbereitschaft und Bereitschaftsdienst. Zulässig sind die Verlängerung der täglichen und der wöchentlichen Höchstarbeitszeit. Die Zulässigkeit der Verlängerung der wöchentlichen Arbeitszeit aufgrund der unglücklichen Konstruktion des ArbZG nicht auf Anhieb zu erkennen.[192] Anders ist es bei der Rufbereitschaft: Hier ist nur die Verkürzung der täglichen Ruhezeit als Option vorgesehen.

V.4.7.1 Tägliche Höchstarbeitszeit

Die tägliche Höchstarbeitszeit kann gem. § 7 Abs. 1 Nr. 1 ArbZG über zehn Stunden werktäglich verlängert werden, wenn das in einem Tarifvertrag zuge-

190 BAG 17. 1. 2019 – 6 AZR 17/18.
191 BAG 24. 2. 2006 – 1 ABR 6/05.
192 Kapitel II.3.1.3.2.3 – Einschränkungen / Erweiterungen im ArbZG.

lassen ist und »in einem erheblichen Umfang Bereitschaftsdienst oder Arbeitsbereitschaft in die Arbeitszeit fällt«. Das ist eine eher missglückte Formulierung im Gesetz, denn sowohl Bereitschaftsdienst als auch Arbeitsbereitschaft sind ja selbst Arbeitszeit.[193] Gemeint sein kann damit nur, dass die passiven Phasen der Bereitschaften einen erheblichen Umfang haben müssen. Und häufig übersehen wird, dass die Möglichkeit der Verlängerung nur für Bereitschaftsdienste und Arbeitsbereitschaft besteht, nicht aber für Rufbereitschaften. In dieser Bereitschaftsform ist gesetzlich nach der zehnten Arbeitsstunde Schluss.
Was »erheblich« ist, wird in einigen Branchen im Tarifvertrag festgelegt. Solche Regelungen sehen dann z. B. so aus:

> **Beispiel**
> **MTV Metall Hessen**
> Für Angehörige von Werkswachen und Werksfeuerwehren sowie für Pförtner u. ä. Beschäftigte beträgt die regelmäßige wöchentliche Arbeitszeit 46,5 Stunden, wenn im Durchschnitt von sechs Wochen die Arbeitsbereitschaft wenigstens 30 % der regelmäßigen Arbeitszeit gem. § 2 Ziff. 1 Abs. 1 beträgt.

Im Bereich der Pflege gibt es eine komfortablere Festlegung in § 2 Abs. der 5. PflegeArbbV: Dort muss die passive Zeit erfahrungsgemäß mindestens 75 % betragen.
Wenig erhellend ist demgegenüber der TVöD in seiner Grundversion:

> **§ 6 TVöD**
> Aus dringenden betrieblichen/dienstlichen Gründen kann auf der Grundlage einer Betriebs-/Dienstvereinbarung im Rahmen des § 7 Abs. 1, 2 und des § 12 ArbZG von den Vorschriften des ArbZG abgewichen werden.

Diese Vorschrift ist nach allen Seiten hin offen und überträgt die Verantwortung vollständig auf die Betriebsparteien. Präziser wird das Tarifwerk im Gesundheitswesen, wo vor allem Bereitschaftsdienste intensiv genutzt werden:

> **Beispiel**
> **§ 45 TVöD-K**
> Abweichend von den §§ 3, 5 und 6 Abs. 2 ArbZG kann im Rahmen des § 7 ArbZG die tägliche Arbeitszeit im Sinne des ArbZG über acht Stunden hinaus verlängert werden, wenn mindestens die acht Stunden überschreitende Zeit im Rahmen von Bereitschaftsdienst geleistet wird, und zwar wie folgt:
> 1. bei Bereitschaftsdiensten der Stufen A und B bis zu insgesamt maximal 16 Stunden täglich; die gesetzlich vorgeschriebene Pause verlängert diesen Zeitraum nicht,
> 2. bei Bereitschaftsdiensten der Stufen C und D bis zu insgesamt maximal 13 Stunden täglich; die gesetzlich vorgeschriebene Pause verlängert diesen Zeitraum nicht.

---

193 EuGH 3.10.2000 – C 303/98.

Die Stufen unterscheiden sich nach der prognostizierten Belastung.[194] Sie sind die Konkretisierung der in § 7 Abs. 1 Nr. 1 ArbZG enthaltenen Bedingung, dass der Anteil der passiven Zeiten erheblich sein muss.

Wenn der Tarifvertrag dagegen zur »Erheblichkeit« schweigt, muss im Zweifelsfall ein Gericht bemüht werden. Die Betriebsparteien sind nicht berufen, dieses Verhältnis festzulegen, weil sie nur die gesetzlichen und tariflichen Regelungen umsetzen, nicht aber selbst die Rechtsvorschriften schaffen, die eine Öffnung des ArbZG bewirken. Sie können nur festlegen, was im Rahmen des Zulässigen auch zumutbar ist.

Gerichtliche Entscheidungen zur »Erheblichkeit« gibt es allerdings so gut wie keine, das BAG hat sich an einer Stelle zum Sonderfall des § 9 TVöD geäußert, der allerdings nicht darauf abzielt, mit Bereitschaftsdienst die tägliche Arbeitszeit über zehn Stunden zu verlängern, sondern »ausgedünnte« Arbeitszeiten billiger zu machen und die tarifliche Regelarbeitszeit dabei auf bis zu 48 Stunden in der Woche zu verlängern. In diesem Fall sollen 25 % passive Zeiten ausreichend sein.[195] Auf die Verlängerung der gesetzlichen täglichen Höchstarbeitszeit bei Bereitschaftsdienst und Arbeitsbereitschaft ist das nicht übertragbar.

Da es auch ansonsten wenig Greifbares zu diesem Thema gibt, sind die Betriebsparteien auf sich allein gestellt. Allerdings gibt es ein probates Mittel, um dabei zu sinnvollen Lösungen zu kommen, weil es auch die Unterschiedlichkeit der Belastungen berücksichtigt. Das Mittel ist die Gefährdungsbeurteilung gem. § 5 ArbSchG, die einer Maßnahme wie der Einrichtung langer Arbeitszeiten ohnehin vorausgehen muss. Damit kann festgestellt werden, in welchem Umfang innerhalb der Dienste regelmäßig Einsätze erfolgen und wie belastend[196] das für die Beschäftigten ist. Aus diesem Verhältnis – Menge der Einsätze und Belastung durch die Einsätze – kann dann mithilfe der entsprechenden Fachleute abgeleitet werden, welchen Umfang die passiven Zeiten im Bereitschaftsdienst bzw. in der Arbeitsbereitschaft mindestens haben müssen, wenn eine Verlängerung der täglichen Höchstarbeitszeit über 10 Stunden hinaus beabsichtigt ist.

Häufiger als eine Festlegung des Verhältnisses von aktiver und passiver Zeit im Bereitschaftsdienst bzw. der Arbeitsbereitschaft findet man eine Begrenzung der Schichtdauer:

> **Beispiel**
> **§ 2.1.2 MTV Chemie**
> Die tägliche Arbeitszeit kann auf 12 Stunden verlängert werden, wenn in die Arbeitszeit regelmäßig und in erheblichem Umfang Arbeitsbereitschaft fällt.

Die Fortsetzung der Vorschrift zum Bereitschaftsdienst im MTV Metall Hessen (siehe oben, S. 272) dagegen fängt nur gut an:

194 Kapitel V.4.8.2 – Bereitschaftsdienst.
195 BAG 30.10.2019 – 6 AZR 16/19.
196 Im Arbeitsschutz heißt es: »beanspruchend«.

> **MTV Metall Hessen**
> Die Arbeitszeit darf täglich zwölf Stunden nicht überschreiten. Bei Schichtplänen mit anderweitiger Verteilung der Arbeitszeit kann die tägliche Arbeitszeit auf über zwölf Stunden verlängert werden.

Und ist damit tatsächlich grenzenlos.

V.4.7.2 Wöchentliche Höchstarbeitszeit / Nachtarbeit

Die werktägliche Höchstarbeitszeit von acht Stunden muss gem. § 6 Abs. 2 ArbZG innerhalb von vier Wochen bzw. einem Monat erreicht werden, wenn die Bereitschaften – was die Regel ist – auch in der Nacht geleistet werden. Dieser Ausgleichszeitraum kann zwar gem. § 7 Abs. 1 Nr. 4b) ArbZG verlängert werden, das passiert allerdings in der Regel nicht. Die einschlägigen Tarifverträge schweigen zu dem Thema oder verlangen – wie der TVöD – eine ergänzende Betriebsvereinbarung dazu. Das Erfordernis wird jedoch im betrieblichen Alltag meist nicht gesehen.

Eine Verlängerung der wöchentlichen Höchstarbeitszeit von durchschnittlich 48 Stunden erlaubt § 7 Abs. 2a ArbZG unter drei Voraussetzungen:

- Ein Tarifvertrag lässt genau diese Verlängerung bei Bereitschaftsdienst und Arbeitsbereitschaft zu,
- der Einsatz im Bereitschaftsdienst bzw. der Arbeitsbereitschaft und
- eine vertragliche Vereinbarung zwischen Arbeitgeberin und Beschäftigten über die längere Arbeitszeit.

Sind diese Voraussetzungen erfüllt, darf *»die werktägliche Arbeitszeit auch ohne Ausgleich über acht Stunden«* verlängert werden. Entscheidend ist allerdings nicht die Überschreitung der acht Stunden, die das ArbZG ja sowieso praktisch immer erlaubt, sondern der Umstand, dass dies ohne Ausgleich passieren darf. Der Ausgleich ist die Durchschnittsberechnung der wöchentlichen Höchstarbeitszeit von 48 Stunden innerhalb von 6 Monaten bzw. 24 Wochen gem. § 3 Satz 2 ArbZG.[197]

Die einzige – aber eher theoretische – Hürde für die Verlängerung der wöchentlichen Höchstarbeitszeit ist damit die vertragliche Vereinbarung mit den Beschäftigten, denn die Tarifverträge für die betroffenen Branchen lassen praktisch alles zu, ohne noch relevante eigene Grenzen einzuziehen. Die erforderliche Vereinbarung zwischen den Arbeitsvertragsparteien muss im Arbeitsvertrag selbst stehen, ein Verweis auf einen solchen uferlosen Tarifvertrag oder auf allgemein festgelegte Arbeitsbedingungen reicht nicht aus.[198]

Wenn die Bedingungen erfüllt sind und noch dazu erklärt werden kann, wie der Gesundheitsschutz trotz dieser langen Arbeitszeiten gewährleistet wird, erlaubt das ArbZG nicht nur die Verlängerung der wöchentlichen Arbeitszeit, sondern auch die Verkürzung der täglichen Mindestruhezeit – womit das Gesetz mal wieder über das hinaus geht, was es im europäischen Rahmen darf. Die Ausnahmevorschrift für dieses »Opt-out« genannte Unwesen findet sich in Art. 22

---

197 Kapitel II.3.1.3.2 – Wöchentliche Höchstarbeitszeit.
198 EuGH 5.10.2004 – C403/01.

der Richtlinie 2003/88, die nur eine Verlängerung der Arbeitszeit zulässt, nicht aber die Verkürzung der täglichen Ruhezeit. Damit ist eine solche Verkürzung zumindest bei staatlichen Arbeitgebern nicht zulässig, vielleicht auch bei allen anderen nicht.

Noch ein Konflikt mit der EU-Richtlinie ist der Verzicht auf einen Ausgleichszeitraum für die Einhaltung der maximalen Dauer der täglichen Arbeitszeit von acht Stunden bei Nachtarbeit gem. Art. 16c) der Richtlinie 2003/88. Der darf der Opt-Out-Vereinbarung nicht zum Opfer fallen, anders ausgedrückt: Die Verlängerung der wöchentliche Höchstarbeitszeit bei Opt-Out betrifft nur die Tagarbeit.

Was das alles im Alltag bedeutet, kann nur ein Betriebsrat ausloten, indem er Entscheidungen über diese Themen in der Einigungsstelle treffen lässt und dann das erwartbare Ergebnis vor Gericht anficht.[199]

Betroffen sind von solchen Regelungen einmal mehr Ärztinnen und Ärzte in Krankenhäusern. Die hierfür geltenden Tarifverträge übernehmen die vom Gesetz ermöglichte Öffnung, so z. B. in § 10 Abs. 5 TV-Ärzte/VKA:

> **Beispiel**
> **§ 10 Abs. 5 TV-Ärzte/VKA**
> Wenn in die Arbeitszeit regelmäßig und in erheblichem Umfang Bereitschaftsdienst fällt, kann im Rahmen des § 7 Absatz 2a ArbZG und innerhalb der Grenzwerte nach Absatz 2 eine Verlängerung der täglichen Arbeitszeit über acht Stunden hinaus auch ohne Ausgleich erfolgen. Die wöchentliche Arbeitszeit darf dabei durchschnittlich bis zu 56 Stunden betragen.

V.4.7.3 Ruhezeit

Während Arbeitsbereitschaft und Bereitschaftsdienste die Verlängerung der täglichen bzw. wöchentlichen Höchstarbeitszeit ermöglichen, nicht aber die Verkürzung der täglichen Ruhezeit, ist es bei der Rufbereitschaft genau umgekehrt: Einsätze in der Rufbereitschaft dürfen die Ruhezeit unterbrechen und damit verkürzen. Das Maß der zulässigen Verkürzung hängt davon ab, in welcher Branche der Betrieb arbeitet und ob es zusätzlich eine Regelung im Tarifvertrag dazu gibt. Nicht erlaubt ist dagegen die Verlängerung der Höchstarbeitszeit.

Eine generelle Erlaubnis zur Verkürzung der Ruhezeit für eine gesamte Branche enthält § 5 Abs. 3 ArbZG: Danach können Krankenhäuser und andere Einrichtungen zur Behandlung, Pflege und Betreuung von Personen durch Einsätze von Beschäftigten in der Rufbereitschaft die Ruhezeit bis auf einen Rest von 5,5 Stunden kürzen. Dieser Block muss als ununterbrochene Ruhezeit mindestens übrigbleiben.

Darüber hinaus kann in allen Branchen gem. § 7 Abs. 2 Nr. 1 ArbZG in einem Tarifvertrag zugelassen werden, die Ruhezeit infolge von Inanspruchnahmen während der Rufbereitschaft ohne Untergrenze zu verkürzen. Das wird im Gesetz als »Anpassung an die Besonderheiten dieses Dienstes« bezeichnet.

---

199 Kapitel II.2.2 – Normenkonflikte mit europäischem Recht.

Voraussetzung für alle Kürzungen ist ein späterer Ausgleich für die ausgefallene Ruhezeit. Die engen europarechtlichen Vorgaben für die Lage dieses Ausgleichs werden in der BRD konsequent ignoriert.[200]

Obwohl Rufbereitschaft ein häufig auftretendes Phänomen ist, sind Tarifverträge häufig eher oberflächlich bei deren Regelung. Meist sind sie so rudimentär wie der bereits zitierte TVöD und lassen die Verkürzung der Ruhezeit zu, ohne sich weiter um die Details – insbesondere den Ausgleich – zu kümmern. Das müssen dann die Betriebsparteien erledigen, denn der Ausgleich darf nicht ungeregelt bleiben, ein LAG verlangt sogar die Festlegung in einer Betriebsvereinbarung.[201]

V.4.8 Verhältnis von aktiven und passiven Zeiten

Alle Bereitschaften müssen genügend passive Zeiten enthalten, um ein gewisses Maß an Erholung sicherzustellen. Das ist in der Rufbereitschaft bei Einhaltung der gesetzlichen Grenzen ohne Weiteres gegeben, beim Bereitschaftsdienst und bei der Arbeitsbereitschaft ist das eher Kür als Pflicht.

V.4.8.1 Aktive und passive Zeit in der Rufbereitschaft

Ein hoher Anteil passiver Zeiten ergibt sich in der Rufbereitschaft schon aus der Begrenzung der täglichen Höchstarbeitszeit auf zehn Stunden. Da die Arbeitseinsätze Arbeitszeit sind, ist diese Grenze bei der typischen Anbindung der Rufbereitschaft an die tägliche Normalschicht bei zwei bis drei Stunden Einsatzzeit erreicht. Das Wesen der Rufbereitschaft macht so in der Sprache des BAG nur einen geringen Arbeitsanfall zulässig.[202] Damit verbleibt ein großer Teil an passiver Zeit, der nur dann nicht sinnvoll nutzbar wäre, wenn über die ganze Bereitschaftsphase viele wenige Minuten dauernde Arbeitseinsätze anfallen. Das ist aber eine rein theoretische Konstruktion.

Die Tarifverträge machen in der Regel zur Voraussetzung für die Rufbereitschaft, dass nur im Ausnahmefall Arbeit anfallen darf. Das ist zwar auch eine Begrenzung der aktiven Zeiten, aber nicht auf den einzelnen Dienst bezogen. Wer 80 Rufbereitschaften im Jahr macht, in denen nur ein Einsatz von fünf Stunden vorkommt, bleibt damit im tariflichen Rahmen. War der Einsatz allerdings nach einem achtstündigen Regeldienst, ist trotzdem die tägliche Höchstarbeitszeit von zehn Stunden überschritten und damit gegen das ArbZG verstoßen worden.

Die aktive Zeit in der Rufbereitschaft beginnt mit der Entgegennahme des »Einsatzbefehls« und endet mit der Rückkehr an einen Ort, an dem auf die nächste Anforderung gewartet werden kann. Der Weg zum Einsatzort und zurück ist also kein in die Ruhezeit fallender Arbeitsweg, weil die Beschäftigte während dieser Zeiten Pflichten hat und Bindungen unterliegt: Sie muss sich unverzüglich zum Einsatzort begeben, darf also den Weg zur Arbeit nicht nach eigenem Gusto bestimmen, und muss sich nach dem Einsatz unverzüglich wieder an einen Ort

200 Kapitel II.3.1.4.2.1 – Tägliche Ruhezeit.
201 LAG Niedersachsen 19.12.2017 – 10 TaBV 108/16.
202 BAG 31.1.2002 – 6 AZR 214/00.

begeben, der einen weiteren Einsatz möglich macht. Diese Zeiten sind bei der Berechnung zu berücksichtigen, ob die tägliche Höchstarbeitszeit eingehalten und in welchem Umfang Ruhezeit verkürzt wurde und daher auszugleichen ist.[203] Davon können sich allerdings diejenigen Zeiten unterscheiden, die für die Berechnung der Vergütung erfasst werden. Tarifverträge sehen häufig vor, dass Einsatzzeiten aufgerundet oder der erste Einsatz pauschal mit einer bestimmten Mindeststundenzahl berechnet und vergütet wird. Was dabei über die tatsächliche Einsatzzeit einschließlich Wegzeit usw. hinaus als Arbeitszeit verbucht wird, ist zwar Geld wert, aber keine Belastung und muss deshalb auch nicht bei der Einhaltung der Grenzen des ArbZG berücksichtigt werden.

V.4.8.2 Aktive und passive Zeit im Bereitschaftsdienst

Auch im Bereitschaftsdienst müssen aktive und passive Zeiten voneinander abgegrenzt werden, allerdings nicht wie in der Rufbereitschaft in jedem einzelnen Dienst. Das ArbZG wie auch die tariflichen Vergütungsregelungen sehen diese Dienste einheitlich als Arbeitszeit an, trennen also keine passiven Zeiten ab, die anders vergütet oder als Ruhezeit berücksichtigt werden könnten.

Das Verhältnis zwischen aktiver und passiver Zeit spielt aber bei der Beurteilung eine Rolle, ob es sich überhaupt um Bereitschaftsdienste handelt, wie lange diese sein dürfen und wie sie vergütet werden. All dies ergibt sich aus den Tarifverträgen, die die entsprechenden Bereitschaftsformen zulassen.

Darüber hinaus existiert auch noch eine gesetzliche Regelung für den Bereitschaftsdienst in der Pflege. Der aktive Teil darin ist durch § 2 Abs. 5 PflegeArbbV auf 25 % der Dauer des Bereitschaftsdienstes begrenzt. Dies ist zwar keine starre Grenze, aber immerhin ein gesetzlicher Richtwert. Für die Vergütung hat er keine Bedeutung, da der Mindestlohn in der Pflege auch für den Bereitschaftsdienst voll bezahlt werden muss.[204]

Ansonsten verlässt sich der Gesetzgeber zur Begrenzung der Belastung innerhalb von Bereitschaftsdienst und Arbeitsbereitschaft auf Tarifverträge, die damit allerdings – wie die im Gesundheitswesen – eher nachlässig umgehen.

Die Flächentarifverträge in dieser Branche (TVöD und TV-Ärzte/VKA) wie auch die Haus- bzw. Konzerntarifverträge privater Krankenhausgesellschaften arbeiten dabei praktisch immer nach demselben Muster: Der Bereitschaftsdienst wird je nach zu erwartender Arbeitsbelastung in unterschiedlich vergütete Stufen unterteilt.

Im TV-Ärzte/VKA sieht die Abstufung so aus:

- Stufe 1: aktive Zeit bis zu 25 %
- Stufe 2: aktive Zeit 26 % bis 40 %
- Stufe 3: aktive Zeit 41 % bis 49 %

Diese Abstufung hat sich etabliert, sie entstammt in ihrer Struktur dem BAT und ist daher auch im TVöD zu finden.

---

203 BAG 22.6.2011 – 8 AZR 102/10 in Bezug auf Vergütungsfragen.

204 BAG 19.11.2014 – 5 AZR 1101/12, sowie 24.6.2021 – 5 AZR 505/20.

Die prozentualen Anteile sind allerdings keine ermittelten Arbeitszeiten, sondern prognostizierte bzw. mit den Beschäftigten vereinbarte Zeitanteile. Im einzelnen Dienst können daher diese Grenzen überschritten werden, ohne dass dies zu einer anderen Vergütung oder gar zur Unzulässigkeit des Dienstes führt. Die Prognose muss sich auf den einzelnen Arbeitsplatz beziehen und nicht auf eine Gesamtheit von Bereitschaftsdiensten.[205]

Von der Einstufung und damit der Prognose hängt zunächst ab, ob ein Dienst überhaupt Bereitschaftsdienst ist. Wird der aktive Anteil bei über 49 % vermutet, ist das nicht mehr der Fall, es handelt sich dann um reguläre Arbeitszeit, die nicht über 10 Stunden dauern darf und normal zu vergüten ist. So ein Bereitschaftsdienst kann auch nicht zur Arbeitsbereitschaft umetikettiert werden, denn auch für die verlangt § 7 Abs. 1 Nr. 1 ArbZG denselben erheblichen Anteil passiver Zeit wie beim Bereitschaftsdienst.

Außerdem hat die Prognose manchmal noch Bedeutung für eine durch Tarifvertrag festgelegte Höchstdauer der Dienste. Im TVöD sind das bei Bereitschaftsdiensten der Stufen 2 und 3 maximal 13 Stunden täglich, in Stufe 1 sind es 16 Stunden. Der TV-Ärzte/VKA lässt dagegen eine Gesamtdauer von 24 Stunden einschließlich der Regelarbeitszeit für alle Stufen zu.[206]

Um die Belastung durch die Bereitschaftsdienste im Blick zu behalten, sollten Betriebsräte darauf achten, dass periodisch der Umfang der Arbeitsleistung innerhalb der Bereitschaften überprüft wird. Erfahrungsgemäß entwickeln sich die Dienste weg von den ursprünglichen Prognosen. Passiert das, muss entweder die Einordnung verändert und die Vergütung damit erhöht werden oder aber der Bereitschaftsdienst durch eine andere Arbeitsform ersetzt werden.

Weil beide Tarifverträge von einer Gesamtdauer von Bereitschaft und Regelarbeit von 24 Stunden ausgehen (der TVöD nur in der Stufe 1), können sich daraus erhebliche Arbeitszeiten ergeben: An eine achtstündige Regelschicht kann sich ein 16-stündiger Bereitschaftsdienst mit fast acht Stunden aktiver Zeit anschließen. Das sind mehr als 15 Stunden Einsatzzeit innerhalb von 24 Stunden, was die Grundregel des § 3 ArbZG (maximal 10 Stunden) doch erheblich überschreitet. Im Geltungsbereich des TVöD sind es geringfügig weniger, nämlich 14,5 Stunden auf den Stufen 2 und 3.

Allerdings liegt die Lösung dieses Problems weniger in dem Versuch, die Arbeit aus den Diensten zu eliminieren, sondern in einem richtigen Umgang mit den Ruhezeiten bei diesen Diensten. Der lässt die Rechtmäßigkeit der langen Bereitschaftsdienste von Vornherein als zweifelhaft erscheinen.[207]

V.4.8.3 Aktive und passive Zeit in der Arbeitsbereitschaft

Die Situation bei den Arbeitsbereitschaften ist keine andere als im Bereitschaftsdienst, mit dem Unterschied, dass es hierfür nur wenige und nicht so ausführ-

---

205 BAG 9.3.2005 – 5 AZR 385/02 zur Arbeitsbereitschaft beim DRK.

206 Kapitel V.4.7.1 – Tägliche Höchstarbeitszeit Bereitschaftsdienst/Arbeitsbereitschaft und Ruhezeit.

207 Kapitel V.4.9.2 – Bereitschaftsdienst/Arbeitsbereitschaft und Ruhezeit.

liche tarifvertragliche Regelungen gibt. Schweigt der Tarifvertrag vollständig zur Arbeitsbereitschaft, kann die zwar gleichwohl im Betrieb eingerichtet werden, darf aber die Dauer von 10 Stunden je Werktag nicht überschreiten.

V.4.8.4 Resümee

Insgesamt wird das Verhältnis zwischen passiver und aktiver Zeit im Bereitschaftsdienst und in der Arbeitsbereitschaft unter dem Gesichtspunkt des Schutzes vor langen Arbeitszeiten kaum thematisiert. Die Praxis, fast 16 Stunden mit Arbeit gefüllte Zeit in 24 Stunden zu leisten, ist befremdlich und erhöht nicht gerade die Autorität der gesetzlichen Vorschriften zur Begrenzung der Arbeitszeit. Und logisch ist das Ganze schon gar nicht:

Das ArbZG soll Beschäftigte vor zu hohen physischen Belastungen durch Arbeit bzw. zu hohen sozialen Belastungen aufgrund von Freizeiteinbußen schützen. Dazu wird die tägliche Höchstarbeitszeit in § 3 ArbZG auf maximal 10 Stunden werktäglich begrenzt. Bereitschaftsdienst und Arbeitsbereitschaft erweitern in der Praxis den Zugriff der Arbeitgeberin auf die Zeit der Beschäftigten auf bis zu 24 Stunden, reduzieren also den Schutz vor übermäßiger sozialer Belastung deutlich. Logisch wäre es, wenn gleichzeitig die physische Belastung durch die tatsächliche Arbeitsleistung reduziert würde, zumindest aber die Grenze von zehn Stunden Arbeit innerhalb von 24 Stunden gerade im Bereitschaftsdienst streng eingehalten würden. Tatsächlich passiert aber das Gegenteil: Die Verringerung des Schutzes vor zeitlicher Inanspruchnahme wird zum Anlass genommen, auch die physische Belastung durch Erhöhung der aktiven Zeiten auf insgesamt dann weit mehr als zehn Stunden zu erhöhen. Die Erhöhung der Belastung auf der einen Seite ist die Rechtfertigung dafür, gleich alle Grenzen einzureißen.

Die Ergebnisse sind kurios: Nimmt eine Beschäftigte ihren Dienst um 8 Uhr auf und beendet ihn planmäßig um 20 Uhr, hat sie mehr als 10 Stunden an einem Werktag gearbeitet, was das ArbZG unbedingt verhindern will und deshalb der Arbeitgeberin ein Bußgeld in Aussicht stellt. Begibt sich der Arbeitnehmerin aber um 20 Uhr nicht nach Hause, sondern wird noch weitere 4 Stunden ohne Arbeit im Betrieb gehalten und wird das Ganze ab 18:45 Uhr als Bereitschaftsdienst deklariert, ist die Welt plötzlich wieder in Ordnung – auch wenn die Belastung deutlich höher ist, weil die anschließende Ruhezeit vier Stunden später anfängt.

Vielleicht wird das Thema so konsequent ignoriert, weil die Befürchtung im Raum steht, jede Veränderung der rechtlichen Situation führe zu einer Verschlechterung. Wenn aber die Praxis heute schon schlecht ist, kann eine Veränderung der Rechtslage eigentlich kaum noch neue Nachteile bringen.

V.4.9 Bereitschaft und Ruhezeit

Alle Formen der Bereitschaft kollidieren mit dem Anliegen einer täglichen Mindestruhezeit von 11 Stunden. Die kann jedoch in bestimmten Branchen und bei entsprechender tarifvertraglicher Regelung um höchstens zwei auf dann noch neun Stunden verkürzt werden. Bei Rufbereitschaft sind weitergehende Kürzungen möglich. Das alles findet sich in den §§ 5 und 7 ArbZG.

V.4.9.1 Ruhezeit in der Rufbereitschaft

Die Praxis der Rufbereitschaften sieht in der Regel so aus:
An den Werktagen von Montag bis Donnerstag schließt sich die Rufbereitschaft an eine reguläre Schicht an und dauert bis zum beginnt der (Früh-)Schicht des Folgetags. Am Freitag und an Vorfeiertagen wird das Ende entweder durch die folgende Rufbereitschaft bestimmt, oder die Rufbereitschaft dauert über den Feiertag bzw. das gesamte Wochenende hinaus bis zum Beginn der (Früh-)Schicht am nächsten Werktag.
Bei einem Arbeitsabruf, der die Ruhezeit so zerteilt, dass keine zusammenhängenden 11 Stunden mehr übrig bleiben, bekommt die Beschäftigte im Anschluss an den letzten Einsatz so lange frei, bis 11 Stunden Ruhe erreicht sind. Bleibt danach noch ein relevanter Teil der regulären Arbeitszeit des Folgetages übrig, wird diese Arbeit angetreten. Anderenfalls besteht keine Verpflichtung zum Arbeitseinsatz mehr.

Beispiel:
Dienst von 8 Uhr bis 16 Uhr,
Rufbereitschaft von 16 Uhr bis 8 Uhr,
Einsätze jeweils 30 Minuten um 22 Uhr und um 5 Uhr.
In der Phase von 8 Uhr des ersten bis 8 Uhr des Folgetages gab es Ruhephasen von 6, 6,5 und 2,5 Stunden. Die Ruhezeit schließt sich an das Ende des zweiten Einsatzes um 5:30 Uhr an und dauert bis 16:30 Uhr.

Das wäre – obwohl es nicht der Rechtslage entspricht – den meisten Beteiligten recht, solange die Arbeitgeberin die Stunden ohne Arbeitsleistung am Folgetag bezahlt. Jedoch hat das BAG entschieden, dass sie das nicht muss, weil die ausgefallenen Stunden keinen Annahmeverzug begründen. Die Arbeitgeberin, so die Begründung, dürfe den Arbeitnehmer gar nicht beschäftigen, deshalb sei ein Annahmeverzug nach § 615 BGB ausgeschlossen.[208]
Ob es zwingend ist, die Arbeitgeberin so zu privilegieren, wenn sie selbst durch den Arbeitsabruf in der Rufbereitschaft ein Arbeitsverbot verursacht hat, ist sicherlich eine gute Frage – die Antwort allerdings überflüssig, weil es sich um eine Scheinlösung für ein Scheinproblem handelt.
Tatsächlich gibt es keine gesetzliche Vorschrift, die verlangt, auf Einsätze in der Rufbereitschaft eine volle Ruhezeit nach dem letzten Einsatz folgen zu lassen, die in die Arbeitszeit des Folgetages hineinragt. Aus dem Zusammenspiel von ArbZG und Europäischer Richtlinie zur Arbeitszeit ergibt sich, dass die Verlagerung der Ruhezeit in den Folgetag kein Ersatz für die unvollständige Ruhezeit am Vortrag ist, weil eine vollständige Ruhezeit innerhalb der 24 Stunden ab Arbeitsaufnahme gewährt werden muss.[209] Deshalb bleibt die Ruhezeit auch dann verkürzt, wenn sich an den letzten Einsatz in der Rufbereitschaft eine 11- oder mehrstündige Ruhephase anschließt. Die Folge dieser Verkürzung ist, dass

208 BAG 13.12.2007 – 6 AZR 197/07.
209 Kapitel V.4.9.1 – Rufbereitschaft.

dafür ein Ausgleich geschaffen werden muss, der in einer verlängerten Ruhezeit nach dem folgenden Arbeitseinsatz besteht.
Auch wenn das unter dem Gesichtspunkt von notwendiger Erholung für vorangehende Belastung fragwürdig erscheint, darf die Ruhezeit also zunächst einmal gekürzt und am Folgetag wieder normal gearbeitet werden. Bedingung hierfür ist aber die Beachtung der entsprechenden gesetzlichen Regeln.
Zu diesen Regeln gehört neben dem richtigen Ausgleich für die verlorene Ruhezeit – gern missachtet – die Einhaltung der Höchstarbeitszeit von zehn Stunden am individuellen Werktag, die auch nicht durch diese Einsätze in der Rufbereitschaft überschritten werden darf.[210] Auch wenn das in so manchem Tarifvertrag anders steht: Das ArbZG erlaubt keine Verlängerung der Arbeitszeit bei Rufbereitschaft. Tarifvertragsparteien können daher auch keine anderen Regeln dafür aufstellen. Diese Beschränkung ist allerdings so wenig geläufig, dass sogar der TVöD-K – unterschrieben immerhin vom Bundesinnenminister – die Verlängerung der Arbeitszeit durch Einsätze in der Rufbereitschaft pauschal zulässt. Und Aufsichtsbehörden weigern sich zum Teil, diese Begrenzung auf zehn Stunden pro individuellen Werktag durchzusetzen.
Dabei ist es eigentlich gar nicht so schwer: § 3 ArbZG legt es fest, dass die werktägliche Arbeitszeit höchstens zehn Stunden betragen darf. In § 7 ArbZG sind die Möglichkeiten aufgezählt, die die Tarifverträge haben, um Abweichungen hiervon festzulegen. Eine Verlängerung der täglichen Arbeitszeit ist dort nur in Zusammenhang mit Bereitschaftsdienst oder Arbeitsbereitschaft genannt, nicht aber bei Rufbereitschaft. Da das Gesetz keine Ausnahme von der Grundregel von 10 Stunden für die Rufbereitschaft vorsieht, können die Tarifverträge sie auch nicht aus eigener Hoheit schaffen.
Lediglich für das Gesundheitswesen und bestimmte Bereiche der öffentlichen Verwaltung eröffnet das Gesetz den Tarifvertragsparteien noch eine weitere Öffnung für Einzelfälle. Die Grenzen sind allerdings entweder so eng, dass sie praktisch nicht anwendbar ist, oder so weit, dass sie gegen die EU-Richtlinie zur Arbeitszeit verstoßen – und damit gerade im öffentlichen Dienst nicht genutzt werden dürfen.[211]
Wird die vorgeschriebene Begrenzung der Arbeitszeit auf zehn Stunden täglich beachtet, mindert sich die Dramatik der Belastung durch Einsätze in der Rufbereitschaft erheblich. Wird sie nicht beachtet, weil sie zu lang sind, ist das ein Verstoß gegen geltendes Recht, aber kein Grund, an der Verbindlichkeit der Regeln zu zweifeln.
Auch die Flucht von Arbeitgeberinnen in das Argument, bei den Einsätzen in der Rufbereitschaft habe es sich um Notfälle gehandelt und die Verlängerung der Arbeitszeit dadurch sei nach § 14 ArbZG erlaubt, ist nicht tragfähig. Das macht das Arbeitsministerium NRW in seiner Anweisung zur Umsetzung des ArbZG

210 Kapitel V.4.7.1 – Tägliche Höchstarbeitszeit.
211 Kapitel II.2.2 – Normenkonflikte mit europäischem Recht.

an die Aufsichtsbehörden deutlich: Rufbereitschaft ist das Mittel, um solche Verlängerungen der Arbeitszeit zu verhindern, nicht um sie zu rechtfertigen.[212]
Neben der Einhaltung der Höchstarbeitszeit müssen nach dem ArbZG weitere Bedingungen für die Unterbrechung der Ruhezeit in der Rufbereitschaft beachtet werden:
In Gesundheitseinrichtungen (Krankenhäuser usw.) dürfen gem. § 5 Abs. 3 ArbZG die Einsätze in der Rufbereitschaft die Ruhezeit so lange zerteilen, wie ein zusammenhängendes Stück von mindestens 5,5 Stunden übrigbleibt. Unabhängig von der Branche – also auch im Gesundheitswesen – können diese Reststücke auch noch weiter verkürzt werden, wenn das durch Tarifvertrag zugelassen ist. Hierfür setzt das Gesetz dann keine Untergrenze mehr. Auch das hört sich dramatischer an, als es ist, denn es geht um Einsatzzeiten, die die tägliche Regelarbeitszeit auf bis zu zehn Stunden auffüllen dürfen, also um zwei bis drei Stunden. Sind diese Einsatzzeiten erreicht, ist Schluss und jemand anderes muss die Arbeit machen.
(Ein kleiner Hinweis zur Beruhigung der bei dieser Aussage immer aufgewühlten Gemüter: Das ist die gesetzliche Regelung, ob jemand sie für gut oder schlecht hält, ändert daran ebenso wenig, wie der Ärger über die Punkte in Flensburg an der Wirksamkeit der übersehenen Geschwindigkeitsbegrenzung.)
Schließlich muss die ausgefallene Ruhezeit wie oben beschrieben ausgeglichen werden. Dieser auszugleichende Teil ist die Differenz zwischen dem längsten Ruhestück in der Rufbereitschaftsphase und der regulären Ruhezeit von elf Stunden. Dauert die längste Ruhephase 6,5 Stunden, fehlen 4,5 Stunden zur vollen Ruhezeit, die auszugleichen sind. Auch hier gibt es Überlegungen, diesen Anteil vielleicht auch kürzen zu können, das kollidiert jedoch mit der zitierten Rechtsprechung des EuGH. Es wäre auch ein erneuter logischer Bruch im ArbZG, wenn die höheren Belastungen durch kürzere Ruhephasen einen geringeren Bedarf nach Ausgleich hervorrufen als z. B. die Verkürzung einer Ruhezeit auf 10 Stunden gem. § 5 Abs. 2 ArbZG, den die Verlängerung einer Ruhezeit auf 12 Stunden als Ausgleich für die einstündige Kürzung genau vorschreibt.
Einen Erholungseffekt haben die nachzuholenden Ruhestunden nur dann, wenn sie zusammenhängend gewährt und nicht etwa in Abschnitten von 30 Minuten täglich über die kommenden Wochen verteilt werden. Erholung ist keine mathematische Formel, sondern die Gewährung nutzbarer Zeit. Eine halbe Stunde fällt hierfür nicht ins Gewicht. Aus diesem Grund ist sowohl in der Arbeitszeitrichtlinie der EU als auch im ArbZG die Rede von ununterbrochenen Ruhezeiten.
Da zwischen dieser halben Stunde und verloren gegangen 4,5 (oder mehr) Stunden niemand die Grenze finden wird, ab der eine Erholungswirksamkeit nicht mehr gegeben ist und die Vorenthaltung der Ruhezeit auch im ganzen Stück passiert ist, kann auch der Ausgleich nur insgesamt erfolgen. Deshalb muss Ausgleichsruhezeit zusammenhängend und so lang sein, wie das ausgefallene Stück.
Die auch von Beschäftigen bevorzugte wochenweise Rufbereitschaft kollidiert mit dieser Ausgleichspflicht nach der nächsten Arbeitsphase. Sie lässt sich retten

212 Arbeitsministerium NRW, Erlass vom 24. 5. 2004, 212-8435. 4. 11.

durch ein Back-up zur Rufbereitschaft: Diese zweite Rufbereitschaft im Hintergrund wird geplant, kann aber abgesagt werden, wenn sich am Morgen des Arbeitstages herausstellt, dass die erste Rufbereitschaft auch in der folgenden Nacht zur Verfügung steht. Welche Vergütung es dann für die abgesagte Rufbereitschaft gibt, müssen die Betriebsparteien vereinbaren, denn die ist in keinem Tarifvertrag vorgesehen.

Grafik 17: Rufbereitschaft

16:00 Uhr: Ende Schicht/Dienst/Beginn Rufbereitschaft
21:00-22:00 und 4:00-4:30 Uhr: Einsätze in der Rufbereitschaft
7:30 Uhr: Ende Rufbereitschaft und Beginn Schicht/Dienst

Problem: keine 11 Std. Ruhezeit
Übliche Lösung: Ruhezeit im Anschluss an letzten Einsatz:

Problem: Ausfall der Folgeschicht, muss nicht bezahlt werden
Übliche Lösung: Zeitgutschrift zumindest für Anteil der ausgefallenen Zeit
Weiteres unerkanntes Problem: Nicht gesetzeskonform, wenn darauf wieder eine Rufbereitschaft mit Einsatz folgt
Lösung: Ausgleich nach der Folgeschicht

Die gesetzliche Lösung:

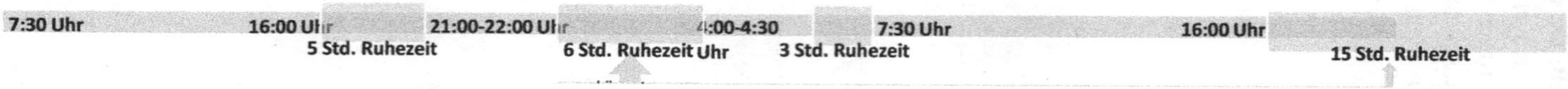

V.4.9.2 Ruhezeit in Bereitschaftsdienst und Arbeitsbereitschaft

Ratlosigkeit verursacht die Frage, wie Bereitschaftsdienst in der in der Bundesrepublik gängigen Form mit den gesetzlichen Anforderungen an die tägliche Mindestruhezeit zu vereinbaren sein soll. Bei dem im Folgenden dargestellten Problem helfen weder Kommentare noch die Rechtsprechung, die sich damit bislang nicht befassen musste.

Die gesetzliche Konstruktion sieht so aus: das ArbZG erlaubt es, bei Arbeitsbereitschaft und Bereitschaftsdienst die tägliche Arbeitszeit über 10 Stunden hinaus zu verlängern (§ 7 Abs. 1 Nr. 1), nicht aber die Mindestruhezeit beim Bereitschaftsdienst auf weniger als 9 Stunden zu verkürzen. Europarechtlich wäre dies möglich, in Deutschland ist dies aber nicht umgesetzt.

Europarechtlich ist die Vorgabe zu beachten, dass die Ruhezeit innerhalb eines 24-stündigen Zeitraums ab Arbeitsaufnahme genommen werden muss.[213]

Damit verbleiben, selbst wenn man die zulässigen Kürzungen der Ruhezeit auf mindestens neun Stunden vornimmt, nur insgesamt 15 Stunden für den täglichen Bereitschaftsdienst bzw. die Kombination aus Regelarbeitszeit und Bereitschaftsdienst.

Praxis in Deutschland insbesondere im Gesundheitswesen ist es, Bereitschaftsdienste einschließlich der Regelarbeitszeit auf 24 Stunden zu verlängern. Eine Begründung dafür, warum das zulässig sein soll, lässt sich nicht finden. Außer man hält das Motto *»Das haben wir schon immer so gemacht!«* für eine Begründung.

Die tariflichen Regelungen, die es erst ermöglichen, die Arbeitszeit zu verlängern, können sich auch nicht auf die Ausnahmevorschrift des § 7 Abs. 2 Nr. 3 ArbZG berufen. Die erlaubt es, durch Tarifvertrag in Gesundheitseinrichtungen generell von fast allen Vorschriften des ArbZG abzuweichen. Diese Öffnung steht unter zwei Bedingungen: Sie muss der Eigenart dieser Tätigkeit entsprechen und dem Wohl der zu betreuenden Personen dienen. Während die Eigenart der Tätigkeit sich noch auf die langjährige Handhabung berufen könnte (»immer schon«), ist die Freigabe in den Tarifverträgen zu pauschal, als dass sie auf das Wohl der Betreuten gestützt werden könnte. Die Tarifverträge sehen keinerlei Einschränkung vor, wie das Beispiel des TVöD zeigt:

> **Beispiel**
> **TVöD**
> Abweichend von den §§ 3, 5 und 6 Abs. 2 ArbZG kann die tägliche Arbeitszeit im Sinne des ArbZG über acht Stunden hinaus verlängert werden, wenn in die Arbeitszeit regelmäßig und in erheblichem Umfang Bereitschaftsdienst fällt. Hierbei darf die tägliche Arbeitszeit ausschließlich der Pausen maximal 24 Stunden betragen.

Selbst wenn die Tarifvertragsparteien hiermit sagen wollten, dass auch die Ruhezeit verkürzt werden darf und selbst wenn sie das auf die Ausnahmevorschrift in § 7 Abs. 2 Nr. 3 ArbZG stützen wollten, hätten sie damit nur pauschal und un-

213 BAG 16.9.2020 – 7 AZR 491/19; EuGH 7.9.2006 – C-484/04.

abhängig von weiteren Voraussetzungen die Mindestruhezeit im Krankenhaus einfach beseitigt. Vollständige Ausnahmen für einzelne Branchen gibt es zwar im ArbZG. Sie sind aber an anderer Stelle geregelt und beziehen sich nicht auf das Gesundheitswesen. Es existiert auch keine Ermächtigung für die Tarifvertragsparteien, das ArbZG für ihre eigene Branche außer Kraft zu setzen. Wäre so etwas für das Gesundheitswesen beabsichtigt gewesen, hätte der Gesetzgeber bei Einführung des ArbZG im Jahr 1994 die bis dahin geltende generelle Ausnahme für das Gesundheitswesen in Form der Arbeitszeitverordnung für Krankenhäuser (KrAZVO) nicht ersatzlos aufgehoben und auch nicht die Sonderregeln für die Branche in § 5 Abs. 2 und 3 ArbZG schaffen müssen.
Abgesehen davon ist die Regelung ohnehin unsinnig, weil sie den Tag über 24 Stunden hinaus verlängert. Wenn schon 24 Stunden Arbeitszeit darin liegen dürfen, aber die Pausen noch hinzukommen (»ausschließlich der Pausen maximal 24 Stunden«), müssen demnächst auch Mond und Sonne ihren Gang nach diesem Tarifvertrag ausrichten und die Tage länger machen.
Man kann es drehen und wenden, wie man mag: Die Praxis, Bereitschaftsdienste – meist zusammen mit den Regeldiensten – auf bis zu 24 Stunden täglich zu verlängern, ist mit dem deutschen Arbeitszeitrecht nicht in Übereinstimmung zu bringen. Dass sich allerdings irgendwann einmal eine Behörde oder auch eine betriebliche Interessenvertretung um das Thema kümmern wird, steht nicht zu erwarten. Ein »Weiter so« kann allerdings auch nicht empfohlen werden, weder aus gesundheitlichen noch aus rechtlichen Gründen.

V.4.10 Bereitschaft und Pause

Auch wenn es merkwürdig erscheint, während Bereitschaftsdienst und Arbeitsbereitschaft müssen Pausen eingeplant werden. Die passiven Zeiten in diesen Diensten sind keine Pausen, weil die Beschäftigten sich jederzeit für die Arbeitsaufnahme bereithalten müssen.[214] Während einer Pause dagegen besteht keinerlei Arbeitsverpflichtung, auch nicht zum Bereithalten für die Arbeitsaufnahme.[215]
Die Dauer dieser Pausen ergibt sich aus § 4 ArbZG: Ab einer Arbeitszeit von neun Stunden beträgt sie 45 Minuten. Bei einer 24-stündigen Bereitschaft wären das 1,5 Stunden Pause, 2 × 45 Minuten je neun Stunden Arbeit, die restliche Arbeitszeit erreicht keine 6 Stunden.
Die Pausen müssen gem. § 4 ArbZG so verteilt sein, dass keine ununterbrochene Arbeitszeit von mehr als sechs Stunden entsteht.
Bei der Umsetzung ist allerdings Vorsicht angesagt: Zu einer wirklichen Festlegung dieser Pause wird es niemals kommen, allenfalls zu einem Korridor, in dem die Beschäftigten ihre Pause selbst bestimmen. Damit ist die Pause aber wieder eher Bereitschaft als Pause, denn wenn es zu einem Arbeitsabruf in der Pause kommt, wird diese sofort unterbrochen werden. Die Anforderung des BAG ist zwar rechtlich richtig, praktisch aber nicht umzusetzen, es sei denn, es

214 BAG 16.12.2009 – 5 AZR 157/09.
215 BAG 22.7.2003 – 1 ABR 28/02.

steht eine Pausenablösung bereit. Was aber auf jeden Fall passieren wird, ist dass die bezahlte Bereitschaftszeit sich um diese Pause verringert – was sicherlich nicht ausschließlich auf Begeisterung stoßen wird.
In der Rufbereitschaft ist die Pause ohne Bedeutung. Solange wie kein Arbeitsabruf erfolgt, handelt es sich um Ruhezeit, die nicht durch eine Pause unterbrochen werden kann. Ein Arbeitsabruf, der die Arbeitszeit über sechs Stunden hinaus verlängert, wird im Regelfall unzulässig sein, weil es sich dann entweder nicht mehr um den Ausnahmefall handelt, für den die Rufbereitschaft eingerichtet wird oder die Arbeitszeit insgesamt an dem Tag über zehn Stunden hinaus geht. Auch das ist in aller Regel unzulässig.

V.4.11 Mitbestimmung

Wie nicht anders zu erwarten unterliegen sowohl die Einführung als auch die Ausgestaltung aller Bereitschaften der erzwingbaren Mitbestimmung. Beim Bereitschaftsdienst und der Arbeitsbereitschaft wäre das rechtlich einfach zu erklären, handelt es sich doch um Arbeitszeit. Anders ist das mit der Rufbereitschaft, die – solange kein Arbeitsabruf erfolgt – der Ruhezeit zugeordnet wird, die nicht der Mitbestimmung unterliegt. Damit bestünde ein Mitbestimmungsrecht nur beim einzelnen Arbeitsabruf. Bei dem müsste der Betriebsrat dann jeweils separat beteiligt werden, was natürlich unrealistisch, aber vor allem für die Arbeitgeberin ein Problem ist: Gibt es die Zustimmung nicht, ist der Einsatz unzulässig. Vielleicht war das dem BAG zu viel Macht in den Händen der Betriebsräte, jedenfalls hat es kurzerhand die Rufbereitschaft insgesamt, auch wenn sie nur aus Ruhezeit besteht, zur Arbeitszeit erklärt.[216] Damit hat es gleichzeitig der Arbeitgeberin die Möglichkeit eingeräumt, Rufbereitschaft auch gegen den Willen des Betriebsrats unter Einsatz der Einigungsstelle einzuführen. Zugeordnet wird das dem Mitbestimmungsrecht in § 87 Abs. 1 Nr. 3 BetrVG, weil es sich um eine Verlängerung der betriebsüblichen Arbeitszeit handelt.[217]
Einfacher verhält es sich mit Bereitschaftsdienst und Arbeitsbereitschaft: Weil beides ausschließlich Arbeitszeit ist, unterliegen Einführung und Ausgestaltung der Mitbestimmung gem. § 87 Abs. 1 Nr. 2 oder 3 BetrVG.[218]
Ein ganz anderes Thema ist die Mitbestimmung bei der Entscheidung über Verlängerung der gesetzlichen Höchstarbeitszeit bzw. der Verkürzung der Mindestruhezeit. Überlässt ein Tarifvertrag den Betriebsparteien diese Entscheidung oder soll gar die entsprechende Regelung per Betriebsvereinbarung aus einem im Betrieb nicht geltenden Tarifvertrag gem. § 7 Abs. 3 ArbZG nutzbar gemacht werden, wird das Thema für die Arbeitgeberin relevant, wenn sie ein »Nein« des Betriebsrats zu dieser Maßnahme in der Einigungsstelle überstimmen will.
Der TVöD überträgt diese Entscheidung auf die Betriebsparteien:

216 Siehe dazu Kapitel II.3.5 – Begriffe: Ein juristisches Hütchenspiel.
217 BAG 21.12.1982 – 1 ABR 14/81.
218 BAG 22.7.2003 – 1 ABR 28/02.

> **Beispiel**
> **§ 6 Abs. 4 TVöD**
> Aus dringenden betrieblichen/dienstlichen Gründen kann auf der Grundlage einer Betriebs-/Dienstvereinbarung im Rahmen des § 7 Abs. 1, 2 und des § 12 ArbZG von den Vorschriften des ArbZG abgewichen werden.

Hier wird zugelassen, in einer Betriebsvereinbarung die Abweichung von der täglichen Höchstarbeitszeit zu regeln.
Betrieblich fällt diese Entscheidung über die Verlängerung mit der Gestaltung der entsprechenden Dienste zusammen und niemand macht sich Gedanken darüber. Wenn sich aber die Einigungsstelle damit befasst, muss sie feststellen, dass sie zwei Sachverhalte regeln soll: Die Zulassung der Abweichung von den Vorgaben des ArbZG und die Gestaltung dieser Abweichungen. Für Letzteres ist sie zuständig, weil das er erzwingbaren Mitbestimmung unterliegt. Anders ist das mit der Entscheidung, die Öffnungen im ArbZG betrieblich zu nutzen.
Das Mitbestimmungsrecht in § 87 Abs. 1 Nr. 2 und 3 BetrVG erstreckt sich auf die Festlegung von Anfang und Ende der Arbeitszeit, deren Verlängerung oder Verkürzung und die Lage der Pausen. Weitergehende Entscheidungen zu den rechtlichen Grundlagen dieser Festlegungen lassen sich dem schlecht zuordnen. Die Entscheidung über die Nutzung der zusätzlichen durch Tarifvertrag geschaffenen Gestaltungsmöglichkeiten betrifft diese rechtlichen Grundlagen, ist also nicht erzwingbar mitbestimmungspflichtig. Die Festlegung von Ruhezeiten unterliegt von Vornherein nicht der Mitbestimmung. Das ist auch konsequent, denn die Gestaltung der Ruhezeit ist mitbestimmungsfreie Privatsache der Beschäftigten.
Wer der Einigungsstelle trotz fehlenden Mitbestimmungsrechts die Befugnis übertragen will, die Entscheidung über die Zulässigkeit der Verkürzung der Ruhezeit oder die Verlängerung der Höchstarbeitszeit zu treffen, kann sich nur auf eine »Annexkompetenz« zu dem Mitbestimmungsrecht in § 87 Abs. 1 Nr. 2 BetrVG berufen. Das ist eine juristische Wundertüte, in die man vorher hineinlegt, was man hinterher mit strahlenden Augen herausholen möchte. Solche Rechtsschöpfungen ohne jegliche Verankerung im Gesetzestext verbieten sich, wenn die Mitbestimmungsrechte noch einigermaßen Konturen behalten sollen.

V.5 Gestaltungsmuster 4: Abrufarbeit / KAPOVAZ

V.5.1 Das Thema

Abrufarbeit in ihrer meist problematischen Form für die Beschäftigten zeichnet sich durch zweierlei aus: Die Lage der Arbeitszeit ist praktisch nicht absehbar, weil die Arbeitgeberin sie relativ kurzfristig festlegen kann. Die Festlegung ist eine verbindliche Weisung, wird sie nicht befolgt, ist das eine Arbeitsverweigerung und kann zur Kündigung führen. Auch wenn die Arbeitgeberin diese

Festlegung nicht selbst vornimmt, sondern den Beschäftigten überlässt, wann sie zur Arbeit kommen wollen, ist das verbindlich und muss eingehalten werden.[219]
Die zweite Auszeichnung besteht darin, dass nur der Arbeitseinsatz bezahlt wird, ohne Arbeitsleistung also auch keine Vergütungspflicht besteht. Nicht umsonst war diese »KAPOVAZ« ein Schreckgespenst im letzten Drittel des 20. Jahrhunderts.
Abgemildert wird das Ganze durch gesetzliche Vorschriften und die Möglichkeiten, die der Betriebsrat im Rahmen der Mitbestimmung hat.
Belastbare Erkenntnisse zur Verbreitung dieser Form der Arbeitsorganisation gibt es nicht. Sie kommt häufiger beim Einsatz von Aushilfen und studentischen Beschäftigten zum Einsatz als in regulären Arbeitsverhältnissen. Auch schätzen sich viele falsch ein, wenn sie danach gefragt werden, ob sie auf Abruf arbeiten, weil sie den zweiten Aspekt, die Abhängigkeit der Vergütung vom Arbeitseinsatz dabei nicht berücksichtigen. Für Beschäftigte im Kino z. B. fühlt sich der Arbeitsalltag wegen des kurzen – teils weniger als eine Woche dauernden – Planungsvorlaufs wie Abrufarbeit an, in der Regel sind sie aber fest angestellt und bekommen die Vergütung unabhängig vom tatsächlichen Arbeitseinsatz.

V.5.2 Gesetzliche Bedingungen der Abrufarbeit

Beschäftigte in Abrufarbeit arbeiten fast immer in Teilzeit, auch wenn das nicht zwangsläufig ist. Damit sind sie zunächst einmal Beschäftigte mit allen Rechten wie Urlaub, Entgeltfortzahlung usw. Ein anderer Personenkreis mit Anteilen von Abrufarbeit sind Beschäftigte im ärztlichen Dienst der Krankenhäuser mit Opt-out-Verträgen. Bei denen wird wie selbstverständlich davon ausgegangen, dass die zusätzliche Arbeitszeit zur freien Disposition der Arbeitgeberin steht, also auch nicht zwingend abgerufen werden muss. Das führt dann allerdings zu Einkommensverlusten und damit unmittelbar in die Regelungen des TzBfG.
Die Mindestbedingungen für Abrufarbeit sind im TzBfG geregelt. Danach muss im Arbeitsvertrag festgelegt sein, welche Arbeitszeit pro Woche und welche pro Tag gilt. Fehlen diese Angaben, setzt das Gesetz den Wert für die Woche auf 20 Stunden und für den Tag auf drei Stunden. Diese vertragliche Arbeitszeit steht der Arbeitgeberin zum Abruf zur Verfügung. Ruft sie sie nicht ab, besteht ein Vergütungsanspruch im Umfang des vereinbarten Zeitbudgets.
Die Regelung lässt sich aber ohne Weiteres unterlaufen, indem nur eine Stunde pro Woche im Vertrag vereinbart wird. Beschäftigte, die nicht nur als Hobby arbeiten, werden nicht murren, wenn die Abrufe darüber hinausgehen.
Gut gemeint, aber diesen Aspekt der Abhängigkeit außer Acht lassend, sind auch die zweite und dritte Gestaltungsmöglichkeit im TzBfG: Statt einer festen kann auch eine Mindest- oder eine Höchstarbeitszeit vereinbart werden. Die Mindestarbeitszeit darf die Arbeitgeberin dann nur um 25 % überschreiten, die Höchstarbeitszeit nur um 20 % unterschreiten. Das ist natürlich nicht ernst zu nehmen, Beschäftigte, die sich in dieser Abhängigkeit befinden, sind in der Regel nicht

219 BAG 12.6.1996 – 5 AZR 960/94.

geneigt, solche Rechte geltend zu machen oder gar einzuklagen. Das passiert allenfalls, wenn das Arbeitsverhältnis ohnehin zu Ende ist.
Dasselbe gilt für die Abruffrist von vier Tagen in § 12 Abs. 3 TzBfG: Wird die unterschritten, besteht keine Verpflichtung, dem Abruf Folge zu leisten. Wer das tatsächlich macht und es sich leisten kann, auf das Geld zu verzichten und das Vertrauen der Arbeitgeberin bitter zu enttäuschen, wird vermutlich danach nur noch auf Mindestniveau eingesetzt und dann den Spaß am Vertrag verlieren.
Die Entgeltfortzahlung im Krankheitsfall und an Feiertagen ist für Abrufbeschäftigte in § 12 Abs. 4, 5 TzBfG eigenständig geregelt. Hier gilt – anders als im EntgFG – nur das »Referenzprinzip«. Dabei wird bei Arbeitsunfähigkeit die durchschnittliche Arbeitszeit der vorangegangenen drei Monate für die Berechnung der fortzuzahlenden Vergütung zugrunde gelegt.
Die Regelungen sind alle gut gemeint, können aber in die Verhältnisse, auf die sie zielen, nicht wirklich eingreifen, weil diese sich unterhalb des Radars des Arbeitsrechts befinden. Wer das nicht glaubt, befasse sich mit Lebensmittellieferdiensten. Dort ist die KAPOVAZ zum Lifestyle auf E-Bikes mutiert, wer sich zu sehr um die eigenen Rechte kümmert, den frisst schon mal der Gorilla. Obwohl er das nach TzBfG gar nicht darf.
Daneben gibt es einen größeren Bereich von Abrufbeschäftigten, die teilweise qualifizierte Tätigkeiten neben dem Studium machen und ein angemessenes Arrangement mit ihren Arbeitgeberinnen vereinbaren. Auch für sie sind die Vorschriften aber eher nebensächlich, sie finden sich anders zurecht.
Ein ungelöstes Problem ist die Urlaubsberechnung in solchen unsteten Arbeitsverhältnissen.[220]

V.5.3 Mitbestimmung

In Abrufarbeit Beschäftigte werden unabhängig vom Vertragsstatus vom Betriebsrat vertreten, können ihn wählen und sind nach einem halben Jahr Betriebszugehörigkeit wählbar. Deshalb kann und muss der Betriebsrat sich auch um ihre Arbeitszeiten kümmern.
Möglicherweise ist das der Grund, warum Betriebsräte mit echter Abrufarbeit eher wenig zu tun haben: Die Mitbestimmungsrechte schließen sie praktisch aus. Abrufarbeit in ihrer unangenehmen Form lebt davon, dass die Arbeitgeberin kurzfristig auf die Beschäftigten zugreifen kann. Da aber jeder dieser Zugriffe eine Festlegung von Arbeitszeit ist, die der Mitbestimmung unterliegt, lässt sich Abrufarbeit mit einem Betriebsrat, der diese Arbeitsform für mindestens unangemessen hält, nicht realisieren.
Der Betriebsrat müsste der Arbeitgeberin nämlich einen Freibrief erteilen, damit sie die Arbeitskraft abrufen kann. Dazu kann er nicht gezwungen werden, also gibt es gegen seinen Willen keine Abrufarbeit. Erteilt er allerdings den Freibrief, verzichtet auf seine Mitbestimmungsrechte, was nach der Rechtsprechung un-

220 Kapitel IX – Urlaub.

zulässig und damit unwirksam ist.[221] Damit bleibt es bei der Mitbestimmung im Einzelfall.
In zivilisiert arbeitenden Betrieben ist diese Abrufarbeit damit nicht einsetzbar; das oben beschriebene Modell der studentischen Aushilfen dagegen schon: Hier wird den Abrufkräften die Aufgabe übertragen, der Arbeitgeberin mitzuteilen, wann sie zur Verfügung stehen. Sache der Arbeitgeberin ist es dann, diese Zeiten zu nutzen oder es sein zu lassen – KAPOVAZ light sozusagen, mit der viele klarkommen.

V.6 Gestaltungsmuster 5: Individuelle Flexibilität

V.6.1 Das Thema

Die in diesem Kapitel behandelten Arbeitszeiten haben als wesentliches gemeinsames Element die Beeinflussbarkeit der Arbeitszeit durch die Beschäftigten. Dies betrifft sowohl die Lage der Arbeitszeit am einzelnen Arbeitstag als auch ihre Verteilung über längere Perioden wie Wochen, Monate oder sogar Jahre. Ursache von Veränderungen der Arbeitszeit können sowohl die äußeren Umstände als auch die Anliegen der Beschäftigten sein.
Nicht dazu gehören Systeme, deren Arbeitszeit zwar beeinflussbar, aber nicht beweglich ist, z. B. feststehende Dienste bzw. Schichten mit der Option der Beschäftigten, diese untereinander zu tauschen. Auch der umgekehrte Fall – bewegliche Arbeitszeiten ohne Einflussmöglichkeit, also insbesondere Abrufarbeit – gehört nicht zum hier behandelten Muster, weil sich bei diesen Arbeitsformen andere Anforderungen an die Gestaltung stellen.

Beispiel
Die Betriebsvereinbarung regelt einen Gleitzeitrahmen von Montag bis Freitag, 7:00 bis 19:00 Uhr, innerhalb dessen die Beschäftigten eigenständig ihre Arbeitszeit disponieren. Damit ist einerseits eingegrenzt, wann die Arbeitszeit auf diese Weise festgelegt wird, nämlich täglich, andererseits ist festgelegt, dass die Beschäftigten selbst über die Festlegung ihrer Zeit bestimmen. Die Betriebsvereinbarung schafft damit die Beweglichkeit wie auch die Beinflussbarkeit.

221 Kapitel III.5.2 – Pflicht zur Mitbestimmung.

Grafik 18: Vier Entwicklungsschritte zur Vertrauensarbeitszeit

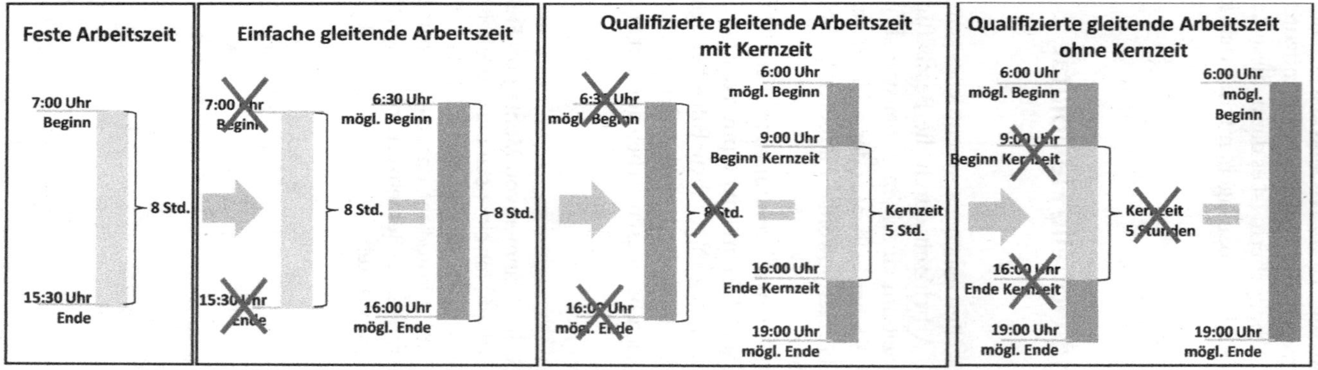

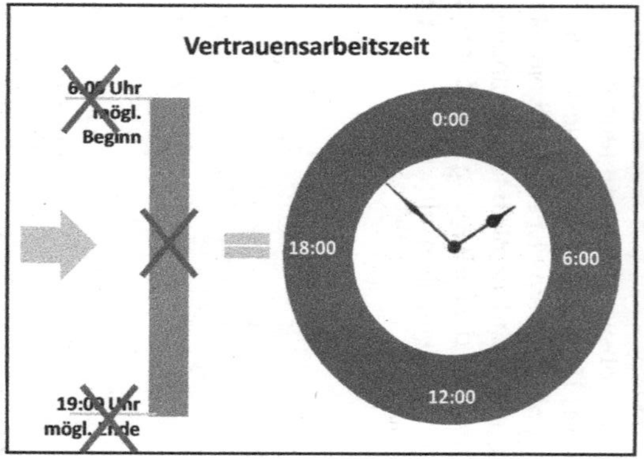

1. Ursprung: Feste unbeweglichen Arbeitszeiten.

Erster Schritt: Übergang zur einfachen gleitenden Arbeitszeit, die Dauer der täglichen Arbeitszeit bleibt immer gleich, die Beschäftigten können in Grenzen variabel anfangen und damit auch das Ende verschieben. Wird praktisch nicht mehr genutzt.

Zweiter Schritt: Übergang zur qualifizierten gleitenden Arbeitszeit mit Kernarbeitszeit, die den Beschäftigten die Möglichkeit gibt, die tägliche Arbeitszeit wie eine Ziehharmonika zu verlängern oder zu verkürzen. Begrenzt wird das durch einen äußeren Rahmen, innerhalb dessen sie sich bewegen dürfen und eine Kernarbeitszeit im Inneren, während derer Anwesenheitspflicht besteht.

Dritter Schritt: Übergang zur qualifizierten gleitenden Arbeitszeit ohne Kernarbeitszeit mit Rahmen, innerhalb dessen die Beschäftigten nicht mehr zeitlich festgelegt zur Anwesenheit verpflichtet sind.

Vierter Schritt: Übergang zur qualifizierten gleitenden Arbeitszeit ohne Kernarbeitszeit und ohne Rahmen, bei der die Betriebsparteien praktisch keine Festlegungen zur Arbeitszeit mehr treffen. Auch Vertrauensarbeitszeit genannt.

Beeinflussbarkeit wie auch Beweglichkeit der Arbeitszeit werden durch die Betriebsvereinbarung über dieses Arbeitszeitmuster hergestellt. Beides geht daher so weit, wie die Betriebsparteien den Rahmen dafür stecken.
Folge dieser Festlegungen ist für den Betriebsrat wie auch für die Arbeitgeberin, dass sie die Mitbestimmungsrechte bzw. das Direktionsrecht aus der Hand geben: Die Arbeitgeberin kann innerhalb des durch die Betriebsparteien gesetzten Rahmens den Beschäftigten keine Weisung zur Lage der Arbeitszeit erteilen, der Betriebsrat die Entscheidungen der Beschäftigten auch dann nicht mehr beeinflussen, wenn sie ihm nicht gefallen. Das ist auch dann so, wenn unter Ausnutzung des Rahmens über die regelmäßige oder sogar über die maximal zulässige Arbeitszeit hinaus gearbeitet wird. Der Betriebsrat ist erst wieder im Geschäft, wenn der Rahmen der Vereinbarung überschritten wird[222] oder wenn die Arbeitgeberin Beschäftigte innerhalb des Rahmens verpflichten möchte, zu bestimmten Zeiten anwesend zu sein.
Solche Arbeitszeitvereinbarungen haben Bezeichnungen wie »gleitende Arbeitszeit « oder »Vertrauensarbeitszeit «. Das dient der Verständigung, kann aber auch in die Irre führen, wenn Betriebsrat und Arbeitgeberin sich zwar über die Einführung einer gleitenden Arbeitszeit einig sind, aber unterschiedliche Vorstellungen davon haben, was das ist.

Beispiel
Die Arbeitgeberin ist schwankenden Kundenanforderungen ausgesetzt und will, dass die Beschäftigten selbst ihre Arbeitszeit daran anpassen. Zeitguthaben soll nach Genehmigung durch Vorgesetzte in einzelnen Stunden ausgeglichen werden. Der Betriebsrat will dagegen den Beschäftigten freie Hand lassen, wann sie auf die Kundenanforderungen reagieren. Freizeit soll in ganzen Tagen ausgeglichen werden, deren Lage die Beschäftigten selbst festlegen können. Beides ist gleitende Arbeitszeit, aber wohl kaum miteinander vereinbar.

Die möglichen Gestaltungsformen von Arbeitszeiten mit individueller Flexibilität haben sich schrittweise aus der festen Arbeitszeit heraus entwickelt. Dabei ist nur eine Form im Laufe der Zeit verlorengegangen, die übrigen existieren nach wie vor nebeneinander weiter (siehe Grafik 18).
Die Betriebsparteien müssen bei der Gestaltung der individuell gesteuerten Arbeitszeit also entscheiden, ob und in welchem Umfang es eine Kernarbeitszeit bzw. eine Rahmenarbeitszeit geben soll. Um die Beschäftigten vor Überlastungen zu schützen, müssen Maßnahmen wie eine Begrenzung von Zeitguthaben und Ausgleichsmaßnahmen hinzukommen. Außerdem ist die Zeitsouveränität zu gestalten. Die letzte Ausbaustufe – als Vertrauensarbeitszeit bezeichnet – ist nicht die höchste Stufe der Glückseligkeit, sondern lediglich eine weitere Option, um die in der ersten Dekade dieses Jahrhunderts unangemessen viel Gewese gemacht wurde. Die Positionen reichten von »eine neue Form der Knechtschaft« bis zu »endgültige Befreiung von der Tyrannei der Stechuhr«. Ein wenig von diesem

222 BAG 29.4.2004 – 1 ABR 30/02.

Feuer ist in Zusammenhang mit der Entdeckung der Pflicht zur Zeiterfassung 2023 wieder aufgelodert. Tatsächlich handelt es sich um nichts weiter als die Erweiterung der gleitenden Arbeitszeit, bei der sich dieselben Aufgaben für einen Betriebsrat stellen wie bei allen anderen Formen auch: Bestimmung des Einflusses der Beschäftigten auf die Arbeitszeit und Verhinderung von selbstbestimmter Überlastung.

Die Aufregung hat sich inzwischen gelegt, Arbeitgeberinnen haben eingesehen, dass sich ihre Hoffnung, mit dem Verfahren auf die Erfassung und Dokumentation von Arbeitszeiten verzichten zu dürfen, nicht erfüllen kann. Nachdem die Arbeitsministerien zweier Regierungen intensiv aber ohne Ergebnis mehrere Jahre geprüft haben, ob die Entscheidung des EuGH zur Zeiterfassung auch in der BRD umgesetzt werden muss, hat das BAG dem Trauerspiel ein Ende gemacht und die Pflicht zur Erfassung bestätigt.[223] Gerichte haben auch die versprochene Freiheit dadurch begrenzt, dass sie in Vertrauensarbeitszeit Arbeitende dazu verpflichten, ihrer Arbeitgeberin in bestimmtem Umfang Arbeitszeit zur Arbeitsleistung anzubieten, auch wenn das Gegenteil vereinbart wurde und tatsächlich auch gar keine Arbeit vorhanden ist.[224]

Eine weitere Ursache für die Beruhigung der Gemüter ist, dass Arbeitgeberinnen zwar »inoffiziell« in Verhandlungen immer betont haben, es komme nicht auf die absolvierte Arbeitszeit an, sondern nur auf die Arbeitsergebnisse, gleichzeitig aber nie bereit waren, das auch in einer Betriebsvereinbarung zu dokumentieren. Die anderslautende Rechtsprechung,[225] die im Streitfall auf der Verpflichtung zur Erfüllung der vereinbarten Arbeitszeit beharrt, ist damit weiterhin maßgeblich.

Das hat der Vertrauensarbeitszeit in Reinkultur eine kurze Konjunktur beschert, mittlerweile haben sich die meisten Betriebsparteien darauf besonnen, dass sie das Geschäft der Arbeitszeitgestaltung nicht einfach vollständig aus der Hand geben können.

V.6.2 Einsatzgebiete / Erwartungen

Systeme mit individueller Flexibilität haben für Arbeitgeberinnen Vorteile: Sie sind auf diese organisatorische Leistung der Beschäftigten angewiesen, denn häufig können die Vorgesetzten die Abläufe gar nicht mehr steuern. Sie haben zu wenig Einblick in das Spezialistentum der Beschäftigten, deren Nähe zu Kunden und kooperierenden Unternehmen oft so eng ist, dass etwas anderes als die autonome Arbeitsorganisation gar nicht mehr geht.

Außerdem wissen auch Arbeitgeberinnen, dass mehr Freiheit bei der Gestaltung der Arbeitszeit auch die Arbeitszufriedenheit der Beschäftigten erhöht, obwohl dabei die Tendenz zu beobachten ist, dass die Arbeitszeit viel direkter an betriebliche Bedürfnisse angepasst wird als in fremdbestimmten Zeitsystemen. Daher ist eine solche Flexibilisierung auch dann für das Unternehmen vorteilhaft, wenn

---

223 EuGH 14.5.2019 – C-55/18; BAG 13.9.2022 – 1 ABR 22/21.
224 BAG 29.8.2013 – 2 AZR 273/12.
225 BAG 15.5.2013 – 10 AZR 325/12.

sie nur deshalb eingeführt wird, weil es geht und nicht wegen der beschriebenen betrieblichen Notwendigkeiten.
Das Interesse der Beschäftigten an solchen Zeitsystemen ist damit auch beschrieben: eine bessere Koordination von beruflichen mit privaten Interessen.
Ob sich solche Erwartungen realisieren lassen, hängt in erster Linie davon ab, ob die zu bewältigende Arbeitsmenge in der vorgesehenen Zeit zu schaffen ist. Gelingt es, ist der Effekt messbar: Mehr Einfluss auf die eigene Arbeitszeit führt zu besserer Gesundheit und Zufriedenheit.[226]
Einsatzgebiete solcher flexiblen Systeme sind zunächst Büro- und Verwaltungsarbeitsplätze, bei denen die Erledigung der einzelnen Aufgaben unabhängig voneinander ist. Das kann allerdings nicht einfach vorausgesetzt werden. Die zeitliche Souveränität der einen führt sonst schnell zur Unterordnung von anderen Beschäftigten (siehe folgendes Beispiel). Dazu kommen in großer Zahl Arbeitsplätze in der IT-Branche, sowohl in der Entwicklung als auch im Service.

Beispiel
In einer Klinik werden Arztbriefe nach Diktat geschrieben. Da es bei den Ärztinnen und Ärzten egal ist, ob sie um 6:00 Uhr oder um 8:00 Uhr kommen, können diese in Gleitzeit arbeiten. Die Schreibkräfte sind damit allerdings völlig von der Arbeitszeitvorstellung des ärztlichen Personals abhängig. Wenn sie ebenfalls in Gleitzeit arbeiten, ist ihre vermeintliche Selbstbestimmung der Lage der Arbeitszeit in Wirklichkeit eine vollständige Fremdbestimmung.
Hier hilft nur entweder eine feste Arbeitszeit in beiden Gruppen oder eine Arbeitsorganisation, die den Schreibkräften auch Arbeiten zuweist, bei denen es egal ist, wann sie erledigt werden. Sie müssen zudem die Möglichkeit haben, Schreibarbeiten notfalls am Folgetag zu erledigen.

Gleitende Arbeitszeit kann auch ein Thema sein, wenn in Schichten oder Dienstplänen gearbeitet wird. Da hierbei die Arbeiten in der Regel wegen der Ablösung der Schichten miteinander verzahnt sind, ist der Spielraum aber meist erheblich geringer. Allerdings spricht nichts gegen eine individuell beeinflussbare Arbeitszeit, wenn an Maschinenarbeitsplätzen einschichtig Aufträge komplett abgearbeitet werden.
Die Kommunikation zwischen den sich ablösenden Beschäftigten im Mehrschichtbetrieb ist für ein geringes Maß an Beweglichkeit bei Beginn und Ende der täglichen Arbeitszeit entscheidend. Außerdem müssen sich die Schichten in Form eines Zeitpuffers überlappen. Wer während dieser Überlappungsphase den Arbeitsplatz ausfüllt, bleibt den Beschäftigten bzw. den dort tätigen Arbeitsgruppen überlassen. Durch die Absprache muss aber sichergestellt sein, dass es weder zu Doppelbesetzungen kommt noch dass überhaupt niemand während dieser Phase anwesend ist.
Da immer mit Störungen gerechnet werden muss, sollten die Beschäftigten einer Schicht in der Lage sein, mehrere Arbeitsplätze zu besetzen, um bei Übergabefehlern einzuspringen.

226 BAuA Arbeitszeitreport 2016, S. 58.

V.6.3 Chancen und Risiken

Arbeitszeiten mit individueller Flexibilität bergen Chancen und Risiken für die Beschäftigten in sich. Die Chancen sind dabei – jenseits vollmundiger Versprechungen – unbestreitbar: mehr Gestaltungsmöglichkeiten für den eigenen Alltag, wenn nicht nur über die Zeit, sondern auch über die Organisation der Arbeit entschieden werden kann. Der Wunsch nach einem freien Nachmittag ohne Rechtfertigung geht allerdings nur dann in Erfüllung, wenn die Projekte nicht ständig so (un)organisiert sind, dass die Fertigstellung von der Arbeit bis zum Abend abhängig ist.
Damit das nicht passiert, muss die Betriebsvereinbarung Regeln vorgeben. Dazu gehört vor allem der Ausschluss von Weisungsrechten der Vorgesetzten innerhalb des geschaffenen zeitlichen Spielraums. Ist das ein Rahmen von 6:00 bis 19:00 Uhr ohne Kernarbeitszeit, müssen die Beschäftigten über diese Zeit autonom entscheiden können. Die angeordnete Teilnahme an einer Besprechung innerhalb des Rahmens ist eine Verletzung dieses Spielraums, der den Betriebsrat auf den Plan ruft – wohlgemerkt nur die angeordnete Teilnahme, nicht die selbst bestimmte. Dass manche Arbeitgeberin angesichts solcher Machtfülle zurückschreckt, ist durchaus verständlich. Die Reaktion darauf kann aber nur eine mit dem Betriebsrat vereinbarte Einschränkung – meist in Form einer Kernarbeitszeit – sein und nicht die Befugnis von Vorgesetzten, die in vereinbarte Autonomie wieder einzugreifen.
Solche Systeme, die den Beschäftigten Einfluss auf die Lage der Arbeitszeit ermöglichen, haben auch unter dem Gesichtspunkt des Gesundheitsschutzes Relevanz: Ein Zusammenhang mit besserer psychischer Gesundheit ist feststellbar.[227] Das Gegenteil zeigt sich, wenn die Gestaltungsmöglichkeiten fehlen.[228]
Individuelle Flexibilität bei der Arbeitszeit ermöglicht einen anderen Lebensstil. Die starre Trennung zwischen Arbeits- und Freizeit wird aufgehoben, was durchaus von manchen Beschäftigten geschätzt wird. Allerdings ist diese Gruppe sozial eingrenzbar: In ihr finden sich in der Regel keine jungen Mütter – und ebenfalls keine Väter, die Familienleben für mindestens ebenso wichtig wie ihrem Beruf halten. Für diese Gruppen kann die individuelle Flexibilität bei der Arbeitszeit zu einer fatalen Selektion führen: Wenn berufliche Aufstiegschancen informell und nach vordergründiger Identifikation mit dem Betriebshabitus ausgeknobelt werden, sind diejenigen im Vorteil, die einen solchen Lebensstil pflegen können. Keine Chancen haben dann diejenigen, die ihr Leben auch mit anderen Dingen als mit Arbeit zu füllen wünschen. Damit werden dann auch wieder ganz altertümliche Rollenbilder gefestigt.
Die guten Seiten individueller Flexibilität bei der Arbeitszeit für die Beschäftigten sind unbestreitbar vorhanden, solange die nicht auf dem Standpunkt stehen, die Unterordnung in ein Anweisungssystem sei für sie besser als ein zumindest geringer Zuwachs an Freiheit. Eine Regelung, die das gewährleistet, besteht aller-

227 Rothe u. a., S. 55.
228 Rothe u. a., S. 59.

dings aus anspruchsvolleren Bestandteilen als nur aus der Abschaffung der Zeiterfassung, wie das bei der Vertrauensarbeitszeit lange Zeit propagiert wurde.
Der Verzicht auf die Erfassung ist gleichzeitig der Verzicht auf eine genaue Abrechnung der eigenen Arbeitsleistung in einem Arbeitszeitkonto, also die Feststellung, ob Leistung (Arbeit) und vereinbarte Gegenleistung (Vergütung) noch im richtigen Verhältnis zueinander stehen. Das ist ungefähr so sinnvoll, wie die Führung eines Girokontos bei einer Bank ohne die Möglichkeit, sich über den Kontostand informieren zu können. Ob sich das Thema mit der Entwicklung der Rechtsprechung erledigt hat, die den deutschen Gesetzgeber verpflichtet, die Zeiterfassung verbindlich zu regeln, wird sich erst nach entsprechender Anpassung des ArbZG absehen lassen.[229] Wenn dort auch deren mildeste Form – die private Erfassung ohne laufende Kenntnisnahme der Arbeitgeberin zugelassen wird – dürfte sich an den hierzulande nachlässigen Umgang mit dem Thema wenig ändern.
Je weniger regulatorische Vorgaben zur Arbeitszeit existieren, desto größer ist das Risiko für Beschäftigte, in eine Falle zu geraten: Ihnen droht eine Situation der ständigen Überforderung, weil ihnen der Rahmen für die Erfüllung der vertraglichen Pflichten verloren gegangen und nichts an dessen Stelle getreten ist. Sie finden im Arbeitsalltag keinen Punkt mehr, an dem sie sich zurücklehnen und die Arbeit als getan empfinden können. Schließlich sind sie nicht mehr sieben, acht oder neun Stunden täglich tätig, sondern sollen ein definiertes Arbeitsziel erreichen – allerdings ohne Umfang und Zeitaufwand dafür steuern zu können. Dafür spüren sie aber die Verantwortung doppelt, schließlich wurden sie schon in die Entwicklung der Aufgaben, die Angebotserstellung o. Ä. einbezogen. Kurz zusammengefasst: Sie sind Mitunternehmer ohne wirklichen Einfluss. Der einzige Ausweg aus diesem Dilemma ist die Erhöhung der Arbeitsleistung. Der menschliche Hamster erhöht die Drehzahl und täuscht sich so über seine Machtlosigkeit hinweg. Im Unterschied zu seinem animalischen Freund baut er so aber keinen Stress ab, sondern im Gegenteil auf.
Gleichzeitig ist es kaum möglich, die Überlastung zu monieren. Wer riskiert schon, in einem interessanten Projekt als Querulant angesehen zu werden, als derjenige, der das Gruppenergebnis und – manchmal noch schlimmer– die eigene Leistungsfähigkeit in Frage stellt. Schließlich sind die Folgen davon für die weitere berufliche Laufbahn nicht abschätzbar.
Weil keine Arbeitszeit mehr festgelegt ist, wird auch alles, was nicht eigentliche Arbeitszeit ist, zur Privatsache. Das betrifft Reisezeiten genauso wie Krankheiten. Risiken und Chancen sind aber kein unabänderliches Schicksal, sondern vor allem eine Gestaltungsaufgabe für die Betriebsparteien bei diesen von den Beschäftigten selbst gesteuerten Arbeitszeiten.[230]

229 EuGH 14.5.2019 – C-55/18; BAG 13.9.2022 – 1 ABR 22/21.
230 Zur Vertiefung des Themas empfehlenswert: *www.cogito-institut.de.*

V.6.4 Gestaltung

Arbeitszeitsysteme mit individueller Flexibilität definieren sich durch den Einfluss der Beschäftigten auf die Lage der Arbeitszeit. Wie weit dies geht, muss in einer Betriebsvereinbarung festgelegt werden. Deren Aufgabe ist es, über den Einsatz von Zeitrahmen, Kernarbeitszeit oder auch den Verzicht darauf zu entscheiden und im letzteren Fall einen Ersatz für damit entfallende schützende Grenzen bereitzustellen. Außerdem müssen die Befugnisse der Beschäftigten festlegt werden.

V.6.4.1 Autonomie

Die Autonomie der Beschäftigten ist das Spiegelbild der Mitbestimmungsrechte des Betriebsrats bei der Arbeitszeitgestaltung. In dem Maße, wie der Betriebsrat seine Rechte in der vereinbarten Arbeitszeitregelung »aufgibt«, muss die Autonomie der Beschäftigten wachsen. Eine Aufgabe der Mitbestimmungsrechte zugunsten der Arbeitgeberin wäre dagegen eine unzulässige Regelung, weil damit vollständig auf die Beeinflussung der Arbeitszeit zugunsten der Beschäftigten verzichtet würde.[231]

Die Einflussnahme der Beschäftigten auf ihre Arbeitszeit im Rahmen der Autonomie ist in der Regel individuell, bezieht sich also nur auf die eigene Zeit.[232] Es ist allerdings auch möglich, damit Teams, Abteilungen und sogar Schichtgruppen höheren Einfluss auf ihre Arbeitszeit einzuräumen, die sich dann allerdings untereinander koordinieren müssen. Klappt das, kann der Betriebsrat sich heraushalten, kommt es zu Problemen, muss die dafür abgeschlossene Vereinbarung das Thema in die normale Mitbestimmung zurückholen. Dieser Rückfall muss schon dann passieren, wenn nur ein Mitglied der Gruppe mit dem Ergebnis der autonomen Festlegung nicht einverstanden ist.

Mit dieser Autonomie verbunden ist der Verlust von Zuschlägen für zusätzliche Arbeitszeiten. Denn diese setzen nach den gängigen Regularien eine Anordnung oder eine Duldung der zusätzlichen Arbeitszeit durch die Arbeitgeberin voraus. Genau das ist aber in den entsprechenden Vereinbarungen nicht vorgesehen, ausdrückliches Ziel ist es dagegen, die zusätzliche Arbeitszeit durch Freizeit wieder auszugleichen.

Betriebsräte, die stattdessen mit dem Ziel antreten, Verdienstmöglichkeiten aus Zuschlägen zu erhalten, müssen dafür in Kauf nehmen, die eigenen Handlungsmöglichkeiten und die Autonomie der Beschäftigten zu beschränken: Sie müssen den Vorgesetzten das Recht einräumen, Arbeitszeit anzuordnen, ob sie am Ende zusätzlich ist oder nicht. Da dies innerhalb des von der Mitbestimmung eingeräumten Rahmens passiert – der in letzter Konsequenz auch 24 Stunden dauern kann –, verzichten sie damit auf die letzte Chance, als Betriebsrat die Beschäftigten in solchen Systemen vor dem Zugriff der Arbeitgeberin zu schützen. Hier muss also vom Betriebsrat die Entscheidung getroffen werden, ob die theo-

231 BAG 29.9.2004 – 5 AZR 559/03.

232 Textbaustein XI.4.2 – Autonome Schichtplanung.

retischen Verdienstmöglichkeiten oder die Autonomie der Beschäftigten das sein Ziel ist. Beides zusammen geht nur auf dem Papier, das dann aber keine Hilfe ist, wenn sie benötigt wird.
Beschrieben wird diese Autonomie in einer Betriebsvereinbarung allerdings meist eher als Programmsatz, der in etwa so lautet:

»Die Beschäftigten legen in der Gleitzeitspanne ihre Arbeitszeit unter Berücksichtigung der individuellen und der betrieblichen Belange selbst fest.«

Dabei ist der Großteil des Satzes noch überflüssig, weil keine Belange denkbar sind, die außerdem noch zu bedenken wären. Entscheidend ist also der Teil, der bestimmt, dass die Beschäftigten ihre eigene Arbeitszeit festlegen. Der Rest dient eher den Befindlichkeiten derjenigen, die solche Vereinbarungen verhandeln und abschließen, ändert aber rechtlich nichts.
Geregelt ist damit erst einmal nichts, spannend wird es allerdings, wenn andere Regelungen in der Betriebsvereinbarung dazu im Widerspruch stehen, weil sie Vorgesetzten, Teams usw. kollidierende Rechte einräumen:

»Besteht kein Einvernehmen über die Notwendigkeit einer bestimmten Anwesenheit, kann der Vorgesetzte entsprechende Festlegungen treffen.«

Damit ist nicht nur der Programmsatz vollständig außer Kraft gesetzt, weil die individuellen Festlegungen nur so lange Bestand haben, wie Vorgesetzte sie für richtig halten. Die Vereinbarung ist auch in den Bereich der unzulässigen Aufgabe von Mitbestimmungsrechten gekippt:[233] Der Betriebsrat will sich nicht einmischen, kann es auch nicht mehr, aber auf Seiten der Beschäftigten wurde kein angemessener Ersatz für diesen Rückzug geschaffen. Die Entscheidungsbefugnisse liegen weder bei den Beschäftigten, noch sind sie mitbestimmt – als wäre das BetrVG außer Kraft gesetzt.
Ein Weg ist es, die die Lösung des Problems innerhalb der Logik der Mitbestimmung bei der Arbeitszeit zu suchen, also den Einfluss des Betriebsrats in kritischen Situationen wieder zur Geltung bringen.
Innerhalb der Mitbestimmung läge es, wenn jede Entscheidung über die Lage der Arbeitszeit wieder vom Betriebsrat mitbestimmt würde. Das entspricht jedoch weder dem Ziel solcher autonomisierten Arbeitszeiten, noch ist es praktisch durchführbar. Wenn diese Maßnahme erforderlich wäre, müsste das gesamte Modell zugunsten vollständig mitbestimmter Arbeitszeiten abgeschafft werden. Der Betriebsrat hätte in dieser Konstellation die Wahl zwischen Bevormundung durch Nichtstun, weil damit jede ungewollte Festlegung abgewehrt würde, oder er wird derjenige, der den Vorgesetzten hilft, ihre Anliegen gegen die Beschäftigten durchzusetzen. Auch das dürfte nicht die Rolle sein, die er anstrebt.

---

233 Kapitel III.5.2 – Pflicht zur Mitbestimmung.

Solche Konflikte lassen sich durch vorausschauende Festlegungen in den Griff bekommen. Das ist in vielen Fällen eine Kernarbeitszeit, immer häufiger aber auch Weiterentwicklungen davon.[234]

V.6.4.2 Arbeitszeitrahmen

Der tägliche Arbeitszeitrahmen bestimmt, zu welchen Zeiten gearbeitet werden kann bzw. nicht gearbeitet werden darf.[235] In der Regel sind Letzteres die Nachtstunden und das Wochenende. Solche Rahmen werden in der Regel als Selbstverständlichkeit behandelt. Gerungen wird in den Verhandlungen meist mit folgender Rollenverteilung: Die Arbeitgeberin will einen möglichst weiten und der Betriebsrat einen möglichst engen Arbeitszeitrahmen haben. Ein weiter wäre von Montag bis Samstag zwischen 6:00 und 22:00 Uhr, ein enger von Montag bis Freitag zwischen 7:30 und 18:00 Uhr.

Wird gleichzeitig eine Kernarbeitszeit vereinbart, ergibt sich der Rahmen fast schon von selbst: Die Arbeitszeit kann frühestens 10 Stunden und 45 Minuten vor deren Ende beginnen und muss spätestens nach 10 Stunden und 45 Minuten enden. Das hört sich ein wenig paradox an, ist aber eigentlich einfach: Das ArbZG legt die tägliche Höchstarbeitszeit auf zehn Stunden fest, innerhalb dieser Spanne müssen mindestens 45 Minuten Pause liegen. Wenn die Kernarbeitszeit eine Anwesenheitsverpflichtung vorsieht, bestimmt deren Beginn und Ende indirekt den frühestmöglichen Beginn und das späteste Ende der Arbeitszeit, damit die Verpflichtung erfüllbar ist, bis dahin im Betrieb zu bleiben, ohne die 10 Stunden zu überschreiten. Die Erweiterung des Rahmens setzt dann eine Verlängerung der Pausen voraus.

Grafik 19: Automatischer Arbeitszeitrahmen

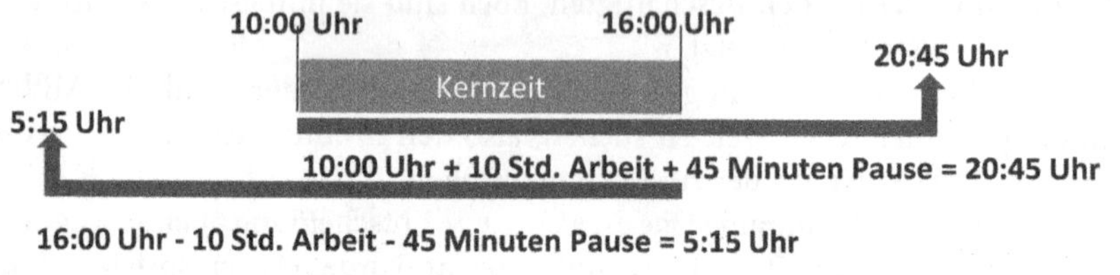

Durch die Kernzeit bestimmter täglicher Arbeitszeitrahmen:
Jeweils 10:45 Stunden vor Ende bzw. nach Anfang der Kernzeit.

Eine Begründung für einen engen oder weiten täglichen Rahmen lässt sich – wenn die individuelle Flexibilisierung ernst gemeint ist – kaum finden, zumindest nicht aus Sicht des Betriebsrats. Die Überlegung, dass Beschäftigte durch einen engen Rahmen vor zu viel Arbeit in Randzeiten geschützt werden sollen,

234 Kapitel V.6.4.3 – Kernarbeitszeit.

235 Textbaustein XI.6.1 – Gleitende Arbeitszeit – Standard.

drückt eher die Sorge aus, dass es mit der Autonomie doch nicht so weit her ist. Besteht die Gefahr der Überlastung, passt dieses Arbeitszeitmuster nicht zur Arbeitsorganisation, und das Autonomieversprechen ist dann eine fromme Lüge. Wenn dagegen die Beschäftigten ihre Zeiten wirklich selbst festlegen, ist es eine fürsorgliche Entmündigung, wenn ihnen die Entscheidungsfreiheit wieder genommen wird – und das ausgerechnet in den Phasen des Tages und der Woche, in denen ohnehin die meisten keine Lust auf Arbeit haben, also in der Nacht und am Wochenende.

Die Befürchtung, dass dadurch zu viel gearbeitet wird, lässt sich durch den Rahmen bei echter individueller Flexibilität kaum beeinflussen. Dafür müsste dieser so eng gezogen werden, dass kaum noch Entscheidungsspielraum bleibt. Selbst im oben als eng gekennzeichnet Rahmen lassen sich noch jeden Tag 9 Stunden und 45 Minuten arbeiten – genug Spielraum also, um in kurzer Zeit ein erkleckliches Stundenguthaben anzuhäufen. Wer diese Entwicklung befürchtet, sollte sich ehrlich machen und über feste Arbeitszeiten verhandeln.

Der Rahmen taugt nicht als Belastungsgrenze, weil die Grenzverletzung, also seine Überschreitung am Ende des Arbeitstags nichts darüber aussagt, wann dieser begonnen hat. Die Belastung ist gering, wenn bis dahin erst sechs Stunden gearbeitet wurden. Und innerhalb des Rahmens können auch ohne Grenzverletzung noch genug bis zu viel Zeiten aufgebaut werden.

Der Arbeitszeitrahmen hat also wenig mit der Belastung der Beschäftigten zu tun, Überlastungen entgegensteuern kann ein Betriebsrat damit überhaupt nicht. Dafür müssen andere Regelungen in die Betriebsvereinbarung.[236]

Wenn ein Betriebsrat auf die Definition eines Rahmens besteht, sollte er sich darüber im Klaren sein, dass er dessen Einhaltung auch durchsetzen muss – ganz gleich, wer den Verstoß verursacht. Keinen Sinn hat es, schon in der Betriebsvereinbarung Überschreitungen »nach Absprache mit den Vorgesetzten« zuzulassen. Das ist dasselbe wie der Verzicht auf einen Rahmen, weil der Betriebsrat damit keine Möglichkeit mehr hat, gegen Verstöße vorzugehen. Ohne eine solche Einschränkung ist dagegen jede Überschreitung des Rahmens ein Verstoß gegen seine Mitbestimmungsrechte in Form der Verlängerung der betriebsüblichen Arbeitszeit. Der Betriebsrat ist damit zumindest handlungsfähig. Da aber die Überschreitungen in der Regel durch die Beschäftigten selbst verursacht werden, ist der Handlungsdruck auf Seiten des Betriebsrats gering.

Solche Stunden in einer Betriebsvereinbarung zu zuschlagspflichtiger Mehrarbeit zu machen und dafür auf die Mitbestimmung zu verzichten, ist auch keine Lösung: Zum einen werden dadurch die Beschäftigten geradezu dazu animiert, die vereinbarten Grenzen zu missachten, zum anderen sind solche Vereinbarungen nur in tariffernen Betrieben verbindlich, in allen anderen Fällen sind sie gem. § 77 Abs 3 BetrVG unwirksam.[237]

Für die Arbeitgeberin kann der Rahmen eine finanzielle Bedeutung haben: Er schützt sie davor, dass Beschäftigte Nachtzuschläge einfordern, weil sie sich ohne

236 Kapitel V.6.4.5 – Belastungsschutz.
237 Kapitel III.7.1 – Tarifvorrang / Gesetzesvorrang / Tarifvorbehalt.

ihn selbst in diese Zeit hineingesteuert haben. Wenn der Rahmen das allerdings erlaubt, akzeptiert die Arbeitgeberin diese Leistung auch als vertragsgemäß und muss dafür die entsprechende Vergütung bezahlen.
Ein Grund für die Festlegung eines Rahmens kann auch sein, dass das Betriebsgelände um 7:00 Uhr auf- und um 19:00 Uhr abgeschlossen wird. Dann hat es wenig Sinn, die Arbeitszeit darüber hinaus auszudehnen. Solche Zeiten könnten natürlich auch ausgeweitet oder mobiles Arbeiten eingeführt werden, was wiederum einen breiten Rahmen ermöglicht. Es ist alles gestaltbar.
Bleibt noch das Anliegen, die Menschen vor sich selbst und ihrer Unvernunft zu schützen. Wer das will, muss sich darüber im Klaren sein, dass es allenfalls für das eine – die Unvernunft – empirische Belege gibt, nicht aber dafür, dass ein Rahmen diese besiegen kann. Die in Bezug auf die eigene Arbeitszeit wirklich Unvernünftigen gehen nach der Abmeldung an der Zeiterfassung wieder an ihren Schreibtisch, die anderen sind wahrscheinlich nicht unvernünftiger als die meisten Mitglieder im Betriebsrat auch.
Völlig verfehlt ist es, darauf zu hoffen, dass die beiden Zeitpunkte – Beginn und Ende des Rahmens – der täglichen Arbeit eine spürbare Grenze setzen, nach der die Beschäftigten mental abschalten können. Genau das darf der Rahmen nie sein, dafür ist er immer zu weit gesteckt. Eine solche Haltung würde allenfalls dazu führen, dass man wiederholt bis an diese Grenze arbeitet, um endlich vom eigenen schlechten Gewissen die Absolution fürs Aufhören zu bekommen.[238]
Egal von welcher Seite das Thema beleuchtet wird, für den Betriebsrat gibt es beim Thema »Arbeitszeitrahmen« nichts zu gewinnen. Maßnahmen zum Schutz vor Überlastung sind zwar nötig, aber das sind andere. Sie setzen vor allem nicht mehr bei der täglichen Arbeitszeit, sondern bei der Summe der Arbeitszeit, also dem Zeitguthaben im Konto an.[239]

V.6.4.3 Kernarbeitszeit

Kernarbeitszeiten legen den Zeitraum fest, in dem Beschäftigte sich im Betrieb – bzw. bei Tele- und Mobilarbeit am auswärtigen Arbeitsplatz – befinden müssen.[240] Gibt es eine Kernarbeitszeit, muss für einen ganztägigen Zeitausgleich eine Regelung geschaffen werden, damit von dieser Kernarbeitszeit abgewichen werden kann. Ohne Kernarbeitszeit ist das nicht erforderlich, weil dann ja keine Anwesenheitsverpflichtung für den einzelnen Tag existiert.
Kernarbeitszeiten sollten nicht so lang sein, dass die Gestaltungsmöglichkeiten für die Beschäftigten verloren gehen. Ist die Regelarbeitszeit eines Tages 7,5 Stunden und die Kernarbeitszeit sieben Stunden, bleibt wenig Spielraum. Das mag bei Experimenten sinnvoll sein, die Gleitzeit mit Wechselschicht kombinieren, sonst aber nicht. In die andere Richtung gibt es praktisch keine Grenze, sogar eine Anwesenheit von einer Minute ist schon Gegenstand von Diskussionen gewesen, um nur irgendwie sicherzustellen, dass die Beschäftigten auch mal am

238 Zum Belastungsschutz im Konto vgl. Kapitel IV.6 – Kontosteuerung.
239 Kapitel IV.5.2 – Anspruchssicherung.
240 Textbaustein XI.6.1 – Gleitende Arbeitszeit – Standard.

Arbeitsplatz auftauchen. Ob solche erzieherischen Maßnahmen sinnvoll sind, weiß niemand, sie scheinen aber ein gewisses Machtbedürfnis zu befriedigen.
Ein objektiver Bedarf nach einer Kernarbeitszeit ergibt sich meist aus der Notwendigkeit von Absprachen, Kundenkontakten usw. Nach diesen Anforderungen richten sich dann auch Lage und Dauer der Kernarbeitszeit, wobei diese nicht zwingend in allen Bereichen gleich sein müssen. Betriebsparteien können sich auch darauf beschränken, in der Betriebsvereinbarung nur die Dauer der Kernarbeitszeit festzulegen und es den Abteilungen selbst zu überlassen, deren Lage zu bestimmen.[241]
Eine Kernarbeitszeit legt die Grenze der Autonomie fest. Sie ist das Spielfeld der Arbeitgeberin und der Vorgesetzten, hier können sie ihre Anliegen, die die Anwesenheit von Beschäftigten erfordern, platzieren.
Je weiter der Spielraum für die Beschäftigten, also je enger die Kernarbeitszeit, desto dringender wird der Wunsch von Vorgesetzten, mit ihren Anforderungen an die Präsenz der Beschäftigten auch noch Gehör zu finden. Deshalb beschränkt eine Kernarbeitszeit die Beschäftigten nicht nur, sondern sie schützt zugleich ihre Autonomie in den anderen Zeiten. Dieser Schutz darf wegen solcher Wünsche nicht verringert werden, sonst verkehrt sich die Gleitzeit in ihr Gegenteil: eine feste Arbeitszeit mit Abrufoption.
Mit zunehmenden Zweifeln am Sinn der Kernarbeitszeit nehmen Formelkompromisse zu, um ihre Wirkung abzumildern. Nur scheinbar ein Zugeständnis an die Beschäftigten ist es, wenn Vorgesetzten in der Betriebsvereinbarung das Recht eingeräumt wird, sie von der Pflicht zur Anwesenheit in der Kernarbeitszeit zu entbinden. Damit wird ohne Not eine Gleichbehandlungsdebatte eröffnet, die – auch wenn das sachlich nicht begründet ist – schnell zu Unterstellungen wie Günstlingswirtschaft und Ähnlichem führt. Der Betriebsrat kann dann aber nicht mehr eingreifen, weil er sich in der Betriebsvereinbarung darauf festgelegt hat, dass die Beschäftigten solche Ausnahmen mit den Vorgesetzten direkt und ohne ihn aushandeln.
Solchen Regelungen liegt die Unsicherheit zugrunde, ob die Kernarbeitszeit wirklich benötigt wird und wozu es führen würde, darauf zu verzichten. Die Regelung bleibt aber auch dann bestehen, wenn sie zum Herrschaftsgebiet der Vorgesetzten wird. Statt dadurch neue Probleme zu verursachen, sollte besser nach Alternativen gesucht werden. Die gibt es.
Zunächst ist das eine Service- oder Ansprechzeit. Sie erfordert nicht mehr die Anwesenheit aller, sondern bestimmt lediglich ein Minimum an anwesenden Beschäftigten. Wer dazu gehört, legen die Teams untereinander fest.[242] Das klappt aus Sicht der Arbeitgeberin bei gut wie auch bei schlecht verfassten Abteilungen bzw. Teams. Im ersten Fall gibt es viele zufriedene Beschäftigte, im zweiten Fall sind nur diejenigen zufrieden, die sich regelmäßig durchsetzen.
Deshalb sollte der Betriebsrat dieser Alternative nur zustimmen, wenn er sich sicher ist, dass die Teams gut zusammenarbeiten. Ansonsten muss zumindest

241 Textbaustein XI.6.2 – Bewegliche Kernarbeitszeit.
242 Textbaustein XI.6.3 – Servicezeit.

die Möglichkeit des Ausstiegs aus diesem Verfahren in der Betriebsvereinbarung zugelassen werden.
Manchmal sind solche Service- und Ansprechzeiten auch gar nicht im Laufe des Tages, sondern ausschließlich zu Randzeiten erforderlich. Wenn die Schadensstelle einer Versicherung am Freitagnachmittag besetzt sein muss, wird das kein auch noch so gutwilliges Team auf Dauer harmonisch untereinander aushandeln können. Dann ist es sinnvoll, einen kleinen Dienstplan für diese Stunden mitbestimmt zu erstellen und die unbeliebten Dienste auf alle gleichmäßig zu verteilen. Die Beschäftigten können dazu das Recht bekommen, eigene Wege zu gehen und Dienste anders zu organisieren.[243] Daran muss sich aber niemand beteiligen, der es nicht will. Die Dienste, die im Plan stehen, sind dann die zu leistende Arbeitszeit.
Eine weitere Alternative zur feststehenden Kernarbeitszeit für alle ist eine Kernarbeitszeit, die nur eine Option für die Vorgesetzten ist. Auch das ist eine Beschränkung der Autonomie der Beschäftigten, sie ist aber erträglich, wenn Regeln festgelegt werden, die die Vorgesetzten bei der Anweisung der Kernarbeitszeit einhalten müssen. Die Regeln sind:

- eine Frist, mit der eine solche Kernarbeitszeit angewiesen werden kann,
- die zeitliche Beschränkung von Lage und Dauer der Kernarbeitszeit,
- eine Kontingentierung, wie oft die Anweisung von Kernarbeitszeit genutzt werden darf.[244]

Neben den ausdrücklichen Anliegen von Vorgesetzten gibt es noch den sanften Druck, der auch aus dem Kollegenkreis kommt und zu informellem Anwesenheitszwang in Randzeiten führt. Gemeint sind Meetings, Besprechungen usw., die die Anwesenheit vieler erfordern und bei denen ein Teil der Beteiligten immer darauf achtet, dass sie nicht in den lukrativen, die Zielvereinbarungsprämie fütternden Zeiten stattfinden. Solche Events lassen sich in der Betriebsvereinbarung in einen angemessenen zeitlichen Rahmen schieben, z. B. zwischen 8:30 Uhr (frühester Beginn) und 16:00 Uhr (spätestes Ende). Die wichtige zusätzliche Bestimmung ist, dass sie nur mit ausdrücklicher Zustimmung aller Beteiligter auf einen anderen Zeitraum verschoben werden dürfen. Damit wird verhindert, dass Menschen mit Familienleben wegen Nichtbeteiligung vom betrieblichen Karrierekarussell gestoßen werden. Auch die Überschreitung des Zeitkorridors in einem laufenden Meeting sollte von der Zustimmung aller abhängen.[245]

V.6.4.4 Korridor

Der Korridor in der Gleitzeit ist ursprünglich das Zeitguthaben bzw. das -defizit gewesen, das jeweils auf den Folgemonat übertragen werden könnte. Häufig ist an dessen Stelle ein komplexeres Arbeitszeitkonto mit längerem Ausgleichszeitraum getreten, hier spielt der Monat dann keine Rolle mehr. Bei der Vertrauensarbeitszeit ist das ohnehin so, wenn nicht auf die Kontoführung sogar ganz verzichtet wird.

243 Textbaustein XI.6.4 – Servicezeit-Dienstplan.
244 Textbaustein XI.6.5 – Optionale Kernarbeitszeit.
245 Textbaustein XI.6.6 – Meetingkorridor.

Die Werte bei einem monatlich zu beachtenden Korridor sind eher gering, meist liegt die Grenze bei zehn bis zwanzig Stunden. Wenn diese allerdings nur für neu hinzukommendes Guthaben gilt, also die im abgelaufenen Monat zusätzlich gearbeitete Zeit, können sich im Hintergrund erhebliche Guthaben ansammeln, für die dann wiederum ein Arbeitszeitkonto eingerichtet werden muss. Ein monatlicher Korridor hat dann die Wirkung einer Beschränkung des Wachstums dieses Kontenguthabens, nicht aber einer Begrenzung der absolut gearbeiteten Zeit. Eine Kombination beider Modelle, also mit der Begrenzung der Summe aller Guthabenstunden und des monatlichen Zuwachses, kann durchaus sinnvoll sein[246] – allerdings nur, wenn der Korridor zum Zeitausgleich und nicht zu einer Kappung oder Auszahlung der überschießenden Stunden führt.

Die Kappung, also die Streichung der Stunden, ohne sie zu vergüten, ist ohnehin fast nie rechtmäßig.[247] Dass sie nicht zu einer Entlastung führt, dürfte sich von selbst verstehen, auch wenn auch hier noch teilweise ein erzieherisches Anliegen in den Verhandlungen eine Rolle spielt: Wer nicht bezahlt wird, wird in Zukunft wohl auch nicht mehr so viel arbeiten. Dass die Gleichung nicht aufgeht, ist mittlerweile bekannt. Vor allem aber hat der Betriebsrat bessere Mittel, einen Zeitausgleich und damit eine Entlastung der Beschäftigten zu realisieren.[248]

Eine Auszahlung des Guthabens oberhalb der Korridorgrenze sieht zwar netter aus, hat aber vor allem den Effekt, dass die Belastung durch die Verlängerung der Arbeitszeit erhalten bleibt, Freizeitausgleich gibt es dafür nicht mehr, weil die Stunden mit der Bezahlung aus dem Konto verschwunden sind.

V.6.4.5 Belastungsschutz

In Systemen mit individueller Flexibilität gehen die harten Grenzen zwischen Arbeit und Freizeit verloren, die üblicherweise den Sinn haben, Belastungen im Rahmen zu halten: ein eindeutiger Beginn und ein eindeutiges Ende der Arbeitsphase. An die Stelle dieser aufgegebenen Instrumente muss ein wirksamer Ersatz zum Schutz vor Überlastung treten.

In vielen Fällen sollen das die bereits beschriebenen Instrumente »Arbeitszeitrahmen« und »Korridor« leisten. Der Rahmen hat dabei eher die Funktion, den Bereich zu markieren, jenseits dessen der Betriebsrat gerichtlich gegen die Arbeitgeberin vorgehen kann. Wird über den Rahmen hinausgearbeitet, ist das ein Verstoß gegen die Betriebsvereinbarung und die Mitbestimmungsrechte des Betriebsrats, der unmittelbar den Weg zum Unterlassungsverfahren eröffnet.[249] Das allerdings nur, wenn die Grenze nicht bereits in der Betriebsvereinbarung durchlöchert wird. Solche Löcher entstehen, wenn darin die Überschreitung des Rahmens »freiwillig« oder »nach Absprache« jederzeit zugelassen ist. Bevor der Betriebsrat sich auf so etwas einlässt, sollte er besser auf den Rahmen ganz verzichten, denn dessen Schutzwirkung ist damit weg. Die »Freiwilligkeit«

246 Kapitel IV.6.1.2 – Vertikale Kontogrenzen.
247 BAG 10.12.2013 – 1 ABR 40/12.
248 Kapitel IV.6.2 – Einhaltung der Grenzen.
249 Kapitel III.10 – Durchsetzung und Unterlassung.

legalisiert jede Überschreitung, die Grenze ist damit unverbindlich, und der Betriebsrat kann nicht mehr eingreifen.[250]

Weil der Weg zu einer gerichtlichen Entscheidung aber ein aber ein langer ist, sollte der Betriebsrat zusätzlich das machen, was bei völliger Grenzenlosigkeit, also ohne Rahmen- und Kernarbeitszeit sowieso Standard werden muss: ein Verfahren zur schnellen Ermittlung von Überlastung und Gefährdung und zur Definition von Gegenmaßnahmen, die innerhalb dieser flexiblen Systeme wirken. Dafür kann er sich der Verfahrensweise bei einer Gefährdungsbeurteilung bedienen, die ohnehin gem. § 5 Abs 3 ArbSchG bei neuen Arbeitszeiten immer durchgeführt werden muss. Ein Hilfsmittel ist dabei die Einrichtung eines Arbeitszeitkontos, die auch zu einer Vertrauensarbeitszeit in Reinform passt.[251] Neben den darin enthaltenen Maßnahmen zum Ausgleich von Zeitguthaben[252] sollte die Überschreitung bestimmter Guthabengrenzen automatischer Auslöser für eine Gefährdungsbeurteilung sein. Diese darf aber nicht in der Ausforschung einzelner Beschäftigter bestehen, sondern in einer klassischen Zeitaufnahme, also der Erhebung des Zeitaufwands aller Tätigkeiten, um festzustellen, ob diese überhaupt innerhalb der Arbeitszeit überhaupt geschafft werden können. Hierauf aufbauend können – falls erforderlich – geeignete Maßnahmen zur Entlastung gefunden werden.[253]

Die Frage ist, warum eine Arbeitgeberin sich darauf einlassen sollte. Die Antwort ist einfach: Weil sie es muss und der Betriebsrat es durchsetzen kann. Ohne seine Zustimmung wird es solche flexiblen Arbeitszeiten nicht geben, über die Einigungsstelle sind sie nicht erzwingbar.[254]

Einigen sich die Betriebsparteien in der Betriebsvereinbarung auf den ersten Schritt, also die Gefährdungsbeurteilung bei Erreichen von definierten Werten, kann der Betriebsrat sie später gerichtlich durchsetzen, ggf. sogar per einstweiliger Verfügung. Ohne diese Regelung in der Betriebsvereinbarung müsste die Durchführung der Gefährdungsbeurteilung bei einem konkreten Anlass von einer Einigungsstelle beschlossen werden. Der Anlass sind wiederum die besorgniserregend hohen Kontenstände. Der Unterschied zur Regelung in der Betriebsvereinbarung ist nur, dass zunächst noch eine Einigungsstelle für die Regelung der Gefährdungsbeurteilung eingerichtet werden muss.[255]

Dasselbe gilt für den zweiten Schritt: Gibt es keine Einigung über die erforderlichen Entlastungsmaßnahmen, ist auch das ein Thema, das in der Einigungsstelle abschließend behandelt werden kann.[256]

Auf diesem Weg kommt der Betriebsrat zu einer fundierteren Beurteilung, ob das System der individuellen Flexibilität nur Überlastung verdecken soll oder auch richtig funktionieren kann.

---

250 Zur Sinnhaftigkeit von solchen Rahmen Kapitel V.6.4.2 – Arbeitszeitrahmen.
251 BAG 23.9.2015 – 5 AZR 767/13.
252 Kapitel IV.6.2 – Einhaltung der Grenzen.
253 Kapitel I.3 – Gefährdungsbeurteilung.
254 Kapitel V.6.5 – Mitbestimmung.
255 BAG 19.11.2019 – 1 ABR 22/18.
256 BAG 13.8.2019 – 1 ABR 6/18.

Auslöser für eine solche Gefährdungsbeurteilung muss aber nicht erst ein Ausreißer im Arbeitszeitkonto sein: Auch Beschwerden der Beschäftigten, die merken, dass die Arbeit nicht zu schaffen ist, können dazu Anlass geben.
Ein solches strukturiertes Verfahren zur Beurteilung der Arbeitsbedingungen ist allemal besser als die fürsorgliche Infantilisierung der Beschäftigten durch Coaches, Tools und Beraterinnen, die alle dieselbe Botschaft an die Beschäftigten transportieren: »Es geht schon, und wenn nicht, hast Du es nicht kapiert.« Wenn es schon Gespräche geben soll, die die Probleme lösen, dann lieber mit denjenigen, die die Überlastung anderer zu verantworten haben oder im Rahmen ihrer eigenen Zielvereinbarungen sogar davon profitieren.

V.6.4.6 Optionsmodell: Der IT-Dienstleister[257]

Auch im Bereich der individuellen Flexibilität lassen sich – wie bei der geplanten Arbeitszeit – betriebliche Modelle entwickeln, die den unterschiedlichen Interessen in der Belegschaft entgegenkommen. Ein Beispiel hierfür ist ein mittelgroßer IT-Dienstleister, bei dem sich die Betriebsparteien in den Nullerjahren nicht einig darüber geworden sind, ob eine Zeiterfassung mit Arbeitszeitkonto noch zu einem modernen Unternehmen passt. Die Arbeitgeberin meinte »Nein« und wollte Vertrauensarbeitszeit einführen, der Betriebsrat sah die Gefahr der Überlastung der Beschäftigten und wollte das Arbeitszeitkonto beibehalten und zugleich die Ausgleichsregeln darin schärfen.
Geeinigt hat man sich darauf, dass Beschäftigte zwischen zwei Optionen wählen können.
Die erste Variante ist die Vertrauensarbeitszeit, ein Modell ohne Regeln. Beschäftigte dürfen ihre Arbeitszeit – soweit die Kundschaft es zulässt – selbst bestimmen. Bei zu viel Arbeit ist Freizeitausgleich möglich, aber nur nach Absprache mit den Vorgesetzten.
Die zweite Variante beinhaltete ein Arbeitszeitkonto mit Zeiterfassung und eine Begrenzung des Guthabens mit zwingenden Regelungen zum Zeitausgleich.
Die Zustimmung zum Modell »Vertrauensarbeitszeit« lag zunächst im Promille-Bereich und stieg dann bis zur Umstrukturierung des Unternehmens wenige Jahre später an, kam aber nie in den Bereich, den die Arbeitgeberin prognostiziert hatte.

V.6.5 Mitbestimmung

Die Einführung von Arbeitszeiten mit individueller Flexibilität im Betrieb unterliegt der Mitbestimmung gem. § 87 Abs 1 Nr. 2, 3 BetrVG. Da die Festlegung der Arbeitszeit mitbestimmungspflichtig ist, ist es umso mehr der Verzicht auf eine solche Festlegung.
Anders sieht es aber mit der Erzwingbarkeit dieser Mitbestimmung – und damit auch der Einführung dieses Systems selbst – aus. Nur mit dieser Erzwingbarkeit kann es auch gegen den Willen der einen oder anderen Betriebspartei durch Spruch der Einigungsstelle im Betrieb zur verbindlichen Arbeitszeit werden.

257 Kapitel V.2.7 – Optionsmodelle.

Ohne Erzwingbarkeit gibt es zwar ein Mitbestimmungsrecht, die Mitbestimmung ist aber freiwillig.[258] Das bedeutet, dass das System ohne eine freiwillige Einigung der Betriebsparteien nicht an den Start gehen kann. Können sich Betriebsrat und Arbeitgeberin nicht darauf und auch auf keine andere Gestaltung der Arbeitszeit einigen, müsste in der Einigungsstelle über eine Alternative dazu entschieden werden. In der Regel bleiben dann nur noch feste Arbeitszeiten.

Der Wesenskern von Systemen mit individueller Flexibilität ist die Autonomie der Beschäftigten bei der Festlegung der Arbeitszeit, also ihre Unabhängigkeit von einer betrieblich vorgegebenen Arbeitszeit. Erzwingbarkeit der Mitbestimmung einer solchen Regelung würde hier also zum Ergebnis haben, dass der Arbeitgeberin wie auch dem Betriebsrat gegen ihren Willen die Einflussnahme auf die Arbeitszeiten genommen werden könnten. Das lässt das BetrVG jedoch nicht zu.

Für den Betriebsrat hieße das, sein Mitbestimmungsrecht gem. § 87 Abs 1 Nr. 2 BetrVG zu beseitigen. Das besteht bei der Festlegung von Beginn und Ende der Arbeitszeit und deren Verteilung auf die Wochentage. Nichts davon passiert bei Arbeitszeitsystemen mit individueller Flexibilität, all diese Entscheidungen werden bestenfalls auf die Beschäftigten verlagert. Noch stärker ist der Eingriff bei der vorübergehenden Verkürzung oder Verlängerung der betrieblichen Arbeitszeit, die dem Mitbestimmungsrecht gem. § 87 Abs 1 Nr. 3 BetrVG unterliegen. Die Beschäftigten könnten innerhalb der gesteckten Grenzen die Arbeitszeit auch dauerhaft verlängern, ohne die Möglichkeit für den Betriebsrat zu intervenieren. Einen solchen Rückzug aus seinen Aufgaben gesteht das BetrVG dem Betriebsrat weder als freiwillige Maßnahme zu, das wäre eine Verletzung seiner gesetzlichen Pflichten, noch kann die Arbeitgeberin ihm diesen Rückzug durch Mehrheitsentscheidung einer Einigungsstelle verordnen.

Damit können Vereinbarungen über Arbeitszeitsysteme mit individueller Flexibilität nur freiwillig von den Betriebsparteien vereinbart werden, die Einigungsstelle ist als Entscheidungsinstanz nicht im Spiel, sie kann allenfalls eine Regelung vermitteln. Da die Mitbestimmungsrechte in diesem Bereich gleiche Rechte für beide Seiten enthalten,[259] die Arbeitgeberin also in der Einigungsstelle nicht mehr oder anderes als der Betriebsrat erreichen kann, ändert sich daran auch nichts, wenn sie selbst mit ihrem Machtverlust einverstanden ist.

Eine Ausnahme von diesem Prinzip hat das BAG gemacht: Auf Grundlage der »Rahmenzeiten« im TVöD hat es den Spruch einer Einigungsstelle für rechtens gehalten, der der Arbeitgeberin die Möglichkeit eingeräumt hat, ohne Beteiligung des Betriebsrats die tägliche Arbeitszeit um bis zu zwei Stunden zu verlängern.[260] Das passt jedoch weder zur sonstigen Rechtsprechung desselben Senats, noch entspricht es der Bestimmung im TVöD. Die Rechtsprechung besagt, dass durch eine tarifvertragliche Regelung die Mitbestimmungsrechte nur dann ausgeschlossen sind, wenn der Sachverhalt darin abschließend geregelt ist;[261] was

258 Kapitel III.3 – Initiativrechte und erzwingbare Mitbestimmung.
259 BAG 31.8.1982 – 1 ABR 27/80.
260 BAG 9.11.2010 – 1 ABR 75/09.
261 BAG 12.11.2013 – 1 ABR 59/12.

hier nicht der Fall war, weil die Verlängerung von der Arbeitgeberin allein bestimmt werden konnte. Denn der TVöD verwendet den Begriff »Rahmenzeit« für etwas ganz anderes, nämlich nicht dafür, wie Arbeitszeit festgelegt wird, sondern dafür, wie Zuschläge für Überstunden betrieblich beseitigt werden können. Betriebsräte auch im Geltungsbereich des TVöD müssen sich also von dieser Entscheidung nicht irritieren lassen. Sie können darauf bauen, dass auch bei solchen Arbeitszeiten mit individueller Flexibilität kein Weg an ihnen vorbeiführt und ihnen in einer Einigungsstelle nichts passieren kann, was sie nicht wollen.

V.6.6 Gesetzliche Grenzen

Dass Beschäftigte ihre Arbeitszeit individuell flexibel gestalten, ändert nichts an der Verantwortung der Arbeitgeberin für die Einhaltung der gesetzlichen Vorschriften, insbesondere diejenigen zur Höchstarbeitszeit und zur Ruhezeit. Das ist zwar angesichts fehlender Regelungen zur Lage der Arbeitszeit in der Betriebsvereinbarung eine anspruchsvolle Aufgabe, gleichwohl bleibt sie bestehen. Schließlich lässt sich auch bei völliger Freigabe der Arbeitszeiten deren Ausmaß indirekt über die Arbeitsorganisation und die Zuteilung von Aufgaben durchaus beeinflussen.
Rahmen- und Kernarbeitszeit helfen bei dem Problem nur bedingt weiter, es sei denn, der Rahmen ist so eng gezogen, dass nur zehn Stunden Arbeitszeit zuzüglich Pause hineinpassen.
Häufiger aber sind weite Rahmen, z. B. von 6.00 bis 20:00 Uhr. Damit sind sowohl die Überschreitung der täglichen Höchstarbeitszeit von 10 Stunden als auch die Unterschreitung der Mindestruhezeit von elf Stunden möglich. Der Betriebsrat kann dabei nicht mehr eingreifen, sein Geschäft ist die Festlegung der Arbeitszeit, dass er mit der Betriebsvereinbarung endgültig an die Beschäftigten delegiert hat. Einfluss könnte er nur nehmen, wenn in die Betriebsvereinbarung eine Regelung aufgenommen wird, die besagt, dass die Arbeitszeit immer 10 Stunden und 45 Minuten nach Arbeitsaufnahme zu beenden ist. Damit wird dann aber auch die Möglichkeit längerer Unterbrechungen beseitigt.
Bei individuell flexiblen Arbeitszeiten sollen meist die Beschäftigten selbst die Verantwortung für die Einhaltung von gesetzlichen Vorschriften übernehmen. Dies ist nicht unzulässig, das Arbeitsrecht ist nicht so strukturiert, dass Schutzmaßnahmen grundsätzlich nur über hierarchische Anweisungssysteme realisiert werden dürfen. Ob sich allerdings die Arbeitgeberin damit von ihrer Verantwortung für die Einhaltung des ArbZG befreien kann, hängt vom Umfang der den Beschäftigten übertragenen Kompetenzen ab. Dürfen die, um Verletzungen der Vorschriften zu vermeiden, nach eigenem Ermessen vorhandene Arbeit liegen lassen, könnte das ausreichen für die Befreiung der Arbeitgeberin von ihrer Verantwortung. Das ist jedoch eher ein Gedankenspiel, weil keine Arbeitgeberin eine Betriebsvereinbarung mit solchem Inhalt unterschreiben würde, Damit bleibt die letzte Verantwortung für die Umsetzung des ArbZG und der weiteren Vorschriften zu Arbeitszeit immer bei ihr.
Stattdessen wird versucht, den Rollenwechsel durch die Aufnahme entsprechender Pflichten in die Betriebsvereinbarung zu bewirken. Darin wird den Be-

schäftigten zur Aufgabe gemacht, die gesetzlichen Vorgaben zur Arbeitszeit einzuhalten. Das jedoch reicht nicht einmal im Ansatz dafür aus, um auch nur einen Teil der Verantwortung auf diese zu übertragen. Denn wer kennt denn schon die maßgeblichen Vorschriften und weiß um die teilweise höchst komplizierten Fragestellungen, die damit verbunden sind.

Ein Zugeständnis sollte der Betriebsrat der Arbeitgeberin in der Betriebsvereinbarung zur Umsetzung der Vorschriften aber machen: Er sollte ihr ein Weisungsrecht zum Abbruch bzw. zur Reduzierung der Arbeit einräumen, wenn sie Kenntnis davon bekommt, dass Vorschriften nicht eingehalten werden. Das muss sich aber auf die Anweisung, nicht zu arbeiten, beschränken und darf nicht die Möglichkeit beinhalten, eine andere Arbeitszeitorganisation anzuordnen. Damit wäre das nämlich das System der individuellen Flexibilität außer Kraft gesetzt. Das geht aber nur nach Vereinbarung mit dem Betriebsrat, weil es sich um ein Abweichen von der Betriebsvereinbarung zur Arbeitszeit handelt.

Individuelle Flexibilität bei der Arbeitszeit ändert nichts daran, dass die Arbeitgeberin bei krankheitsbedingtem Arbeitsausfall die Vergütung für sechs Wochen bezahlen muss. Die Arbeitsunfähigkeit muss wie in allen anderen Arbeitszeitsystemen nur angezeigt werden.

Jedoch entfällt die Bezahlung von Zeiten, für die kein Anspruch auf Entgeltfortzahlung besteht: Arztbesuche ohne akuten Anlass, Behördengänge usw. Diese sind immer schon Privatsache gewesen, aber aus gutem Grund in vielen Fällen doch großzügig behandelt worden. »Lieber zwei Stunden Zahnarztbesuch akzeptieren und dafür bezahlen, als an dieser Stelle knauserig sein und dafür möglicherweise eine Krankmeldung riskieren«, scheint die unausgesprochene Überlegung dahinter zu sein.

Wenn es aber gar keine oder nur eine reduzierte Anwesenheitsverpflichtung gibt, verlangen Arbeitgeberinnen immer häufiger, dass solche Anliegen außerhalb von Kernarbeitszeiten erledigt werden. Rechtlich ist das so lange richtig, wie der Zahnarztbesuch ohne Zahnschmerzen absolviert wird. Gibt es die, taucht ein Problem auf, weil es sich jetzt um eine Krankheit handelt, die zur Entgeltfortzahlung führen kann. Wohlgemerkt »kann«, denn es gibt keine festgelegte Arbeitszeit, die deshalb ausfällt. Das ist nicht anders als bei einer fiebrigen Erkältung am Sonntag, die auch Privatvergnügen ist. Auch hier gibt es also keine Verpflichtung für Arbeitgeberinnen, auf die Arbeitszeit zu verzichten, die ein Beschäftigter außerhalb der Kernarbeitszeit bei seiner Ärztin verbracht hat. Anders ausgedrückt: Zwei Stunden Arztbesuch mit akuten Beschwerden führen nicht zu einer Zeitgutschrift im Konto, wenn keine festgelegte Arbeitszeit dadurch ausgefallen ist.

Allerdings ist auch hier richtig: Wer sich krank fühlt, zur Ärztin geht, nach zwei Stunden wieder im Betrieb ist und diese Stunden nacharbeiten muss, wird sich überlegen, ob das die richtige Vorgehensweise ist, wenn eine Krankschreibung zu einer Zeitgutschrift von 7,5 Stunden geführt hätte. Deshalb schaffen es manche Betriebsräte, für solche Fälle doch noch einen Anteil von Entgeltfortzahlung zu retten, auch wenn der rechtlich gar nicht vorgesehen ist.

VI. Arbeit-to-go (Mobiles Arbeiten)

Technik und geänderte Formen der Kooperation zwischen Beschäftigten und Arbeitgeberinnen – weniger Kontrolle, mehr Eigenständigkeit – machen es möglich, die räumlichen Beziehungen zwischen Betrieb und Arbeitsplatz zu verändern. Das Ergebnis ist nicht in erster Linie der mit seinem schicken Mac surfende Hoodie-Hipster im In-Café, sondern eher das Heer von Angestellten, die im Zug sich und andere mit klappriger Tastatur und / oder zu laut eingestelltem Smartphone erfreuen. Wer die Interna der Konkurrenz erfahren will, buche rechtzeitig erste Klasse beim Mobilitätsdienstleister.

Ganz neu ist das Phänomen nicht, schon immer gibt es Beschäftigte, die die fast ihre ganze Arbeitszeit im Außendienst verbringen, die sich bei den Kunden eher heimisch fühlen als im eigenen Büro und sich an die dortigen Arbeitszeitvorstellungen anpassen; gar nicht zu reden von denjenigen, die ständig auf der Spur des nächsten Deals in ihren schwarzen Dienstwagen über die Autobahnen huschen. Die machen ihre Kundentermine selbst und bedanken sich, wenn der Betriebsrat versucht, ihnen ein lukratives Geschäft durch Begrenzung der Arbeitszeit zu vermasseln. Schließlich hängt davon ein Teil ihres Verdienstes ab.

Neu ist mit den heutigen technischen Möglichkeiten, insbesondere den schnelleren Datenleitungen, dass Arbeitsplätze ohne große Änderung der Arbeitsaufgabe oder -weise aus dem Betrieb herausgenommen und an einen anderen Ort verpflanzt werden können. Meist ist das die Wohnung der Beschäftigten, die dann ein Home-Office ihr Eigen nennen dürfen.

Dass solche Vorgänge weder etwas an der Mitbestimmung bei den Themen »Arbeitszeit«, »Arbeitsschutz« usw. noch an den entsprechenden gesetzlichen Vorschriften ändern, ist längst Allgemeinwissen. Speziell für die Ausgestaltung mobilen Arbeitens »mittels Informations- und Kommunikationstechnik« gibt es seit 2022 ein eigenes Mitbestimmungsrecht in § 87 Abs. 1 Nr. 14 BetrVG. Was zu dieser Ausgestaltung gehört, wird sicherlich noch manche Einigungsstelle und ebenso viele Gerichte beschäftigten, muss aber im Zusammenhang mit dem Thema »Arbeitszeit« nicht weiter problematisiert werden: Dieses Mitbestimmungsrecht besteht, egal wo die Arbeit erbracht wird und ob mit oder ohne IT.

Allerdings ist damit noch wenig gewonnen, wenn die Idee fehlt, was denn eigentlich die Besonderheiten sind, die dann doch eine eigene Arbeitszeitregelung benötigen, und vor allem, wie diese Regelung aussehen kann. Um das herauszufinden, lohnt es sich, drei Arten von mobiler Arbeit zu unterscheiden: den nur verlegten Arbeitsplatz ohne weitere Veränderung, den Arbeitsplatz, der Arbeiten von überall möglich oder manchmal auch erforderlich macht, der aber seine Basis weiterhin im Betrieb hat, und den klassischen Außendienst. Bei allen muss gleichermaßen – falls das Erfassungssystem nicht von außen ansprechbar ist – geregelt werden, wie die Zeiterfassung funktionieren soll. Ansonsten gibt es Unterschiede.

VI.1 Ausgelagerter Arbeitsplatz

Der ausgelagerte Arbeitsplatz ist das einfachste Modell: Die Arbeiten, die vorher im Betrieb erbracht wurden, wandern in derselben Form ins Homeoffice, nur die Leitung zum Server wird länger, und das persönliche Gespräch findet über Telefon oder Videokonferenz statt. In vielen Fällen wird die heimische Arbeit mit einem zeitweise zu besetzenden Büroarbeitsplatz kombiniert.

Arbeiten im Homeoffice führt bei manchen Akteuren der Arbeitgeberinnen beim Thema »Arbeitszeit« zu der Vorstellung, hieraus entstehe automatisch ein Bedarf nach Erweiterung der eigenen Rechte, etwa bei der Festlegung des Arbeitsortes durch kurzfristige Weisung, im Betrieb zu erscheinen oder die Verpflichtung zu jederzeitiger Erreichbarkeit, auch wenn die Kolleginnen im Betrieb schon längst die Arbeitszeit im Rahmen der Gleitzeit beenden konnten. Wenn es nötig sein sollte, kann so etwas natürlich festgelegt werden, die Notwendigkeit kann sich aber nicht allein aus dem Umstand ergeben, dass das Büro nicht mehr der einzige denkbare Arbeitsort ist.

Deshalb ist der Regelungsbedarf in Bezug auf die Arbeitszeit bei solchen Verhältnissen eher überschaubar, solange sich nicht mehr ändert als nur der Arbeitsort. Wenn bislang in Gleitzeit gearbeitet wurde, kann das auch in Zukunft so weitergeführt werden. Wenn es bisher eine Kernzeit gab, bleibt auch die erhalten; drum herum organisieren sich die Beschäftigten selbst. Es sollte also nicht sein, dass Vorgesetzte neue Zugriffsrechte auf die Beschäftigten in der selbstverwalteten Arbeitszeitspanne bekommen und die deshalb weitergehende Präsenzzeiten gewährleisten müssen. So etwas kann natürlich nötig sein, dann aber nicht nur für diejenigen, die im Homeoffice arbeiten. Wenn das ernsthaft nur für die Menschen im Homeoffice diskutiert wird, verbirgt sich dahinter eher der Wunsch nach Kontrolle als nach neuen Arbeitszeiten.

Die Tage der Präsenz im Betrieb müssen festgelegt werden, das ist aber kein Arbeitszeitthema. Hier kommt das noch junge Mitbestimmungsrecht in § 87 Abs. 1 Nr. 14 BetrVG zum Zuge. Zum Arbeitszeitthema wird die Anfahrt zum Betrieb, wenn Beschäftigte außer der Reihe dorthin gerufen werden und dadurch über die Kernarbeitszeit (plus Wegezeit) hinaus gearbeitet werden muss. Für diese Abweichung von der vereinbarten Arbeitszeit braucht es aber keine generelle Regelung, das kann via Mitbestimmung im Einzelfall geklärt werden. Genauso funktioniert es schließlich für Beschäftigte im Betrieb, bei denen ja auch niemand einfach Anordnungen treffen kann, die über die vereinbarte Arbeitszeitgestaltung hinausgehen.

Kommt es vor, dass Beschäftigte nach Beginn der Arbeit zu Hause doch noch zum Betrieb fahren müssen, ist das keine Unterbrechung der Arbeitszeit, sondern eine Dienstreise. Die Arbeitszeit hat mit der Arbeitsaufnahme zu Hause begonnen, sie endet gem. § 2 ArbZG erst, wenn der Arbeitstag zu Ende ist und wird nur durch Pausen unterbrochen. Dass eine verpflichtende Anfahrt zum Betrieb nach Arbeitsbeginn keine Pause ist, dürfte außer Zweifel stehen. Das Argument mancher Arbeitgeberinnen, die Betroffenen müssten ja eigentlich sowieso im Betrieb sein und hätten damit die Anfahrt gespart, trägt nicht, weil die Regelung zum mobilen Arbeiten beinhaltet, dass sie an Tagen, die nicht Präsenztage sind, eben nicht im Betrieb sein müssen.

VI.2 Überall-Arbeit

Die Arbeitszeit der Überall-Arbeitenden, die neben dem Arbeitsplatz im Betrieb keinen zweiten haben, aber ständig auf Achse sind, ist für die Mitbestimmung nur dann erreichbar, wenn sie sich – wie bei Beschäftigten im technischen Service oder in Prüfungsunternehmen – nach Dienstplänen richtet, die Einsätze also nach einem Muster steuerbar sind. Wenn das so ist, gibt es kaum Besonderheiten gegenüber der Arbeit im Dienstplan bei präsenten Kräften, allerdings ist hier die Bestimmung eines festen Arbeitszeitendes eher eine Illusion. Dafür braucht es stattdessen einen Gleitzeitrahmen und effektiv wirkende Regelungen zum Zeitausgleich im Arbeitszeitkonto.[1]

Gibt es nicht die Möglichkeit dieser Steuerung durch Dienstpläne, stößt die Mitbestimmung an praktische Grenzen wie im klassischen Außendienst. Die Einwirkung kann sich dann nur noch auf die Arbeitsmenge beziehen.

VI.3 Klassischer Außendienst

Beschäftigte, die allenfalls mal kurz im Betrieb auftauchen, um Material zu holen oder an Meetings teilzunehmen, sind durch betriebliche Arbeitszeiten nicht zu steuern. Sie machen ihre Termine mit der Kundschaft selbst, planen ihre Touren und wollen sich in der Regel da nicht reinreden lassen. Daraus ergibt sich dann auch die eigentliche Aufgabe für den Betriebsrat: diese Autonomie durch eine Betriebsvereinbarung abzusichern und gleichzeitig dafür zu sorgen, dass zusätzlich angefallene Arbeitszeiten erfasst und ausgeglichen werden. Das führt wiederum zum Thema Arbeitszeitkonto, das solche Regeln enthalten muss.[2]

1 Kapitel IV.6.2 – Einhaltung der Grenzen.
2 Kapitel IV.6.2 – Einhaltung der Grenzen.

VII. Teilzeit

Ein großes Thema in vielen Betrieben ist die Teilzeitbeschäftigung. Allerdings betrifft diese im Wesentlichen nicht die betriebliche Gestaltung der Arbeitszeit, sondern den individuellen Vertragsstatus.

VII.1 Lage der Arbeitszeit

Da Beschäftigte mit reduzierter Arbeitszeit wegen dieser Reduzierung nicht anders behandelt werden dürfen als andere, gibt es bei der Wahrnehmung der Mitbestimmungsrechte auch keinen Unterschied zu anderen Beschäftigten. Allerdings besteht auf Seiten der Teilzeitbeschäftigten häufig die Besonderheit, dass sie sich eine andere Verteilung der Arbeitszeit als die Fünf-Tage-Woche wünschen. Auch das ist dann aber ein normaler Mitbestimmungsvorgang, bei dem der Betriebsrat also mitzureden hat. Diese Mitbestimmung ist auch nicht reduziert, weil es sich um Wünsche Einzelner handelt. Weil die Arbeitgeberin die Mitbestimmung nicht durch vertragliche Regelungen mit den Beschäftigten umgehen darf,[1] kommt es nicht darauf an, von wem der Impuls zur anderen Verteilung der Arbeitszeit ausgeht. Entscheidend ist, dass die Festlegung mitbestimmt erfolgen muss.

Eine noch ungeklärte Ausnahme davon scheint § 8 TzBfG zu enthalten. Die Vorschrift gibt Beschäftigten das Recht, eine Verringerung der Arbeitszeit zusammen mit deren gewünschter Verteilung bei der Arbeitgeberin zu beantragen. Die Arbeitgeberin muss dann darüber befinden und sowohl der Reduzierung als auch der Verteilung der Arbeitszeit zustimmen, wenn »betriebliche Gründe nicht entgegenstehen«. Weil aber die Beurteilung der Frage, was betrieblich geht und was nicht, bei der Arbeitszeit genau diejenige ist, die immer im Zentrum der Mitbestimmung steht, kann diese nicht bei der beantragten Festlegung der Lage durch § 8 TzBfG eingeschränkt sein.[2] Anders verhält es sich mit der Festlegung der Dauer: Wenn die Verkürzung endgültig ist, besteht kein Mitbestimmungsrecht, soll sie dagegen nur vorübergehend sein, nimmt die Rechtsprechung ein

1 BAG 3.12.1991 – GS 2/90.
2 BAG 24.6.2008 – 9 AZR 313/07.

Mitbestimmungsrecht gem. § 87 Abs. 1 Nr. 3 BetrVG an.[3] Zur neueren Rechtsprechung zu diesem Mitbestimmungsrecht passt das allerdings nicht mehr.[4]

VII.2 Diskriminierungsverbot

Dass eine Ungleichbehandlung wegen Teilzeitbeschäftigung ausgeschlossen ist, verstand sich keineswegs immer von selbst und ist deshalb auch in § 4 TzBfG ausdrücklich so geregelt. Viele dieser Diskriminierungen – insbesondere in Tarifverträgen – sind inzwischen beseitigt. Hier ging es um offenkundige Ungleichbehandlungen, z. B. die Vorenthaltung einer betrieblichen Altersversorgung bei Unterschreiten einer bestimmten Anzahl von Vertragsstunden.[5]
Schwieriger zu identifizieren ist eine mittelbare Diskriminierung.

Beispiel
In einem kaufmännischen Betrieb arbeiten die Vollzeitbeschäftigten in gleitender Arbeitszeit, Teilzeitbeschäftigte ausschließlich in festgelegten Arbeitszeiten. Diese scheinbar neutrale Regelung trifft tatsächlich vorwiegend Frauen, weil diese zumeist die Teilzeitjobs machen. Damit wird die auf Arbeitszeitebene neutrale Regelung mittelbar zu einer geschlechtsbezogenen Ungleichbehandlung.

Anknüpfungspunkt ist hier nicht die Arbeitszeit, sondern das Verbot der Ungleichbehandlung wegen der Geschlechtszugehörigkeit. Nach wie vor ist Teilzeitbeschäftigung eine Domäne der Frauenerwerbstätigkeit. Dieser Umstand kann eine vermeintlich neutrale Regelung zur Teilzeitbeschäftigung zu einer geschlechtsbezogenen Diskriminierung machen.[6] Solche Regelungen sind auch dann unzulässig, wen sie in einer Betriebsvereinbarung stehen und so den Segen des Betriebsrats haben.

VII.3 Arbeitslosigkeit nach Reduzierung

Eine Besonderheit enthält die Arbeitslosenversicherung für diejenigen bereit, die ihre Arbeitszeit reduzieren: Passiert das endgültig und beträgt die Reduzierung mindestens fünf Stunden pro Woche, wird gem. § 150 Abs. 2 Nr. 5 SGB III die damit einhergehende Reduzierung der Vergütung aus den letzten 3,5 Jahren bei der Berechnung des Arbeitslosengeldes nicht berücksichtigt. Ist die Reduzierung dagegen von vornherein nur befristet gewesen, gibt es dieses Privileg nicht. Das

3 BAG 24.4.2007 – 1 ABR 47/06.
4 Kapitel V.3.7 – Mitbestimmung.
5 BVerfG 19.5.1999 – 1 BvR 263/98.
6 EuGH 9.2.1999 – c-167/97.

stammt aus einer Zeit, als es noch Staatsziel war, möglichst viele Menschen in Teilzeit zu schicken, weil es ein Überangebot an Arbeitskräften gab.

VII.4 Betriebsgröße

Die Beschäftigung in Teilzeit wirkt sich in verschiedenen Gesetzen auf deren Anwendbarkeit aus, wenn diese von der Betriebsgröße abhängt. Der Modus ist dabei immer derselbe: Teilzeitbeschäftigte mit bis zu 20 Stunden Wochenarbeitszeit werden nur halb und solche mit einer Wochenarbeitszeit zwischen 21 und 30 zu drei Viertel gerechnet.
Ein Gesetz wie das KSchG, das nur anwendbar ist, wenn der Betrieb mindestens 10 Beschäftigte hat, hat deshalb keinen Kündigungsschutz, wenn 19 Beschäftigte mit 20 Stunden darin arbeiten.
Keinen Einfluss hat die Arbeitszeit auf die Betriebsgröße im BetrVG: Hier zählen nur Köpfe und nicht Arbeitszeiten, egal ob es um die Anzahl der Betriebsratsmitglieder geht, um Freistellungen oder um die Mitbestimmung bei Einstellung und Betriebsänderungen.
In folgenden Gesetzen ist die Feststellung der Betriebsgröße dagegen von der Dauer der individuellen Arbeitszeit abhängig:
KSchG, BGB (§ 622, Verkürzung von Kündigungsfristen), ArbSchG (Dokumentationspflicht), ASiG (Einrichtung eines Arbeitsschutzausschusses).

VII.5 Geringfügige Beschäftigung

Die geringfügige Beschäftigung (Minijob) ist eine Beschäftigung in Teilzeit, für alle beschriebenen Regeln auch gelten. Hinzu kommen sozialversicherungsrechtliche Besonderheiten Kategorie, die im entsprechenden Kapitel beschrieben werden.[7]

7 Kapitel X – Sozialversicherungsrecht.

VIII. Das Drumherum – Wegezeiten, Reisezeiten, Umkleidezeiten, Qualifizierungszeiten und Rauchen

VIII.1 Der Kurs der Rechtsprechung

Zeiten, in denen Beschäftigte etwas anders machen, als das, wofür sie eingestellt wurden, haben die Rechtsprechung in der Vergangenheit immer wieder beschäftigt. Damit ist weder die Tasse Kaffee oder das Gespräch mit der Kollegin im Büro gemeint noch gar der Toilettengang oder der Streit mit Vorgesetzten, der in keiner Arbeitsplatzbeschreibung steht. Trotzdem wurden und werden diese Verrichtungen klaglos von den Arbeitgeberinnen hingenommen und bezahlt. Der Ehrgeiz allerdings erwacht, wenn es um Reisezeiten geht, um das Anlegen von Arbeitskleidung usw. Da wird es kleinmütig im Gerichtssaal und betroffenen Beschäftigten schon mal erklärt, das erfolge alles zwar außerhalb der festgelegten Arbeitszeit, sei aber natürlich mit dem Grundgehalt abgedeckt.

Dem hat sich die Rechtsprechung lange Zeit angeschlossen und insbesondere Reisezeiten aus dienstlichen Anlässen von erheblicher Dauer zur Privatsache erklärt. Begründet wurde das damit, dass für solche Zeiten keine »Vergütungserwartung« bestanden habe.[1] Nur zwölf Jahre später ist derselbe Senat zu der gegenteiligen Annahme gekommen und hat deshalb einer Klage auf Vergütung stattgegeben.[2]

Insgesamt existiert inzwischen allein aus den letzten zwei Jahrzehnten eine Fülle von Entscheidungen, die keinen Anspruch auf Konsistenz erheben kann. Die Ursache dafür ist an anderer Stelle erläutert.[3]

Daher werden nachfolgend die wichtigsten Entscheidungen unkommentiert wiedergegeben. Auf den Ausgang des Verfahrens wird jeweils hingewiesen.

Ein Vorschlag zum rechtlichen Umgang damit findet sich im darauffolgenden Kapitel.

Rechtlich noch nicht geklärt ist das Thema »Rauchpausen«. Hier existiert die verbreitete Praxis, Beschäftigte dazu zu verpflichten, ihre Unterbrechungen für den Nikotinkonsum als Arbeitsunterbrechung an der Zeiterfassungsanlage zu registrieren. Das trifft auf geteiltes Echo, viele vom Laster freien Beschäftigte empfinden es als einen Akt der Gleichberechtigung, andere stellen sich die Frage, ob dann nicht auch der Bürokaffee und der Plausch auf dem Büroflur auf den

1 BAG 11.10.2000 – 5 AZR 122/99.
2 BAG 19.9.2012 – 5 AZR 678/11.
3 Kapitel II.3.5 Begriffe: Ein juristisches Hütchenspiel.

Index gehören. Außerdem gibt es keine Erkenntnisse darüber, dass Gespräche beim Rauchen das Thema »Arbeit« umgehen, dass dort nicht vielleicht die Kommunikation über das aktuelle Projekt und die Suche nach Lösungen einfach fortgesetzt wird oder sich das Pflegepersonal im Krankenhaus gemeinsam über die nächsten Arbeitsschritte Gedanken macht. So einfach ist es also nicht mit der Gerechtigkeit bei den Nikotinpausen.
Zusätzlich ist die Nicht-Registrierung rechtswidrig, weil sie zu einer fehlerhaften Erfassung führt. Zur zu registrierenden Arbeitszeit zählt gem. § 2 ArbZG die gesamte Zeit zwischen Beginn und Ende der Arbeitszeit mit Ausnahme der Pausen. Pausen zeichnen sich dadurch aus, dass sie im Vorhinein feststehen und keinerlei Verpflichtung zur Arbeit besteht.[4] Beides trifft auf die Suchtpause nicht zu: Sie wird nicht von der Arbeitgeberin festgelegt und muss sofort abgebrochen werden, wenn die Betroffenen bei der Arbeit benötigt werden. Damit ist nicht gesagt, dass die Zeiten bezahlt werden müssen, das ergibt sich aus Tarifvertrag und Arbeitsvertrag. Als Arbeitszeit zu erfassen sind sie aber bei der derzeitigen Rechtslage immer.

Außendienst
Reisetätigkeit bei Außendienstmitarbeitern gehört zu den vertraglichen Hauptleistungspflichten.[5]
Verfahrensergebnis Vergütung Ja ☑ Nein ☐

Betriebsmittel
Arbeitnehmer sind regelmäßig nicht verpflichtet, Arbeitsmittel, die sie in der dienstfreien Zeit nicht nutzen, nach Beendigung ihrer Arbeitszeit für den Arbeitgeber zu verwahren. Die Entgegennahme und Abgabe von arbeitsnotwendigen Betriebsmitteln stellt Arbeitszeit i. S. d. § 87 Abs. 1 Nr. 2 BetrVG dar, wenn diese Tätigkeiten einem fremden Bedürfnis dienen und nicht zugleich ein eigenes Bedürfnis des Arbeitnehmers erfüllen.[6]
Verfahrensergebnis Mitbestimmung Ja ☑ Nein ☐

Betriebsmittel
Zeiten für das Zurücklegen selbstbestimmter außerbetrieblicher Wege zur Arbeit und zurück gehören auch dann nicht zur täglichen Arbeitszeit i. S. v. § 87 Abs. 1 Nr. 2 BetrVG, wenn die Arbeitnehmer auf diesen Wegen notwendige betriebliche Mittel bei sich führen.[7]
Verfahrensergebnis Mitbestimmung Ja ☐ Nein ☑

Dienstkleidung
Das verpflichtende Anziehen auffälliger Dienstkleidung im Betrieb ist Arbeitszeit.[8]
Verfahrensergebnis Mitbestimmung Ja ☑ Nein ☐

4 Kapitel II.3.1.4.3 – Pausen.
5 BAG 22.4.2009 – 5 AZR 292/08.
6 BAG 17.11.2015 – 1 ABR 76/13.
7 BAG 22.10.2019 – 1 ABR 11/18.
8 BAG 12.11.2013 – 1 ABR 59/12.

Dienstkleidung
Das An- und Ablegen einer besonders auffälligen Dienstkleidung ist Arbeitszeit. Auffällig ist die Kleidung, wenn die Arbeitnehmer im öffentlichen Raum dadurch ohne Weiteres als Beschäftigte ihres Arbeitgebers erkannt werden können.[9]
Verfahrensergebnis Mitbestimmung Ja ☑ Nein ☐

Dienstkleidung
Zur Arbeitszeit zählt nicht nur die Zeit für das An- und Ablegen der Dienstkleidung, sondern auch die innerbetriebliche Wegezeit vom Ort des Kleidungswechsels zum Arbeitsplatz.[10]
Verfahrensergebnis Vergütung Ja ☑ Nein ☐

Dienstkleidung
Entscheidet sich der Arbeitnehmer, auffällige Kleidung nicht im Betrieb anzulegen, sondern diese zu Hause anzuziehen und darin den Weg zur Arbeit zurückzulegen, ist das nicht ausschließlich fremdnützig und deshalb keine Arbeitszeit.[11]
Verfahrensergebnis Mitbestimmung Ja ☐ Nein ☑

Dienstkleidung
Entscheidet sich der Arbeitnehmer, auffällige Kleidung, die er auch privat nutzen darf, nicht im Betrieb anzulegen, sondern diese zu Hause anzuziehen und darin den Weg zur Arbeit zurückzulegen, ist das nicht ausschließlich fremdnützig und deshalb keine Arbeitszeit.[12]
Verfahrensergebnis Vergütung Ja ☐ Nein ☑

Dienstkleidung
Der Betriebsrat hat ein Mitbestimmungsrecht bei der Anforderung der Arbeitgeberin, außerhalb der festgelegten Arbeitszeit Firmenkleidung an- und auszuziehen.[13]
Verfahrensergebnis Mitbestimmung Ja ☐ Nein ☑

Dienstkleidung
Durch Tarifvertrag kann die Vergütung der zum Anlegen von Arbeitsschutz-Kleidung benötigten Zeit ausgeschlossen werden.[14]
Verfahrensergebnis Vergütung Ja ☐ Nein ☑

Dienstkleidung
Der MTV der chemischen Industrie schließt die Vergütung von Umziehzeiten aus.[15]
Verfahrensergebnis Vergütung Ja ☐ Nein ☑

---

9 BAG 17.11.2015 – 1 ABR 76/13.
10 BAG 26.10.2016 – 5 AZR 168/16.
11 BAG 12.11.2013 – 1 ABR 34/12.
12 BAG 6.9.2017 – 5 AZR 382/16.
13 BAG 10.11.2009 – 1 ABR 54/08.
14 BAG 13.12.2016 – 9 AZR 574/15.
15 BAG 12.12.2018 – 5 AZR 124/18.

Dienstreise
Eine Dienstreise liegt vor, wenn der Angestellte zu einem Ort fahren muss, an dem ein Dienstgeschäft zu erledigen ist.[16]

Verfahrensergebnis	Zu BAT, ohne Bedeutung	Ja	☐	Nein	☐

Dienstreise
Eine Dienstreise ist auch dann Arbeitszeit, wenn der Arbeitnehmer sie von seiner Wohnung aus antritt.[17]

Verfahrensergebnis	Vergütung	Ja	☑	Nein	☐

Dienstreise
Bei Anordnung einer Dienstreise, während derer der Arbeitnehmer keine Arbeitsleistungen zu erbringen hat, steht dem Betriebsrat kein Mitbestimmungsrecht nach § 87 Abs. 1 Nr. 2 oder Nr. 3 BetrVG zu.[18]

Verfahrensergebnis	Mitbestimmung	Ja	☐	Nein	☑

Vergütungserwartung
Vergütet wird die Leistung der versprochenen Dienste. Dazu gehört alles, was die Arbeitgeberin in Zusammenhang mit der eigentlichen Tätigkeit anordnen bzw. verlangen kann.[19]

Verfahrensergebnis	Vergütung	Ja	☑	Nein	☐

Wegezeit
Wegezeit ist keine Arbeitszeit, wenn keine Vorgaben zur Nutzung der Zeit in öffentlichen Verkehrsmitteln gemacht werden.[20]

Verfahrensergebnis	Vergütung	Ja	☐	Nein	☑

Wegezeit
Zu den versprochenen Diensten gehört auch das vom Arbeitgeber angeordnete Fahren vom Betrieb zu einer auswärtigen Arbeitsstelle. Derartige Fahrten sind primär fremdnützig.[21]

Verfahrensergebnis	Vergütung	Ja	☑	Nein	☐

Wegezeit
Die Vergütung der Reisezeiten zum ersten Kunden hin und vom letzten Kunden weg kann nicht durch Betriebsvereinbarung gekürzt werden. Dem steht die Tarifsperre des § 77 Abs. 3 BetrVG entgegen.[22]

Verfahrensergebnis	Vergütung	Ja	☑	Nein	☐

---

16 BAG 23.7.1996 – 1 ABR 17/96.
17 BAG 22.2.1978 – 4 AZR 579/76.
18 BAG 14.11.2006 – 1 ABR 5/06.
19 BAG 19.9.2012 – 5 AZR 678/11.
20 BAG 11.7.2006 – 9 AZR 519/05.
21 BAG 12.12.2012 – 5 AZR 355/12.
22 BAG 18.3.2019 – 5 AZR 25/19.

Wegezeit
Entsendet die Arbeitgeberin den Arbeitnehmer vorübergehend zur Arbeit ins Ausland, sind die für Hin- und Rückreise erforderlichen Zeiten wie Arbeit zu vergüten.[23]
Verfahrensergebnis Vergütung Ja ☑ Nein ☐

VIII.2 Anwendung der Richtlinie 2003/88

Die ambitionierten Begründungen des BAG sind sicherlich lesenswert, führen aber leider nicht zu konsistenten Ergebnissen in dem Sinne, dass Vergütung und Mitbestimmung gemeinsam zum Zuge kommen. Vom Arbeitsschutz ganz zu schweigen, der in diesen Verfahren keine Rolle spielt. Wegen der Verwendung unterschiedlicher Arbeitszeitbegriffe, die aber immer verschwommen und beliebig bleiben, reitet jeder Senat beim BAG sein eigenes Steckenpferd.[24] So wird keine Brücke zwischen Vergütung, Mitbestimmung und Arbeitsschutz für die Zeiten gebaut, in denen die »Nebentätigkeiten« anfallen. Das wäre einfach, wenn endlich die Definition der insoweit verbindlichen Richtlinie 2003/88 der EU angewandt würde. Danach ist Arbeitszeit *»jede Zeitspanne, während der ein Arbeitnehmer gemäß den einzelstaatlichen Rechtsvorschriften und/ oder Gepflogenheiten arbeitet, dem Arbeitgeber zur Verfügung steht und seine Tätigkeit ausübt oder Aufgaben wahrnimmt.«*
Dass damit plausible Ergebnisse zu erzielen sind, zeigen die folgenden Fälle.

1. Fall: Auswärtige Veranstaltung / Fortbildung
Ist die Teilnahme durch die Arbeitgeberin angewiesen, besteht also eine Teilnahmepflicht der Beschäftigten, ist die Teilnahme an der Veranstaltung eine Wahrnehmung von Aufgaben mit Wissen und Wollen der Arbeitgeberin und daher Arbeitszeit.[25] Für die Themen »Vergütung« und »Arbeitsschutz« scheint das mittlerweile akzeptiert zu sein. In der betrieblichen Praxis ist die Vergütung dagegen häufig umstritten, wenn es um Bildungsveranstaltungen, Kongress- und Messebesuche geht.
Da die Mitbestimmung einen Schutz der Freizeitinteressen gewährleisten soll, muss sie gerade dann einsetzen, wenn Anforderungen in sie hineinragen.

2. Fall: Zeitaufwand für die Reise zu einer Veranstaltung aus dem 1. Fall
Da die Beschäftigten für ihre Arbeitgeberin zu einer Veranstaltung fahren, nehmen sie auch nach ihrem Willen für sie eine Aufgabe wahr. Also ist auch die Reisezeit nach der Richtlinie Arbeitszeit. Hier scheiden sich die Wege der Rechtsprechung des BAG: Der 5. Senat sieht dies genauso, der 1. Senat meint, die Reisezeit sei nicht fremdnützig, solange die Beschäftigten nicht von der Arbeit-

23 BAG 17.10.2018 – 5 AZR 553/17.
24 Kapitel II.3.5 – Begriffe: Ein juristisches Hütchenspiel.
25 EuGH 28.10.2021 – C-909/19.

geberin dazu angehalten werden, ein Auto zu steuern oder während der Reise andere Arbeiten – z. B. im Zug – zu verrichten. Dass das zumindest dann zu unüberbrückbaren Widersprüchen führt, wenn schwankende Arbeitszeit in einem Arbeitszeitkonto verwaltet wird, ist weiter oben dargestellt.[26]

3. Fall: Anlegen von Kleidung im Betrieb
Sobald die Arbeitgeberin verlangt, dass Beschäftigte in einem bestimmten, von ihr festgelegten Outfit auftreten, ist das Ankleiden die Wahrnehmung von Aufgaben für sie und damit Arbeitszeit. Dies sehen alle Senate des BAG genauso, wenn die Kleidung im Betrieb angelegt werden muss.

4. Fall: Anlegen von Dienstkleidung außerhalb des Betriebs
Das von der Arbeitgeberin verlangte Tragen der Kleidung ist unabhängig vom Ort des Umziehens Teil der geschuldeten Arbeit und damit auch die Wahrnehmung von Aufgaben. Wenn Beschäftigte sich außerhalb des Betriebs umziehen, stehen sie dabei nur dann der Arbeitgeberin zur Verfügung, wenn diese das veranlasst hat. Dann handelt es sich nach der EU-Richtlinie um Arbeitszeit. Eine Veranlassung ist es auch, wenn der Betrieb keine geeigneten Umkleideräume hat.[27]
Keine Arbeitszeit im Sinne der Definition der Richtlinie ist es, wenn Beschäftigte sich selbst dafür entscheiden, die Kleidung schon zu Hause anzulegen, obwohl im Betrieb die Möglichkeit dazu besteht. Hier fehlt es an der Verfügungsmacht der Arbeitgeberin.
Damit hätte der Betriebsrat bei der ersten Alternative ein Mitbestimmungsrecht bei den Zeiten, die für das Umkleiden außerhalb des Betriebs verwendet werden, und bei der zweiten nicht.
Hier geht der 1. Senat des BAG einen anderen Weg: Er sieht das Umkleiden außerhalb des Betriebs nur dann als mitbestimmungspflichtige Arbeitszeit an, wenn die Kleidung selbst besonders auffällig ist.[28] Damit wird ein weiteres Kriterium in den Arbeitszeitbegriff eingeführt, das rein gar nichts mit Zeit oder Art der Arbeit zu tun hat.
Schon deshalb bietet es sich hierbei an, zur Vermeidung weiterer Überraschungen die Mitbestimmung anzuerkennen, weil der Vorgang nach der Arbeitszeit-Richtlinie der EU zur Arbeitszeit gehört. Die Betriebsparteien werden am ehesten eine angemessene Lösung für den Betrieb finden, was aber nur geht, wenn die Rechtsprechung nicht die Mitbestimmungsrechte des Betriebsrats bestreitet.

---

26 Kapitel II.3.5 – Begriffe: Ein juristisches Hütchenspiel.
27 BAG 13.10.2021 – 5 AZR 295/20; die Toiletten sind nicht zum Umkleiden geeignet: BAG 17.1.2012 – 1 ABR 45/120.
28 BAG 17.11.2015 – 1 ABR 76/13.

5. Fall: Der Weg außerhalb des Arbeitsplatzes in Dienstkleidung

Haben Beschäftigte ihre Dienstkleidung einmal angelegt, ist noch zu klären, ob die Zeit, in der sie sich mit der Kleidung in der Öffentlichkeit bewegen, ebenfalls Arbeitszeit ist.

Kein Zweifel besteht an der Einordnung als Arbeitszeit, wenn die Kleidung im Betrieb angelegt wurde. Wer sich danach – ganz gleich, ob auf dem Betriebsgelände oder außerhalb – in Erfüllung seiner Arbeitsaufgaben in dieser Kleidung bewegt, befindet sich weiterhin in der Arbeitszeit.[29] Das ist ja schließlich auch der Fall, wenn sich Beschäftigte in Zivil bewegen.

Anders ist es, wenn der Weg in Uniform zwischen Arbeit und Wohnung (oder einem anderen privaten Ziel) zurückgelegt wird. Die Definition des ArbZG ist hierfür denkbar einfach, aber die sich daraus ergebende Schlussfolgerung nicht gern gesehen: Danach ist jede Zeit zwischen Beginn und Ende der Arbeit mit Ausnahme der Pausen Arbeitszeit.

Wenn die Arbeitszeit mit dem Ankleiden auf Veranlassung der Arbeitgeberin begonnen hat, gehört dann folgerichtig auch der Weg zur Arbeit in Berufskleidung dazu. Die Anforderungen an eine arbeitszeitrechtliche Pause gemäß § 4 ArbZG erfüllt dieser Weg nicht.[30]

Die Definition der EU-Richtlinie ist in diesem Punkt anders: Auch wenn es sich bei dem Weg in Uniform um die Wahrnehmung einer Aufgabe oder einer Tätigkeit handelt, die mit dem Arbeitsverhältnis in Verbindung steht, fehlt es doch an dem Willen der Arbeitgeberin, diesen Weg festzulegen. Deshalb stehen Beschäftigte der Arbeitgeberin in dieser Zeit nicht zur Verfügung und sind damit außerhalb der Arbeitszeit im Sinne der Arbeitszeitrichtlinie unterwegs. Den Zwang zur einheitlichen Betrachtung all dessen, was zwischen Anfang und Ende der Arbeit liegt, kennt die Richtlinie nicht.

Bei der Beurteilung der Mitbestimmungsrechte bei solchen Zeiten könnte es sich die Rechtsprechung daher einfach machen und die Definition der EU-Richtlinie anwenden, um zu dem von ihr gewünschten Ergebnis zu kommen. Die Wegezeit fällt danach unabhängig davon, ob Beschäftigte sich vorher im Rahmen von Arbeitszeit angekleidet haben, nicht unter die Mitbestimmung. Ob die Aufsichtsbehörden, die für die Einhaltung des ArbZG zuständig sind, sich dafür interessieren, dass hierbei Arbeitszeiten generiert werden, die nach ArbZG zu erfassen und ggf. auszugleichen sind, darf angesichts des ausgeprägten Unwillens dieser Institutionen, in komplizierten Fällen tätig zu werden, bezweifelt werden.

Wieder eine neue Wendung nimmt das Ganze, wenn Beschäftigte auf dem Weg zur Arbeit in Uniform noch andere Tätigkeiten für die Arbeitgeberin verrichten. Das passiert typischerweise beim Fahrpersonal im ÖPNV. Die Beschäftigten nehmen häufig den Geldwechsler mit Geld, sowie Tickets usw. mit zur Arbeit bzw. danach wieder mit nach Hause. Diese Tätigkeit entspricht dann gewiss nicht dem Willen der Arbeitgeberin, die nicht dulden könnte, dass Arbeitsmaterialien

---

29 BAG 17.11.2015 – 1 ABR 76/13 (Mitbestimmung), 12.12.2012 – 5 AZR 355/12 (Vergütung).

30 Kapitel II.3.1.3.5 – Pausen.

ohne ihr Einverständnis durch die Welt getragen werden oder möglicherweise unachtsam behandelt werden.

Ist die Tätigkeit des Mitnehmens als solche vom Willen der Arbeitgeberin umfasst, ist nach der EU-Richtlinie auch die dafür aufgewendete Zeit Arbeitszeit.[31] Das wiederum sieht der 1. Senat des BAG vollständig anders, er geht davon aus, dass die Transport- und Bewachungstätigkeiten auf dem Weg zur Arbeit nicht lediglich fremdnützig und deshalb keine Arbeitszeit im Sinne der Mitbestimmung sind.[32]

Bei Anwendung der Definition der EU-Richtlinie muss man das anders sehen und die Mitbestimmung bejahen, was dazu führt, dass der Betriebsrat seine Möglichkeiten nutzen kann, um den Eingriff in die Privatsphäre der Beschäftigten gering zu halten. Das Ergebnis könnte auch hier sein, dass die Geldwechsler weiterhin mit nach Hause genommen werden. Es könnte aber auch genau anders sein, weil die betrieblichen Akteure – anders als das BAG – wissen, dass dieses Arrangement vor allem die zu bezahlende Arbeitszeit reduziert und der Arbeitgeberin außerdem dazu dient, an den Einrichtungen im Betriebshof zu sparen.

31 VG Lüneburg 2.5.2023 – 3 A 146/22.

32 BAG 22.10.2019 – 1 ABR 11/18; Kapitel II.3.5 – Begriffe: Ein juristisches Hütchenspiel.

IX. Urlaub

Alle Urlaubsarten kommen mit der Arbeitszeit in Konflikt, wenn diese nicht gleichförmig ist oder Schichten über die Tagesgrenze gehen. Der erste Fall führt zu Umrechnungen, der zweite zu Verärgerung, wenn für eine Nachtschicht zwei Urlaubstage genommen werden müssen, weil die tarifvertraglichen Urlaubsregelungen nur von Urlaubstagen ausgehen.[1]

IX.1 Umrechnung der Urlaubsdauer bei längerer / kürzerer Arbeitswoche

Gesetzliche wie tarifvertragliche Urlaubsregelungen legen bei der Urlaubsberechnung nach wie vor eine bestimmte Anzahl von Arbeitstagen in der Woche zugrunde. Das BUrlG geht dabei von sechs Arbeitstagen aus, die Tarifverträge fast immer von fünf. Weicht die tatsächliche Anzahl von Urlaubstagen davon ab, muss der Urlaubsanspruch entsprechend verlängert oder gekürzt werden. Die Abweichung kann durch eine verkürzte, regelmäßig auf weniger Arbeitstage pro Woche verteilte Regelarbeitszeit oder durch eine ungleichmäßige Verteilung der Arbeitszeit im Rahmen von Schicht- oder Dienstplänen zustande kommen. Dass die Arbeitszeit von einer Vollzeitkraft auf weniger als fünf Tage verteilt wird, kommt gerade beim Arbeiten nach Schicht- oder Dienstplänen vor. Auch hier muss dann der Urlaubsanspruch entsprechend umgerechnet werden.

Keine Umrechnung ist erforderlich, wenn die Teilzeit auf fünf Tage pro Woche verteilt wird, weil es beim Urlaub immer um freie Tage geht, unabhängig davon, wie viele Stunden Arbeit dabei ausfallen. Auch nicht erforderlich ist sie, wenn die Arbeit zwar auf weniger als fünf Tage in der Woche verteilt ist, aber der Urlaub nur wochenweise genommen werden kann.

Bei der Berechnung werden die Tage mit denkbarer Arbeitspflicht zu den tatsächlich möglichen Arbeitstagen ins Verhältnis gesetzt und das Ergebnis mit dem Urlaubsanspruch multipliziert.

In der einfachsten Form sieht das so aus:

1 BAG 21.7.2015 – 9 AZR 145/14.

Grundlage ist eine Fünf-Tage-Woche, es besteht also an fünf Tagen Arbeitspflicht. Bei Beschäftigten, die in einer Vier-Tage-Woche arbeiten, ist das Verhältnis vier zu fünf (Tage), also vier Fünftel. Beträgt der Urlaubsanspruch 30 Tage, ist diese Zahl mit vier zu multiplizieren und durch fünf zu teilen. Wer in der Schule aufgepasst hat, teilt die 30 durch fünf und multipliziert das Ergebnis mit vier, es läuft aus dasselbe hinaus:
4 × 30 = 120 / 5 = 24 oder 30 / 5 = 6 × 4 = 24 Urlaubstage im Jahr
Aus den 30 Urlaubstagen werden 24, damit wird – das ist das Ziel der Rechnung – ausgehend von den 30 Urlaubstagen in der Fünf-Tage-Woche immer eine Urlaubsdauer von sechs Wochen erreicht.
Schwieriger ist es, wenn die Abweichungen im Rahmen von Schichtsystemen passieren, deren Rhythmen einen so langen Zyklus haben, dass der komplette Durchlauf z.B. 33 Wochen beträgt. Dann muss für die Berechnung des Jahresurlaubs die Arbeitszeit eines Zyklus ganz und mindestens eines anderen anteilig berücksichtigt werden. Wenn dann von vornherein der Zyklus bei den tatsächlichen Arbeitstagen krumme Werte produziert, reicht das aufgepasst haben im Matheunterricht nicht mehr aus.
Liegt im Beispiel dem Urlaubsanspruch wieder eine Fünf-Tage-Woche zugrunde, die Anzahl der zu arbeitenden Schichten ergibt aber über den Zyklus von 33 Wochen nur 4,6 pro Arbeitstage pro Woche, lautet die Rechnung für den vollständigen Zyklus:
4,6 × 30 = 138 / 5 = 27,6 Urlaubstage im Jahr
Das ist aber nur etwa 3/5 der Wahrheit, denn die fehlenden 19 Wochen der ein oder zwei anderen Zyklen, die das Jahr vollmachen, haben ihre eigenen Werte, die ermittelt werden müssen. Diese können je nach Schichtmodell ganz anders sein, müssen aber in die Berechnung des Urlaubs einbezogen werden. Wäre dieser Wert z.B. 29,1 Urlaubstage, müssten wiederum die unterschiedlichen anteiligen Urlaubsansprüche ins Verhältnis zueinander gesetzt werden:
33 / 52 = 0,634 × 27,6 = 17,5
19 / 52 = 0,366 × 29,1 = 10,65
In diesem Fall beträgt der Urlaubsanspruch für das ganze Jahr die Summe dieser beiden Werte, also 28,15 Tage.
Ein anderer Rechenweg führt zum selben Ergebnis: die Ermittlung der tariflichen Arbeitszeit in Stunden für das gesamte Jahr bei einer Fünf-Tage-Woche. Da das Jahr 52 Wochen und einen Tag hat, wird bei einer 37,5-Stunden-Woche beides miteinander multipliziert und der zusätzliche Tag – wenn er kein Samstag oder Sonntag ist – hinzugerechnet:
37,5 × 52 + 7,5 = 1957,5 Stunden im Jahr
Diese wird in Schichten umgerechnet. Beträgt die bezahlte Schichtdauer acht Stunden, sind das
1957,5 / 8 = 244,7 Schichten, also 245 Arbeitstage im Jahr.
Insgesamt gibt es in 52 Wochen aber 260 mögliche Arbeitstage (52 × 5) plus den genannten einen Tag, wenn es kein Samstag oder Sonntag ist. Bei einem Urlaubsanspruch von 30 Tagen lautet die Rechnung jetzt:
245 × 30 = 7350 / 261 = 28,16 Urlaubstage im Jahr.

Zum Ende des Jahres muss überprüft werden, ob die Berechnung gepasst hat oder ob noch Tage nachzugewähren sind. Eine Erstattung von Urlaubsentgelt dürfte dagegen ausgeschlossen sein, weil es Sache der Arbeitgeberin ist, die Arbeitsleistung abzurufen.

IX.2 Unterjährige Veränderungen

Unsicher wird die Rechtslage, wenn Beschäftigte innerhalb des Jahres ihre Arbeitszeit so verändern, dass sich die Anzahl der individuellen Wochenarbeitstage erhöht oder verringert.
Klar ist nach der Rechtsprechung, dass dabei keine in der Phase mit mehr Arbeitstagen erworbenen Ansprüche auf Urlaub[2] und damit Urlaubsentgelt verloren gehen dürfen.[3] Ansonsten hängt aber vom Lauf der Dinge bis zur Änderung der Arbeitszeit ab, was wie gerechnet werden muss.
Ein einfaches Beispiel zeigt die zugrunde liegende Logik:
Beträgt der Urlaubsanspruch in der Fünf-Tage-Woche 30 Tage, den eine Beschäftigte ganz bis zum 31. Oktober genommen hat und ändert sie dann ab dem 1. November die Anzahl der wöchentlichen Arbeitstage auf drei, hat sie mit dem gesamten zur Verfügung stehenden Urlaub die anvisierten sechs Wochen frei bekommen. Diesen Urlaubsanspruch im Nachhinein zu kürzen, weil in einer Zeit, in der kein Urlaub mehr genommen werden kann, die Arbeitszeit kürzer ist, hat keinen Sinn. Der Verbrauch des Urlaubs verhindert also eine Umrechnung trotz der veränderten Anzahl von Arbeitstagen.
Steht allerdings noch ein Rest Urlaub offen, wird dieser nach der obigen Formel gekürzt.
Wird das Beispiel umgedreht, ist das Ergebnis aber nicht mehr ganz plausibel: Dieselbe Arbeitnehmerin hat nun zum 1. März den Schritt in die auf drei Tage verkürzte Arbeitswoche gemacht und noch den ganzen Jahresurlaub im Speicher. Für die sechswöchige Freistellung braucht sie dann auch nur den gekürzten Urlaubsanspruch von 18 Tagen, um die noch offenen sechs Urlaubswochen zu bekommen. Allerdings hat sie in den ersten beiden Monaten des Jahres schon fünf Urlaubstage und damit einen Anspruch auf entsprechenden Urlaub und Urlaubsvergütung erworben, was nach der eingangs zitierten Rechtsprechung zur entsprechenden Erhöhung des Urlaubs und des Urlaubsentgelts führt.
Die Umrechnungen treffen immer den Restbestand der Urlaubsansprüche, also auch den aus dem Vorjahr übertragenen oder andere Urlaubstypen wie z. B. einen tarifvertraglichen Treueurlaub.[4]

2 BAG 10.2.2015 – 9 AZR 53/14.
3 BAG 20.3.2018 – 9 AZR 486/17.
4 BAG 28.4.1998 – 9 AZR 314/97; BAG 19.4.1994 – 9 AZR 478/92.

IX.3 Unstetige Arbeitszeitverteilung / Abrufarbeit

In manchen Arbeitsverhältnissen ist es unmöglich, Aussagen über das Verhältnis der Anzahl individueller Arbeitstage zur Anzahl möglicher Arbeitstage zu treffen. Das betrifft insbesondere Abrufarbeitsverhältnisse.[5] Hier bietet sich ein einfaches Mittel an, wenn wenigstens das Volumen der Arbeitszeit und damit der möglichen Arbeitstage feststeht, was ja gem. § 12 Abs. 2, 3 TzBfG sein muss. Anhand dieses Volumens wird ein voraussichtlicher Urlaubsumfang errechnet. Beträgt dieser 10 Tage, wird eine Phase des Jahres festgelegt, in der kein Arbeitsabruf erfolgen kann. Diese Zeit wird auf den möglichen Urlaub angerechnet. Die Vergütung für diese Tage wird als Urlaubsentgelt ausgezahlt. Wichtig ist, dass nicht nur die Urlaubsvergütung bezahlt wird, sondern auch die arbeitsfreie Phase vorab definiert ist. Sonst wäre es nur ein unzulässiges Abkaufen von Urlaub.
Zum Ende des Jahres muss überprüft werden, ob die Berechnung gepasst hat oder ob noch Tage nachzugewähren sind. Eine Erstattung von Urlaubsentgelt dürfte dagegen ausgeschlossen sein, weil es Sache der Arbeitgeberin ist, die Arbeitsleistung abzurufen.

5 Kapitel V.5 – Gestaltungsmuster 4: Abrufarbeit / KAPOVAZ.

X. Sozialversicherungsrecht

Einige Festlegungen zur Arbeitszeit haben Auswirkungen auf die gesetzlichen Sozialversicherungen. Die häufig zu hörende Drohung oder Befürchtung, den Schutz der gesetzlichen Unfallversicherung bei Verstößen gegen die Grenzen des ArbZG zu verlieren, ist allerdings ein Gerücht: § 7 Abs. 2 SGB VII bestimmt ausdrücklich, dass verbotswidriges Handeln den Versicherungsfall nicht ausschließt – kein Grund zur Sorge also, aber auch keiner, um nachlässig zu werden. Die tatsächlichen Auswirkungen betreffen die Berechnung oder den Fortfall von Leistungen.

X.1 Längere Freistellung aus Guthaben

Vielfach werden Arbeitszeitkonten längerfristig angelegt, um den früheren Ausstieg aus dem Berufsleben oder eine längere Auszeit zu ermöglichen. Das ist zwar grundsätzlich möglich, werden aber die gesetzlichen Vorgaben nicht beachtet, können die Folgen übel sein.
Das SGB IV bestimmt für alle Versicherungszweige, was unter »Beschäftigung« zu verstehen ist. Nur wer in diesem Sinne beschäftigt ist, ist Pflichtmitglied in der gesetzlichen Versicherung und kann Leistungen daraus beziehen. Vor allem ist in § 7 Abs. 1a SGB IV festgelegt, wann die Beschäftigung endet: bei einer mehr als drei Monate dauernden Freistellung, auch wenn in dieser Zeit das Arbeitsentgelt fortgezahlt wird. Überwunden wird diese Drei-Monats-Grenze nur, wenn die Freistellung unter Verwendung eines »Wertguthabens« passiert. Dieses Wertguthaben ist eine spezielle Vermögensanlage, in die Guthaben aus dem Arbeitszeitkonto umgeleitet werden können, sie ist aber nicht das Arbeitszeitkonto selbst.
Wer im Vertrauen auf die gängige Praxis in einem einfachen Arbeitszeitkonto ein Jahr Freizeit angespart hat und damit seinen Traum vom Segelturn um die Welt wahrmachen will, sollte sich unterwegs vor Unfällen und schweren Erkrankungen hüten. Wenn die Krankenkasse anfragt, warum die teuren Medikamente in den Senegal geliefert werden müssen und dabei erfährt, dass der Reisende den Betrieb das letzte Mal sechs Monate davor gesehen hat, muss sie die Leistungen einstellen, denn ohne reguläre Beschäftigung entfällt nach drei Monaten der Versicherungsschutz.

Will der Betrieb keine Wertkonten einrichten, kann die Weltreise ohne dieses Risiko nur stattfinden, wenn für die Dauer der Reise eine freiwillige Mitgliedschaft bei der Krankenversicherung eingegangen wird.

X.2 Geringfügige Beschäftigungsverhältnisse – Minijob

Teilzeit führt zum Fortfall der Sozialversicherungspflicht, wenn dabei die Geringfügigkeitsgrenze unterschritten wird. Diese Grenze ist dynamisch und von der Höhe des Mindestlohns abhängig. Dieser beträgt (ab Herbst 2022) 12 € pro Stunde. Die Geringfügigkeitsgrenze wird mit diesem errechnet, indem der aktuelle Wert des Mindeststundenlohns mit 130 multipliziert und durch drei geteilt wird (§ 8 Abs. 1a SGB IV).
Da das Einkommen aber auch über dem Mindestlohn liegen kann (könnte?), gibt es keine starre Obergrenze für die Dauer der Arbeitszeit in solchen, im Volksmund Minijob genannten Beschäftigungsverhältnissen.

X.3 Arbeitslosengeld / Krankengeld

Die Leistungen bei Arbeitslosigkeit und längerer Krankheit richten sich nach dem regelmäßigen Einkommen vor Eintritt des Leistungsfalls.
Ist das Einkommen verstetigt, beträgt das Krankengeld gem. § 47 SGB V je Tag 1/30 dieses Monatseinkommens. Anderenfalls erfolgt bei schwankenden Einkommen eine Berechnung des Stundensatzes durch Teilung der gearbeiteten Stunden im Bezugszeitraum durch das dafür erzielte Einkommen ohne Sonderzahlungen wie Urlaubsgeld usw.
Für die Berechnung des Arbeitslosengelds wird in der Regel das Einkommen der vorangegangenen zwölf Monate zugrunde gelegt. Daraus wird das durchschnittlich auf einen Tag entfallende tägliche Einkommen ermittelt, das wiederum maßgeblich für die Höhe des Arbeitslosengeldes ist.
Während beim Krankengeld die Anzahl der Arbeitstage pro Monat also nur Einfluss auf die Höhe der Leitungen hat, wenn das monatliche Einkommen schwankt, ist dieser Faktor beim Arbeitslosengeld immer zu berücksichtigen.

X.4 Rentenversicherung

Für die Höhe der Rente aus der gesetzlichen Rentenversicherung ist nur die Höhe des Einkommens maßgeblich, aus dem die Beiträge gezahlt worden sind. Der Faktor »Arbeitszeit« spielt hierfür keine Rolle.

X.5 Unfallversicherung

Berechnungen aus der Berufsunfallversicherung sind einkommensunabhängig, soweit kein Verletztengeld und keine Rente bezahlt werden. Die Arbeitszeit wirkt sich auf diese im selben Maß aus wie auf die Berechnung des Krankengelds bzw. die Höhe der Altersrente.

XI. Textbausteine

Die nachfolgenden Textbausteine gehören als Beispiele zu Darstellungen in diesem Handbuch. Dort finden sich jeweils auch die Erläuterungen dazu.

XI.1 Arbeitszeitkonto

XI.1.1 Basis

XI.1.1.1 Freistellungsplanung im Dienstplan

Anträge auf Freizeitausgleich im Umfang von bis zu drei Werktagen sind zu realisieren, wenn sie mit einem Vorlauf von 3 Tagen vor Beginn der Planung des Monats, in dem der Freizeitausgleich liegen soll, bei den Dienstplanenden eingereicht werden. Der Betriebsrat bekommt eine Kopie des Antrags mit der Vorlage des Dienstplans.
Siehe Kapitel IV.5.2.1

XI.1.1.2 Freizeitausgleich bei ungeplanter Arbeitszeit – Ersatzregelung

Beschäftigte können bis zur Zeitschuldengrenze aus dem Arbeitszeitkonto Freizeit entnehmen. Dies geschieht durch Verkürzung der täglichen Arbeitszeit oder ganztägige Arbeitsbefreiung. Die ganztägige Arbeitsbefreiung ist nach Absprache mit Teams bzw. Vorgesetzten jederzeit möglich. Wird dabei eine Frist von 3 Tagen für einen Tag Freizeitausgleich, einer Woche für zwei bis fünf Tage zusammenhängenden Freizeitausgleich und zwei Wochen bei längerem zusammenhängenden Freizeitausgleich eingehalten, führt die Ablehnung dazu, dass der*die Beschäftigte allein einen Ausgleichstermin verbindlich festlegen kann.
Siehe Kapitel IV.5.2.3

XI.1.1.3 Freizeitausgleich bei ungeplanter Arbeitszeit – - Mitbestimmungsvorbehalt

Beschäftigte können bis zur Zeitschuldengrenze aus dem Arbeitszeitkonto Freizeit entnehmen. Dies geschieht durch Verkürzung der täglichen Arbeitszeit oder ganztägige Arbeitsbefreiung. Die ganztägige Arbeitsbefreiung ist nach Absprache mit Teams bzw. Vorgesetzten jederzeit möglich. Wird dabei eine Frist von 3 Tagen für einen Tag Freizeitausgleich, einer Woche für zwei bis fünf Tage zusammenhängenden Freizeitausgleich und zwei Wochen bei längerem zusammenhängenden Freizeitausgleich eingehalten, ist die Ablehnung nur zulässig, wenn entweder

- gleichzeitig im Einvernehmen ein Ersatztermin für die Freistellung festgelegt wird
- oder der Betriebsrat der Ablehnung zugestimmt hat.

Siehe Kapitel IV.5.2.3, IV.5.3

XI.1.1.4 Freistellung bei Nichtausübung eines Wahlrechts

Wünsche nach Freizeitausgleich mit einem geringeren Vorlauf als (xxx Tage / Wochen), sollen von den Vorgesetzten bewilligt werden, wenn dies betrieblich möglich ist.

(Hinweis: Dazu muss eine Alternative vereinbart sein, die den Beschäftigten die Möglichkeit gibt, die Lage des Freizeitausgleichs selbst zu bestimmen – z. B. Textbaustein XI.1.1.1 und XI.1.1.3)

Siehe Kapitel IV.5.2.1

XI.1.1.5 Umwandlung des Guthabens in Zahlungsanspruch

Der Ausgleich von Guthaben durch Umwandlung in einen Vergütungsanspruch und dessen Auszahlung sind nur zulässig, wenn dies von den Beschäftigten vorher schriftlich beantragt wird. Ohne Antrag wandelt sich das Guthaben bei Ende des Arbeitsverhältnisses in einen Auszahlungsanspruch um.

Siehe Kapitel IV.5.5

XI.1.1.6 Auszahlung mit Saldenerhalt

Das Guthaben im Arbeitszeitkonto darf maximal 70 Stunden betragen. Auszahlungen von Guthaben bleiben ohne Auswirkungen auf den Stand des Arbeitszeitkontos.

Hinweis: Mit dieser Regelung führt die Auszahlung von Kontoguthaben nicht zur Erhöhung der Belastung.

Siehe Kapitel IV.5.8

XI.1.1.7 Krankheit im Freizeitausgleich

Krankheit während des Freizeitausgleichs wird wie Krankheit im Erholungsurlaub behandelt.

Alternative:

Freizeitausgleich für Arbeitszeitguthaben bleibt erhalten, wenn der*die Beschäftigte durch ärztliches Attest eine Erkrankung an dem Tag nachweist.

Siehe Kapitel IV.5.5

XI.1.1.8 Unterscheidung Urlaub / Freizeitausgleich

Besteht am Ende des Kalenderjahres Unklarheit darüber, ob darin gewährte Freizeit den Urlaubsanspruch erfüllt hat oder es sich um Freizeitausgleich für

Zeitguthaben gehandelt hat, erfolgt die Anrechnung zunächst auf den Urlaubsanspruch bis zu dessen Erfüllung.
Siehe Kapitel IV.5.6

XI.1.1.9 Saldenanerkenntnis

Die Beschäftigten zeichnen ihre Arbeitszeiten im ESS selbst auf. Korrekturen müssen bis zum 5. Werktag des Folgemonats vorgenommen werden. Bei Urlaub oder Arbeitsunfähigkeit am Fristende verschiebt sich dieses bis zur Rückkehr des*der Beschäftigten. Die Vorgesetzten müssen Einwände gegen die Richtigkeit der Aufzeichnungen bis zum 10. Werktag nach Ablauf der Frist für Korrekturen den Beschäftigten mitteilen. Mit Ablauf dieser zweiten Frist tragen die Beschäftigten für die Richtigkeit der Aufzeichnungen keine Beweislast mehr.
Hinweis: Damit die Beschäftigten Sicherheit bekommen, dass ihre Aufzeichnungen akzeptiert sind und sie nicht noch Monate später beweisen müssen, dass sie richtig sind, empfehlen sich solche Fristen für den Kontoabschluss. Zweifel daran kann die Arbeitgeberin zwar auch danach noch anbringen, muss dann aber deren Berechtigung nachweisen.
Siehe Kapitel IV.6.1.1.2, IV.7, V.3.3.2

XI.1.1.10 Verengung des Korridors im Arbeitszeitkonto

Zeitguthaben und Zeitschulden der Beschäftigten dürfen während der ersten acht Monate des Ausgleichszeitraums 70 Stunden nicht überschreiten. Während der darauffolgenden vier Monate reduziert sich diese Zahl um jeweils 15 Stunden pro Monat.
Siehe Kapitel IV.6.2

XI.1.1.11 Rechtzeitige Informationen über drohende Verletzung des Kontorahmens

Der Zeitausgleich muss innerhalb des aktuell laufenden Ausgleichszeitraums liegen. Die Information über eine drohende Verfehlung dieses Ziels erhalten betroffene Beschäftigte und deren Vorgesetzten sowie der Betriebsrat sofort bei Berührung der Auslöseschwelle.
Siehe Kapitel IV.6.2.1

XI.1.1.12 Ampelkonto

Das Konto wird als Ampelkonto geführt. Folgende Phasen sind zu beachten:
Grüne Phase von 20 Minus- bis 60 Plusstunden: Die Beschäftigten steuern ihrer Arbeitszeit selbst. Ganztägiger Zeitausgleich ist nach Zustimmung durch die*den Vorgesetzte*n jederzeit möglich.
Gelbe Phase von 21 bis 35 Minusstunden bzw. 61 bis 100 Plusstunden: Die*Der Vorgesetzte ist zu informieren. Vorgesetzte und Beschäftigte führen ein Gespräch mit dem Ziel der Rückkehr in die grüne Phase.
Rote Phase mehr als 35 Minus- oder über 100 Plusstunden: Das Konto ist durch Maßnahmen in die gelbe Phase zurückzuführen. Maßnahmen können sein: Frei-

zeitausgleich, Auszahlung von Guthaben, Umwandlung eines Teils des Guthabens in maximal 10 Urlaubstage.
Siehe Kapitel IV.6.1, IV.6.2.1

XI.1.1.13 Mitbestimmung bei Freizeitausgleich

Der Betriebsrat kann jederzeit seine Zustimmung zur Entscheidung über Freizeitausgleich durch die Vorgesetzten zurückziehen. In diesem Fall entscheiden die Betriebsparteien gem. § 87 Abs. 1 Nr. 2/3 BetrVG über den Freizeitausgleich.
Hinweis: Eine Regelung, die eine Allmacht der Vorgesetzten bei der Bewilligung von Freizeit verhindern soll. Für schnelle Lösungen müsste das Ganze noch um eine betriebliche Schlichtungsstelle, Einigungsstelle o. Ä. ergänzt werden. Die ist jedoch nicht erzwingbar; die Delegation der Entscheidungsbefugnis an die Vorgesetzten allerdings auch nicht.
Siehe Kapitel IV.5.1

XI.1.1.14 Mitbestimmung bei Überschreitung der Korridorgrenzen

Werden die Kontogrenzen erreicht, kann der Betriebsrat die Initiative zur Festlegung von Freizeitausgleich auch im Einzelfall ergreifen. Können die Betriebsparteien sich nicht binnen einer Woche auf eine solche Festlegung einigen, tritt die Einigungsstelle in der Besetzung (…) zusammen und entscheidet in einer Sitzung binnen einer weiteren Woche.
Siehe Kapitel IV.14.2.2

XI.2 Störfall

XI.2.1 Anweisung Freizeit

Die Arbeitgeberin ist berechtigt, das Entstehen von Zeitguthaben zu verhindern. Er kann hierzu Mitarbeitende anweisen, nicht mehr als die individuelle Wochenarbeitszeit zu arbeiten. Weist der Kontostand ein Guthaben von mehr als 160 Stunden aus, ist die Arbeitgeberin berechtigt, Freizeitausgleich anzuordnen, um das Guthaben bis zu einem Sockelbetrag von 80 Stunden zu minimieren. Sofern betriebliche Gründe vorliegen, können Mitarbeitende auch angewiesen werden, Zeitschulden bis zur Grenze von 50 Minusstunden aufzubauen.
Siehe Kapitel IV.6.2.1

XI.2.2 Auszahlung von Guthaben

Die Auszahlung von Zeitguthaben ist nur auf Antrag der Beschäftigten zulässig. Das gilt nicht im Falle des Todes des*der Beschäftigten. Zeitguthaben muss innerhalb der Kündigungsfrist durch Freizeit abgebaut werden.
Die Klausel soll davor schützen, dass im Schutzschirm- oder Insolvenzverfahren Guthaben einfach in einen wertlosen Zahlungsanspruch umgewandelt wird.
Siehe Kapitel IV.13.2, IV.13.3, IV.13.4

XI.2.3 Freistellung in der Kündigungsfrist

Die Arbeitgeberin ist berechtigt, Zeitguthaben durch angewiesene Freistellung von der Arbeit bei Beendigung des Arbeitsverhältnisses im Rahmen der Kündigungsfrist abzubauen.
Siehe Kapitel IV.13.1

XI.2.4 Mitbestimmung bei Erreichen der Kontogrenze

Wird die Korridorgrenze erreicht, ist ein weiterer Aufbau von Zeitguthaben ausgeschlossen, die wöchentliche Regelarbeitszeit muss eingehalten werden. Betriebsrat und Arbeitgeberin legen im Rahmen der Mitbestimmung gem. § 87 Abs. 1 Nr. 2 BetrVG Ausgleichstage fest. Kommt es zu keiner Einigung, entscheidet die Einigungsstelle in folgender Besetzung (…)
Alternative:
Kommt es zu keiner Einigung, entscheidet eine betriebliche Schlichtungsstelle in folgender Besetzung: (…) Die bei einem Patt ausschlaggebende Stimme wechselt von Sitzung zu Sitzung zwischen den Betriebsparteien, der erste Vorsitz wird durch Los in der ersten Sitzung festgelegt.
Siehe Kapitel IV.6.2.1

XI.2.5 Maßnahme bei Grenzüberschreitung im Arbeitszeitkonto

Überschreitet das Konto die Guthabengrenze, sind binnen einer Woche ab dem Datum des Überschreitens Ausgleichstage innerhalb des Ausgleichszeitraums festzulegen.
Ab dem Zeitpunkt der Feststellung dieser Überschreitung ist kein weiterer Guthabenaufbau mehr zulässig. Es sind sofort Ausgleichstage zwischen Beschäftigten und Vorgesetzten zu vereinbaren. Diese müssen binnen zwei Wochen ab Erreichen der Grenze genommen werden. Bis zu diesem Tag darf kein weiteres Guthaben angesammelt werden. Ist zwei Wochen nach Überschreiten der Grenze keine Freistellung und damit keine Rückkehr in den erlaubten Bereich passiert, so erfolgt eine automatische Freistellung ab dem ersten individuellen Werktag nach dem auf dieses Datum folgenden Wochenende. Die Freistellung endet erst, wenn das Zeitguthaben mindestens 20 % unter dem zulässigen Höchstmaß liegt. Die Freistellung erfolgt immer in ganzen Tagen.
Alternative:
Zwei Wochen nach Überschreiten der Guthabengrenze muss entweder ein Abbau des Zeitguthabens oder eine verbindliche Festlegung von Ausgleichsmaßnahmen zwischen Beschäftigten und Vorgesetzten erfolgt sein. Die Ausgleichstage müssen innerhalb des Ausgleichszeitraums genommen werden. Anderenfalls ist ab diesem Stichtag der Beschäftigte automatisch zum Abbau des Zeitguthabens freigestellt. Die Freistellung wird in ganzen Tagen realisiert. Die Ausgleichsmaßnahmen dauern mindestens bis zum Ende des Tages, an dem das Guthaben maximal die Hälfte der individuellen wöchentlichen Arbeitszeit beträgt.
Hinweis: In diesem Modell gibt es nur die schnelle Festlegung des Freizeitausgleichs, aber kein Stopp des weiteren Aufbaus.

Siehe Kapitel IV.6.1.1.2, IV.6.2.1, IV.14.2.2

XI.2.6 Abtretungs- / Pfändungsverbot

Ansprüche aus dieser Betriebsvereinbarung können weder abgetreten noch verpfändet werden.
Siehe Kapitel IV.13.4

XI.3 Pausenkorridor

Die Pause kann in der Zeit von 11:30 bis 13:30 Uhr genommen werden. Sie beginnt spätestens um 13:00 Uhr.
Siehe Kapitel II.3.1.4.3, II.3.1.4.3

XI.4 Textbausteine Schichten/Dienstpläne

XI.4.1 Schicht- / Diensttausch

Beschäftigte können Schichten / Dienste untereinander tauschen. Der Betriebsrat stimmt dem Tausch zu, wenn hierdurch nicht gegen Gesetze, Tarifverträge oder Betriebsvereinbarungen verstoßen wird und die Qualifikationen der Tauschpartnerinnen einen Austausch zulassen. Die Arbeitszeiten der Dienste / Schichten dürfen um höchstens 60 Minuten voneinander abweichen. Abweichende Zeiten werden dem Arbeitszeitkonto entnommen bzw. gutgeschrieben.
Ein Tausch ist die Übernahme einer Schicht / eines Dienstes bei gleichzeitiger Festlegung, wann im laufenden oder dem nächsten feststehenden Schicht- / Dienstplan der Rücktausch erfolgt.
Siehe Kapitel V.2.3.5

XI.4.2 Autonome Schichtplanung

Sofern betrieblich erforderlich, können die Teams die Dauer und Lage der täglichen Arbeitszeit im Rahmen selbsterstellter Dienstpläne festlegen. Dienstpläne dieser Art sind dem Betriebsrat vorzulegen. Seine Zustimmung gilt als erteilt, wenn

- die tägliche Arbeitszeit – inklusive Arbeitszeit aus Rufbereitschaft – von maximal 10 Stunden ausschließlich der tatsächlich genommenen Ruhepausen
- und die Ruhezeiten von mindestens ununterbrochen 11 Stunden innerhalb von 24 Stunden, gerechnet ab dem Beginn der jeweiligen vorhergehenden Arbeitsphase, eingehalten werden.

Wird in einem Team im Rahmen eines selbst zu erstellenden Dienstplans über die Dauer und Lage der täglichen Arbeitszeit kein Einvernehmen erzielt oder entfällt dieses nachträglich, kann von den vorstehenden Regelungen nur mit ausdrücklicher Zustimmung des Betriebsrats abgewichen werden.
Siehe Kapitel V.6.4.1

XI.4.3 Integration von Anliegen in den Dienstplan

Freizeitwünsche der Beschäftigten müssen in den Dienstplan integriert werden, wenn sie spätestens zwei Wochen vor dem Abschluss der Dienstplanung bei der zuständigen Planerin eingereicht werden. Nicht realisierbare Wünsche werden dem Betriebsrat separat mit der Zuleitung des Dienstplanentwurfs mitgeteilt.
Siehe Kapitel IV.5.2.1, V.2.4

XI.4.4 Eilfallregelung

Der Betriebsrat bestimmt bei jeder Dienstplanänderung mit. Der Betriebsrat übt seine Mitbestimmung für Eilfälle bei Einhalt der weiteren Bedingungen für Abweichungen von dem zuvor genehmigten Dienstplan bereits vorab aus. Hierüber hat die Arbeitgeberin den Betriebsrat in Textform unverzüglich zu unterrichten.
Ein Eilfall im Sinne dieser Betriebsvereinbarung liegt dann vor, wenn ein*e für einen Dienst vorgesehene*r Beschäftigte*r ungeplant ausfällt (personeller Ausfall) und der personelle Ausfall weniger als 48 Stunden vor dem geplanten Dienstbeginn der Arbeitgeberin bekannt wurde.
Die Maßnahmen sind für die Beschäftigten freiwillig. Die Mitbestimmung hierzu ist ausgeübt, wenn der*die Beschäftigte in jedem Einzelfall mit der Maßnahme einverstanden ist und vor der Maßnahme das zwischen den Betriebsparteien vereinbarte Formular zum generellen Einverständnis mit solchen Einsätzen unterzeichnet hat.
Ein Einsatz an einem dienstplanmäßig vorgesehenen freien Kalendertag ist im Eilfall zulässig, wenn andere Maßnahmen nicht ausreichend sind.
Für jedes Holen aus dem Frei erhalten die nichtärztlichen Beschäftigten unter Anrechnung tariflicher Leistungen zusätzlich zu ihrer individuellen Vergütung xxx € brutto, die Ärzte und Ärztinnen unter Anrechnung tariflicher Leistungen zusätzlich zu ihrer individuellen Vergütung xxx €.
Im Eilfall ist ein Stations- oder Bereichswechsel für eine vollständige Schicht oder einen Teil der Schicht von allen und in alle Schichten, die am selben Kalendertag beginnen, zulässig.
Die nichtärztlichen Beschäftigten erhalten unter Anrechnung tariflicher Leistungen für jeden Schichtwechsel xxx € brutto und für jeden Stations- und zugleich Schichtwechsel xxx € brutto. Ärzte erhalten unter Anrechnung tariflicher Leistungen für jeden Schichtwechsel xxx €.
Im Eilfall ist eine Verlängerung der Arbeitszeit (zu Beginn oder zum Ende der Schicht) um jeweils maximal 30 Minuten pro Beschäftigte*m zulässig. Einmal im Kalendermonat ist eine solche Verlängerung für maximal 45 Minuten zulässig. Öfter als insgesamt sechsmal im Kalendermonat ist eine Verlängerung der Arbeitszeit pro Beschäftigte*m nicht zulässig. Die Vergütung der Arbeitszeit richtet sich nach den anwendbaren arbeitsvertraglichen und tarifvertraglichen Regelungen.
Siehe Kapitel V.2.3.5

XI.4.5 Pool im Krankenhaus

(1) Der Abruf von Pool-Beschäftigten ist ausschließlich bei kurzfristigen, ungeplanten personellen Ausfällen von Mitarbeiterinnen zulässig. Der Einsatz aus dem Pool ist auf zwei Wochen für den Ausfall eines Mitarbeiters begrenzt.
(2) Mitarbeiterinnen des Pools, die keinen Vertretungseinsatz haben, werden in Bereichen mit hohem Pflegeaufwand eingesetzt. Der Bedarf wird durch die Stationsleitungen der Pool-Leitung mitgeteilt.
(3) Die Arbeitgeberin bietet im Arbeitsvertrag folgende zusätzliche Vergütungen für den Einsatz im Pool an:

Einsatzmuster 1: Stationswechsel im Einschichtsystem (f oder s oder m oder n) unter Beibehaltung der geplanten Schicht: xxx €
Einsatzmuster 2: Stationswechsel im Zweischichtsystem (f und s oder f und n oder s und n) unter Beibehaltung der geplanten Schicht und Schichtzeit: xxx €
Einsatzmuster 3: Stationswechsel im Zweischichtsystem (f/s oder s/n) unter Beibehaltung der geplanten Schicht und mit variabler Schichtzeit: xxx €
Einsatzmuster 4: Stationswechsel im ganzen Schichtsystem (f/m/s/n) unter Beibehaltung der geplanten Schicht und mit variabler Schichtzeit: xxx €
Die Arbeitszeiten der Beschäftigten im Pool werden im Dienstplan festgelegt. In den Einsatzmustern 3 und 4 kann der Einsatz auch in Schichten erfolgen, deren Beginn / Ende um bis zu einer Stunde vor oder nach dem geplanten Beginn und Ende liegt.
Siehe Kapitel V.2.3.5

XI.5 Mehrarbeit / Überstunden

XI.5.1 Zuschlagsregelung

Die Arbeitgeberin sagt den Beschäftigten mit schwankender Arbeitszeit und Arbeitszeitkonto für die Dauer der Laufzeit dieser Vereinbarung zu, Zeitguthaben ab der 30. Stunde mit einem Zuschlag von 25 % zu vergüten. Die Beschäftigten können wählen, ob diese Zuschläge ausgezahlt oder für Freistellungen im Konto gutgeschrieben werden. Das Wahlrecht muss immer für ein Quartal ausgeübt werden. Treffen Beschäftigte keine Wahl, werden Zuschläge mit der nächsten erreichbaren Abrechnung ausbezahlt.
Siehe Kapitel V.3.7

XI.5.2 Priorisierung Freizeitausgleich

Bei Freizeitausgleich werden zuerst die Stunden mit dem niedrigeren Zuschlag ausgeglichen.

Hinweis: Eine Regelung, die bei Mehrarbeitsstunden mit unterschiedlich hohen Zuschlägen bestimmt, welche Stunden zuerst ausgeglichen worden sind.
Siehe Kapitel V.3.3.2

XI.6 Individuelle Flexibilität

XI.6.1 Gleitende Arbeitszeit – Standard

Die tägliche Arbeitsleistung kann innerhalb der Zeit von 7:00 Uhr bis 20:00 Uhr erbracht werden (Arbeitszeitrahmen). Über die Lage der Arbeitszeit bestimmen die Beschäftigten selbst. Sie haben dabei auch betriebliche Belange zu berücksichtigen. In der Zeit von 10:00 Uhr bis 14:30 Uhr besteht Anwesenheitspflicht am betrieblichen Arbeitsplatz bzw. bei Einrichtung eines Telearbeitsplatzes dort (Kernarbeitszeit). Arbeit außerhalb des Arbeitszeitrahmens ist nur mit vorheriger Zustimmung des Betriebsrats zulässig.
Siehe Kapitel V.6.4.2, V.6.4.3

XI.6.2 Bewegliche Kernarbeitszeit

Die Kernarbeitszeit beträgt 4 Stunden und liegt zwischen 10:00 und 16:00 Uhr. Die Lage wird innerhalb der Abteilungen nach Absprache bestimmt. Wenn keine Einigung innerhalb der Abteilung zustande kommt, entscheiden die Betriebsparteien.
Siehe Kapitel V.6.4.3

XI.6.3 Servicezeit

Zur Aufrechterhaltung des Dienstleistungsangebots ist die Anwesenheit

- eines Viertels der Beschäftigten der einzelnen Abteilungen in der Zeit von Montag bis Freitag zwischen 8:00 Uhr und 10:00 Uhr und zwischen 16:00 Uhr und 18:00 Uhr sowie
- der Hälfte der Beschäftigten der einzelnen Abteilungen in der Zeit von Montag bis Freitag zwischen 10:00 Uhr und 16:00 Uhr

erforderlich. Die Teams legen jeweils für einen Monat im Voraus fest, wer an welchem Tag zu welchen Zeiten im Betrieb anwesend ist. Ist eine Einigung nicht spätestens zwei Wochen vor Beginn des Monats erzielt, wird der Besetzungsplan durch die Betriebsparteien aufgestellt.
Siehe Kapitel V.6.4.3

XI.6.4 Servicezeit-Dienstplan

Für die Besetzung der Dienstzeiten »Freitag 15:00 Uhr bis 19:00 Uhr« und »Samstag 9:00 Uhr bis 14:00 Uhr« treffen die Betriebsparteien Festlegungen in

Form von Monatsdienstplänen, die jeweils zwei Monate vor Beginn des Monats ausgehängt werden. Die Beschäftigten können ohne weitere Zustimmung diese Dienste untereinander tauschen, wenn die gegeneinander getauschten Dienste jeweils im Dienstplan vermerkt werden.
Siehe Kapitel V.6.4.3

XI.6.5 Optionale Kernarbeitszeit

Vorgesetzte können im Einzelfall nur mit Zustimmung des Betriebsrats zeitweilig Arbeitsleistungen anweisen. Eine Zustimmung ist nicht erforderlich, wenn die Anweisung mit einem Vorlauf von 48 Stunden maximal für die Zeit von montags bis donnerstags von 10:00 Uhr bis 16:00 Uhr und freitags von 10.00 bis 13.00 Uhr gilt. Diese Kernarbeitszeit darf nur einmal pro Woche und maximal dreimal im Monat eingerichtet werden.
Siehe Kapitel V.6.4.3

XI.6.6 Meetingkorridor

Meetings müssen so angesetzt werden, dass sie nicht vor 8:30 Uhr beginnen und nicht nach 16:00 Uhr enden. Eine andere zeitliche Ansetzung ist nur mit ausdrücklichem Einverständnis aller Beteiligten zulässig. Die Überschreitung dieser Zeiten im laufenden Meeting ist ebenfalls nur mit Zustimmung aller Beteiligter zulässig. Ohne diese müssen laufende Meetings um 16:00 Uhr beendet werden.
Siehe Kapitel V.6.4.3

XI.7 Mitbestimmung

XI.7.1 Schutzgrenzen als Zustimmungsgrenze

Der Betriebsrat erteilt seine Zustimmung zur Gestaltung der Arbeitszeit nur in den Grenzen des ArbZG. Dies heißt insbesondere, dass die werktägliche Höchstarbeitszeit einschließlich aller Vor- und Nacharbeiten 10 Stunden und die wöchentliche Höchstarbeitszeit im Durchschnitt von 6 Monaten 48 Stunden beträgt. Jede Überschreitung dieser Grenzen ist eine Abweichung von dieser Betriebsvereinbarung und nur mit vorheriger Zustimmung des Betriebsrats zulässig.
Siehe Kapitel II.3.6.2

Glossar

Abrufarbeit	Jede Form der Arbeitszeitgestaltung, bei der Arbeitszeiten nicht geplant, sondern kurzfristig individuell festgesetzt werden. Eine spezielle Form der Abrufarbeit ist die → KAPOVAZ, die häufig gemeint ist, wenn von Abrufarbeit geredet wird. Der Abruf kommt von der Arbeitgeberin. Dem können Grenzen gesetzt werden, indem z. B. Abruffristen vereinbart werden oder die Arbeitgeberin sich nur aus einem Budget von Zeiten bedienen kann, die von den Beschäftigten bereitgestellt werden. Abrufarbeit ist eine Einsatzform, bei der der Betriebsrat vorher seine Mitbestimmungsrechte praktisch aufgibt. Wenn er das macht, ist das immer freiwillig, weil es dafür kein erzwingbares Mitbestimmungsrecht gibt. (→ Kapitel V.5 Gestaltungsmuster 4: Abrufarbeit / KAPOVAZ)
aktive Zeit	Die Zeit in Rufbereitschaften, Bereitschaftsdiensten und Arbeitsbereitschaften, die mit Arbeit gefüllt ist – auch Vollarbeit genannt. Gegenbegriff: passive Zeit (→ Kapitel V.4 Gestaltungsmuster 3b: Festgelegte Arbeitszeit mit Zusatzanforderungen/Bereitschaften)
Ankündigungsfrist	Einzuhaltender Zeitraum für die Mitteilung einer Abweichung von festgelegten Arbeitszeiten oder eines Abrufs von Arbeitskraft mit der Folge, dass die Beschäftigten verpflichtet sind, weisungsgemäß zu arbeiten. Da die Weisung der Mitbestimmung unterliegt, muss der Betriebsrat sich nicht auf solche Fristen einlassen, sondern kann die Mitbestimmung auch im Einzelfall ausüben. Für → KAPOVAZ ist in § 12 Abs. 3 TzBfG eine Abruffrist von vier Tagen festgelegt. Wird diese unterschritten, besteht keine Arbeitspflicht. (→ Kapitel V.5 Gestaltungsmuster 4: Abrufarbeit / KAPOVAZ)

Annahmeverzug	Beschäftigte bekommen ihre Vergütung nicht nur für die Verrichtung von Arbeit, sondern auch dafür, dass sie ihre Arbeitskraft dafür zur Verfügung stellen. Kann die Arbeitgeberin damit nichts anfangen, weil z. B. Arbeitsmaterial fehlt, trägt sie das Betriebsrisiko und gerät gem. § 615 BGB in Annahmeverzug. Sie muss die Beschäftigten bezahlen, obwohl nicht gearbeitet wurde.
Ansprechzeit	Siehe »Servicezeit«
Arbeitsbereitschaft	Beschäftigungsform, bei der die Beschäftigten – in der Regel im Betrieb – darauf warten, dass sie benötigt werden. Diese Notwendigkeit müssen sie – im Unterschied zum Bereitschaftsdienst – selbst erkennen. Die Arbeitsbereitschaft zählt insgesamt als Arbeitszeit, auch wenn gar nichts zu tun ist. Wenn ein Tarifvertrag dies zulässt, kann die Arbeitszeit bei Arbeitsbereitschaft auf über zehn Stunden täglich hinaus verlängert werden. (→ Kapitel V.4 Gestaltungsmuster 3b: Festgelegte Arbeitszeit mit Zusatzanforderungen/Bereitschaften)
Arbeitszeit	Ein zentraler Begriff des Arbeitsrechts, denn die Arbeitszeit ist das, was Beschäftigte im Arbeitsvertrag verkaufen. Ob etwas Arbeitszeit ist, ist entscheidend für die Vergütung, für den Schutz, den Beschäftigte vor Überlastung haben, für die Mitbestimmung des Betriebsrats usw. Und weil das so vielfältig ist, gibt es in Deutschland kein einheitliches Verständnis davon, was Arbeitszeit ist. Alle dürfen sich einen eigenen Reim darauf machen. Europa hat es in der Richtlinie 2003/88 zur Arbeitszeit besser gemacht, das wird aber in der Regel missachtet. (→ Kapitel II.3.5 Begriffe: Ein juristisches Hütchenspiel)
Arbeitszeitnachweis	Aufzeichnungen der individuell geleisteten Arbeitszeit. Das ArbZG verlangt in § 16 Abs. 2 ArbZG nur die Aufzeichnung der täglich über acht Stunden hinausgehenden Zeit, für einige Branchen gibt es weitergehende Pflichten. Das europäische Recht sieht eine Erfassung aller Arbeitszeiten vor. Dieser Vorgabe muss auch in der BRD eingehalten werden, obwohl sie noch nicht im Gesetz steht. Dessen Anpassung war bei Drucklegung dieses Buches noch in Arbeit. (→ Kapitel II.3.1.3.7 Zeiterfassung)
Arbeitszeitkonto	Buchhaltung für die gearbeiteten Zeiten und für den Zeitausgleich in schwankenden Arbeitszeiten. Die Steuerungsinstrumente im Arbeitszeitkonto z. B. für die Realisierung von Freizeitausgleich treten an die Stelle der üblichen Maßnahmen zur Einhaltung von arbeitszeitrechtlichen Vorgaben wie Höchstarbeitszeit oder Ausgleichszeitraum. (→ Kapitel IV Arbeitszeitkonto)

Arbeitszeitmuster	Bezeichnung in diesem Handbuch für die unterschiedlichen Arbeitszeittypen, die die Basis bei der Gestaltung der Arbeitszeit sind. (→ Kapitel V Gestaltungsmuster für die betriebliche Arbeitszeit)
Auf-/Abbaukonto	Ein Arbeitszeitkonto kann alle gearbeiteten Stunden in einem Gesamtsaldo summieren (Aufbaukonto) oder die gearbeiteten Stunden von einem Zeitsoll abziehen (Abbaukonto) (→ Kapitel IV.4.1 Kontotypen)
Aufsichtsbehörde	Die nach Landesrecht für die Überwachung des ArbZG und aller anderen Arbeitsschutzgesetze zuständige Behörde. Die Bezeichnungen unterscheiden sich von Bundesland zu Bundesland, mal ist es die Gewerbeaufsicht, mal das Amt für Arbeitsschutz, mal das Regierungspräsidium usw.
Ausgleichszeitraum	Längste Periode, innerhalb derer bei Schwankungen der Arbeitszeit ein gesetzter Wert im Durchschnitt erreicht bzw. eingehalten werden muss. Nach Tarifvertrag sind das die jeweils vereinbarten wöchentlichen Regelarbeitszeiten (35 / 36 / 37,5 usw. Stunden pro Woche), nach Gesetz ist es die wöchentliche Höchstarbeitszeit von 48 Stunden. (→ Kapitel IV.6.1.1 Ausgleichszeitraum und II.3.1.3.2 Wöchentliche Höchstarbeitszeit)
Bedarfsgewerbe	Sammelbegriff für Branchen, die in § 10 ArbZG – Erlaubnis der Arbeit an Sonn- und Feiertagen – übersehen worden sind. Die Ausnahmegenehmigungen finden sich dann in den entsprechenden Vorschriften der Länder.
Bereitschaftsdienst	Beschäftigungsform, bei der die Beschäftigten – in der Regel im Betrieb – darauf warten, dass sie benötigt werden. Zur Arbeit werden sie – im Unterschied zur Arbeitsbereitschaft – gerufen. Sie können in der passiven Zeit daher auch schlafen. Der Bereitschaftsdienst zählt insgesamt als Arbeitszeit, auch wenn gar nichts zu tun ist. Wenn ein Tarifvertrag dies zulässt, kann die Arbeitszeit bei Bereitschaftsdiensten auf über zehn Stunden täglich hinaus verlängert werden. (→ Kapitel V.4 Gestaltungsmuster 3b: Festgelegte Arbeitszeit mit Zusatzanforderungen/Bereitschaften)
Betriebsnutzungszeit	Betriebsnutzungszeit ist der Zeitraum, während dessen im Betrieb gearbeitet wird. Der Begriff hat vor allem im Zusammenhang mit Schichtarbeit Bedeutung. Die Festlegung der Betriebsnutzungszeit ist nicht mitbestimmungspflichtig. (→ Kapitel V.2 Gestaltungsmuster 2: Schichtarbeit / Arbeit nach Dienstplänen)

Betriebsrisiko	Das Risiko der Arbeitgeberin, die Vergütung für die Beschäftigten auch dann bezahlen zu müssen, wenn sie deren Arbeitskraft gerade nicht braucht, z. B. weil ein technisches Problem den Betrieb lahmgelegt hat.
Dienstplan	Dienstpläne legen im Unterschied zu Schichtplänen die wechselnde Arbeitszeit einzelner Beschäftigter fest. Die Arbeitszeiten sind nicht auf einen definierten Arbeitsplatz bestimmt, sondern nach dem Bedarf für den individuellen Einsatz.
Dienstplanperiode	Festgelegter Zeitraum, innerhalb dessen die individuelle Regelarbeitszeit verplant wird. Die Anforderung der vollständigen Verplanung wird durchbrochen, wenn in einer Betriebsvereinbarung Schwankungen vereinbart sind.
Differenzkonto	Bei Differenzkonto wird nicht die gesamte Arbeitszeit, sondern nur die Abweichung von der geplanten Arbeitszeit laufend saldiert. (→ Kapitel IV.4.1 Kontotypen)
Eilfall	Ereignis im Betrieb, das aus der Perspektive der Arbeitgeberin eine sofortige Reaktion in Form einer Änderung der Arbeitszeit nötig macht. Diese Reaktion unterliegt als Änderung der festgelegten Arbeitszeit der Mitbestimmung, die die Arbeitgeberin jedoch mangels zeitlichem Spielraum nicht einhalten zu können glaubt. Dennoch bleibt die Mitbestimmung bestehen, die Arbeitgeberin muss versuchen, den Betriebsrat dafür zu gewinnen, hierfür spezielle Regelungen zu schaffen. Erzwingbar sind diese allerdings nicht. (→ Kapitel III.7.5 Eilfälle)
Ersatzruhetag	Freistellung als Ersatz für einen Arbeitseinsatz am Sonn- oder Feiertag. Da das ArbZG von einer sechs-Tage-Woche ausgeht, kann der Ersatzruhetag auch der sowieso meist arbeitsfreie Samstag sein. (→ Kapitel II.3.1.4.2.2 Wöchentliche Ruhezeit / Sonn- und Feiertagsarbeit)
Erzwingbare Mitbestimmung	Die Mitbestimmung ist erzwingbar, wenn in der entsprechenden Vorschrift im BetrVG die Regelung enthalten ist, dass »der Spruch der Einigungsstelle (…) die Einigung zwischen Arbeitgeber und Betriebsrat« ersetzt. (→ Kapitel III.3 Initiativrechte und erzwingbare Mitbestimmung)
Feiertag	Tage, die in den jeweiligen Landesgesetzen als arbeitsfreier Feiertag festgelegt sind. Die Entbindung von der Arbeitspflicht gem. § 9 ArbZG bzw. der Anspruch auf einen Ersatzruhetag gem. § 11 ArbZG besteht nur für diese gesetzlichen Feiertage, nicht aber für andere regionale Brauchtumstage wie Rosenmontag oder kirchliche Feiertage, die das jeweilige Landesgesetz nicht berücksichtigt.

Freischicht	Form des Ausgleichs von Arbeitszeiten oberhalb der arbeits- oder tarifvertraglich festgelegten regulären Wochenarbeitszeit. Freischichten sind ein häufig eingesetztes Mittel, um Zeiten auszugleichen, die im Mehrschichtsystem zusätzlich anfallen, weil dort kaum noch in jeder Woche die Regelarbeitszeit gearbeitet werden kann. (→ Kapitel V.2 Gestaltungsmuster 2: Schichtarbeit / Arbeit nach Dienstplänen)
Freizeit	Alles, was außerhalb der Arbeitszeit liegt. Freizeit ist kein Qualitätsbegriff, meint also nicht, dass während dessen keinerlei sonstige Verpflichtungen bestehen dürfen. Teile der Freizeit sind durch den Weg von und zur Arbeit ebenfalls an diese gebunden. Der Zweck des Mitbestimmungsrechts bei der Festlegung der Arbeitszeit ist der Schutz dieser Freizeit vor dem Zugriff der Arbeitgeberin.
Gleitende Arbeitszeit	Die etablierteste Form der beweglichen Arbeitszeit mit – mehr oder weniger – Autonomie der Beschäftigten; fließender Übergang zur Vertrauensarbeitszeit. (→ Kapitel V.6 Gestaltungsmuster 5: Individuelle Flexibilität)
Gleitrahmen	Bei der gleitenden Arbeitszeit die Zeitspanne, innerhalb derer die Beschäftigten ihre Arbeitszeit selbst festlegen können. (→ Kapitel V.6.4.2 Arbeitszeitrahmen)
Höchstarbeitszeit	Nach dem ArbZG beträgt die tägliche Höchstarbeitszeit acht Stunden, diese kann aber auf bis zu zehn Stunden verlängert werden, wenn die täglichen acht Stunden im Durchschnitt von sechs Monaten oder 24 Wochen erreicht werden. Das ArbZG enthält noch weitere Ausnahmen. (→ Kapitel II.3.1.4.1 Höchstarbeitszeit im ArbZG)
Jobsharing	Eine Form der Arbeitsgestaltung, bei der sich in Teilzeit Beschäftigte auf einem Arbeitsplatz gegenseitig ablösen. Wirkliche Bedeutung hat das Thema nie bekommen, dafür aber eine eigene gesetzliche Vorschrift: § 13 Abs. 1 TzBfG
Jugendliche	Im JArbSchG gelten Beschäftigte zwischen 15 und 18 Jahren als Jugendliche, unabhängig davon, in welcher Form (Ausbildung oder Ähnliches) sie beschäftigt werden.
Kampagnebetrieb	Betrieb, dessen Tätigkeit auf bestimmte Jahreszeiten beschränkt ist. Hierzu gehören insbesondere landwirtschaftliche Betriebe.
KAPOVAZ	Die problematische Form der Abrufarbeit heißt »KAPOVAZ«, das ist die Abkürzung für »kapazitätsorientierte variable Arbeitszeit«. In Wirklichkeit es geht um bedarfsorientierte variable Arbeitszeit. Nicht die Kapazität, also die vorhandene Arbeitskraft, bestimmt den Arbeitseinsatz, sondern der Bedarf danach. Aber BEDOVAZ hört

	sich nichtganz so schneidig an, wie diese Arbeitsform daherkommt: Beschäftigte, die nicht gebraucht werden, sollen zu Hause bleiben und verdienen nichts, wer gerufen wird, muss kommen. Ein Versuch der Zähmung findet sich in § 12 TzBfG, den besseren Schutz davor bieten aber Betriebsräte, die sich auf so etwas gar nicht erst einlassen, weil sie es nicht müssen. (→ Kapitel V.5 Gestaltungsmuster 4: Abrufarbeit / KAPOVAZ)
Kernzeit	Bei der gleitenden Arbeitszeit die Zeitspanne, innerhalb derer eine Anwesenheitsverpflichtung besteht, die Arbeitszeit also nicht durch die Beschäftigten beeinflussbar ist. (→ Kapitel V.6.4.3 Kernarbeitszeit)
Kinder	Für das Arbeitsschutzrecht alle Personen bis 15 Jahren. Die Vorschriften für Kinder gelten auch für Jugendliche, die der Vollzeitschulpflicht unterliegen.
Mehrarbeit	Nach der Rechtsprechung sind das Arbeitsstunden, die die gesetzliche regelmäßige Arbeitszeit überschreiten. Aber manchmal sind sie auch etwas anderes, je nachdem, welcher Tarifvertrag gerade gilt oder welcher Richter bei Gericht vorne sitzt. Deshalb wird in diesem Buch zwischen Überstunden und Mehrarbeit nicht unterschieden, sondern zwischen zuschlagspflichtigen und nicht zuschlagspflichtigen oder zwischen der Mitbestimmung unterliegenden und nicht der Mitbestimmung unterliegenden zusätzlichen Arbeitszeiten. (→ Kapitel II.3.5.2 Mehrarbeit und Überstunden und V.3 Gestaltungsmuster 3a: Festgelegte Arbeitszeit mit Zusatzanforderungen / Mehrarbeit / Überstunden)
Minusstunden	Ein Arbeitszeitkonto kann wie ein Girokonto geführt werden, also auch zu wenig gearbeitete Zeiten erfassen. Die heißen dann Minusstunden, Zeitdefizit oder auch Zeitschulden. Konten dürfen nur dann im Minus geführt werden, wenn das zwischen Betriebsrat und Arbeitgeberin vereinbart ist. Diese Kontenstände lösen in der Regel Unwohlsein aus, weil Schulden bei Beschäftigten eher nicht beliebt sind. Unangebracht ist allerdings die Befürchtung, dass dadurch eine besondere Verpflichtung zu zusätzlicher Arbeitsleistung z. B. am Wochenende entsteht. An der vereinbarten Festlegung der Arbeitszeit ändert sich durch die »Schulden« nichts, erst wenn der Betriebsrat einer Änderung zugestimmt hat, geht es an die »Rückzahlung«. (→ Kapitel IV.4.3 Schwankungsrichtung)

Nachtarbeit	Nach ArbZG ist die Beschäftigung zwischen 23:00 und 6:00 Uhr bzw. in Bäckereien und Konditoreien zwischen 22:00 und 5:00 Uhr Nachtarbeit, wenn die Arbeitszeit mindestens zwei Stunden in diese Phase hineinragt. Tarifverträge haben andere Festlegungen dazu, diese betreffen aber den Zeitraum, in dem Zuschläge bezahlt werden müssen. (→ Kapitel II.3.1.3.6 Nacht- und Schichtarbeit)
Nachtarbeitnehmer	Das ArbZG bezeichnet solche Beschäftigte als Nachtarbeitnehmer, die auf Grund ihrer Arbeitszeitgestaltung normalerweise Nachtarbeit in Wechselschicht zu leisten haben oder Nachtarbeit an mindestens 48 Tagen im Kalenderjahr leisten. (→ Kapitel II.3.1.3.6 Nacht- und Schichtarbeit)
Notfall	Ein Ereignis, dass sich wacker jeglicher präzisen Definition durch die Gerichte entzieht. Wahrscheinlich aus gutem Grund, weil kein Betriebsrat auf die Idee käme, bei tatsächlichen Katastrophen auf seine Mitbestimmungsrechte zu pochen. Diese sind nämlich bei Notfällen angeblich ausgeschlossen. Wenn aber im Speditionsbetrieb schon der verspätete LKW oder im Krankhaus jeder Beinbruch in der Notaufnahme als Notfall deklariert wird, um die Mitbestimmungsrechte zu umgehen, gibt es schon mal Streit, an dessen Ende die Beteiligten nur nachträglich erfahren, dass das konkrete Ereignis wieder mal kein Notfall war. (→ Kapitel III.7.4 Notfälle)
Opt-out	Bezeichnung für die in Art. 17 der EU-Richtlinie 2003/88 zugelassene Möglichkeit, die wöchentliche Arbeitszeit auch auf mehr als 48 Stunden im Durchschnitt zu verlängern. Im ArbZG ist die Verlängerung durch § 7 Abs. 2a zugelassen. (→ Kapitel II.3.1.3.2 Wöchentliche Höchstarbeitszeit und V.4.7.2 Wöchentliche Höchstarbeitszeit / Nachtarbeit)
Pause	Unterbrechung der Arbeit, deren Beginn spätestens bei Aufnahme der Arbeit feststehen und die von jeder Verpflichtung zur Arbeit oder Bereitschaft dazu frei sein muss. Ist die Dauer nicht in einer Betriebsvereinbarung geregelt, muss sie bei Beginn der Pause bestimmt sein. Die Mindestdauer beträgt 30 Minuten bei einer Arbeitszeit über sechs Stunden und 45 Minuten bei einer Arbeitszeit über neun Stunden. (→ Kapitel II.3.1.3.5 Pausen)
passive Zeit	Die Zeit in Rufbereitschaften, Bereitschaftsdiensten und Arbeitsbereitschaften ohne Arbeitseinsatz. Gegenbegriff: aktive Zeit oder Vollarbeit (→ Kapitel V.4 Gestaltungsmuster 3b: Festgelegte Arbeitszeit mit Zusatzanforderungen/Bereitschaften)

Regelarbeitszeit	Regelarbeitszeit ist die Arbeitszeit, die – meist im Tarifvertrag – als Standard für Vollzeitbeschäftigte vereinbart ist. Sie ist also nicht die tatsächliche Dauer der Arbeitszeit, sondern das Maß an Arbeitsleistung, das auch über längere Zeiträume verteilt erbracht werden muss, um das im jeweiligen Entgelttarifvertrag festgelegte Regelentgelt für Vollzeitbeschäftigte zu verdienen. Bei Teilzeitbeschäftigten verkürzen sich beide Zahlen – Arbeitszeit und Vergütung – bei gleichbleibendem Verhältnis zueinander.
Rufbereitschaft	Beschäftigungsform, bei der die Beschäftigten an einem selbst gewählten Aufenthaltsort außerhalb des Betriebs sich dafür bereithalten, dass ihr Einsatz erforderlich ist. Der Abruf erfolgt per Telefon, E-Mail, SMS usw. Rufbereitschaft ist nach den meisten Tarifverträgen nur zulässig, wenn nur im Ausnahmefall ein Arbeitseinsatz nötig wird. Die Rufbereitschaft ist ohne Arbeitseinsatz Ruhezeit, mit dem Abruf fängt die Arbeitszeit an. (→ Kapitel V.4 Gestaltungsmuster 3b: Festgelegte Arbeitszeit mit Zusatzanforderungen/Bereitschaften)
Ruhezeit	Eine Ruhepause von in der Regel 11 Stunden, die – so das europäische Recht – innerhalb von 24 Stunden ab Arbeitsaufnahme genommen werden muss. Das ArbZG lässt es ausreichend sein, wenn die Ruhezeit auch erst nach 24 Stunden Arbeit genommen wird – und verstößt damit gegen das Gemeinschaftsrecht. Dort gibt es im Übrigen auch eine wöchentliche Ruhezeit, die in Deutschland durch den Sonntag oder einen Ersatzruhetag ersetzt wird. (→ Kapitel II.3.1.3.3 Tägliche Ruhezeit und II.3.1.3.4 Wöchentliche Ruhezeit / Sonn- und Feiertagsarbeit)
Saisonbetriebe	Betriebe, die während bestimmter Zeiten des Jahres eine erheblich höhere Auslastung als zu anderen Zeiten haben.
Schichtarbeit	Arbeitssystem, bei dem ein Arbeitsplatz nacheinander von mehreren Beschäftigten besetzt wird, die sich untereinander ablösen. Die Ablösung muss nicht auf identischen Arbeitsplätzen erfolgen. Letztlich geht es nur darum, dass eine übereinstimmende Arbeitsaufgabe von gegeneinander austauschbaren Beschäftigten erbracht wird. Dies ist auch der Fall bei versetzten Schichten, bei denen die unterschiedlichen Schichtgruppen auch gleichzeitig im Betrieb anwesend sein können. (→ Kapitel V.2 Schichtarbeit / Arbeit nach Dienstplänen)

Servicezeit Eine unbestimmte Form der Anwesenheitsverpflichtung in vielen Betriebsvereinbarungen, die eine starre Kernzeit umgehen soll. Die Arbeitgeberin teilt damit mit, dass sie eine Anwesenheit von Beschäftigten zu bestimmten Zeiten erwartet, will aber nicht festlegen, wer das ist. Meist sollen die das untereinander aushandeln. Eine anderer Begriff dafür ist »Ansprechzeit«.

Turnus Schichtpläne: Zeitraum, in der die Arbeitszeiten durch Zuordnung zu Schichten von der Regelarbeitszeit abweichen, ohne dass sich das Schwankungsmuster wiederholt. Zum Ende des Turnus muss im Durchschnitt die Regelarbeitszeit erreicht sein. Wird das Ziel verfehlt, müssen überzählige Stunden ausgezahlt – je nach Tarifvertrag mit oder ohne Zuschläge – oder können auf andere Konten umgebucht werden, wenn der Tarifvertrag das zulässt.

Teilzeitarbeit Was Teilzeit ist, lässt sich nur aus dem Vergleich mit Vollzeitarbeit ermitteln. In § 2 Abs. 1 TzBfG geht das so: »*Teilzeitbeschäftigt ist ein Arbeitnehmer, dessen regelmäßige Wochenarbeitszeit kürzer ist als die eines vergleichbaren vollzeitbeschäftigten Arbeitnehmers. Ist eine regelmäßige Wochenarbeitszeit nicht vereinbart, so ist ein Arbeitnehmer teilzeitbeschäftigt, wenn seine regelmäßige Arbeitszeit im Durchschnitt eines bis zu einem Jahr reichenden Beschäftigungszeitraums unter der eines vergleichbaren vollzeitbeschäftigten Arbeitnehmers liegt.*«
Da aber auch der Begriff »Vollzeitarbeit« nicht feststeht, sondern allenfalls aus einem Tarifvertrag abzuleiten ist, ist dem, um Loriot zu zitieren, nichts hinzuzufügen.
(→ Kapitel VII Teilzeit)

Überstunden Nach der Rechtsprechung Arbeitsstunden, die »*wegen bestimmter besonderer Umstände vorübergehend zusätzlich geleistet*« werden. Aber manchmal sind sie auch etwas anderes, je nachdem, welcher Tarifvertrag gerade gilt oder welcher Richter bei Gericht vorne sitzt. Deshalb wird in diesem Buch zwischen Überstunden und Mehrarbeit nicht unterschieden, sondern zwischen zuschlagspflichtigen und nicht zuschlagspflichtigen oder zwischen der Mitbestimmung unterliegenden und nicht der Mitbestimmung unterliegenden zusätzlichen Arbeitszeiten.
(→ Kapitel II.3.5.2 Mehrarbeit und Überstunden und V.3 Gestaltungsmuster 3a: Festgelegte Arbeitszeit mit Zusatzanforderungen / Mehrarbeit / Überstunden)

Verteilzeitraum → Ausgleichszeitraum

Vollarbeit	Ein Begriff mit vielen Bedeutungen: Mal die Zeit in Rufbereitschaften, Bereitschaftsdiensten und Arbeitsbereitschaften, die mit Arbeit gefüllt ist. Auch aktive Zeit genannt. Gegenbegriff: passive Zeit. Dann aber auch im Sinne von Vollzeitarbeit – im Gegensatz zu Teilzeit – verwendet oder als Zeiten »echter« Aktivität im Gegensatz zu Wartezeiten etc. Beim BAG auch schon mal als Abgrenzung zu zusätzlichen Arbeitszeiten wie Bereitschaftsdienst oder Mehrarbeit verwendet (BAG 17.4.2019 – 5 AZR 250/18). Wegen dieser Launigkeit wird der Begriff in diesem Buch nicht verwendet.
Verstetigtes Einkommen	Konstantes Einkommen, das unabhängig vom Umfang der tatsächlichen Arbeitsleistung im Abrechnungsmonat bezahlt wird.
Wechselschicht	In den Tarifverträgen für den öffentlichen Dienst und seinen kleinen Brüdern und Schwestern (ÖPNV, Versorgungsbetriebe) ist der Begriff »Wechselschicht« reserviert für das, was in anderen Branchen »vollkontinuierliche Schichtarbeit« heißt, also das Arbeiten rund um die Uhr an sieben Tagen in der Woche. Außerhalb des öffentlichen Dienstes und im ArbZG ist »Wechselschicht« identisch mit → Schichtarbeit. Wichtig ist die Unterscheidung zur nicht kontinuierlichen Schichtarbeit nur in den Branchen, in denen der Tarifvertrag eine unterschiedliche Bezahlung für beide Typen der Schichtarbeit vorsieht. (→ Kapitel V.2 Gestaltungsmuster 2: Schichtarbeit / Arbeit nach Dienstplänen)
Werktag	Alle Wochentage außer Sonntage und Feiertage. Auch der Samstag zählt zu den Werktagen.
Werktägliche Arbeitszeit	Werktägliche Arbeitszeit ist der auf die Arbeitsaufnahme folgende Zeitraum von 24 Stunden. Innerhalb dieser Zeit darf die tägliche Höchstarbeitszeit nicht überschritten werden und muss eine Ruhezeit genommen werden. (→ Kapitel II.3.1.3.1 Tägliche Höchstarbeitszeit)
Zeitschuld/Zeitdefizit	Siehe Minusstunden.

Stichwortverzeichnis